问道意拳

（上册）

张树新　张瀚川　著

华龄出版社
HUALING PRESS

图书在版编目（CIP）数据

问道意拳 / 张树新 , 张翰川著 . -- 北京：华龄出版社，2023.7

ISBN 978-7-5169-2567-6

Ⅰ . ①问… Ⅱ . ①张… ②张… Ⅲ . ①大成拳—基本知识 Ⅳ . ① G852.19

中国国家版本馆 CIP 数据核字（2023）第 112757 号

策划编辑	董　巍		责任印制	李未圻
责任编辑	郑　雍		装帧设计	华彩瑞视
书　　名	问道意拳		作　者	张树新　张瀚川
出　　版	华龄出版社			
发　　行	HUALING PRESS			
社　　址	北京市东城区安定门外大街甲 57 号		邮　编	100011
发　　行	（010）58122255		传　真	（010）84049572
承　　印	运河（唐山）印务有限公司			
版　　次	2024 年 6 月第 1 版		印　次	2024 年 6 月第 1 次印刷
规　　格	710mm×1000mm		开　本	1/16
印　　张	43.75		字　数	687 千字
书　　号	ISBN 978-7-5169-2567-6			
定　　价	139.00 元			

张树新练拳照

王玉芳指导张树新

王玉芳指导小弟子张翰川站撑抱桩

1983年创刊　弘扬尚武精神　阐发功夫真髓　传播养生理法　探索天人奥秘

武魂

2008·7 总241期

孙氏三十六手太极拳
排除魔障与骨点运行
——十二式太虚太极修炼方法摘要
论意拳（大成拳）的开合力
南怀瑾《如何静坐问答录》
有关形意拳家李星阶的三份重要史料
太极拳起源的几种说法

国际标准刊号 ISSN 1002-3267
国内统一刊号 CN11-1382/G8

ISSN 1002-3267
07>
9 771002 326009

邮发代码 2-860　定价 5元

CHINA
THE SPIRIT OF KUNFU
北京市优秀期刊
中国武术宣传先进单位

张翰川登上《武魂》封面

代序一

承我拳学继往开来——我的高徒张树新

1962年张树新生于北京。张树新，又名张承芳，笔名"原点""张天印"，清华大学美术学院副教授、中国工艺美术名家，现为我的义子及衣钵传人。1978年开始习练意拳，并遍访意拳名家。1996年，我将张树新收入门下后，他的武功造诣突飞猛进。鉴于其优秀的人品和武学天赋，我于2002年11月16日，特将他收为义子并赐名"承芳"，视为我的衣钵传人，"承芳"意为"承我拳学，继往开来"。张树新经过二十四载的刻苦磨砺，武功日臻完善，尤其在徒手搏击方面极有天分，他多次与国内外拳学名家切磋武艺、探讨拳理，无不使对方心悦诚服。1990年，张树新在八一湖公园内与美国一拳手比武，断手时，张树新只一个栽捶便将美国拳手击倒，对方竖起大拇指对其功夫表示服输，改变了该拳手头脑中"意拳没有实战能力"的观点。1991年，张树新应邀到西安采访赵堡太极拳传人刘瑞，刘瑞在与张树新进行了切磋后感慨万分，认为张树新是罕见的有造诣的拳学人才。1998年，在北京某武术杂志编辑部，张树新偶遇某翻子门名家，此人自诩专破意拳，张树新则称自己是意拳门末学，愿感受其破法，双方只一搭手，此人便被掷于桌下。1999年，张树新与连获五届欧洲自由搏击冠军的德国（土耳其国籍）拳术教练切磋拳技，搭手瞬间就将其弹出，后张树新提出要与之断手，该拳术教练畏其骁勇而没应战，随后张树新介绍了几种意拳发力，令其教练大开眼界，并感叹中国功夫博大精深。

张树新在习拳之余还致力于拳学理论的研究，其著述颇丰，发表了《大成拳真意初探》（《武魂》1991年第2期）、《王玉芳首传王芗斋技击试力十节功》（《精武》2000年第10期）、《王玉芳妙论浑元桩是技击桩最高级阶段》（《精武》2001年第3期）等拳学论文，在武术界引起很大反响。此外，他作为中国工艺美术名家，其创作的艺术作品多次在国内外展出、获奖及被收藏。

（王玉芳.《精武》杂志.2003年3月.总第169期）

代序二

张树新——武术重精神

意拳，是清末民初河北深县魏家林村人王芗斋祖师，在形意拳基础上吸取众家之长的基础上，于1926年所创立的拳术，1940年后又被称为"大成拳"。张树新则是当今中国少见的意拳名师，在摄影棚拍摄的时候，张老师摘下眼镜，摆出练拳的功架，其势如电，时而伴有呼喝，只觉满室生威，俨然一位武学大家。

（一）体验神奇的沾身劲

拳术一道，必须亲身体悟，方能深感，于是拍摄结束后，我斗胆上前向张老师"讨教"——说是讨教，其实我至多算是以身试拳的人肉沙包。张老师点头笑笑，要我前后弓步站稳，双臂横架，然后双手轻搭在我架稳的双臂上，只短短一瞬间，我全身就被张老师手上传出的大力带向地面，双膝重重地磕在地上，这一瞬间之短暂，我都不曾看清他是如何发力的，向周围同事望望，他们也是目瞪口呆，快得没有一个人看清。我站起身，重新前后扎稳脚步，要求再次体验。张老师依旧将手搭在我的手臂上，明显放慢了动作、减轻了力量，但我依然没有看清他是如何发力的，就又被重重地拉倒在地。但我能感觉到，他是瞬间沾身发力，几乎没有做功的距离。张树新说："在实战中，这只算是半式，临敌之时，一拉之下，立刻顶膝，基本可以一击制胜。"

而后张老师在我面前指点意拳的发力，粗看上去，他不过是很随意地左右上下发了几下拳掌，但就这几下招数，在我看来几乎已成避无可避之势，而且速度之快无法想象，仿佛周身是手，每一手都有刚柔粘连的后招，再加上张老师发力之时的呼喝，此时若有10个我，估计也就是几秒之内也全部被打倒了。最后张老师双手按到我胸口，我只觉一股大力瞬间沾身产生——这是按上去的，而不是推上去的——随后我便身子平平后倒，摔了一个重重的仰面朝天。体会到了意拳的实战威力，我不禁要向张老师询问个究竟了。

（二）另辟蹊径的武学之道

由于张树新的发力几乎没有运动距离，我以为这就是武术中所谓的"寸劲"，但他笑着摇了摇头："这不是寸劲，这是意拳所特有的沾身劲，寸劲至少还需要一寸的发力距离，而意拳的沾身劲，却是贴身发力，是一种奇特的爆发力。其他的拳种发力，再快也总要把拳头轮圆了，就算如泰拳一般刚猛迅速，但它依然有做功的距离，而意拳只要贴身就能发力，有对方出拳抬腿的时间，意拳已经克敌制胜了。至于如何拥有这种爆发力，则属于核心技术问题了。"

有我刚才的亲身体会，知道此言不虚，虽然张老师卖了个关子，但在我的追问之下，张老师还是大略介绍了一下意拳的修炼诀窍："意拳的精髓，无非就是三句话——重精神，重意感，重自然力的修炼。意念和意感是意拳的入门关键，如果能用意念来做到假想成真，那么意拳就能够入门，这也是一种潜意识的开发术。人是一种很奇怪的生物，他的潜能是无限的，只要意念去驱使这种潜能，那么通过训练，就能达到很完满的效果，搏击也是一样，王芗斋祖师开发出了一套用意念来训练武术的独特方法，这使得意拳威力无比巨大。"世间大部分的拳术，都是由内而练到外，但意拳是个例外，它是一种由外而练到内的特殊拳术："意拳强调自然力的修炼，也就是借用自然来修炼自己的拳术与拳劲，并产生自然本能的力量。意拳的心法很奇怪，与一般的思维方式相逆，但它又是以现代运动学、解剖学、生理学、心理学、神经医学、人体力学等作为训练的理论依据。比如一般人会觉得旗子被风吹得笔直，是紧，而旗子下垂是松，而意拳的思维则与之相反，能随自然而动为松，而不随自然而动则为紧。意拳不是我主观要发力打人，而是被环境所迫，不得不发力。就仿佛你一碰刺猬，刺激之下它瞬间就变成一个针球，在长期的意念训练中，意拳能够迅速对外力做出判断和反击。身体各部松紧的互相交替，使精神和身体，身体和外界达到高度协调统一，从而充分发挥精神和身体的能量，这就是意拳心法的奥妙所在。意拳是一种向大自然借助力量的拳法，为了能够借助力量，所以意识里必须要与自然相合，这样才能达到目的。"由于意拳强调以意念引导动作，所以并没有什么固定的招法和套路，这也是意拳的一大特点："当年王芗斋祖师深感拳术有形而无意，他觉得武术再这样下去，就成体操了，于是开创了意拳一门，专以意御力，所谓打人如走路，是一件很随意的事情，不需要什么花架子，复杂的套路，只要内力够强大，拳术无非也就是踢打摔拿几个动作而已，大人和小孩子打架，从来不用套路，只是打下去就好了，所以意拳练到好处，也就是这个感觉，无往而不利。"

（三）打人乃是末技

虽然意拳是中国拳法中最具有技击性的一种，但在张树新看来，要想学好意拳，应以强身健体为根本，而他与意拳的结缘，其实也是源自强身健体的初衷。张树新在小时候曾经出过车祸，被撞成肝破裂，"当时大夫就和我妈说，这孩子毁了，动手术开膛破腹的，失血过多，能把肝缝合就很不错了。"经过手术抢救之后，虽然保住了性命，但从此伤了元气，走路也是病怏怏的。为了强身健体，张树新从1978年开始访遍名师，从此走上了习武之路。"那时候武术并不是很流行的，电影《少林寺》都是后来的事情了。当时我就是一门心思想让身体变好些，果然上天不负有心人，练武让我身体越来越好，越来越壮实了，这说明武术的确是一种强健体魄的好方法。既然找到了好方法，于是我寒暑不间断地练习，并且一直保持到现在，当时想得也简单，那就是，不练了身体就会不好。正是这意念，成为我数十年来坚持习武的巨大动力。""也不光是我"，张树新笑着说道："包括王芗斋祖师，他年少时身体也不太好，但最后练武还是成了武学巨匠，所以很多能够坚持练武的人，其实都是那些以前身体并不好的人，他们反而能够日久天长地修炼下去。那些一门心思想要克敌制胜，去打人的学生，往往会半途而废，因为他们的目的是打人，这个目的一达到，就没有更好的动力去习武了。所以我常说，习武学拳，不能以打人为目标，当你没修炼到一定境界的时候，你没法打人；而当你真的修炼到一定境界的时候，一拳一脚都会给人极大的伤害，你又会发现无法下手了，所以王芗斋祖师说过，打人乃是末技。这话一点儿也不错。"

（四）文武必须双全

"意拳是一个交叉学科。"张树新觉得，意拳是文武相辅的一种文化拳术：从"武"上说，只要潜心修炼，人就会习惯修炼这种拳术的感觉，有使精气神充沛的效果，这和健美健身一样，是会上瘾的。当然，作为健身锻炼，要采取缓慢柔和的动作，不能拙气拙力，更不能违背运动系统的运动规律。轻柔慢练的动作，这属于有氧运动，对肌肉、韧带、血管、神经都有好处，可以使血液循环加速，微循环畅通，营养物质供给充足。消耗得少蓄养得多，练完后会感觉到耳聪目明，神清气爽，精力充沛。而从"文"上说，意拳主张习武之内有"理趣"，当年王芗斋祖师就是文武全才，具有很高的文化修养，"意拳的境界提高，不光和勤习武有关，还必须要多读书，因为这是一种融合了儒释道多种文化的拳法，不是单凭拳术拳路就能学成的，还必须要加上个人的修养和学养，这才能够一日千里，否则就是事倍功半，当年在王芗斋祖师时期练习意拳的人，几乎都是具有高学养的文化人，或者政府官员，在一定程度上来说，意拳也算是一种文化拳。"

（五）调动身体最大的潜能

张树新认为，对于现当代都市的白领们来说，虽然不需要人人都修习如此威力巨大的意拳，但意拳中有关深度开发人体潜能的一些诀窍，却是可以大家来一起体会和修炼的：

首先第一要诀就是松，要放松。意拳认为松紧，是构成人体运动的基本矛盾，诸如力量、速度、争力、灵活、协调等，无不受人体肌肉松紧的制约。所谓松紧，既是肌肉的松紧，又是意念上的松紧。只有放松，才能充分体会自然力的能量。

其次则是要进入情境，也就是意识的具象化，自己设立了情境，而自己要相信自己已经进入了这种情境之中，这样才能一点点地提升自己的潜能。往往人在危险的环境中，能一跃数米，举起大石，这就是潜能，但这属于瞬间的、一次性的、不可重复的能量。而意识的具象化，可以使这些场景再现，从而逐渐控制那些无法把握的力量。当然，要循序渐进，不能使用强刺激的意念。否则会对身体和心脏造成负面的影响。

再次就是要动真情，动真意。越是真实的感受，越是真诚的念想，越是收效巨大。当训练到一瞬间就能暗示自己的地步，那么除开力量上的增长，改善其他心理问题也变得简单起来，比如利用潜意识的原理，在意识里具象化你所希望的成功场景，从而达到替换你意识中负面思想的目的，通过反复暗示，改变自我，树立成功信念，并使自我产生积极的行动，达到预定目标。

（穆鸿逸.《时尚健康》杂志.2010年.第4期上）

自　序

——意拳之我见

意拳（又名大成拳）发展到今天，已形成了各自不同的训练体系。在意拳祖师王芗斋先生的众多弟子中，姚宗勋先生、王斌魁先生、于永年先生和我的恩师王玉芳先生的功夫很有特色，经过这几十年的发展，现在大家已经自成体系，之间的功夫有相同点，但更有不同点。

一、意拳的传承体系

意拳不同的传承人中，如姚宗勋先生、王斌魁先生、李永倧先生、杨德茂先生、于永年先生的体系，都出现过很多的高人，如20世纪六七十年代威震一方的王选杰先生、高京立先生（王斌魁先生的弟子）、许福同先生（李永倧先生的弟子）、崔有成先生（王斌魁先生的弟子），在全国武术比赛中获奖的郭贵志先生（于永年先生、姚宗勋先生的弟子），80年代在擂台上一战成名的姚承光先生（姚宗勋先生之子）、夏成群先生（姚宗勋先生的弟子）等。姚承光先生在1982年举办的首届北京散手比赛中，仅在47秒的时间内，即将对手击致休克，技惊四座，首创北京擂台赛开赛以来KO（KO即knock-out，KO是直接击倒的意思。这名选手击倒对方后，裁判会数秒，如果对方10秒钟后不能站起来继续比赛，就可以判这名选手KO胜）对手时间最短的纪录；夏成群先生以80公斤越级打107公斤TKO（TKO即technical knockout，TKO为技术性击倒。当对方被打得毫无还手之力，伤势过重时，其中包括起立10秒，但未能站稳，裁判出于对选手的保护，同时比赛结果不可能被改写时，会强行终止比赛，即TKO）获胜，皆打出了传统武术的威风。这些都说明了意拳有很强的实战性。

意拳第三代的实战性，来源于第二代人的高手如云，在祖师王芗斋先生的弟子中，早期的被上海武术界称为"四大金刚"的赵道新先生、韩樵（韩星桥）先生、张长信先生、高振东先生，以及全国摔跤冠军拳击冠军卜恩富先生，还有在祖师王芗斋先生在《实报》上发表公开声明后，代祖师王芗斋先生接待前来访拳的周子炎先生、洪连顺先生，技击从无败绩的祖师王芗斋先生的义子姚宗勋先生，在天津赢了全国摔跤重量级冠军张奎元的张恩桐先生，及在北京折服意大利拳击家詹姆斯的李永倧先生，击败北京军阀富双英镖师高阁王的窦世明先生等，他们个个都是身经百战的技击界宗师级的大家。

当年，老人们说："若没有姚宗勋先生，北京城当装不下李永倧"，足见李永倧先生有多厉害，只是可惜，他老人家走得太早了，我没有能从李永倧先生的身上学着东西。李永倧先生有两个高徒，王选杰先生和许福同先生。王选杰先生曾经是姚宗勋先生及李永倧先生、杨德茂先生的弟子，他至少是掌握了或是了解了意拳三大训练体系的知识。有人说王选杰先生是祖师王芗斋先生的学生，甚至有人说他是王芗斋先生的关门弟子，但这个问题就比较复杂了，我在何镜平先生家里向他请教功法时，何镜平先生曾对我说，选杰没去过几次芗老那里，去的时候还都是他带着去的，但是我就疑惑了，当年恰恰是何镜平先生写文章说选杰是祖师王芗斋先生的弟子，但何镜平先生说那是别人代笔的文章，所以这事儿就复杂了，当时在座的不止我一个人，还有何镜平先生的弟子，故我现在也只能是把我所听到的情况真实地描述给大家，由大家自己来判断。关于王选杰先生的师承问题，林肇伦先生曾专门在《武魂》杂志（1992年10月）上发表过一篇文章，题目为"历史是公正的——为意拳发展史正本清源"，文中对王选杰先生的学拳历史进行了总结，文中的主要内容就是在说王选杰先生是意拳的第三代而不是第二代，然后大部分健在的意拳二代弟子们及许多年龄大的三代弟子们在上面都签了名，以视为对这篇文章的声援与肯定，当时选杰先生还健在，也不知道为什么他并没有发表反驳的文章。

王选杰先生的师承关系虽然复杂，但选杰先生的功夫却是响当当的。高京立先生和王选杰先生比过手，是比推手。当时他把选杰先生推急眼了，他照着高京立先生的肚子就是一拳，高京立就此住手，但高京立还是很服气王选杰先生的，也曾向他请教了不少的东西。在高京立先生鼎盛时期，有人评价他的功夫已经接近了祖师王芗斋先生的水平，但在我看来，他接近第二代的一部分名家是有可能的。我与高京立先生搭过手，也与意拳二代的一些名家们搭过手，对大家的功夫我是有比较的。高京立先生的功夫仅仅是祖师王芗斋先生一两个支脉的功夫，他跟王芗斋先生完全是不能放到一块儿来谈的。高京立先生也与许福同先生交过手，许福同先生快速地攻出一拳，高京立先生急速地抬手挡住，但这时有朋友来串门，他俩就此停手，以后也再没有比过。我对意拳20世纪六七十年代前后的那段历史很想深入了解，便当面请教了师哥许福同先生。我直觉里一直就认为高京立先生与许福同先生的技击水平当在伯仲之间，他们俩都酷爱断手（即技击格斗），年龄差不多，个头也差不多，出拳的速度许福同先生略快，但高京立先生的体重占优，总体实力他俩应该是差不多，所以我才会很好奇，如果他们两人要是真的打起来会是什么样的结果。在我看来，他们之间的比手交流，既是个人能力的比试，更是王斌魁先生与李永倧先生两大不同体系的对撞。许福同先生满足了我的好奇心，说了他与高京立先生比手的那段往事，及高京立先生与王选杰先生推手交流的那段故事，这些都是许福同先生亲身经历与亲眼所见的事情，这些史料相当的珍贵。当然，我也还很好奇，要是崔有成先生与高京立先生、许福同先生，他们之间要是真打起来，结果会是怎样。崔有成先生曾被人称为是意拳的敢死队长，他们三人都是同一个年龄段的人，但是他们俩都没有与崔有成先生比过。高京立先生跟我只是说，崔有成的小胳膊那么细，没法儿去找他比。但我却不认同高京立先生的观点，只有真的打过后，才能说谁强谁弱。从技术层面上看，在我眼里，高京立先生与崔有成先生也是半斤八两，甚至崔有成先生还会略占优势，虽然崔有成先生的体重轻，个子也比高京立先生矮，但他的"疯劲"上来后，高京立也不一定就能控制得住他。崔有成先生与高京立先生练的都是同一个体系的功夫，但他们的侧重点是不同的，高京立先生打人精于计算，崔有成先生打人多是本能，真不好说谁厉害，但他们俩一旦打起来，场面一定会很劲爆。崔有成先生的手多次骨折，都是打人打的，自己的手骨折了，对方的头也被打成血葫芦了，用他自己的话说，对方已经没法看了。崔有成先生的攻击多是出于直觉，他主要是打击对方的头部，"疯劲"上来，不去考虑打击的部位是软是硬，也正因为如此才会被人在私底下叫成是崔疯子和敢死队长。崔有成先生常说的一句话是："别提你师父是谁，先说说你能不能过得了我这一关"也就是在当时的那个年代可以这样干，放到现在，还别说要蹲监狱，光给人家疗伤及赔钱都不够。在那个特殊的年代，民间私下里的比武不受限制，只要是提前说好了死伤双方皆不负责，就可以完全地放手相搏，因而也成就出来了一代人，一直到20世纪90年代，民间私下比武的事才逐渐地少了，主要是因为自90年代以后，大家渐渐地开始有法律意识了。我本人也算是有幸，赶上了个时代的尾巴，也多次拳拳到肉地与人比武，我与别人技击时，有时对方伤的也很惨，但我与崔有成先生不同，我只打对方不经打的地方。我认为技击应该是控制下的打击，从拳术的内功打法而论，拳术更多的时候应该讲究截对方的气，也叫打呼吸，是要打在对方的"气口"上。我与崔有成先生是非常好的朋友，他年长我18岁，崔有成先生经常说的一句话是："师弟，只要是你叫我，什么时候叫我什么时候到。"我对崔有成先生的打法很了解，也与他搭过手，我与高京立先生也搭过手，不过不是断手而是推手，是活步的快速打轮的那种推，我个人觉得高京立先生的腿法没有崔有成先生的腿法快，所以，我才会隐隐地觉得崔有成先生有赢高京立先生的可能。

崔有成先生与冯志强先生同在一个单位，冯志强先生是崔有成先生的领导。上班时崔有成不得不听冯大哥的，下班后崔有成再用拳头赚回来，他们俩撕皮掳肉的断手是常事儿。所以，在太极拳界，冯志强先生是少有的真会技击的人，这得益于他与崔有成先生的特殊关系。崔有成先生虽然比武打人凶，但他却是有情有义和善良的人，他的情商其实很高，每次崔有成先生都是留着手的，总不能把领导打得不能上班了，他实际上也是在陪着冯志强先生玩儿，崔有成先生实是心思很细的人。冯志强先生在他后来自创的混元太极拳中，加入了许多意拳的功法，他是在内心里真切的承认意拳好的人，也是太极拳界少有的真正了解意拳功法的人。2004年他哥俩一起来参加我的收徒仪式，冯志强先生打趣地说，"你这家伙还没死呐"，当时崔有成先生已经患了癌症，崔有成先生一脸豪气地说，"我现在摔你依旧没有问题"，他俩嬉笑怒骂像一对孩子，看着他老哥俩在那里斗嘴，甚是亲切，当时在场的还有北京八卦掌研究会副会长高继武先生及我师哥李全有先生等人。只可惜岁月不饶人，几年以后，崔有成先生与冯志强先生二位老哥相继作古，这实是武林的憾事。

　　意拳的一代，二代，三代，都曾经辉煌过，第四代若不努力，意拳就会由铁老虎而变成纸老虎，就真应验了"富不过三代"的传说了。

　　就意拳的各个传承体系相比，大家各有所长，崔有成先生曾经是王斌魁先生拳术体系的代表人物之一，当时的武林界有"三成一杰"之说，即崔有成、张鸿诚、王铁成、王选杰。王铁成先生的学拳经历与王选杰先生类似，也是师承姚宗勋先生及杨德茂先生，王选杰先生与王铁成先生俩人的关系相当好，当时好到就差形影不离。据姚宗勋先生的弟子崔燕伟先生讲，姚宗勋先生在评价他们俩的水平时曾说"选杰功力好，铁成会得多"。张鸿诚先生从学于姚宗勋先生，他也是非常有实力的。常志朗先生曾和张鸿诚先生比过手，因为张鸿诚先生当时学拳时间尚短，常志朗先生便轻视了张鸿诚，冲过去就是一顿组合拳打在了张鸿诚先生的脸上，但他太出尖儿了，让张鸿诚先生抓住了机会，一下子把常志朗先生摔倒在地给制服了。常志朗先生后来一直都在说他是祖师王芗斋先生的弟子，其实常志朗先生所拜的师父是李见宇先生，但他的确总是跑到祖师王芗斋先生那里去吃小灶，王芗斋先生说常志郎时常"以小卖小"，当时意拳界的老人们，管他叫常小孩儿，管王选杰先生叫王小孩儿。

　　意拳第二代和第三代之间的差距还是很大的，张鸿诚先生在学意拳之前是练摔跤的，当时他们职业摔跤队的几个小伙子与李永倧先生比手，有一个小伙子一下子就抱住了李永倧先生的一条腿想把他摔倒，李永倧先生也没有躲，只是用腿往回一挂，这小伙子就趴地上了，当时张鸿诚先生并不认识李永倧先生，张鸿诚也上来抱腿，其结果也跟上一个小伙子一样。李永倧先生瘦瘦的，相貌文静，但却功力深厚，足见第二代的意拳人，功夫下的真的是很大，在意拳的桩功面前，摔跤的技术是发挥不出来的。李永倧先生对自己的功夫还是很自信的，李先生曾跟许福同先生说："大家都说赵道新先生厉害，其实我倒是觉得我能和赵道新先生打到一块儿去，我并不怕他，因为我们俩的身体状态相似，都是以速度与反应快及发力冷脆见长，且技击思路相同，都是强调实战的真实性，而且我还多追随了芗老几年"。

与李永倧先生的这段往事回忆及与常志朗先生的比手之事，分别出自张鸿诚先生与许福同先生的亲口所述，这是一段非常珍贵的史实。在意拳二代的这些弟子中，李永倧先生的技击水平的确是出类拔萃的，故才会有前面所说的"若没有姚宗勋先生，北京城当装不下李永倧"。

但站在许福同先生的角度来看二代与三代，其间的差距却并不是很大，许福同先生曾非常客观的评价李永倧先生说："到了后来，李先生想赢我也没那么容易了，因为他的一切运动习惯我都掌握了"。许福同先生是文化大家，而且是文武双修，他是中国社会科学院的研究员，真正的文化学者，他没有迷信或是向某些人那样的故意夸大前辈人的成果，拿前辈人来为自己做广告，许福同先生也不在江湖中混，从不吃武行这碗饭，故他的话真实性很高。从许福同先生的口述中，可以看出许福同先生的技击水平，当时若不是达到也至少是已经接近了李永倧先生的技击水平。故若从传承的角度来看，意拳的第三代人，还是有所作为的，还不能说意拳是"黄鼠狼下耗子，一窝不如一窝"。

二、意拳具有很强的实战性

1. 传统武术是能实战的

网上有北京早期的散打教练梅惠志先生说："练传统武术的，那时没有一个能实战的。"我个人认为，练传统武术的不全是他说的那样。高京立师哥曾对我说："当时我的弟子和朋友包括我本人经常到梅惠志的武馆去比手，也叫踢馆，因为别的门派都不经打，只有梅惠志的弟子还可以，也没有别的目的，只是拿他们来练手，弄的梅惠志后来无奈地说，你们大成拳（即意拳）实在是厉害，别来了，我们还要靠这儿吃饭呢。"现在高京立师哥已仙逝，此话的真实性也已无从考证，但至少从高师哥的话语中，能听出来他并没觉得练散打得怎么样。撇开高京立师哥的事儿不谈，有一个真实的案例，就发生在我的身上，梅惠志先生有一个不错的学生，是早期的北京市散打比赛的亚军，我的一个练意拳的朋友因看他的水平很高，便约我们相见（大概是在1991年），我们第一次见面就搭上了手，地点是在建设部大院内，当时谈好的规则是除了断手以外，任何的规则都可以使用，既可以摔也可以擒拿也可以推手，结果是我赢了，据引见的朋友说，他回家后一夜没睡好觉，事后说："我一个搞职业的，怎么也想不通会输给一个搞美术的。"后来我们相处的熟悉了，动手便成了每次见面的必然内容。每次我们交手后他都会说同样的话："按照我的经验，本应该能踢你时却都抬不了腿，或抬腿了也踢不着你。"他总感觉我待的位置与他平时所遇到的对手不同，对他来讲总是不得劲儿。他说的没有错，这就是我一直在研究的空间控制，在空间与距离的控制上我不会给对方抬腿踢我的机会，这是意拳的控制学。在多次交往后，我们戴拳套进行了一次按照拳击规则的比手，结果我把他的眉骨给打出了血，他一米八几的个儿，又高又帅，是标准的帅哥，他女朋友当时就急了，说我给他破相了，他戏谑地对女友说："本来想教他打拳击的，却被他给打了。"其实，谈到断手与推手，撇开空间控制不谈，讲到近身肉搏术，只要是搭上了劲儿，无论是使用什么技术，意拳的优势都会迅速地显现出来，意拳通过站桩与试力及发力等训练，通过劲力的松紧训练与身体的平衡训练，可以迅速地控制对方，如果对方没站过桩，是不能理解搭手时劲力的细微变化及劲力的松紧转换与身体的劲力平衡的。如我们可以通过调整平衡让对方失重，对方若跟不上我们的调整就会处处被动。具体如在搭住对方的间架后，通过调整间架角度的变化，并通过调整身上的平衡，包括调整脊椎或腰胯或膝踝的平衡关系，或调整脚与地面的平衡关系，从而使对方失重。这种调整每次都须先于对方，每次都得快于对方等。所以，站桩及试力若从技击的角度来讲，首先是建立起人体的平衡关系及对平衡关系的不断调整和深入理解的学问（从健身的角度讲，也离不开人体平衡的学问），当然，也还有"假宇宙之力波"等学问，但这些都应是放在平衡学问之后的学问。

回到梅惠志先生的话题，我没有和梅惠志先生搭过手，本人相信梅惠志先生是有功夫的，但梅先生如果认为民间的所有拳手都不是他们的对手，就有些过了，最起码意拳不会是这样的，有很多的民间高手并不以教拳为生，并不愿意在擂台上与人比手，但在擂台下，当时的意拳人却从未被人小觑过。所以，前面所谈的梅惠志先生的一些话，若真是梅先生所说，本人认为有些话是说绝对了。

2007年的一天，我与三哥金桐华先生（意拳大师王玉芳先生的三子）、路宁女士（金桐华先生的夫人）、王成先生（意拳大师王玉芳先生的义子）、作家王世尧先生等众朋友在路边的饭馆内吃晚饭，突然有两人进入饭厅，其中一人径直走到我的面前，自报姓名，提出要与我当场比武，在场吃饭的人皆很愕然，不知道发生了什么情况，但我明白，这应该就是来踢馆的。在他喋喋不休的挑战下，我放下筷子应战。这位与我比武的人自称是WKA（WKA英文全称"WorldKichboxingandKarateAssociation"——世界自由搏击协会）世界自由搏击冠军，虽然来人的声势很大，但真正动起手来的时候，在我的面前也就是一个照面的时间，他就仰面朝天地躺在了地上，我的脚都剁到其鼻尖儿了还是生生地收住了脚，否则就一脚剁出事儿来了，由于当天并不知道有这场比武的事情，我穿的是厚底儿的皮鞋，这一脚若剁下去后果不可想象，虽然他已经口头约定了"死伤都不由我来负责"，但是出于武德上的考量，我还是收住了脚。外人常说意拳是"流氓拳"，实际上意拳还真不是什么"流氓拳"，由于我并没有趁势一脚剁在其脸上，故至少我离"流氓拳"还是有距离的。民间比手是不同于擂台赛的，擂台赛可以喊停，可以一回合一回合的打，但真实的实战格斗则是"一击必杀"的，双方生存的机会就是瞬间，稍一犹豫就会逆转，所以民间的比武危险性很大，很容易出事儿，但也正因为这样才更真实。当时我们俩的比武瞬间就结束了（事后上网一查，此人的确是WKA世界自由搏击冠军，也是武馆的教练），大家看他生龙活虎又年轻力壮，许多人担心我会输，但事实证明，习练传统武术，尤其是习练意拳，只要是方法得当自会具有超强的实战能力。意拳有祖师王芗斋先生"精神笼罩"的秘法，大多数人认为祖师王芗斋先生的"精神笼罩"只是一个形容词，事实上"精神笼罩"是"意即是力"的物质化，在武林界也只有祖师王芗斋先生把"精神笼罩"上升到了理论与实践不可企及的高度。本人自入意拳大师王玉芳先生的师门后，与人比武从无败绩，就是得益于祖师王芗斋先生"精神笼罩"的秘法。

2.关于传统武术中的"唯功夫论"

当然，传统武术也存在着许多的问题，比如传统武术中的"唯功夫论"的观点。从技击的角度来说，我本人是反对唯功夫论的，人们常说练拳要功夫上身，但是许多自诩为功夫上身的人，与我动手还真没能赢得了我，所以我才会对功夫有此看法。其实当人们津津乐道的在体会功夫的精要时，技击就会变成从属的位置，这样的状态，从技击的角度讲，有功夫也会是无用功。虽然技击本不是目的，用祖师王芗斋先生的话说："其使命要在修正人心、抒发情感、改造人理、发挥良能，使学者精明体健、利国利群，故不专重技击一端也"，但没有了技击的检验，一切功法的合理性与正确性便没有了依据，就如同现在社会上的那些打着养生的幌子而骗钱的假大师一样，没有办法来证明他们的真伪，等一两年后身体被忽悠得练出问题来，再找他们来理论为时已晚。所以，技击虽然可以不是目的，但却必须要有技击的目标和能力，因为它是检验所学功法是否正确的试金石。

我认为站桩要解决的问题非常多，如筋骨问题、松紧与紧松问题、平衡问题、贯通问题、体内矛盾与体外矛盾的问题、"间架"问题、"精神笼罩"的问题、"假宇宙之力波"的问题、"四如"（毛发如戟、身如灌铅、体整如铸、筋肉如一）的问题、"六力八法"（惯性力、离心力、螺旋力、杠杆力、弹簧力、爆炸力及提顿、吞吐、沉托、分闭）的问题、"悠扬"与浑圆力的问题、"自然而然"的问题等。这些诸多的问题也可以用传统武术中的老话儿来总结，即"内练一口气，外练筋骨皮"，或"内练精气神，外练筋骨皮"，亦或说练的是"神、形、意、气、力"。人的身体就像是祖师王芗斋先生所说的是一片"竹林"，人的修炼不能有哪长哪短与哪粗哪细，并且要不断地培育新内容，如前面所谈的站桩要解决的诸多问题，还要平衡它们，如不能只练"六力八法"而忽略了"四如"，只练"四如"而忽略了"精神笼罩"等。只训练任何一个内容，都是片面，也都是局部，即都不是浑圆。

功夫上身往往只是针对一个训练内容的自我感受，所以，如果只练一两项功夫，应该会有功夫上身的自我感觉，这正是我一贯所反对的唯功夫论，因为它只是单一的局部功夫，技击训练中的任何一种功夫，如果拿出来炫耀的话，都是局部，都是对拳术的曲解，包括有些人炫耀他的功力深厚、炫耀他的发力、炫耀他的推手能力、炫耀他的抗击打能力、炫耀他的出拳速度、炫耀他拳脚的力量与硬度等。这些其实都是局部，都不是大道。技击格斗或叫实战搏击、意拳叫"断手"，它是一个综合文化，任何的一技之长都没有什么可以值得炫耀的，因为哪一项长或有哪一项短都不成，任何人只要一有了所谓的"得意技"，那他就等于练错了，并且会越练越离题万里。换一个角度来说，人们每天都要吃饭，就拿吃饭来举例，我们应该有能吃满汉全席追求，而不只是一天到晚地摁着一道菜死吃，但即使是满汉全席，吃到六七成饱也就成了，每一道菜只吃几口，越是吃得美了的越要停嘴，这是文化，否则就是贪吃，在武术里叫贪功夫，许多人都是因为贪功夫而把自己给练坏了，这也可以认为是祖师王芗斋先生所说的"练拳要留有余兴"的道理。只有这样才不会执着，故不执着的前提是对自己欲望的克制。所以，习练意拳我们应在意的是，我们能知道多少东西并练了多少东西，这些东西是不是偏科，并且还应该知道多少东西，还有哪些东西没有练到，即要不断地开发了再开发，这才会不断地进步。

实际上意拳现在已经开始分门派了，第三代人，每个人在意的东西都不一样，训练的重点也不一样，虽然都叫意拳，但练起来就像不是一个拳种，且每一个人都认为自己是正确的，包括我自己。这主要是文化背景、师承、思维方式、环境、目的等诸多不同的因素所造成的。追随者们也只能是看缘分了，选择跟哪位大师来学拳，是仁者见仁智者见智的事情。相信到了第四代、第五代，意拳会更加的百花齐放，也许那时就不叫意拳了。

回到刚才的话题，有的人喜欢练拳，有的人喜欢练功。如果按金庸小说中所说的"剑宗"与"气宗"来分类，我认为祖师王芗斋先生与师伯姚宗勋先生及我的恩师王玉芳先生均不在其列，他们当属于"剑宗"与"气宗"这两宗的综合体。在上一辈的意拳大师中，其自创空劲儿的尤彭熙师伯当属于"气宗"，是属于强调功夫这一类的，而自创心会掌的赵道新先生当属于"剑宗"，是强调拳脚这一类的。赵道新先生尝言："拳怎么打功就应怎么练"。由于赵道新师伯与尤彭熙师伯并未交过手，所以本人也不知道是尤师伯的功夫厉害还是赵师伯的拳脚厉害。

从金庸一贯的立场上来看，他是偏向于"气宗"的，这是受自明清以来中国武术中主流内家拳观念的影响，但我本人倾向于相信赵道新师伯的拳脚会赢。因为，人若有了能上身的功夫就会倚仗功夫，这种对功夫的倚仗，在意识上就已经"出尖儿"了，这在格斗时恰恰是最致命的缺陷。

但客观地来讲，选择练功还是练拳，取决于人的性情与学拳的目的，不好说哪一个更正确。从长寿来讲，练功与练拳的都有长寿的也有短寿的，故也不好由此来区分。就我的性格而言，在练拳与练功方面，我选择"剑"与"气"合宗，因为缺了哪一样儿都不完整。离开了功夫，实践不会有多高的境界，离开了实践，功夫便迷失了方向，一切的功夫都会是伪功夫。

3.意拳的整体观

祖师王芗斋先生所创立的意拳，是浑圆而立体的，从其全面且完整的训练体系来看，周身不能哪儿强也不能哪儿弱，不能有长处当然也不能有短处。意拳永远是一个均衡的理论，中医也讲均衡，东方与西方的文化观是不同的，从长远的角度来讲，均衡的理论应是大道。

外国搏击与中国传统武术是完全不同的两个思路，似乎练好了都厉害。一个是霸道，一个是仁道，但我一直认为霸道是不长久的。儒家文化、道家文化、佛家文化、基督文化等弘扬的不是他的霸道。中国的老子有柔软的理论，据记载老子曾对弟子们张口说："我那坚硬的牙齿早就掉了，可我那柔软的舌头却还在。"耶稣的伟大也不是因为霸道而是因他的爱，爱是柔软的，也是强大的。所以从文化的角度讲，外国人搏击观的霸道性，与神爱世人的思想，及与中国传统文化中的"慈悲""仁爱"与

"善念"等文化观并不是吻合的，换言之，他们的搏击理论缺少文化支撑，只属于运动学的范畴，不像中国武术有传统文化做后盾。

如果我不练意拳，不研究相关的文化与思想，我可能会相信外国人的搏击理论，相信霸道，但通过学习传统武术，使我认识到了什么是真理，并且我运用中国的均衡文化，每每都能在与人比武的实践中取胜，由此也更坚定了我对中国传统文化的信心。故从均衡的角度讲，祖师王芗斋先生的最大贡献是他的"竹林理论"。王芗斋先生曾对他的弟子们说："尚云祥先生的竹林粗的像水缸，细的像筷子（又称像"小手指"），而我的这片竹林，既没有水缸那么粗的，也没有筷子那么细的，都是像碗口（又称像"饭碗"）一样的粗细。"祖师王芗斋先生的这一观点，我管它叫"竹林理论"或叫"竹林观"，也可以叫"木桶理论"，即身体要均衡，不能有短板。天下的功夫，唯有祖师王芗斋先生在拳术的修炼上能谈得这么清晰，这么形象，这是对中国武术的巨大贡献。意拳的训练，就是延用祖师王芗斋先生的这一标准而进行训练的，王芗斋先生是这一理论的提出者也是践行者。故我常说，意拳祖师王芗斋先生能不能比武赢人不重要，即使他比武输给了别人，我也还是要练意拳。因为，只有在"竹林理论"或是叫"木桶理论"的指导下的武学文化才是阳光大道。狼和犬的长处在嘴，虎的长处在嘴和爪，龙的长处在嘴和爪还可以喷火，可上天可潜海，观世音的长处就太多了，除了咒语还有法器，但他们都没有佛祖厉害，佛祖的长处应该是放下，我管它叫没长处，是没长处之长处。所以，一个人若要达到最高的境界，就要学会放下，因为有长处，就会必有短处，否则长处又从何说起。故本人的训练观点是，在初级阶段，首先是要削长，削掉值得炫耀的东西。比如浑身能显示力量的腱子肉，通过放松，通过削掉这些似乎美观但却是局部力的腱子肉，使身体中的从未训练过的地方和薄弱的地方逐渐地被开发出来。这就像一个木桶，练功的目的不是要把已经很高的木板继续加高，而是要把短板赶快的补齐，因为木桶中决定水的高度的不是长板而是短板，这也是"竹林理论"，即要把那些像筷子一样细的竹子，尽快地也长成碗口一样的粗。再如，训练警犬扑咬时，先要给警犬戴上防止其咬人的嘴套，迫使警犬不得不像猫一样地使用爪子来进行攻击，等警犬学会了用爪子进行攻击后，再把其嘴套摘掉，这时的警犬就厉害了，犬科动物变成了猫科动物，不仅会上嘴咬还会上爪子抓，这也是削长训练的结果。

我认为意拳应该以减法思维和削长思维来进行训练。在训练上我们可以把它分为两个阶段，第一阶段先做减法，即扔掉身上多余的东西，直到扔干净，就像欲用喝过酒的杯子喝茶，先要洗干净杯子一样，要洗得越干净越好。第二阶段身体要全方位地增长，这时是加减法互为，实际上还是减法。具体而言，自己的意念始终应该是减法，要削长，随时发现身体的冒尖处，哪冒尖就要把它削掉。如手臂的功夫成长太快了，就要及时的让它停止，而要让腰腿的功夫赶快追上来；腰腿和手臂的成长太快了，就要让它们停下来，赶快把身外的东西成长起来。因为没有身外的东西，身内的东西会是执着而又出尖儿的。就像是一个行进中的团队，光有一两个人跑得快是不能迎敌的，炮团没有跟上，弹药没有跟上，前锋也只能停下来等着，唯一的办法只能让落在后面的加快速度赶上来。

人的身体有些地方特别灵敏，一动意识就成长，而有些地方则很迟钝，唯一的办法就是削长补短，多给那些不听话的、增长缓慢的地方雨露阳光，故其实削长往往也是迫不得已。但若不是削长的观点，若不是时时监督着长处，瞬间就会两极分化，就会强弱不均。身体一旦出现了强弱不均，练拳还不如不练的好，许多师哥的英年早逝，都与这一点有关。身体的强弱不均不光不健身不养生，而且在实战时，出现的问题也会更多，自己身体中的强弱不均会瞬间被高手发现，并被高手所利用。堡垒都是从内部被攻破的，身体中那些曾经没有多给雨露阳光的地方，到时候就会成为"蚁洞"，就会成为导致崩溃的地方。如自己的下盘如果没有劲力，并且下盘也没有松开，腰胯也没有松开，则是因为下盘和腰胯曾缺少应给予的雨露阳光，也是因为别的地方成长得太快了。在战时这些曾缺少雨露阳光的地方就会成为"汉奸"而出卖我们，带着这些"汉奸"去打仗，胜负的结果已经不用我来多说了。

所以，我个人的经验是，有长处真不是件好事儿，我就不怕对手有长处，当我攻击对方时，对方会首先展现出他的长处，他的长处一出现，他的短处也就瞬间暴露了，而且，对方越有长处会越倚仗长处，就会出尖儿，就会是局部力。要想不出尖儿，要想有整体力，就要削长，就要均衡。所以由意拳（大成拳）的均衡观，到"竹林观"或叫"木桶观"，到整体力，它们之间其实是一个整体观。

三、与武术名家的学习与交流

从我的学拳经历来说，只有不断地有高的追求才能不浪费生命，既然喜欢武术就一定要寻找最好的东西来学。为了寻求武学的真谛，在习拳的这四十五年中，我走访、求教及比手了多位武术名家，太极拳的有吴式太极拳的大家吴图南先生、冯志强先生（陈式太极拳的混元太极拳宗师）、马长勋先生（北京吴式太极拳研究会名誉副会长）、游玄德先生（南武当山道教协会会长）、刘庆洲先生（北京市武术运动协会庆洲太极拳推手研究会荣誉会长）、刘瑞先生（武当赵堡承架太极拳第十一代掌门人）、王永荣先生（太极拳以凌空劲儿而著称的石明先生的师弟）、于志均先生（吴式太极拳名家）、白庆斋先生（杨式太极拳名家）、祝大彤先生（北京吴图南武术思想研究社副社长、秘书长），及形意拳八卦掌的名家梁克权先生、牛宝贵先生（北京市武协四民武术研究社社长），还有八卦掌的王桐先生（北京武术理论文史研究会名誉会长）等。在这些名家中，本人有的是向他们请教，有的是与他们切磋交流，有的是与他们比手，如向吴图南先生是请教，向冯志强先生、马长勋先生、游玄德先生是切磋交流，向刘庆洲、刘瑞、王永荣、于志均、白庆斋、祝大彤、梁克权等先生是比手。本人1978年练拳时，虽然练的是意拳，但练拳的地点与牛宝贵先生，王桐先生的练拳的地点是在一起的（北京体育馆西侧的一片很长的树林里），故我经常没大没小地与他们俩搭手切磋交流，相处甚欢，一晃儿就是两三年，直到后来上大学就没有再来这个地方，但心里时常惦记着他们。与牛宝贵先生、王桐先生应该算是忘年交，时隔多年后在武林大会上相见甚是亲切，牛宝贵先生与王桐先生现在都已经成了各自一方的武学大家。另外，还有八卦掌名家高继武先生（北京市武协八卦掌研究会会长），形意拳名家邸国勇先生（北京市武术协会形意拳研究会会长），形意拳名家李世杰先生（慧元道拳学体系创立者），武术名家戴合明先生（北京市武协武术理论文史研究会常务副会长），八极拳名家田利光先生（中国武术八段），孙式太极拳名家刘桂祥先生（北京市石景山区体委武术馆副馆长，石景山区武协主席），武状元陈超先生（南北武术散打争霸赛连续三年蝉联"中华武状元"，国家级教练，现任北京体育大学散打代表队总教练），清华大学教授博士生导师乔凤杰先生（清华大学体育部副主任，武术文化研究中心主任，亚洲体育政策学会副会长），汉字太极拳创始人北京大学教授博士生导师李朝斌先生（北京大学养生文化研究中心主任，北京大学武术研究中心副主任，北京大学体育教研部原党委书记）等等都是武林同道的朋友。本人还曾慕名到西安找形意拳名家马振邦先生去比手，但被马振邦先生以年龄大了不便动手而婉言谢绝。在《武魂》编辑部也曾与八闪翻子拳名家靳万发先生（非物质文化遗产传统武术八闪翻项目传承

人）切磋交流，在中央工艺美院内与梅惠志先生的弟子北京市散打比赛的
亚军也经常进行切磋交流，也曾与陈勋奇先生（香港资深电影及电视剧导
演、监制、演员及动作片演员、音乐家）进行过两次的切磋交流，两次王
家卫先生都在现场，也曾与王家卫先生（香港华语电影导演、编剧、制片
人）的电影《一代宗师》团队中的一小伙子进行过切磋，本人上步动手，
刚一把"精神"拿出来，王家卫先生就脱口而出——"流氓拳"，并笑言
小伙子应该拜师，王家卫先生很敏感，居然感受到了我拿出来的"精神"，
从另一个角度来说，王家卫先生对意拳是研究过的，了解意拳的历史。另
外，本人在北京八一湖公园也曾与前来挑战的美国拳手比手，在北京动物
园西草坪也曾与来挑战的散打选手比手，与他们的比手全是徒手的格斗，
且拳拳到肉，美国拳手是鼻子断了，散打选手是给打跑了，变成了追击
赛。另外还有许多次的私下比手，也都是徒手的拳拳到肉，只是太多了，
有的已经记不住对方叫什么了，有练拳击的，有练柔道的，有练中国式
摔跤的，有练散打的，有练传统武术的，还有练空手道、跆拳道、泰国
拳的，有中国人有外国人，有外地的，有北京的，林林总总，当时只要
是一听说哪地方有高人，就一定要想办法去走访，不是本人好战，只是
想去学点儿东西，也想验证一下自己所学的东西是不是有效。数十年间
也结交了许多意拳界的朋友，如许福同先生、张鸿诚先生、郭贵志先生、
白金甲先生、薄家聪先生、崔瑞彬先生、姚承光先生、夏成群先生、林
肇伦先生、白学政先生、薛嗣奇先生、崔燕伟先生、佟厚先生、崔有成
先生、高京立先生、王国强先生、金启荣先生、杨建友先生、张秉智先
生、杨鸿晨先生、梁宝全先生、玉海昆先生、彭振镝先生、张铁良先生、
由振忠先生、于冠英先生、徐东先生、马乾先生、和振威先生、徐杰先
生……及自己的同门师兄弟的众多先生。意拳名家玉海昆先生还特为我
作诗一首：

赠诗一首以赞师弟张树新

少年得道搏斗牛,

深通拳理万卷书。

书生意气藏傲骨,

笑对江湖知春秋。

慷慨悲歌唤朋辈,

冲冠一怒为服膺。

回首四十年前路,

唯有慧眼识英雄。

——2020年6月11日(玉海昆先生为杨德茂先生弟子,也曾从学于王选杰先生)

意拳名家张鸿诚先生也曾发文鼓励我:

"树新师弟,不愧为师姑真传弟子!要随和有随和,要骨气有骨气,要功夫有功夫!

王师姑秉承其父:立宗勋为继芗之真义,虚怀若谷,处处树立宗勋之形象,苦心孤诣,其仁心、其忠义,惟吾心领神会!其传人节高情切惟吾知之!

树新师弟,有功夫,明拳理,能表达,知行合一。高人也!"

——2020年6月5日(张鸿诚先生为姚宗勋先生弟子,国家一级武术裁判员、一级摔跤裁判员、一级教练员、一级摔跤运动员及一级社会体育指导员,曾任北京市武协意拳研究会副秘书长,北京市武协武术理论文史研究会秘书长)

意拳名家姚承光先生也曾发文鼓励我:

"树新师弟你好,我是承光师兄啊,看着师弟啊,在工作上,方方面面这么优秀，我从心里边儿真是啊，感觉到一种骄傲啊，和一种真正发自内心的高兴啊，太好了啊！这就是说，咱们师兄弟啊，真正的是要做事的人。挺好挺好啊！"

——姚承光2020年7月13日（姚承光先生为姚宗勋先生之子，北京市意拳非物质文化遗产意拳项目代表性传承人，北京市武协意拳研究会会长及宗勋武馆馆长）

意拳名家徐杰先生也曾发文鼓励我：

"前三成，后三承，是典故啊，都是高人（张鸿诚、王铁成、崔有成；姚承光、姚承荣、张承芳）。刚刚拜读了您的大作，有所感悟。"

——2020年8月13日（徐杰先生为张长信先生弟子）

意拳名家张秉智先生也曾发文鼓励我：

"师弟好，大成拳界的文化人，就是有高度，加强了宣传阵地，扩大了宣传影响面，也必然会惠及更多众生！"

——2020年8月16日（张秉智先生为杨德茂先生弟子）

意拳名家许福同先生也曾发文鼓励我：

"树新，技击是武术的最高形式，养生是武学至上的修为。你二者兼修、共得，对意拳的承传功不可没！谨致贺忱！"

——2020年12月22日（许福同先生为李永倧先生弟子，中国社会科学院研究员）

意拳名家杨鸿晨先生也曾发文鼓励我：

"你在武术这方面的条件，在所有人里应该是少有的，你是身负重望啊。原先我没有这么强烈的感觉，现在越来越有这个感觉了。

你这肚子里头存着真货呢，你掌握的这个东西了不得。

我发现你不管干哪方面，净是干货。"

——2021年2月15日（杨鸿晨先生为马骥良先生弟子）

意拳名家薛嗣奇先生读本人的"意拳（大成拳）与吸引力法则"后发文鼓励我：

"师弟意拳高论，甚为通透精彩。观之令人心中为之一振，赏心悦目！望贤弟百尺竿头更进一步，为意拳事业传承发展多做贡献！"

——2022年8月28日（薛嗣奇先生为姚宗勋先生弟子）

意拳名家于冠英先生读本人的"从奖赏机制的角度看意拳（大成拳）训练"后发文鼓励我：

"好文章！言之有据，用科学之语境，阐释芗拳之深奥。"

——2022年8月29日

他在读了本人的"当代意拳（大成拳）名家清华大学博士生导师张树新简介"后再发文鼓励我：

"首先向你祝贺，这个介绍客观真实地反映了你的情况及与拳界同门、同仁的亲密关系，同时，也表达了你的那份传承、推广、传播芗拳的拳拳之心、殷殷之情！

时光飞逝，而今我们都已退休了。此后，愿君继续为传承弘扬芗拳再做贡献！"

——2022年10月31日（于冠英先生为于永年先生弟子，欧洲大成拳研究总会副主席兼总教练，香港国际意拳联合会副主席，中国大成拳研究

会副主席、副秘书长，北京人文大学武学院客座教授）

武状元陈超先生在与本人切磋交流了四小时之后也认真地说：

"今天见了您之后，方相信传统武术是可以把人打飞了。

若论技击，您虽然六十岁了，但不只是面对六十岁的人，就是面对四五十岁的人，甚至年龄更小的人您也没有问题。"

他在微信朋友圈中写道：

"张老师是大成拳嫡传，功夫十分了得，更深层的了解了传统武术中的劲力"。

——2022年10月28日（陈超先生为南北武术散打争霸赛连续三年蝉联"中华武状元"，国家级教练，现任北京体育大学散打代表队总教练）

意拳名家本人的三哥金桐华先生读"意拳（大成拳）训练与倾听身体的声音"后发文鼓励我：

"读了你的大作，文中的大量数据，证明了身体的自我保护能力和修复能力。同时也预示出来之不易的身体最发光的一点，就是自然属性里的本能活力，这个活力不但能自我保护，而且还具有无限拓展的潜力。点赞！"

——2022年11月26日（金桐华先生为王玉芳先生的三子，北京王芗斋意拳发展中心发起人，中国红十字总会事业发展中心健康养生顾问）

意拳名家武国忠先生读本人的"意拳（大成拳）训练中的末力与末文化"后发文鼓励我：

"您这篇文章写的非常好，用末力来形容也是恰到好处，现在的人太懒了，要是直接告诉他们活力还真不一定接受得了，所以您这个方便法门，让更多的人由此而入。整篇文章结构思路都很清晰，是一篇难得的好文章。可谓是功德无量。"

——2022年11月28日（武国忠先生为王玉芳先生的入室弟子及义子，北京理工大学生命学院传统医药研究中心主任。北京谦之堂医馆首席专家，北京孔医堂特邀专家）

意拳名家刘俊杰先生也曾发文鼓励我：

"看了您的文章，文章与众不同，重视心、意、精神层面的意念力，讲的是精神意识统领下的技术。层次高，范围广，这才是真正的意拳之拳意。意拳之真意尽在于此。"

——2022年11月30日（刘俊杰先生为王玉芳先生的入室弟子）

意拳名家胥荣东先生看了我的"健舞"视频后，也曾发文鼓励我：

"高屋建瓴，生龙活虎。"

——2024年6月1日（胥荣东先生为王玉芳先生的入室弟子、中日友好医院针灸科主任医师、中国大成拳研究会常务理事副会长，出版了多本中医与意拳方面的专著）

另外，本人在1996年进入王玉芳先生师门之前，除了向意拳二代的大师窦世明先生系统地学习了站桩、试力与断手之功法外，也曾得到过意拳大师杨绍庚先生、郑朝向先生、敖石朋先生、王斌魁先生的指点与传授。

跟杨绍庚先生学明白了什么是站桩与试力时身体的"阴面"与"阳面"的争力变化，及如何在撑抱桩中进行"阴阳"转换摸劲儿训练的具体方法；

跟郑朝向先生学会了如何头顶悬地走摩擦步，知道了一切的步法须由头项领，及头项在站桩中的正确位置；

　　跟敖石朋先生学会了迅猛的后发力与定中发力、理解了什么是祖师王芗斋先生所说的"定中力"与"惰性力"；

　　与意拳大师王斌魁先生的见面是在意拳名家王永祥先生的引领下实现的，后来又单独地拜访了几次，还把我美院张世简教授的画送给了王斌魁先生，王斌魁先生很喜欢这幅"山石菊花"的作品，一直挂在他居住的房间里。王斌魁先生曾坐着把他的右前臂搭在我的左前臂上，做了几个向下的瞬间发力，他的发力使我想到了祖师王芗斋先生在"六力八法"中所谈到的惯性力与离心力和螺旋力。意拳中的许多东西，如果不经过搭手，是不知道其滋味的，光靠着自己的想象力是想不出来的，所幸的是那时候王斌魁先生的身体还很硬朗，还能够做出发力来，与王斌魁先生的搭手，教会了我应该如何地从放松与得劲儿的角度来思考意拳的站桩与试力，后经过反复的学习、揣摩与实践，终于形成了我自己的"惯性力"训练体系，现在本人已经找齐了祖师王芗斋先生的"六力"与"八法"，已形成了系统的"惯性力、离心力、螺旋力、弹簧力、杠杆力、爆炸力"的训练体系，真是应该感谢和缅怀这些为意拳的发展做出了毕生贡献的老前辈。

　　进入王玉芳先生的师门后，经恩师义母的允许，逢年过节时又代表恩师义母拜访了朱垚荸先生、于永年先生、何镜平先生等意拳二代的大师，并得到了他们的指点与传授。

　　跟朱垚荸先生学习，见识了肌肉起锋棱及身体起波浪的劲力，学会了如何摆正意拳的间架，并由此发现过去对间架的理解是偏颇的，正确的间架是可以经得起实践经验的，既涉及内空间与外空间，更须有敌情意识；

　　跟于永年先生学会了拳术的紧松训练，由此才深刻地理解了什么是祖师王芗斋先生地"骨缩筋伸"与"屈寸伸尺"；

　　跟何镜平先生学会了应该如何静态下的站桩，要静到当意念在水中时，连水的波纹都不要起，学过之后才发现过去周身有许多地方都是在妄动，并没有真正的松静下来。

除此之外本人还曾走访、并长时间请教、切磋交流过意拳三代的白金甲先生、王永祥先生、陈宝泉先生、姚承荣先生、徐承继先生、王铁成先生、史国才先生、魏玉柱先生、程岩先生等名家。与白金甲先生、王永祥先生、陈宝泉先生、姚承荣先生、徐承继先生的交往，是向他们请教，与王铁成先生、史国才先生、魏玉柱先生、程岩先生的交往，是与他们切磋与交流。在这些名家中，本人与白金甲先生交往的时间最长，有十余年之久。本人引用金庸小说《鹿鼎记》中的话语："平生不识陈近南，纵称英雄也枉然"的思路来评价白金甲先生，即是"平生不识白金甲，纵称英雄也枉然"，相信见过白金甲先生的人都会认同我的观点，白金甲先生是姚宗勋先生的早期弟子，同时白金甲先生也经常的去拜访韩嗣煌先生，并与杨绍庚先生也走动的很近。本人曾自比与白金甲先生为"一龙一凤"，希望后人也能给我下一个定论，即"意拳不识张树新，纵称英雄也枉然"（这段话可以看成是本人的广告用语）。

很有意思的一件事儿是本人曾与意拳名家李全有先生在北京紫竹院公园内偶遇，本想与他进行拳拳到肉地比手，但李全有先生就是一个劲儿地聊，不谈比手的事儿。我们足足站着聊了一个多小时，也没有打成。多年后再一次的巧遇到了李全有先生，这时我已经跟王玉芳先生学拳6年了，只是我没有在王玉芳先生那里见到过他，当然他也没有见到过我，所以我们互相怀疑对方的身份，故相约第二天去王玉芳先生家去验证真伪，李全有先生说，只要是王玉芳老师认可你，我就叫你师弟，否则我们之间就只能是论兄弟。结果到了王玉芳先生家后，王玉芳先生对我的热情超过了对李全有先生的热情，王玉芳先生当着李全有先生的面肯定了我是她的弟子，李全有先生当场就改口称我为师弟，这事发生在2002年。但本人也有一种失落感，那就是我再也无法与李全有先生真实的拳拳到肉的比手了，因为同是一个师门，下不去手了，这至今都是我的一个遗憾。所以直到今天，我对李全有先生的功夫一直很好奇，主要是因为一直都没有能真实地与他比过手，酒却是与师哥李全有先生喝过了很多顿。刘涛、苏永明、李全有、张树新四人，在武林界被看成是意拳王玉芳大师门下的"四大金刚"，但遗憾刘涛师哥、苏永明师哥已去世。

李全有师哥的弟子们都很有性格，一次去李全有师哥家给他过生日，他的弟子们见我年轻，就说"哪儿来的这么一个小师叔，要想让我叫师叔，就得拿出师叔的功夫来"，结果只能与他的弟子搭手，当他的弟子被我一个发力放倒后，他的这个弟子很有规矩，站起来马上鞠躬说："师叔好，您是我师叔。"

其实，与对方比手对于我来说是家常便饭，每次比手我都像过年一样的高兴，可以使所学得到检验，这是任何一个习武之人所希望的，只是打完之后可能出现的法律纠纷会是一个麻烦事儿。以前，年轻时少不更事，一有时间就去找别人去比手，用现在的话来说叫踢馆，现在年龄大了，不主动去别人那儿踢馆了，别人却跑到我这儿来踢馆来了，这倒是好，"有朋自远方来，不亦乐乎"。习武四十多年来，本人交下了很多忘年的朋友，也包括以武会友交了很多武林界的朋友，并悟出了很多武学与人生与书法与艺术的道理，这是我习武的最大收获。

四、意拳的弘扬和发展

1.意拳最能体现中国传统文化的特点

回到前面的话题，四十多年过去了，曾经与我一块儿学拳的发小儿，直到今天大多都死抱着一个门派不放手，其中有些人现在对武术的认识和能力依旧停留在初级阶段。祖师王芗斋先生为了追求武学真谛走遍大江南北，他在不断的寻师访友的同时，还进行了广泛的实践，并对传统武术进行了不断的反思、否定与继承、创新、发展。本人虽不敢同祖师相比，但却也略有小成，而一次次的进步，皆离不开每一位老师的引领，真是要感恩这些老师。这么多年来，我接触过许多拳种，经过我多年的探寻和体认，最终我锁定在意拳上，我认为它是最先进的传统武术，它的先进性在于它传统内容的丰富，拥有核心技术及不断地与时俱进，故同样是学拳，学意拳则可以事半而功倍。但现在依旧有许多人不去学意拳，而是去学一些出尖儿的拳种，这等于是舍金玉而选瓦砾，其结果是既搭进去时间，又搭进去金钱，更搭进去情感，甚是可惜，本人不能无视，故频繁发声。武术很像宗教，很难让不信教的信教，也很难让信教的不信教。当然还有些人，生活的标准很低，能把瓦砾供在家里就已经很美了，这些人就可以另当别论了。但我总觉得有悟性、有知识、有文化的年轻人应不至于如此，故而我还在不断地努力做这方面的甚至是不招人待见的劝导工作。这么执着，也许与我的教师身份这一"职业病"有关。做教师的一不会保守，二看不得别人走弯道。

中国文化之外的文化是分科的，如同西医，它们之间相互不可以替代，如拳击、泰拳、空手道、跆拳道、巴西柔术、自由搏击、健身操、瑜伽等，它们之间基本上没有可比性，故很难说谁好谁坏，学习的人也会是白菜萝卜各有所爱。但中国的武学文化却是不分科的，一个理想的种拳，需要有健身、养生、医病、悟道、明理、修身、情趣、美观，及搏击中的踢打摔拿和既平和文明又有一定技击功效又有人生哲理与文化内涵的综合功能，既要打得凶悍，还要打得艺术，要不使力而力自在，且借力打力，在打斗中体现中国传统文化中辩证的哲学观。这样一来，一个拳种若能占全上述的内容，在训练上又能事半功倍，当是最优秀的拳种。太极拳由于接近满足人们的这些需求，才会传播得如此的广泛。但是有一个拳种比太极拳更能满足人们的这些需求，它比太极拳更简洁，更深刻，更健身，更医病，更实战，更美妙，这个拳就是意拳。由于中国武术追求的目标基本一致，都追求整体，都追求全面，故中国的拳种是可以对比出谁优谁劣的，本人隆重推荐好武的人士，大家都来了解一下意拳，练了意拳绝对不会后悔，这既不是广告，也不是段子，而是肺腑之言。

相比其他的传统拳种，意拳的基本原则（一般原理）是最接近真理的，随着时代的发展，虽然它要与时俱进，但它的基本原则（一般原理）依旧是好的是不会改变的。祖师王芗斋先生的意拳的基本原则（一般原理）是"在精神，在意感，在自然力的修炼"。在技击上注重"间架"，在劲力上强调整体力，在使用上强调"力不出尖"，在身体表现上强调"悠扬"，在训练上强调"六合"，在技术上强调"黏点"、控制和劲力穿透，在发力上强调一触即发的爆炸力，在修炼上强调开发潜能、发挥良能，在思维上是辩证的文化观，强调"执着己身无物可求，离开己身永无是处"，在境界上强调"无意之意"得自然之本能，在未来的发展中强调与时俱进，在基本原则不变的情况下，提倡个性多元，风格多样，海纳百川，兼收并蓄，在社会交往中主张"不说硬话不做软事"，并将此融入训练中，强调"恭、慎、意、切、和"，在自信心上，主张欲与天公试比高，在哲学的观点上强调"矛盾"，并用矛盾观来统帅训练，且贯穿始终，在空间需求上只需有立足之地即可练功，即站桩功，并强调立行坐卧皆可练功，不受时间地点和生存条件的限制。当年郭云深先生在监狱里依旧可以练功即是佐证，从监狱出来反而功夫大长，这与泰森从监狱出来功夫锐减形成鲜明的对比。在方法论上借鉴佛家的"于相而离相，于念而离念"，借鉴中国的天人合一观，"假宇宙之力波，有神助之勇"，借鉴道家的原理，强调无为而无不为，借鉴儒家的学说，强调君子之风、凛然正气与仁义，借鉴基督文化强调"爱"与感恩的心，善待周围的人，也善待自己的身体，借鉴心理学的精神暗示，通过"移情"现象产生"钟慢效应"，延缓身体衰老。能将东西方文明融会贯通，以人类最高智慧形式出现的拳种，在本人看来也只有祖师王芗斋先生所创立的意拳了。

2.学练意拳不能有门户之见

前面谈到，意拳有诸多的优点，但我们却并不能止于此，而是要走出去，向天下的武林同道学习，要从他们的身上汲取营养，即礼失求诸野。我曾多次带着徒弟们去走访有成就的师哥，向他们讨教武学的秘法与心得，以使弟子们增长见识，通过师哥们多角度的教导，以补我教学之不足，免得他们偏听偏信，固步自封。我也经常鼓励弟子们广泛寻觅世上的各种高人，广泛拜师寻友，不要有门户之见，要解放思想。我曾亲自把一心爱的弟子送到别的门派里，让他去增长见识，并出席了他的拜师大会。弟子不是私产，文化也不是私产，好文化应该大家分享，遇到好学的弟子应帮他创造各种条件使他进步，毕竟一个人的知识是有限的，任何一个人在文化的海洋里都只是沧海一粟。我自己现在还在访明师访高人，只是明师大多已作古，高人也是越来越少，我恩师义母王玉芳先生及我的师伯、师叔们多年前已全部去世了。至此，文化尚未学全，高人又难以寻觅，只能自己苦心钻研。别的门派若也像意拳一样的开放，就应到意拳来串串门，也学习了解一下别门派的东西，否则闭关锁国式的发展只能会被历史逐渐的边缘化。

有人说意拳与太极拳并没什么区别。但是我要说的是，这两个拳种还真是不一样，即便是意拳同门，同念祖师王芗斋先生的经，都经常会是南辕北辙，像是两个完全不一样的拳，更何况意拳与太极拳不是同门。都说意拳来源于形意拳，但其实意拳与形意拳也是南辕北辙。故拳理即便相同，但拳法也不会相同，拳法即便相同但心法也不会相同。其实我宣传的只是我理解的意拳，与别派的意拳无关，但别派的我能看上的也还真的不多，许多门派的大成拳或意拳，恐怕连西洋拳击的肌肉练法都不如，早就有大成拳不成，意拳不意之说，也有意拳（大成拳）已由真老虎变纸老虎之说。故还是老话说的对，只有人练的好坏，没有拳的好坏。本人传播的是中国的传统文化，并不是哪一家哪一派之言。本人所依据的拳学理论以祖师王芗斋先生思想为基础，以太极拳、形意拳、八卦掌、通背拳等诸多拳法理论为补充。非是一家之言，实是百家之长，这是中华整体文化的精华。我的意拳也只是一个平台，希望各门派能加进来，共同探讨、实践，以推动传统武术的变革，使之能与时俱进的向前发展。

有时我常想，历史中的祖师及宗师们真的会那么厉害吗？恐怕真正的高人只存在于传说的故事中和我们善意的想象中吧。如果从善良的角度讲，英雄都是无后的，就像百米飞人博尔特，他教的弟子再棒也难超越他。对于中国武术，我本人就是在这种不断的怀疑又不断地肯定中这种矛盾的心态下一路走来的，好在曾经的每次比武都能赢人，用的又都是意拳的心法，赢的又多是拳击及自由搏击选手及某些外国人，由此在每次的胜利后都会强化我对传统文化的信心。故即便传统的祖师们只是一个传说，但本人也愿意相信那是真的，至少自己的实践是成功的，只是没有赢得那么邪乎。传统武术的理论还在，一些功法也没有完全的失传，至少在我学拳的数十年中，抢救性的及时挖掘出了一些心法，但自知远没有学全，所以还望与同道一起努力来凑全它，以对得起我们的时代和我们的后人。

在意拳的传承中，若没有了我恩师义母王玉芳先生的拳学体系，没有了姚宗勋先生的拳学体系，没有了赵道新先生、韩星樵先生、韩星垣先生、王斌魁先生的拳学体系，没有了李永倧先生、杨德茂先生、窦世明先生、郑朝向先生、杨绍庚先生的拳学体系，及若没有了于永年先生"紧松"的拳学体系，意拳的发展就不会有今天的这种繁荣景象。

于永年先生曾说："当年王芗斋先生在写大成拳的训练方法时，先写的是要进行'紧松'训练，但在成稿时，王芗斋先生却把"紧松"给划掉了，改成了'松紧'"。我记得于永年先生当时曾非常认真地说："王芗斋先生的学说是紧松而不是松紧，紧松与松紧不是一件事儿"。但我回来查阅资料，发现祖师王芗斋先生还是谈到了"紧松"，如王芗斋先生曾言："……内虚灵，外挺拔，舒适得力为基本不动的原则。更以刚柔、虚实、动静、紧松同时起参互错综作用"（"意拳总纲"——王芗斋），从祖师王芗斋先生的这段论述中，可以看到老先生并没有完全的把"紧松"给隐藏起来，但是若不加以解释，读者一般是不会注意到它与"松紧"有什么不同的。我的理解是，祖师王芗斋先生所说的"外挺拔"也是由外力而引发的，是在意念的作用下，想象有外力在向外不断地牵扯自己，使自己不断地越长越高大。祖师王芗斋先生有一个词儿叫"上有绳线系"。而与挺拔相对立的，正是筋骨的收缩训练。换言之，挺拔实是为收缩而服务的。正是为了要收缩，才有了挺拔的要求，因为"发乃缩也"。另外"舒适得力"的前提是力不能过，不能执着，即"有那么一点儿滋味就可以了"。另外也只有周身相合了，才能舒适得力。另外，祖师王芗斋先生所说的"刚柔、虚实、动静、紧松"，我认为则是一个事物的几个方面，或是一个事物的不同表述，如能紧松了，自是动静的结果；能紧松了，自是有了虚实；能紧松了，必是刚柔的劲力变化。换一个角度讲，能刚柔，自是有了虚实变化，也自是一种动静变化，也是紧松变化。能虚实也是如此，即有虚实必有刚柔、动静与紧松。我一直都认为，祖师王芗斋先生的学说是立体的，他老人家不会单独地只谈一件事儿，所有的事都是有相互关联的，但又有一定的区别，这种立体观，也是他的浑圆整体观，这也正是祖师王芗斋先生所说的"同时起参互错综作用"。于永年先生所谈的"紧松"问题，是涉及"第二随意运动"的问题，于永年先生的练法多是用肌肉在做紧松，而不是用神意和细胞来做紧松，但于先生这一反复强调的紧松概念却给了我很大的启发，我个人认为，"紧松"训练，如果作用在精神上，并由此而带动起周身的皮毛与筋骨及气血为之而紧松，则能够吻合祖师王芗斋先生所说的一种至高的境界——悠扬。在动物界是可以见到这种紧松之力的，如眼镜蛇在发起攻击时会瞬间的膨胀身体，公鸡的毛发也会突然的炸起来，其实人也会突然的身体膨胀，只是人若不经过系统训练，这种膨胀会时有时无，不能够随心所欲。人若能通过训练达到像野生动物一样随心所欲的紧松，并与大气的阻力相呼应，人体就初步形成了具有爆炸性质的整体力，故当人体的紧松与身外的阻力相应合，就可以说是初步进入了悠扬的境界，这种悠扬的状态若能突然的产生惊炸时，就是祖师王芗斋先生所说的爆炸力了。所以可以认为，紧松训练是爆炸力产生的基础功法，或可称之为是爆炸力产生的前提条件。于永年先生毕生都在坚持紧松训练，而不是松紧训练，他也在撰写文章倡导紧松训练，而不倡导松紧训练，我的恩师义母王玉芳先生在私底下也是教我在训练的某一阶段要进行紧松训练。王玉芳先生的腿在特殊的年代受过伤，最终活到了92岁的高龄，于永年先生的腰在特殊的年代也受过伤，最终活到了94岁的高龄，足见紧松的训练方法是没有问题的。这种紧松训练，正是祖师王芗斋先生所说的，"大动不如小动，小动不如不动，不动之动乃为生生不已之动"，这种紧松训练在外表上是看不出来的，身体在外观上一切都看似静止不动，但周身却从来就没有停止了运动，然而所有的这些运动都不能执着，皆是要非常的轻灵，更多的都是意念在运动，筋骨只是时不时地微微的有所呼应而已，这种度的把握，是一切关键的关键。

意拳除了骨骼的"紧松"训练外，再往后的训练是，当骨骼在"紧松"时，周身与之相关联的大筋皆要兴奋起来，也就是说要做到周身的大筋要动起来，要紧起来，随着大筋的运动，骨骼的"紧松"感会进一步的加强，但大筋的运动也是要掌握尺度的，也是要一紧即松，也是要紧紧松松以至无穷，这也与意拳"骨缩筋伸"的理论是相吻合的。

这种骨骼与大筋的"紧松"训练之后，再进一步的训练，则可以进行空间的"紧松"训练，还可以意想将身外的空间能量收拢到身体里，渗入到骨髓中，让骨髓在意念里也有"紧松"运动，即既要训练"筋"与"骨"，也要训练"髓"，正如有些拳谱上所说的，要"易骨，易筋，洗髓"，没有练到髓里，洗髓是不能实现的。

上述的所有这些训练都不能执着，"不执着"更是中国武术训练的核心密钥，只是因为"不执着"听起来太平淡无奇了，以至于很少有人会重视它。

从意拳传承的角度上讲，我们第三代人若能把意拳二代前辈们的东西都继承下来，也就基本上能看到祖师王芗斋先生的影子了。虽然我没有可能见到王芗斋先生，但很有幸，祖师王芗斋先生的弟子我还是见到了一些，也从他们身上学到了很多的东西，真是应该感恩这些前辈。

本人现在所研究的意拳，是将我恩师义母王玉芳先生的功法体系进行系统整理的同时，又加上了窦世明先生、王斌魁先生、郑朝向先生、于永年先生、杨绍庚先生、朱垚莘先生、敖石朋先生、何镜平先生、秘静克先生等曾经教过我和点化过我的老师们的功法，及将韩星樵先生、姚宗勋先生、王斌魁先生、杨德茂先生、李永倧先生等老先生的优秀弟子们身上有益的东西进行整合。重点是训练及研究祖师王芗斋先生的"浑圆力"，及包括研究具体的"六力八法"的劲力内容，也包括训练及研究祖师王芗斋先生在《拳道中枢》中所说的"蓄力、弹力、惊力、开合力、重速力、定中力、缠绵力、撑抱力、惰性力、三角力、螺旋力、杠杆力、轮轴力、滑车力、斜面力"等拳术劲力。本人认为，只有将上述这些劲力融会贯通后，才能谈祖师王芗斋先生的浑圆力，否则，叫浑圆力也不是真实的浑圆力。另外，本人所习练的意拳还研究了祖师王芗斋先生所说的"精神笼罩"及"假宇宙之力波，有神助之勇"的功法体系，研究及训练人体的牵扯、逆力、矛盾、争力与应力及人体的阴阳、平衡、松紧、动静、虚实、空间、间架等方面的学问，研究及训练"细胞之遒放"，"悠扬相依"与"骨缩筋伸"的"紧松"运动，研究及训练本能力与自然力的"先天之功"，这些功法体系既是分离的又是统一的。关于"先天之功"的相关问题本人将在本书的后面章节中有所论述。

关于如何习练意拳，我个人的观点是，如果仅仅掌握了一种体系的东西，是不完整与不全面和不立体的，是不可能做到祖师王芗斋先生所说的"我这片竹林都是碗口（又称为'饭碗'）一样的粗细"的那种境界的，因为单一的训练体系会有它的局限性，如有的训练体系只适合于有规则的比赛，但却不适应像崔有成先生那样无规则的野战，有的训练体系其长处是"断点"，短处是不适应"黏点"技术，故若遇到掌握"黏点"技术的选手被黏上了点儿，则该体系选手的优势就没有了，简单地讲就是有的体系遇到"黏点"是要吃亏的，有的体系遇到无规则且高速的"断点"是要挨揍的。解决的办法，就是将众多体系中优良的东西拿出来进行重新整合。如我们在搏击时，可以先通过"精神笼罩"和打空间的技术来控制住对方，然后再坚决的近身上去，就会一举成功。但如果我们没有上述的诸多体系中的拳术内容，如"精神笼罩"、打空间技术、"断点"的瞬击术、"黏点"的技术、灵动的身法与冷脆的发力及浑厚的拳术功力，就会在强大的对手面前吃亏，为此我强调要有大的浑圆观，要立体地看待意拳。

纵观意拳的发展史，前辈们皆是在继承中有发展，也皆是在打破门户之见中有兼容，唯有如此，意拳才不会故步自封，才有可能会有更大的发展空间与新气象。

　　本书名为"问道意拳"，书中的观点皆是我习武四十多年来自己体认之后的真实感受与肺腑之言，本人的出发点是善意的，若文中的有些观点因用词不当而伤害了谁，纯非我之本意。最后，引用孔子的话："知我罪我，其惟春秋"。

（张树新.2023年11月）

目　录

上册

第一章　意拳概论

第一节　意拳基本功法

1.意拳的"体认"之功

拥有一身绝世武功，扶弱济贫，抑恶扬善，仗剑天涯，曾经是许多人的梦想，武侠小说也一直在诠释这种武侠精神，这实是大人的童话，为此许多人走上了习武之路。还有一些人身体不好，想要通过练武来养生健身，也由此走上了习武之路。当然，还有一些人习武的目的更简单，即为了不受欺负，为了防身。人们习武的目的各不相同，但是，习武之人学着学着，会不知不觉地走入"武"文化的世界，即"知行合一"的世界，意拳祖师王芗斋先生曾用最简单的几个字来概括习武："健身，自卫，理趣"，所用之方法为"体认"。

我们的知识常得自于书本及父母、朋友和课堂的教育，而武术的知识则更来源于自身的身体实践，是通过对自身意识与动作的体察，来对应所学的知识，故武术往往是因为行而有所知，是一个"行知"的学问，是"行"而后"知"。武术要用四肢百骸，精神意念来修炼，俗称"内练一口气，外练筋骨皮"，在修炼的过程中会涉及"心与意合，意与气合，气与力合。手与足合，肘与膝合，肩与胯合"内三合与外三合这"六合"的

1

学问。这些内容，都涉及训练身体和对身内身外感知的训练，均可称之为"体认"。

有些人对身体的感知力很强，我们管这些人叫习武的有悟性之人，有悟性之人会举一反三，你教给他一个动作，他会悟出一片天地，还能总结出深刻的道理。武术是一种特殊的文化，非用身体实践而不可得。另外，武术也是一种交叉学科，既涉及自然科学也涉及社会科学，它是一种体育运动，但更是一种文化。许多人练武术，从健身运动入手，却越来越被它的文化内涵所吸引，祖师王芗斋先生管这个叫"理趣"。另外，运动能使人有好心情，武术更是能使人的荷尔蒙增加，使人愉快，而且还能调动人体的内啡肽，产生羽化登仙的妙境。内啡肽产生后人就上瘾了〔内啡肽（endorphin）亦称安多芬或脑内啡，是一种内成性（脑下垂体分泌）的类吗啡生物化学合成物激素。它是由脑下垂体和脊椎动物的丘脑下部所分泌的氨基化合物（肽）。它能与吗啡受体结合，产生跟吗啡、鸦片剂一样的止痛效果和欣快感。这些肽类除具有镇痛功能外，尚具有许多其他生理功能，如调节体温、心血管、呼吸功能。内啡肽也被称之为"快感荷尔蒙"或者"年轻荷尔蒙"，意味这种荷尔蒙可以帮助人保持年轻快乐的状态。——百度百科〕，这种上瘾，既愉快又健身。所以在祖师王芗斋先生的"健身，自卫，理趣"三个方面之外，他还说了一个"试之甜蜜"，原话为："友人多试之甜蜜，习之愉快，因金以大成二字为吾拳"。欲想要达到能调动内啡肽的水平，首先要能做到有天人合一的体感，即要让自己成为空口袋，让外空间进入体内，同时自己也融于外空间之中，达到物我交融，而且时不时地还要物我两忘。当自身与外界融为一体后，就可以感知自然了，如感知自然的松紧力波，并建立起对自然天地的感恩与敬畏之心。当达到这样的感悟后，也就初步具有了借力于自然的能力，如可用意念让身外的自然帮着自己随着自身的松紧而松紧，随着自身的动静而动静，随着自身的和善而和善，随着自身的威武而威武。武术里管这个叫"借力打力"，借的是天地力。由此也就理解了祖师王芗斋先生的"假宇宙之力波"说的是什么，"有神助之勇"说的又是什么。许多人只知道有筋骨，不知道还有天地，只知道看得见的，不知道还有看不见的，只知道自己感知到的，不知道还有自己感知不到的，如自然中有许多的暗物质，就不是一般的物质人所能感知到的。

　　经过意拳的系统训练，当人可以用身体来感知天地后，也就会在思想上理解中国传统文化中"天人合一"的大文化观，这种东方的文化体系与西方世界的文化观有所不同，西方的许多文化观自文艺复兴以后，皆从人的角度来思考问题，强调人文主义。可以说自文艺复兴以后，西方的文化观一直都没有离开"人"的主题，这与中国天人合一的天地观是有很大区别的。中国人常讲"谋事在人，成事在天"，在中国的传统文化中，独立的人是不单独拿出来思考的，人一定要与周围的环境相融合，甚至还要借"天"力，才能成事。所以，中国人的思维方式是立体的，还有些时候是辨证的，有些时候是矛盾的，有些时候还是吊诡的。如张三丰所言："离开己身不是道，执着己身事更糟"；这种思维方式在武术里比比皆是，再如祖师王芗斋先生所谈："拳本无法，有法也空，一法不立，无法不容""形无形，意无意，无意之意是真意""不动之动乃为生生不已之动""于无处揣其有""于有处揣其无"等等。中国的诗词使用赋、比、兴的手法，不是直截了当地直抒其意，中医也不是西方人的那种直截了当的思维方式。中国文化的思维方式都是立体的，这也是本人一直痴迷于中国文化，尤其是痴迷于传统武术的原因。这种大文化观是中国人贡献给世界的瑰宝。所以，练武术，不仅仅是强身健体这点儿事，它可以引领我们进入到中国传统文化的世界中去与我们的先哲对话，可以真正地用我们的身体来"体认"文化，也叫用身体来践行"知行合一"的文化理念，来感知古人的那种洞彻宇宙洪荒的大智慧。

2. 从奖赏机制的角度看意拳训练

意拳训练，如果注重训练中的奖赏机制，可以达到事半功倍的训练效果，我所说的奖赏机制，是指一种叫"嗑瓜子效应"的奖赏机制。所谓"嗑瓜子效应"，是指人们仅仅通过很短的努力就可以即时得到奖赏的快感，这种奖赏的快感实是因为人体的多巴胺所致，在多巴胺的作用下，人们会乐此不疲地让这种快感持续下去。但如果嗑瓜子时嗑出许多瓜子后再一次性地吃掉，则因为奖赏的即时性消失，会使人失去兴趣，故奖赏的时间等待太久，不易于多巴胺的产生。另外，若将嗑好的许多瓜子一次性的送给人吃，又会因奖赏来得太轻易，也不易使人珍惜。打游戏也是这个道理，人们乐此不疲，也是游戏中即时的奖赏机制。

奖赏既要有即时的小目标，又要有长远的大目标，还须不断地使奖赏的内容升级。

意拳的训练，如果也能启用即时的奖赏机制，既有小目标又有大目标，则我们身体中的多巴胺就会被调动出来，就不会出现练着练着就不想练了的现象，许多人练拳半途而废，从"嗑瓜子效应"的角度来讲是因为没有调动出多巴胺来。

意拳站桩训练时，每次站桩都会有新内容，都会有所收获，这就是一种奖赏，再如，练拳人功力的不断增加，有病之人病症的逐渐消失，与人比手及技击时的赢人等都是一种奖赏。

所以，练功时，谁能不断地给自己的身体以即时的奖赏，谁就是调动多巴胺的高手，这是用多巴胺来引导自己坚持不懈健身的好方法。

用即时的奖赏机制调动出身体的多巴胺，还可以做许多别的事情，诸如通过即时的奖赏机制有计划地减肥，有计划地学外语，有计划地挑战以往难以挑战的事情等等，这其实是开发与调动人体潜能的一种入门的方法。

意拳训练，不仅涉及多巴胺的学问也涉及荷尔蒙的学问。多巴胺简称DA，是NA（去甲肾上腺素）的前体物质，是下丘脑和脑垂体中的一种关键神经递质，是用来帮助细胞传送脉冲的化学物质。主要负责调解人体的多种生理功能，如运动、学习记忆等。中脑的神经元物质多巴胺直接影响人们的情绪，对人的感受产生影响。荷尔蒙则作为一种激素，是由内分泌细胞直接分泌的，可分为雄性激素和雌性激素，与发育、代谢、生殖相关，作用于人体生理过程。

虽然，两者有本质差别，但荷尔蒙分泌多时也会刺激多巴胺的分泌，所以，两者也是相互联系的。

多巴胺与荷尔蒙是造物主送给人类的最大的礼物，因为它的存在，使人们有了追求真理的自觉，有了战胜困难的勇气与奋斗的斗志，有了献身与牺牲的精神。反之，阻断了多巴胺与荷尔蒙的产生，人的生命也就没有了快乐的意义，就会抑郁与厌世。

意拳是为数不多的可以唤醒与调动多巴胺与荷尔蒙的好拳种，习练意拳，且既养生健身又防身自卫，使人们身心充满快乐。

总之，利用奖赏机制以调动出多巴胺的方法，可以使我们有目标地建立起良好的运动习惯，健康我们的身体，提高我们的拳术水平。（注：部分关于多巴胺与荷尔蒙的文字来源于百度）

3.当今传统武术的发展现状

本人认为应该对当今传统武术的训练内容进行必要的改革，因为现在传统武术中的很多训练内容越来越与搏击没有关系了。武术本是实践的文化，但是很多没有实战过的人练武术，就会把训练和格斗分离开来，没有打的经验他就不会理解创拳者每一个动作的真实意图，就如同他本人就没下过水，在岸上学了再多的游泳技巧，下水后也会慌乱甚至呛水一样。所以只有把实战变常态，并且要与不同类型的人和与不同门派的人进行对抗训练，这样才能理解自己所学各种动作的真实意图。

本人从前就经常与人比武，也打过许多野战。现在是法制社会，私下里比武打残了人是要判刑的，严格意义上讲，虽然私下里签订了生死文书，反而有了故意伤害或故意杀人的嫌疑，如果伤者或死者的家属要告，你都签订生死文书了，正好证明你是故意的。现在作为懂法的人，在法律上不是没有顾虑的，但退回二三十年，比武是家常便饭，想跟对方打时，对方想不打都不成。那时的意拳人都是堵上门去打，想躲都躲不掉，武林界对意拳既怕又烦，送了个"雅号"——"流氓拳"。"流氓拳"的代表人物之一是我的师哥崔有成先生，"文革"时还挨了批，可惜崔师哥现已去世。崔师哥生前常对我说，"不是我愿意打架，只是好奇，想验证一下自己研究的东西对不对"。对于师哥崔有成先生这句话，我也是有同感的。

从现在学武的人员构成来看，除了一部分年轻人外，大多都是年龄偏大的普通的武术爱好者。在他们当中，甚至超过90%的人都不愿意真实对抗，因为对抗就不可能你只打别人而别人不打你。没有人愿意挨揍，所以挨几次揍后许多人就不练武术了，尤其是那些身体羸弱和上了年龄的人，这也是大家为什么都愿意推手或套路训练的一大原因。时间一久教武术的教师为了留住学生，也就不得不迁就学生，把武术变成了只练推手和只练套路的拳术了。而那些真正想学搏击又不怕挨揍的人，自然就不愿意和这帮人混。好在还有各种搏击俱乐部能供这类人选择。久之传统武术就自然退出了搏击的舞台。但并不等于学习传统武术的人中就没有奇人，有些人虽实战不多但天资聪颖，会举一反三，倘若身体的素质又极佳，又肯于吃苦，专业搏击的人士还真未必就赢得了这些人。

　　总体来讲，传统武术在经过口口相传的几代传播后，其核心的心法有的已经失传，尤其是在技击方面，大部分留下的仅仅是运动的表面形式。本人练意拳就有这种感受，到我这才三代，就已经面目全非了。现在的意拳普遍存在的问题：①站桩的内容与祖师王芗斋先生的观点似是而非，甚至有的已背道而驰；②试力的功法有形而少意；③发力完全出尖，有刻意没本能，有局部没整体；④推手基本上是在操，且多是胜负手，而非双人试力；⑤断手大多是窝里横，坐井观天，皆不是祖师王芗斋先生所倡导的自然之本能力的境界。

　　具体讲，现在的意拳，虽有筋骨力，有弹发，但更有出尖儿的问题。无冷脆，无虚实，无矛盾，缺假借，少有遒放，更无悠扬。意拳都如此，其他的门派更是可想而知。武术这个东西师父不说，你自己纵有千般聪明也想不到功夫是这么练出来的，但各武术家皆各怀其秘且故步自封，除非你磕头拜师并虔诚的追随，否则他绝不会告诉你半句核心的内容。我40多年来拜访了当时尚健在的众多意拳门的名家，以至于得到"别人收学生，张树新收先生"的雅号，但其中的艰辛非是练武的人是不能知道的。武林界与我有相同经历的人不在少数，故有同道说"一部学拳史就是一部血泪史"。一次我在成都偶遇一位酷爱太极拳的拳友，当我谈到这句话时，对方深有同感地潸然落泪。所以，我由衷地为武术的发展担忧，中国武术急需一个团队来认真的研究和挖掘传统武术的核心内容。

4. 传统武术训练中存在的问题及改革之法

　　传统武术训练中的一大问题就是迷恋功夫而忽视实战，所以我一直在说传统武术需要改革。传统武术中有一句话："练拳不练功，到老一场空"。其实，辩证地讲，我并不是反对这句话，我是反对有些人歪解了这句话。拳和功本是不可分的，但总有人要把它分开，实际上是因为畏战而给自己找的托词，离开了实战的功夫是假把式，是自欺也是欺人的说法。

杨氏太极拳中有一姓杜的练家子，每天练功数小时，很有功夫，一般的扫踢和推搡拉拽都奈何不了他。他与意拳崔有成先生比手，只一个照面就被崔先生击中下颚昏厥过去，他所练的功夫没有一样能在实战中起作用。

没有技击内容的功夫是伪功夫。许多人拿健身当借口，拿长寿当借口，那就最好不要叫拳，而要叫健身功。但如果要叫拳，就不要分门分派，能赢人的就是好的，永远应该用实力说话。中国传统武术本是一家，传统武术与域外的拳击、泰拳等拳种完全不是一回事。中国传统武术本身就包含了技击、健身、文化修养及理趣等多种功能，但这些功能若没有了它的技击性则不能再称其为武术。换句话说，正因为它有文化修养，有理趣，有健身性，才会有超强的技击性。传统武术的高妙之处恰恰是越有文化的人越能打人，打的是文化，而不是像外国的拳击、泰拳等很多练拳的人并没有什么文化，打的是体能。

传统武术的改革是指不要抱残守缺，任何一个拳种都会有基因缺陷，任何人只要练这个拳，就会带着这个基因，无论他是多么的绝顶聪明，也无论他是多么的刻苦，除非改革这个基因，如将太极拳"粘、黏、连、随"的技术与通背拳相融合，成为太极通背拳或叫通背太极拳，这样太极拳与通背拳的基因缺陷就被改良了。在近现代的中国武术发展中，有两个人做了真正有意义的工作，即王芗斋先生和李小龙先生。王芗斋先生创立了意拳（大成拳），李小龙先生创立了截拳道，他们致力于改变传统武术中的不良基因，尤其是王芗斋先生提倡大武术观，但是许多人不理解，管他叫王疯子。

传统武术中的问题很多，最主要的问题是缺少"间架"意识，意拳祖师王芗斋先生改革了传统武术的基因，加入了"间架"的内容。在搏击领域，西洋拳击的"间架"意识很强，这也是练现代搏击的看不上传统武术的原因，没有"间架"意识的传统功夫，很难与现代搏击抗衡，只是练现代搏击的人没有从"间架"这方面来思考传统武术的基因缺陷，否则的话，即一旦他们在理论上找到这个答案，传统武术将输得更惨。

5.拳种的选择很重要

学拳者选择拳种很重要，每一个拳种都是一个独立的系统工程，就像是社会制度。如果是封建社会的体制，无论人们多么努力，领袖多么智慧，照样会被动挨打，中国屈辱的近代史就说明了这一点。如果人学错了拳就像是选错了制度跟错了队伍，再聪明再努力也会受体制的局限。

所以对于练拳人而言，一是要选对拳种，一是要选对老师。本人的经验是，初学时拳种不宜反复变，老师却要多找几个，俗语"寻师不如访友"。另外，三人行必有我师，尺有所短寸有所长，每个老师身上都会有他独到的闪光点，只是看你是不是入宝山而空回。现在的传统武术，能有实战能力的拳种越来越少了，其主要原因要么是片面的唯功夫论，要么片面地强调技击的招法。唯功夫论者大多练的都是与技击无关的无用功，而片面强调技击招法的大都没有功力，而且还都是教条的招法。意拳发展到了今天也出现了问题，也在开始教条化和夜郎自大。

意拳原是为野战而生的，但现在许多人已把它变成了教条的推手拳、擂台拳、养生拳、师徒拳（只在师徒间玩得很顺手，出门就挨揍），也在由野生虎正迅速地退化成纸老虎。富不过三代，恐怕意拳也跳不出这个魔咒。除非从现在开始改革甚至革命意拳，永远向祖师王芗斋先生那样，实践出真知，并且打破门户之见，博览众家之长。可惜这个时代英雄太少了，这件事儿得由几个英雄甚至十几个英雄领头去干才能成功。

现在的意拳过于强调推手，强调发力。推手和发力本无问题，但若一味地强调它就有问题了，我始终认为武术技击的核心在于控制，断手需要控制，推手需要控制，地面技术也需要控制。推手原本是为断手服务的，推手也可以是为地面技术服务的，但完全为推手而推手则没有意义。所以要有推中能断及断中能推的能力，从地面技术的角度讲，要有推中能摔的能力。有关断手的控制，除了"精神笼罩"外，其要领还在于对矛盾、空间及距离的认识。推手控制的要领在于听、化和控制重心及借力打力的能力，地面技术则因其技术的特殊性，不适合腰腿柔韧性不好及年龄偏大的人练习。所以，对于地面技术不好的人而言，能站着解决问题就不要拖入地面解决。其实，只要有桩功，能控制住对方的"间架"，对方即便是地面技术的高手也无妨。从断手的角度讲，断手的距离比较好理解，每一拳种都有自己的攻击距离，拳击有拳击的距离，散打有散打的距离，拳击手一旦突破了散打的距离，技击中善用腿的选手就要吃亏，所以能始终控制和保持自己的距离和善于突破敌方的距离至关重要。

断手的空间，是指除了距离还要对周围的环境与空间进行掌控。如在技击时，可以在空间中进行高低错落，升降起伏的身法调动，将对方圈起来打；也包括能借环境之物打人，如果是生死搏斗，则周围任何顺手的家伙都可以拿来攻击敌方，包括铁壶、板凳、石块等。祖师王芗斋先生讲"任何兵器都是手臂的延伸"，任何物件儿也是手臂的延伸，能用铁壶不用茶碗，铁壶总比茶碗有杀伤力，石块总比拳头有杀伤力。遇到歹徒，生死搏斗时要解放思想，不要教条，我站着他躺着，永远是王道。

断手在空间与身法上，还有"矛盾"的学问。但"矛盾"这一问题就有点儿深奥了，简单来讲，是指要用意念将自己至少分成同时存在的两个人，要在对手面前突然变成两个我自己，即左边右边都是我自己，同时，左边的不一定是我自己，右边的也不一定是我自己，这既是矛盾的又是统一的，不是先左后右，也不是先右后左，而是同时存在。矛盾的分身训练比较难练，既依靠意念对敌方进行精神暗示又依靠自身身体的震颤性的高频运动来实现出分身的效果。但此功一旦练成，往对手身前一站，对手就会眼花，对手打我们的信心会瞬间崩溃。试想一下，对手连看都看不清我们，还怎么打。

意拳祖师王芗斋先生在世时，有很多练拳的人在私底下吹牛，说能完胜王芗斋先生，但当真见到祖师王芗斋先生后，瞬间就没有了打的想法。事后他们说走近看王芗斋先生，觉得先生的头瞬间变大，感觉面对的是一头狮子，吓都吓死了。还有人说，看着王芗斋先生的身影都是虚影，自己觉得恍惚，还怎么能打。这就是祖师王芗斋先生身上"精神笼罩"和"矛盾观"的体现。当年王芗斋先生遇到解铁夫老先生时就有这种感觉，祖师王芗斋先生说，解铁夫先生微微一动，我就终于理解了什么是"谷应山摇"，那不是一句形容词，而是一种真实的景象，周围的空间都在动。

意拳训练，当修炼到自身能融于天地的境界，就会出现"我动天地动，我静天地静"的景象，这也是"提擎天地"之功。意拳所用的理论，"提擎天地，把握阴阳，独立守神，筋肉若一"（《黄帝内经》）。

回到前面的话题，无论是从文化上还是从健身及从技击上来说，学习意拳当是一个正确的选择，虽然意拳现在的问题也不少，但相比其他拳种而言，意拳依旧是最好的。

6.意拳教学中的基础训练

意拳的教学，往往很难在文字中进行，因为文字是死的，是不会有特定针对性的。如有些人看了我的文章后，认为我所谈的站桩须先注重筋骨训练，然后还要进行紧松训练等。其实，这是一种误解，这是文字的局限性所致。

文字无法有针对性地写出每一个人的训练细节，传统武术的老师，有时像中医大夫，很多情况下，是因人而异地开药方以解决不同人的不同问题，而不是开好了方子等人生病。学习传统武术的学生，没有一个人的身体状况是一样的，故施教的方法也会针对性地有所不同。这也是为什么学生在私底下照着书本上的内容来学拳，总会有些迷茫的原因，主要因为书本上的内容不一定对自己有针对性。

由于每个人的起点不同，资质不同，所以练的东西也就会有所不同。但文字在写的时候，总会有侧重点，这一段会侧重这件事儿，下一段就会侧重那件事儿，而有的人需要先练那一段的事儿，还有的人须先练这一段的事儿，全是因人而异的，没有定式。

本人之所以会在文章中谈筋骨，实是给需要练筋骨的人看的，之所以会谈紧松，则是给需要练紧松的人看的。

对于初学者来讲，本人认为，先不要急于练筋骨功夫，也不要急于练紧松的功夫，初学者过早地追求这些东西，只会是执着与做作。

初学者，可以先关注祖师王芗斋先生的这句话，即"浑身肌肉挂青霄，毛发根根暖风摇"，"脱肩松臂懒束腰，神情意力似粘糕"，"身体有如过堂风"和"身体有如空口袋"，也包括祖师王芗斋先生说的："百骸撑均匀，曲折有面积，仿佛起云端，呼吸静长细"及"有形似流水，无形如大气，神绵觉如醉，悠然水中宿，静默对长空，虚灵须定意"。

之所以要提取出祖师王芗斋先生的话语，是为了让学拳者在训练中有规范，如站桩中先要将自己给站"空"。祖师王芗斋先生曾说，"余据四十余年体会操存之经验，吾感各项力量，都由浑圆阔大、空洞无我产生而来"。故如果在站桩时不能将身体站"空"，则无法体会祖师王芗斋先生所说的"空洞无我"的境界，也无法建立起真正的拳术力量。

本人将意拳桩功定义出了"十八"境，即"空、松、通、透、罩、摄、紧、缩、争、触、牵、阻、摆、旋、应、化、无、合"。这"十八境"都得练到。

空：于相离相，于念离念，人若空性。

松：身无滞碍，体如空巷，浑圆扩大。

通：劲力贯通，气血川流，无所不达。

透：破甲穿石，无孔不入，劲力于外。

罩：正气布体，精神笼罩，无物能逃。

摄：吐纳灵猿，提擎天地，汲取精华。

紧：神松意紧，毛发如戟，筋肉如一。

缩：骨缩筋伸，身如灌铅，体整如铸。

争：动静阴阳，刚柔虚实，矛盾争力。

触：倚抵傍靠，无所不触，力借万物。

牵：无微不牵，无处不挂，内外平衡。

阻：身内身外，周身阻力，感应自然。

摆：纵横捭阖，身如潮涌，谷应山摇。

旋：螺旋争拧，裹扣钻翻，搅动天地。

应：不容加羽，唯风是应，体察万物。

化：以彼之技，还施彼身，空灵化劲。

无：自然本能，无意无为，而无不为。

合：周身统一，浑圆整体，天人合一。

本人的观点是，身体的"空"与身体的"实"是相对立的，"空"的高境界是"离相空性"。站桩训练首先须使自己由"实"入"空"，身体要如祖师王芗斋先生所说："内空虚，外脱化"。

身体在"空"的情况下，更可以体会"浑身肌肉挂青霄，毛发根根暖风摇"的意蕴。身体在"浑身肌肉挂青霄，毛发根根暖风摇"，"身体有如过堂风"及"身体有如空口袋"的状态下，会有松与紧的感受。这种松与紧的感受与意念是一种因果关系，即意念为因，松与紧为果。

初学者先不要去想松与紧，可以把松紧先放到一旁，松与紧的问题，在意念真实了以后，自会提到训练的日程上来。这主要是因为，初学者对松与紧的理解往往是不正确的。就松而言，初学者常常认为自己不使劲儿就是松了，其实那并不是松。初学者所认为的松，是生活常态下的松，生活中的松与武术中所要求的松并不是一种东西。生活中的松对于武术而言往往只是一种懈，仅就武术的松而言，有些悟性不是很好的人可能要悟一辈子。故如果在神意之前而追松紧与紧松，就是片面、执着与出尖儿了，也是因果关系倒置了。

这就是意拳之所以叫意拳的原因，这也是"拳拳服膺"。身体的状态，都是由"意"带来的，当然之后还不能执着于意，还要有"无意之意"。祖师王芗斋先生的原话是："无意之意是真意"，但那是一种更高的层次，对于初学者来讲，还是须从有意入手，但是有顿悟资质的人除外，有顿悟资质的人可以直接进入到"无意之意"的状态。

在"浑身肌肉挂青霄，毛发根根暖风摇"下，身体除了会有松紧与紧松外，也会有平衡，也会有动静，也会有虚实，也会有阴阳，也会有开合，也会有方圆，也会有空间的弛张……

但松紧与紧松、平衡、动静、虚实、阴阳、开合、方圆及空间弛张等的状态都不要追，一追就执着了，须本着来者不拒，去者不留的心态去体认之，方为正道。

意拳的训练，须使自己要悉心的体认意念下产生的这些东西。这时候，悟性就很重要了，因为，体悟，只能靠自己，别人帮不上忙。就如同饭只能自己吃一样，别人是无法代劳的。悟性差的人，体认着体认着，就开始执着了，会把"意"拳练成了"形"拳，悟性更差的人会把意拳练成臆想拳，臆想拳更可怕，会走火入魔。故人们所常说的"师父领进门，修行在个人"也不无一定的道理。

前面说到的松紧与紧松只是意念下的产物，那在这些产物中，有没有最重要的产物呢。本人认为，意念下最重要的产物是"精神"。本人所说的"精神"不是普通的精神，也不是什么虚幻的东西，而是一种物质，也可以称这种物质为拳术能量。有了这种叫"精神"的拳术能量，什么松紧，虚实、动静、开合等就都同时具有了；若没有了这个"精神"，一切的松紧，虚实、动静、开合等都是局部，都是片面，都是执着。这也是祖师王芗斋先生的意拳与别派武功所截然不同的地方。

7.练套路容易站桩难

在大家大谈站桩的好处时，本人还有一个观点，即"练套路容易站桩难"。

本人所说的"练套路"是指那种划道儿性质的打拳，即打一套那种形功运动性质的拳（也可以称之为行功运动）。那种划道儿性质的打拳，无论动作多么复杂，其实练起来并不难，它仅仅是如同广播体操一般，充其量出点儿汗，热热身，这种划道儿的拳与技击没有什么关系，既涉及不到什么高深的境界，也不会改变人的生理机能，当然也不会有什么运动危险，除非摔倒了伤着骨头。

但是意拳的站桩则不然，练站桩，涉及的问题会有很多，诸如精神意念、间架、呼吸、气血等方面的问题，即包括了人们所常说的"内练一口气，外练筋骨皮"的学问。这是一种综合性的训练，在这种综合性的训练中，哪一项的内容稍微地有一点儿的执着、局部与出尖儿，都是问题，甚至会出偏，故若不明就里盲目训练，不刻苦尚好，越刻苦越会出问题，而且一旦出偏了，后果会很严重。

现在有许多人都在撰文大谈站桩的重要性，祖师王芗斋先生说的没有错，站桩的确是非常关键的，但本人认为站桩也是最容易出问题的，若没有明师的指点，站桩是练不好的。站桩的许多方法都是秘传的，不是市面上很多人所理解的那样，简单一站就可以了事儿的。这也是学者多如牛毛，成者凤毛麟角的原因。

另外，有些人也是过于夸大了站桩的作用。意拳是立体的，从拳术的角度来讲，站桩与试力等功法训练，哪一项都不能少。祖师王芗斋先生针对试力还曾说过"此项练习，为拳中之最重要，最困难之一部分工作"（见《拳道中枢》试力）。祖师王芗斋先生所说过的重要的事情有许多，而且哪一个都重要，哪一个都不能偏废。所以，任何一个东西若拿出来孤立地单谈，其实都是局部，都是错误的，都是对祖师王芗斋先生拳学思想的歪曲理解。对于某一个人在某一个阶段来讲，可能是站桩最重要，但对于另一个人来说，在某一个时间段内，就有可能是试力最重要。如果有人头痛，大夫给他开了去痛片，并嘱咐他一定要按时吃药，他从此就认为只有去痛片是药，那岂不是笑话。祖师王芗斋先生说拳，都是有针对性的，都是针对某一个人当时的具体问题而谈的，这叫"对症下药"，中医大夫给人看病也是对症下药。把祖师王芗斋先生的话当教条，不分时间地点场合及身体具体情况地去宣传，应该是对拳术的一种曲解。

祖师王芗斋先生当年学拳，因聪颖过人，不出数年，即得形意拳之三昧，故才有了"非其人不能学，非其人不能传，吾今得矣"之说。姜容樵在《当代江湖武侠奇人传》中写道："深形意拳三摩地者，只有王芗斋一人。"武术史学家金警钟在1930年天津《大公报》的《国术名人录》中称："得郭云深三层功夫者，只有王芗斋先生一人也。"

站桩之学，在祖师王芗斋先生看来，不是什么难事儿，那是因为他老人家是千年难得一见的武林雄主，要不然也不会有"非其人不能学"之说。但是在别人那里，就不是那么容易的事儿了。

就本人四十多年的练拳阅历来看，撇开祖师王芗斋先生不谈，除了少数的几个意拳二代与三代的名家，没有多少人站桩是正确的，大家大多都没有能够真正理解祖师王芗斋先生。

至于如何才能正确理解祖师王芗斋先生，如何才能正确地练好站桩功。本人的拙见是，首先不能急于求成，既须因人而异，又须循序渐进，而且还须立体地进行形与意的整体训练，既有精微又有粗迹，既有整体又不失局部，既须有的放矢又须全体的非无的放矢而不可，既有间架形体的运动又要体会不动之动是真动的意蕴，既要把精神给拿出来又不能执着于精神，既有意念又不能执着于意念……，这些问题，都是站桩中的问题，另外，对待这些问题的态度也不能执着，如此，方有可能寻到站桩的正确门径。

具体到细节，每一个指甲、每一个指甲缝儿、每一根毛发……都要有意念，间架的合理性差一根头发丝的位置都是错误，动静之间的点点滴滴都是有内容的，动是因为什么，静又是为了什么，一动一静又是什么，其动静之间与动与静又有什么关联、有什么区别又有什么内容与变化，什么是身体的松，什么是身体的紧，什么是意念的松，什么是意念的紧，什么是精神的松，什么是精神的紧，什么是松就是紧紧就是松，等等，再如平衡与均整的问题，整体意动与无意之意是真意的问题，这些细节都不能漠然处之又不能刻意与局部，还有，如何做到"其小无内其大无外"，如何践行祖师王芗斋先生所说的"离开己身无物可求，执着己身永无事处"等。

祖师王芗斋先生在《拳道中枢》中曾提出"守平庸，莫好奇，非常都是极平易"，老先生说得很经典，但是练拳最难的恰恰是守平庸与莫好奇。

一好奇，就会贪功夫，就会出尖儿，就会执着，但有不好奇的人吗，有甘守平庸的人吗。越是事业有成的人，就越不是"守平庸，莫好奇"的人。事实是，越是最简单的越是最难的，考验着人的智慧与德行。祖师王芗斋先生的站桩之学，是在挑战人性，既要精进，又要守平庸，既要有探索与挑战精神又要莫好奇，如此吊诡的学问，真不是那么好练的。另外，祖师王芗斋先生还指出："世间万物本平常，舍平常而取非常，无异于走入歧途"，即"平常心是道"。同守平庸一样，在站桩中保持平常心太难了，不仅在站桩中要有平常心，平常心在生活中也是我们须用一生来修行的事情，上述的这些林林总总的事情都是无法一蹴而就的，皆须我们在站桩中，在知行合一的状态中去体悟一辈子。

总之，祖师王芗斋先生的站桩功说起来容易，但若想要有所成就，则真不是那么容易的一件事儿。站桩所涉及的内容，不怕人聪明，有多大的聪明都会觉得自己的智慧不够用，越学越问题重重，越学越艺无止境，这也是站桩之所以难学的原因，但也是站桩的魅力之所在。

8.意拳与吸引力法则

祖师王芗斋先生所创立的意拳，在心神意念的训练方面，在很多地方与美国著名新思想运动的先驱者威廉·沃克·阿特金森（1862~1932）所倡导的"吸引力法则"有异曲同工之妙。

威廉·沃克·阿特金森是《吸引力法则——神奇的个人磁场效应》的作者。威廉·沃克·阿特金森在研究提高精神力、思想力、意志力及实用精神科学方面有诸多警醒世人的理论观点，他被无数大师誉为"吸引力法则"的研究鼻祖。

"吸引力法则"的核心就是："同频共振，同质相吸"。"同频共振"是指："同样频率的东西会共振"，"同质相吸"是指："同样性质的东西会因为互相吸引，而走到一起"。

"共振"会形成"同质性"，"同质性"会形成"吸引力"，"吸引力"会使两个共振体纠缠在一起。故在"共振"不变的情况下，"吸引力法则"就会出现，它会使能量持续不断地生成并扩大，这种能量的生成是基于自然法则的，包括人们所说的自然法则的三大本质，即：一是一切的本质都是能量；二是一切的本质都是振动；三是一切的本质都是吸引定律在运动。

所以，"吸引力法则"的能量是巨大的，以至于没有任何其他的力量能够阻挡它。

其后，有神经学家也发现，人的思想具有磁场与能量，它能吸引相同频率的事物，当人的身心希冀实现某种目标时，即当思想集中在某一领域时，与该领域有关的事物就会被它吸引过来，当思想的集中足够强大时，整个宇宙都会帮助我们来实现我们的目标，这正是"吸引力法则"的功效。最终"吸引力法则"的这种"思想集中"的能量能够改变人生。

其"吸引力法则"的具体运用，可以体现在各个方面，甚至包括可以使失恋的人重获爱情，使婚姻的背叛者重新回归家庭，使晋升无望的人重新有了晋升的空间，它可以使"心想事成"及"万事如意"不只停留在表面的期盼中。

但也有人认为，这颇似自我催眠和自我暗示即是一种"安慰剂效应"。

"安慰剂效应"过去常有医生在使用，如当时有些医生曾实验在给病人看病时，并不使用有真正疗效的药物，而是只给病人一些看似药物的淀粉片、维生素C、或是糖豆，但就是这些没有任何药效的东西，也能使病人痊愈。有大量的医学研究表明，许多手术的效果都是收效甚微的，很多手术做了和没做并没有多大的区别。但人类本身就有"自愈功能"，而"信"能帮人把这种功能给调动出来。这就是所谓的"安慰剂效应"。有一些绝症病人拿到了可以康复的诊断书，他会真的慢慢康复起来，而错拿到有绝症诊断书的健康人，身体则会每况愈下，甚至会真的得了这个绝症。

这种靠着"信"而调动出自身的"自愈功能"使自己痊愈的特性，与"吸引力法则"所倡导的那种"思想集中"如出一辙。

有些人可能会说"安慰剂效应"的产生是因为人体本身的"自愈能力"，这并不是什么"吸引力法则"下的超能力。的确"安慰剂效应"与"吸引力法则"是有区别的，"吸引力法则"更有"安慰剂效应"所涉及不到的领域。有一本《秘密》的书，专门讲了"吸引力法则"。

"吸引力法则"又称"宇宙吸引定律"，指思想集中在某一领域的时候，跟这个领域相关的人、事、物就会被它吸引而来。

"吸引力法则"显然激发了人们的无限希望，这符合心想事成的美好愿望。

电影《一代宗师》里有句意味深长的经典台词："念念不忘，必有回响"。导演王家卫先生的这句话是有出处的，王家卫先生在拍摄电影《一代宗师》前，曾大量走访了京津冀等地区的武术名家，也包括我本人。"念念不忘，必有回响"与"吸引力法则"的"思想集中"的意思是相同的。

在中国的传统武术训练功法里，有一种特殊的训练方法，就是意念训练法。传统武术的意念训练法，比西方人研究的"吸引力法则"时间要更早，也更完善。只是这种意念训练法基本上已经失传了。意拳祖师王芗斋先生，天赋异禀，在形意拳的基础上，通过整理天下武功中优秀的秘法，自创了意拳，其核心理论就是"拳拳服膺"，祖师王芗斋先生把失传已久的东西又找寻了回来。

意拳的"举意字以概精神""意即力也""假借无穷意，得来无穷力"及"假宇宙之力波，有神助之勇"等理论，与西方人所研究的"吸引力法则"暗合，故将"吸引力法则"引入到意拳的训练体系中，西学东渐的将有助于意拳的推广与普及，尤其是面向外国人的推广与普及。

从意拳的角度来讲，当人的精神意念专注时，人的身体会随着意念的变化而变化，从养生健身的角度讲，良好的意念会使人的身体健康。从技击的角度讲，精神意念，会直接改变身体的各种状态，使自身由弱变强。但这里有一个非常关键的问题，就是如何使自己的意念能假想成真。祖师王芗斋先生所破解的中国传统武术的密码，正是这个假想成真的问题，所有人都会有意念，都会有想象力，但这些意念与想象力往往都流于虚幻而无法成为现实。意拳通过系统的站桩与试力及试声与发力等训练，将精神意念变为了可以身体力行的现实。

意拳不同于西方的"吸引力法则"之处是，除了有"意"，还要有"形"。这个"形"简单地来说就是"间架"及由此而引发的各种拳术运动，包括各种养生健身与技击训练时站桩的"间架"及试力的"间架"、发力时的"间架"、摩擦步训练时的"间架"，更包括推手与断手时的"间架"等。

祖师王芗斋先生所创立的意拳，是融冠古今与中西文化的大成文化。作为祖师王芗斋先生的拳学后人，我们有责任将意拳的功法体系进一步地发扬光大。在研究意拳文化的同时，兼收并蓄地将世界上的各种能够促进意拳发展的文化融于意拳文化之中，方可以践行祖师王芗斋先生所言："弘扬国粹，振兴中华"的使命。

9.意拳的五字秘诀

意拳祖师王芗斋先生在《拳道中枢》的论信条与规守中，曾提出："头直、目正、神庄、声静，再以恭、慎、意、切、和五字诀示之……"。老先生其后给"五字诀"配了歌谣："恭则神不散，慎如深渊临。假借无穷意，精满浑元身。虚无求切实，不失中和均。……恭慎意切和，五字秘诀分。"本人的恩师王玉芳先生曾反复指出："家父常言恭、慎、意、切、和，你要在这方面多多体会。"祖师王芗斋先生所谈的恭、慎、意、切、和既是论信条与规则的五字秘诀，更是意拳修炼的五字真言。具体讲，首先在意拳站桩及试力时，若不从恭、慎、意、切、和的角度来思考和训练，则难入其境；其次在技击时，只有身体中具有了恭、慎、意、切、和的内容，才能具有技击的实力。

1.恭：身体在站桩时首先要有"恭"的内容，而且是既"恭"且"敬"，只有恭敬了才能谦虚，只有谦虚了身体才能真正地"空""松"下来。意拳大师王玉芳先生常说："站桩时身体要空、松、通、透，并要形松意紧。"故只有"恭"才能"形松"，用祖师王芗斋先生的话说："恭则神不散"只有"神不散"才能"意紧"。另外，人与自然的关系，也需要人具有恭敬之心，人只有恭敬于自然才能有融于自然的状态，只有融于自然了才能做到祖师王芗斋先生所说的"力合宇宙"及"假宇宙之力波，有神助之勇。"故在这里"恭"是一切训练及由此产生各种状态的前提。老子在《道德经》中指出："弱者也，道之用也"，"知其荣，守其辱，为天下谷。为天下谷，恒德乃足。恒德乃足，复归于朴。"否则，"富贵而骄，自遗咎也。"祖师王芗斋先生曾有"不说硬话，不做软事"之训导，其恭敬了自会"不说硬话"，其身体力行也自会事不做软，这也符合了"切"的精要。

2.慎：在站桩时除了要有"恭"的内容，还要有"慎"的内容。祖师王芗斋先生在论信条与规守中指出："举心宜恭慎，如同会大宾。"老先生在《谈拳学要意》答记者问时指出："应在用功时，动静之间加意体察，非仅使身体外形上为多种情形之运动也。应用神意，观察全身内外，一举一动是否符合卫生自卫之条件，动为什么？静为什么？结果是什么？中间过程的现象是什么？如此体认操存，庶乎近矣。至于精微道要，方可继续研求，否则未易有得。"祖师王芗斋先生所谈的皆是"慎"的内容。故只有在站桩及试力时身体做到了"慎"，对身内的体察及对身外的感知才能缜密与精准，拳术上才能有所收获。为了解释"慎"的状态，祖师王芗斋先生曾形象地比喻为"慎如深渊临"，以此告诫意拳的后人，要在"慎"字上多体认。

3.意：祖师王芗斋先生所谈的"意"，是意拳的本质。老先生在《拳道中枢》习拳述要中指出："若非用意支配全体之筋肉松和，永不能得伸缩自如，遒放致用之活力也。……本拳在二十年前，曾有一度意拳之名。举一意字以概精神，盖即本拳重意感与精神之义也。"祖师王芗斋先生的"意"，是一个大的概念，既有拳学本旨的"意"，又有假借的"意"，如"假借无穷意，得来无穷力"。另外"意"还包括"意感"，老先生所说的"精满浑元身"即是"意感"的体现。祖师王芗斋先生在《拳道中枢》自志中曾言："今夫本拳之所重者，在精神，在意感，在自然力之锻炼。"意拳大师王玉芳先生在谈到"意"时常说："对个人意念来说，应具有善意，最好是以子女的行为，父母的心肠对人。在练功方面来说应是只求神意足，不求形骸似，这样才是练功应有的要义。"总之，意拳的训练，始终围绕着"意"字在做文章，既有主动的"意"又有被动的"意"，既有"有意之意"又有"无意之意"。本人曾在"论意拳（大成拳）之试力"（见《精武》2009年第4期）中谈到了主动的"意"和被动的"意"的训练法，本文不在此赘述。意拳大师王玉芳先生常引用老先生的话教导说："力量在身外去求取，意念在无心中来操持。"故在"意"的体系中当以"无意之意"为高境界。

4.切：祖师王芗斋先生在《拳道中枢》中指出："虚无求切实"及"学术一道，要在知而能行，行亦能知，否则终不免自欺欺人。"故意拳训练，一切的意念都要切实，只有"假想成真"使意念成了真实的感受，意念的训练才有了真实的意义，否则便会成为不切实际的空想，流于虚幻，甚至还会出偏致病。祖师王芗斋先生所谈的"切"，包含着真实的体认功夫，老先生说："夫学术一道，首要明理，更须切实用功"及"追求表面，人学亦学，人云亦云，所谓盲从者是也。若习而不果，则永无体认之可言。茫然一生，毫无实际，且易起神秘思想，终不得望见门墙。"总之"切"是衡量意拳训练是否具有实际内容的关键。但在"切"的训练中，还要注意要循序渐进，因为不同的意念内容，会有不同的"切"的感受。另外同一种意念要求，每一个人的"切"的感受也会不尽相同，故在意拳的教学上，意拳大师王玉芳先生尝悉心地教导说："意拳训练，只宜教意念，而不要教感受。"这说明了意拳训练是一个身体力行的事情，并要发挥自身的主观能动性。

5.和：祖师王芗斋先生所谈的"和"，是一种大包容的状态，是恭、慎、意、切、和的最终结果。既有圆融统一的内容，即统一自身与宇宙相融合，也有平和、均匀、和顺及争力等方面的内容。没有达到"和"的境界，恭、慎、意、切当没有意义。祖师王芗斋先生在歌谣中曾提示为"不失中和均"。具体到意拳训练功法而言，"不失中和均"的状态，也是意拳站桩及试力、发力、推手、技击的不二法门。

综上所述，祖师王芗斋先生的"恭、慎、意、切、和"五字秘诀实是意拳站桩及试力时的训练要旨。

具体讲，站养生桩时须"凝神定意，默对长空"，然后再以"恭"的心态使身体松静下来，"慎"而悉心的体察身内、身外的感受。用祖师王芗斋先生的话说："慧眼默察细胞系。"还要注意呼吸的和顺，周身的匀畅及宇宙力波的松紧、气韵的悠扬与激荡……等方面的内容。欲使身体达到这些状态，尤须以"意"为先，如先假想身体处于寂静的水中，水不动时身体是否也能随之而不动，再假想身体处于涌动的水中，水动时身体是否也能随之而动，或假想身体处于舞动的风中，风舞时身体是否如风中之旗也能随之而舞。再如，其水的浮力或风的阻力是否能有存在的真实感受，若有了浮力和阻力的切实感，则可谓假想成真了，即符合了"切"的标准，只有做到了假想成真，意拳才算真正入门。在此基础上，还应如祖师王芗斋先生所言："己身皆具备，反向身外求。"身体的状态要由身内的训练转到身外的训练，即不是身内之松紧而是身外之松紧，不仅是身内之鼓荡而更应是身外之鼓荡，在自身圆通的状态下与外界的自然万物、宇宙天地融为统一，以此完成"和"的内容。

技击桩中的摸劲桩，也要有"恭"的状态，因只有"恭"了才能知不足，否则极易努气与拿劲及恃强与矫揉造作。另外，技击桩中的敌情训练，是要把"恭"变为一种既要全神贯注，又要从容淡定的状态，这样才能具有意拳技击的高境界。意拳技击桩实是一种静中寓动或叫外静内动的训练法，故站桩的过程是一个摸劲的过程，而摸劲则更要"慎"，身体中的点滴状态都要体察，而不能漠然划过，如身体的"内三合"与"外三合"在静、动及静动之间是否建立及是否均整，身体的争力内容是否丰富，间架是否合理，骨骼是否杠杆支撑，是否能利用呼吸的力波，是否脏腑盈满、毛发如戟，精神是否放大，形松意紧的状态是否逐渐深化。再如具体到周身的大筋是否挑起及周身是否连通，细胞是否有吞吐、逎放之能，传导是否贯通，身外阻力及与外界的牵扯是否切实，身体的平衡系统是否合适，身体预应是否存在，从有意之动到无意之动的提升是否能够实现，从"曲寸伸尺"及从阴面到阳面，阳面到阴面的劲力能否自然转换及能否撑抱互为及阴阳一体。再如各种劲力的基础培养如蓄力、弹力、惊力、开合力、缠绵力、惰性力、螺旋力、轮轴力、滑车力、斜面力……等劲力是否建立及融于浑圆的整体并成为浑圆劲等。这些难以尽述的内容皆须

"慎"。在技击桩中,"意"的作用至关重要,前面老先生所谈的"假借无穷意,得来无穷力"及"举一意字以概精神"等都离不开"意"的内容。至于"切"与"和"的内容,技击桩中的原则原理与养生桩大致相同,举一反三即可。另外,试力时的摸劲状态,也与技击桩中的摸劲状态基本相同,只是区别于技击桩中的摸劲状态是无形之动,试力时的摸劲状态的是有形之动,但其理相同。祖师王芗斋先生曾有:"动中之静是真静,静中之动是真动"之说,故试力的内容同技击桩中的内容一样,均离不开"恭、慎、意、切、和"这五字秘诀。

技击时,"恭、慎、意、切、和"也有特殊含义,"恭"的状态,于外可麻痹敌人,于内则可提醒自己重视敌人。"慎"的状态则与"恭"的状态紧密相连,有"恭"之因,必有"慎"之果。技击时对敌要慎之又慎,"举步似螳螂""如履薄冰"等皆是"慎"的内容。技击时的"意"既包含了对敌的搜寻问路,精神笼罩,又包含了坚忍果敢的意念,及"同死的决心"。"切"的内容和"意"的状态紧密相连,只有当搜寻问路的意念真实的反馈回自身,当精神笼罩的状态有了反映,及同死的决心传递给对方,并起到了效果,才符合了"切"的内容。技击时的"和"则如同佛家学说中的消除"分别心"一样,应使自身与敌方由对立变为统一,当"分别心"消除后,则会有跟佛家所说的"他心通"相似的状态出现,即敌方所思即是己之所思,敌方所想即是自身所想,料敌于先,由此自可实现"后发而先至"的拳学理念。另外,技击时在"恭、慎、意、切、和"之外,还要具有:"肯、忍、狠、谨、稳、准"六字诀的内容。技击时的"肯、忍、狠、谨、稳、准"与"恭、慎、意、切、和"既有区别又有联系,当"意"真时"肯、忍、狠"自可成立,当"慎"真时"稳"自可存在,而"准"则可以看成是"切"的一种具体表现。

第二节　意拳健身

1.意拳站桩膝关节及周身关节放松之法

许多人站桩因训练方法不当，致使膝关节受到了不同程度的伤害，故意拳站桩，恰当的训练方法尤其重要。意拳站桩具体的训练方法有许多种，在这些训练方法中，最有效的训练方法是身外意念训练法，站桩时当身外的意感真实了，身内的筋骨与气血也就会良性的得以锻炼。具体到训练的细节，可首先通过"头顶悬"的意念，如"顶心如线系"的意念，将身体向上拉起的同时将周身的大小关节也全面的拉开，尤其是要把膝关节给拉开，要让膝关节悬浮起来，处于不受力的状态。除此之外，还要有周身要有被大气包裹和被大气托起的意念，也可以想象身体置于水中，四周水的浮力使自己的身体不在受力，这样可使周身进一步的放松。祖师王芗斋先生曾用"上有绳线系，下有木支撑"的意念来告诉大家，要假借自然之力来锻炼身体。身外的意念越真实，自身的状态会越轻松，由此，膝关节等周身所有受力的关节也就不会受到伤害。

身体中有几个部位不容易放松，如颈、肩、脊、胸、腹、腰、胯、膝、踝、脚等几大部位。站桩时其颈、肩、脊、腰、胯、膝、踝、脚等各个关节点都要松开，都要让它们悬浮起来，松开的空间越大，锻炼的效果越好，松开的越全面越具体，训练的水平越高。

初步练习时，桩要站得高一些，两腿只需微弯即可（微弯的状态也可称之为"舒直"，即不能是绷直，而是微微的有些弯曲），这样有利于膝关节放松，如果要在间架方面再多说几句的话，就是要有如立定跳远时，各就位、预备、跳的跳之前的那种状态的间架结构，即趾、踝、膝、腿、胯、腰、脊、颈等周身的间架结构都是含蓄的，都是"曲折"的，用祖师王芗斋先生的话说："曲折有面积"，"具体关节都有似曲非直意"。

随着对松的理解力的提高，双腿可以慢慢地弯下来，也就是由高桩往低桩站，但始终要以膝关节处于松开的悬浮状态为度，一旦这个状态没有了，就要还回到高桩来，否则膝关节处就会较劲儿，就有可能因过度的受力而损伤。故只有当自己松的水平提高后，才可通过逐渐地降低桩的高度，来加大下盘训练的力度。

意拳站桩，由于始终不让膝关节受力，故在这样的状态下，无论是站高桩还是站低桩都不会对膝关节有伤害，但站低桩时一定要循序渐进。这种低桩，我们管它叫大式桩，也叫加力桩。大式桩是从间架的角度来说的，加力桩是从意念的角度来说的，都有道理。但切不可以认为站低桩的水平要强于站两腿舒直的高桩，它们解决的问题各不相同。站低桩虽然很累很辛苦，但腰胯很容易打开，站高桩虽然不像低桩那样的辛苦，但腰胯却不容易打开，这主要是人体的生理曲线决定的，即站低桩很容易填腰，但站高桩则一填腰周身就容易僵滞。故站低桩与高桩各有各的难易点。其实这都是自身的筋没有打开的缘故，换句话说就是筋短。所以意拳训练，要想松开骨，先要松开筋，只有让筋松开了，让筋变长了，变的有弹性了，变得有承受力了，周身之骨才能自然且真实地被打开。

意拳训练，站高桩对松筋的要求更高，也更容易通气血，更容易建立身外的联系。高桩和低桩及单腿站立的独立桩，要交替练习，它们会相得益彰，即高桩解决不了的问题可以在低桩中找到解决的办法，低桩中解决不了的问题可以在独立桩及高桩中找到解决的方法。

意拳训练，当筋骨问题解决到一定程度后，就不要再把训练的重点放在筋骨上了，其他的诸如平衡的问题，劲力贯通的问题，"精神笼罩"的问题等方方面面的问题都要加紧训练，否则就又是属于局部的、出尖儿的、执着的练法了。意拳训练，任何一种单一的训练方法都不是大道。

意拳的训练思路有点儿像下围棋，围棋高手不会只盯在一个角上死掐，而是一直在宏观的调控着，有时一个角上的局面打不开，但在别的角上或边上走着走着这个角上的被动局面就会自然化解。意拳的训练也是如此。正如前面所说，骨关节松不开其实很可能是筋的问题没解决，筋松不开其实很可能是周身假借的问题没解决，周身假借的问题建立不起来，其实可能是内心的深处没有松开、没有静下来、没有真情实感，内心静不下来其实可能是因为筋骨缺少起码的支撑力，或者是自己的身体的状态不佳，包括睡眠不足，休息不好，致使精神集中不起来。所以，我个人的观点是，练意拳一定要用自己的黄金时间，即精力最旺盛的时间。每个人的黄金时间不一样，有的人是早上，有的人是晚上，尤其是对于初学意拳的人来说更要用黄金时间，就像是学外语背单词，一定要用黄金时间一样，身体已经很疲乏了，还要背单词，其效率不会很高。练意拳若不用黄金时间，若总选择在身体不佳的时间来练功，其后果不堪设想，许多练武的都是这么练死的。所以这又说到了穷文富武的话题，练武的人得有闲时间，得有好状态，对于整天忙碌的上班族来说，练武实际上是一种非常奢侈的事情。

总结一下，要想站桩不伤膝盖，就要让膝关节真正的松开，而膝关节松开的前提，离不开筋的松开及周身意念的假借，故只有当身外的东西建立起来了，筋骨才能真正地松开，这就是意拳的独到之处，即意拳的训练，在很多情况下是从身外往里练的，这比天下的武功只训练身内又多了一个训练身外的内容，别的门派只是练内功，而意拳则是内外兼修。关于先修内还是先修外，可以依据祖师王芗斋先生的理论观点去做，即"己身皆具备，反向身外求"，另外，王芗斋先生还指出："离开己身无物可求，执着己身永无是处"，"假借无穷意，得来无穷力"。所以意拳训练既不能一味地在身内较劲儿，也不能空有意念而不切实际地漫天胡想。

本人的经验是，意拳的训练，在身体已经具备了放松的前提下，首先要把精神给拿出来，没有身外的精神与意感就不可能有真实且全面的身内训练。先要在身外建立情境，并用身外的情境反过来规范自身。如想象身外有草原，可以闻到泥土和青草的清馨之气，远处有蓝天白云，可以遥看天外的云卷云舒，还要静听空中的天籁之声，嘴里含着美玉或宝珠，周身被大气所包裹，要像祖师王芗斋先生所说的"浑身筋肉挂青霄（云端），毛发根根暖风摇"。还可以想象怀中抱一球，并切实感受球与身体之间的关系，也可以想象怀抱一凌云宝树，要伴随着这宝树而成长，等等。

意拳所研究的是一种借力文化，尤其是借外力，在意拳这种借外力的状态下练功，由于寻求的是整体力，故没有局部受力的地方，任何有可能受力的骨关节，包括膝关节都不会有损伤，这是意拳所独有的区别于天下武技的武术文化。

2.传统武术"填腰"与"偷懒"的训练方法

传统武术门派里一些老武术家晚年下不了地，我认为不单单是腿疾的问题，是有些人把腰给练坏了，因为武术讲"填腰"，即腰要向后靠，其实"填腰"的练法本身并没有错，但许多人过于执着，一味儿执着的"填腰"从而练出了毛病。本人的恩师义母王玉芳先生曾言："我父亲常说，练拳要会偷懒儿。"祖师王芗斋先生因为会"偷懒儿"，即使"填腰"也不会练出毛病来，而相对于那些练出一身伤病的人而言，只能说他们没有真正理解中国传统文化。中国传统文化讲求要以自然为师，观察大自然中的花草树木，它们都是自然生长的，既不执着也不做作，有风吹过即随风而舞，无风吹来就亭亭玉立。所以自然界中的花草树木及树的枝叶，它们不是不动，也不是乱动，而是随外力而是应。武术中的"填腰"训练也应是如此，须以花草树木为师，要随外力而是应。具体练法为：其一，身体及腰部要随意念之动静而动静，而不是一味儿的努着劲儿在那里自己跟自己较劲；其二，身体及腰部要随意念所产生的身外情境而动静，自己是被动的，而不是主动的；其三，身体及腰部要随自身气血之运行而动静，即不能盲目地贪功夫；其四，身体及腰部要无意于任何意念与情境及气血而随机缘而动静，即动静要随缘，更要自然而然；其五，身体及腰部要随天地而动静，即随天地的喜怒而喜怒，随天地的怜恤而怜恤，让天地进入到我们的身体里来做主。传统武术中有"借力打力"与"舍己从人"之说，"随天地而动静"就涉及"舍己"的内容，西方文化中的"破碎自我"之说也涉及这一部分的内容。传统武术叫"舍己从人"，我管它叫"舍己从天"。当然，"舍己从天"的这一项要求要想真正做到是有难度的，没练到一定的境界是实现不了的。

对于上述这五项内容的把握（其实还不止这五项），其火候的控制，完全是由文化修养和悟性来决定的。所以，练拳没有悟性是不成的，没有悟性的人会执着，祖师王芗斋先生所说的会"偷懒儿"及"留有余兴"的问题，正是解决练拳不要执着的良方。就"填腰"而言，依据祖师王芗斋先生的观点，其练拳的方法须如同是在吃棒棒糖，即抿一下就可以了，然后琢磨一下滋味再抿一下，而不是嘎嘣嚼碎一下子全吃了，很多人"填腰"的练法就像是把棒棒糖一口气嘎嘣嘎嘣的全吃掉，这种执着的练法和这种执着地思维方式，久练身体非出毛病不可，同时这种执着的练法，在武功的修为上也不会有多大的造诣。

3.练武术之人的长寿之道

任何拳术运动如果练法正确，都能给身体带来益处，所谓正确，是指要将拳练的真实与自然，而不是做作，不做作才是健身与搏击的正道。但看现在的人练拳则大多都是做作，与其他的拳种比起来，意拳做作的东西相对地会少一些，但并不是练意拳的人就不会做作，只要脱离了真实，意拳也同样会做作。练意拳的人须处处谨慎而行，祖师王芗斋先生有"五字秘诀"之说，即"恭、慎、意、切、和"，这"五字秘诀"悟到了，就不做作了。

现在的传统武术，许多动作都是仪式性的，学多了只会更做作。所以，搏击怎么打，就应该怎么练，与搏击无关的东西练多了，既浪费了时间，又会形成错误的动力定型。这种做作的东西不仅与技击无关也与养生无关，甚至还会伤害身体。只要是做作就不是正道，做作的东西既"截气"又"截劲"，短期看似乎没有什么，时间长了则会对身体有无法修复的损害。再就是许多人练拳贪功夫，为了要练成绝世武功而一味地苦练，这绝不是什么好事儿，前面谈到祖师王芗斋先生常说，每次练拳都要留有余兴。尤其在身体状态不佳和生病的时候，更要留有余兴。本人的经验是，练拳是锦上添花的事儿，身体状态好的时候就多练点儿，身体状态不好的时候就少练点儿，如同烧水，本来就没多少水了，还一味儿的添火，非烧干锅不可。许多人练拳短寿，不是因为不勤奋，恰恰是因为太勤奋了，太勤奋刻苦了就是贪功夫。所以并不是诸如太极拳、八卦掌、形意拳、意拳等被人们所称之为的内家拳术运动都能给人带来益处，任何事物都是把双刃剑。人若是没有悟性没有文化，就会执着，然而执着不是道，这是武术文化的辩证法，是中国古老文明的大智慧。故练武术的人要想不折寿，首先就要不做作、不执着，要深刻理解并践行拳术的自然而然之道。

本人认为，练武的人不能长寿的原因除了做作与贪功夫外，另一个原因则来自内心的挣扎。世间的许多人，大都是死于挣扎，主要是内心的挣扎，故长寿的秘诀，首先应是要有一颗强大的内心，要有交托，要会移情，要能淡定，要有平常心，要能拿得起放得下，要知进退，要不攀比，要知足，要感恩。

有许多练武术的名家、中医养生传家、书法家、画家们并不长寿，刚五六十岁就去世了，甚是可惜，这是一个非常值得深入思考和研究的课题。在意拳界，意拳第三代名家，本人的好友林肇伦先生也去世了，看见林肇伦师哥的"讣告"很是震惊，又一个意拳的历史性人物谢幕了。这些年来，王选杰、崔有成、高京立、白金甲、张鸿诚、王铁成、林肇伦、夏成群、魏玉柱，这些意拳的名家已经开始陆续地离开了我们。这些人中，除了王选杰先生我没有接触过外，其他的人我都很熟悉。林肇伦师哥说《武魂》上发表的那篇曾经轰动整个武林的"历史是真实的"文章，是出自他的手笔，该文论证了王选杰先生是第三代的历史事实。这篇文章的确是不同凡响，而且一直影响到了今天。林肇伦师哥是一大奇人，意拳里许多犄角旮旯儿的故事他都能挖出来，他的去世，从对意拳历史故事挖掘的角度来讲，是一个巨大的损失。我和林肇伦师哥相识也有十来年了，他是武汉的大学教授，林肇伦师哥1970年学习意拳，1977年正式拜姚宗勋先生为师，我虽然年龄小他一轮，但却是忘年交，每次我义母王玉芳先生搞大型活动，我都要通知到他，他也是只要有时间就尽可能来参加。2017年5月他又专门地到北京来找我，希望能帮他引荐一下我的师弟。我师弟在某学会里当领导，他希望能通过我师弟帮他打开局面并解决一些事业发展上的问题，看到已经退休了的他，还为了事业这样奔波，很是感慨。但学会的事情还没有落实，没想到两年不见，再见到的竟然已是他的讣告了。在意拳界里，真正在大学里教书的老人并不多，所以，我们之间有些惺惺相惜。他也很能写东西，条理性也很强，在意拳界里能在文化上与我聊得来的人除了他，还有白金甲先生，可惜，他们俩都走了。他们为了意拳的发展鞠躬尽瘁，死而后已。不由得想起白居易的七律《悲歌》："耳里频闻故人死，眼前唯觉少年多"。林肇伦师哥刚近70岁就去世了，甚是痛惜，这再一次提醒我们，无论多么的有事业心，也要劳逸结合地善待自己的身体，在此再一次引用祖师王芗斋先生的话说要"留有余兴"。

现代社会对于生活在紧张忙碌的都市人群来说，虽然周围的医疗设施很完备，一日三餐也不缺少，甚至有些人还锦衣玉食，但要想长寿，首先要有一颗强大的内心，在任何情况下都不要有内心有挣扎，因为一旦人内心的平衡状态被打破，人体的免疫系统就会出问题，这样一来人体的神经系统、内分泌系统、消化系统、血液循环系统、运动系统等身体的各个方面就都有可能出问题。意拳的训练，就是要通过意念的良性诱导训练来影响、改善、修复及强大人体的运动系统、神经系统、内分泌系统等各个系统。所以，意拳的训练是一个系统工程。在这个系统工程中，首重的应是精神，祖师王芗斋先生的原话是"在精神，在意感，在自然力之修炼"，祖师王芗斋先生是把精神放到了首位。

回到前面的话题，本人认为，要想长寿，既不能做作，也不能贪功夫，更不要有内心的挣扎，往往长寿败于挣扎。据国外有关健康专家研究长寿的因素：心理平衡占50%，合理膳食占25%，其他占25%。压抑与压力感，摧残健康最高可达到90%，它会使免疫系统崩溃。

在网络中，看到"圆桌派"节目里，有国内专家也谈到了情绪与健康的问题：第一，情绪持续不好会改变自己（这一辈子）的基因，而且强烈的话当天就能改变。人在生气的时候，首先会影响到自己的神经系统，如会使神经系统紊乱，甚至会使人突然变得躁狂或自闭；第二，人类的基因，原本可以活到100岁~175岁，取平均值也可以活到120岁。人类活到80岁后，有四分之一的人会得肿瘤。但没有突然发生的肿瘤，只有突然发现的肿瘤，所以大家在有条件的情况下，要经常地进行体检。

总之，在解决了基本的温饱问题以后，情绪与不过劳，对于健康而言至关重要。当然，许多的健康专家并不懂意拳，他们不知道意拳人还有站桩功，可以对身体进行意念修复。但是练意拳也要"留有余兴"，不能一味儿的苦练，否则一旦练过了头，一样也会过劳死。

意拳的训练须以身体为载体，故我们要善待我们的身体。人的身体是非常智慧的，比大脑比心智都智慧，大脑与心智会异想天开，但身体不会这样，身体只会按照其自身的规律来运行。具体如该吃什么该喝什么，该什么时候睡什么时候醒，什么时候该休息，什么时候该锻炼，什么时候该走出情绪，身体自身都知道。只是我们常不听身体的诉求，常要替身体来做主。实际上我们的大脑及心智与身体相比是相当不明智的。

本人认为，意拳的所谓开发潜能，很大一部分内容，是对身体自身能动性的开发，其中的一个主要工作，是要把主宰身体的权力重新交还给身体。

我们要用意识来感知身体，应和身体，不要随意地左右身体，更不要用大脑与心智去强暴身体。李小龙先生就是不断地用大脑与心智去强暴身体，结果身体就提前罢工了。如果我们的身体告诉我们，你该休息了，那就应该好好地睡上一觉，直到身体告诉你，可以起来了。身体不让你食，就不要狂吃，身体不让你喝，就不要豪饮。再如人们常说吃饭要细嚼慢咽，这是对那些饱腹感不敏感的人群而言的。许多人身体已经告诉你吃饱了，但自己的大脑与心智愚钝，察觉不到身体的语音，直到身体抗议了才感知到，但那时已经吃多了。再有就是，常说不吃早饭的人容易得胆结石。早上身体告诉你该吃东西了，但自己急着去上班，便用意识强迫身体要忍着，这也是在强暴身体。胆结石产生的原因除了胆汁代谢障碍、感染、异物、炎症，以及各种慢性疾病，包括肥胖、糖尿病、胃肠道疾病等之外，不吃早饭也是胆结石产生的原因之一（胆囊是储存和浓缩胆汁的地方，若不吃早饭，胆汁就会扩张淤积，不利于胆汁排出，扩张的胆汁淤积于胆囊内，时间长了就会出现结晶及形成胆固醇性结石的结果）。所以，若不按照身体自身的规律来行事，任由着意识去霸凌身体，身体就要出问题。关于这一方面的问题，后面的文章还会谈到。

意拳就是要建立起能够感知身体诉求的能力，不要逆身体而行，不逆身体也是在遵守自然之道，这与老子的思想也是相通的。当然，意识对身体也不是要一味儿的纵容，许多时候也是要进行干预的，如有些人有烟瘾，烟瘾上来不吸几口浑身都难受，甚至极个别人还会有毒瘾。对于这些瘾，则需要用意识来戒除。那什么时候该顺从于身体，什么时候该干预身体，甚至该强迫身体，则要看个人对身体的悟性了。正常情况下，我们不要人为地增加身体的负担，要时时关注着身体本身的诉求，力求在工作、生活、锻炼等方面与身体的诉求达到一种平衡。

本人认为，以满足身体诉求为主的生活叫"养生"，以剥夺身体诉求为主的生活叫"奋斗"。但是大家也都知道，身体是"1"，后面的都是"0"。如果没有了"1"，有再多的"0"也没有用了。

另外，有国外专家认为，衡量一个人是不是衰老了，一个最简单办法就是看人在早起时，是不是能站着穿衣服。人的身体机能退化后，人的平衡能力就会出现问题，故无法站着穿衣服。国外专家的这个办法，对于鉴别普通人的身体衰老状况的确有效。而意拳的站桩训练，则可以开发人体潜能，发挥身体良能，故站桩训练有素的人，身体的平衡能力会非常好，站着穿衣服当没有一点儿的问题，这些人在国外专家的眼里，应该都算是不衰老之人了。

请大家最好每天都能坚持进行站桩训练，这样，我们会延缓衰老，益寿延年。

4.意拳的时代性

泽井健一曾说，王芗斋先生所传的拳，用现在人的观点来看，是一种很浪费时间，很没有效率的拳，就这么一站，要耗费许多的时间，所以许多现代的年轻人不易接受。

泽井健一说的有一定的道理，对于整天忙于生计的上班族来说，练意拳的确是会占用许多的时间，但人和人是不一样的，有的人无论多忙也要抽上一根烟，辛苦一天回到家也要喝上一口酒。其实，意拳站桩的魅力远过于抽烟与喝酒，并且，练意拳除了要用整时间外，一些零碎的时间也是可以利用起来的，因为意拳是可以立、行、坐、卧不离拳意的。

所以，那些说没有时间练拳的人，都是在找借口，对于谈过恋爱的人来讲，大家应该都有过体会，热恋期间，即使是远隔千山万水，也要跑过来相会，即使是没有时间，也会有了时间，但双方的感情冷下来了以后，即使离得很近也会有各种各样没时间相见的理由。

故并不是意拳的训练方法脱离这个时代，而是看人是不是与意拳有缘，是不是真正地爱上了意拳，是不是感受到了意拳的独特魅力。

另外，随着时代的发展，人们的生活态度也在发生着改变，比如，当下有一个比较时髦的词叫慢生活，本人以为，慢生活是追求品质人士的一种生活状态，因为生活的节奏一快，许多的东西都没有时间去深究了，慢生活不是去磨洋工，而是生活得更精致了，更深入了，更具体了。意拳就是非慢生活所不可得的学问，如在站桩及试力等运动中，要静下心来，悉心体察身体的诸般状态，从精神到意感，从内空间到外空间，从阴到阳，从动到静，从身体的"点"到身体的"线"到身体的"面"，从细微之局部到全面之整体等等，无处不体现着慢生活的状态。

慢生活状态下的意拳到底能给我们带来什么，本人认为，是"知行合一"的体认，健康的身体和敬畏与感恩的心。如果大家在心灵的深处都能做到像慢生活一样的状态，意拳的发展必会有新的面貌。

综上所述，意拳不仅不会脱离这个时代，还将是未来人们健康与长寿的生活方式及全民健身的发展方向。

5.意拳在教学上容易出现的问题

现在的意拳在传播上面临着一定的问题，由于大家继承的都不是完整的祖师王芗斋先生的东西，有些甚至是只言片语的东西，所以，大家的东西都只是基因相似。即使是基因相同，但也只如同是梅花大树上的几枝梅枝，都是枝枝权权的末梢与局部的东西，故越发展意拳会越片面，越远离祖师王芗斋先生的大道。

在祖师王芗斋先生的弟子中，只有少部分的二代传承者的东西接近主干，但也只是接近主干，而不是主干。进入第三代后，问题就更多了，大家基本上都是在已有的枝干上又进行了嫁接，已开始在改变祖师王芗斋先生的拳学性质。现在的意拳的训练法各行其是，一人一个样儿，且每人都认为自己正确。本人的观点是，祖师王芗斋先生的意拳之学，是一个庞大的系统工程，既涉及运动学又涉及心理学，从更大的范围讲还涉及哲学、医学、教育学、文学、历史学、艺术学等文化的方方面面。现在的意拳在传授上，许多人不谈这些文化上的事情，这样的话，意拳缺失的东西会越来越多。

二代的精英们有些人把祖师王芗斋先生的东西进行了系统化教学，等于是从五谷杂粮中提炼出来了一部分的维生素，但到了第三代再来教授学生时，则开始只传授维生素了，其优点是更清晰了，缺点和问题是维生素已不是原来的五谷杂粮。

祖师王芗斋先生的意拳是云龙见首不见尾的，而现在的意拳则就是那么几下子，即局部站桩、局部试力、片面推手加假打，这种维生素式的教学模式，已经成为没有套路的套路。

其实，还是早期的二代精英们研究的对，即维生素加五谷杂粮，既有概括提炼训练又有全面综合训练。

　　其实，在意拳众多的练法中，我本人也是一家之言，就"盲人摸象"而言，我将诸多的"象"元素组装起来，绝对也不再是原本的那个"象"了，原本的那个"象"只属于王芗斋先生，即除了祖师王芗斋先生之外谁都不是那个"象"。本人认为，其实也不一定非要纠结是不是那个"象"，祖师王芗斋先生也不是郭云深先生的翻版，郭云深先生也不是李洛能先生（又称李老农）的翻版。重要的是我们所训练的和我们所研究的是不是符合技击与健身的原理，是不是符合生命的法则，是不是符合宇宙的规律，是不是"拳拳服膺"，果能如此，就不是学术的退步。

　　意拳训练，涉及的东西很多，如在训练时须调心、调息、调形、调松、调整、调紧松、调空间、调平衡等。其训练中的任何一个问题，都是有相互关联的，具体如"牵扯"与"贯通"及"争力"等训练，既是涉及了矛盾的内容、调紧松的内容，也包括了其他的诸如调心、调息、调形、调松、调整、调空间、调平衡等内容。

　　所以，意拳的任何一个东西，都不能独立的来练，但又须要有计划地独立的来找寻，这种类似悖论的矛盾关系，是普通人不太容易理解与掌握祖师王芗斋先生之武学其中一个原因。

　　在传统武术的传承中，各门各派都有许多貌似不错的练法与武学理论，练意拳的人若不是训练有素，对其练法的对错是不会有什么分辨能力的。有些东西局部的听起来似乎很有道理，练起来短期来看似乎也很有成效，但长期来看则是问题重重。比如传统武术中"对拉拔长"的拳术观点，许多人把这种观点当宝贝，有些意拳人也在进行这种"对拉拔长"的训练。其实这种训练方法应该被否定的，因为"对拉拔长"的力是有指向的，故"对拉拔长"存在着出尖儿及局部与劲力执着的问题，"对拉拔长"不仅是劲力执着，意识也是执着的，精神也被捆绑，这种训练的结果只会在实战中被动挨打。所以，若不了解意拳的核心思想，就会人云亦云地对传统武术中的一些功法没有分辨力，故关键是怎么正确理解，也包括接受正确传授。

在意拳的训练中，有"抱树"与"抱球"的训练内容，在训练的过程中，"对拉拔长"的内容会自然呈现，而且还"力不出尖"。明明可以一下子均整求到的东西，不明事理的人却非要"对拉拔长"执着地去练，这是放着正路不走而非要去走歧路。但是若理解了"对拉拔长"的真正含义，若不是从出尖儿与执着的角度去进行训练，练"对拉拔长"是没有问题的，尤其是在训练的初级阶段，练"对拉拔长"也是有益的。另外，就"抱树"与"抱球"的训练而言，也不是谁都知道该怎么练的，许多人"抱树"与"抱球"练了半辈子，也没有练出个所以然来，不是"抱树"与"抱球"有问题，是他的训练方法有问题。

意拳的训练方法其实很复杂，始终涉及要解决局部与整体的关系问题，就像一个军团，既有个人意志又有集体意志，但总体来讲，个人意志始终要融于集体意志中，但又不能没有了个人的能动意志。这与意拳反对局部但又离不开局部的道理相同。

所以，在训练中既不能没有局部，又不能执着于局部，至于如何解决局部与整体的关系问题，其度的把握，全赖于老师的教导及自身的悟性。这些问题若解决不好，就会成为片面与局部的东西，就会形破体，力出尖儿，甚至会成为祖师王芗斋先生所说的"戗生运动"。

6. 执着不是道

现在的学拳者中有些人会迷信一些功法绝技，其实许多片面的训练方法，虽然看起来不错，但一旦纳入整体力的框架中来研究的话，就会发现它们的局部性与执着性，这些出尖儿的东西与祖师王芗斋先生的学说完全是相左的，既不健身也无技击实效。

但现在许多意拳人的东西也出尖儿，在网上看到一些意拳人，在推手时挂不上对方，也就是脱点儿，脱点儿的原因一是出尖儿，二是没有矛盾力，三是没有精神力……，总之，就是没有整体力。由此，可以看出来，许多人是不懂祖师王芗斋先生的矛盾力是什么东西，也不懂王芗斋先生的浑圆力是什么东西，不知祖师的拳要"形不破体力不出尖儿"。

有的人天天的谈禅，却不懂力忌执着，关键是因为他们没有得到力不执着的练法，因为练法是保密的，所以，即使他们知道执着不对，但因为没有学到具体的不执着的功法，所以其结果只能是口是而身非。

所以，许多人实是与意拳没有什么缘分的。祖师王芗斋先生的矛盾力，从思维方式上一入手就是矛盾的。举一个简单的例子，在站桩及试力时，在有牵挂的想法时，身体中出现了牵挂的语言即是错误，不出现牵挂的语言亦是错误，因为一挂就单一与执着了，不挂又等于没有什么训练内容，等于没练，等于在那里戳着瞎耽误时间，这时，具体的应该怎么牵挂，就非要老师手把手地教才成，即怎么矛盾着挂，怎么浑圆着挂，怎么力不出尖儿挂，它是有具体练法的。

这只是一个小小的案例，其他的意拳之学更是复杂，绝不是什么一放松即可以的，更不是不放松就可以的，不是大筋挑起来就可以的，也不是大筋不挑起来就可以的，大筋不挑起来等于没有练到筋力，但把大筋挑起来练等于执着出尖儿。这就是矛盾。

所以，直接的放松着来练及直接地把大筋挑起来练等直接练法，一般人是很容易理解的，也是很容易掌握的，只要老师肯教，自己肯吃苦，就都会没有学习的障碍。但祖师王芗斋先生的拳在大多的情况下却不是这样的，这种练法皆不是祖师王芗斋先生的学问，离开了矛盾，就不再是祖师王芗斋先生的拳了。王芗斋先生曾说自己的拳是："另成一处特殊拳学"，以此说明与天下武技的不同。

对于初学意拳的人来讲，可以在站桩时先尽可能地使全身的精神放松，先调动起心意来假想美好的事物，如面朝大海春暖花开，且要让周身都要有这种状态，包括手上、脚上、腰胯等其他所有的部位也要春暖花开，然后体会身体的自然反应，在美好的意念下，有的人身体会有牵扯感，有的人身体会有沉重感，有的人身体会有轻浮感等，如果有了牵扯感，这时就可以在此基础上，稍微地加一些牵扯的内容，如身体牵丝或双手及周身拽上皮筋，但若没有牵扯感而硬去加上牵扯的意念，就是执着与出尖儿了，但是有了牵扯感也不要认为就是正确了，因为牵扯是不能在牵扯的意念下来训练的，这是祖师王芗斋先生拳学的独有的吊诡之处。

但总体来说，意拳的训练，在初级阶段，意念与身体的感受应该是同步的，否则就不是意念而是臆想。

7.武术健身与意拳的训练方法

在传统文化中，尤其是在中医与道家的学说中，有两个字以前经常出现，现在虽然用的少了，但人们也并不陌生，即"魂魄"二字。用"魂魄"二字组成的成语也很多，如失魂落魄、魂不附体、魂不守舍、神魂颠倒、魂飞魄散等。

"魂魄"的概念来源于道家和中医，早在道家的《云笈七签》中，及《说文解字》中，都有论述，如《说文解字》：魂，阳气也……魄，阴神也。

"魂"用现在的话来解释，是可以左右人的各种能量、信息、意识、情绪、情感、智慧。

"魄"可以左右人的各种知觉、饥渴、冷暖、需要、排泄等本能。中医认为，小便时，很容易"落魄"，人一激灵，"魄"就回来了，但体衰的人，若连激灵都不会有，就很危险了。

中医脏象学说：心主神，"魂"居于肝，"魄"藏于肺。

白天的时候，魂魄皆藏于心中或颅内，檀中两侧有神封、灵墟、神藏三穴，颅顶有本神、百会两穴。到了夜间，魂入血，藏于肝内休眠，魄司职，藏于肺，固在背俞穴肺俞旁有魄门，肝俞旁有魂门。睡觉时将醒未醒，意识清楚，但却是动不了。中医里叫"鬼压床"，亦称之为"梦魇"，就是藏在肝里的魂出了问题，西医解释为"大脑皮层过于兴奋"。《灵枢·本神》曰：随神往来者谓之魂，即魂受神支配，"梦魇"就是神动而魂不应。《灵枢·本神》曰：并精而出入者谓之魄，即精子进入卵子的瞬间，魄产生了。魄即可解释为条件反射。随着年龄的增大，人身体的功能也开始逐渐的退化，"神""魂""魄"的状态也开始萎缩，尤其是到了七老八十以后，《灵枢·天年》中言："八十岁肺气衰，魄离，故言善误……百岁，五脏皆虚，神气皆去，形骸独居而终矣。"

俗语"想了解一个人的魂，看他精神就行，想了解一个人的魄，看他饮食、睡眠就行"。

本人认为，从意拳健身的角度来讲，祖师王芗斋先生的"重精神"，涉及"神"的训练；"重意感"涉及"魂"的训练；"重自然力"涉及"魄"的训练。

总之，通过意拳站桩与试力训练，可以强健身体，使中医所说的人体的"神""魂""魄"牢牢把控在自己的手中，益寿延年。

具体到意拳的训练方法，本人认为，强壮"魂魄"及锻炼"精气神"的功夫除了通过站桩训练来得到锻炼外，意拳的试力之功也是必不可少的训练环节。概括的来说，意拳训练中的五种试力，对"魂魄"及"精气神"的锻炼很有帮助，如：摇辘轳试力、钩锉试力、挥浪试力、炮拳（不直的直拳）试力、横拳试力。

本人认为，从功法上讲，这些试力首先须训练到人体的根节，在意念上身体要落地生根，尤其是双足要落地生根，这也吻合了拳论中"消息全凭后足蹬"的理论，其后还要有"顺力逆行"的矛盾劲力。其意拳的"摇辘轳""钩锉""挥浪""炮拳""横拳"等试力，可以对应传统文化中的"五行"，再由"五行"对应我们身体中的"五脏"，即"肺、肝、肾、心、脾"。

一是摇辘轳试力：本人认为，意拳的摇辘轳试力与形意拳的劈拳劲儿类似，所对应的脏腑也类似，故在"五行"中可以属"金"，即摇辘轳试力主劈劲儿，劈劲通肺，"魄"藏于肺，故壮"魄"。

摇辘轳试力的动作很简单，就是双手在身前反复的划竖圆。意念可为摇辘轳，即摇动打水时水井上的辘轳，但不要用手臂的劲儿，而要用脚上的劲儿、身上整体的劲儿，如同拳论中的"消息全凭后足蹬"。

另外，摇辘轳试力时，还要从"牵挂"的意念入手进行训练，如取扶按桩间架，意念与远处的想象中的天幕相牵挂，向下牵挂时，把天幕拽下来，或与远处大树的树帽相牵挂，微微一挂，大树就要把腰弯下来，重点训练的是身体的整体劲力。

其后要建立"顺力逆行"的意识，双手按住，不做动作上的位移，用身体来摇辘轳，重点训练的是整体力中的矛盾力。做"顺力逆行"的训练时，如若是拽树的意念，则不要把树真的拽弯腰，更不要把树给拽过来，而要在拽不过来树的同时，把自己给拽过去，这种训练练的是"回力"，是"矛盾力"而不是"同相力"，"同相力"是出尖儿的。

二是钩锉试力：本人认为，意拳的钩锉试力与形意拳的崩拳劲儿类似，所对应的脏腑也类似，故在五行中可以属"木"，意拳的钩锉试力主崩劲儿，崩劲通肝，"魂"藏于肝，故强"魂"。

钩锉试力的动作很简单，就是双手在身前，反复的先按掌平推出去，再立掌回挂回来。可以从"牵挂"的意念入手进行训练，如取钩挂桩间架或扶按桩间架，意念上与远处的大树相牵挂，也可以拉推水中的船，首先要"消息全凭后足蹬"，重点训练的是拳术中的整体力，其后要建立"顺力逆行"的意识，重点训练的是整体中的矛盾力。

三是挥浪试力：本人认为，意拳的挥浪试力与形意拳的钻拳劲儿类似，所对应的脏腑也类似，故在五行中属"水"，意拳的挥浪试力主钻劲儿，钻劲通肾，"精"藏于肾，故补肾生"精"。

挥浪试力的动作很简单，就是双手在身前及身体的两侧，反复的用手掌先从左划到右，再从右划到左。挥浪试力训练的是一种钻旋拧裹劲力，也可取撑抱桩间架或双侧扶按间架，手由外向里及向上钻旋拧裹，双手有矛盾争力。身体中的手与肘、腰、胯、膝、足皆要相合，这里重点训练的除了拳术中的"离心力"与"螺旋力""拧裹力"外，更是在训练拳术中的整体力。

四是炮拳（不直的直拳）试力：本人认为，意拳的炮拳试力与形意拳的炮拳劲儿类似，所对应的脏腑也类似，虽然意拳的炮拳与形意拳的炮拳不同，是不直的直拳，但该拳与形意拳的炮拳都是主炮劲儿，在五行中属"火"，炮劲通心，故养心安"神"。

炮拳试力（即不直的直拳试力）的动作很简单，就是双手在身前用双拳，一手前一手后反复的出击。也可取撑抱桩间架，"身横手纵"，双手有矛盾争力，周身相合，身内身外相合，这里重点训练的是整体的"惯性力""弹簧力""离心力""螺旋力""杠杆力""爆炸力"等拳术劲力。

五是横拳试力：本人认为，意拳的横拳试力与形意拳的横拳劲儿类似，所对应的脏腑也类似，故在五行中属"土"，意拳的横拳试力主横劲儿，横劲通脾，故健脾益"气"。

横拳试力的动作很简单，就是双手在身前用双拳，一手前一手后由左到右，再由右到左反复的横向出击。也可以模拟单推手，取撑抱桩间架，双手有矛盾争力，周身相合，身内身外相合，这里重点训练的是以腰、胯为力源的"螺旋""争拧"的劲力，及身体的整体劲力。

传统武术及中医认为，拳术与人的五官及人体的五个部位与五行相对应：

摇辘轳试力：主"劈"劲儿——属"金"——润肺——通鼻——守"魄"（《说文解字》中的阴神）。

钩锉试力（也可以简单地理解为推拉试力）：主"崩"劲儿——属"木"——养肝——益目——守"魂"（《说文解字》中的阳气）。

挥浪试力（也可以简单地理解为撩水试力）：主"钻"劲儿——属"水"——护肾——益耳——固精（基础）。

炮拳试力（也可以简单地理解为撕纸试力）：主"炮"劲儿——属"火"——益舌——养心——安神（统帅）。

横拳试力（也可以简单地理解为正反猫洗脸试力）：主"横"劲儿——属"土"——健脾——壮口——养气（运化）。

本人认为，在站桩时，在训练的某一阶段，须把"摇辘轳""钩锉""挥浪""炮拳""横拳"等试力的内容融入桩中，在不动之微动中，慢慢地摸索其意蕴，俗称为"摸劲"，这样站桩即是试力，试力即是站桩，站桩是无形的试力，试力是有形的站桩，其"魂魄"与"精气神"，"不练而自练，不养而自养"。

传统形意拳中的"劈、崩、钻、炮、横"与"金、木、水、火、土"之"五行"相对应，同时也与"五脏"的"肺、肝、肾、心、脾"相对应，形意拳中有许多拳师，按照形意拳的"五行理论"来训练，皆很长寿。意拳的前身也是形意拳，本人认为，借鉴形意拳的"肺、肝、肾、心、脾"相对应理论，对应意拳的摇辘轳试力、钩锉试力、挥浪试力、炮拳试力、横拳试力等功法，可以达到守魂魄、固精、安神、养气的目的。

故意拳的训练，除了站桩以外，从养生健身的角度来讲，还要多进行摇辘轳试力、钩锉试力、挥浪试力、炮拳试力、横拳试力等试力训练。

8.意拳的五指训练

意拳的间架，从养生健身的角度来讲，是因病设式的，五指的意念和指向，决定着健身与治病的效果会有所不同。站桩与试力时每一个手指也与身体的许多部位有关联。中医认为，我们的手指有很多神经末梢和穴位。手指和五脏六腑的关系非常密切，不同的手指对应五脏六腑的不同位置，反映着五脏六腑的健康问题，五个手指和脏腑有着天然的联系。如我们的手上有很多个反射区，分别对应着人体的五脏六腑和各组织器官。中医的五脏指：心、肝、脾、肺、肾；六腑指：胆、胃、小肠、大肠、膀胱、三焦。

如站成撑抱桩间架时，两个食指各指向一个乳头，可强化生命之活力，使身体生机勃勃，且通肺经。另外站桩时两个食指挑起，指向远方，可通心经。

五指对应不同经络，分别代表："肺、大肠、心包、三焦、心、小肠"等各脏腑。具体讲：拇指：对应肺部经络，即手太阴肺经，对应器官心脏和肺;食指：对应大肠经络，即手阳明大肠经，对应胃、肠、消化器官;中指：对应心包经络，即手厥阴心包经，对应五官、肝脏;无名指：对应三焦经络，即手少阳三焦经，及对应肺、呼吸系统;小指：对应心、小肠经络，即手少阴心经和手太阳小肠经，对应肾脏、循环系统。

中医认为，五脏主要是储藏精气的；六腑主要是消化食物，吸收其精华，排出其糟粕的。

我们的五个手指有六条经脉循行，并在手指尖端起始交接，手指对应五脏六腑关系十分密切。

由于我们的手指上有很多个反射区，分别对应着人体的五脏六腑和各组织器官，故五指的位置与意念的不同，治病与健身的效果也就会有所不同。具体讲：拇指：反应呼吸系统的健康；食指：反应消化系统的健康；中指：反应循环系统和内分泌系统的健康；无名指：反应神经系统和内分泌系统的健康；小指：反应循环系统和泌尿生殖系统的健康。

五指对应五脏还有一种理论，即"五行"理论：无名指：为"金"，对应肺——清肺；食指：为"木"，对应肝——护肝；小指：为"水"，对应肾——益肾；中指：为"火"，对应心——养心；拇指：为"土"，对应脾脏——健脾。

故五指对应"土、木、火、金、水"五行，也是在对应"脾、肝、心、肺、肾"五脏。

中医认为："肺（金）为华盖，即肺为五脏之天，在胸腔的最上部，像一把伞罩在人体的皮上边，而形成了与外界的一个隔层（过去皇帝出行时，背后有一个像伞一样的东西，就叫华盖，有护佑之能）。肺主通调水道，肺主行水，肺朝百脉，参与身体水液运行输布，一旦功能失常可能导致水液停聚，出现水肿、湿气重等情况；肝（木）藏魂，肝会影响肾，主情志（胸闷、胀气、嗳气、头晕头痛，失眠、脾气暴躁），疏泄（腹泻、腹胀、消化不良、食欲减退），津液（下肢水肿、颜面浮肿、腹水）；肾（水）主精，管容颜，牙齿、视力、听力、头发，皮肤光泽，记忆力，乏力，骨质疏松，高血压，冠心病，贫血，癌症；心（火）主神与血、脉，管循环系统与失眠多梦；脾（土）主气，管筋肉，是气血之源"。

意拳练五指，也是在练五脏，也就等于练到了"肺、肝、肾、心、脾"。只要五指不执着，不较劲儿，"肺、肝、肾、心、脾"也就会不执着，不较劲儿。五指无有贪念，"肺、肝、肾、心、脾"也就会无有贪念。同样，"肺、肝、肾、心、脾"的病症也会从五指中反映出来，即五指松不下来，是因为"肺、肝、肾、心、脾"没有松下来，或者说是因为"肺、肝、肾、心、脾"已经有病了。

意拳理论，五指训练，须指间夹球，五指舒展且有合力，似曲非直，逢曲必夹逢节必顶，指能牵丝，指如钩杆，指能吞吐，指能呼吸，指能透骨，指端能放电……

另外，发为血梢，齿为骨梢，舌为肉梢，指为筋梢。练指也是练筋。

不光是手指与"五行"有对应，脚趾也同样与"五行"有对应，如：大脚趾：对应"金"；小脚趾：对应"木"；四脚趾：对应"水"；二脚趾：对应"火"；中脚趾：对应"土"。

练功时可以在意念上将五脚趾与身体中的"肺、肝、肾、心、脾"相关联，即：大脚趾：对应肺；小脚趾：对应肝；四脚趾：对应肾；二脚趾：对应心；中脚趾：对应脾。

但是，意拳的训练，即使身体中的某一个部位发生了病变，也不能单练某一个手指或某一脚趾，单练某一个部位是西方人的思路，中国人的思路与西方人不同，中国人看世界是一个完整的系统工程，其训练必须是整体的，即虽然五个手指、脚趾的对应点不同，但练功时，不能只松无名指或只松食指而不松其他的四指，也不能只松四脚趾或只松二脚趾而不松其他的四个脚趾，至于每个手指、脚趾的对应点，只需在站桩与试力的某一阶段，在松紧的前后次序上，略有少许的关照即可，否则就是执着。

从技击的角度来讲，意拳训练，手指、脚趾的意念既要有粗迹，又要有细节变化。

仅以手指为例，如手指的上下内外侧，手指的梢、中、根节，手指的外环内枢，都须有触物的意念活动，同时，手指还须有螺旋与争拧的意念，及气血贯通与毛发悠扬的意念等。

手指的运动状态如同豹尾。甩动的豹尾决定着豹子的身体状态，手指的运动状态也决定着技击时身体的龙、虎劲儿及筋骨的平衡、松紧、动静、刚柔、虚实、杠杆、离心等运动状态。

具体到技击的接搭劲儿的细节，当自己的手臂在对方的间架之下时，旋动食指与旋动无名指，其劲力变化的效果是不一样的。有时对方的力源在脊骨，就须旋动食指以控制对方，有时对方的力源在足跟，就须旋动无名指以控制对方。当对方在钩挂自己的间架时，有时须用意念挑起自己拇指的上侧，有时又须强化自己小指的外侧，有时又须下插中指的顶端，将中指的意念放长，如指端透电般的意透敌身。有时又须五指齐吞吐，牵动外力，以破坏对方的平衡等。

一般的情况下：拇指是弯刀劲儿；食指是大枪劲儿；中指是钢插劲儿；无名指是钻劲儿；小指是舀劲儿。

总之，意拳的五指，既有整体的用途，又各有各的妙用，在掌握了意拳整体力的前提下，充分发挥五指的效能，并将它合于整体，是意拳技击赢人的关键。

五指（趾）的具体练法，以按掌状态下"六力八法"中的"八法"训练为例：

（1）手指端及脚趾端：

提顿：指（趾）尖"提"，指（趾）甲"顿"，以得"提顿"；吞吐：指（趾）尖"吞"，指（趾）甲"吐"，以得"吞吐"；沉托：指（趾）甲"沉"，指（趾）尖"托"，以得"沉托"；分闭：指（趾）尖与指（趾）甲皆横争，既"分"且"闭"，以得"分闭"。

（2）手指及脚趾：

提顿：每一指（趾）阳面"提"，阴面"顿"，以得"提顿"；吞吐：每一指（趾）指（趾）尖"吐"，同时也"吞"，以得"吞吐"；沉托：每一指（趾）指（趾）尖"沉"，指（趾）根节"托"，以得"沉托"；分闭：

每一指（趾）外侧"分"，内侧"闭"，以得"分闭"。

（3）手掌及脚掌：

提顿：掌心、掌背"提"，五指（趾）及掌根"顿"，以得"提顿"；吞吐：掌心、掌背"吞"，五指（趾）及掌根"吐"，以得"吞吐"；沉托：掌阴面"沉"，掌阳面"托"。亦可反之，掌阳面"沉"，掌阴面"托"，以得"沉托"；分闭：五指（趾）及掌根"分"，掌心、掌背"闭"。亦可反之，掌心、掌背"分"，五指（趾）及掌根"闭"，以得"分闭"。

意拳五指的具体训练，除了有手臂的"按掌"间架外，还有"立掌"与"托掌"等间架训练，这些间架训练，虽然具体的状态略不同但其理相同，都是要由局部训练融于整体训练之中，初学时，可以由局部来引导整体，继而由整体来统帅局部，最终须达到局部与整体的完整统一。

9.意拳训练从五官看全身

站桩时，只看面部及面部的五官，就可以知道对方的训练有没有具体的实际内容。站桩及试力时，头发及五官的眉、目、耳、鼻、口、齿、舌等要有祖师王芗斋先生所言的"八法"中的开合、提顿、吞吐的内容。祖师王芗斋先生概括为"似笑非笑"。

祖师王芗斋先生所说的"笑"，内容极为丰富，这种"笑"既是神意方面的东西，又是形体方面的东西，既是面部的事情，也是胸肺部的事情，也是腹部与腰脊、胯部、尾闾的事情，也是四肢的事情，既是周身的事情，也是毛发的事情，也是空间的事情。

撇开这些多角度多方面的事情不谈，只谈面部具体的训练内容。首先：

眉：要在意念上使眉能横起来，还要能上下地挑起来。这是一种左右与上下力的训练；

目：眼睛要有目瞪的训练内容，既要练和顺的目光，也要练凶狠的目光，可以是"三七开"如和顺的目光训练占七成，凶狠的目光占三成，也可以"二八开"或"一九开"，但是，一点儿的凶光训练都没有也是不成的，至少也得有"一九开"，否则就不能刚柔相济了，但是凶光的训练比例太大也是不成的，因为过之则不是养生之道了。目光除了前"吐"，还要有往回"吞"的意念训练，要用意念把远处的东西给吸回来，这也是一种目光的松紧训练。目光还要有横视与上下同时视的意念，如同视野放大，更如同照相机的镜头突然变成了超大广角，要进行如同照相机镜头广角与长焦的转换训练，最终须广角与长焦同时存在，既有上下与左右的横向又有纵向，这在相机中是无法实践的，但在我们的训练中却可以实现；

耳：耳要有听力，远听天籁之音，近听蚁虫爬行。耳朵要有上提下顿，前后伸展，左右开合之意念，耳窝也要有撑抱夹球的意念，要有警醒与敌情意识。要像野生动物的耳朵学习，随时能竖起来；

鼻：鼻要有闻香的意念，无论是春天泥土的气息还是芳草的馨香。鼻孔和鼻翼，要有前后、左右、上下伸展的意念。鼻子悬垂，有上下提顿的意念，鼻子是身正之模范，鼻正则身正；

口：在意念上口含夜明宝珠，宝珠在口中会放光芒，口中也有要前后、左右、上下力，要有含笼之合力；

齿：齿要似扣非扣，可以意念含一片薄冰，稍微一使劲儿，薄冰就碎了，不咬合，薄冰就滑掉了，含拙了薄冰就化了，要找到似咬非咬的感觉；

舌：舌要有前后、左右、上下的六面力。与齿似抵非抵，要似松非松，似紧非紧；

唇：似笑非笑，要有左右、上下、前后之六面争力；

头发：头的表皮与毛发，在意念上也要有上下、前后、左右的矛盾之争力。

……

祖师王芗斋先生除了提出"似笑非笑"外，还有"含笑似惊蛇"之说。"含笑"非常重要。

从养生的角度来讲，"含笑"可以使眉目舒展，使心情愉快。从技击的角度来讲，"含笑"可使面部具有了矛盾之争力。并由此面部的矛盾争力，引导周身也一同建立起整体的矛盾争力。这也是在使周身"含笑"。

生活中时时须注意把控自己"含笑"的状态，从精神到肉体，从脸的局部到周身的整体。这既是健身之法也是技击之功。

故站桩与试力时，脸的状态，就是周身的状态，脸有了愉快的表情，周身就须也要有愉快的表情，脸有愤怒与狰狞的表情，周身也要有愤怒与狰狞的表情，要筋肉起锋棱，否则就不是整体。愉快的表情与狰狞的表情训练，最好"三七开""二八开"或"九一开"，经常狰狞会折寿，但是没有狰狞的训练也不成，就像我们的自然界，总是晴空万里也是有问题的，须刚柔相济才成，侧重于养生健身的人，可以选择"一九开"。

人在技击发力时，常常训练的是纵向的劲力而易忽视横向的劲力，"似笑非笑"与"含笑"，正是在加强横向劲力训练的一种训练方法。

故不光是脸要"笑"，指（趾）掌也要"笑"，首先要有横争的劲力。狮、虎、豹等野生动物在捕猎时，其爪子都是横争着打开的，是十字立体的纵横劲儿，其横争着打开的爪子，可以有最大的覆盖面，可以最大限度地占据空间，渔民在摇晃的船板上，脚趾也是横向地张开的，这也是为了增加与地的接触面，最大限度地占据空间。

所以，意拳人的脚趾像渔民的脚趾，手掌像狮、虎、豹的手掌。这种十字立体纵横劲儿的训练，一想到"笑"，就可以全都具有了。故不光是脸要"笑"，指掌（包括脚趾掌）也要"笑"，周身都要"笑"。周身都具有了"笑"的内容，脸上也就有了"笑"的内容，脸上有了"笑"的内容，周身也就具有了"笑"的内容。由此，仅仅看一下练功者的面部表情，就可以知道这人在练功时有没有应有的技术内容。

10.意拳的呼吸吐纳训练

意拳历来不强调呼吸吐纳之功，主要是为了防止执着，但在具体的训练之中其呼吸的问题却是绕不开的课题。祖师王芗斋先生在其早期所著的《意拳正轨》之"练气"一章节中曾谈到过呼吸之法，也谈到了"丹田"。如："夫练气之学，以运使为效，以鼻息长呼短吸为功，以川流不息为主旨，以听气净虚为极致。前为食气出入之道，后为肾气升降之途，以后天补先天之术，即周天之转轮。盖周天之学，初作时，以鼻孔引入清气，直入气海，由气海透过尾闾，旋于腰间。盖两肾之本位在于腰，实为先天之第一，犹如诸脏之根源，于是则肾水足矣，然后上升督脉而至丸官，仍归鼻间，以舌接引肾气而下，则下腹充实，渐渐结丹入田。此即周天之要义，命名周天秘诀，学者勿轻视之。"（见祖师王芗斋先生《意拳正轨》之"练气"）但祖师王芗斋先生在后期所著的《拳道中枢》中则不再谈呼吸吐纳之法，也不再谈"丹田"，本人认为，是祖师王芗斋先生怕大家因练呼吸吐纳之法及"丹田"之功，而把心神意念执着于身体之中，并由此而形成局部、教条之戕生运动。

本人的训练感受是，在站桩及试力和打拳时，关于呼吸吐纳的问题，可以先自然呼吸，即由自然呼吸入手进行训练，随着训练的深入，逐渐地可以转为"睡眠式"呼吸，"睡眠式"呼吸是一种深层次的呼吸，其特征是，须使腹部形成祖师王芗斋先生所说的"松圆、常圆、实圆"的状态。具体讲，即腹部平时为"松圆"与"常圆"，发力时则为"实圆"。腹部始终应该是圆满的，无论是吸气还是吐气，这也是"睡眠式"呼吸的一种吐纳方式，即吸气时不要多想，或可称之为不用意念去管它，只要吸进气来就可以了，吐气时则要徐徐地往腹部沉气，即吐气的时候下腹要充实，其呼吸吐纳的状态要"均""匀""慢""细""深"。

意拳的意念训练是为了解决问题而设立的，问题解决了，这个意念也就要适时地停止，呼吸吐纳的道理也是如此，故意拳的任何意念都只是阶段性的，就像是吃药，病好了，药就不要再吃了。

意念在运行的过程中，切不可执着，只需在意念上有那么一点点儿的意思就成了，比如前人们所大谈的"食气"与"填腰"，不要一个劲儿地气沉丹田的去"食气"，也不要一个劲儿地气沉后丹田，即命门外凸的去"填腰"，命门外凸若练得不得法会腰椎间盘突出。但可以用意念去靠旗杆，祖师王芗斋先生曾言："似坐高凳靠旗杆"，靠旗杆是可以的，靠旗杆练出来的是活劲儿，不会腰椎间盘突出。

从整体性上来讲，气沉丹田也是不可以的。谈气沉丹田就外行了，因为祖师王芗斋先生后期是不谈气沉丹田的，但是可以谈"睡眠式"呼吸，我们是"睡眠式"呼吸法，虽然"睡眠式"呼吸基本上就是气沉丹田的训练方法，但是用"睡眠式"呼吸这个词，可以避免很多训练中出现的问题，也不会与祖师王芗斋先生的学说相抵触。

人躺在床上睡觉的时候，一呼一吸，正是在气沉丹田，但这是自然而然的气沉丹田，不是努气憋气的气沉丹田。所以，用"气沉丹田"这个词来谈拳，很容易让人执着，但用"睡眠式"这个词来谈呼吸，则不会使人执着，因为任何人，只要是躺在床上，就可以体会到"睡眠式"呼吸是怎么样的一种情形，因为人人都会有这种呼吸的体验，也就会合理的理解什么是"睡眠式"呼吸法了，这样丹田不养而自养，气不练而自练，这种自然而然的状态，正是祖师王芗斋先生所倡导的。

许多门派都在讲吐纳，如果从"丹田"及吐纳等训练思路来思考问题，人体至少可以有前丹田吐纳（可以定位于下腹部）、后丹田吐纳（可以定位于人体身后的命门穴的位置）、带脉吐纳（人体腰带的部位）、皮毛吐纳（人体的周身汗毛）、空间吐纳（人体身外的空间）等几种吐纳之法。

具体到"睡眠式"呼吸的训练法，泛泛地讲是腹部要圆满，具体地讲则要前丹田和后命门的部位及带脉都要圆满，圆满但不能执着，初习时暂时可以刻意一点儿，熟练了以后要似有意似无意，再往后就坚决的不要再想呼吸吐纳之事儿了，要自然而然，拳谱中有"在气则滞，在神则活"之说。意拳训练，长远来看切不要去想呼吸吐纳，而是要把精神给拿出来，通过体会精神的力量，包括体会身外之阻力，久之，汗毛会随之出现松紧开合的状态，在训练的某一阶段，在汗毛松紧开合的状态下偶尔适度的关照一下体内的"睡眠式"呼吸即可，即让汗毛的松紧开合与"睡眠式"呼吸同拍节，这样身外阻力的松紧与皮毛的松紧与体内呼吸的松紧就可以有机的合拍，成为一个整体，这样也就可以初步地感受到"天、地、人"的关系，这也是皮毛呼吸的一种入门级的状态，但这些皆切不可执着，本人的观点是"偶尔适度的关照一下即可"。

随着这种状态的深入，"睡眠式"呼吸的感受要越来越弱，直至再一次的忘掉，代之而来的是皮毛呼吸感受的加强，再往后，皮毛呼吸的感受也要越来越弱，代之而来的是身外空间松紧感受的加强，这就由身内呼吸发展到了身外呼吸，直至皮毛呼吸也没有了，完全是空间的呼吸了，这也就是吐纳不在身内须在身外而身内自有之的状态，精神也不在身内须在身外而身内亦自有之。

总之，虽然人体可吐纳的部位有如此之多，但每一处吐纳都不能执着，只需稍微的用意念想一下就可以了，真正的呼吸起来，是不是前丹田与后丹田，是不是带脉，其实并不重要，意拳训练的重点不在身上，更不在吐纳，而是"在精神，在意感，在自然力之修炼"。所以，关于呼吸吐纳的问题，虽然我在前面谈了这么多种方法，其实真正的训练起来，是可以不用去考虑的，仅仅是知道有这么一件事儿就可以了，不要真正的用功去练，一旦执着于它，非但无益反而有害。这也是意拳与别派武功有所区别的地方。

另外，意拳的训练里也很少会谈经脉的训练方法，但在别的门派里会涉及这方面的训练内容，祖师王芗斋先生后期不谈奇经八脉的运行之法，本人认为应该是祖师王芗斋先生怕学者执着，因为意守丹田或意守任督二脉及奇经八脉，容易使身体与意识陷入执着的窠臼，一旦走进去很少会有人再走出来，另外，从技击的角度来讲，经脉的运行也与技击没多大的关系。

从学术框架方面的角度来看，道家的文化里有炼丹的内容，形意拳讲究丹田，太极拳也讲究炼丹田，故它们应该是更倾向于道家文化。佛家文化常讲求"空"，讲求"静""定""慧"的状态，佛家文化是不炼丹的，由于意拳门内不讲丹田训练，故意拳除了受道家的文化思想影响外，在核心的领域，意拳应该是更倾向于佛家文化。

总之，本人认为如果不执着，在训练的某一阶段，"丹田"的训练也还是可以练一练的，其实如前所述，祖师王芗斋先生所说的"腹常圆"的概念，应该说就包括了"丹田"训练的内容，只是祖师王芗斋先生不愿意提"丹田"这两个字，主要是怕大家一想"丹田"就执着了。另外，本人认为，经脉训练虽然意拳不强调它，但它于健身而言，还是有益处的，在训练的某一阶段，如果不执着的练一练经脉的运行也是可以的，但也只能是辅助训练，而且，只是在训练的某一阶段，因为，意拳始终所注重的须是精神、意感、自然力的训练。

11.意拳的"食气"与气充毛发

意拳祖师王芗斋先生在《意拳正轨》"练气"中曾提道："前为食气出入之道，后为肾气升降之途"。"食气"须上下通透，上通即百会穴下通涌泉穴，此为"息息相通"之路。百会穴（也可称"泥丸"）与肾气相通。《道枢·黄庭篇》云："肾者，其左少阴，其右太阳，上通诸气，常随呼吸而出焉，内灌于生门，上入于泥丸，上下流通，如日月之运行。心之动静、呼吸、心宫常存诸也。气者出入于下丹田，流注于身。"故"食气"须打通"脑"与"肾"的通路，这是全身之"神气之路"。"以致肾气随呼吸出入，上潮于脑，使脑效其神明之德"（"泥丸宫"又为人体眉心与后脑之间之部位，意为一空窍为神灵所在之地）。祖师王芗斋先生还提出："吐纳灵源，体会功能"，"收视听内，锻炼神经"。

　　故本人认为，在站桩与试力的基础阶段，于内，初习时可以暂时考虑一下"食气"之功，不仅仅要"食气"于所谓的"丹田"，而是要"气充毛发"，使周身毛发根根放光芒，使自身无凸起处，无凹陷处，周身具有弹性；于外，要用精神意念与宇宙力波相通连，使内气与外气圆融统一。

　　"食气"是睡眠呼吸法，即吸气的时候不用去管它，吐气的时候，则要徐徐地将气逆吐入下腹部，让腹部充盈，达到"松圆、常圆、实圆"的效果。继而，当腹部充盈后，则要在吐气时，将气吐至毛发，使之"气充毛发"，而且毛发要根根透光，意念柔和时可以使毛发"悠扬"，意念强烈时则可以使毛发"如戟似枪"。

　　其"食气"的形象比喻，须使身体如充气的玩具娃娃，贯通圆满，气息无处不至。但"食气"切不可执着，"食气"之功后期祖师王芗斋先生不再谈起，就是因为许多人执着于此，不仅劲力局部，而且还练的大腹便便，无法入虚灵之境。故本人认为，在"食气"的训练上，大家知道有这么一回事儿就可以了，在自觉自身气力不足的情况下，略加训练一下"食气"之功就可以了，在自身精神萎靡的时候，练一下"食气"功，会使精神为之一振，通过"食气"，气达末梢，气充毛发，可使周身放光芒。虽然如此，但切不可在这个上面过多的用功，意拳的训练是很辩证的，不知道它，不练它不成，但总练它也不成。故"放光芒"的训练，也不是要天天这样的训练。任何的功法，都是"执着不是道"。

另外，站桩与试力时，周身的犄角旮旯都要有着落。四肢百骸也包括五脏六腑都要有地方待着，也叫松下来，落下来，而不是无着无落的生生地在那里强撑着。如同家具的榫桙结构，周身都要入槽，这样才能再谈周身的均整问题。

祖师王芗斋先生指出："夫为教授者，能语人以规矩，不能示人巧，更不得为人工，是在学者精心模仿，体会操存，然后观察其功夫与精神合作之巧妙如何耳。以上所谈为拳道，乃拳拳服膺谓之拳，亦即心领神会、体认操存之义，非世之所见一般为之拳"。

12.意拳周身无处不丹田

如上所述，传统武术中常有气沉丹田之说，但是意拳祖师王芗斋先生在后期却没有谈到过气沉丹田这事儿，那是因为祖师王芗斋先生怕大家把"丹田"之功练成局部之功，但在早期祖师王芗斋先生也曾谈到过"丹田"，故本人认为"丹田"之功还是有的，只是不能局部，也不能过于的强调它。

在祖师王芗斋先生的文章中是能够找到气沉丹田的某些迹象的，如前所述的"似笑非笑，似尿非尿"就是如此。

经过反复的体认，本人认为，祖师王芗斋先生所说的"似笑非笑，似尿非尿"就是具体的"丹田"训练法，尤其是"似尿非尿"。传统武术中关于气沉丹田的论述多是抽象的，这种抽象的论述极易使学者出偏，因为气沉到具体的什么部位，气沉到什么程度，气沉的力度多大等等，都是没有办法具体表述的，但是祖师王芗斋先生的一句"似笑非笑，似尿非尿"就解决了这一问题，因为"笑"与"尿"是所有人都体验过的，是具体到不能再具体的事情，是有意与无意及有意无意之间大家都有过体会的事情，所以，把"笑"与"尿"的问题体验明白了，也就知道该如何的"气沉丹田"了，但也有的人没有能力将"笑"和"尿"与"丹田"联系在一起来思考问题，那就是缘分还没到，就先不要急着去练气沉丹田，等到什么时候把老先生说的"似笑非笑，似尿非尿"参悟透了，再练气沉丹田也不迟。祖师王芗斋先生是负责任的，这样大家就不会因急于求成的去练气沉丹田而出偏了。

祖师王芗斋先生的"似尿非尿"与"道在屎溺"同理。东郭子曾问于庄子曰："所谓道，恶乎在？"庄子曰："无所不在。"东郭子曰："期而后可。"庄子曰："在蝼蚁。"曰："何其下邪？"曰："在稊稗。"曰："何其愈下邪？"曰："在瓦甓。"曰："何其愈甚邪？"曰："在屎溺。"东郭子不应（见《庄子·知北游》）。另有一个似乎是段子的记载，清朝末年，李鸿章热心于洋务。有一次，他问一个下属什么是抛物线，下属讲了半天李鸿章仍是不懂，下属便换了一个角度说道："李中堂，你撒不撒尿，撒尿就是抛物线啊！"李鸿章一下子明白了，大笑地说："各位明白了吧，庄子说'道在屎溺'就是说的这个道理啊！"

庄子所说的"道在屎溺"，是人之常态，但却很有深意。撇开哲学问题不谈，仅谈一下"道在屎溺"的现象，有一个很值得思考的事情，就是许多人在如厕的时候，常常思维敏捷，会产生许多的灵感，有许多的将军回忆说，作战中的许多灵感常来源于如厕时及行走时的马背上，也有许多的作家回忆说，许多创作的灵感常来自如厕时。本人也有同感，的确在如厕时会思维敏捷，仔细想了一下，想起来了祖师王芗斋先生所说的"似笑非笑，似尿非尿"，其实人在"似尿非尿"之时，正是在气沉丹田之时，故如厕的阶段，正是修道的阶段。

但是，即使"似尿非尿"有气沉丹田的内容，也不能执着于气沉丹田。祖师王芗斋先生是反对执着的，他老人家不会把意念执着在某一局部的地方，如执着于"丹田"的部位。祖师王芗斋先生在谈到试声时曾指出"有声如幽谷撞钟，无声则气充毛发"。从祖师王芗斋先生所说的"气充毛发"中能够看出来，如果有"丹田"，祖师王芗斋先生的"丹田"，也不是执着在腹部这个局部点上，而是周身无处不"丹田"。

13.不经意的吐纳之功

如前所述，意拳祖师王芗斋先生后期是不提倡吐纳的，我本人也是反对吐纳的，但我也在反对的同时，体会了祖师王芗斋先生所没有提倡的这些东西，主要是想了解一下，看看祖师王芗斋先生所反对的到底是什么，体验过后，发现祖师王芗斋先生不提倡吐纳是有道理的，所谓的吐纳之法都是些执着与片面和局部之法。

但话也要从两方面说，吐纳之法虽然执着，但若遇到不执着的人，也有化腐朽为神奇的可能性。本人认为，作为传统武术的习练者，也有必要了解一下前人所说的吐纳之法是一种什么东西。

谈到吐纳就离不开"丹田"，传统武术中的各门各派对丹田的解释都不尽相同，就丹田吐纳而言，有的认为重点须在上丹田，有的认为重点须在中丹田，有的认为重点须在下丹田。本人大体上梳理了一下，具体说法如下：一是最上丹田吐纳：位于百会穴部位；二是上上丹田吐纳：位于神庭穴及印堂穴部位；三是上丹田吐纳：位于膻中穴部位；四是前丹田吐纳：位于脐内部位；五是后丹田吐纳：位于命门穴部位；六是中丹田吐纳：位于脐下三寸即三指宽部位；七是下丹田吐纳：位于会阴穴部位；八是下下丹田吐纳：位于涌泉穴部位；九是带脉吐纳：位于人体的带脉部位；十是中脉吐纳：位于人体内的百会穴至会阴穴的中线部位；十一是皮毛吐纳：周身表皮与毛发。

其实，本人所说的"丹田"与传统武术门派中所说的丹田是不同的，在本人看来，这些"丹田"只是人体的某些重要部位，仅仅是人体兴奋和需要特别关注的地方，也可以将它看成劲力产生的力源，故这些"丹田"本人须用引号给它标注出来，以视为与传统武术门派的区别。本人所说的"丹田"，它有些像是公路沿途中的车站，也像是沿途风景中的观景点儿，的确是需要留意的，但若过于留意了，就是执着、局部与出尖儿，这个度的把控，全赖于悟性。

我个人的经验是，练意拳首先要将自己的精神给拿出来，要与天地建立联系，达到物我交融，天人合一，如此这般，久之即可感知细胞具有紧松遒放之能，这种感觉很像是一种吐纳，本人给它起了一个名字叫"皮毛吐纳"及"空间吐纳"，但这与以呼吸为基础的传统武术的丹田吐纳不是一件事儿。

本人的这种"皮毛吐纳""空间吐纳"，可以使自己同天地融为一体，天地即我，我即天地，天地的风情就是我的风情，我的悲喜就是天地的悲喜。练到这一步就可以尝试着借天地力了，也就是祖师王芗斋先生所说的"假宇宙之力波，有神助之勇"，但这时必须从内心里要开始真诚的感恩，真诚的交托，真诚的破碎自我，否则就是邪相，非但不健身，反而会戕生。

本人的这种练法，在我身上有效，但不一定适用于其他人，这也是我始终在这方面三缄其口的原因，本人一般不建议人们过早的进入到这种身外天地的精神训练中，若没有老师在现场手把手地看着练很容易出偏，尤其是那些过于执着的人，故该练法大家了解一下就可以了，不建议无缘者在没有老师看护的情况下练习。

另外，本人曾经将祖师王芗斋先生的拳术劲力："蓄力、弹力、惊力、开合力、重速力、定中力、缠绵力、撑抱力、惰性力、三角力、螺旋力、杠杆力、轮轴力、滑车力、斜面力"等十五种拳术劲力，对应于"丹田"进行研究，可以以此为力源，在训练中的某一阶段，进行劲力的基础训练。诸如：可以适当地关注中脉（人体内的百会穴至会阴穴的中线），可以适当地关注前"丹田"（脐内），也可以是中"丹田"（脐下三寸即三指宽），可以适当地关注上上"丹田"（神庭穴及印堂穴），可以适当地关注后"丹田"（命门穴），可以适当的关注上"丹田"（膻中穴），可以适当地关注下"丹田"（会阴穴），可以适当地关注下下"丹田"（涌泉穴），可以适当地关注带脉（带脉），等等。浑圆爆炸力，除了关注体内，更须关注一下周身的皮毛之精神及身外空间。

但以上的这些内容，切忌执着，在许多的情况下，只在某种的机缘下走一下意念即可以了，对于大多数人来讲，更多的情况是，只需知道有这么一件事儿即可，不一定非要训练。就如同对于下面的这些内容，我们只需知道即可，却不可以执着，如：

三段九节——头至小腹、肩至手、胯至足为三段，头、胸、腹、肩、肘、腕、胯、膝、足为九节；也有人称之为"三节九段"——梢节、中节、根节之三节，及手、肘、肩，头、胸、腹，胯、膝、足之九段；

三夹两顶——胯窝夹、膝窝夹、脚脖窝夹，及膝顶、足顶；

三星——肩窝、肘窝、手窝（也有称之为是腕窝）；

三脖——脖子、手脖、脚脖；

三扣——肩扣，指（趾）扣，齿扣（也有称之为是膝胯扣）；

三敏——心敏，眼敏，手敏；

四心——顶心、本心、手心、足心；

四梢——舌、齿、发、指；

六合——心与意合、意与气合、气与力合、肩与胯合、肘与膝合、手与足合；

七并——头、肩、肘、手、胯、膝、脚；

八尖——顶尖、鼻尖、指尖、肘尖、膝尖、趾尖、尾尖；

八要——一要三顶（头上顶有冲天之雄，手外顶有推山之功，舌上顶有吞象容），二要三扣（肩扣则力气到肘，膝胯扣则全身气凑，手足指掌扣则周身力厚），三要三圆（胸要圆、背要圆、虎口要圆），四要三敏（心要敏、眼要敏、手要敏），五要三抱（丹田抱、心意抱、两肋抱），六要三垂（肩下垂、肘下垂、气下垂），七要三曲（臂要曲、腿要曲、腕要曲），八要三挺（颈要挺、脊要挺、膝要挺）；

九要——一要"塌"，二要"提"，三要"顶"，四要"扣"，五要"裹"，六要"松"，七要"垂"，八要"缩"，九要"起钻落翻"。

上面这些都要有明白的师父去讲解，去调桩，去讲为什么要这样做，应该怎么去做。再加上"丹田"的关注点：即最上"丹田"（百会穴）、上上"丹田"（神庭穴及印堂穴）、上"丹田"（膻中穴）、前"丹田"（脐内）、后"丹田"（命门穴）、中"丹田"（脐下三寸即三指宽）、下"丹田"（会阴穴）、下下"丹田"（涌泉穴）、带脉（人体的带脉）、中脉（人体内的百会穴至会阴穴的中线）及周身的表皮与毛发。

总之，上述的这些内容包括所谓的"丹田"的内容，由于祖师王芗斋先生后期不在谈论"丹田"，故虽然本人说得挺热闹，但我们实是只需知道即可，略加关注即可，而不必刻意的强化与追求，否则就是出尖儿、片面与执着。

第三节　意拳训练

1.意拳训练的三个组成部分

本人认为，意拳训练可以有三个组成部分：第一部分，是用精神意念来修炼自身，内容包括站桩，试力，试声，摩擦步，发力；第二部分，是有条件的接触性训练，内容包括推手，断手；第三部分，是搏生死。

前两部分互为依托，同等重要。没有第一部分，第二部分无法实现，没有第二部分，第一部分则迷失方向。这两部分既要分别训练又要交替与综合着训练。

第一部分中的内容虽表现形式有异，但却是一件事儿，即站桩就是试力，站桩是空间没有明显位移的试力，试力是空间中有位移的桩，摩擦步是加大了空间位移的桩，试声是对身体内部训练的加强，以补站桩、试力之不足，试声可以融在站桩与试力的每一个环节中，发力是站桩、试力、试声等训练的综合体现。

第二部分中的内容虽表现形式有异，但也是一件事儿，即推手是双人试力，也是放慢了速度的断手，断手是加快了速度的推手。

第三部分与前两部分既有联系又有区别，即不代表前两部分水平高，搏生死就一定能赢，不经过多次生死的恶战，是不会理解搏生死真正意义的。

2.意拳与明、暗、化劲的关系

练习意拳没有什么明、暗、化劲之分，这是意拳人的普遍共识。但本人认为，明、暗、化劲还是存在的，只是许多人没有从明、暗、化劲的角度来思考问题。另外，从明、暗、化劲的角度来看，大部分的人包括一些名家在技击时用的都是明劲儿，意拳界能练出暗劲与化劲的人实是少数。明劲与暗劲最大的分别是"出尖儿"与"不出尖儿"，如果只有要靠移动身体和挥动手臂才能把对方打倒，这就是明劲，这种劲打人的人费力，挨打的人心里也不服（挨打的人只会认为是因为对方的气力比自己大一些而已，而与劲力的玄妙之境无关）。

网上有杨绍庚师叔发人的视频，杨师叔的身体微整，搭手的人就蹦起来了，这就是暗劲，有人说他们是师徒间的配合表演不能算是真的，本人曾经得到过杨绍庚师叔的点拨，对杨师叔的功法还是有所了解的，师徒间在说手时，的确有时需要喂点儿，即在固定的条件与特定的情况下为了说明或探讨解决特定的问题而形成的特定的搭手状态，对于这种说手状态下的发力，可以定义为是一种定向发力或叫作定点儿发力，这也是一种基础发力（定点或定向发力之外，还有非定点与非定向发力），但也有许多情况，是弟子们及水平低的人身不由己的不得不喂点儿，高手之所以是高手，就是能让对手不得不配合他。祖师王芗斋先生打人时，对手们都是在不得不配合老先生的情况下而被打飞的，所以视频中的杨绍庚师叔的发人，是属于定向发力的内容，不属于假打的范畴。杨绍庚师叔曾经多次领教过王芗斋先生的这种劲力，所以杨师叔对这种劲力情有独钟也独有心得。这种于均整中就能将对方打飞的劲力就是暗劲。

本人经过多年的体认，对暗劲的理解是，首先得在精神拿出来的前提下，在身体中具有了松、通、透、空及整体力的能力后，才能谈使用暗劲，暗劲是整劲，这种整劲是有着丰富的细节的，意拳的整劲，并不是简单的使自身成为铁板一块，形成铁板一块那是僵劲，意拳的整劲是一个灵动的紧松劲，当然，整劲除了紧松劲之外还包含有别的内容，如还有矛盾、牵扯、筋骨……等劲力内容，但首先不能没有紧松的内容。在具体的训练时，首先要使自己的劲力落到脚底，所有的劲力变化，看似是手上的，其实都是脚下的，具体到每一个脚趾都有它的实用功效，脚下细微的劲力转换，最终都要反映到身上和手的梢节上，说是手打人、身打人，其实是脚在打人，拳论中有"手打三分，足打七分"之说，其实，不只是脚打七分，甚至是脚打九分或比九分还多才成。从意拳的角度讲，除了要脚打外，更要用身外来打人，包括地心之引力，即不光是要用脚来打人，更要借身外的东西及借用脚下的东西来打人，借不上身外及脚下的东西，怎么打都会是执着的。暗劲儿在使用时，还要巧借对方的力，要在对方劲力未生成之前，及劲力落空的瞬间把对方打起来才精妙，其火候要拿捏的恰如其分，这是一种武文化。高手往往会先用精神把对方给弄僵了，让对方的劲力凝滞或劲力"出尖儿"，然后再截击对方劲力或借力打力，在高手强大的精神控制下，对手往往想不凝滞或不"出尖儿"都不成。

本人的恩师义母王玉芳先生曾专门谈到郭云深先生的老师李洛能先生（又名李老农）："李老先生在与弟子们搭手时，每每都会说，轻一点儿，轻一点儿，但是弟子们即使轻了也还是手拙，瞬间会被打起来"。李洛能老先生的弟子们个个都是高手，包括车毅斋先生、郭云深先生、刘奇兰先生、宋世荣先生等。其实，李老先生使的不仅仅是暗劲了，还有化劲的内容。所以，在传统武术中，明、暗、化劲的功夫还是有的，即使不承认它，它也是存在的。

当然，纵观天下武林，本人认为，祖师王芗斋先生的水平更高，老先生很少谈明、暗、化劲，传统武术明、暗、化劲中化劲的概念太抽象，老先生绕开了传统武术中的这一话题，谈的是本能的自然力，老先生所谈的自然力及与之相配套的独特的站桩、试力等训练方法，是属于自创的新体系，这一个体系与明、暗、化劲儿的体系相对比，本能的自然力或叫自然的本能力，比化劲的概念更明确、更具体、更真实，老先生的自然力已经没有了人为雕饰的痕迹，他是人体良能的最佳体现，是最高级的本能力。没有任何一种力能比这种本能力速度更快，没有任何一种力能比这种本能力更强大，也没有任何一种力能比这种本能力更自然而然，即使是与李洛能老先生相比，祖师王芗斋先生的境界也不在其之下，用老先生的话来讲："学术理应一代高一代，否则当无存在之必要矣"（见王芗斋先生《拳道中枢》），祖师王芗斋先生是真正做到了青出于蓝而胜于蓝。所以，本人认为，祖师王芗斋先生所创立的意拳，别人赠名为大成拳并不为过，但也应仅有祖师王芗斋先生一人能享用的起大成拳的名号，其他的人或多或少的都是"出尖儿"的东西，都是执着与刻意的东西，都不是真正的自然而然，这既涉及训练的心法，也涉及每个人的悟性，故大成拳只是祖师王芗斋先生的拳，到了老先生的这个层面，意拳应是没有明、暗、化劲这个概念的，但对于普通人而言，能把明劲练好就很棒了，许多人别说能练出暗劲，能理解暗劲就不错，能练到化劲更是凤毛麟角。

3. 意拳的头项之功

本人的恩师义母王玉芳先生说："螺旋力只需拧半把"，义母又说："别人总问我父亲，您的头怎么总是歪着呀（即微微的拧着）。"义母是在说意拳要有螺旋争拧卷裹之力，这种拧裹力首先原于头项，拧裹应只是半把，而不是整把，如同毛巾不是整把的拧紧成绳子，而只是微微一拧即可，这就是半把，拧整把就执着了。祖师王芗斋先生的头总是歪的，即是总是拧着的，但老先生只是微微的拧着，拧的并不是很厉害，这种状态就是拧半把。另外，祖师王芗斋先生的头总是微微的拧着，说明王芗斋先生即便跟别人聊天时也在抓紧时间练功，这揭示了立行坐卧不离拳意中的其中一种训练方法，即不光是不离拳意，还要不离拳形，不离间架。这是非常重要的一种训练方法，若不重要祖师王芗斋先生就不会总这样。本人的恩师义母一句话常使我能破解祖师王芗斋先生的许多训练秘诀。仅以歪头（即微微的拧着）为例，如：一是意形结合。意拳（大成拳）的训练有意还要有形，不可光有意而没有形，没有间架；二是以头领劲。螺旋争拧卷裹之力是由头项的微歪（即微微的拧着）来实现的；三是常态化训练。这种训练要立、行、坐、卧不离拳劲儿，要使训练常态化；四是不能执着，只需拧半把。既然要常态化，就不能执着，也不需要执着，只有平常不练功临时抱佛脚的人才会因着急让功夫上身而执着，故即使拧也只需半把。

本人认为，意拳的训练，永远是从错误走向错误。意拳的训练每一次都是有问题的，也都是执着的，只是执着的程度有区别，换言之只要是训练就会有执着的现象发生，"自然"对于练拳者来说，永远是人们追求的境界。执着的其中一个结果就是做作，就拿发力训练而言，所有的训练都是假的，都是做作的，都是不真实不自然的，只有当真实的事情发生，如汽车突然的撞过来，或踩着西瓜皮突然要摔倒，这时的反应才是本能的，才是自然的。意拳的训练永远要与非自然的、做作的状态做斗争，这是一个永恒的课题，由于每一次的训练皆是做作的，所以永远是从错误走向错误，只是错误的程度会有所变化，会越来越接近自然，但永远也不是自然。另外，无意之意也是分层次的，最高层次的无意之意接近自然，但是当有这个想法时依旧不是自然，当人一念即起的时候，就已经不是自然了，无念之念还是有念，但若纯粹的无念，又与修道无关，有悟性的高人，会有刹那间的真正的自然，但这也恐怕只是个概念。前面谈到的争拧力的常态化训练，就是真对执着与做作及急于求成的贪功心态而言的，常态化可以使我们趋于淡定与从容，由此可以使我们逐渐的接近于自然之道。

另外，争拧力的训练只是属于筋骨力的一种训练功法，筋骨力在意拳的训练体系中只是一种基础功法，但没有筋骨力，后面的训练也无从谈起，筋骨力离自然之道尚有一定的距离，真正离自然近的是精神力的训练体系，但精神力的训练也是要于有意到无意，最终到无意之意。

4.意拳的"零起动"

中国武术强调瞬击术，从技术上分析，瞬击术须使身体在技击的瞬间，一动就是整的，一发力就是"爆炸力"，从身体的运动状态上讲，我管它叫"零起动"。欲能"零起动"，从身外的角度讲，精神必须要拿出来，要借上宇宙力波；从身内的角度讲，首先要学会放松，通过放松训练，使周身的劲力能够松沉入地，周身无滞碍，继而还须会调动地下的劲力，并通过后足而体现出来，即"消息全凭后足蹬"。

放松的内容若细分的话，可有松通、松透、松空、松圆、松满、松整、松紧及紧松等。中国传统武术练的是精神意念与身体的关系，即"内练一口气，外练筋骨皮"，这与西洋的肌肉训练方法完全不同，故受西洋文化影响的拳击及现代搏击等训练体系，永远不会知道中国武术的"零起动"是什么。

"零起动"的优势是，当两个力点搭上劲儿后，瞬间就可以把对方打出去，而不须再做任何劲力的蓄力准备。故传统武术除了可以断点儿打外，更可以"黏点打"（也可叫接点儿打），不谦虚地讲，在"黏点打"方面，传统武术与域外搏击术相比，具有绝对的优势。故传统武术在与域外搏击术及各种非传统武术类的拳种搏击时，如何发挥传统武术之长，如何在接触点上黏住点儿并控制住对方是赢人的关键。

从技术层面上讲，技击时能否主动进攻，是"黏点打"成功的关键，通过主动进攻可以逼迫对方不得不与我们接触，只要是对方与我们的力点接触了，我们就可以通过黏点儿来控制住对方。但若我们是技击通家，已练到"自然力"的水平，可以本能的"一触即发"了，那我们主动进攻与不主动进攻也就无所谓了，在对方主动进攻时，我们也能与对方黏上点儿。但在自身未达到"自然力"的高境界之前，若欲在对方主动进攻时也能黏上点儿（做到接点儿打），就须在许多方面经心，如在接点儿时（用间架接住对方打来的点儿）自身间架的角度一定要讲究，原则上讲是要"十字中求生存"，具体如"直来横取""横走竖撞""纵进横击"等。在对方的劲力没有起动之前或没有充分起动之前，"零起动"是可以把对方的劲儿堵回去的，但对方若已经完全起动起来了，就不要堵对方的劲儿了，再堵就成顶牛了，就要斜击对方（直来横取），或者顺击对方（借力打力）。

当我们具有了"零起动"的能力后，我们在对方的眼里会变得不可思议，过去人们常说的"神拳"，祖师王芗斋先生所说的"超速运动"，都与"零起动"的状态有直接的关系。所以，"零起动"是传统武术与非传统武术的分水岭，换言之，学习传统武术的人，若没有掌握"零起动"的技术，是没有资格与现代搏击高手相对抗的，否则，去了也是输。

5.意拳人体骨骼的放松之道

松开骶骨关节和胯骨关节及脊椎和尾闾，是意拳的基本要求，从练拳开始到后来有了水平，这个要求始终要牢记，要松了再松。这涉及：一是松的程度。即松到了什么程度，松开的空间越大水平越高；二是松的用时。即松时所用的时间是多少，具体如是一秒钟就可以松开，还是零点一秒就可以松开，还是更短的时间就可以松开，松开的用时越少水平越高；三是松的整体。即是局部松还是整体松，能不能整体意动。具体如尾闾及骶骨关节、胯骨关节、脊椎关节是否能松开，再如肩关节、肘手关节及膝踝关节是否能松开，周身是否能整体意动，其动得越整水平越高；四是松的无意之意。即是否能达到无意之意而动的境界，这种境界可谓是高级的本能之动，做到了这一步，就可以称之为是"自然力"了。

意拳祖师王芗斋先生的要求是，须从"头顶如线系"和"似坐高凳靠旗杆"的意念入手来解决上述的这些问题，"头顶如线系"时，是从上面把脊骨给拉开了，"似坐高凳"时是从下面把脊骨给拉开了，"靠旗杆"时是从身体的阳面把脊骨给拉开了，还有怀抱大树的意念，怀抱大树，是从身体的阴面把脊骨给拉开了，但这都不能是死拉，即不能执着着拉，以靠旗杆为例，靠旗杆不是要靠很粗的旗杆，而应是靠很细的旗杆，那些靠粗旗杆的人，是没有深刻理解祖师王芗斋先生的良苦用心，靠细旗杆的人是不能真靠的，因为细旗杆无法支撑人身体的全部重量，致使人只能似靠非靠，祖师王芗斋先生要的就是似靠非靠，这样一来，人的阳面就被激活了，脊骨也被激活了，脊骨也就松动了起来，再配合着"头顶悬"的意念，脊骨在被拉开的同时又是灵动的，这样也就自然而然的与自然相通了，最起码也是与自然界的虎豹的脊骨相通了，虎豹的脊骨就是松且灵动的，这也就可以帮助我们去理解什么是拳论中所说的"虎豹头"，传统武术中的"虎豹头"有多种解释，甚至每个门派都会有各自的见解，仅以脊骨相连通的角度而论，看看虎豹的状态，就知道我们头项的位置应处在什么样的状态了，这是一个非常重要的课题。

另外，关于放松的问题，更是可以由"风中旗""浪中鱼"的意念入手来思考这一问题的，"风中旗"的意念，是被动地让脊椎腰胯的这些部位松下来，"浪中鱼"的意念，是被动再加上主动的让这些部位松下来。

再有，还可以有怀抱大树的意念，尤其是怀抱参天大树，这也是被动地让这些部位松下来的方法之一，如参天大树在不断地向上与向粗里生长，在向上生长时，大树会把傍在大树上的自己的脊椎、颈椎、尾椎给拉开及把骨盆及肩、肘、腕、手、手指、膝、踝及脚趾等关节纵向的给拉开，大树往上长的同时也在往粗里长，为此，也会把傍在大树上的自己的骨盆及肩、肘、腕、手、手指、膝、踝及脚趾等关节横向的给拉开，这样，大树就把我们纵及横向的给拉开了，由于这都是被动的被拉开的，所以身体是自然而松的，但同时，由于骨骼被拉开了，筋也就被动的被拉长了，自身的筋也就会与之相矛盾的有了主动的反抗，这就形成了自然的松与紧，即松的同时就是紧的同时，所以，意拳不仅仅是在练松，在练松的同时，紧的内容也同时建立起来了，这也是"松就是紧，紧就是松"的其中一种训练方法。所以，意拳不会单独的只练松而不练紧，但一般情况下，老师在教学生时，是很少谈紧的，主要是怕学生有误解，担心学生不仅松没有松下来，反而练成了僵，因为，初练的时候训练中的紧是不用谈的，它会伴随着松而自然生成初级的紧，但是到了一定的阶段，即到了该谈紧的时候而不谈，则训练的水平就上不去了，功夫的修为就会停滞不前。

这些内容皆是意拳习练者的必经之路，并且还经常要反过头来再不断地温习、体会和提高，但这仅仅是意拳整体训练中的一个方面，主要是为祖师王芗斋先生所说的"杠杠力"和"开合力"打基础的。另外，祖师王芗斋先生还有"惯性力""弹簧力""离心力"等针对这些劲力的训练方法，这些训练方法，又都是为真正的浑圆力打基础的，或者说它们都是在训练浑圆力过程中所必犯的错误，之所以说这种训练是错误的，是因为它的局部性，从祖师王芗斋先生的理论来看，任何局部的东西都是错误的，从训练方法到思维意识和拳术意念，一有局部就是执着，但这种局部的训练方法，在开始初练的时候，若不这样的进行，也是难以使身体具有初步松开的内容的，这就是王芗斋先生拳学的吊诡之处，这么练是错的，但不这样练又难以具有后面所需要的身体内容。这也就是我常说的，我们是从错误走向错误，没有初级的低级的错误，我们也没有资格犯中级的乃至更高级的错误，许多时候，训练的阶段是不能或是难以跨越的，是需要一步一个脚印地走过来的，当然有顿悟资质的人则须另当别论，前面说的一步一步的训练方法，都是给渐悟人准备的方法，当遇到祖师王芗斋先生这样的顿悟奇才时，是可以用顿悟之法，浑圆力的训练也是可以一次求成的，顿悟之法，不是在身内找的方法，而是从身外入手来进行训练的方法，是"假宇宙之力波"是"有神助之勇"（王芗斋先生语）的训练方法，这种方法，用文字来说由于会挂一漏万，故只能见面谈才能说得清楚。

6.意拳的尾闾之功

意拳训练，尾闾的放松很重要，打不开尾闾，就如同狼虫虎豹在捕食时是处在夹着尾巴的状态，夹着尾巴又怎么能攻击对方。另外，在动物界，虎豹在跑起来后，若没有尾巴，它们就不敢放开了跑，否则一拐弯就会摔倒，有时候动物的甩尾比领头项更重要。拳术也一样，虽然人的头项的悬提很重要，但尾闾也同样重要，祖师王芗斋先生在早期所著的《意拳正轨》的"锻炼筋骨"一节中，指出要"尾闾中正神贯顶"。祖师王芗斋先生虽然在后期没有对外多说"尾闾"之事，那是怕大家执着于此事，但在门内，尾闾的重要性却从未被忽视过。人的尾闾是人的最后一节尾巴骨，在人类的进化中，尾巴虽然消失了，但在武术的训练中，尾闾的作用却非常巨大，武术训练是要在意念上将尾闾打开，在拳术中，它的作用与野生动物尾巴的作用是一样的。

武术中的尾闾放松，与杂技演员、舞蹈演员松柔的功夫是不一样的，武术的松是要有实战意义的，在技击中，我们时常会遇到对方击打我们或推搡我们的情况，松尾闾的目的是可以泄掉对方的来力，同时还须传导自己的劲力，还要通过尾闾的转动与松紧变化来改变对方的劲力及截击对方的劲力，若松不开尾闾，拳术的劲儿就只能是明劲儿，而不会是高妙的暗劲儿，更不会是空灵的化劲儿。

在与对手搭手时，松开尾闾，可以产生杠杆力，可以把对手的来力空掉，然后再通过自己的根节，通过走对手来力的外切线，把对手给打起来。一般是以足为根节，甚至是用足下的大地为根节（当对方能松到足时，我们就只能借用足下的大地了）。

意拳的松尾闾的方法，与别派的功法不同（别的门派中的许多文章，说的方法大多过于繁琐、局部和执着，容易出偏），是通过抱树和抱球意念来完成的，用的是意拳的外力训练法，即先运意于外，再通过"运意于外"的意念反过来支配自身，使自己的身体发生变化。

推手时，真正懂劲儿的人，一搭手用的就是开胯，松腰，垂尾闾、坐尾闾和尾闾划圈的劲儿。一般情况下，对于对方打击来的劲儿，只需一松脊、松胯、垂尾闾，然后一坐尾闾，就可以把对方打起来。由于尾闾的运动，隐蔽性很强，所以在外表是看不出来的。老师在教学生时往往都保守，他们只是说"我的手怎么一动"，稍微不保守的会说"我的手腕子怎么一动，我的肘怎么一动，我的手臂怎么一动"，但是一般都不再往下说了，其实，手和腕、肘、臂，只是表象，关键是人的脊椎怎么动，胯怎么动，尾闾怎么动，脚踝怎么动，脚趾怎么动，大地下的意念怎么动。

另外，手指尖儿的梢节之动很关键，或旋、或拧、或提、或插、或摆，是大拇指动，还是食指动，是中指动，还是无名指动，还是小手指动，其力的变化会完全的不同。指端的梢节力要与周身相合，尤其是与尾闾及与脚趾向合。有时是尾闾先启动然后指尖相合，有时是趾踝先启动然后指尖相合，有时是指的梢节先启动然后尾闾及趾踝胯脊相合。

每一个手指的运用，每一个脚趾的运用，其力的变化方式都是不同的，如本该用食指外旋，但若用成了拇指外旋，则这个力就会丢了，本该用小脚趾下插，但用成了大脚趾下插，则这个力也会丢了。但具体该怎么用，全看搭手时，对方的身体状态而定。当然，这一切的一切，全赖于站桩时是否先能把肩、脊、胯、尾闾、膝、踝及每一个脚趾、每一个手指松开。松开了以后，就知道什么是暗劲儿了，否则就都是明劲儿。

要想松开尾闾，首先要圆裆，还要垂尾，然后要蠕动，要用意念拉伸，但这些都是在放松的状态下进行的。另外，大家也可以通过各种不同的间架姿势的变化，来具体地体会和解决尾闾放松的这一问题。

站桩时各种间架的姿势很重要，尤其是两腿间的位置，两腿之间的距离越大，身体越难松下来，其实最易松下来的距离是并上腿的距离，有一个门派的东西意拳人并没有太重视它，基本上也没有人按照这个门派的方法去练，就是戴氏心意拳的蹲猴桩，戴氏心意拳的蹲猴桩非常经典，蹲猴桩的间架可以使尾闾松下来，但我们可以站的高一些，不必像戴氏心意拳那样的蹲得那么低，其次太极拳的无极桩的间架也很好，无极桩是立正的脚姿，脚跟并拢，脚尖八字打开，无极桩也非常容易把尾闾松下来，祖师王芗斋先生的两腿微分的八字腿间架，这个八字桩也非常容易把尾闾松下来，再其次是平行步的略小于肩宽的间架，这个间架也容易把尾闾松下来，最难放松的间架是大马步间架。但是随着训练的深入，一定要练大马步桩，如果在站大马步间架时也能把尾闾松下来，那这水平就很高了。

在站桩时，祖师王芗斋先生说要"似笑非笑"。关于"笑"的问题，前面已经谈了很多，这里再多说两句，因为"笑"要解决的东西实在是太多了，"笑"绝不仅仅是面部的表情，而是要把周身的细胞都笑起来，笑起来后就有了细胞的遒放，再如"笑"可以心肺舒展，情绪愉悦，多巴胺，荷尔蒙也会增多，身体的免疫系统也会加强，而且"笑"也是加强了身体的横向力量，横向力量的加强可使周身增加抗打击的能力……，"笑"的好处不胜枚举。所以，不光是嘴脸在笑，周身都要笑，连手指甲盖儿，脚趾甲盖儿，头发，汗毛都要笑起来，笑起来后就有了力波，周身身外的空气都要笑起来，是内外皆笑。祖师王芗斋先生的拳术，一动就不仅仅是身内的事儿，连同身外也要动起来。

另外，人"笑"起来后，胯才能真正地打开，尾闾也才能松下来。大家有时间可以练练"并步"浑圆桩，并在"笑"的状态下体会一下它的感觉，对比一下与开步的区别。本人认为，要想得到一种劲力，就不要局限在一种方法中，要多比较、多尝试、多体认，要有思考，要不迷信权威。从间架上看，有时我甚至觉得，意拳的许多前辈们很有可能是把戴氏心意拳蹲猴桩的作用给忽视了。另外，日本人的生活习惯是跪坐，日本人的生活方式来源于我们的祖先，日本人是跟我们的祖先学的，所以，跪坐从根本上说还是我们的东西，意拳的桩中没有跪桩，但我自己的体认是，跪坐桩是非常容易松开尾闾的，大家有时间也可以体认一下，跪桩可以作为立式桩的一种补充。

有人研究孔子会武功，我认为老子也应该会武功，至少是懂修身术，如果古人都是跪坐的，那他们中有悟性的人是可以在跪坐中松开尾闾的，尤其是像老子和孔子这样的前无古人的顶级祖师。祖师王芗斋先生是希望他的后人，能在拳术上说出前人未说出之话，做前人未做出之事，王芗斋先生是空前的有真知的祖师，祖师王芗斋先生的理论并没有堵自己后人的道路，所以大家也要解放思想，可以不执着于一拳一法。

意拳的运动，"慢优于快，缓胜于急"（王芗斋先生语），祖师王芗斋先生这话并不是为慢而慢，其实不是动的极慢，而是动的极微。有时的确要很慢，是为了解决身上的问题，因为一旦运动的速度快了，就会使身上的许多东西"漠然滑过"（王芗斋先生语），当问题解决了，就可以加速了，故慢实是不得已而为之的。站桩时，随着意念的设定，当止则止（如想象立于不动的水中，或想象有毒蛇而至），当速则速（如想象有虎狼来袭）。但止与速都是极微的，几乎是外不露形的，更多的须是精神意念的真实，身上只需随精神意念微微的有所蠕动及颤动即可，在松开尾闾的训练中，身体的状态也是只需微微的有所蠕动即可。

在这里，有一点要特别说明的是，当尾闾放松的问题基本上解决了以后，就不要再执着的进行这方面的训练了。故关于松开尾闾的学问，对于已经掌握了的人来说，知道有这件事儿就成了，练功时，捎带着别忘了它即可，拳术训练的重点还是应放在如何能把精神给拿出来的问题上。但是在拳术的训练中，不知道有尾闾放松这件事儿是不成的，这就是祖师王芗斋先生之学与别派武功的区别，即没有是不成的，执着也是不成的，没有它是外行，执着于它也是外行，不执着，就是要长期的培养它，而不是一蹴而就。

从祖师王芗斋先生的角度来看我们，我们的身体就如同是一条破船，千疮百孔，四处漏水，我们堵了前面还要堵后面，堵了上面还要堵下面，堵了大洞还要堵小洞，故切不可执着的只用心于一处，所以，尾闾放松的问题也是如此，精神与外力建立的问题也是如此，各项问题都要关注，而不能挂一漏万。武术训练跟交响乐的演出很相似，哪一个乐器跑了音，都不成。

意拳训练的每一个细节，若真谈论起来都会很重要，都会洋洋洒洒的写出几千文字，都要认真的训练一段时间，都不是小事，但整体的来看，虽然是必不可少的，但又都不能当作什么了不起的事儿。所以，在别的门派秘不外传或津津乐道的宝贝，在意拳这里只是宝贝之一，甚至是之一的之一。那如何才能看出来练拳的人是否是松开了尾闾，这得要从自身的情况来说才成。我不会开车时，坐在副驾驶的位置上从来就没有紧张过，因为我什么也看不出来，等我会开车后，再坐在副驾驶的位置上，心态就变了。所以，只有当自己也掌握了同样的技术后，才能看得懂对方的东西。尾闾的训练也是如此，自己练到了，就可以知道别人练到了没有。

7.意拳的拳术劲力

意拳断手包含了控人、打人、发人三种不同的技术内容，它们的技术要求既有相同点又有不同点。我个人的观点是，技击的关键在于控制，我们是控制下的打击，故意拳首先要掌握控人的技术，除此之外，还要有发人的技术，现在仅就发人的技术问题谈一下自己的看法。

从某点上讲，发人比打人的技术要更复杂一些，打人只需打中对方的鼻眼等要害部位就可以了，发人则必须要考虑对方的重心与平衡等诸多方面的因素。本人认为，发人可分为"冷劲发""实力发"与"巧劲发"三种方式：一是"冷劲发"，就是乘其不备的突然发力，打对方个措手不及；二是"实力发"，是依靠自己强大的实力，捂住对方的重心，在对方无计可施的情况下，靠功力将对方发出去，但这种发力一般结果都不会太漂亮，对方可能会一屁股坐在地上，但不会蹦起来，更不会飞起来；三是"巧劲发"，"巧劲发"做好了对方会飞起来。欲要"巧劲发"就须先要能"叫紧"对方（即通过劲力指向对方身体的"中"或指向对方的鼻、眼等要害部位或通过放松身体使对方的着力点劲力僵滞），"叫紧"对方后，对方就不得不配合你，不得不把自己的身体送给你任由你来处置，故如何"叫紧"对方就非常的关键了，一般情况下"叫紧"对方有如下几种情况：一是无意中"叫紧"了对方。即对方在接触到你身体后，被你身体中无意中的状态使他的力点突然落空，对方瞬间被惊紧，而他这个惊紧的点儿正好碰到了你的力点上，对方就会瞬间被打起来。这种状态最好，它属于自然本能的状态，这是所有练拳人都希望能具有的状态；二是用精神"叫紧"对方。通过精神笼罩，使对方因突然的惊惧而被"叫紧"，这样我们就可以在对方僵紧的瞬间把对方发出去；三是通过突然的发声和突然狰狞的表情，使对方因心里没有准备而被吓一跳，这属于因惊吓而被"叫紧"，这样我们就可以在惊吓对方的瞬间把对方发出去；四是通过落空对方的力点而把对方"叫紧"。即当对方的力打到我们身上的瞬间，通过运用我们多年训练所建立起来的杠杆、平衡与劲力阴阳转换的技术，使对方的劲力突然的落空，从而使对方因劲力被落空而形成下意识的劲力僵滞，这属于因技术控制而被"叫紧"，在对方僵滞的这个力点上发力，自可把对方给发出去；五是通过控制对方间架而把对方"叫紧"。首先须主动攻击对方的要害部位，逼着对方在避无可避的情况下，不得不出手截击我们的劲力，在与对方身体接触的瞬间，通过打其重心，直指对方的根部，把对方逼整，这属于因间架控制而被"叫紧"，在对方的重心已被控制的情况下把对方发出去；六是通过直接戳敌"叫紧"对方。即先用手指端突然点击对方的身体，在对方惊恐的瞬间，用掌沿或掌跟吐劲儿发力，将对方发出去。

上述的这几种方法，只是一般情况下的"叫紧"之法，但无论是哪一种方法，都得与对方发生关系，是人与人之间的学问，而不是人与物之间的学问，这对于那些整天对着沙袋或硬物打的人来说，是无法理解发力是在把对方"叫紧"的瞬间而将对方发出去的原理的。

因上述"叫紧"对方的方法不同，故发力的方式也就要有所不同。祖师王芗斋先生在《拳道中枢》中，曾总结了十五种力，如蓄力、弹力、惊力、开合力以及重速、定中、缠绵、撑抱、惰性、三角、螺旋、杠杆、轮轴、滑车、斜面等多种力量。另外，祖师王芗斋先生又有"六力"之说，即"惯性力、螺旋力、杠杠力、离心力、弹簧力、爆炸力"。祖师王芗斋先生的这些发力，各有各的用途，如：第一种情况下的发力，即"无意中叫紧了对方"的发力，须是弹力、惊力、开合力、撑抱、三角、杠杆、斜面等发力，最主要的是自然力的发力。第二种情况下的发力，即"用精神叫紧对方"的发力，须是蓄力、弹力、惊力、开合力以及重速、定中、缠绵、撑抱、惰性、三角、螺旋、杠杆、轮轴、滑车、斜面等各种劲力，尤其是爆炸力。第三种、第四种、第五种、第六种情况下的发力，即"通过突然的发声和突然狰狞的表情""通过落空对方的力点而把对方叫紧""通过控制对方间架而把对方叫紧""直接戳敌叫紧对方"的发力等等，这些发力也均是上述各种劲力的发力结果。

各个门派的拳术劲力都是不一样的，形意拳有形意拳的拳劲，通背拳有通背拳的拳劲，咏春拳有咏春拳的拳劲，拳击有拳击的拳劲，太极拳有太极拳的拳劲，摔跤有摔跤的跤劲，它们的劲力都不相同，每一种劲力皆既有长处亦有短处。其实，过去的一些老武术家一直都在探索着劲力互补性的融合，如形意八卦掌，就是把形意拳的拳劲与八卦掌的拳劲相融合，形成既凶猛又变化的劲力，通背太极拳，则是把通背拳的拳劲与太极拳的拳劲相融合，形成既可远攻又可近战的劲力。

祖师王芗斋先生在总结"六力八法"的拳术劲力时曾言，惯性力、螺旋力、杠杆力、离心力、弹簧力都是引动力。本人通过体认，感受到祖师王芗斋先生的惯性力多有形意拳拳劲的味道，螺旋力、离心力多有八卦掌拳劲的味道，杠杆力、弹簧力多有太极拳拳劲的味道，这些都是传统且基础的拳术劲力，王芗斋先生称之为引动力，祖师王芗斋先生的海纳百川不仅仅是融汇了形意拳、太极拳、八卦掌，更有解铁夫老先生等其他名家的拳术之长，最终祖师王芗斋先生形成了自己的独特劲力——爆炸力，到了爆炸力阶段就可以一力破百家了。由此也说明了一个问题，即任何一个传统拳种的拳术劲力都不是完美的，都是局部与片面的，都是需要整合与提升的，只有祖师王芗斋先生最终所提炼出来的浑圆爆炸力是最完整的，是形不破体力不出尖的，是最整体的，也是最完美的。

但由于本人的悟性不高，直接掌握浑圆爆炸力有困难，故还须经过引动力的训练，即还要通过先掌握惯性力、螺旋力、杠杆力、离心力、弹簧力等拳术劲力，最终才能理解祖师王芗斋先生的爆炸力。如果意拳中人有绝顶的天才，自可不必那么费劲儿，可直接去掌握祖师王芗斋先生的爆炸力，但这种人万千中难见其一。

本人认为，人体潜能的开发应该是立体的，对于发力训练而言，既要有"后足蹬"的力量，也要有前足踩提的力量；既要有阳面力，也要有阴面力；既要有腹部的劲力（也可谓之丹田力），也要有腰脊的劲力；既要有根节力，也要有梢节力；既要有摇旋之力，也要有拧裹兜卷钻翻之力；既要有身内的矛盾之争力，也要有身外空间的松紧力波之力。

总之，祖师王芗斋先生所创立的意拳是一个完整开发人体潜能的系统工程，其境界之高可谓"高山仰止，景行行止，虽不能至，心向往之"——西汉《史记·孔子世家》。祖师王芗斋先生之学，即使我们穷尽毕生的精力去研究他，也仅仅是牖中窥日。

8.意拳训练的基础功法——悠荡锤、天王伞、虎扑

意拳的训练中有悠荡锤、天王伞、虎扑之功法，其实除了意拳，在其他的拳种中，也有与之相同的功法训练，如在通背拳中就有悠荡锤之说，通背拳大师张策先生尤其擅长悠荡锤（通背拳训练悠荡锤时，身体悠悠荡荡，不带任何的僵拙之力，技击时，力由脊发，拳从口出，后背一提手即到位，快如鞭击），另外，山西派心意拳也有悠荡锤的练法，只不过名称不同。姚宗勋先生的早期弟子张鸿诚师哥也曾说："关于悠荡锤的问题，姚老（姚宗勋先生）在世的时候曾经解释过。悠荡锤也叫浪荡锤，即上肢的手臂要完全的放松，在与对方力点接触的时候，随着对方的力量抵抗或是变动而改变自己手的方向来进行打击；天王伞就是身体的间架形成夹角与支撑的状态，如同打开的伞状，筋骨有横撑竖抵之力，具有六面争力，另外，天王伞也是撑抱间架下的接手功夫；虎扑是意拳特有的翻掌发力。"

具体来讲，天王伞主要谈的是夹角与支撑力的问题，就如同中国的古建筑多是榫卯结构一般，这里既包括了立木顶千斤的原理也包括了三角与斜面支撑的力学原理，天王伞的道理与此相同，意拳间架支撑的道理也有与之一部分的相似之处，但意拳的间架支撑绝不仅限于天王伞的这一点儿内容，诸如身外的牵扯力与阻力、细胞之遒放力、宇宙力波的借力等，都直接影响并左右着身体间架支撑的真实性。

在推手及技击时，相对于天王伞而言，对方双手在上而我在下位时，正好如伞般，形成三角支撑，这是站桩及试力和推手时的基本功。虎扑原是老形意拳的东西，虎扑最精到的劲儿，就是祖师王芗斋先生所谈的惯性力，惯性力是出尖儿的，后来祖师王芗斋先生也仅仅作为引动力而使用，

最终由爆炸力所替代。悠荡锤也是出尖儿的，它类似于通背拳的拳劲儿或是太极拳的鞭劲儿，在祖师王芗斋先生拳学发展的形成过程中，的确借鉴了许多别派拳种的东西，包括通背拳中劲力贯通的秘练功法，而这些功法在通背拳中现已基本失传，但随着王芗斋先生对拳学研究的深入发展，这些东西也逐渐被祖师王芗斋先生所扬弃了，因为这些东西也是出尖儿的，其思维方式也是局部的。

综上所述，本人认为悠荡锤，天王伞，虎扑只是意拳的基础功法，初级的来讲，悠荡锤是身松点儿紧的断点儿功夫，天王伞实是间架支撑与推手搭劲儿时的黏点儿功夫，虎扑则是发力时的基本功夫。

但虽然是基础功法，虽然劲力出尖儿，但对于初学者而言，了解它们，对于今后的拳术发展也是有必要的，它可以丰富我们的拳术认知，使我们从事物的另一面进一步的认识意拳。

撇开上述的具体应用，其实在站桩与试力、发力时，它们还有另外的用途，在意拳训练的某一阶段，实是要把身体给悠荡起来，这既是矛盾争力的前提，也是离心力、重速力、弹簧力的前提，也是占据空间的前提，悠荡的同时，天王伞的状态，只能加强不能削弱，由此而建立起来的虎扑劲儿就不再是老形意拳的出尖劲儿，这种劲儿可以叫"浪力"，也可以叫"涌动力"，设想一下手拿水杯的感觉，当水杯中的水产生"浪力"后，水杯就会呈现出"涌动力"的力向，这劲儿也有些类似于"刹车力"，是"惯性力"的一种表现形式，这是意拳一种基础的劲力形式。由此，悠荡锤、天王伞、虎扑之功就有了全新的意义，就成了意拳基础的必修功法。

9.意拳的外力意念与身体平衡训练

意拳站桩，在训练平衡的阶段，任何一个外力意念的施加，哪怕只是一滴水掉落在手臂上，或一片飞絮飘落在手臂上或飘落在身体的任何部位上，身体都须进行劲力的重新调整与调配，如同一个精准的天平，仅仅只是气流的扰动就会破坏它的平衡，天平须放在没有气流扰动的空间，人在站桩时，也须在没有气流扰动的空间里站桩，以建立起对平衡的认识，当基本的平衡建立以后，则可以提升训练的难度，如可以在意念里，假想有扰动的气流，前后或左右，或前后左右上下在时不时或连续不断地扰动着自己，自己则须在这种扰动的气流里，一次次的构建起自身的平衡系统，与扰动的气流做斗争，如同面对冲击过来的水浪，不能做中流砥柱，也不能随波逐流，而是要在调整中稳定住自身的平衡。

另外，还可以进行有假想敌的敌情训练，如想象对方的手臂从不同的角度来破坏自己的平衡，要把对方从庸手逐渐想象成高手，从慢手逐渐想象成快手，从力小逐渐想象成力大。

具体如对方前推自己的间架时自己当怎么办，对方回挂自己的间架时自己当怎么办，对方下捋自己的间架时自己当怎么办，对方上挑自己的间架时自己当怎么办，对方旋拧及钻裹自己的间架时自己当怎么办，……再如，对方直接打击到了自身的胸腹上后自己当怎么办，对方直接打击到自己的头上时自己当怎么办，对方直接打击到身体的其他部位时自己当怎么办，等等。

自身针对对方的打击可以有多种解决办法，如通过身体阴面与阳面的矛盾争力来回击对方，通过身体骨骼与筋肉的松紧转换来回击对方，通过身体间架的三角力与杠杠力变化来回击对方，通过劲力拧裹钻翻兜卷的综合劲力变化来回击对方，通过精神笼罩的精神控制来回击对方等等。

总之，所有的回击，都源于平时的基础训练，平时的训练内容越丰富、越具体、越真实，回击的就会越立体，越有效，越出其不意。

自己若能在千变万化的外力干扰下，始终保持被动中的主动，始终能在假想敌的破坏中，通过自身劲力平衡的变化以彼之力还击彼身，那自身的拳术水平当是提升到了一个新的阶段。

10.意拳的方圆

"方圆"的概念来源于中国传统文化，如《大戴礼记·曾子天圆》中引用曾子之言："如诚天圆而地方，则是四角之不掩也。"（若天是圆的地是方的，则四个角就遮不住了）曾子进而解释："天道曰圆，地道曰方，方曰幽而圆曰明。"古人从天地之道来看，圆为天道，方为地道，圆是明的，方是幽的。

"天圆地方，人头圆足方以应之"（《黄帝内经》）。《易经》中对"坤"（即地）也有解释，有直、方、正之说。即"方"代表一种平坦，正直的品质。

古人把太空称之为"天"，把大地称之为"地"。"天圆地方"，用于感悟于天地的状态，太空中的日月星辰始终在运动，如同一个周而复始的圆，大地静止稳定，如同一个方。但古人的"天圆地方"并不仅仅是形状。有学者认为："天圆指的是'天时'如六十甲子一般周而复始。而地方的'方'则是源于描述方位的'东南西北'的'四方'观念。因此，'天圆地方'体现了中国古人的时空观念，描述了宇宙的自然规律。"

从物体的形状来看，圆形的物体，具有不稳定的因素，故可以比喻为"动"，方形的物体，具有静止和稳定的因素，故可以比喻为"静"，由此，"圆方"也可以代表"动静"。

从阴阳的角度来讲，动为阳、静为阴，故"圆"就可以喻为"阳"，"方"可以喻为"阴"，由此，"方圆"也可以代表"阴阳"。

《太玄·玄摘》中有西汉杨雄的观点："圆则杌桅，方为吝啬"，"圆"指天，杌桅，指不安。"方"指地，指"吝啬"，收敛。其意可为，天圆则动，地方则静，且收敛。

另外，古人认为"天圆"为虚空，"地方"为实载。故"天圆地方"的理念也与道家的"有无"与"虚实"相生的理念相吻合。

意拳中所常谈的"方圆"也受中国传统文化的影响，其"方圆"可以有许多种解释，本人仅从"间架"的视角来简述一下自己的观点。

在"间架"上，"方"宏观上可以理解为"方正"，具体到间架的状态，"方"可以看成是有"棱角"的态势，站桩时意念怀中抱球或抱树的训练中，就有棱角的内容，如站桩时肘关节处意念向外指，髋关节处意念向外指，膝关节处意念向外指等，即手臂及周身的所有关节，都要有意念支撑的棱角，具体到每一个手指的骨节也都要有棱角，这些关节的棱角，就可以理解为是的"方"。而与此所有关节相对应的内部空间则可以认为是"圆"。这种"方圆"可以看成是"外方内圆"。

站桩时，我们可以把身体分为"阴"面与"阳"面，身体"阳"面上的任何一个点都可以有力的"棱角"，故"棱角"并不仅局限在于身体的关节处。由此，身体的任何一个点都可以是"方"，与"方"相对应的任何一个点也都可以是"圆"。"方"与"圆"是同时具有的，是不可分而论之的一个整体。

另外，当我们用身体的"阴"面来攻击对方时，"阴"面也可以是"方"，这样，"方"也就不局限在"阳"面，身体的"阴"与"阳"面都可以是"方"。

这样"方"的概念就可以扩大为，只要是身体中具有了与技击相关的实际内容，就都可以看成是"方"。

另外，还可以从劲力的角度来思考"方圆"，如"方"是"刚"劲儿，"圆"是"柔"劲儿。"刚"劲儿与"柔"劲儿，既是对立的又是统一的，既可以是同时存在的，又可以是相互转换的。由此，"方圆"，也是"刚柔"的其中一种状态。

祖师王芗斋先生反对力有方向，但是力可以是有棱角的，有棱角的力无论是滚动还是震颤，都可以给对手造成伤害。锯木头的圆锯，其锯齿也可以看成是一个个的"棱角"，也是一个个"方"，圆锯在转动时，木头触之即断，我们可以把圆锯看成为"外方内圆"的一种状态，圆锯的这种状态也是本人所常谈的"以线打点"的状态，"以线打点"的"线"，是由一个个的"方"点形成"线"，而不是出尖儿的砍砖头（或叫撇砖头）的那种线状运动的"线"，这两种"线"不是一件事儿。

前面谈到的棱角之"方"劲儿，与上下、前后、左右之单向力一样，都具有技击性，都可以伤人，但它们却有着明显的区别，即一个是不出尖儿，一个是出尖儿。

关于"方圆"的论述，祖师王芗斋先生还有"神圆力方"之说，其"力方"依旧可以看成是"刚"及有棱角之力，从技击的角度来看就是具有攻击能力的力。其"神圆"，可以是圆满、包容、囊括、充满、无所不在。"神"与"力"，一个是精神，一个是精神的体现。没有"神"就没有"力"，"力"是"神"的外化。"神"主宰"力"，"力"践行"神"。"神"与"力"一"圆"一"方"，是不可分的一个整体。"神"是无限的而"力"是有限的，祖师王芗斋先生所谈的"神圆力方"，是以无限来成就有限。

另外，本人还常把"方圆"按运动的形式来进行划分，如钩锉试力，扶按试力、开合试力等劲力，本人常称之为以"方"劲儿为主的试力。摇辘轳试力、磨磨试力等劲力，本人常称之为以"圆"劲儿为主的试力。本人之所以把钩锉试力，扶按试力等这些容易力有方向的试力称其为以"方"劲儿为主的试力，是为了避免力有方向、劲力出尖儿及从执着的角度来思考问题。

技击时的"方圆"的状态，既可以是"外方内圆"，也可以是"外圆内方"，"外方内圆"以"刚"劲儿为先，"外圆内方"以"柔"劲儿为先，它们的用途各有区别，一般情况下，技击时遇"方"则"圆"，而"方"隐于内（遇"方"则"方"属于硬怼之法，缺少艺术性，且容易顶牛），遇"圆"则"方"，而"圆"隐于内（遇"圆"则"圆"属于以"柔"制"柔"，缺少利索劲儿，且容易耽误时间）。当然，若按照中国传统文化的"绝对观"来思考问题，更可以是"方"即是"圆"，"圆"即是"方"，"方圆"一体。即无论对方是"方"还是"圆"，我们都是"方圆"一体。无论是主动的发力，还是被动的接发力，我们也都是"方圆"一体。"方圆"一体是"方圆"的最高境界。

11.意拳的思维方式

现在外面所传播的意拳，都是带有很强个人特征的意拳，而不是祖师王芗斋先生完整拳学思想的意拳，这就需要我们在学拳时要批判的接受老师的拳术观点，具体到每一次的拳术训练，要批判的来看待我们的每一个桩，每一个试力，每一个发力等每一次的训练内容。

如我们在站桩时，当间架摆成一种样式后，我们就要思考，这个间架站成这种样式是不是真的合理，老师所传授的间架角度和精神意念是不是有问题，祖师王芗斋先生对于间架及站桩的原意又是什么，祖师王芗斋先生的"有意""无意""有意与无意之间""无意之意"，这些问题，在我们的训练中应如何把控。另外，我们还要思考，我们质疑甚至是否定了老师所教的东西，又否定了我们已知的训练，我们还能剩下多少东西，剩下的这些东西，是错误还是正确，如何检验它的错误与正确，是通过对应别派的意拳知识，还是对应形意拳、八卦掌、太极拳、咏春拳、拳击、柔道等技术来检验它的正确与否，还是通过推手及实战来检验它的正确与否。总之，本人认为，意拳的训练要"一慢，二看，三通过"（交通用语），要慎之又慎，而不能执着的一条道走到黑。

　　现在有的人练拳不走心，常说："我老师怎么教，我就怎么练"，殊不知在老师那里是正确的，但在他那里可能就会完全的行不通。尚云祥跟李存义学拳，但跟李存义的练法不一样，也幸亏他没有天天跟着李存义，否则他也练不出来。王芗斋先生向郭云深老先生学艺，但郭云深老先生走的早，逼着王芗斋先生不得不走遍大江南北去寻师访友，王芗斋先生的东西与郭云深老先生的东西有很大的不同，如果王芗斋先生一直从学于郭云深老先生，应该也就没有了后来所创立的意拳。

　　没有一个否定的思维方式，意拳是练不出来的，首先是否定自己，然后还要敢于否定权威，包括质疑甚至否定自己老师所教给我们的东西。要在感情上感恩，要在技术上有独立思考，要敢于有不同的意见，要感恩老师对我们的付出，也要感恩老师教给我们了可以否定他的东西。在一次次的否定了之后，才有可能破茧成蝶，祖师王芗斋先生有句话我非常喜欢，即"打破圆融"，而且要一次次的"打破圆融"，得"圆融"的"圆融"。

　　在学习意拳的过程中，由于大家都是在盲人摸象，故每一个人摸到的部位是不同的，感悟也会是不同的，故大家对祖师王芗斋先生拳学的解释也就会大相径庭，为此，学习意拳，不应该执着于现在的一家一法。

　　祖师王芗斋先生的拳是一个自我净化的拳，故在打拳的同时，须使自己身上的杂质越来越少，要时刻否定自己的一切执着，刻意与做作，要反思老师所传授给我们的东西，是属于哪一类的东西，是属于精神的，还是属于筋骨的，是属于身内的还是属于身外的，是属于阳面的体系还是属于阴面的体系，是分而求之的还是整体训练的，是顿悟框架还是渐悟框架。当我们的训练进入到一种框架之后，往往就会执迷其中，如果没有批判精神，没有否定意识，就会越走越远，就会出现偏执，就会使身体不平衡，就会使强的地方越来越强，弱的地方永远薄弱。其实，周身的一点点进步，都不是什么好事儿，都有可能是一种执着，但世人大都理解不了进步了反而会有弊端的这个道理。本人认为，进步了就有了长处，但有长处必有短处，这就背离了祖师王芗斋先生的"竹林观"（即祖师王芗斋先生所说的"我这片竹林都是碗口一样的粗细"），王芗斋先生的"竹林观"实是一个"均整"的概念，它既是一个小概念，又是一个大概念，无论是从小概念讲还是从大概念讲，身体出现了长短，必不"均整"，必不是"浑圆"。

具体而言，在站桩、试力、发力等一切运动时，都要带着否定的心态，去质疑每一个动作的合理性，并在第二次的运动中予以改正。在第二次为改正第一次不合理的运动而运动中，依旧要质疑这第二次改正的有效性与正确性，然后要在第三次的运动中，再次否定第二次的运动，找寻它的问题，解决它的问题，改掉它的错误，再在第四次的运动中要继续否定第三次的运动，在第五次的运动中继续否定第四次的运动，以此类推，无尽无休。意拳的训练，如果不是在否定的模式下训练，"摸劲儿"就会流于形式，就会变成广播体操的运动。在教育中有一个概念叫"养成教育"，"养成教育"是养成良好习惯的教育，用于拳术训练，也包括在训练中否定错误的习惯，我们须在每一次的运动中否定旧的，建立新的，永远要有训练的新内容，若一次次的都是在重复上一次的运动内容，就会形成教条的"动力定型"，会形成执着且错误的肌肉记忆，这绝不是祖师王芗斋先生所要的东西，我们应在身体的肌肉记忆里及周身的细胞记忆里植入不断更新的意识，每动一次都要有升级，就像是现在手机的升级版，也像似飞机由四代机，升级到五代机，六代机……N代机。在现代社会的发展中，一个企业的科研能力很重要，要有使产品不断升级换代的能力，谁升级的快谁先进。

在拳术的发展过程中，拳术的进步极为重要，自身的训练要天天更新，时时更新，分分更新，秒秒更新。但一个人是否具有拳术更新的能力，则与其自身的天分和悟性有关，也与教育和环境有关，故在这方面常会因人而异，这也是为什么成功者只是少数几个人的原因。祖师王芗斋先生说自己只是意拳的练习者，老先生在拳术的发展上从来就没有停止过创新。

对于我本人而言，祖师王芗斋先生我是无缘相见，但祖师王芗斋先生女儿王玉芳先生在世时我却是可以常见的，她是我的恩师义母，在义母的身上依旧能够看到祖师王芗斋先生的许多迹象。起先时，我每次都会被她老人家就一个问题不断变幻的说法搞得一头雾水，后来完全的开悟了，在义母的身上，有着祖师王芗斋先生强烈的求新求变的遗传基因，义母不是抱残守缺之人，她没有躺在父亲的功劳簿上睡大觉，她在祖师王芗斋先生拳术的基础上，自创了自己的"十节功"，她同祖师王芗斋先生一样都是拳术的革命者。

无论是从恩师义母王玉芳先生的身上得到启发，还是从现代产品的更新换代中得到启发，在拳术的训练中，若没有否定的思维方式，就无法使我们常练常新，我们也无法会有新的未来，长此以往终将会被时代所淘汰。

12.意拳的空间训练

意拳的训练，在很多情况下是空间的塑形训练，我们可以将自身的间架形态看成是"正形"，而将身外的空间形态看成是"负形"，我们自身所有的间架形态，即我们的"正形"，其实是由我们身外的空间形态，即由"负形"所决定的。具体如仅以手的形态为例，我们站桩时手的外部空间始终都决定着手的形态，具体到每个手指的形态及手指与手指之间的形态，都可以由手指之间的空间形态所左右，身体的形态更是如此，身体中的各种间架，都是由外部空间所决定的，即是由"负形"所决定的。故通过调整身体之外的空间，即调整"负形"空间，可以达到调整自身间架的目的。

站桩与试力时，当身外的空间确定下来之后，就可以通过身外空间的变化来锻炼身体，如通过意念让身外的空间进行逐渐的膨胀，膨胀的空间会压迫自己的身体，使身体产生反抗外空间挤压的张力，又可让身外的空间逐渐的收敛后退，这样自身的身体就会逐渐地占据外空间所腾出来的地方，使自身在意识与体认上感受到身体逐渐地长大。

外空间在意念上可以是气，可以是水，可以是泥土，外空间的物质不同，锻炼的内容就会有所不同，自身的体认感也会有所不同，在意念上外空间越厚重，自身的感受就会越强烈。

在与外空间的斗争中，意念中的物质不同，自身突破外空间的状态也会完全不同。如当想象外空间是气态时，则自身突破气态空间的身体密度与力度会与想象突破固态空间的密度与力度是两种完全不同的状态。故空间的内容不同，锻炼出来的身体状态也会大不相同。换言之，改变了外空间的密度也就改变了身体的状态。

外空间的动态变化也会直接影响甚至是左右着自身的间架状态，如外空间像水一样的流动，外空间有气韵般的松紧变化，外空间有涡旋拧裹等等。另外，当身体的一侧突然出现空间的失衡时，空间的瞬间变化就会改变自身的间架变化，即空间的失衡变化会产生身体的位移与平衡变化。具体如人体的身前若突然出现了真空，这时身体就会突然的向前位移，其速度应该是超速的，这是一种外力训练。

技击时，这种外力的改变，可以瞬间的改变自身的状态，这也是意拳在许多方面优势于别派武功的原因，因为意拳的训练方法是与众不同的，即除了有身体的内空间训练，我们更有外空间训练。

人的身体很神奇，以意念为因，以行为为果，有什么样的因，长期训练，就会有什么样的果，这也是意拳与众不同的地方，当然，这一切，都取决于假借意念的真实，如果假借不能成真，那就不是意拳，而是空想拳和自欺欺人拳了。假借不能成真的原因有很多，一是自身的悟性不高或缘分未到，二是意念超前不切实际，三是漫天空想不下功夫去体认训练，另外三天打鱼两天晒网者也不能入其妙境。

所以，意拳若缺少意念就会是"形"拳，永不得精深，但若唯意念论又会成为不切实际的空想与玄学。若用祖师王芗斋先生的拳论来对应，"形"拳等于是"执着"于己身，空想等于是"离开"了己身，祖师王芗斋先生的原话是："执着己身无物可求，离开己身永无是处"。

13.意拳的综合训练

意拳的训练，无论站桩还是试力，其目标的设立极为关键，本人认为，首先须以技击为目标，若不以技击为目标，练的就不是拳了。但我说的技击，不是出尖儿的技击，不是执着的技击，不是局部力的技击，而是自然本能浑圆整体的一触即发的爆炸力的技击，祖师王芗斋先生所给出的目标是，"形不破体，力不出尖儿"，"力量一有方向就是错误"，"松紧紧松勿过正，虚实实虚得中平"……

意拳要用意念来开发和调动潜能，发挥良能，以达到技击时的自然而本能的实现不出尖儿的"浑圆整体爆炸力"，这实是祖师王芗斋先生之拳与天下其他拳种的区别，祖师王芗斋先生提出了自己的观点，即"拳拳服膺是谓之拳"，另外，老先生为了防止执着与片面，更是提出了"技击乃末技"的观点，本人认为，祖师王芗斋先生的"末技观"（权且叫"末技观"），是针对当时社会上的一些流弊而言的，这个"末技观"放到今天也依旧适用，许多练拳的人英年早逝，练的都是些戕生的功夫，而祖师王芗斋先生认为，"修正人心，抒发感情，改造生理，发挥良能，使学者精明体健，利国利群"的功夫才是"拳"之大道，所以若整天想着"打三挟俩"的功夫，必不是大道，也必是"出尖儿"的东西、"执著"的东西、"局部"与"片面"的东西，这些东西，在祖师王芗斋先生这儿，都不是拳，但这些东西，在社会上则普遍的被认为是"技击"的东西，其实，大家所谈的"技击"与王芗斋先生所谈的"技击"不是一个东西，大家所谈的"技击"，在祖师王芗斋先生的眼里都是"戕生"的"不卫生"的东西，王芗斋先生所谈的"技击"是"修正人心"与"利国利群"的东西。祖师王芗斋先生明确的说明："本拳之所重者，在精神，在意感，在自然力之修炼。统而言之，使人身与大气相应合；分而言之，以宇宙之原则原理以为本，养成神圆力方，形曲力直，虚实无定，锻成触觉活力之本能。以言其体，则无力不具，以言其用，则有感即应。"

意拳训练，须在"恭、慎、意、切、和"这"五字秘诀"的状态下，用祖师王芗斋先生的拳学思想来指导自己，诸如：精神统一，不使用肌肉凝紧注血之力，神经滋益，动作自然，具体舒放，曲折含蓄，有自然之活力，神形意力皆不可着象与执着，伸缩自如，遒放致用，全身均整，劲力笃定，假以宇宙力之呼应，用意支配全体之筋肉松和，意紧力松，筋肉空灵，毛发飞涨，力生锋棱，虚灵守默，应感无穷，"得意中之自然天趣"。

具体到训练的方法，本人认为，在练拳时，我们身体周身的每一根毛发，以及周身每一寸每一厘、每一毫乃至更精微的表皮、筋肉与骨骼都要被开发与被调动，同时还包括周身的气血身外的空间，都要先有的放矢地进行训练。其"头、手、足、肩、肘、膝、胯及大小关节，即一点细微之力，都有单双、松紧、虚实、轻重之别"。"百骸撑均匀，曲折有面积，仿佛起云端，呼吸静细长，舒适更悠扬"。

衡量训练是否正确，也要以祖师王芗斋先生的拳学思想为标准，即："利害当前，间不容缓，已接未触之时，尚不知应用者为何，解决之后，复不知适间所用者为何，所谓不期然而然，莫知至而至。又谓极中致和，本能力之自动良能者也。"训练时，"习时要慢，而神宜速，手不空出，意不空回，即一些微细小之点力动作，亦须具体无微而不应，内外相连，虚实相需，而为一贯，须要无时无处不含有应付技击之本能"。"亦需四心相合（即顶心、本心、手心、足心）"。训练的内容，包括"四如""六力八法""精神笼罩""假宇宙之力波，有神助之勇""浑圆整体力"……

意拳训练的难点，在于它涉及的内容过于广泛，从筋骨皮肉到气血精神，从身内到身外，从有形到无形，都在其训练范围之内。其间还包含了刻苦精进与执着不是道的矛盾关系的"度"与"当"的把控。

故若不从这个角度来思考问题及不从这个角度来进行训练，则练成的只会是赵氏、钱氏、孙氏、李氏……意拳，而不是祖师王芗斋先生的意拳。

第四节　意拳的意念与精神

1.意拳的控制观

搏击的核心是控制学，而不是打击学，力也应是控制的力，技也应是控制的技，控制应是一切攻击的前提，是武术的纲。对对手的控制第一是精神控制；第二是距离控制，具体讲则是步法控制，身法控制，拳法控制；第三是打击方法的控制，具体讲则是"断点"控制，"黏点"控制，"半黏半断点"控制；第四是技术风格的控制，具体讲如果对方是拳击高手你则可以将对方引入地面，如果对方是太极拳高手或是地面技术的高手你则可以通过快速的"断点"，截击对方的黏手，如果对方是腿法高手你可以通过近身"黏点"控制对方的平衡。

总之就是要进行非对称的战争，让对方总是难受，总是被控制，你自己永远要当"放火"的而不是"救火"的。

在上述的控制训练中，最重要也是最核心的是精神控制，抗日战争年代，旧中国的老百姓被日本人屠杀，当面对日本人的刺刀时，被其杀气所控制，许多人放弃了抵抗，任由其宰割，经常是几个日本鬼子，就能追着近百个人跑。但也有一些人因为有民族解放的信仰，没有被敌人所吓倒，无论多么弱小，无论是否手无寸铁，都视死如归地拼全力反抗。同样是人，如果信念没有了，什么样的搏击技术就都不要谈了。

搏击时的精神控制，首先是要让对方恐惧，人见到老虎的恐惧与夜里见到尸体的恐惧感是不一样的，一是对自身力量和能力不自信的恐惧，二是对未知世界的恐惧，这些归结起来都是对死亡的恐惧，所以在搏击时要传递给对方死亡的信息。这也是野战与擂台战的区别，擂台上有裁判有规则，对手是不会担心死亡的，所以擂台上能赢的人未必野战也能赢，打野战的首要任务就是要用死亡意念来控制对方，要让对方在骨子里感受到寒意，既要让对方觉得遇到了猛兽又要让对方觉得遇见了鬼。

这种精神控制的训练，不站桩是得不到的，所以桩是任何拳术的根本，俗语："宁传一套拳，不传一个桩。"大家在市面上见到的桩基本上都不是真正意义上的桩，真正的桩是保密的，绝不是外面的那样练法，否则每个人都成了武林高手了，也早会被外国人给偷走了。

站桩训练中很重要的一个内容是要把精神给拿出来，并用拿出来的精神反过来规范自身，这是中国独有的训练方法，至今还未被外国人所掌握，甚至在国内的拳术流派中也寡有传播，意拳祖师王芗斋先生管这个叫"精神笼罩"。用此笼罩即可以罩人，也可以罩动物。狮子老虎天生就都有"精神笼罩"的能力，老虎一来，别的动物都吓跑了，人则要专门训练才会具有这种能力，但是有少部分人的有些习性，也可以造就一部分"精神笼罩"的能力，如有些专门杀狗吃狗贩狗的人，身上就会有笼罩狗的能力，曾经有一个狗贩子偷走了一只价值数十万元的雪獒，主人却没听见狗叫唤。这人被警察抓住后交代，他平常既偷狗又贩狗还吃狗肉，他在作案时，所有的狗见到他就哆嗦，全都不会叫唤，狗被他给"精神笼罩"了。意拳人经过站桩训练后，也会对普通人有这种笼罩的能力。

"精神笼罩"有些类似于催眠，但并不是所有人都能被催眠，更不是所有人都能被"精神笼罩"。能不能罩住对方，既要看自己当时的状态也要看对方的状态，当然，"精神笼罩"对人起不起作用，实施"精神笼罩"的人自己是能感受到的，撇开别人不谈，反正我本人是能感受到的，有一次与一世界搏击冠军比手，我就先把精神给拿出来，然后用意念进行类似于催眠的控制，开始时两次都没成功，直到第三次才终于把他罩住，在我罩住他后他就怂了，但这时已由不得他不想打了，比武的结果比徐某冬打雷某还快，对方还没来得及抬手就躺在地上了。我与其他人比武也都是先使用"精神笼罩"罩住对方再动手，每次都是瞬间就罩住，就是打世界冠军那次费了些劲儿，所有输我的人事后都会有同感，即总觉得自己应该能赢，但真比手的时候就是觉得身上哪儿都不得劲儿，始终不明白自己当时为什么就是没有搏击的状态。

中国老祖宗传下来了一种把信念变成力量的训练方法，后来祖师王芗斋先生把它挖掘整理，就是现在秘传的意拳站桩功。虽然各门派都有站桩，表面动作似乎也与意拳一样，但实质上则完全不同，当然，意拳门内真懂站桩的人也不多，因为，任何情况下核心技术都永远是掌握在少数人的手里。如果将"精神笼罩"进行量化的话，大概是，如果对方是一线的拳手，被"精神笼罩"后，大致会降格到三线的水平，三线的拳手会降格到业余的水平，业余的拳手会降格到普通百姓的水平，它起码能达到让对方降低自身的水平的功效，会让对方的功力大打折扣，或叫作发挥失常，具体如本来对方平常的反应很快，但被笼罩后反应会变得比原先的迟钝，再比如对方原先会有很多的想法包括坏主意，被笼罩后想法会滞后了，原来坚定信心的，被笼罩后也会没有了信心。

其实我们都曾经被领导或被导师"精神笼罩"过，尤其是在毕业答辩时，平常口吐莲花的突然会脑子没电了，运动员在比赛场上也常会有大脑没电的时候。意拳的"精神笼罩"是把这种情况作为课题要专门的进行研究与训练，它类似催眠，但又有区别，因为对方即使不看着你，不听你说话，依旧能笼罩他，这和催眠术是有区别的。其实每个人身上都有信息接收与信息发送的能力，只是我们平常没注意也没有加以训练，比如职业刺客身上会有"血腥味"，经常打架斗殴的人身上也会有"血腥味"，这种"血腥味"很多人是能感受到的，中国有一个词叫"煞气"，职业刺客的身上就会有"煞气"，当"煞气"扑面而来时，内心懦弱的人会放弃抵抗。

意拳"精神笼罩"中有训练"煞气"的内容，但绝不仅仅只是"煞气"，还有别的内容。生死搏斗时，可先用"煞气"罩住对方，若对方也是亡命徒，不受你的控制，则可以先释放出和缓的意念，让对方放松，然后再一次的强大自己的"煞气"，在这种精神的松紧中调动对方，对方若没有专门训练过"精神笼罩"，终会不自觉地着道儿。"精神笼罩"中有很多的内容，如"煞气"压制法，精神捆绑法，意念暗示法，松紧力波法等，技击时往往须根据对方的情况适时选用。"煞气"法本人并不常用，因为用多了身上会有"血腥味"，本人只用过一次，某天早晨上班的路上，一个脖子上有刀疤的小伙子欺负路边的老头儿，我去制止，他冲过来要打我时，我突然拿出了"煞气"，对方突然止步，并开口说：咱俩没仇吧。他突然开口说话我都吃惊，明显是他不想打了，后来他向老头赔礼道歉了事。

许多人把祖师王芗斋先生尝言的："假宇宙之力波，有神助之勇"，当成浪漫的文字比喻，然而意拳的秘传心法，恰恰是要练出真实的"假宇宙之力波，有神助之勇"之功，这听起来挺像段子的，我以前也不信，但亲自练一下就知道真伪了。人是一种很奇妙的生物，只要方法得当，练什么就基本上会有什么，手没了就会练的可以用脚吃饭和写字，眼睛瞎了，耳朵就可以练的像蝙蝠一样的定位，运动员还会练的跳水比鱼都好看，平衡木上的跟头比猴子翻的都美，同样，在精神世界也一样可以修炼，可以修炼到"他心通"，可以催眠对方，当然也可以修炼到"精神笼罩"。有一则报道，三个带枪执行任务的警察，在大巴车上被三个持刀歹徒抢劫了钱财，而且是一车的人全被抢劫了，后来这三个警察被解职了。为什么会如此，其实是被歹徒的"煞气"给罩住了，只有亲自在现场的人才会感受到"煞气"的恐怖，事后会有很多的事后诸葛亮教人如何夺歹徒的刀，但把这种事后诸葛亮放到现场去，在"煞气"的笼罩下他也照样会乖乖地交钱。

有一个本人未经考证的事情，据传"马眼看人高，狗眼看人低"，所以马怕人让人骑，狗不怕人咬人（百度知道——狗的动态视力是人的两倍还多，看近的东西，成像都会小很多，在狗狗眼里，身高2米的大汉也不过是1米2的小矮子）。站桩时可通过意念，让自身长大，让自身有光环，久之，通过长期的自我暗示自我催眠，自己会真觉得自己比原先高大了，另外，一个很奇怪的事情是，别人也突然会觉得你高大了，这其实是别人也被你给催眠了，变成了"马眼看人高"了，同时由于在催眠状态下你自认为自己是高大的，所以你也就没有了惧怕，颇有点像"狗眼看人低"的感觉（在这里本人提狗并无贬意）。这也是武术控制学中的"精神笼罩"训练中的其中的一个训练内容，即自我精神放大训练，这其实也像是自我催眠训练。传统武术的内功心法中的确有自我催眠训练法，只是多不外传。据记载祖师王芗斋先生临敌时，对方会突然感觉王芗斋先生的头瞬间如狮子一样大，这是因为他们感受到了祖师王芗斋先生的精神力。怎样才能练出来这种功夫来呢，本人的功法是，先要把精神给拿出来，然后再用意念让自己的身外有光环，然后再用意念让自己长大，要"欲与天公试比高"，自己的身子大了，头也就大了，不能仅仅只是让头长大，否则就局部了，一定要让意念真实，要假想成真，否则只能是自己安慰自己，但意念的真实性也不是一天就能练成的，切不要着急，否则会走火入魔。

虽然这种精神力的训练，有些像暗示性的催眠训练，但它与催眠的区别还是很大的，他既要运意念于对方，更要运意念于自己，在用意念控制对方之前，先要控制自己，要让自己相信自己已经威猛如狮虎，再要让对方也相信你大若狮虎，当对方被你的意识带动的也相信你是威猛如狮虎了，你就成功了，但也要看对方的道行，若对方的水平高或意志坚定，也不会有很好的控制效果，所以也不能完全地指望它，有时候还是要靠拳头来说话，但是有它比没它强，最起码运意念于自己后，自己的精气神会超强的旺盛，会视死如归，这样，即使对方不被你精神控制，也会被你的状态给吓着，对方见你的状态已如不要命的疯子，对方在心理上也会打退堂鼓，武术里有"不胜必有怀疑心"之说，你让他有怀疑心了，你也算成功了。

"精神笼罩"是意拳独有的功法，但我们也常能在别的拳种中看到与意拳似是而非的东西。日本人就非常爱玩这一套，他们常常夸大精神力量的作用，过于强调它的作用会自欺欺人，精神意念虽然百分百的存在，但它并不是对每人都有用，有人把他拿来表演，用于博人眼球，甚至用于骗钱，就应属于是欺世盗名了。

曾经就有一位自以为是的日本"意念"大师日野晃，与自己的徒弟玩意念控制，玩的很有效果，以为自己无敌了，竟然不知天高地厚的要和练搏击的比武，结果毫无悬念的被对方揍趴下。其实，精神意念相当有用，但不是他们这么玩的，他们只是照猫画虎的学个表面。

20世纪80年代，在北京紫竹院公园里，太极拳名家石明先生就经常进行凌空劲儿的表演，他只需轻轻地一挥手，不接触他的弟子，他的弟子们就能蹦起来，我当时年轻，很好奇，很想同他比试比试看看我是不是也能蹦起来，但被他拒绝了，他只同他的弟子们玩儿。想与他比手的好奇心一直萦绕在心头，直到石明先生去世也没能如愿，90年代，在景山公园遇到了石明先生的同门师弟王某荣先生，其功力不在石明先生之下，王先生的弟子与石明先生的弟子一样，也被他的凌空劲儿弄的又蹦又跳的，我吸取了与石明先生接触的经验，没说自己是练意拳的，终于与王先生搭上了手，虽然是完全按照他的规则不许用冷劲儿的慢慢地推，但依旧很轻松地就把他给推的连连后退，他也很有经验，搭上了手之后就知道我是练意拳的了，也就拒绝再与我玩儿了，他的凌空劲儿自始至终在我的身上没起到一丝一毫的作用，所以，某些太极拳家的凌空劲儿，对我来说依旧是一个不确定的事情，或许我的意念力比他们都强，又或许他们都只是裘千丈，希望太极拳中真有裘千仞（裘千仞为金庸小说中有真功夫的铁掌帮帮主）。

意拳的训练方法，与别派武功不同，在很多地方会涉及哲学、心理学等学科。从文化的角度讲，意拳不完全是一种运动，而是一种交叉学科的文化。意拳的"精神笼罩"，可以袭人，更可以自养。当我们在意拳的训练中，能将外界引入到体内且身体融入天地之中后，就能真正理解祖师王芗斋先生所说的："假宇宙之力波，有神助之勇"。意拳训练，于有意至无意，于无意中合天道，动静互根，遒放互为，悠扬相依，内外一体，是修炼"精神笼罩"的基本要求。

2.意拳不是气功

意拳不认为自己是气功，是因为气功自身的定位不准确，并且气功界鱼龙混杂，意拳人皆不愿意与他们为伍。

网上有80年代崔有成师哥练拳的视频，视频中的解说员说崔有成先生练的是气功武术，其实那只不过是在赶时髦而已，在80年代，气功很有卖点，恨不得全民都在练气功，而事实上意拳与气功不是一回事儿，当时我义母王玉芳先生也曾被气功界邀请去任过什么职，但后来发现该圈子太乱，也就不再提气功这件事儿了。

气功的许多修炼方式很教条，而且也很难断定它的真伪，但意拳通过形与意的统一而进行的意念调身、意念治病及开发潜能的训练方法却是真实而具体的。意拳通过意念训练可以产生一种能量，这种能量你叫什么都成，有人管它叫气功，有人管它叫空劲儿，也有人叫凌空劲儿，也有人叫场或力波或叫暗能量、暗物质等等。

总之，意拳与佛家气功，道家气功，医家气功，俗家气功皆不相同。那些管意拳叫武家气功或武术气功的人，也只是一种为了普及及让老百姓能接受的权宜之计，但即使这样，我认为意拳还是不能叫气功，叫气功是对意拳的倭化，意拳就是意拳。本人不建议意拳的弟子们练气功的那些东西，那些东西与意拳的训练思路是有区别的，有些理念与训练方法甚至完全相左。

任何功法的训练应以正确的纲为统帅，然后才能纲举目张。本人认为意拳的纲为"拳拳服膺"，开发潜能，发挥良能，建立整体思维与整体力，重精神、重意感、重自然力的锻炼。这些都是意拳的纲，离开了这些纲的任何功法都不是意拳门人应该训练的。比如气功中的丹田训练、吐纳训练等，从整体的角度来看，都是局部的，再如气功中所有的形体运动，如果没有意感、没有精神诱导、没有意境则都会是局部的东西，但意拳人如果仅是为了进行辅助训练，偶尔练一练丹田的吐纳之功与经脉运行之功也是可以的，但它仅仅只能作为辅助训练，而且还应只是阶段性的辅助训练。

意拳的每一个动作都不是上一次动作的重复，外形虽然似乎一样，但内容则完全不同。如双手举鼎的试力动作、扶按的试力动作、左右挥浪的试力动作等，这些动作看似与气功相似，但实际内容却完全的不一样。意拳（大成拳）的试力每做一次，都要考虑自己的意念是否真实，身体是否均整，周身是否平衡，包括劲力平衡、重心平衡、意念平衡（要意不出尖儿）、空间平衡、调动平衡、松紧平衡、动静平衡、矛盾平衡等，要考虑身体劲力的贯通是否正确，气血是否通畅，周身是否放松及松到了什么程度，是局部的松还是整体的松，是层层放松还是一次性的放松，周身在松的时候是什么部位在放松，是骨松筋松，还是骨松筋争，是身体松空间紧，还是身体紧松空间亦紧松（开始时是身体松空间紧，其后要身体紧松空间亦紧松），是否能有细胞之遒放，身内身外是否悠扬相依等。这些东西都不是死的，不是一成不变的，是要不断进行平衡与调整的，是要不停地反思与深入探寻的，是要用身体与精神体现出来的，是要逐渐深化的，并且都是要与技击为准绳的，因为若离开了技击这个具体的目标，一切的功夫都很难界定它的真与伪，所以意拳的功法在众多的健身功中，是最切实有效的也是最可以经得起实践检验的功法。

意拳的这些训练既是技击的又是养生健身的，因为在意拳的功法体系里没有一项是要执着的，没有一项是要较劲儿的，没有一项是要憋气硬努的。所有的运动都是要通畅气血，锻炼神经与筋骨，增加耐力，增长体能，开发潜能，锻炼心智，强大精神，都是建立在自然而然的以锻炼本能自然力为前提的合于自然的功法。意拳的这些功法与有些气功的功法，虽然在表面的练法上看似相同，但实质上却是南辕北辙。

3.现实与意念的关系

在手机的微信平台上，看到一个视频，视频中有一个女子在雨中打太极拳，许多人都在发表不同的看法，在我看来，她身上出现了太极拳少有的东西，即她的精神出来了，而这个东西一般情况下只有练意拳的人才会有，她之所以也具有了，就是因为下雨了，雨水打在她身上，因而她的身体便有了反应，即身内的东西被调动出来了。

意拳的空气中游泳及建立身外的阻力，就是要让打拳人在意识上要将身内的东西移到身外来。视频中的女子在雨中打拳时，刚巧借着雨水建立起来了身外的语言，即具有了拳术中的精要——触觉之活力。太极拳的触觉活力本是通过太极推手建立起来的，但推手所建立起来的触觉活力很难与快速的实战状态相联系，说具体一点儿就是当遇到现代搏击快速的组合拳时，太极拳几乎无法使用借力打力这一技术，这是太极拳的瓶颈，但意拳遇到现代搏击快速的组合拳时，却没有什么大问题，原因就是意拳是将身内的东西拿到身外来了，故才具有了瞬间接发力的控打能力。

视频中的这个女子由于身外有了感觉，在雨中美不胜收的打个不停，并且雨越大她打得越好，因为大雨会使她的触觉感受更强烈，故可以说这女子还是蛮有悟性的。但是我认为雨停了以后，她若再打拳，依旧还会回到原先练拳的老路上去，即不会再注意身外的东西，因为在太极拳的基因中没意拳的这种训练方法，除非她转入意拳门或大胆的借鉴意拳的东西改良太极拳。

那是不是说大家都可以在雨中去打拳呢，本人的回答是否定的，拳谚"避风如避箭"，雨水中的阴气这么盛又有风来回地扰动，这已不只是应"如避箭"的问题了。另外雨是从天而降的，是自上而下的力，打拳人能感应到的也只会是从上而来的外力，还缺少从下而上的外力及前后左右的外力，这么复杂的外力，在现实中是没有的，只能在意念中产生，所以意拳的意很重要，把意用好了，拳也就练好了。

意拳有"空气中游泳"之说，那是不是可以在真正的海水及游泳池等水中练拳呢，据说泰森就曾在水中练拳。但我的回答依旧是否定的，中国文化追求的是一种空的文化态，这与西方人的文化认知是不同的，这也是西洋人练不好中国武术的其中一个原因。

在水中做运动是无法求得六面力的，无论是多慢的运动，只要是在水中做运动，力就会有了方向，一有方向就是出尖儿，就不是祖师王芗斋先生所倡导的浑圆力了。别的门派这么练可以，因为他们练不练都出尖儿，大多都只是五十步笑百步的事情，而意拳则不成，"力量一有方向就是错误"（王芗斋先生语录）。意拳的伟大之处是练空，而不是练实，这与西方的学说正好相反。但现在的意拳门人，大多也没有按照祖师王芗斋先生的要求去做，也都是出尖儿的东西，王芗斋先生的学说正在走向与王芗斋先生所倡导的完全不同的道路。祖师王芗斋先生在世时也一直苦恼这一问题，因为大家都理解不了祖师王芗斋先生的东西，大家总觉得抓得住和看得见的东西是靠谱的，其实祖师王芗斋先生的东西才是最合理的，王芗斋先生的东西是真正的东方文化，他能吻合于老子的理论，也能吻合于佛家的观点。

意拳通过各种意念及与意念相配套的间架训练，可使意念逐渐的真实，最终建立起精神与肉体的高度统一，而且还是不出尖儿的劲力。意拳力不出尖儿的训练法，涉及力量没有单一方向的学问、平衡的学问、与外力相应的学问、浑圆整体与悠扬相依的学问，最主要的是先天之功的学问，本人也就是在先天之功这个地方与别人是有所不同的，但这也恰恰是祖师王芗斋先生的核心观点。

回到前面的话题，意拳训练，如果仅仅是意念的想象为水中的所有状态，是没有问题的，但真正地在水中去做就有问题了。换一种角度来说，其实世间任何实的东西都是有限的，在真实的水中打拳，虽然水能提供陆地上一些没有的感受，但它的局限性很大。具体讲，人会失去在现实空气中对重心与平衡的认识及对重力的认识，会丢掉地心引力这一块儿的训练，并且也会在松紧上使人丧失灵动的活力，因为水太滞了，在水中是不可能练出空气中的那种灵敏度的，打人的功夫是要由轻来入手进行训练才是正道。再有就是用意念去假想，可以使水的意念有多种变化，如水大水小、水缓水急、水静水动、水旋水荡等，而现实中的水则很难有这样的状态，具体如在做"挥浪试力"时，可用意念想象自己的大手一挥，巨浪滔天，太平洋周围的列岛没了，美洲的西海岸被淹了，现实中完全不可能有这样的事情发生，这都只能产生在意念中，并由意念带来身体上的诸般感受。所以在水中训练打拳，既是没有条件的也是没有必要的，即使有条件也会练的劲力出尖儿与执着。

故意拳要练意念的真实而不是实物上的真实，由此，还可以引申到要不要打沙袋的问题，即击实与空击的问题，从严格的意义上来讲，西洋的那种打沙袋的训练方式是错误的，打沙袋所训练出来的力是执着和出尖儿的力，虽然它能速成，但副作用却很大，甚至可以说这种训练是在饮鸩止渴。

由于当下的搏击训练大量的借鉴了西方人的训练体系，故大家都普遍认可了这种训练方法，其实它与中国的传统武术，尤其是与被人们所称之为内家拳的拳学理论体系是背道而驰的，中国武术的拳术劲力应是"沾身发力"，更准确地讲应叫"触点发力"，就像电焊的点击状态或电击状态一样，祖师王芗斋先生称之为"一触即发"，而不应像是砍砖头的或像是用棍子杵出来的那种冲击发力，另外，正如前面所谈，只有意念才是最强大的，发力的训练也只有以意念来统帅才能够力不出尖儿，所以在击实训练与空击训练方面，本人的观点是空击要比击实强，但不是拳击那样的空击法，拳击的空击也叫打影子拳，依旧是出尖儿的，而意拳的空击则是瞬间的浑圆爆炸力，是不出尖的。如果非要进行打沙袋的训练，也须按照内家拳的拳理拳法，以摸劲儿的方式来体会打沙袋的劲力，要用暗劲儿，即沾上且吃住了的瞬间才发力，而且是炸出去的力而不是打出去的力，不能像西洋拳击那样执着的打，故在意拳的体系里，打沙袋式的这种击实训练应该限制在有限的范围内，因为练久了会形成错误的"动力定型"，祖师王芗斋先生在《大成拳论》中指出："今夫本拳之所重者，在精神，在意感，在自然力之修炼。统而言之，使人身与大气相应合，分而言之，以宇宙之原则、原理以为本，养成神圆力方，形曲意直，虚实无定，锻成触觉活力之本能，以言其体则无为不具，以言其用则有感即应。"祖师王芗斋先生的拳正是"与大气相应合"的拳，是"锻成触觉活力之本能"的拳，是"有感即应"的拳。

4.武术"精神"之管窥

武术中所常谈的"神""精神""心""意""意念""气"，等文字是很庞杂的，这是因为汉字的文字意义有时太过宽泛所致，另外，过去许多练武的人文化水平普遍不高，即使是有文化也是参差不齐，且在进行文字记录时又多是出自自我的经验感受，而且许多文字的记录还连绵了不同的朝代，有些话语在上一个朝代流行而到了这个时代就有可能已经费解，如民国时期人们常说的"服膺"，到了现代则很少再使用这个词了，故文化环境和教育背景及文化水平的不同，每个人体认与学识的不同，都会使文字的表述出现乱象。所以，在文字上我不建议大家在这方面过于纠缠。比如，拳术中的同一种东西，有的人管它叫"劲儿"，有人就管它叫"力"，有人会管它叫"气"，还有人会管它叫"意"，其实许多人说的都是同一个东西，这些五花八门的叫法，要想统一起来几乎就不可能，也没有必要花那么大的心思去干这件事儿，因为武术中该干的许多正事儿，忙都忙不过来，所以，练武的人若真把这事儿当成一件事儿，则是在浪费精力。当然，如果有人是搞理论的，就对文字感兴趣，为了做文字的学问，非要搞清楚它，那也就另当别论了。当然，浩瀚的武林著作上，对"神""形""意""气""力"和什么是"精、气、神"等文字，早就有解释，大家到书上一看或上网一查便知，本人就不在此赘述了。

本人认为，武术中真正应该关心的，应是如何地认识自己及如何的认识自然的学问，还包括如何的净化自己、升华自己、开发自身的潜能及如何的感恩自然的学问。再其后须关心的，应是用什么方法来最有效的改变自己和认识自然及感恩自然的方法。往往这些方法都是保密的，而如何的才能学到这些秘不外传的方法，才是应该要探讨的。

另外，本人对上述的"神""精神""心""意""意念""气"，也有自己一定的感悟，通过实践，本人认为，拳术中所说的"精神"，可以有特定的含义，我所说的"精神"，指的是一种通过长期的拳术训练和培养而产生的一种特定的能量，这种能量若往时髦上靠，或可称之为是"暗物质"，这种能量肉眼是看不到的，但是许多人的身体却能够感知到它，祖师王芗斋先生曾形象地比喻为"精神笼罩"，即"狸猫捕鼠，不见其爪然鼠不能逃"，是因为狸猫把"精神"给拿出来了。另外，老虎一入丛林，众兽皆惊，也是因为老虎把"精神"给拿出来了。

这种"精神"的能量，人通过长期训练是可以具有的。所以，"精神"可以是有两个方面的解释，一个是正常的解释，另一个是可以笼罩人甚至也可以笼罩动物的一种能量。

练拳的人，一定要练到能够把"精神"给拿出来了，才能算是小有成就。寺庙中造像上的光环，圣母头上的光环，都在述说着同样的事情，就是拿出来了的"精神"。所以，本人认为，若把"神""精神""心""意""意念""气"这些概念，说成是一种特定的"暗物质"或"潜物质"，也应该是没有问题的，就如同我叫张树新，也叫张承芳，也叫张三沣，也叫张天印，也叫原点，但无论叫什么，我还是我，叫什么都不会改变我的状态，不能说因为我叫张树新，所以我就跳不到二米高，叫了张三沣后我就能跳上二米的高墙了，但是在正规的场合，我是叫张树新的，在拳术的名称上，我也更愿意管武术中的这种能量叫"精神"，至于别人怎么去理解"精神"，以及别人是不是愿意把这种能量叫"气"或是"意"，那就不是我能说了算的了，也不是我所关心的事情了，我所关心的是这种能量即"精神"，我的学生能不能练出来和如何能使他们更快速地练出来的问题。

当然，我所说的这种"精神"，也有许多人是不认可的，他们会说这是玄学，是故弄玄虚，对于他们，我能说的就是一句话："夏虫不可以语冰"。

总之，意拳的精神，在我这里不是普通的精神，而是一种物质能量，这种能量当强大到一定程度的时候，既可以左右物，也可以左右人，当通过正确的训练方法掌握这种物质能量后，意拳的拳术水平会上升到一个新的境界。

5.意念的作用

意拳是要用意念来唤醒周身，让那些从不参与运动的地方参与运动，让那些从不兴奋的地方兴奋起来，让那些散乱无序的地方有序起来，让那些从未被激活的地方被激活，从里到外，从局部到整体，都要被开发和调动起来。谁开发调动的真实、具体、深入、精微与全面，且用时短，谁的水平高。

站桩与试力的前提是放松，但放松不是目的，放松是为了更好的工作，即只有放松了才能完成上面所谈到的那些对人体进行开发与调动的工作，而那些只放松而不做工作的人，实是在做非拳术运动，等同于广播体操，那种不干活的放松，不是真放松，即不是拳术中所说的那种放松，而是懈，所以真放松了才能工作。放松是意拳训练入门的前提条件。

人的身体在工作的过程中，你说它是松，没有错，你说它是紧，其实也没有错（因为在普通人眼里，这种动起来的状态，叫它松已经不合适了，故可以称之为紧），其实它与松紧这个词儿没什么关系，只要它能真实的工作，你管它叫什么都成，叫它松紧可以，叫它动静也可以，叫它虚实也可以，叫它刚柔也可以，叫它方圆也可以，叫它矛盾也可以，叫它阴阳也可以等。它不工作时，给它起再好的名称也没用，对于身体不工作的状态，可以叫它懈，也可以叫它滞，也可以叫它僵。

总之，意拳站桩，是在意念诱导下的特殊工作，或叫特殊运动，这种运动（工作）是外不露形的，是微动的，是蠕动的，是整体意动的。

这种意动，也不是要始终都把控着不放手，开始时要用意念把控，等到身体能够自然的开始工作了，而且工作的准确无误了，意念就不要再把控了，再把控就不是自然的东西了，但当身体练着练着跑题了的时候，如局部了、执着了、懈怠了、偷懒了的时候，就要再次的用意念来把控。

我们也可以管意念对身体的适度把控叫松，管强烈的把控叫紧。这样，就出现了松紧的另一个概念，这种把控下的松紧的概念，谈的是拳术的松紧，而不是普通人心中的那个松紧，意拳的训练，就是要在这种松紧的概念下，松紧紧松以致无穷。

6.论假宇宙之力波与"意拳总纲"

意拳的"假宇宙之力波"（王芗斋语）是精神力及对"潜物质"的借用。人的身外有一种物质能量，我不知道它叫什么，权且叫"潜物质"，它能穿透身体也能穿透物质，它是真实的，是可以与我们自身进行沟通交流的，也是可以被我们所借用的，它有情感，有松紧、有动静。当我们自身完全的放松、交托、谦卑和感恩时，它会走进我们的身体里，与我们合为一体，我们也可以管这个"潜物质"叫气，但它不是空气的气，它有空气的成分，但更有空气以外的东西，我们也可以管这个潜物质叫"天"，但它不是蓝天的天，是"天人合一"的"天"，故对"潜物质"的借用，也是对"天"的借用。

中国文化里有一种境界叫"天人合一"，文化中"天人合一"的概念是抽象的，而武术中所修炼的"天人合一"的东西却是具体的。武术中所追求的就是要用身体合于"天"，要想合于"天"，我们先要谦卑，要让这个"天"进入到我们的身体里；还要让我们的身体走出来融于这个"天"，融于"天"之后，我们就可以借用这个"天"了，就可以请它来帮助我们，这个"天"（或叫"潜物质"或叫气），也可以叫宇宙力波，它既能在打拳时帮助我们，也可以在其他的时候帮助我们。

合于"天"或叫合于宇宙力波不是目的，求它来帮助我们才是目的，它能帮助我们，我们就更要感恩，其实，感恩才是最终的目的。我们练拳当修炼到能借上"天"的力，即能借上宇宙力波时，实是为了成就感恩的心。

故借力不是目的，萌发真实的感恩的心才是目的，这实是练武的终极使命。所以老武术家们一直在教育我们的要修心，一直在大谈的武德，根本的东西就是要有一颗感恩的心。故若问练武最终得到了什么，答案是除了强健身体，有防身自卫的能力外，就是得到了一颗感恩的心。

宇宙力波（或叫"天"、气、"潜物质"）与谦卑与感恩的心是一件事儿，有了谦卑和感恩的心才能有宇宙力波，有了能借力宇宙力波的能力，更会强大谦卑和感恩的心。

但是，能否借上宇宙力波之力也不要勉强，随着训练的深入，随着自身悟性的提高，随着越来越谦卑，越来越具有感恩的心，宇宙力波会主动地上身，这时要"勿忘勿助长"，要以平常之心待之，因为一有贪念，宇宙力波就会离我们而去。继而，随着越来越谦卑，越来越感恩，宇宙力波会进入到我们的身体里，这时我们的身体就解放了，我们的精神就真正地出来了，这就初步的实现了身体与自然的统一，之后，才能谈借力宇宙力波的事情。这一切都离不开感恩，这也是我为什么一直都在不厌其烦地大谈感恩的原因，我所理解的意拳是离不开"三有"的，即一要有"合"，要合于内外；二要有"借"，要借天地宇宙力；三要有"感恩"，要感恩万物。感恩既是一种人性的状态，也是修炼借力宇宙力波的密钥。

本人所悟到的"三有"，即"有合、有借、有感恩"，也叫"三有论"，是本人的"意拳总纲"。祖师王芗斋先生也有"意拳总纲"，即"重精神、重意感、重自然力的修炼"及"拳拳服膺是谓之拳"。

另外，祖师王芗斋先生还谈到要有"神助之勇"，本人认为，我们在练意拳的过程中，须不断地破碎自我，要让"天"（或叫宇宙力波、神、气、"潜物质"）进驻到我们的身体里，要让他在我们的身体中掌王权，而我们要有发自内心的敬畏和感恩，这时我们就会无所畏惧了，就会有了无穷的智慧与力量，就会有祖师王芗斋先生所说的"神助之勇"。所以千万不要以为祖师王芗斋先生的"神助之勇"只是形容词，祖师王芗斋先生的"神助之勇"，既不是空想，也不是主观臆断，也不是玄学，而是真实可信的，但非信者是不能进入其门径的，首先要信，然后才会有结果，故"要相信相信的力量"（北京传媒大学校长廖祥忠）。

本人的这一说法，有人可能会认为是玄学，但是，如果你是练意拳的，随着训练的深入，本人所说的这些感受都会上身，等这些感受上身后，你就会知道本人所言不虚了，同时，也就会理解祖师王芗斋先生的"假宇宙之力波，有神助之勇"说的是什么事情了。

上述的这些内容，大家也可以把它划入到意拳精神力的范畴。

第五节 传统武术与现代搏击

1.意拳劲力与泰森劲力的区别

有些人常把泰森的发力往意拳身上靠，说泰森的发力很整，与意拳的发力很像。泰森的发力与其他人的劲力相比，是比较有整体感的，也具有很强的穿透力，但他与祖师王芗斋先生所倡导的力却是风马牛不相及的。祖师王芗斋先生倡导的是不出尖儿的力，即"力量一有方向就是错误"，另外，祖师王芗斋先生倡导的是整体力，整体力的衡量标准是要细胞具有遒放之能，而不是肌肉的屈伸之能，细胞的遒放之能不经过站桩是不能得到的，当然不是现在外面普及的那种站桩之法，那种站法是站不出细胞的遒放之力的。祖师王芗斋先生的学问是统一的，当细胞具有了遒放之能，劲力也就不再出尖儿，要想劲力不出尖儿，就必须具有遒放之能，它们实是一回事儿。这些东西皆与泰森不是一件事儿。

另外，太极拳和形意拳，在练功时"食气"，有的人练成了大肚子，他们认为这是丹田气，丹田气可以使腹部具有崩弹之力，但这是局部之力，这种局部的崩弹之力有一点儿像祖师王芗斋先生的遒放之功，但其实并不是，因为他们还没有练到细胞，也无法周身一贯的整体遒放。但丹田之功已经与泰森不是一个思路了，祖师王芗斋先生之学更在丹田之上，更与泰森不是一件事儿。

整体力还包含周身的牵扯之力，既是身内的牵扯也是身外的牵扯，拳论上叫"动微而处牵"，泰森则不具有这种能力，泰森充其量只是上半身有牵扯，而且还力不均匀，下面的腿及许多其他的地方并不参与运动，还有一些地方甚至在拉后腿，这不仅与细胞之学不搭盖，即使是拿筋肉的伸缩之学来衡量，其运动的均整性也是不达标的。再说身外的牵扯，这一点儿，恐怕泰森听都没听说过，更别说要练习身外的牵扯之力了。没有身外的劲力牵扯，仅靠自身的劲力是成不了大道的，也是长久不了的，有了身外的牵扯后，就可以借力空间的松紧力波，传统武术中的"借力打力"就包含了这部分的内容，祖师王芗斋先生的原话是"假宇宙之力波"，泰森的功夫无论如何是借不上宇宙力波的，他的力都是"自力更生"的力，除了他自己，天地没谁来帮他，他是可怜之人，靠自己早晚会江郎才尽，而祖师王芗斋先生不光借力宇宙，还有神来相助，王芗斋先生的原话是"有神助之勇"。

另外，提到人们所津津乐道的穿透力，要说明一下的是，祖师王芗斋先生的穿透力更多是精神的穿透，且不是穿透一点，而是爆炸方式的扩散性穿透，如果是单一的有方向的力量穿透，则会有出尖儿之病。

祖师王芗斋先生的意拳之学，"重精神，重意感，重自然力之修炼"，这三点，泰森一样儿也没有练过，先说精神，祖师王芗斋先生一把精神拿出来，对方即不战而降，即使能战也如老鼠见猫自缚了手脚，据说释迦牟尼就有超强的精神笼罩力，耶稣更有活死人肉白骨的能力，即能使死人起死回生，就泰森的文化水平而言是悟不到这层境界的。再说自然力，祖师王芗斋先生的自然力是高级的本能力，是一触即发的，就如同是水雷，碰上就炸，而泰森则是，若不用全力的出尖儿，是不能击倒对方的，且不光是泰森这样，其他的拳击手也都是这样。泰森的训练体系中因为没有精神，意感，自然力的内容，自然也就不能具有精神，意感，自然力的能力，泰森本不具有祖师王芗斋先生的这些具体的追求与能力，若像有些人认为的那样，称泰森与祖师王芗斋先生练的是同样的东西则是不贴切的。

但是，以泰森的身体条件而言，若是能掌握了祖师王芗斋先生的绝学，那恐怕是天地都会装不下他了。现在人们所说的泰森身上的整体力，其实只是一种本体力，而绝不是祖师王芗斋先生所说的整体力，王芗斋先生所说的整体力，是一种悠扬的浑圆力。其实，在这里我用语言和文字无论如何也说不太清楚我要表达的意思，许多东西只有面对面的搭一下手或面对面深入地聊一聊，或许我能说清楚他们之间的具体区别。

另外，有一点要特别强调的是，不知道大家注意到没有我一直是在说祖师王芗斋先生之学，而没有说是意拳或是大成拳，因为祖师王芗斋先生之学与他们是有区别的，祖师王芗斋先生之学是力不出尖儿的，但由于祖师王芗斋先生的后学们几乎没有人能理解他的这一观点，所以，也无法贯彻执行这一观点，现在的人恐怕会认为，力不出尖儿又怎么能打人，不仅现在的人不理解祖师王芗斋先生，就是王芗斋先生在世时，当时的人在理论上也理解不了王芗斋先生，祖师王芗斋先生一直是武林界的孤家寡人，本人的恩师义母王玉芳先生说，后来老先生也没有什么好办法，由着大家去创新去吧。其实，祖师王芗斋先生之后，大家又都回到了老路，即形破体、力出尖儿，这样的话，意拳的创立，实等于失败，或是叫实等于失传。这也就能解释，为什么现在的意拳不敢向世界武林挑战了，因为大家已没有了多大的区别，意拳的家底儿里，已没有多少值钱的东西了，越来越与别派的劲力相同，尽是些出尖儿的东西，只是五十步笑百步而已。谈到出尖儿的功夫，以中国人的这点儿体能与机能，是无法抗衡世界顶级高手的，这也是我一直在呼吁要挖掘传统武术中的核心东西的原因。

但是，对于当下的习武者来说，有一个普遍的困难是绕不过去的，就是现今的一些人养家都困难，又怎能拿出全部的精力来钻研武学，大家大都是为生活所迫，尤其是已婚及有子女之人，对于上有老下有小的人来说，更要对家庭有所担当。在商品经济的大潮下，很少有人能够独善其身。所以，大家只能在有限的时间里，提高训练的效能。有的人事倍功半，有的人事半功倍，如果是好的训练体系，是可以让人少走弯路的，这就等于是比别人相对地节约了时间，训练两三小时，可以抵别人的五六小时甚至八九小时，这样，就可以腾出更多的时间来兼顾其他的事情了，所以，在某种情况下方法比刻苦更重要。相对于其他拳种而言，意拳到现在为止，还算是一个高效能的优秀拳种，但以后怎么样就不好说了。

2.从意拳的角度看传统武术习练者输给现代搏击人的技术原因

关于技击的攻防问题，现代搏击的技术特点，一是全攻全守的技术，即全力防守与全力反击的技术，二是相互对攻的技术。

具体地来讲，以西方人为主流的现代搏击术，在技击时是有弊端的，如"全攻"时有时会强攻不下对方，这反而会浪费了自己的体能和暴露了自己的意图。"全守"时又会使自己完全的被动，对方力量大和拳速快时又会守不住，自己会变成挨揍的人肉靶子。相互对攻的弊端更是明显，若自己的速度、力度、身法及打击意识不如对方，对攻的瞬间就可能会被对方击倒。

从普遍的意义上来看，全攻全守与相互对攻的技术皆需要体能，人过了45岁以后就基本上打不了了，所以才会有"拳怕少壮"之说。但意拳的"控打"技术就好多了，人到了60多岁，依旧可以赢年轻人。祖师王芗斋先生在65岁前，一直都有与人搏斗的文字记载，65岁以后的芗老，虽然没有再与人搏斗的文字记载了，但并不是祖师王芗斋先生没有技击能力了，而是他这时候已经有了义子姚宗勋及弟子李永倧、窦世明等众多能征善战的弟子，许多前来比手的人，连窦世明、李永倧先生这关都过不了，更别说到义子姚宗勋先生这一关了，祖师王芗斋先生已经不必再通过与人相搏来证明意拳的真实性、合理性、科学性、文化性了，即已经不必再通过技击来传道了，另外，祖师王芗斋先生有更高的境界，老先生历来的观点是："技击乃末技"。

祖师王芗斋先生所创立的意拳，有其独特的技击技术，即"控打"技术（控制下的打击）。"控打"技术通过站桩、试力、发力、推手等训练，建立起"控打"的意识，通过近身击其"中"或击其要害或攻其所必救之处，以此获得控制对方间架的结果，并通过听对方的劲儿而全面的控制对方，在对方劲力出尖的瞬间，借力打力的攻击对方。意拳的这种"控打"技术，是中国武术乃至世界武术最高技击智慧的结晶，它解决了全攻全守和相互对攻的弊端，只有意拳的"控打"技术才是最先进的，也是最万无一失的。

但在现在的传统武术训练中，别的门派却始终没有解决技击中的攻防问题。虽然有的门派强调"接、化、发"，但面对散打等现代搏击的技术，既"接"不住，也"化"不了，更"发"不出去对方。许多门派在拳理上说得很好，但在现实中却很打脸。尤其是现在的网络上，到处都充斥着练传统武术的与现代搏击比武失败的视频。这些失败者大都是传统武术假打训练下的牺牲品，所谓假打训练，是指传统武术中的说手打或叫讲手打（即你打过来时我如何攻防，我打过去时你又如何攻防的有条件的说手对练技术）。这种技术与真实的实战会有很大的距离，它既不是全攻全守技术，也不是对攻技术，更不是意拳所独有的"控打"技术。其假打训练的结果，就是在真实的实战中失败。

综上所述，练传统武术的人输给练现代搏击的人，主要是因为一是没有"控打"的技术；二是缺少全攻全守的技术；三是缺少相互对攻的技术；四是日常的训练也达不到相应的训练强度；五是许多人已到了应"拳怕少壮"的年龄却还不服老，即许多老龄习拳者没有自知之明，老胳膊老腿的还要与年轻人搏斗。故在这样没有任何一点儿优势的情况下，许多传统武术的习练者与训练有素的现代搏击运动员比武，失败自会是必然的结果。

3.关于意拳是否适用于擂台赛的思考

意拳的身法和步法是天下搏击中最快的，仅以身法和步法而论，用于擂台搏击应是没有问题的。意拳注重训练间架力量，以意拳的间架力对抗西洋训练的肌肉力，也应该是没有问题的。但体能方面及带上拳套后的适应问题及擂台搏击的经验问题和对环境包括对地面弹性的适应等问题是没上过擂台的意拳选手的弱项。

技击分野战与擂台赛，在野战中，经验问题可以通过放胆来解决，玩儿几次命儿就能领悟到了，领悟不到的就应转行，从此不要再玩技击了。有些人年轻时经常打架，有一定的实战经验，但转到学练意拳后，时间长了，反而会被意拳的法所限制，其实一切的法都应由有法到无法，那样才会把武术看得更透，这样的话，一切的技术就不再是技术，而是一种搏命的本能。但擂台的搏击经验光放胆是不成的，还要有毅力与智慧及针对擂台的专门训练。

如何把意拳与擂台相结合，在这方面意拳大师姚宗勋先生进行了很多有益的尝试。本人认为，无有任何附加条件的格斗选手，与准备参加擂台赛的运动员类的选手，在训练思路上应该不是一个路数，最大的区别是，一个不出尖，一个出尖。

祖师王芗斋先生对拳术的要求是"力不出尖"，故如果把意拳练成了出尖的拳，则是违背了祖师王芗斋先生的本旨。但估计即便是祖师王芗斋先生欲要解决针对擂台赛的教学问题也会很头疼，因为它们是两种不同性质的运动。

通过参加擂台赛有助于意拳的推广与普及，大家在这方面的确可以进行大量的尝试，但会有多好的结果，本人尚不好下结论。

本人的观点是，可以把意拳分为两类来进行单独训练会更好，一类是用于无任何条件束缚的格斗与养生类，另一类是擂台的搏击类。这两类完全不能掺和，一个是培养具有全面能力的武术家与养生专家的，另一个是培养运动员的，一个是"十年不出门"或是三五年"不出门"的，一个是一两年就须在擂台赛上当冠军的。这样尚可分的清楚，否则就是哪项都受干扰，哪项都搞不好。就像是今天的传统武术，无论是在擂台上还是在擂台下与职业擂台选手比武均是败多胜少，即使是推手也很难赢职业摔跤的。主要是因为现在练传统武术的人也包括练意拳的人太有贪心，既想在民间格斗中称王，又想在擂台上称王，其实是没闹明白这是两种完全不同性质的事儿，所以致使现在的一些传统拳种哪项都不专业。

我一贯的观点是，学拳的人若决定要参加擂台赛，就不要再考虑街头格斗了，就要完全的按照擂台赛的要求来训练，首先是读懂擂台赛的规则，因为谁的训练符合规则，谁胜出的概率就大。2017年8月27日综合格斗王嘴炮康纳·麦格雷戈与拳击5个级别金腰带得主梅威瑟比赛，是按拳击的规则打，结果拳击者胜。拳击不胜才怪，用谁的规则谁赢，这是最起码的常识。

谈到擂台赛，一般的传统武术的训练方法还真不一定会比现代搏击的训练方法科学，因为人家的训练方法就是针对擂台赛的，所以先要搞透别人在干什么，再加上我们积极的东西，这才会更好。对比西洋人的职业拳手，再看看现在的意拳门人打拳，皮软无神，出拳也不注意身法。前手出拳，后手回拉，这是街斗的出拳方法，后手的作用本是增加争力及回挂对方的间架，但用于擂台上就很不适宜了，因为双方都有拳套，且对方也是高手，根本就不可能挂住对方，这样，后手向后一拉，看似有了争力，但立马就会把头部给暴露出来，而且还会使左右手的出拳没有了连贯性。所以，街斗的技术与擂台上的技术应该是不一样的。从头部间架的攻防上来考虑，在擂台上，拳击的间架更合理，但在街斗中则意拳的间架更合理，两种不能用错了地方。再有就是意拳两肘的横撑，这也是用于街斗的间架，此横撑的肘所形成的劲力可以破坏对方的平衡、破坏对方的间架，扩大自己的空间，但用于擂台上，抬肘就会很危险，而且这种危险会是致命的，这等于是自动放弃了对两肋的保护，所以，意拳的这种间架，用于擂台上也是不适宜的。

再有就是，许多练意拳的人，大都不太善用腿法，即使使用腿法，用的也是外功腿，即砍砖头劲儿的出尖儿的局部力的外功腿，外功腿虽然也能将下盘训练的具有快速的出腿与快速的移动能力，但这种局部力的腿法对对手的威胁不会很大。这主要是因为许多人皆不太懂内功腿应该如何练，要想让腿脚具有攻击性，首先要在身体里建立"六合"，使手与脚产生关联，肘与膝产生关联，肩与胯产生关联，其实，拳怎么练，腿脚就怎么练，只是有些人不这么想，也不这么练，如手有从上向下整体的劈劲儿，腿脚也应该有这种整体劲儿，手有横拳，腿也一样应该有横劲儿……总之手与脚的打法是一样的，劲力也是一样的，在训练时我们可以用对自己手的理解来教自己的腿和脚。

有些意拳门人在擂台上输给练搏击的对手，除了训练的不全面、不到位，以及不适应比赛环境和缺少比赛经验外，还有的原因是这些人根本就不应该上擂台去比赛，有些意拳人训练的东西，是应该在街巷和酒肆中发挥作用，是属于街斗的内容，让他们上擂台去打比赛，是选错了空间，选错了环境。还有人的问题是出在了速度上，我所说的速度是变速度，即在节奏上没有变化，而且身法的速度也太慢了。还有的意拳人，问题是出在了距离上，意拳的距离与普通的自由搏击的距离是不一样的，其实，每一个拳术门派的距离都不一样，有悟性的拳手会在瞬间调整自己的距离，用自己的技术去克制对方，故也可以说，那些输给对方人，悟性都不高，距离把握的都不好，始终让对方控制着自己的距离来揍自己，故悟性不高，技不如人，输给对方，怨不得别人。再有，就是有些意拳人，自己门内的东西都没有掌握好，诸如没有间架，不会黏手，黏不上对方的点儿，让对方轻易地就能抬手和抬腿打中自己，这一类人是属于东西没有学全就敢上擂台的无知者无畏的一群人，这群人不能代表意拳。

另外，许多意拳人现在经常拿推手来比输赢，在这个问题上我一直是坚决反对的，推手原本是同门内相互摸劲儿，相互喂手，相互检查毛病的一种训练方法，该方法是为了检验站桩和试力的功效，也叫双人试力，若把此相互摸劲儿的方法变成了胜负手，则是对推手的误读。为此，本人的观点是，跟非同门的外人坚决不要推手，因为推也是在瞎推，双方不是一个师门，拳术观点和训练方法也是截然不同的，推也只是在比输赢，与其靠推来比输赢，倒不如靠断手（即格斗）来比输赢会更真实。故要么不动手，要么就断手，把推手单拿出来说事儿，实是对祖师王芗斋先生拳学的曲解。

推手的技术其实很丰富，既包括了正常的推，也包括了半推半断，还包括了以推的名义直接断，故若真要与非同门的外人推手就不能太教条，要像战争一样，要出其不意，要有非对称战争的意识，要有先机意识，永远要当规则的制定者，几百年来，中国总是被动和挨打，就因为我们不是规则的制定者。当年诸多格斗与搏击的、推手和摔跤的赢不了祖师王芗斋先生，除了王芗斋先生在武学的修为上远高于对方外，也是因为老先生不是在跟他们比推手，而是在比打人，日野欲抓王芗斋先生以摔之，祖师王芗斋先生是打的意识，只是没有揍他，而是意打形发，即意识是在揍他只是通过发的形式来体现，日野瞬间像鸟一样飞起一人多高，祖师王芗斋先生的弟子窦世明先生当时就在现场，窦老师跟我说："太快了，都没看清楚，日野就飞起来了"。祖师王芗斋先生的做派与当下的推手完全不是一个概念。本人认为，在意拳的意识里应该就一件事儿，那就是我们是打人的，即要么不动手，要动手就是断手技击，没有推手的概念，推也不跟他真推，只是把断手的作用力给适当的延长了而已。当然，这也是过去的外门人曾经管意拳叫"流氓拳"的其中一个原因，即推手、断手皆不讲规矩，但我反过来问，为什么要讲规矩，又不是我要主动找你推，中国的兵法除了讲不战而屈人之兵外，其余都是在讲出奇制胜的道理，拳术打人同样也要出奇制胜，战争的规矩是给输的人准备的。这也是街斗与擂台赛的区别，街斗就是要不讲规矩，而在擂台赛上，没有规矩就别想在擂台上打，这也是民间传统武术与现代职业搏击在文化认同上的差异。

4.传统武术与西方现代搏击术相比的劣势与优势

思想僵化是现在的传统武术人普遍存在的问题。仅以意拳而论，本人认为，意拳人就非常需要破除迷信，非常需要改革，破除迷信与拳术改革恰恰是对前人最大的负责。同理，传统武术也需要改革，故不是传统武术不好，传统武术是死的而人是活的，经常有人把责任归结于教传统武术的师父，说是师父教得不好，或说是传统武术不好，其实是学拳者自己太笨，是自己是一根筋，这是练拳的人有问题，不是传统武术有问题。许多学拳者往往该学的东西尚未学全，就已经开始抱残守缺了。

本人认为，当年祖师王芗斋先生，学形意拳，但却并没有止步于形意拳，后走遍大江南北，其实是老先生发现了形意拳中的问题，故对它进行了改革，并自创出意拳。李小龙先生也是如此，学咏春拳，但却并没有止步于咏春拳，他也是发现了咏春拳中的问题，并对其进行了改革，自创了截拳道。

发现问题就要解决问题。之后意拳的弟子们、截拳道的弟子们，也会再走前人走入误区的老路，也会发现所学的意拳及所学的截拳道，经过几代人的传播已然变味儿。故不是意拳、截拳道不好，也不是陈、杨、吴、武、和、李、孙氏太极拳不好，也不是形意拳、八极拳、八卦掌不好，是学拳的人脑子有问题，我统统称之为没有悟性与没有文化。为什么不去像王芗斋先生、李小龙先生那样的去改革和革命呢。所以吃亏挨揍甚至提前把自己练死，都是自己的问题，这既可叹又可悲又可怜，历史是无情的，书法界常说"笔墨当随时代"，武术也应如是。

其实从技击的角度来讲，传统武术在许多方面都是远优于西方的现代搏击术的，无论是贴身肉搏的沾身发力技术，还是各种丰富的手法与腿法包括步法与身法。只是传统武术不适合马上出成果，如以一两年为界限，学现代搏击的人一定会优于学传统武术的，但从长线来看，以五年为界限，学传统武术的优势就能体现出来，以十年为界限，传统武术的优势更是毋庸置疑。习练武术，尤其是人们所常说的内家拳，是需要人有一个脱胎换骨的改变生理机能与用力习惯的换劲儿与摸劲儿的过程，也有老人称之为"易骨""易筋""洗髓"，这些功夫，没有三五年乃至十年八年是不能完成的。

从长远来看，传统武术尤其是意拳长功夫的优势是非常明显的，因为意拳在练功时不会损伤心肺功能，而西洋搏击术则不同了，由于训练的强度大，强烈运动不了多少时间，心脏就承受不了了，就不得不停下来休息和调理，这样一来，功夫的增长就要停滞，而传统武术则不用停下来，一天练十小时，甚至更长的时间都可以。长此以往，所积累下来的功夫，真不是练西洋搏击的人所能比的。

所以，双方若每天都练两三小时，当属西洋搏击长功快，两三小时的强烈运动，西洋搏击的训练已达到了很高的强度，而对于内家拳来讲两三小时才刚进入状态，还没长功夫就歇了，当然会不及西洋搏击。但若双方都是职业的，都是只吃技击这碗饭的，那传统武术的长线优势就体现出来了。所以，传统武术更适合于职业化，即吃好了就去练，练完了就去吃，一天24小时，除了吃饭睡觉，就是练功，啥活儿也不做，啥工作也不干。但在现在的社会中，这种人必须是有钱人，或者是被人供养或被包养。过去讲"穷文富武"是有道理的，没钱人别学武术，若按我的这种说法去练，一天不干别的事儿，就练武术，每天十多个小时，十年后准是大师。但因为现代人要生存，要挣钱养家，每天都要干很多其他的事情，故无法全力以赴的专心于武术，所以，传统武术真不是谁都能练得了的，但传统武术的长线优势也是非常明显的，就是可以长时间训练而不用休息，且是养练结合，功夫只长不衰。西洋搏击术则练到极限就得歇着，而且功夫若几天不练就会衰退，只养青春不养老。

意拳还有许多的优势是现代搏击术所不具备的，仅以间架为例，其他拳种在进攻时，一般都会把胳膊伸得很长，甚至很直，这种力极易被对方破坏，对方只需从外往里或从里往外一格挡（也叫一拨或叫一挂），这种力就不再具有威胁性了。而意拳则不同，意拳是不直的直拳，即意拳出拳时，手臂是弯曲的，肘是横争的，即不光向前有力量，向后和左右及上下都有力量，且无时无刻无不具有间架意识，对方一拨挡，就会遇到我们间架的阻力，就会被卡住，这是意拳和天下诸拳种的区别。

受西方文化影响的拳手，思维很单一，说打哪儿就打哪儿，而不会临时改变攻击的方位（主要是没有沾身发力的技术，因为临时改变了攻击的方位，即使打到了对方也不会有多大的打击力度，所以也就不再从这方面去思考问题）。但意拳则不然，因为有沾身发力的技术，所以打人就可不必执着，如刚想打他头，当感知对方已接收到自己的信息后，就可不再打他头了，但表面上还可以继续打他的头，以调动他，当对方刚要截击自己的瞬间，却可以在下面悄悄地起脚，踢裆，等他发现就已经晚了，就算他反应超快的做出调整，他也被动了，这时即可由攻头的假打再变为真打，强攻对方的头，主动权就会掌握在我们的手里了。当然，如果自己的功力远强于对方，那就可以不必像上述那样的麻烦，可以明火执仗地打，如直接攻击对方的头部，由着对方去拨挡自己的间架，只要对方一碰到自己的间架就等于他必败无疑了，因为我们日常推手训练时关于"控打"训练的本能反应这时就有了用武之地。

　　所以，意拳技击的功夫，是全方位的立体的功夫，我们既不像西方搏击那样的练，也不像他们那样的用，他们与意拳相比，太教条也太局部了。意拳的这种思维方式与技击技术，对付多人也是一样的，一打多时，道理与打一个人相同。如对方有三五个人，甚至更多，但三五个人中，总会有精神不集中的人，先攻击这种人，无论他高矮胖瘦，他若注意力不集中就会被击中。若大家的注意力都集中，就要对大家进行调动，如突然接近其中一个人，这时大家的注意力就会因被你调动而分散，这样就有了攻击注意力不集中人的可能性。一定要坚决地先出手，第一个人挨揍后，大家的精神就会涣散。但若大家依旧没被你所调动，就说明你遇到高手了，这时就不是要打的问题了，而是要如何脱身的问题了。如果不能脱身，如要保护父母、儿女或朋友，那就只能豁命了，这时如果手上有家伙儿就好了，抄家伙儿打总比徒手强，所以还是要养成随身带着兵器的习惯为好，哪怕只是一个短棍，但要注意，如果没有经过棍法的训练，即不能做到人棍合一时，棍子最好不要往对方的头上打，而应攻击对方的下盘，包括攻击对方的脚踝骨，打头会被对方挡住或夺到手里。前些年在云南发生的暴恐事件中，暴恐分子当时就是一下子挡住了保安击头的棍子而把保安给砍死了。与多人搏斗时，会有冷静的人去抱你的腿和腰，但意拳训练有素的人是不怕抱的，只要在对方尚未抱实时，你突然发出爆炸力，自可将他崩开。意拳因为有爆炸力，所以搏击时的许多技术难题，皆可通过一触即发和炸力无断续来解决，这些技术优势是别的拳种所不具有的。

　　回到刚才的话题，总体上来看，西方搏击文化的训练体系中，最大的优势是它的规范化，最致命的缺点也是它的规范化，中国武术文化最大的优势与魅力则是它的不确定性，就如同老子《道德经》中的水文化，水的流向是不确定的，哪里低就往哪里流。打人的意图也应该像水一样是不确定的，对方哪里的意识在睡觉、在涣散、在不听话就应该往哪里打，而且应是个变量，如前面所谈，原本是要打对方的头，劲儿走到一半，或马上就要打到对方头上的瞬间，发现对方突然间有了防守意识，这时就要随机应变的予以改变而去打对方不设防的其他地方，这就是水文化的特性，即本来水是向左流动的但遇到了土坡，水自然就会向右转。西方文化所造就出的搏击术则很执着，打头就是打头，击腹就是击腹，经常见到国外拳击比赛中照对方头上一拳，对方一躲自己就冲向围绳的景象，察其缘由应该是他们思维上和训练上的规范化、教条化、执着化、僵死化所致。因为他自己就是认为他能打到对方，就是认为自己的训练是科学的，就是认为自己的速度快，时机掌握得好，对方会躲不掉。拳王阿里和泰森都犯过这样的错误，而且是常犯这样的错误，阿里和泰森都如此，其他人就更不用提了。西方人在训练中常离不开沙袋，打沙袋的优点是可以规范学员的动作，对学员进行打击方式和打击速度、打击力度的动力定型，但自以为训练方法科学的西方人，却没有想到凡事儿都是把双刃剑，这种规范化训练的副作用很大，它会把人的思维变得简单化与教条化，也会使人的身体变得机械化，祖师王芗斋先生曾反复警示："切莫学拍打，天然本能失"。打沙袋的弊端就是执着，意拳管这种训练和这种打法叫砍砖头儿（或叫撇砖头儿），如果给他一个外观和沙袋一样的却是用薄纸糊的空心袋，非把他们的胳膊闪着不可，但真正的意拳则不会被闪着，因为我们是沾身发力，在发力之前我们会"问"会"听"。

意拳的拳学理论，是要因势利导，借力打力，是强调文化的不确定性和道法自然，另外，意拳还强调要有感皆应，应感而发。

若长期受西方搏击文化的教育，人就会变得执着，将来的思维也很容易会是一根筋，而且还会特别的自以为是。中国内家拳文化中道法自然的思想，应该是学拳者首先要理解和学习的。故相比较而言，中国人更应该学习中国的搏击文化，尤其是应该学习意拳。

本人认为，一般的情况下，受西方搏击文化影响的现代搏击术更倾向于运动，传统武术更倾向于文化。喜欢传统文化的人，身体弱小的人，有病的人，老年人，练传统武术会更好。传统武术讲求养，讲求在文化中有技击的能力，讲求"文极生武""武极生文"的辩证观。

但是真能"文极生武"吗，我本人的经验是可以的，在我比武所赢的对手中，有许多人都是职业的拳手，其中有国内的世界冠军也有曾经是欧洲自由搏击冠军的外国人（土耳其人），当然这些比武都是在私下里进行的，都是别人找上门来的，也都有见证人。

一般情况下，现在练传统武术的一些练家子们，与现代职业搏击选手相比，并没有什么太大的优势。但是如果有文化的人或者是有绝顶悟性的人来学习传统武术，并得到了心法，情况就不同了，就有笑傲江湖的可能，如王芗斋先生等一些出类拔萃的武林名宿，这些武林奇人与超过他们体重的人及和比他们年轻的人交手，赢他们皆不在话下。

亚洲人种，如果练现代搏击，体能和身体素质皆会弱于白人和黑人，我们如果用同样的训练方法，同样的训练强度，与同体重的外国人比武，是不占优势的，与超过自己重量的白人及黑人比武，更是难有胜算。而由于传统武术的训练方法，西方人并未掌握，故我们还有这方面的文化优势。

所以我要奉劝我们的青年人，即使是身体强壮也还是要选择学习传统武术的为好，因为习练受西方文化影响的现代搏击术，在人种上我们没有优势，与域外人种相比，我们是智慧型的民族不是力量型的民族，孟子早就提出了："劳心者制人，劳力者制于人"的观点（见《孟子》·《滕文公章句上》），其未来的发展方向应是中国人付出智力，外国人出卖体力，几千年的文明史中都在书写着中国人的智慧之光，只是近三百年来中国人的智慧黯然了，但我们的遗传基因依旧是智慧型的，看看我们的乒乓球智慧，再看看我们田径方面的运动成果，就知道我们是不是速度和力量型的民族。

前面谈到从专业的角度来讲，练现代博击我们没有优势，但练传统武术，我们却可以出奇制胜，以小搏大，传统武术在博击中历来讲求四两破千斤与借力打力，这是中华民族的大智慧。看看祖师王芗斋先生的体重和身高，就很能说明问题。当然，我们也可以将传统武术的文化理念融入现代博击的训练中，相信也会有奇效。

第六节　意拳与其他派武功

1. 意拳与太极拳在功法上的主要区别

意拳的训练方法和太极拳有些儿像，是由站桩（太极拳也有站桩）、试力（太极拳是单操架子和盘架子）、发力（陈氏等太极拳也有发力）、试声（陈氏等太极拳也有练气之法）、步法（太极拳也有步法）、推手（太极拳也有推手）和断手（太极拳也有实战）等几部分组成。但核心的东西却是不一样的，差别非常大。太极拳中有"杨氏打筋骨，吴氏打皮毛"之说，吴氏最讲劲儿，即吴氏蹭着对方的皮毛就能让对方失重，杨氏次之，得打到筋骨才能让对方失重，陈氏则有更多的手法和拿法、摔法而让对方失重。我与冯志强老哥交好，所以也了解一些陈氏太极拳的东西。从理论上讲，拳劲儿快于手法与拿法。

从实战的角度出发，所有的拳种，在打拳时精神必须放出来，如同寺庙里的造像，身上要有光环，水平越高，光环越大，气势越盛，这是东方文化与西方文化的区别。西方人靠肌肉的发达赢人，中国人靠精神的强大赢人，肌肉强壮到一定程度就强壮不了了，也就是说肌肉的强壮是有限的，但人的精神却可以无限的强大。中国的内功拳法高手，精神能强大到让对方晃眼，让对手恍惚。意拳的训练，精神越在外面，里面的内力会越充足。在当下，精神的强大训练和武术实战的常态化训练是传统武术首先要解决的问题。

从基础的角度讲，太极拳与意拳都有站桩功，但太极拳是无极桩，吴氏和杨氏门里都有无极桩站出来的大师，这个桩看似简单，其实相当深奥。但这个桩与意拳的浑圆桩相比是有区别的，从间架到心法，完全是两码事儿，但却是各有各的妙境。站无极桩从入门和掌握核心劲力的角度讲比盘架子还重要，我建议练太极拳的弟兄们多站无极桩，早晚会成大家。站无极桩时间短了没有效果，至少得一次半小时或一小时。许多人认为无极桩就是高马桩，其实无极桩与高马桩不同，是不能代替的，高马桩是可以练出空间间架力的，如意拳的浑圆桩就属于高马桩的范畴，练的是争力与应力和精神力，而无极桩的重点是练松沉力与通透力、空力和化力。太极拳和意拳水平的高低，全赖于无极桩和浑圆桩水平的高低，其他别无捷径。无极桩是平行步或八字步站立，两腿舒直，双手下垂。太极拳的前辈们，无极桩的水平都很高，其身上的东西都跑到地底下去了。不站无极桩，劲儿还会留在身上，无极桩核心要领就是要无意无形，现在许多练太极拳的人都没重视它，所以也就都练不出真功夫来，还是我说的那句话，谁重视它，谁成大家。许多名家们都是揣着明白装糊涂，谁都不提无极桩的重要性。引用意拳祖师王芗斋先生的经典话语："世间万物本平常，舍平常而取非常，无异于走入歧途"。无极桩就是至平常之法。

意拳和太极拳的最大区别是，太极拳是从里往外练，意拳则除了有从里往外练的东西外，更有从外往里练的训练内容，我个人比较后认为，从外面往里练更科学也更接近中国的传统文化。其实练哪种拳都是缘分，练过太极拳的人今后可能会练意拳，但练了意拳的人却很少有再回头去练太极拳的，说明比较了以后就自然会有了判断。冯志强老哥中晚年后就加入了很多意拳的东西，比如说站浑元桩，原先的陈氏拳是不这样站桩的，冯志强老哥很伟大，因为他有勇气承认太极拳的不足，并加以改革，汪永泉的太极拳里也加入了很多意拳的东西。

撇开太极拳的前辈们不谈，本人认为，现在真正的太极拳可能已经失传了，当下专门练太极拳的人，很少有人是能够实战的，我所说的实战不是指打几个街边的小混混，而是指上擂台上去打倒世界级的搏击冠军。太极拳的搏击技术，已经远远的落后于这个时代了，当然，现在的意拳（大成拳）界也面临着这个问题。早在40年代，意拳（大成拳）祖师王芗斋先生，在《北平实报》的"答记者问"中，就对太极拳的这一问题有所论述。现在的太极拳作为一种仪式拳、修身文化辅助拳、养生拳、表演套路拳、拳术游戏娱乐拳还是可以的，但若从技击的角度来说，它的技击功能已经没有了。从祖师王芗斋先生的那个时代开始，太极拳就已经少有了技击功能，民国时期的擂台比武，赢得多是形意拳，民初以后，就很少有太极拳家是真正能实战的。当然，太极拳也有它的优点，就是它的娱乐性，我说的娱乐性是指它的"拳术游戏"，但是纵观整个太极拳界也没有几个人是真正会这种"拳术游戏"的。

太极拳的练法，比意拳要费双倍的时间，从性价比上来讲是非常低效的，没有闲时间的人是练不起的，这个拳真正的是"穷文富武"的典范，是极其奢侈的在享用着时间，只有非常有闲时间的人，才舍得这样的去练。这是一种特殊的功夫，得专门的训练才成，但是我们若是把全部的精力都放在了这个上面，则会游戏有余而技击不足了。实际上祖师王芗斋先生是反对这门功夫的，王芗斋先生曾说，太极拳推手不能说明是什么真正的拳术功夫，只是有一些力学的原理而已，而且还都是局部的东西。我理解祖师王芗斋先生所说的这种局部，是拿它与技击的大学问相比，另外，拿它与自然力相比，拿它与本能力相比，它也是局部的，更是做作的。我上高中时，那时候刚学意拳一年多，因为好奇，经常会去找不同门派人的去推手和比手，印象很深的一件事儿是，当时有一个与我经常推手的太极拳名人李先生（我们经常在首都体育馆的西门外推手），那天不知为什么，推着推着把他给推急眼儿了，他跟我断上手打起来了。结果我吃惊地发现，打他比打我们班普通的同学都省心，我一个绊子他就躺地下了，再起来，他再躺下，几次之后我都不好意思了，关键是我并没有跟他急眼儿。以前，每次和他推手他都能把我给"叫"起来，他的拳已经有很高的太极拳的境界了，但这次他一急眼儿，居然他周身的功夫什么都用不上了，事后他好久都不理我，我也好久没有再去那里玩儿，多年以后再遇到他，他已老了，他跟我急眼儿时我是17岁他应该是50岁上下。太极拳的长处有很多，比如巧力的应用，借力打力的道理，但是谈到本能，它就显得做作了。后来我又接触了许许多多的练太极拳的，大部分都是名家，且都与他们动过手，最后我便得出了太极拳只是"拳术游戏"的认识，即太极拳从"玩儿"的角度来看还是很有意蕴的，太极拳的有些大师们自己也管太极拳的这种东西叫"玩意儿"。但是从技击的角度来说，即使"玩意儿"练得再好，也难以上擂台实战，对方突发冷劲儿时，太极拳是接不住这种冷劲儿的。

综上所述，太极拳学者多如牛毛，成者凤毛麟角，虽然各个行业都是如此，但在太极拳界，这一现象体现得更为强烈，即要么懂劲儿，要么一无是处，别的拳种则不至于此，比如练意拳，即使成不了高手，但打一般的五大三粗的壮汉也是没有问题的，同时意拳还有独特的养生健身的功效，相比之下，意拳更适合于这个时代。

2.意拳的技术优势

在传统武术中，太极拳的前辈们我没有见过，故也没有发言权，但现在的太极拳，许多人练起来却很像是老年人的自娱自乐，真要是用于技击，则既没有搏击所需要的间架，也没有闪转腾挪的身法，遇到拳击和泰拳等其他职业拳手，非吃亏不可。用散打或泰拳的边腿或叫扫踢攻击意拳不会有什么效果，但攻击太极拳，遇到身法慢的则会一打一个准儿，因为太极拳的步子太死板又迈得太大，而意拳则多是小碎步，故而步法变化快，其蛇形步、鸡形步、龙形步及整步等变化多端的步法优势于国内外其他的任何拳种，且对他们具有很强的克制性。

意拳讲求推手，太极拳也有推手，太极拳的单推手，许多人的后手都不知道要抬起来，对方前手一滑，脱手就可以打到脸上，而意拳则不同，虽然是单推手，但后手始终有敌情意识，后手始终要与前手有呼应，与前手既相争又相合。从技击的角度讲，推手时，前后手的意识永远不能分开，不仅如此，两手与两脚的意识也不能分开，两手、两脚与全身的意识也不能分开，周身与身外的意识也不能分开，周身与身外皆一动无有不动，全面参与。意拳的双推手讲求"身如处子不容摸"，而许多太极拳家的双推手则没有这种概念，虽然许多太极拳师的视频也是能一触即发，搭手即飞，但师徒间配合的成分很多，很难让人相信他们的真实性。

现在许多太极拳练习者中的大部分人皆无有间架意识，即使有间架，也是既瘪又懈，既不知道真正的松，也没有真实的紧，更不知道整体力，怀中皆无抱球的空间也无撑抱的劲力，这种状态，若遇到对手直接打在间架上发力，是可以破门而入的，这是太极拳最致命的缺陷，即太极拳缺少间架力。太极拳劲"棚、捋、挤、按"的第一个字就是"棚"，但许多人练了一辈子，连"棚"劲都没有，即使有的人有"棚"劲儿也是不正确的，也是出尖儿的"棚"劲儿。"棚"劲儿原本应是不出尖儿的，如我们观之大自然中的江河湖海，皆具有惊人的张力，无论是大船小船还是万吨巨轮，都能承载住，这种力量就是"棚"劲，由于这种力是被动的，所以是不出尖儿的，但真正在太极拳界里理解并能践行的人却少之又少，最终都练成了出尖儿的"棚"劲。武术中的劲力现在只有浑圆力是不出尖儿的，但太极拳的体系中因为没有一套浑圆力的训练方法，故也不可能有浑圆力，也就不可能力不出尖儿。

太极拳中的劲力"棚、捋、挤、按、采、挒、肘、靠"，只有两个劲儿是相对正确的，即"捋"和"采"劲，"按"劲如果不是向前"按"而是向下抹掸也勉强可以算是正确，其余的劲儿都是出尖儿的。在我看来普天之下只有王芗斋先生本人的功夫是不出尖儿的。现在的意拳门中也出现了问题，许多人也都练出尖儿了，祖师王芗斋先生的不出尖儿之拳之所以天下英雄都学不会，是因为祖师王芗斋先生武术文化上的矛盾性所致，更有难以理解的地方是他的吊诡性，比如祖师王芗斋先生所常说的"我让你这么练你就这么练就错了，我让你这么练你不这么练你干什么来了""执着己身无物可求，离开己身永无是处"的诸多论点，也包括祖师王芗斋先生所常说的"我这个烤鸭不零卖"。

天下的功夫一练就出尖儿，但不出尖儿又没法儿练，谁也解决不了这个难题，只有祖师王芗斋先生给解决了，本人也是在有幸拜了王玉芳先生为师并成为义子后，才最终理解了祖师王芗斋先生所说的话到底是什么意思。祖师王芗斋先生的学问是中华民族武学文化的最高智慧，以祖师王芗斋先生的学问称之为"大成"绝不为过，也正因如此，天下十有八九的人不理解祖师王芗斋先生也是很正常的，祖师王芗斋先生的弟子没能理解王芗斋先生，也只能说是入宝山而空回了。

　　意拳不出尖的爆炸力，离开了浑圆桩就无从谈起，浑圆桩在初级的入门阶段，有些儿地方与太极拳的无极桩有些相似，主要是要站得松骨松肌，甚至要有骨肉分离的感觉，要空身空意，周身无着力处，开始时的劲力是松沉入地，其后则要意力水面行，使身体由重入轻，直至"一羽不能加，蝇虫不能落"。但许多人并不知道武术须由重入轻的道理与原理。有这么一个演绎的故事，两个武功高强的老头儿比武，其中一个先练了一趟拳，地上的树叶都被卷了起来，众人皆叫好，另一个老头下场也飞速的练了一趟拳，地上的树叶竟静静的纹丝不动，众人尚未看懂，先练拳的那个老头已深鞠一躬认输了。这个故事也是要说明飞沙走石的功夫并不是最高的境界。在意拳的训练体系里，意念须以练轻为主，如在站桩时先想象要抱气球及抱纸球，抱的球越轻，自身的功力会越强，自身的状态也会越敏感与越精微，故老辈儿人常说，练轻功的要"重练"，如要腿绑沙袋身着铁衫，练打人的功夫则要"轻练"，这是武术的辩证法。

　　意拳不讲丹田，强调周身及身外无处不丹田，并强调练拳应该处处皆有技击的意识与间架的意识，要建立起身体的劲力贯通、周身相争、三角预应等意识及"六力八法""浑圆整体""精神笼罩"等意识等，否则，所练之功就会与实战的目标脱节。许多人虽然嘴上知道整体力，但却并不真理解整体力，练拳练的都是半截子劲儿，腰胯以下的地方根本就没有开发出来，因此在搏击时，不仅自身的力量整不了，下身也会因与整体脱节而成为对方攻击的靶子。

　　意拳通过站桩和试力，可以建立起人体的内在力量，可简称为"内力"，这种力是不使力而力自在之力，它与练肌肉的紧张之力是不同的，故不需要像西方人那样有发达的肌肉，因此，学了意拳后就不要再练肌肉力了。西方人表面上看着很壮，其实一点儿都不可怕，越壮的人启动会越慢，且动起来会越出尖儿。祖师王芗斋先生管意拳之动叫超速运动，武术搏击向来是快打慢，力大打力小，但武术的力，不是常人所理解的力，常人所理解的力是肌肉力，肌肉力是干粗活儿的力，而武术的力则是专门用于打人的力，它是一种职业力量，这种力它看似不显眼，干力气活儿时也用不上，如搬东西抬重物或推小车时也没看出与平常人有多大的区别，但用于打人则威力无穷，这就是职业力量与非职业力量的区别。具体来讲，意拳练的是筋骨力，练的是神经的兴奋，细胞的激荡，气血筋骨的遒放，包括筋膜（结缔组织）的强健，精神的控制与强大，而不是肌肉力，这与西方人不是一个文化，西方人强健的肌肉力用于打人其实并不专业。当然，西洋人也是很聪明的，比如很有代表性的拳击，拳击为了解决肌肉力的出尖儿问题，常常会在搏击时靠身体的移动和形体的暗示来诱导和迷惑对方，靠假动作来调整自己及欺骗对方，并靠突袭和强势的组合拳的连击来解决肌肉力砍砖头般的即劲力出尖儿的弊端。

武术的技击与战争其实很相似，许多战役的打法，很像是意拳的武术对决。如开战前首先是精神战，包括在世界观、价值观上的文化宣传，先在文化上动摇对方，让敌对国家的人民认同进攻者的这些文化观念，这样，战争还没打，对手其实就已经输了；接着是情报战、信息战，当破坏了敌国的雷达系统后，飞机和导弹则可鱼贯而入的瞬间崩溃对方。从战争的角度可以看出，如果对方的防护系统完全崩溃后，怎么打击对方都是可以的了，故前提是先破坏对方的防护系统，包括使用心理战，所以搏击的前提条件是先要在精神上控制对方，这恰恰是意拳之所长。意拳通过站桩，可以训练出具有接收对方信息的能力，还具有能读出对方微表情的能力，换言之，对方若没有站过桩，自身的微表情就会出卖自己，暴露自己，而自己却还全然不知。

意拳除了技击前的信息接收、精神笼罩独步天下及在空间的控制上有其鲜明的特色外，其他的打法也独具特色，如打击方法上的断点（断开了打）、黏点（黏住了打）、半黏半断（既黏又断既断又黏的打）三种方式的综合运用。西洋的拳击主要是断点，缺少黏点技术，柔术及摔跤中大多是黏点技术而寡有断点技术，意拳则断黏皆有。其实我们永远是既黏又断，既断又黏，黏中有断，断中有黏及黏就是断，断就是黏。无论是遇到拳击还是摔跤及散打的，黏和断都是为了控制下的打击及打击也不离开控制。所以黏与断不是目的，赢人是目的，要根据对方的情况，一切皆自然而然。综上所述，如果要说意拳具有什么技击优势的话，那就是它的立体性与完整性。

3.意拳与太极拳身外练法的异同

意拳的训练要把精神给拿出来，这在别的拳种中是寡有这种训练方法的，即使有也不会像意拳这样的成体系。在吴氏太极拳中，吴图南先生曾提出，太极拳的训练要"外带内，梢带根"。其"外带内"的理论与意拳要把精神给拿出来的观点有相近之处，即吴图南先生在打太极拳时是意在手之前的，是以手前的意念带动身体，从而使身体节节贯穿，最终带动根节一起运动，他是从梢节松到根节，在运动中也是由梢节先启动，从而实现"梢带根"的理论，这与太极拳中的太极剑的修炼方法是一致的，在练习太极剑时，其剑尖儿永远是在手前的，意念也永远在手前，其自身的精神是放在身外的，吴图南先生是弃剑成拳，将使剑的体认运用于拳术中，是通过手指及手指前的意念领劲而带动周身，故"外带内，梢带根"的理论实是剑法的理论，吴图南先生的文化素养与悟性在整个太极拳界都是出类拔萃的，他的这个观点优于许多太极拳名家们的拳法理论。杨禹廷先生也曾与吴图南先生有相类似的观点，杨禹廷先生说："打拳要像驴拉磨"，其比喻非常形象，这也是"外带内"的理论观点，这是要让人在练拳时，要体会驴与磨的关系，如手前是驴而腰胯及腿脚则为磨，这是通过外面的东西把周身的劲力给拉开，同时也是通过外面的东西把周身的劲力给合上的训练思路。驴在拉磨时，除了有开力，更有合力，体会一下驴与磨之间绳子的受力，看看是开还是合，当绳子被拉紧时，既是开着的又是合着的，既是松着的又是紧着的，这也是实现了太极拳"对拉拔长"的论点。故杨禹廷先生的"打拳要像驴拉磨"，通过驴的这一假借之物的假借，能使身外的意念真实地建立起来，他是要用手前的劲儿来拉着身子走，从而使手、腕、臂等身体的周身在被动的情况下，完全的放松，这是训练"被动力"的捷径，他与吴图南先生所提出的"外带内，梢带根"理论有异曲同工之妙。另外，"打拳要像驴拉磨"的观点，若以身体为磨，还会有颗粒感，即磨在撺压玉米时，是由大颗粒逐渐撺压为小颗粒的，身体要体会这点点滴滴的触点儿的感受，它可以使身体，逐渐地由大点儿体会到小点儿，即实现意拳在训练中所追求的点状运动的感受，因为唯有点状运动是不出尖儿的，而线状运动则会使身体的许多感受如同囫囵吞枣般的漠然滑过。

总之，通过"外带内，梢带根""打拳要像驴拉磨"，可产生对拉拔长的矛盾争力与被动力，同时还能体会出拳术中的通透力、传导力、开合力、惰性力、螺旋力、杠杆力、松沉力、摩擦力、迟涩力等，这都是"外带内"与"驴拉磨"的结果。

太极拳除了有吴图南先生与杨禹廷先生的"外带内"与"驴拉磨"的理论外，更多的理论则是以身内为主宰的理论体系，如要以腰为主宰，带动四肢，即"拎腰带四肢"。本人认为，"拎腰带四肢"的理论也是不错的，但"拎腰带四肢"主动的意识偏多，故多练的是主动力，"外带内"与"驴拉磨"则有许多的被动意识，故多练的是被动力。从意拳的角度来看，被动力的境界更优于主动力，因为身体中有了被动力的能力后，当对方的劲力打在自己身上后，会被身体自然的弹出去，故被动力更接近于拳论中所说的"化劲儿"。

吴图南先生与杨禹廷先生的太极拳理论，较之意拳的理论来看，还是有区别的。吴图南先生与杨禹廷先生的理论，虽然强调了"外带内"与"驴拉磨"，虽然这种理论接近"化劲儿"的训练体系，但其理论仅仅是用身外来训练身内的体系，而缺少了训练身外的内容，更没有改变身外的内容。

意拳的训练须通过意念来改变身外的环境，包括身外的阻力，更要改变身外的空间状态，要"假宇宙之力波"，要借力自然，要"有神助之勇"（王芗斋语）。意拳的外力体系是意拳的立拳之本，包括祖师王芗斋所说的"假借无穷意得来无穷力""风中旗，浪中鱼是借鉴之良师"等理论观点，它是一个完整的理论框架，一旦离开了这一理论框架，意拳的整个体系都会坍塌，但太极拳则不会这样。故太极拳的理论与意拳的理论在立拳之本的理论框架上，还是有着本质的区别。

4.武术中的绝活儿

有些人练功很刻苦，能够用寸劲儿碎石，能够身体接受棍击，包括银枪刺喉、铁裆功等，还有人能够点穴……对于这一现象，我的观点是，这些都属于是武术中的绝活，从技击的角度来说，这些东西皆与技击无多大的关系，越是能打碎硬东西的力量，技击时越是难以往人的身体里面透劲儿，即这种劲力，打硬物可以，打软物则没什么效果。我朋友的孩子练空手道和跆拳道，可一下子劈断好几块木板，我实在是好奇，看能不能劈断我的手臂，我朋友极力阻拦，但在我的坚持下，他儿子连斩数掌，我只是觉得被劈的胳膊有一点儿疼而已，他连我手臂的间架都没有撼动。事后朋友打电话来问我是不是发功了，因为他儿子的手肿得吃饭都拿不起筷子了。所以，劈砖断石之功吓唬人可以，用于搏击，还不如去打打沙袋管用，虽然我一直反对打沙袋，但打沙袋比劈砖断石要强很多。劈砖断石的铁砂掌与金刚指虽然也是一门功夫，但此功夫与搏击并无多大关系。

北京梅花桩门派中曾有一姓张的名人，可以用手指劈裂桌子，许多人被他的神技所折服，后来他与王选杰先生比武，金刚指的功夫还没来得及用上，就被选杰先生一个发力打得腾空而起，差点儿被摔背过气去。

另外，金钟罩、铁布衫练成之后，具有抗击打的能力，如练的不怕人踢裆也不怕人击打胸腹，此功夫如果是为了技击，作为技击训练中的一部分内容，尚还可以，但若练这门功夫仅仅是为了展示抗击打的能力，为了表演，则属于堕入了走江湖卖艺之流，实与实战搏击无关了。现在民间许多练家子就是参不透这一点，一味地强化这种能力，自以为是在练绝世武功，其实这种能力只是一种绝活儿，实是可悲。

其实，那些表演寸力断石及金钟罩、铁布衫的人，其技击水平应该不会超过在电视台上表演会点穴的吕某，但吕某的劲儿也是局部的，也是属于绝活儿的范畴，看看徐某冬是怎么打吕某的，就应该知道功夫堕落成了绝活儿后的后果，他们不仅仅是在欺人其实也是在自欺，在技击的瞬间，这些人哪里还会有时间去使用什么绝活，他们的那种局部力，打在训练有素的搏击运动员的身上不会有多大的作用，阻止不了搏击选手排山倒海的攻势。

意拳的技击状态也是如此，意拳的气势比那些搏击运动员的气势还要强大，因为意拳用的是整体力。技击时这种整体的威势与打法，恰恰是搏击人需要下功夫训练的地方，而不是要浪费精力的去练那些枝节末梢的绝活儿，以其花十数年的纯功专门地去练掌力与指力及练一些抗打的绝活儿，还不如把这些宝贵的时间用于修炼人体的整体力、自然本能之真力与精神力上。

其实有了真实的拳术力量，用不着儿学点穴，用掌指或拳脚或肩肘腕胯膝等任何地方，打在对方的脏腑及头项等任何要害的部位，都可以给对手造成伤害。用点穴来打人只是一个噱头，而且是拙劣的噱头，只能骗骗外行人。意拳人因为不去练这种点穴的局部功夫，故技击时我们不必去执着于对方身体中的某一具体部位，也不必执着于用我们身体的哪一部位去击敌，即对方的周身都是可以打击的，沾上哪儿就可以在哪儿发力，这是一种自然而然的大学问。

现在许多人在传统武术的训练中，常把功夫和实战相脱节，这也是许多传统武术人打不过现代搏击运动员的一大原因。搏击要练的首先是精神笼罩，其次是控制和身法及打击的穿透力，包括控制平衡的能力，即自身平衡和破坏对手平衡的能力，再其次才是抗击打的能力，抗打击力也是相对的，没有一个人有绝对的抗击打的能力，对于有抗打击力的人，只需一拳打在鼻子上就会打倒他，还不必说要打在太阳穴上，意拳重点就是攻击头部，技击时用不了多大的劲儿就会把对方击倒，另外，意拳讲求发力，对于只会绝活儿的这类人，搭手就会把他发飞，在真正的生死搏斗时，意拳的发力非常有效，如在大街上搏斗，会把对方发飞到马路上，往来的汽车就会替你把他给解决了，在屋里搏斗会把对方发飞到窗外摔到楼下去，包括在酒吧及茶室里的这些小空间搏斗。

只会绝活儿的人，如果是遇到地面搏斗的高手，用柔术和MMA的技术，还能把他给绞死。过去走江湖卖艺的人常拿这种绝活儿在街头混饭吃，现在这种人换了身份，专门迷惑不懂技击的外行人，若跟他们学拳，并自以为是地认为学到了真功夫，实战时可就惨了。蒋经国曾经被台湾的一些能断石碎碑的高手所忽悠，后派他们去美国比赛，结果让美国的拳击家在擂台上打得抱头鼠窜，或是直接被KO。蒋经国的国术梦终于破灭，发话：这种功夫今后不要再出去丢人现眼。

本人喜爱武术的原因，是它的真实性。真实性的训练一切都应从最有效的实战出发，如果我们所练的功夫偏离了有效的实战，那这种功夫对于实战而言就是伪功夫，许多门派中的拳脚功夫，就常常掺杂着一些这样的伪功夫，这种功夫如果仅仅是为了娱乐或是走江湖就都无话可说，但若是为了搏击，花这么大的精力去掌握这种雕虫小技则得不偿失。

意拳练上述的那些绝活类的功夫，意拳有自己独特的发力方式，在外行人的眼里来看，似乎意拳的发力与寸劲儿有点儿像，其实它们完全不是一种性质的东西，意拳是一种一触即发的爆炸力。意拳的这种爆炸力，除了能打人外，没有办法进行表演，这种劲力既不能表演碎石也不能表演断铁。当年祖师王芗斋先生就曾跟弟子张恩彤先生说过，意拳的这种力打到人的身上是会伤人的，体壮如牛的张恩彤先生不信，非要体会一下，祖师王芗斋先生只轻轻地往他的身上一放劲儿，张恩彤先生就受不了了，连忙说："这种力真的是会把人打坏的"。中国武术真正的内力，是用于实战的而不是用于卖弄的，那些拿绝活儿来吓人的人，其实就是《水浒传》小说中的李鬼，遇到真李逵立刻就会现原形。

另外，现在有人表演能通过呼吸和紧松可以让胳膊上的汗毛立起来，以此来证明自己已经练到了"汗毛如戟"的高境界，但在我的眼里，能否让汗毛立起来，并不是衡量技击水平高低的标准，因为表演胳膊上汗毛立起来的人，只是一种局部之功，即使周身的汗毛能同时的都立起来，也还要看他是不是通过专门练汗毛的方法练出来的，专门练出来的，依旧是局部之功，依旧是绝活儿。某北京的一位太极拳名家经常在《武魂》等刊物上发文章强调大松大柔，也经常展示自己手臂的汗毛能立起来，以说明已到了"皮毛攻"的境界，但本人与其搭手时，很轻松地就将其掷于座椅上（有《精武》杂志的女编辑在现场），其"皮毛攻"的状态在我身上没有起到任何的作用，在我看来，这就是一种绝活儿。

汗毛立起来的状态，只有一种情况是比较正确的，即练功者本不是要练汗毛，而是在练整体力的时候，汗毛作为整体力的附加产品，是随之而连带着练出来的，这样就不是执着的东西了，但有没有它，即汗毛立不立起来，其实与技击的关系不大，因为它与意拳的"汗毛如戟"依旧不是一个东西，意拳是通过外力而使汗毛有了"搜寻问路之能"，也是通过外力而使汗毛有了如戟似枪的意感，这种意感产生以后，汗毛立不立起来不重要，但扎不扎人则很重要，即练功者一旦有汗毛立起来的意感，离你近的对手就会有类似于被什么东西扎着，或是有一种说不出来的不舒服的感觉，如此这般，"汗毛如戟"才与技击有了关系。故我们一定要记住祖师王芗斋先生的话"只求神意足，不求形骸似"。大家切不要被江湖中的那些绝活儿所迷惑。

5.关于打木人桩训练的思考

从意拳的角度来看，坦率地讲，对于李小龙先生和咏春拳的打木人桩的训练方法，我一直认为是有问题的，最大的问题是劲力出尖。

武术的劲力训练分为主动和被动两部分，外家拳和西方拳击等域外的搏击技术多为主动劲力，意拳、太极拳等被人们所称之为内家拳的拳种，则多为以接发力为主的被动劲力，即"钱掷鼓"的体系（当外力打在自己身上时，自身要产生自然之弹力，将对方崩出去）。而打木人桩的问题在于，由于木人桩不会主动的攻击你（即使能设计出有主动攻击性的木人桩，但多种复杂劲力的微妙转换也不会强过真人），故打木人桩训练的只能是主动力，这会使自己的劲力变的执着，变的出尖，变得没有了触觉的灵敏性（一羽不能加，蝇虫不能落的内家境界，是不可能通过打木人来实现的），打木人桩永远练不出被动力量，这种通过打木人桩练出来的技击选手，一旦遇到了借力打力的拳术高手，则会处处往别人的手里送劲儿，这无疑是主动地帮着对手在打自己。所以本人认为这种打木人的出尖之力还是不练的为好。

中国武术最后的两个武术门派，在大陆内是20世纪的意拳祖师王芗斋先生，在海外是截拳道祖师李小龙先生，他俩都是划时代的人物。但在拳法上，一个不出尖儿，一个出尖儿。

李小龙先生是有真功夫的，但他的拳法出尖儿，出尖就是力有方向，他是出尖拳法中练得最好的之一。李小龙先生虽然有寸劲的功夫，但真打人时，却都是抡足了拳头去打，从未使用过寸劲，寸劲只是用于表演，大家可以把他的视频都调出来查查看。

出尖与不出尖，是中国内功拳法与外功拳法包括与所有的国外现代搏击功法的分水岭。换言之，普天之下，唯有我中华尚保存有不出尖儿的武学文化。不出尖儿，还能打人，外国人永远理解不了，不仅如此，大部分受西方搏击文化影响的中国拳手也很难理解。意拳祖师王芗斋先生曾言："力量一有方向就是错误"。故从出尖儿的角度讲，我是反对打木人桩的。

本人除了反对打木人桩外，也反对踢树与打沙袋，泰拳就有踢树与打沙袋的功夫，这种训练方法对身体的健康是有伤害的，许多的泰拳手都很短寿。我遇到过泰国拳手，应当不是什么高手，至少在我眼里他不是高手，当时只是一个照面他就躺地下了，我用的就是纯粹的意拳的技术，故在我的骨子里还真没觉得泰拳怎么样，与意拳相比，那些踢树打桩的技术都太过粗糙了，这些硬练的功夫，其打法尽是些执着之法，与中国文化的以柔克刚，借力打力及动静互根的矛盾且辩证的文化理念相违背，与他们相比，意拳"形不破体，力不出尖"的理论，更重视开发人体的潜能，意拳既重视技击又能养生与健身。

6.武术拳脚功夫中的真与伪

对武术中拳脚功夫真与伪的鉴别与其自身的认知水平与训练状态有着

143

直接的关系。若有人在拳术上看不出对方的功夫是真是伪、是好是坏，常常会有三个方面的原因：一是因为自己没有练到那个境界，自然会看不出对方的好与坏。二是对方与自己练的不一样，与自己的认知也不一样，故而会看着不顺眼，会认为对方练得不好。三是对方真的是水平不高。

崔有成先生（王斌魁先生的弟子）有一次当众表演站桩与试力，许多非王斌魁先生一脉的传人们，皆露出不屑一顾的表情。主要是因为在他们的拳术体系里没有这样的训练内容，所以应是他们看不懂才是，我与崔有成先生的关系很好，对他的东西很了解，当然知道他在干什么，以崔有成先生的技击水平而言，赢当时观看的那些人当不在话下。故应该是当时在场的人大多都跑了眼。这应该是属于第二类，即对方与自己练的不一样，故而会看着不顺眼，会认为对方练得不好。

另外，网上有白金甲先生（姚宗勋先生的早期弟子）晚年试力的视频，也有人看不懂，认为白金甲先生的膀子没松下来，脚上的力没传到手上。白金甲先生是意拳第三代中少有的能够把精神给拿出来的人，即祖师王芗斋先生所说的精神笼罩，他已达到不执着于身内的境界，他的一切运动都是由外力而引发，达到了祖师王芗斋先生所说的如"风中旗"与"浪中鱼"的境界。说这话的人应该是属于第一类，即是因为自己没有练到那个境界，自然会看不出对方的好坏来。

意拳有一种独有的训练方法，即外力训练。外力训练须先由意念在身外建立起一种情境，然后再由身体来迎合这种情境，以达到锻炼自身的目的。所以在这种体系下，一切的训练都是由外而引发的，都是要用精神在身外来感知的，久之精神自然就拿出来了，这是训练"风中旗"与"浪中鱼"的入门之途径。

故若没有修炼到白金甲先生的那种高度，是看不懂白金甲先生的东西的，同样也有人看不懂老先生女儿王玉芳先生的东西，说她不懂拳。他们也不想一想，王玉芳先生跟自己的父亲学了一辈子的拳能不懂拳吗，王芗斋先生能不教她真东西吗。这也是他们没有练过王玉芳先生的东西的结果，没有练到悠扬的境界，是不可能知道她老人家在做什么的。只能说，说这些话的人是"无知者无畏"。

另外，据本人的恩师义母王玉芳先生说："我父亲在打人时，常常动的只是胳膊，他只用前臂一拍，对方就飞起来，打栽捶也是前臂往里一搂即可。"常志朗先生也曾说，王芗斋先生摆出一个类似直拳的样子，用现在人的标准来看特别不顺溜。祖师王芗斋先生的许多运动，在外人看来，未必都那么好看，并且还似乎都是局部力。其实，人们对整体力的理解是有误区的，并不是整体的动才是整体力。整体的动只是本体力，真正的整体力是细胞的遒放之力与悠扬之力，在外表上是看不出来的，如果能看出来就说明你也已经达到了这个境界，故不练到遒放与悠扬之力的境界，即使是看见了祖师王芗斋先生的打拳，也会看不懂。所以，幸亏祖师王芗斋先生没有留下视频资料，否则大家都去模仿祖师王芗斋先生的外形，学了一身的习气，成了"只求神意足，不求形骸似"（王芗斋语）的反动，变成了王芗斋先生自己打自己的脸。

故只有与祖师王芗斋先生同等境界或是比祖师境界高的人能看懂祖师王芗斋先生，另外，只有与祖师王芗斋先生练的是同样的一种东西的人能看得懂一点儿王芗斋先生东西。换言之，小孩子是永远也看不懂大人的，以小孩的知识面是无法理解大人在想什么做什么的。故对方的东西如果我们看着不顺眼，并不代表对方就真的是不成，不信的话，一动手就能分出高低与真假。当时姚宗勋先生的老师洪连顺先生要是能看懂祖师王芗斋先生的东西，包括姚宗勋先生假若能提前看懂祖师王芗斋先生的东西，何必要跑去比武，直接拜师不就成了。就是因为拳是看不懂的，手把手地教都学不会，要真能看懂，还用拜师干什么。

　　所以，网上一些武术视频的东西包括意拳的站桩、试力、健舞的视频，看了也只是看个热闹，除非自己也练到这个水平了。拳谱中早就有"打人不好看，好看不打人"之说，也有前面所谈的"只求神意足，不求形骸似"。但是何为"神意足"何为"形骸似"，标准是什么，如果仅由自己的知识水平来评判，是会有很大出入的。好在武术是可以通过实践来检验其真伪的，武术不是嘴把式，是可以靠实力来说话的。当然也有一些人打也打不服，即使是输了也不会认为是自己的拳种有问题，还有一些人则是利益所驱使，揣着明白装糊涂，有一句话说得好"很难唤醒装睡的人"，所以，多说也无益，大千世界，选择练什么样的拳，真与伪，都是个人的缘分，有时也只能由着别人去了。

　　另外，还有一种分辨武术功夫真伪的方法，就是看练拳的人是不是有敌情意识，没有敌情意识的人在练拳时往往会既做作又自以为是，另外，许多人出拳时身子和头项都不知道应该要有配合，也没有任何的防护意识，好像对手是死人都不会动也不会反击似的，具体讲，就是把拳劲儿给打滞了、打教条了。这应该是属于第三类，即对方真的是水平不高。

　　拳术的劲力本应是空灵的，不能是教条和僵滞的，即使是西方人在打梨球训练时，也都知道不使用僵滞的劲儿，而且也不教条，会随着梨球之动而动，他们在打沙袋的训练时也不是使用僵滞的笨劲儿，虽然我认为打沙袋的训练是错误的，但也比那些没有敌情意识的武术家们的既教条又僵硬的笨劲儿强，拳术真实的功夫绝不是他们这么较劲儿的练出来的，这些人总是将功夫与实战脱节，这就是我常说的伪功夫。

　　我常观察家中猫狗的运动，我在逗狗的时候，当狗要咬到我的瞬间，我照它的肚子一脚，狗马上就躲开了，同时还从我的攻击死角向我进攻。打狗的劲儿绝不能教条与僵滞，要自然而不做作，因为劲力稍微一僵滞狗就跑了或反被狗咬，所以，打人的时候兴许教条一下还可以，因为对方可能比你还教条，但打狗的时候则要完全的真实，由不得半分的教条与马虎。由此可想而知，若要打狼与打虎那得是要多么的真实与自然才成，而且即使是真实与自然了也未必就能打赢豺狼虎豹，所以祖师王芗斋先生在意拳的训练时，提出了要假想"三尺以外，七尺以内，有大刀阔斧之敌及毒蛇猛兽蜿蜒而来，与其共争生存之情景"，这是一个多么真实与自然的训练要求。但是那些练伪功夫的人，则不会考虑这些，在出拳的瞬间，如果别人攻击他们下盘的腿，会一击而中，尤其是若碰到有实战经验的现代搏击高手。传统武术对边腿的防护都不足，仅以北方有代表性的形意拳和太极拳而论，形意拳的拳劲儿如果打得太直，太极拳的步法若迈的太大时，都很易受到对方边腿的攻击。其实，在太极拳里有与边腿相类似的摆莲腿，所以，从理论上讲，若将太极拳练通了，应该是可以对付现代搏击的腿法的，但就现在的现状来看，即使能有这种功夫的人，也是凤毛麟角。形意拳本是非常优秀的实战拳法，本人认为，形意拳训练的诀窍实是应重在练腿，如鸡腿龙身的练法比出拳的拳法更重要。都说郭云深先生半步崩拳厉害，大家也都在练崩拳，其实郭老先生的"半步"才是更应该练的。我从来不小觑步法和身法好的人，因为那才更接近真功夫。看看阿里的步法、泰森的身法，虽然他们都是局部力，但毕竟具有一定的真实性，这恰恰是我们该下功夫的地方。中国武术不是要把拳打得多快为妙，而是要把身子打得多快才为妙，一动手就能像鬼影一样地走到对方的身后去，这才是真功夫，诸如董海川先生，诸如郭云深先生，诸如王芗斋先生等。

　　所以，是真功夫还是假把式，能分辨出来的人，要么是精于实战的人，要么是武术通家。在武术通家的眼里，对方一抬手就能看出功夫的真伪，甚至只看照片就能看出来功夫的真伪（真正站过浑圆桩且训练有素的人，仅通过观察对方的照片就能看出对方的水平是高是低与是真是假）。故假把式也是逃不过有实战经验人眼睛的，前面谈到的曾经是北京散打亚军的那个梅惠志先生的学生，曾有人将他引见给了当时很有名气的某意拳名家，他回来就对我说，那位名家虽有功夫但不懂技击，散打朋友的眼力是很好的，他的眼力是实战中练出来的，他一眼就看出了真伪。所以，我相信徐某冬也是能看出谁真懂技击谁不懂技击，即谁是真功夫谁是假把式的，否则他也不会有那么大的底气去挑战某些太极拳的名家。俗语"行家一伸手，便知有没有"，这句话在行家眼里是没有问题的。

7.意拳与别派的拳技相融合

传统武术除意拳之外，都有套路训练，如果把传统武术的套路拆开了，只练单式，用意拳的训练方法来训练的话，也能如同意拳的试力一样达到锻炼的效果。前提是要把他们的单式放慢了打，另外还要增加新的内容，如身内身外精神假借的内容，并且还须按照意拳的要求"形不破体，力不出尖儿"。

故别派拳种的功法与动作，当有了意拳的训练内容后，就可以成为意拳的东西了。这样的话，诸如形意拳、八卦掌、太极拳、通背拳、八极拳、少林拳、戳脚及泰拳、拳击等南拳北腿和中外搏击术，都可以为意拳所用。当然这样锻炼的话，相对于别派武功而言，也不再是原来的别派武功了。

如拳击有直拳，别的门派也有与拳击相类似的直拳，这个拳击的直拳到了意拳这里被进行了改良，意拳改成了"不直的直拳"（"不直的直拳"也可叫"炮拳"，但与形意拳的"炮拳"不同），在意拳的理论里，直拳出尖儿，"不直的直拳"就解决了出尖儿的问题。

"不直的直拳"出拳的时候，周身要有争力，身体的阴面与阳面都要动起来，呼吸要有弹力，细胞要有遒放，前手与后手要有牵扯，与头项、脊、腰、胯、膝、脚与周身也要有牵扯，与身外也要有牵扯。出拳时不是胳膊上的劲儿，而是周身的整体力，力源既源于身内，更源于身外的松紧力波。可以意念为，身内与身外都拉上了的皮筋，更须感知周身的阻力与动静之间所形成的逆力，无论是慢动还是速动，无论是微动还是大动，身外皆要有物，同时，要把精神给拿出来，要有笼罩敌人的精神意念。另外，要有假想敌，手臂抬起来的时候，要想象能把对方的手给挑起来，一挑就能把对方挑飞；手收回的时候，要想象把对方的手给捋回来，一捋就能把对方捋趴下。故出拳时，手臂同时要具有上挑、下挂、向前透骨及回捋的劲儿，及两侧的横劲儿（横劲儿可通过横肘来实现），简称为"六面力"。另外，还要含有被动意念，即当抬手不能把假想敌挑飞时，自己如何能顺势而变劲儿，或变为栽捶，或变为钻拳，或变为圈捶，或变为削掌等。

故看似简单的一个"不直的直拳"，却有很多的工作要做，这些均须在试力时慢慢地体认。仅以手臂为例，如要体会，自己的肩是如何放松的，自己的肘是如何的传递劲力与横争的，自己的前小臂是如何挑打与挂打及拧裹的，自己的手腕是如何挺拔及勾挂对方的，自己的掌心是如何的吸拢的，掌背是如何遒放的，自己的五指是如何透电的，拳锋是如何透骨的等等，这些都得在慢动中细细的感知，并不断地调整与修正。动作一快，许多问题就会漠然滑过，甚至会成为简单的广播体操。

我所说的这些体认，有些人或许会当成是一种气功，即人们所常说的气通梢节的练法，还有些人会把它当成宝贝，秘不外传。但在我这里，这只是入门级的东西，更复杂的内容是被动练法。

意拳的被动练法，更注重体察外力对自己的影响，如当对方的肢体与我们的拳脚或与我们身体的任何一个部位相触的瞬间，我们如何能骤然的一触即发。

被动练法真正体现了祖师王芗斋先生的"形不破体，力不出尖儿"的理念。而别派的拳法，大多是出尖儿的单向力，单向劲力只是在特定的距离下有效果，若遇到身法快的人则很难能击中对方。而意拳的发力则可以随时随地的一触即发，对方想躲也躲不掉。李小龙有寸拳发力，意拳的发力比寸拳发力还要短，它连一分一毫的缝隙也没有，是抵上劲儿以后的触点儿发力，祖师王芗斋先生称之为爆炸力。

总之，意拳可以海纳天下各式各样的武功，可以将他们各种有益的东西融于意拳的训练之中，只要意拳"拳拳服膺"的状态不丢，怎么融合也还都是意拳的东西，如此，意拳的发展可以艺无止境。另外，别的武术门派也可以来学习意拳的东西，将意拳的站桩、试力等功法融于自身的门派中，自身的门派也一定会有别开生面的新气象。

第七节　其他

1.摔跤与防身

本人认为在一般的情况下，摔跤技术用于徒手的近距离的防身自卫是可以的，但若场地空旷或对方拿着兵器，情况就不好说了。日本少林拳宗师宗道臣（其自幼喜武，抗日战争爆发前曾来华拜北少林义和门拳宗师文太宗为师，日本投降后回国，创立日本少林拳法，成立日本少林寺拳法联盟），曾回忆刚回日本国时的一次夜晚与流氓的搏斗，与他同行的两位朋友是练柔道的，贴身肉搏时没想到对方动了刀子，结果他的两位朋友皆身挨数刀，当时夜很黑，他因为练的是少林拳，故一直在蹿蹦跳跃的拳打脚踢，而不是与对方近身肉搏，故幸免于难。宗道臣说是少林拳救了他的命。从此他以传播少林拳为己任，并成为中日友好交流的使者。

记得前几年电视台曾有新闻报道伦敦奥运会的摔跤获奖得主，刚比赛完没多久，就在街头的打架中被人打得鼻青脸肿。这一新闻的播出，曾引发摔跤在实战中是否有效的讨论。本人认为，摔跤的技术在实战时还是有效的，关于这一问题，武术界早就有定论："功夫加跤，越练越高"，掌握摔跤技术对武术来讲绝对是有益的，但若只会摔跤不会断手，则格斗的结果就不好预测了，有时即使是摔跤高手也架不住小混混的乱拳，尤其是对方拿着刀子的时候。但如果仅仅是两人对战，空间又很狭小，在对方不拿武器的情况下，摔跤的赢面还是非常大的，但也有可能会给对方造成过度的伤害。网上有一个邻居间因抢停车位而引发的打架视频，其中一个高个子抓住对方一个过胸摔，对方的脖颈着地，结果是高位截瘫，摔人的人将面临被收监和巨额的赔偿问题，所以还是民间里的一句老话说得好："会打的打一顿，不会打的打一棍"，如果一下子把人给打残或打死了，这种冲动下的失控行为，绝不是打架的原本目的，没有一个人会因打架出事儿后而不后悔的。摔跤中的有些技术很危险，用不好是会出人命的，除非是遇到歹徒时的生死相搏。

总结一下，摔跤用于打群架及对付拿刀子的对手时，不一定会很好使。但用于比武时的功夫切磋及擂台赛上的综合格斗还是可以的，在双方徒手的情况下，用于小空间内的生死相搏更是可以的。只要是年龄适宜，体力适宜，身体的柔韧性适宜，摔跤运动实是一个不错的选择。练摔跤的人再练武术，会有事半功倍之效，本人的师伯卜恩富先生就是先练摔跤，后跟祖师王芗斋先生学意拳，其后他将这两技融会贯通，终成为中国摔跤界的一代宗师。

2.徒手夺刀

关于徒手夺刀的这个问题，我认为，匕首的产生源于在战场上的近距离搏斗，故它与长枪和长刀、长剑不同，从产生的那天起就是用于肉搏的，故若想近距离的空手夺刀，我认为有这种想法本身就已经输了，因为当人有这种想法时就已经执着了，以执着的状态去对抗丧心病狂的歹徒，基本上没有成功的希望，别说是歹徒，就是十几岁的孩子拿刀，也不好夺。所以我是反对徒手夺刀的。

前些时候曾看到徐某冬面对匕首时的视频演示（不是真正的匕首），在视频中徐某冬面对匕首时的搏击间架一上来就变形了，身体向后撅着，也不敢进攻了，完全没有了以前打雷某时的气势，一上来就是败象，这是很危险的。

其实打人容易夺刀难，祖师王芗斋先生曾言"兵器是手的延伸"，从这个角度讲，面对使用匕首的人，只等于面对一个延长了一尺多长胳膊的人，因此也就没什么可怕的了。在迫不得已的情况下，与持刀人搏斗，应当该怎么打就怎么打，这样反而不会太被动，相反对方会被动，不拿刀时对方可以两手攻击，拿了刀后他反而只能一手攻击了，而且还执着在这个手上，这样我们反而更容易攻击他。所以我不赞成夺刀，而应该打人，应该没有畏惧心的该怎么打就怎么打，但亦须用间架看护好自己的大动脉等要害部位，再就是要尽可能地抄家伙打，无论是碗筷板凳还是腰带，但都须抱定同死的决心才成，这样反而有可能会绝处逢生。

总之，在避无可避的情况下，进攻是最好的防守，对付拿刀子的更要敢于进攻，要让对方在猝不及防中失误。我们也可以自己随身带一把扇子，如果对方的身手不如自己，一把扇子也能降伏对方，只要时时有准备，反而很难能遇到这种事儿。

3.意拳与兵器

许多人都说拳是从兵器中演化而来的，如形意拳"脱枪为拳"，但我本人对兵器的认识却是从拳术的认识中转化而来的。我是先练了拳脚功夫，其后才理解了兵器，主要也是因为我的兴趣点儿在于拳术而不是兵器，其实祖师王芗斋先生也有类似的观点，即"拳成兵器就"。拳术中的：劈、崩、钻、炮、横、栽、穿、插、圈、刺、提、顿、吞、吐、沉、托、分、闭、撩、弹、掸、抖、点、挑、缠、拧、裹、摆、斩、抹、削、锉、搂、截、震、靠、旋、钩、锉、挂、沾、黏、顺、逆、反背等劲力变化及祖师王芗斋先生所谈断手的："拂钟无声、蛰龙探手、惊蛇迂回、勒马听风、猛虎搜山、陆地行舟、烈虎出动、雷霆击地、金戈铁马、惊蛇入穴、顿开金锁、狸猫追鼠、烈马奔放、俊鹘舒翅、寒鸡立雪、榔头拷打、脑后发炮"等拳式变化和祖师王芗斋先生在《自卫》中所谈的："提打、钩打、按打、挂打、锯打、钻打、搓打、摧打、拨打、滚力打、支力打、滑打、粘力打、圈步打、引步打、进步打、退步打、顺步打、横步打、整步打、半步打、斜面正打、正面斜打、具体之片面打、局部之整个打、上下卷打、左右领打、内外领打、前后旋打"等打法，都可以转化成兵器的用法。程岩师哥说祖师王芗斋先生曾有意拳"十三枪"，其劲力为："拨、拧、钻、裹、扣、劈、刺、挑、崩、绞、推、拉、锉"。本人并没有在祖师王芗斋先生的拳论中见到有"十三枪"之说，但本人就"十三枪"中的枪劲儿体认之后，认为"十三枪"是可行的，"十三枪"的枪劲儿作为拳劲儿也是可行的。

以上所述的打法包括"十三枪"的劲力之法颇为繁琐，似乎有悖于祖师王芗斋先生的"拳本无法"的理论，但对于初学者和一般的人而言，却还是有必要了解的，祖师王芗斋先生也曾有言在先："动静已发未发之机和一切暗示打法，虽系局部，若非实地练习亦不易得"，但祖师王芗斋先生也有后话，即"然终是下乘功夫，如聪明智慧者则无须习此"。

在古代骑马打仗的战法中，兵器的分量很重要，因为在马上会有运动的死角，躲不掉时，只能硬接，故那时兵器的分量是非常起作用的。但随着战争形式的变化，尤其是军队进行集团化的进攻后，面对密集的箭雨，单打独斗的重兵器就不好使了，所以成吉思汗的弯刀就厉害了。兵器也要与时俱进，弯刀的合理性在于，劈时就有回挂的力，即抹劲儿。它是"以线打点"的力，可以牵动对方的重心，很像意拳的劈劲儿中带着裹劲儿。所以弯刀劈下来不好防，得须用内劲儿来抗衡，一不留神兵器就会被对方的劲力所带走。想想看，面对成千上万的弯刀大军，哪找那么多的内功高手与之抗衡。所以，兵器的发展一定要赶上时代的步伐。

在兵器中，弯刀有弯刀的用法，长剑长刀有长剑长刀的用法，与骑兵的弯刀不同，长剑长刀是适用于步兵的，由于徒步的速度没有骑马的速度快，也没有马上的威势，故步战时的兵器会强调"一寸长，一寸强"。

谈到兵器，不得不谈日本的剑道，在八年抗战中，中国军人没少和日本的军刀打交道。日本剑道包括居合道中的长刀，是适用于步战的，日本剑道包括居合道的理念与中国武术的理念是不同的，虽然日本的兵器与拳脚的技术源于中国的"唐手"，但融入了他们的性格后，他们更强调攻击的直接性与突然性，尤其是日本的居合道，他们的许多技术都是偷袭的技术，除了偷袭的技术外就是硬拼硬要的刚猛路数，而不是像中国武术中的内功心法，讲求刚柔相济，粘连连随，借力打力。

在日本的武功文化中，他们的技术许多是从突然偷袭的角度来下功夫研究的，但过于执着一种东西，则是一种小道。日本曾出兵偷袭中国沈阳北大营兵营，偷袭美国珍珠港，他们已经习惯了这种的文化状态。搏击时，如果知道他是日本人，了解了日本民族中的这种特性，从对方刚一拔刀的瞬间，就可以对对方毫不留情地坚决地予以致命一击，而不能像是中国民间比武那样的先礼后兵。

其实，日本剑道的速度并不是很快，力度也不是很大，虽然他们也讲究用刀时的整劲儿，但他们的整劲儿与意拳的整体力是无法相提并论的。

日本剑道中有一个技术上的致命缺陷，就是他们太强调自己技术的主观性了，而中国的内家功法则更强调技术的客观性。在日本的技术中寡有在攻击对方的同时也有躲避对方攻击的身法，这主要是因为在他们的武文化中，没有人去思考这个问题，他们过于自信他们的速度与力度，他们不会去思考当他们刚准备攻击对方的时候对方会先下手攻击他们，或在他们攻击对方的同时对方会以同归于尽的方式也在同时的攻击他们。中国武术中的刀法与剑法技术则不然，尤其是意拳的技术，我们在挥刀与挥剑的同时，自身的身法也在移位，甚至不是人在耍刀剑，而是刀剑在耍人，即人随刀剑走，所以我们的刀剑之意更是像"浪中鱼"，祖师王芗斋先生在《拳道中枢》中指出："风中旗，浪中鱼，是借鉴之良师"，祖师王芗斋先生的理论不光是针对拳脚功夫而言的，放在兵器中也同样适用。

另外，意拳的控打技术，也同样适用于兵器的搏斗，我们可以迎着对方打来的兵器，在搭点儿的瞬间，在劲力上做纵横，即"直来横取"，其实，拳怎么打器械也须怎么打，它们没有什么技术上的分别，只不过长短有了变化，锋利度有了变化而已。当然，器械的控打技术与拳脚的控打技术一样也要经常练习，否则也不能成为自然而然的本能。意拳有推手技术，推手是为技击的控打而服务的，从器械的角度讲，其实，也应该有"推械"技术，如同推手一样，要进行器械与器械间的摸劲儿训练。

前面谈到拳脚与器械的攻击方法是相同的，但器械的出尖儿问题也会更加严重。所以，从出尖儿的角度来讲，只要我们用自己的兵器守护住自己的中，在劲力的纵横变化中，运用浑圆力与意拳变幻的矛盾身法，自可优于剑道的执着之法。

在意拳的理论中，祖师王芗斋先生是坚决反对劲力出尖儿的，那刀、剑、枪与棍法的劲儿，算不算出尖呢，我认为应该算是出尖儿的，用祖师王芗斋先生的理论来说，力量一有方向就是错误，而冷兵器的攻击方式决定了兵器在使用时没有方向是很难的。这也是我一直反对有些门派通过练长枪与大杆子来增长功力的原因，因为人们一拿起兵器来，力量就有了方向，兵器越重就越容易力有方向。祖师王芗斋先生打人就没有用重兵器，用的是顺手的手杖（文明棍）。泽井健一（日本剑道四段，至少已有六年的剑龄）用剑劈祖师王芗斋先生时，老先生用手杖一崩，泽井健一就飞到了墙角（当时李永倧先生就在现场）。泽井健一倒地后连剑都没有撒手，这说明他已经练到"人剑合一"的水平了。泽井健一绝对是用剑的高手，只是他碰错了人，他碰到的是祖师王芗斋先生，在老先生面前，他的水平再高也发挥不出来了。本人也认为，技击时没有必要用多重的兵器，适手即可，只要有好身法，运用控打技术，使用矛盾力和借力打力的内功心法，伤敌不用费多大的劲儿就成。

总之，在本人来看，意拳的拳法与刀、剑、枪、棍法的劲儿并没有多大的区别，理论上讲拳法当丰富于刀法、剑法、枪法与棍法等兵器之法。故拳怎么练，器械也可以怎么练，拳怎么用，器械也可以怎么用。

4.意拳训练中的"因果"关系

从意拳的训练角度来说，其意念与形体的关系，可以看成是一种"因果"关系。意拳是因为先有了意念的"因"，其后才在"因"的状态下生成行为的"果"产生了意念下的运动，这种"因果"状态下的运动是合理的，也是真实的，反之则是做作的和盲动的。仅以意的摇辘轳试力为例，摇辘轳的意念即是"因"，由"因"而引出来的摇辘轳的行为就是"果"，农村水井上的辘轳下面会有一个承装水的水桶，水桶里有半桶水时与有满桶水时，重量是不同的，故当你的意念是空桶时、半桶水时、满桶水时，随着这个意念的"因"的不同，其行为的"果"也就会有所不同，用力的方式与力道都会发生改变，这就是意拳的"因果"，但如果意念变了，而你的用力的方式与力道都没有随意念之改变而发生改变，则这个"因果"的关系就会是虚假的，在虚假的状态下进行拳术训练，练的应该不是正确的意拳之功。

但意拳的训练还须话分两头来说，即凡事若都是因为有了"因"才能有"果"，也是有问题的，祖师王芗斋先生对拳术曾经有过专门的论述，即"无意之意是真意"，及"艺到无心始见奇"，祖师王芗斋先生的这种吊诡的思维方式，常会使人如堕五里雾中。其实，我们可以把祖师王芗斋先生的话，分层次与分阶段来理解和训练，这样就不会迷茫了。即在训练的初级阶段，其训练是要有"因果"的，但进入了高级阶段，则不要被"因果"所挟制。再有，在训练了一段时间的"因果"后，虽然自己没达到训练的高级阶段，也要时不时地忘掉"因果"，要学会体认在无意中时的身体感受。这种"有意"与"无意"的反复训练才是真正的正道。

其实，"因果"的层次并不高，它是"二"的学问，意拳真正境界是"一"不是"二"。所以什么"阴阳"了，"太极"了，"松紧"了，都是"二"，都不是最高的，即它们都不是"绝对"的文化，"绝对"的文化是"一"不是"二"。如太极是由无极而生，无极就比太极更本质，无极是"一"，太极是"二"。再如那些执着于"松紧"训练的思维方式也是"二"，松紧本是不可分的，即"松即是紧，紧即是松"，但如若把松紧给分开思考和分开训练了则就是"二"。

所以，意拳的训练，无"因果"，无意念是不正确的，但完全的强调"因果"，即死抓着意念不放，同样是有问题的。在教学上，无意念的训练是错的，唯意念的训练也同样是错的，这就是祖师王芗斋先生的吊诡之学。回到前面的话题，当意拳的训练进入到了"无意之意"的境界时，就不必再执着于意念，不必再执着于"因果"。这样，才算是真正的走入了祖师王芗斋先生的意拳世界。

5.意拳的拳术特性

意拳的拳术运动，在许多情况下有着与众不同的运动特性，如"手耍身子与身子耍手"的拳术特性，"骨缩筋伸"与"屈寸伸尺"的拳术特性，拳术劲力"缩"与"抱"的拳术特性等等。

（1）手耍身子与身子耍手

"手耍身子"是手带着身子动，运动中它们之间略有时差，即手先动，身子后动，手的动程很小，身子的动程很大；"身子耍手"是身子带着手动，运动中它们之间也同样略有时差，是身子先动，而手后动，依旧手的动程很小，身子的动程很大。

意拳在主动搭劲儿与主动进攻时，常常是"身子耍手"，在被动搭劲儿时又常常是"手耍身子"。

在意拳的某一训练阶段，如在做"神龟出水"试力时，意念可双手按在水面上或水中的浮木上，双手基本上是不动的，身子绕着手在前后、左右、上下地运动着划圆，如果其劲力是由手带动身体来运动，则为"手耍身子"，如果其劲力是由身子带动手来产生扶按之力，则为"身子耍手"。故意拳的同一个试力，在动起来外形几乎相同的情况下，其摸劲儿的内容却可以是不一样的。

"手耍身子"与"身子耍手"，由于手的动程很小，身体的动程很大，故也可以管这种运动叫"手定身移"或叫"手懒身勤"。

其实，意拳"手耍身子"与"身子耍手"的运动，只是意拳训练的初级功法，从祖师王芗斋先生的武学观是"一"不是"二"的观点来看，真正的意拳运动，应该既不是"手耍身子"也不是"身子耍手"，而应该是手与身同动，即"身手互根"。但是，在训练的基础阶段，如果一上来就进行"身手互根"的训练，许多人会理解不了，故"手耍身子"与"身子要手"，可以作为"身手互根"的敲门砖。这也是本人一直在强调的，意拳的训练，不同于意拳的理论，在训练中，有些错误但是必须要犯的，甚至有些"尖儿"都是必须要出的，虽然祖师王芗斋先生说要"力不出尖"，这也是拳术的辩证法。所以，不懂辩证法的人也练不好拳。"手要身子"与"身子要手"的这种运动，既可以把周身的筋骨打开，也可以更好的理解什么是矛盾，另外，实战时也会有它独有的功效，它既可以看住自身的间架，也可以控制对方的间架。故虽然它初级，且有这样那样的问题，但意拳人也必须要学习它。

另外，从基础的角度讲，"手要身子"与"身子要手"也是一种控制性训练法，即始终要把手给控制住，不让它在那里盲动。除此之外，更要意念真实，要把精神给拿出来，要有外力。

其实，我们可以观察一下划船的状态，看看划船时是不是"手定身移"即"手要身子"，划船时桨与船是在做争力，划船的人划桨的目的是为了行船，更有厉害的，不是用桨来划船，而是拿竹篙来撑船，把竹篙插入河底，直接把船给撑走，其动能儿一点儿都不消耗，这更是拳术中的"手定身移"。

意拳的"手要身子"与"身子要手"，意念也应该像划船一样，是手与身体做争力，或是身体与手在做争力，或是身体与手相互做争力。这三个争力是有区别的，区别在于谁是力源的问题。当身体与手相互做争力时，即互为力源，它最接近祖师王芗斋先生的本意，即"动静互根"。

另外，"手定身移"还不仅仅是划船的事儿，拽船时也同样可以是"手定身移"，如把绳子系在树上，拽动绳子，依旧是可以把船给移动过来，所以对争力的理解，不能只是向外相斥的劲儿，还有向内相合的劲儿，当然，也可以啰唆地说，是"矛盾争合力"。

总之，意拳的"手定身移"，既有划船的劲力，又有拽船的劲力。划船与拽船时实是"形遒意放"。

但是，虽然前面我说得这么热闹，但在我个人的训练体系里，我是反对拳术劲力是"划船"劲儿的，因为划船的劲力出尖儿，出尖儿，就违背了祖师王芗斋先生的拳术思想，所以，我认为划船的劲力，即"手定身移"，也是"手要身子"与"身子要手"的训练，仅可以用于初级的身法训练，而不应用于拳劲儿训练。

故不是什么东西都是要"师法自然"，而应该是有选择性的去"师法自然"，否则这也是一种执念。划船与拽船劲力的"形遒意放"，也接近于"屈寸伸尺"的训练法则，同时，它在大的概念上也可以等同于"骨缩筋伸"。

（2）"骨缩筋伸"与"屈寸伸尺"

祖师王芗斋先生有"骨缩筋伸"与"屈寸伸尺"之说。意拳的"骨缩筋伸"，可以通过站桩时"抱球"与"抱树"的意念来实现它，这种"抱球"与"抱树"训练下的"骨缩筋伸"，我给它起了一个更好理解的名字，"骨缩筋腾"，即指在"骨缩"的同时，身体的大筋要"腾"起来，总之，要有与之相对应的矛盾争力。

"骨缩筋伸"没有涉及精神层面的东西，但"屈寸伸尺"相对的就宽泛多了，"屈寸伸尺"可以理解为"形屈意伸"，即"形"屈一寸"意"伸一尺，或者是"形"屈一寸"神"伸一尺。

"屈寸伸尺"也可以通过站桩时的"抱球"与"抱树"意念来实现它。"屈寸伸尺"也是要在"屈"的同时，须有与之相反的矛盾争力，或叫矛盾争意，即在"形"屈的时候，不要忘了还须"意"伸，否则劲力就不平衡了。

"骨缩筋伸"谈的是形，"屈寸伸尺"谈的是形与意。祖师王芗斋先生还有一句与之相类似的话，叫"形曲意直"，但这句话中的"直"字我不喜欢，不如叫"形曲意方"，或叫"形圆意方"，大家也可以集思广益地想想还有没有什么更好的词儿，但无论是叫什么，祖师王芗斋先生的意图却是非常明确的，就是意拳的劲力应该是矛盾的。

（3）拳术劲力的"缩"与"抱"

祖师王芗斋先生说"发乃缩也"，本人认为，缩和抱从大的方面来看其实是一件事儿，但我们也可以想象成它们是有区别的，这样，在训练时就可以更细致入微的思考拳术的劲力问题，如可以理解为，抱是阳面地抱，缩是阴面地缩；更深入复杂的理解是，抱是阳面地缩，缩是阴面地抱；再深入一层的理解是，抱即是缩缩即是抱，是不分阴阳的，它们是一个完整的统一体。

祖师王芗斋先生的文章经常是"正话反说"，这是祖师王芗斋先生的矛盾文化。如谈到横膈膜时，祖师王芗斋先生说横膈膜一定要放松，原话是"横膈膜切忌发紧"，但殊不知在发力的时候，祖师王芗斋先生秘传横膈膜一定要紧。祖师王芗斋先生的书之所以难读明白，是因为他老人家，有时候是"正话正说"，有时候又是"正话反说"。若没有找到他的核心密钥，即我所说的"先天之功"，是分辨不出来祖师王芗斋先生的哪句话是"正话正说"哪句话又是"正话反说"的，所以，只靠读书而没有老师的正确传授是练不好意拳的。

总之，祖师王芗斋先生所说的"发乃缩也"，颠覆了整个武林世界的拳术认知，站在祖师王芗斋先生的角度来看问题，天下所有的以肌肉伸展为发力形式的拳术发力都练错了，王芗斋先生也知道他的拳术观点与大家格格不入，故才有了他在《拳道中枢》"自志"中最后的那句话："知我罪我，笑骂由人"。

在中国文化中，有一种观点很独特，即"绝对观"，"绝对观"是"一"不是"二"。许多人认为技击时的发力应该是向外施展的力量，还有人会认为站桩时的撑抱桩是要有向外支撑的力量，否则就打不了人，也抵抗不了对方的来力。这些人是没有把中国文化的"绝对观"搞明白，在"绝对观"里，撑即是抱，抱即是撑，同理，发即是缩，缩即是发，如果把撑与抱给分开了，或把发与缩给分开了，就不是"绝对观"了，就如同"色"与"空"是不能分开的一样，即"空即是色，色即是空"，这就是"绝对观"。意拳祖师王芗斋先生认为，意拳是"一"不是"二"。故大家如果把撑与抱给分开了，或把发与缩给分开了，或把"空"与"色"给分开了，就都是"二"了，就都不再是王芗斋先生的意拳了。

本人经过多年的拳术体认，认为祖师王芗斋先生"发乃缩也"的拳术理念是完全正确的，"发乃缩也"与祖师王芗斋先生所倡导的"形不破体，力不出尖""力量一有方向即是错误"的拳术观点是一致的。故本人现在志在坚守"发乃缩也"的拳术理念，并把它发展为"先天之功"的秘练心法，以续祖师王芗斋先生一脉，是"一"不是"二"，即中国文化"绝对观"之学术香火（关于"先天之功"的问题，本人在后面还会谈到）。

6.祖师王芗斋先生独特的思维方式

在意拳的发展中，祖师王芗斋先生各时代的弟子都非常的优秀，但我个人觉得，即便如此，虽然大家的拳术基因都是祖师王芗斋先生的，但都不是王芗斋先生，只有祖师王芗斋先生是王芗斋先生，换句话说，没有一个能够达到祖师王芗斋先生的境界。

祖师王芗斋先生一直在想方设法地解决执着的问题，一直在修正着世人的思维方式，如祖师王芗斋先生所常说的："我让你这么练，你就这么练，那就错了，但我让你这么练，你不这么练，你干什么来了"。这是中国文化中最经典的地方——吊诡。

如果意拳人在进行拳术训练时认真且意念专注，就会按照老师所教他的要求去练，但那正是祖师王芗斋先生所反对的，即"我让你这么练，你就这么练，那就错了"，祖师王芗斋先生还有与此相类似的话语："然而非作到全体无的放矢而不可"，所以，对意念的专注也要吊诡的去理解，即"不专注不成，但是，专注也不成"。另外，在拳术的训练时，对身体的感悟力，非常重要，也就是祖师王芗斋先生所说的体认，天分越高的人，体认的状态会越具体越精微，但凡事都是有两面性的，即双刃剑，祖师王芗斋先生有他的本能论，由于意拳的本能是高级的拳术本能，所以，似乎是可以通过意念与形体的结合训练，从而通过体认使本能被训练出来，但问题是，本能一旦被训练了，那还是不是本能，在本能被训练的过程中，体认很重要，但是体认的状态越好，对身体的控制力会越强，这种状态，实是一种"养成教育"，也可以简单的说成是"动力定型"，但问题是，体认了该体认的东西，那体认之外的东西是不是也要体认，如果在体认中体认了体认之外的体认，那开始时的那个体认还能是正确的吗。所以，体认也要用吊诡的思路来看待才好，即无体认不成，但是，真正地去体认了也是不成的。如果不是吊诡的来看待这些问题，那这种训练就会是一种执着，会是一种拳术训练与拳术思维方式的出尖儿，这应该也是祖师王芗斋先生所反对的，所以才会有了祖师王芗斋先生所说的"无意之意是真意"。我所说的不体认，并不是真的不体认，而是指不要有"知见障"，因为当人打开一扇门时，一不留神，就会关上一扇窗。只有绝顶的有顿悟资质的天才，才能门窗俱开，打成一片。所以，要有体认的体认，即大体认，这个大体认就是祖师王芗斋先生的"浑圆"观，否则就是局部的体认，局部的体认不是真体认，是"知见障"，过去所常说的"越有知识越无知"，也是这个道理。

从祖师王芗斋先生的思维方式出发，在拳术训练中所感知到的每一个得意的东西，其实都是错误的，都是最终要被再次否定的，这也是我所说的体认所存在的大问题，因为体认本身就是错误的，当拳术的体认被自认为是正确时，恰恰是错了，只有当我们认为这个体认有问题，并怀疑和否定这个体认时，我们反而有了逼近正确的希望，但一定注意，依旧不是正确，只是逼近了正确，只要不是正确，逼近了也是依旧是错误的。因为对拳术的认知，从来就没有正确的事情，对拳术的理解，完全不能拿日常的思维方式来套用，现在有这么多的人学不出来，就是因为大家都是在拿正常的思维方式来套用祖师王芗斋先生的理论，殊不知，祖师王芗斋先生的拳学理论是反常态的，一切的常态知识，都会使祖师王芗斋先生的拳学走向王芗斋先生的反面。

所以，在祖师王芗斋先生的文化里，得到了，恰恰是要放弃的，知道了，恰恰是要否定的，只要有了找寻的念想，找寻的这个念想的本身就是错的，即不作为尚好，一有作为就是错。这就是祖师王芗斋先生之学的最伟大最精妙的地方，即他的吊诡性。

在现实中有许多案例和祖师王芗斋先生的吊诡之道有些类似，如在美术教学中，为了要强调艺术的原创性，美术老师也会要求学生，既不能不按照老师的要求去做，也不能照抄老师的范画。意拳与之的区别在于意拳（大成拳）是要进行自我否定，而不是由别人来否定，我们一个人自己在练功的时候，没有人会来否定我们，除非老师在现场，当没有人来否定我们的时候，则考验着我们对祖师王芗斋先生拳术的真正理解，这也就是祖师王芗斋先生所说的"我让你这么练，你就这么练，就错了"。所以，没有祖师王芗斋先生的悟性是练不出祖师王芗斋先生的那种功夫的，因为祖师王芗斋先生是矛盾老人。祖师王芗斋先生也很痛苦，因为没有人能真正地理解他，大家学的都是他表面的东西，这一个法，那一个法的，好像很严谨，也好像很科学，但是大家都是在丛林里兜圈子，只是这个圈子很大，好像自己走的是直线，其实是"鬼打墙"，兜了一大圈又都兜回来了。

就是因为没有理解祖师王芗斋先生吊诡的思维方式，所以，如果不是在本质上解决这个问题，再怎么学，学的也不是祖师王芗斋先生的东西。

7.意拳训练的"一"与"二"

从意拳第二代开始，意拳的训练已经与祖师王芗斋先生的训练思路有了区别，二代人所传播的主要是二代人自己对祖师王芗斋先生理解的东西。本人认为，其他人所传播的意拳与祖师王芗斋先生意拳的最大的区别，就是"出尖儿"与不"出尖儿"。

祖师王芗斋先生的脾气不好，弟子们要是没练到，王芗斋先生是不会同弟子们讲拳的。郭云深老先生教王芗斋先生时没有费什么事儿，王芗斋先生的悟性好，一练就练出来了，但祖师王芗斋先生所遇到的弟子们却大都没有他老人家那样的灵性。故不客气地讲，在当时，没有几个人能听懂祖师王芗斋先生说的是什么。祖师王芗斋先生常说的一句话是："我的烤鸭不零卖"。众弟子们则在私底下抱怨说："整只烤鸭不拆开了又怎么能吃"。

在祖师王芗斋先生的眼中，前后力就是左右力、就是上下力，所以，在老先生的拳学体系里就没有前后力之说，也没有上下力与左右力之说，祖师王芗斋先生有的只是浑圆力，即是一种"力无单一方向"的爆炸力。

为什么意拳的弟子们许多人理解不了祖师王芗斋先生呢，本人认为，这与祖师王芗斋先生的学拳经历有关。王芗斋先生学武术，从一开始就不是为了技击，而是要治病，祖师王芗斋先生是因为有哮喘病，为了治病才去学武术的。但那些找王芗斋先生学拳的弟子们，大多是来学技击的（少部分的病号除外，但病号们的天资与勤奋也不能同王芗斋先生比），故他们学拳的出发点从第一天开始，就与祖师王芗斋先生南辕北辙了。

王芗斋先生为了治病，没有必要去练出尖儿的力量，也正因为如此，王芗斋先生反而由此触摸到了中国武术的核心内容，最终修成了正果。其实，只要是以技击为目的拳，就没有不出尖儿的，祖师王芗斋先生是特例。所以，大家都与祖师王芗斋先生不在一个频道上，祖师王芗斋先生与大家想的不是一件事儿，那大家又怎么可能会理解王芗斋先生。甚至出现了王芗斋先生说"东"，大家理解成"西"的现象。祖师王芗斋先生曾与弟子们做过武术是"一"不是"二"的争论，但大家并没有理解王芗斋先生的真正意图，最后，老先生无奈的撂下一句话："一万个一也是一"。大家听不明白就听不明白了。

在祖师王芗斋先生的拳学体系里，劲力的前后左右上下，是"一"不是"二"，更不是"三""四"，听起来的确不好理解。"提顿、吞吐、沉托、分闭"，是"一"不是"二"；打顾（顾可以理解成防守）、顾打，是"一"不是"二"；进退退进，左突右冲，是"一"不是"二"；上下纵横、起伏高低，是"一"不是"二"，……所有的东西，在祖师王芗斋先生这里，皆是"一"不是"二"。这与祖师王芗斋先生的烤鸭，是整的，是不零卖的，是一个道理。

这也是祖师王芗斋先生为什么不谈丹田力的原因，因为一谈丹田力，就不是一了。丹田力一旦独立的来谈，就局部了，就出尖儿了，就执着了。诸如筋骨力，肌肉力，呼吸弹力，精神力......它们是一个整体，皆是"一"不是"二"，在祖师王芗斋先生的眼里，拳术的东西，没有什么是可以拿出来单独而论的。

但祖师王芗斋先生的许多弟子们却普遍的认为，拳术中的东西，若不单独的一个一个地来训练，是无法上身的。所以，大家都在私底下把祖师王芗斋先生的东西给拆开了来练，如先练前后，再练上下，再练左右。这是大家与祖师王芗斋先生在拳术认识上的主要区别。

在这里，有一个重要的环节，或许许多人会没有注意到，这就是为什么大家非要去练前后、左右、上下力呢。祖师王芗斋先生从来就不去练前后、左右、上下的单向力，但前后、左右、上下力却自然就生成了，不想去打人，却有了打人的绝技。本人认为，除了如前所述是因为大家与祖师王芗斋先生不在一个频道上的缘故，还是因为祖师王芗斋先生修的是大道，对于祖师王芗斋先生来说，技击只是个末技。

由此，我们可以这样的认为，祖师王芗斋先生实际上是由其他的行业（如养生健身的行业或人体生命科学的行业），转轨到技击行业里来的。祖师王芗斋先生的东西，甚至不能算是武术，而应该算是"人体生命科学"的修行术。让祖师王芗斋先生讲拳，是大博士转轨成了小炉匠。祖师王芗斋先生一直再说，要做大博士，不要做小炉匠。但是，大家都在做小炉匠，都在热衷于学习小炉匠的东西。因为，大家学拳的目的就是技击，而不是要去探究人的天性，探究生命的本源，探究身体的良能。故大家本身就是在追求着小炉匠的东西，又怎么能听得懂要成为大博士的东西呢。

所以，回到原点，大家都是因为心里想着要技击，故才会听不懂祖师王芗斋先生所讲的东西，甚至骨子里就不想去听祖师王芗斋先生所讲的东西。这才有了祖师王芗斋先生的感叹"不知吾道千年后，参透禅机有几人"。

站在祖师王芗斋先生的角度去思考问题，本人认为，那些找前后、左右、上下力的东西，包括练筋骨力，练丹田力，练松紧力的东西……只要是把东西单独的拿出来练了，就与练"银枪刺喉"的功夫一样，都算是"绝活儿"。单独的拿出来练了，就是"二"的学问，就不是"一"了，就违背了祖师王芗斋先生的"整只烤鸭不零卖"的原则。

祖师王芗斋先生有了整体力后，可以反过来说局部力，如力可以分为"惯性，离心，弹簧，杠杠，螺旋"，也可以分为"提顿，吞吐，沉托，分闭"。即有了"一"可以回过头来说"二"，但"一"不是由"二"来练出来的。再如，把一个活着的鸭子，可以肢解给大家看，告诉大家里面有"心、肝、肠……"，但把一个个的"心、肝、肠"再缝合起来，却不会是一个活着的鸭子，即整体可以拆成局部，但局部加局部却不可能再是原来的那个整体。故祖师王芗斋先生的烤鸭，是不能拆开的，拆开后，已经不再是祖师王芗斋先生的那个烤鸭。

既然祖师王芗斋先生的烤鸭不能拆开，那意拳又怎样训练呢。本人谈一下自己的观点，本人管意拳叫"缘分拳"，练功时，缘分到了，会练到筋骨，练到筋骨时，就要体察筋骨的东西，若没有练到筋骨而去强行的单独的去练筋骨，就是出尖与执着，就等于是把烤鸭给拆开了。另外，缘分到了，会练到人们所常说的呼吸吐纳之功，意拳叫"试声"，练到试声时就要体察脏腑及周身气血通达的状态，祖师王芗斋先生的原话为"有声如幽谷撞钟，无声则气充毛发"，但若提前强练试声，就是局部与执着，也等于是把烤鸭给拆开了。所以，练拳要随缘，而不要强求，要"来者不拒去者不留"，缘分尽了，"去者强留"也是局部。练到哪儿，就说哪儿的事儿。练功不要贪功夫，甚至宁可慢一点儿，也不要强求。这也是祖师王芗斋先生的"偷懒"之学，即"练拳要留有余兴"。

练拳要会"偷懒"，不要急着找东西，要学会能够耐心的"等"东西。应该是"勤练懒得"，若是"勤练急得"，就会执着，就会局部，就不是随缘，就等于是把祖师王芗斋先生所说的烤鸭给拆开了。另外，"勤练懒得"似乎也是做人的道理。

意拳一切的意念活动，都是为了这个"得"而在创造着条件，等到要得的东西真的来了，再去深刻地去体察它，去训练它，去掌握它，去使用它。在这之前的一切意念，只是意念，只有缘分到了，东西真的来了，这时的意念才不再只是意念，而是一种切实，也可以说，这是一种"精神变物质"的训练，但是"物质"没来之前，不要强求，意念仅仅只是一种媒介，切不要把媒介当成物质。

上述的这些林林总总的东西，说起来容易，但练起来则极不容易，稍有贪念，就会执着与出尖儿，所以，意拳没有悟性真是练不了，长此以往，祖师王芗斋先生的学问，就要失传了。大家是有幸学了意拳，也是不幸学了意拳，如果学的是别的拳种，也不会费这么大的心力。

本人认为，习练意拳，从"一"的角度来思考问题，首先应放下任何的执着与贪念，静下心来，以感恩的心态面对世界，在松、静、自然、感恩的心态下去练拳。果能如此的话，拳术中的戾气与执着也会逐渐地消融。

过去的师父们一直都在谈论武德，其实，真正的武德应是向祖师王芗斋先生一样，不要有任何出尖儿的贪念，拳不出尖儿，心意也不出尖儿，身体与内心都不要有任何执着的状态。所以，要想达到祖师王芗斋先生的水平，先要达到祖师王芗斋先生的境界。

由此，想到曾看到的一篇短文，可以在这里分享给大家："有人问一位老人，你总是在练拳，最终得到了什么？老人答，什么都没有得到。再问，那您为什么还要练拳呢？老人笑答，我学拳和练拳让我失去了浮躁、纠结、狭隘、挑剔、指责、悲观、忧郁和沮丧，失去了肤浅、短视和计较，失去了无知、干扰和障碍，更失去了虚伪与贪念。练拳的目的不是为了做加法而是减法，不是为了得到，而是放下！"此文有些意思，但也许会有人问，我放下了，又如何还要再练打人的东西，其实，这个问题我在前面已经谈到，意拳的技击不是目的，而是修正我们的手段。在修炼的过程中，通过技击可以时时修正我们身上的东西，使我们免得走入歧途，因为，若没有了技击做准绳，许多人会使意念变成为臆想，有的人练气功练成了神经病和精神病，就是因为没有了技击这个缰绳看管着而使自己变成了脱缰的野马。

　　武术作为中华民族优秀的传统文化，须是要文武双修的，离开了文，武术中许多内核的东西都难以理解；离开了武，即离开了技击，拳术当不再是拳术。故执着于哪一方面都不是大道，都不是祖师王芗斋先生所倡导的"拳拳服膺"之拳。总之，这些问题合起来看，都是"一"的学问（关于武术是"一"的问题后面还会谈到）。

第二章 意拳站桩

第一节 意拳功法漫谈

1.意拳的站桩换劲训练

祖师王芗斋先生所创立的意拳，以站桩为本，认为"大动不如小动，小动不如不动，不动之动，乃为生生不已之动"。意拳的站桩功法，正是"不动之动"（也可称之为是蠕动，即表面上看不出运动的运动）的根本体现。

意拳的站桩功可细分为两大类。第一类为健身桩，又可称之为养生桩，在拳术训练中，这实际上是一种"换劲桩"；第二类为技击桩，在拳术训练中，实际上是一种"摸劲桩"。

意拳站桩功的以上两类功法，以第一类的健身桩即"换劲桩"最为重要，它是意拳入门的关键。

"换劲桩"从养生健身的意义上讲，同传统的佛家、道家及俗家的养生术一样，均能起到养生健身、祛病除疾的作用。但"换劲桩"又不同于一般的养生术，它既不需要意守丹田，或意守身体内部的某一部位，也不需要意念进行吐纳导引，更不需要掐诀念咒或接什么宇宙信息。意拳是在佛、道、儒、俗、医、武理论学说及养生健身术的基础上，取其精华，去其糟粕，升华其精神，通过意念的假想训练，进行系统的体能开发，藉以改变人体内在的机制。在站桩中，"不期然而然"经络血脉会自然而通，经过上万个练功者的实践检验，几十年来从未出偏，对各种慢性病及疑难杂症，均有明显的疗效。人体的体内循环机制，与其主观的控制或人为地限制它，不如良性地去诱导和开发它，以发挥其自身的潜在能量。意拳的意念活动，正是从体外来对自身进行良性诱导，如站桩时要"浑身肌肉挂青霄，毛发根根暖风摇"，再如"敛神听微雨""悠然水中宿"等。这种以身外意念为主的训练方法，是祖师王芗斋先生的独创功法。

练站桩的人，常会有这样一种体会，当站桩真正进入状态后，则感觉不到时间的流逝，练完后，才发觉时间已过了很久，这是因为此时人的生理循环状态自然减慢，如同龟蛇的冬眠一般，并乐而忘时所致，国外称此为"钟慢效应"。人在日常生活中，若能维持体内新陈代谢的这种"钟慢"状态，则自然会延缓衰老。另外，意拳站桩可以对人体潜能进行深层开发，以达到强身、健体、益寿延年的目的。

养生桩从技击角度上讲，则更具有极为实际的意义。一般情况下，初学意拳的年轻人，多是以技击为实际目的的，这些人常会认为自己既年轻又没有什么病，自不必费时间去站什么健身桩，即使去站也会心猿意马，敷衍了事。这种心态自难入健身桩之妙境。殊不知意拳健身桩，实际上是技击中的"换劲桩"。所谓"换劲"，即通过站桩，换掉人体的一切非拳术旧力，即僵紧注血之力。这种注血之力来源于常年的体力劳动或常年的局部用力习惯。"换劲桩"的意念内容，主要是通过各种意念的精神假借，从而使身体一次次地尽可能放松，可以说这是一种"减力"训练法。所谓"减力"训练，就是要把人体一切的局部力量剔除掉，以便为将来产生只适合于拳术运动的均整协调的本能力而打基础。在"换劲"基础上，人体所产生的本能力，是与大气相应合的一种拳术劲力，亦是祖师王芗斋先生称之的"假宇宙之力波"之力。这种力同以"加力"为目的的所谓西方训练法练出来的注血肌肉力是对立的。换劲桩的"减力"训练，是建立在传统东方"空""无"思想基础之上的。老子在《道德经》中曾言："为学日益，为道日损，损之又损，以至于无为，无为而无不为。"西方的注血之力训练法产生的肌肉力可说是"为学日益"，即只要学就会有看得见的提高，肌肉会越练越粗壮，然这却是人为的小道之力。意拳的训练法则是"为道日损"，即学真正的大道，在表面上看，似乎一天不如一天，直至练到如什么都没有了一般。然而，只有"无为"才能有最终的"无不为"，只有旧力除尽，才会有新力产生。意拳的修炼过程，正是这种从"有为"逐渐修炼到"无为"，即由原来的注血之肌肉笨力，修炼到注血之力消失（无为状态），进而达到得"假宇宙之力波"之真力（无不为）的过程。当站养生桩或曰"换劲桩"达到注血之力消失，而进入"无为"状态后，换劲阶段即算完成。

意拳在功法修炼上最看不出效果的阶段，就是"换劲"阶段。很多人感觉，在此期间，身体在外表上好像毫无进展，原来在搏击中尚能对付一两个人，可能在这阶段反而会挨打。但"换劲"阶段一过，旧力除新力生，则会发生质变。在功法修为上，一年可抵别人好几年，并且会进步的越来越快，不但补上了原以为失掉的时间，而且还会远远地超过别的对手。

未换过劲的人，身上无真力可言，如同是"生米生饭"，最强也不过是"夹生饭"，在武术中可称此为"生熟劲"，该劲尚未步入武学之门。当然，养生桩的"换劲"，并不仅是一放松即可完成，它有一系列的训练内容。王芗斋先生在1928年所著的《意拳正轨》中，曾专门谈到过"桩法换劲"。祖师王芗斋先生指出"欲求技击妙用，须以站桩换劲为根始，所谓使其弱者转为强，拙者化为灵也。若禅学者，始于戒律而后精于定慧，证于心源，了悟虚空，穷于极处，然后方可学道。禅功如此，技击犹然"。
祖师王芗斋先生的"使其弱者转为强"不是强壮其肌肉，而是强壮其精
神，"拙者化为灵"，更是指"桩法换劲"，去掉人体之僵滞笨力，其"了
悟虚空，穷于极处"则是一种"无为"之法，只有经此而换过劲后，才能
"然后方可学道"。

总之，健身桩（换劲桩）是意拳中最不易引起年轻人及健康人的注意
的初级功法，但它却是绝对不能跨越的根本阶段。

2.意拳的平衡训练

意拳训练时，从腿部的状态来看，站桩的间架可以是平行步、八字
步、并拢步、丁八步、独立步等多种间架，不同的间架，身体的平衡感受
也会不同。

站桩时为了使身体达到周身的劲力平衡，可以在间架的配置上意念为
身体挂长衫，即长衫的前襟与后襟及左襟与右襟都要一样的长，若衣襟前
长后短，则说明身体过于向前弯曲了，若衣襟前短后长，则说明身体过于
向后弯曲了，左右衣襟长短的道理也是一样。还可以意念为头顶竹竿，要
像杂技演员一样，须使头上的竹竿始终能直立不倒。如果还有水平，则可
以增加难度，如脚下踩球、头顶竹竿，可以两脚各踩一个小球，也可以大
球上有一个木板，两脚踩在木板上。还可以双脚踩在漂浮在海面上的木板
上，然后头顶竹竿，这个难度更大，不光要解决自身的平衡问题，还要解
决大海的波涛起伏的平衡问题。另外，竹竿的高度也可以随着训练水平的
提高，在意念上使其越来越高。当然，意拳的训练不要贪功夫，要循序渐
进，对于初学者来说，能够解决好"挂长衫"的问题就已经很不容易了。

平衡的前提是守中，从头顶到会阴穴，人体的内部有一个隐藏的中
脉，这个中脉只有练武术的人会关注它。站桩（平行步桩）时须使这个中

脉最终要从头顶到会阴穴再到地面，不偏不倚地落在两腿的中间，如果中脉对不正，不仅是意拳间架不正确的问题，也会使人体在内在的气血运行上出现问题。所以，中国传统文化中的"立身要正"，不仅仅只是礼仪上的事情，它也涉及养生健身的学问。

意拳间架的平衡问题，在许多情况下是通过情境训练来实现的，我们在意念上可以先为自己设定一个特殊的环境，如意念为自己置身于寂静的湖水中，湖水不动，我们的身体也不动，感受通过控制自身的平衡，而不去扰动湖水的宁静。这是一种控制训练。通过这种训练，可以对自身的情况有个全面的了解，如自身什么地方听指挥，什么地方不听指挥，什么地方敏感，什么地方不敏感，什么地方有能动性，什么地方没有能动性。这样就可以针对身体的问题，进行有的放矢的训练，如先让那些躁动的地方逐渐的静下来，做到"一静无有不静"。这个训练看似简单，其实很难，身体中的许多地方就是不听话，就是静不下来，要想让"形"与"意"达到统一，没有一些时间，是做不到的，这就是功夫，只有让那些不听话的地方静下来，即当那些不听话的地方逐渐的听指令后，将来才能让那些地方动起来，做到"一动无有不动"，故这种控制性训练，在初级阶段极为重要。

当自己置身于湖水中的平静训练掌握之后，我们就可以进一步地进行外力扰动的平衡训练。如意念为自身处在流动的河水或大海中，当水流冲击到自己的身体时，自己是不是也能够平衡地站立，这时的训练要求是，自己既不要做中流砥柱，也不能随波逐流。这话听起来似乎矛盾，其实，大家想一下浪中鱼，就都明白了，祖师王芗斋先生也有"风中旗，浪中鱼，是借鉴之良师"之说。如果在意念上，面对水流自己变成了中流砥柱，如想象自己是桥墩，那除了能练出抗打击的笨劲儿来，与空灵之境则会永远地无缘了。另外，如果面对水流在意念上想象自己是水草，也是不对的，那就会随波逐流，会把"一"的文化练成了"二"的文化，即先"化"（即"化"掉对方的来力）而后"发"，而真实的意拳"化"与"发"是同体的，是不能分开而论的，分开了就不是"一"而是"二"了，往往分开了就会失机失势，遇到速度快的对手，即使化开了对方的来力，由于自己是"二"而不是"一"，也没有再打对方的机会了，这也是许多人在技击时总是被动的原因，因为在他们的训练体系里，缺少甚至是没有"一"的文化。所以"既不要做中流砥柱，也不能随波逐流"的训练思路，看似简单，其实很高妙。

意拳的平衡训练，从技击的角度来讲，可以通过假想敌来帮助我们完成训练。如在意念上想象有敌方来攻击自己，在敌方的劲力施加在自己身上的瞬间，自己通过调整阴面与阳面的关系及调整内空间与外空间的关系而控制平衡。这种训练也可以一步一步分步骤地来进行训练，如在意念上可以想象敌方的攻击由轻入重，由缓至促，由单击至连击。这种训练也要解决是"一"不是"二"的问题，即意拳的"接发力"是一触即发的，初级阶段练习的时候可以有所分解，但深入的训练后，必须是"一"而不是"二"。

总之，意拳平衡训练的方法有很多，仅从间架上讲，就包括了：站在平地上，站在马路沿儿上、站在高门槛儿上，站在高木桩上及上面谈到的在意念上站在球上，站在水面上等。

平衡问题是意拳训练中的大问题，从整体上讲它涉及训练的方方面面，诸如间架平衡、呼吸平衡、气血平衡、松紧平衡、动静平衡、内外空间平衡、心神意念平衡，以及它们与肢体运动的平衡等，这些相互的错综复杂的关系，不通过站桩训练是解决不了的。祖师王芗斋先生所说的"形不破体，力不出尖"，就涉及了平衡的问题。祖师王芗斋先生自称为矛盾老人，其矛盾的方方面面也无不涉及平衡问题。所以，平衡的小概念会涉及训练时诸般的甚至是犄角旮旯的具体内容，平衡的大概念则要对意拳整体框架进行把控，而且它还是动态的，是自始至终皆不断调整变化的，可以说意拳的平衡之道没有终点，永远是过程，永远在路上。

3.意拳的情境训练

意拳的站桩与试力皆涉及情境训练，尤其是站桩训练更是如此。意拳情境训练，既包括身内也包括身外。在身外，从养生健身的角度出发，须用意念建立起对身心有益的美好环境，如绿草如茵、风和日丽、鸟语花香等，并让身体处在这美好的环境之中，让身体和缓，心情愉快，荡涤一切的烦恼与忧虑，寄情于美景之中，拥抱大自然。也可以体会周身有轻风拂面的感觉，还可以体会淋浴的感受，或感受身体在水中，水流慢慢流过身体，既有浮力又有阻力，或感受身体在寂静的水中，与水俱静并融于一体。在身内，从养生健身的角度出发，须使呼吸平稳，心神宁静，身体舒适，松静自然。另外，还须身内与身外相关联，如极目远望，可以想象天外的云卷云舒，也可以想象能够看到天水相连的大海或绵绵的云海山峦，也可以想象能够看到一望无际的草原。可以闻到雨后泥土的气息，芳草的馨香。可以听见远处的蛙鸣，蟋蟀的叫声及幽谷的鸟鸣。由近及远，可以想象能够听到宇宙的天籁之声。可以想象口含薄冰或薄荷，口内生津，舌似有似无的与上颚相关联（俗称"舌抵上颚"，但应以似抵非抵为宜）。

所谓的情境训练，就是要通过意念来建立美好的情境，把人的"眼、耳、鼻、舌、身、意"都调动起来，这是一种"移情"训练，它可以调动出人体的快乐因子，达到养生健身的目的，同时这也是技击的入门功夫，还可以建立起初级的精神力量。如果在情境训练的同时，再把手臂给适度地抬起来，或能把双腿适度的蹲一蹲，则还能建立起初步的间架力量。

情境训练，想象力丰富的和情感浪漫的人上手最快，平常不浪漫的人及想象力不丰富的人，通过意拳的这种情境训练，在性情方面也会慢慢地有所改变，所以，练意拳不仅强身健体，也可增智怡情。

4.意拳的意感体验

练意拳精神要切实，要有假想成真的真实体验，首先要能感知到身外的阻力与牵扯之力。具体的感受可以先从局部入手，如先感知两手之间有阻力感，继而感知双手与身体之间有阻力感，逐渐的要体会到"六合"的精要；如首先要体会的是人体的"外三合"，既而再逐渐地体会到周身无处不相合。

可以通过抱球的意念来建立起身体的"六合"，即"手与足合，肘与膝合，肩与胯合。心与意合，意与气合，气与力合"，再用意念感知周身的阻力，既而再由周身的阻力扩大到身外的阻力，感知身体任意的前伏、后仰、左倾、右靠，皆有阻力相依托。

除了真实的阻力感受外，再进一步，还要建立起周身牵扯的诸般感受。首先是头、手、足与颈、项、肩、脊、腰、胯、膝、肘、腕、踝等部位的牵扯之感，可想象人体有五张弓，即手与手，足与足，手与足，手与头，足与头等，其实不止五张弓，有支点就会有弓与弓相牵连，若说细致点儿的话，每一个手指的指节与指节之间及手指与手指之间，每一个脚趾的趾节与趾节之间及脚趾与脚趾之间，都是一张一张的弓，以此类推，周身的所有关节处，也都是一张一张的弓。

自身的牵扯建立起来了，就要考虑与身外的牵扯，如四肢百骸与身外的远处之大树相牵挂，或与远处的云朵相牵挂，或与身外的风筝相牵挂（进行放风筝训练）。

身外的牵扯以"主动力""被动力"及"主动力转换为被动力"为主，

如先用意念牵挂或拽远处的大树（这是"主动力"），不要真的把大树拽动，而是有那么一点儿的意思即可，结果树没有拽动，反而把自己身体的间架给拉开了，这样间架的开合就变成了"被动"的运动，这就是"主动力转换为被动力"的训练，并由此建立起身体与身外的牵扯之力。

建立阻力与建立牵扯之力，是练意拳入门的基本功，如果身体中一直没有这种感受，则可以确定，此时的训练，在意念上尚未能假想成真，若意念没有能成为真实的感受，则训练会很辛苦，甚至会很痛苦，完全要靠毅力来坚持。一旦能假想成真了，意念的感受切实了，则会体会到祖师王芗斋先生所说的"因友人习之甜蜜"的"甜蜜"感，从养生健身的角度讲，只有在这种状态下的站桩，才是有益于身心健康的站桩功。

5.意拳的空间训练

意拳的训练，在很多情况下是空间的塑形训练，我们可以将自身的间架形态看成是"正形"，而将身外的空间形态看成是"负形"，我们自身所有的间架形态，即我们的"正形"，其实是由我们身外的空间形态，即由"负形"所决定的。具体如仅以手的形态为例，我们站桩时手的外部空间始终都决定着手的形态，具体到每个手指的形态及手指与手指之间的形态，都可以由手指之间的空间形态所左右，身体的形态更是如此，身体中的各种间架，都是由外部空间所决定的，即是由"负形"所决定的。故通过调整身体之外的空间，即调整"负形"空间，可以达到调整自身间架的目的。

站桩与试力时，当身外的空间确定下来之后，就可以通过身外空间的变化来锻炼身体，如通过意念让身外的空间进行逐渐的膨胀，膨胀的空间会压迫自己的身体，使身体产生反抗外空间挤压的张力，又可让身外的空间逐渐的收敛后退，这样自身的身体就会逐渐地占据外空间所腾出来的地方，使自身在意识与体认上感受到身体逐渐地长大。

外空间在意念上可以是气，可以是水，可以是泥土，外空间的物质不同，锻炼的内容就会有所不同，自身的体认感也会有所不同，在意念上外空间越厚重，自身的感受就会越强烈。

在与外空间的斗争中，意念中的物质不同，自身突破外空间的状态也会完全不同。如当想象外空间是气态时，则自身突破气态空间的身体密度与力度会与想象突破固态空间的密度与力度是两种完全不同的状态。故空间的内容不同，锻炼出来的身体状态也会大不相同。换言之，改变了外空间的密度也就改变了身体的状态。

外空间的动态变化也会直接影响甚至是左右着自身的间架状态，如外空间像水一样的流动，外空间有气韵般的松紧变化，外空间有涡旋拧裹等等。另外，当身体的一侧突然出现空间的失衡时，空间的瞬间变化就会改变自身的间架变化，即空间的失衡变化会产生身体的位移与平衡变化。具体如人体的身前若突然出现了真空，这时身体就会突然的向前位移，其速度应该是超速的，这是一种外力训练。

技击时，这种外力的改变，可以瞬间的改变自身的状态，这也是意拳在许多方面优势于别派武功的原因，因为意拳的训练方法是与众不同的，即除了有身体的内空间训练，我们更有外空间训练。

人的身体很神奇，以意念为因，以行为为果，有什么样的因，长期训练，就会有什么样的果，这也是意拳与众不同的地方，当然，这一切，都取决于假借意念的真实，如果假借不能成真，那就不是意拳而是空想拳和自欺欺人拳了。假借不能成真的原因有很多，一是自身的悟性不高或缘分未到，二是意念超前不切实际，三是漫天空想不下功夫去体认训练，另外三天打鱼两天晒网者也不能入其妙境。

所以，意拳若缺少意念就会是"形"拳，永不得精深，但若唯意念论又会成为不切实际的空想与玄学。若用祖师王芗斋先生的拳论来对应，"形"拳等于是"执着"于己身，空想等于是"离开"了己身，祖师王芗斋先生的原话是"执着己身无物可求，离开己身永无是处"。

6.意拳的筋膜训练

人体的筋膜强健是劲力强大的主要因素之一，甚至是最主要的因素之一，筋膜训练可以纳入内力训练的范畴。西方人也一直在研究这个课题，最终的研究结果是，在强烈的运动中只有当人的肌肉力量用尽后，人体才会不得不开始调动起筋膜的能量，换言之，要想训练筋膜必须要运动到身体的极限。但这种身体的极限运动没有超强毅力的人是坚持不下去的，另外，即使意志上可以坚持，但心脏却也不一定能够承受得了，而意拳则不然，通过近乎静态的站桩训练，在祖师王芗斋先生主张要"留有余兴"讲求循序渐进的状态下，虽然增加了运动的时间与强度，但意拳的这种训练无论如何，都不会给心肺功能增添负担。

意拳的站桩训练，在身体能够承受的情况下，祖师王芗斋先生提出了要过三关，即"半时为一关，一时为二关，二时为三关"，祖师王芗斋先生所说的半时是指半个时辰即为一小时，一时是指一个时辰即为两小时，二时是指两个时辰即为四小时。当站桩的训练强度能达到三四小时之时，人体的筋膜即被激活了。但也不是谁都能如此训练的，有的人站桩站到两小时时就已经站不下去了。

本人是反对有些人强行站桩四小时的，但凡属强行训练的没有一个人是长寿的，许多的武术家得到了功夫却丢掉了性命，这是贪功夫的结果。还是祖师王芗斋先生说的好，要"留有余兴"。每个人的身体状况不同，不能一刀切，另外，同是一个人，每天的状态也会不同，有时候，站一会儿就站不下去了，而有时候站四小时都不累，如果在"留有余兴"的状态下还能站四小时，而且还不失训练的诸般要求且还能完成训练的诸般内容，那这人就真是太有练拳的缘分了。

筋膜训练在意念的初级阶段，可以想象将自身的筋膜连接成整体，限制一切局部的妄动，周身皆要整体意动，另外，还可以通过双目远望与内敛及"无视"与"凝视"的松紧训练，来调肝气以滋养筋膜。"食气入胃，散精于肝，淫气于筋"《素问·经脉别论》。"肝气热，则胆泄口苦，筋膜乾；筋膜乾，则筋急而挛，发为筋痿"《素问·痿论》。中医认为目与肝相关联，肝气与筋膜相关联，故意拳的站桩训练，可以通过训练眼目来加强肝气，通过肝气来强大筋膜。但本人亦认为，一切皆不能执着，要本着"勿忘勿助长"的原则，随着时间的推移让它自然生发，反之一执着反而会造成局部的郁结，使原本自然的反而变得不再自然，成了戕生运动。

总之，意拳站桩的筋膜训练看似简单，但内容却极为丰富，它是一个系统工程，须主观意识与体认及与客观实践相结合并长期积累才能成形，本人所述的也只是意拳训练的冰山一角，许许多多的东西非是这点儿笔墨文字所能说清楚的，非面对面的言传身教而不可得，本人在此仅仅是抛砖引玉。

7.意拳之"中"

意拳的站桩、试力及技击训练，皆离不开"中"的学问，本人认为，关于"中"的问题，可以分几个方面来谈，第一个方面的"中"是人体的形体之中线；第二个方面的"中"是人体的中脉的中线；第三个方面的"中"是人体的重心的中线。从身体重心的角度来说，"中"又可分为，一是站桩时"中"的训练法；二是试力时"中"的训练法；三是摩擦步时"中"的训练法；四是发力时"中"的训练法；五是推手时"中"的训练法；六是断手时"中"的训练法。

意拳推手与技击时，须用自己的"中"来对应对方的"中"，但不能拿自己的全部的"中"来碰对方的"中"，只需用身上的一个点来碰对方的"中"，用全部的"中"来碰对方的"中"就劲力出尖儿了。具体讲，是用自己身上"中"的一个点而通过自己的梢节来碰对方的"中"，因为我们自己用的是梢节，故对方很难能够通过我们的梢节来反控制我们。但这也有一个前提，就是自己站桩功的水平要高于对方才成，自己的梢节能够时时地与自己的"中"相通联，又能随时的与自己的"中"断开，其一通与一断之间，用时越短水平越高，量化一下的话，若自己在一秒中之内能通与断20次，而对方一秒中之内只能通与断10次，那他就永远也摸不到你的"中"，而你则可以时时地碰到他的"中"，随时可以破坏他的平衡。

所以站桩时的其中一个训练内容就是，一是先要找到自己的"中"；二是让自己的梢节与自己的"中"相合；三是要进行通与断的训练；四是要缩短通与断的时间；五是要把"中"分成无数个点；六是梢节要能同无数个"中"的点相通联。若给这种训练起一个名字的话，由于涉及的内容很多，故会有很多个名字，诸如"联通训练""平衡训练""断点儿训练""空间训练""动静训练""松紧训练""开合训练""悠扬训练"等。

从技击的角度来说，我们能控制住对方平衡的那个点，那个点就是对方的"中"，反之那也是我们的"中"，即只要对方能使我们失重，那就等于是对方打到了我们的"中"上。

在推手和技击时我们坚决不能让对方找到我们的"中"，否则我们就会被对方所控制，所以我们要化掉对方打我们"中"的那个力点，化掉对方打我们"中"的力，可以通过身法，也可以通过我们身体受力点的虚实变化，也可以通过我们劲力的松紧转换，也可以通过身体的三角、杠杆、螺旋、轮轴、摇法、旋法等多角度的劲力变化，更可以通过精神意念与身外松紧力波的变化来化掉对方的力。不仅如此，我们还要千方百计地想办法打在对方的"中"上，以使对方失去平衡，拳谱里管此叫"守中用中"。

关于"中"的训练，首先离不开站桩，站桩时立身要中正，先要进行平步桩训练，可以双手于胸前呈抱球状，然后将自己身体的中线与重心的中线及身体内部的中脉，三线合一，使之不偏不倚。也可以想象自己的会阴穴下面，正对着的地方有一根直立的竹竿，头顶再顶一根竹竿，头顶的竹竿与自己的中脉对正，再与会阴穴下面的竹竿对正，三线对正成一线，以使自己的身体中正起来。还可以想象自己身体的头上有一环，脖子处有一环，肩部有一环，胸部有一环，腰部有一环，胯部有一环，两腿外有一环，两脚外有一环，可以意念为在这些圆环中有一垂直线，这个垂直的中线就是这些环的枢，自己守住这个枢，让自己的中脉与重心及身体的中心线合于它，以建立起自身枢与环的关系，这也是梢节与"中"的关系。有了这些训练，就能理解什么是"中"，什么是"中"之外的梢节，什么是身体的枢，什么是身体的环，祖师王芗斋先生曾指出："持环得枢，机变无形"。

意拳所训练的这个"中"，既是形体的"中"，也是重心平衡的"中"，也是中脉的"中"，也是身体能量中的"中"，也是精神与意念的"中"。

本人的启蒙老师窦世明先生曾引用祖师王芗斋先生的话说："打时要做到守中用中，保中线，守中神，不失中气，不失中力，不失中神，当中一点，敌我相搏，彼此都应做到守中。"故技击之"中"，除了中线，还包括了"中神""中气""中力"。本人理解，"中神"应是不外溢之神，祖师王芗斋先生有"神不外溢"之说，"中神"也应是我们的核心之"意"，这个"意"既是意念的"意"，也是神意的"意"。这个"意"不能让敌人发现，故要"意不出尖儿"。"中气"之"气"，本人认为，相对于外力而言，应该是身体之"气"，也是浑圆之"气"，可简称为"浑圆气"，另外，"中气"也可以看成"中脉"之"气"，这与中医中所说的"中气"是有区别的。"中力"应是从身体之"枢"里而来的"力"，故"中力"可以是中心之"力"，也可以是重心之"力"。

从断手的角度来说，拳论中"脚踏中门神仙难防"的两腿之间的中门，也是属于人体之"中"的学问，另外，徒手搏斗时，打中了对方的鼻子，也是打中了人体的"中"，拳论"意如牵牛任我为"，指的就是鼻子。另外，踢中了对方的裆也是打中了"中"。故技击时这些地方都是我们攻击的目标。

总之，本人所谈的人体技击的这个"中"，既是在身体内在的一条垂直的中线上，也在中线的任何一个力点上，若从上往下说的话，则既可以在百会穴，从后面看也可以在枕骨上，也可以在颈椎处，也可以在从颈椎到脊椎及腰椎的任何一个力点上，也可以在命门穴处，也可以在尾闾处，也可以在脚踝与脚跟处。从身体的前面来看，既可以在印堂穴处，也可以在鼻子，也可以在口，也可以在下巴，也可以在咽喉处，也可以在膻中穴处，也可以在丹田穴处，也可以在会阴穴处，也可以在膝盖，也可以在脚脖子处，也可以在脚趾，也可以在涌泉穴处。到达更高的境界后，则不在身上了，而是在头顶之上的空间和脚底之下的空间，及身前、身后、身左、身右的外部空间中。

推手与技击时，由于人的身体处在运动之中，故人体的"中"也时时地处于变化之中。当对方以侧面身体或半侧面身体迎战时，对方身体的"中"就不再简单的只是在正面站位时的那些位置上了，同样我们自己的"中"也在时时地发生着变化。这就涉及了如何在站桩、试力，及如何在摩擦步、推手、断手等训练中，首先建立起对自身"中"的认识，搞明白自己的"中"处在什么样的状态，也就容易理解对方的"中"了。

但意拳训练，虽然"中"的问题重要，若真把"中"拿出来说事儿，无论是在意识上还是在形体上，都等于是执着了，所以，"中"的训练，到一定的阶段后，就不要再把它当成一件事儿了，把它融于本能就可以了。

8.意拳的劲力贯通训练

意拳训练会涉及劲力训练的方方面面，在林林总总的训练中，劲力的贯通训练尤为重要。贯通训练的重点，首先是要让自己的劲力能够松沉入地，让身上不要藏劲儿，全都落到脚下，然后体会力由足生。意拳劲力的产生，从身外的角度讲，是由空间的密度变化产生而来，也可以称之为是由身外的松紧力波产生而来。从身体的角度讲，则可以从脚下产生，然后劲力逐渐地由脚的趾掌向上传导贯通到脚踝、小腿、大腿、胯、腰、脊、臂、腕、手等。劲力要节节贯穿，勿使有阻滞。此是训练意拳"滑车力""惯性力""杠杆力""离心力""螺旋力"等劲力的基础功法。

这种劲力贯通的训练，看似简单，但真正能做到的却是凤毛麟角，本人的观点是，欲要在技击时具有"零启动"的能力，就必须要研究和具有这种贯通力。此劲力最早应属于老形意拳的崩拳劲儿，此劲儿打在人的身上，对方的感受是如同遭到了汽车的撞击，这个劲儿虽然出尖儿，但在主动进攻的启动上和在对对方的穿透打击上却独有功效，此劲儿在市面的传播中已基本绝迹，只在极少数的门派中尚有保留（具体的训练方法，可参见后面章节中的"意拳滑车力"）。

9.意拳的阴阳矛盾争力训练

意拳训练，可以将人体概括的分为阴面与阳面，训练时可以首先在意念上让人体的阳面与阴面作斗争，如可以先用阳面来围拢阴面，以诱导出阴面的反抗劲力，再体会阳面对阴面反抗劲力的反围拢，同时再体会阴面对阳面反围拢的反抗，如此，生生不已，劲力由小至大，由局部至整体，由慢动至速动，由虚幻至真实，由执着至自然，由形体之动至精神意念之动。所有这些，都须悉心体认，没有阴阳的矛盾争力，就难有瞬击的速度，也难有瞬击的力量，也不可能有形不破体力不出尖儿的整体力。我们可以把这种训练叫阴阳矛盾争力训练。从意拳劲力角度来研究，阴阳矛盾争力的训练，实是意拳浑圆力产生的前提条件。

具体的训练方法，可以从抱球或抱树的意念入手来进行训练，如由抱一个怀中可抱之球，到逐渐地抱一个越长越大的大球，由抱一棵怀中可以围绕的大树，到逐渐地抱一棵可以高入云端的参天宝树。在意念上自身也要随着大树的长大而长大，要大到头顶白云脚踩大地，甚至白云只在脚下飘，伸手可以摘星月。

抱树的方法是，要用自己的阳面来围拢怀中的大树，同时感受自身阴面的反抗之劲力，也要感受所抱之树的膨胀之意，意念由重入轻，由有意至无意（关于阴阳矛盾争力具体的训练细节，可参见后面章节中"意拳'阴'与'阳'的训练体系"）。

10.意拳站桩时的身体平衡

平衡是一个永恒的课题，只要有站桩和试力等拳术的训练内容，就离不开平衡的学问。站桩时肢体的对称，是平衡的最基础工作，如站成平步的撑抱桩、平抱桩、托抱桩等间架，但间架中肢体对称了并不代表就具有了人体内在的平衡，另外，外表的不对称，有可能是不平衡，但也有可能是有人专门要训练特定的间架，在寻求不平衡中的平衡。所以外形间架的对称与否，只能作为衡量人体是否平衡的一般标准，而不是绝对标准。具体到每一个人，有的人表面上看似乎是平衡的，外在的姿势虽然是对称的，但身体的左右两手、两腕、两肘、两肩及两腿等处的劲力，松紧不均、动静失调、意念不整等问题重重，自然也就不能说明其人的间架是正确的。如有的人在站桩时左右两手或两臂或两腿等部位，该松的地方不松，或松的程度不均整，具体如右手松了但左手不松，或左手松的与右手松的程度不一样，左腿松的与右腿松的不一样，这样的话，虽然外表的姿势是对称的，但内在的东西却是失衡的。还有的人在站桩时左右两手或两腿等部位的动静状态不同，如意念为抱球时，左手有蠕动地抱球的状态但右手则在闲着没事儿干，或左腿有夹球的蠕动的状态但右腿却闲着没事儿干，或左腿都动了半天了右腿才刚刚动起来，致使周身不能意动一致，故这时虽然在外表上看其间架是均匀的，但内在的东西却不是平衡的。另外，还有的人站桩时的意念过于局部，左右手手指间夹球与怀中抱球、腋下夹球、脖下夹球、裆下夹球等意念不能有效地进行统一，各行其是，周身乱动，不能形成整体的合力，这种情况下，虽然间架外形是对称的，但也不是一种真正的平衡。

所以，平衡的问题，不仅仅是表象的问题，更是内在关系的问题。为此祖师王芗斋先生有"只求神意足，不求形骸似"之说，这应该是针对那些只注重外表动作而忽视了内在训练内容的人而说的。

总之，平衡是一个复杂的大课题。平衡也可以通过不平衡来寻找，如先把重心前移，再把重心后移，再左移，再右移，通过简单不平衡的训练，最终找到自己相对的平衡点，其实，人在吃饱饭和肚子空空时的平衡点也不会相同，这些细节都须练功者自己去感受和找寻。但对于初学的人来讲，也不必太过苛求，总之都是从粗迹，逐步的越练越精细，精细到形不破体，力不出尖儿，精细到"一羽不能加，蝇虫不能落"。

在意拳的训练框架里，平衡是极为重要的训练内容之一，但除了平衡之外还有动静、虚实与紧松及"六力八法"等劲力的训练内容，有不着相、不僵死、不刻板、不执着、不刻意、不教条，及舒适得力、百骸均整、屈折含蓄、发挥良能的训练内容，及随机而动、变化无方、自然而然，及训练中不平衡中有平衡之劲力、平衡中有均整变化之劲力，及刚柔、方圆、阴阳、轻重、缓急等变化之劲力的训练内容，还有"精神笼罩"及"假力宇宙力波"等训练内容，这些都要训练。它有点儿像吃饭，不能偏食。从更宏观的角度来讲，虽然平衡重要，但若过于执着于平衡，也是一种片面与局部。

11.意拳独特的站桩功

很多拳种都有站桩功，但他们与意拳的站桩功是不同的，别的门派的站桩功大多只是筑基功，其筑基的阶段一过，也就不再站桩了，意拳与它们不同的地方是，站桩不仅仅是为了筑基，而是要贯穿于拳术训练的始终。

在意拳门里，其站桩训练的内容可分为换劲儿与摸劲儿两部分，从换劲的角度讲，是要脱胎换骨的改变旧的用力习惯，从摸劲儿的角度来讲，它实是在表面安静状态下的一种拳术训练。

武术训练，由于剧烈状态下的拳术训练过于粗糙，故只有在站桩中，在相对静止的状态下，人们才能静下心来把训练中存在的问题想明白与练明白，将训练中存在的问题通过反复多次的揣摩，反复多次的总结经验，在静静的反复多次的训练中逐渐形成正确的动力定型。

故各种动态中无法解决的问题，皆可以在站桩这种相对静态的训练中，在各种意念的诱导与假借下，逐渐的将训练中的问题一一予以解决，这是一种拳术的摸劲儿训练。诸如技击训练中的意志、精神、间架结构、松紧、动静、空间等问题，都须一点一滴的通过站桩的具体训练才能解决。意拳这种相对静态的摸劲儿训练法，如前所述，与别的门派有所不同，站桩不仅仅是筑基的学问，而是完整的拳术思考与拳术训练的学问，意拳的训练始终都与站桩相伴，由此，桩即是拳，拳即是桩。

在少有的拳术门派中，站桩除了筑基外也会有别的内容，比如会有劲力传导的内容，有杠杆力的内容，有经脉气血的内容，有丹田内气的内容，有筋骨的内容，但别的拳术门派皆没有意拳那么丰富、具体、真实与完整的遒放与悠扬及浑圆整体力的训练内容。所以，祖师王芗斋先生说别的拳术门派有问题是有道理的，"我国拳术，杂乱无章，有令人无所适从之叹，一言以蔽之，遗弃精髓，仅守糟粕而已"（见《王芗斋谈拳学要义》）。在本人来看，他们一是思维意识的执着与局部，二是拳术体系框架的执着与局部，三是训练方法的执着与局部等。

但是，意拳发展到了今天，据我所考证，也有许多人并不真知道应该如何站桩，许多人的站桩从表面上看，即从外形上看是祖师王芗斋先生的浑圆桩，但实际上只是形意拳的筑基桩，所练的拳也只是老形意拳的拳劲儿，仅仅是在外形上用的是意拳的姿势与动作而已，其劲力的核心技术却已不是意拳的东西了，问题是练拳的人自己并不知道已走了样儿，还以为这就是意拳。形意拳也打人，如若练到车毅斋先生的水平，练到郭云深先生的水平，练到刘奇兰先生、宋世荣先生的水平也相当的了得了，但形意拳终究是形意拳。形意拳里的浑元力与祖师王芗斋先生的浑圆力，完全不是一个东西。故衡量所练的是否是意拳的标准，就看他懂不懂浑圆桩。浑圆桩所求得的内容，有人认为是前后、左右、上下的六面力，但有些人嘴里说的是六面力，身上却不这么做，身上做的恰恰都是六面力的反动。

本人认为，浑圆力中有六面力的内容，但浑圆力绝不仅仅只是六面力这一点儿内容。由于许多人没有全面的了解意拳站桩的训练方法，所以会对站桩有误解，以为站桩就那点儿东西，甚至有些人认为站桩不长功，应该只试力不站桩。由此，我想起一个与此相类似的事儿，我接待过一个日本的访问学者，这人在日本时认为中国酒就只有茅台和二锅头这两种品牌，到中国后才知道自己孤陋寡闻，上百种酒数都数不全，什么酱香型啊、浓香型啊、清香型啊……另外，没来过中国的老外，在国外吃中餐时，以为中餐不过如此，来到中国后，才知道真正的中餐竟如此的美妙。这都是因为见识的局限性限制了他们的认知能力，生活中这么浅显的事情人们都会有认知的局限性，更何况是这么博大精深的意拳了。前一个是对数量认知的局限，就如同对意拳站桩功的认识一样，只知道有限的几种训练方法，就断定站桩无用，不长功力。后一个则是对品质认知的局限，是因为没见过高格调的东西，以至于把祖师王芗斋先生的东西给庸俗化、教条化了，自以为是地认为意拳就是他们所理解的那个样子。

我曾遍访了我所能找到的第二代的传人及第三代成名的名家，经过反复比较，终于得出一个结论，真正懂浑圆桩的人只是少数。如果把祖师王芗斋先生的东西看成是金，则大部分人都不是纯金，都有杂质。这也是许多人再怎么刻苦努力的练，也超不过祖师王芗斋先生的原因。

从站桩训练的角度来讲，意拳中有一个很主要的功夫常不被大家所重视，就是训练细胞之遒放的功夫，其实，意拳的浑圆整体力实是来自于周身细胞的鼓舞和精神的激发及对宇宙力波的假借与调动上，同时，也包括间架结构与空间关系的合理性，故不仅仅只是六面力那点儿事儿。在这里，细胞之遒放具有极为重要的位置。别的门派大多只是练了筋骨力和丹田力。现在意拳门中也有一些人在执着地去追求拳术中的筋骨力，甚至还有人去追求丹田力，本人的观点是，筋骨力若使用不当，是会出尖儿的，丹田的劲力也是执着的力。关于筋骨问题，本人曾不只一次地说过，筋骨的训练只是意拳的训练内容之一，意拳更主要的训练，应该是精神的训练。在武学修炼的核心心法里，精神与意感的训练及自然力的训练，才是武学大道，这也是祖师王芗斋先生的武学本旨。如果非要涉及物质，那也只是"细胞之遒放"之功。祖师王芗斋先生是"慧眼默察细胞系"而不是慧眼默察筋骨力。虽然祖师王芗斋先生的拳论中也有"筋生力，骨生棱"

之说，但那只是粗迹。祖师王芗斋先生的核心心法，应是开发人体潜能的学问，其潜能的开发，于身内会涉及"细胞之遒放"之功，于身外会涉及"宇宙之力波"的悠扬之功，而且还要"有神助之勇"。这些东西看似抽象，其实都是些具体的内容。若不由此来思考问题，则是走入了歧途。别的门派在打拳时只是劲力的伸缩，不是我们所说的紧松，更不是祖师王芗斋先生所说的"遒放"，王芗斋先生所说的"遒放"之力是不出尖儿的，是专门用于技击的劲力。仅以松紧与紧松而论，我们所说的松紧与紧松既是气血筋骨的松紧与紧松，也是人体阴面与阳面的阴阳平衡的松紧与紧松，更是身外宇宙力波的松紧与紧松。所以，天下武技虽然都叫松紧或紧松，但此松紧非彼松紧，此紧松非彼紧松，这一点，不练意拳的人是永远也理解不了的。

意拳站桩中的出尖与不出尖，从另一个角度来讲，也与平衡的学问有关，意拳无时无刻不在强调间架与平衡，没有间架不懂平衡就无法建立起真实的拳术力量，也无法在技击中攻守合一的"打实不打虚"，它是意拳诸多问题中的一个主要问题，它也是产生意拳所特有的爆炸力的前提条件之一。从意拳训练的角度来讲，细胞之遒放及身内身外的悠扬相依，对于产生爆炸力来讲会更重要，但因为言之复杂，本人在此暂不谈这个问题。就意拳的整体力来讲，它既是周身的也是包括了身外的全面调动与参与的学问，它涉及间架结构与筋骨的弛张及气血的充盈和劲力的平衡与贯通之学，更涉及训练精神意志与细胞及宇宙力波之被开发与调动及被运用的学问。如此，才有可能实现祖师王芗斋先生所说的开发潜能，发挥良能的学术主张。

意拳的训练可以分为两个方面的内容，一是不断广博的内容，二是不断提纯的内容。第一部分的内容是广博，广博的原因是因为意拳是一个立体的学科，任何单一的知识都无法概括它的全貌，撇开文化层面的东西不谈，就功法技术层面的东西来讲，意拳既要有粗迹又要有精微的细节，仅就具体的拳术劲力来讲，祖师王芗斋先生就谈了包括惰性力、定中力、开合力在内的不下15种的劲力，且每一种的劲力又有诸多的功法要素和细节要求。所以没有丰富的训练内容，是不可能学好意拳的；第二部分的训练内容，则是指要将所有训练的东西不断的提纯，就如同要把真金提纯一样，要使身体越练越精微、越纯净。所以，具体到每一项的功法训练时，都是要去掉执着、妄念、做作、刻意与粗糙的地方，摒弃掉身体中形多意少与不听话极不负责任的地方。这也是祖师王芗斋先生反对拳术套路的原因，套路的弊端就是求表面，重形式，讲刻意之方法，寡意念，不真实，缺具体，少细节。故只有将这些杂质都剔除干净，自身的潜能才能逐渐地被开发出来，才能使意拳学有所成。在这里，体悟很重要，祖师王芗斋先生称之为"心领神会，体认操存也"，若能如此，也就等于是践行了祖师王芗斋先生"拳拳服膺"的理念。故意拳的站桩训练，一方面要尽可能多的增加训练的内容，丰富训练的内容，细化和具体训练的内容，尽可能多的将天下核心的功法秘要（不仅仅只是一个拳种的功法）合于自身，另一方面又要对自身的东西进行提纯。这看似矛盾，其实是一件事儿，是广度与深度的统一体，最终须由复杂走向单纯，将千法万法融于一法，成为无法之法。

　　具体讲，在意拳的训练过程中，须训练到身体的各个方面，由形到意，由肉体到精神，包括各种空间、距离、角度的攻击与防守技术，各种手法、腿法与身法技术，各种断点儿与黏点儿的搏击技术，各种劲力的使用技术，即各种技、术、法、功与精神的技术都应该掌握且能得心应手的应用。

　　意拳站桩、试力、发力，可分为基础功夫和应用功夫两大类，训练时内容越丰富、细节越具体、状态越切实，实践时就会越真实、越有效果

（既有效于健身也有效于技击）。所以，好东西是不怕多的，就像是我们的饮食，品种与营养越丰富越好，在训练中，本人认为，只要是对技击有益和对人的身体健康有益，在不违背意拳原则与原理的前提下，任何门派中的合理的东西都可以借鉴与学习。当然，也要注意营养过剩和消化不良，对于这一问题，祖师王芗斋先生的解决办法是"留有余兴"。饮食的最终的目的是为了使自身健康与成长，武功中各种丰富的打法、劲力、心法的修炼，其目的也是为了使自身健康与强大，故一定要把这些丰富的功法最终化为周身的潜能并升华成本能，融会贯通于一拳一势中，方可有效，否则就变成了拳篓子，反成了累赘。

意拳训练的是浑圆整体力，意拳的整体力可以分为小整体力与大整体力，大整体力是意拳的整体观。意拳站桩并不仅仅是为了求得小整体力，除了周身均整的小整体力外，还有其他的东西需要探讨和追求，由于祖师王芗斋先生的站桩功是他毕生心血的结晶，故站桩所涉及的内容很多，它是一个立体的学科，从哪个角度都可以展开了说，但从哪个角度来说都会挂一漏万。

简单地来说，从技击的角度讲，桩就是拳；从健身的角度讲，站桩有利于健身；从解惑的角度讲，站桩有助于开悟；从理趣的角度讲，站桩可以提升境界；从培养人的角度讲，站桩可以培养人的意志品质与精神；从感悟天地与自然的角度讲，站桩可以萌发敬畏与感恩的心，另外站桩也是拳拳服膺的不二法门。所以站桩可以求得：健康的身体，技击的本领，聪颖的智慧，高雅的情趣，坚韧的意志，强大的精神，敬畏与感恩的心及天人合一的境界。从整体力的大整体观来讲，站桩可以解决诸如均整问题、平衡问题、松紧问题、紧松问题、矛盾争力与触觉活力的被动应力问题、"六合"的问题、劲力贯通的问题、"六力"与"八法"的问题、"形不破体力不出尖儿"的问题、筋骨与气血问题、"细胞之遒放"与"悠扬相依”的问题、“神光离合旋绕”的问题、“假借无穷意得来无穷力”的问题、“假宇宙之力波有神助之勇”的问题、“精神笼罩”的问题。换一个角度讲是要求得精神力，意念力，自然力，良能力、本能力，潜能力等。另外，站桩也是为了求道，求德，求艺，求胆，求力，求功夫，求超越，求信心，求交托，这些都属于意拳的大整体观。

所谓求道，是指从形而上的角度讲，站桩的过程就是一个求道、悟道的过程；所谓求德，是指站桩也是修德的过程，德性的高低会直接左右站桩水平的提高；所谓求艺，是指站桩也是一个求艺的过程，这个艺既是技艺的艺又是文化与艺术的艺，对拳术技术的追求若没有文化与艺术的修养做支撑，技艺也难达高境界；所谓求胆，求力，求功夫，是指武术中有“一胆，二力，三功夫”之说，站桩是立胆、生力、长功夫的系统工程，离开了站桩功法，任何的训练方式都会是局部的与不具体、不真实的；所谓求超越，是指站桩可以开发潜能，发挥良能，调动本能，超越自身的认知障碍（包括身体的认知与文化、精神方面的认知）；所谓求信心，是指站桩可以在知行合一的体悟中建立正信，摒弃迷信，重塑“三观”；所谓求交托，是指通过站桩可以认识自然，认识天地，认识世界的伟大，将自己的身心坦然无惧的交托给真理，果能如此，祖师王芗斋先生所说的“假宇宙之力波，有神助之勇”即不再是什么难事儿了。另外，交托所涉及的层面很广，它既涉及方法论的问题，具体如站桩时如何把心交托到意的手中，并用意的真实去建立起身体触觉活力的真实。还涉及把心交托到无意的手中，以建立起无意之意的本能。又涉及传统文化中天人合一的文化观，即如何将身体的“实”交托到身外“空”的手中，以达到天人合一的境界。更涉及精神层面的问题，如将心交托到宇宙真理的手中，并以它的好恶为好恶，由它来做主宰，以追求生命的永生，如此的信念与追求，自可践行祖师王芗斋先生所说的“不练而自练，不养而自养”的境界。

总之，意拳的站桩功法，是武林中的瑰宝，掌握了它就掌握了拳术的核心技术。由简单到复杂，再由复杂到单纯，是一个螺旋上升的过程，谁掌握的东西丰富且具体，谁就是专家，谁能融会贯通，使之"一法不立，无法不容"（王芗斋先生语录："拳本无法，有法也空，一法不立，无法不容"）谁就是大家。

第二节　意拳基础功法

1.意拳平步桩脚的受力方法

意拳站桩，本人认为，无论强调前脚掌受力还是强调整个脚掌受力的训练方法皆是片面的。因为站桩时的间架不是一成不变的，初练时，最好是要全脚着地，为的是找寻基础的放松感受，随着训练水平的提高，脚心首先要提起来了，再往后练，脚跟也要虚提起来了，再往后练，则整个脚就脚尖在受力了，然后再往后，则又可回到原状，又是整个脚着地，但内容与以前大不相同了。

整个过程，可以循序渐进，也可以交叉进行，完全看自己当时的身体状态而定。祖师王芗斋先生的桩不是一成不变的，永远是在变化着的，而强调前脚掌受力和强调整个脚皆受力的人，谈的只是某一阶段时的站桩之法，并把它给固定化了，这是片面之学也是局部之功。

2.意拳的八字步与平行步桩

意拳站桩，双脚站成八字或平行都是可以的，我自己初学意拳时是从八字步入手的，但并没有站出什么感觉，后改为平行步后就有了感受，故我个人的经验是宜先站平行步的桩，为的是便于开胯，另外，站平行步时，人体的阴面与阳面的劲力及身体的平衡问题、矛盾争力等问题也更便于寻找，当平行步有了一定的基础后，就可以站八字步了，八字步因为角度的关系，比平行步更会有变化感与丰富感，八字步更接近悠扬与虚灵的状态，八字步有了一定的基础后就可以站丁八步了。其后就随便了，缺哪儿就补哪儿，诸如平行步、八字步、丁八步、加力丁八步、独立步……的训练，可以随时根据自己健身与技击的需要及身体的状态来调整。

另外，从基础的角度讲，站桩时无论是平行步、八字步、丁八步都要开胯和圆裆，初练时，身体往往会有不平衡感，这种身体的不平衡感是一种正常的现象，是因为身体内部的不平衡造成的，站站就好了，要让身体有一个适应的过程，但这个过程有的人会很长，有的人会一两年都适应不过来。站桩时有的人身体会有局部酸麻感，也是因为身体的不平衡与气血的不通畅等因素造成的，这也是正常的现象，实在不舒服了也可以停一停再站，不要同它较劲儿，时间长了，站站也就会好了，这也要让身体有一个适应的过程。另外，有的人站桩时翘臀，翘臀是不对的，它会使气血上浮，但翘臀也不算是全错，因为有时翘一下臀，能帮助脊柱从另一个角度来理解放松，但总这样就不对了，有的人站桩时强调溜臀，不溜臀是错的，但总溜臀也是错的，总溜臀会把脊柱站死，时间久了会腰椎间盘突出。所以祖师王芗斋先生说要靠旗杆，靠旗杆是一个灵动的活劲儿，许多人练拳把腰给练坏了，是因为站桩站成了死功夫，这些人不知道站桩时腰是活的，不仅腰是活的周身都应是活的。

回到前面的话题，只要是能够真正理解松的内涵，神意真实了，间架的内容具体了，站桩时无论是站成平行步还是八字步甚至是丁八步或是独立步，都是可以的。故只要是方法正确，无论身体摆成什么样的姿势，依旧能训练到阴面力与阳面力、内空间与外空间……为此，我们可以回忆一下祖师王芗斋先生的那一句名言："只求神意足，不求形骸似"。

3.意拳的放松训练

意拳训练，放松的内容有很多，包括松静、松开、松柔、松和、松均、松动、松紧、松透、松空、松无等。具体如首先须能使自己的身体松静下来，进行基础的放松训练，要使呼吸平缓（呼吸须静、匀、细、缓、长、深），心情舒畅，周身柔软，有间架与无间架时皆不使一分的力量。

继而要建立松开的能力，要使周身所有的关节都尽情地打开，使骨缝加大，在意念上须让外空间能够流入体内。可以尝试着用抱球、抱树及牵挂的意念来打开骨缝，须逐渐地把周身的所有关节都给打开。具体如想象怀中抱一大球，所抱之球不是静止不变的，而是在慢慢地胀大，周身的骨骼因所抱之球的胀大而被撑开，随着骨骼被撑开，身体被放大了，身体之间的骨缝也被放大了，随着骨缝之间空间的加大，外空间就可以通过骨缝进入到身体里。另外，除了通过"抱球"可以改变空间外，也可以通过"牵挂"来改变空间。可以意念想象在头顶之上有一绳线相系，同时，身体又有地心引力向下相拽，四周也有绳线相牵。通过意念的上提、下拽、四周牵拉，把周身的骨骼给打开。但上述的这些训练内容切不可执着，一切皆要在似有似无与循序渐进中进行。

除了"松静、松开"的意念内容之外，其后还有"松柔、松和、松均、松动、松紧、松透、松空、松无"的内容需要训练，但这些内容也同样不可以执着，宁可训练的内容少一些儿，进度慢一点儿，也不要为了提高训练水平和找东西而贪功夫。

除此之外，从健身与开悟的角度来讲，除了上述"松"的内容外，还要时不时地进行"静"的训练，要通过入静将自己站空，使自己站忘，即站时须周身无物，坐时也要身下无椅，躺时也要身下无床，达到"物我两忘"，但这种"物我两忘"的训练，本人不建议在没有老师的时候练习，离开了老师的现场引导，悟性不高与"三观"不正的人，一不留神会"走火入魔"。所以，有些功夫，并不是自己听到了或在书本中看到了，就可以自己随意修炼。

4.意拳的松骨训练

意拳的站桩训练，其中一个很重要的内容就是松骨训练。松骨训练在"内练一口气，外练筋骨皮"中，"骨"的训练占有一席之地。松骨训练的具体内容，即包括了身体不同点位的放松训练，不同点位的放松训练有许多种的训练方法，其中假想敌的意念训练极为重要，其假想敌可以看成是我们的"陪练"，不同的假想敌会帮助我们训练出不同的拳术劲力内容。

在训练的基础阶段，我们可以先把假想敌想象得弱一点儿，然后再逐渐地强大假想敌，随着假想敌的强大，我们也须在意念上变的更加的强大，这样，无论是从精神上还是从具体的功法上，我们都会有脱胎换骨的变化与提高。

松骨训练有成效后，在推手与技击中，在与对方搭劲儿时，要给自己留有可以变化的空间，最好只用自己身体外沿的点来搭对方的点，始终要控制对方的点，而不要被对方所控制，一旦自己的点儿被对方拿住了，就说明自己没有空间了，也说明是自身僵滞了，也证明自己的松骨训练还没有练到家。

在站桩时，须把自己的头项松开，肩脊松开，腰胯松开，膝踝松开，从头项到肩脊到腰胯到膝踝，从上到下，会有多个必须松开的点位，水平越高，松开的点位越多。

推手与技击时，基础的训练是，须先用最高的点位来接触对方打过来的力点，与对方搭上劲后，可以松开自身身体的第二个点位，以空掉对方的劲力，如果对方是高手，对方也会迅速地调整自身的受力点，去截击我们松开的这个力点，那我们就须随变而变的瞬间再松开第三个点位，继续做空对方的劲力。

再高级一些的推手与技击训练，则须用自己的点位，对应对方的点位，控制对方的力源，来拔对方的根，使其失重。对方的力源每一次都会是不一样的，每一个人也会是不一样的，有的人的力源在局部的肩，有的人在脊，有的人在腰，有的人在腹，有的人在胯，有的人在足……但真正的高手，力源不在身内，而是在身外，当我们也能练成可以从身外调动力量时，我们也是高手了。祖师王芗斋先生有"假借无穷意，得来无穷力"之说，其身外的假借至关重要。

截击对方身内的力源须用筋骨，截击对方身外的力源，仅仅只用筋骨就不成了，还须调用意念与精神的力量。

推手与技击时须迅速分辨出对方力源的出处，劲力的方向、大小、快慢与虚实，只有分辨出来了对方的这些内容，方可以对症下药。

在搭劲儿的瞬间，我们须锁定对方的力点，用杠杆力悄悄地翘起对方的力点，也是锁定对方的力源，也是在拔对方的根。在劲力的使用上，首先我们可以根据对方的力向，顺带着对方的力使其失重；也可以将对方的力"直来横取"的改变其力点的方向，从而使其失重；也可以通过直接翘动对方的力点，将对方的力给打回去。其中顺带着对方的力使其失重的方法最巧妙，自己也最省力，这是"四两拨千斤"的打法；"直来横取"的截击对方的力的方法比较霸道，对方会因失重而不得不劲力出尖儿；直接把对方的力给打回去的方法难度最大，但也最节省时间，这是"钱掷鼓"的状态。

具体到使用方法，我们可以突然的松掉对方想要攻击我们身体的那个力点旁边的点，如对方想要将力打在我们身体中轴的脊椎上，那我们就要先用身体中轴的脊椎来接住对方打过来的这个点，让对方感觉是打中了，但同时我们却松开了脊椎下面腰椎上的点，甚至是松开了更下面的尾椎上的点，我们用这个松开了的点来做文章，用这个点的松紧、刚柔、快慢、轻重、虚实等回击对方，这是一种杠杠力，这种杠杠力的使用，可以在落空对方劲力的同时，反打击对方。

对方的劲力被落空而出尖儿后，对方就等于是"卖"给了我们，我们在对方出尖儿的这个力点上，想怎么打他就可以怎么打他，在他出尖儿的瞬间，他对我们的攻击没有半点儿的抵抗能力。

但是，这里有一个前提，即我们要能够接得住对方的力点。如果对方的某些能力强过了我们，我们就有可能无法接住对方的力点，接不住对方的力点，即使我们有松骨的技术也会是无效的，具体如，如果对方的劲力足，我们就有可能会接不住对方的这个力点；如果对方的速度快，我们也有可能会接不住对方的这个力点；如果对方攻击的方式隐蔽，我们的判断不准确，我们也会接不住这个力点；如果对方的虚实变化丰富，超过了我们的变化水平，我们也会接不住这个力点。故接不住力点的情况也是多种多样的，松骨的技术只是推手与技击技术中的一种技术，当松骨的技术失效后，我们还须有另外的技术能够运用，比如我们可以动用身法，动用步法，身法与步法若也被对方给控制了，如果是生死相搏，我们还可以动用兵器，如果动用兵器也不成，那只能说是我们技不如人了。

回到前面的话题，如果我们有能力接得住对方的力点，那在这种情况下，用松骨之法来搭劲儿，则可以使推手与技击之事变得非常的简单。这样的话，双方的较量，比的就是看谁"听"劲儿的能力强，谁变劲儿的速度快，谁拿对方的劲力拿得准，谁的身体协调，谁松紧的水平高。

上述这些力点的争夺，说起来缓慢，但在搭手时，却都只是在瞬间就完成了。这是一种内在的劲力变化的较量，而不是招式与方法的较量，任何的招式与方法，在劲力变化面前都会显得低级与拙劣。

　　上面谈到的劲力在接触点上的较量，只是谈到了一个点位的较量，其实，在推手与技击时，绝不只是一个点位的较量，当遇到高手后，对方会迅速地变点，瞬间就会变化出十几个点，二十几个点，甚至更多的点，其状态会像高速机关枪一样，一秒钟打出几百发子弹，而我们也须具有这种能力，瞬间接住这几十个，甚至是上百个点位的攻击，同时还要予以还击。故没有松到极致的训练，是接不住对方这些变化的。故推手是连续的密集的点的较量，无论是推对方的力，还是接对方的力，都是如此。攻击对方时我们须是连续且密集的点，接点与控制对方时，我们更须是连续且密集的点。由此，我们也就可以知道，在日常的训练中我们应该训练什么了。

　　故站桩训练，从基础上讲，若不能有效地松开周身的骨节，就无法理解什么是意拳的杠杆力，什么是武术中的暗劲与化劲儿，什么是空劲儿。当然，暗劲、化劲儿及空劲儿，也与"筋"及"皮"的训练有关，更与外空间及精神训练有关，但即便如此，松骨训练也是无论如何不能绕开的课题。

　　本人曾经提出过武术中的"未"观点，包括"未力""未推""未击"。其松骨训练，既是"未力"也是"未推"与"未击"训练，当松骨的训练成熟以后，也就是当"未推""未击"的训练完成后，再去推手与技击，就会事半功倍。

　　上述的这些训练，也可以看成筋骨力的训练方法之一，中国武术与西方的技击训练不同，除了有精神力外，还讲究要使用筋骨力，而不是用肌肉力，现在的许多练传统武术的人，练的是肌肉力，却以为自己练的是筋骨力，其实，筋骨力是不用力的，或者说是不用拙力的，是"不使力而力自在"之力。

5.意拳的紧松训练

意拳的紧松训练是一种特有的训练方法，它是产生劲力遒放的基础。本人的恩师义母王玉芳先生与师伯于永年先生都非常重视这一训练方法，但他们俩的训练方法也略有区别，义母王玉芳先生的紧松是从身外意念而引发的，师伯于永年先生的紧松则强调的是对休息肌的调动，二者相得益彰。每次我去于老先生处看望他老人家时，于老先生都要我先站一下桩，并不停地用手来捏我的脚踝、小腿、大腿、腰腹、脊背、大臂、小臂、手腕、掌指等身体的各个部位，以检查我站桩的状态是否有了进步。于老先生曾亲口对我说："芗老的学说是紧松而不是松紧，紧松与松紧不是一件事儿"。我义母王玉芳先生也曾特别的谈到过在训练的某一阶段要有针对性的对身体进行系统的"紧松"训练，义母的训练方法与于永年先生的训练方法虽略有区别，但总体上是相同的。义母的训练之法是在外部意念的作用下，自身的骨骼往里紧缩，而外力则在往外牵拉，这种"紧松"的训练不是持之以恒的紧缩，而是一紧即松，即在"紧松"训练时，身体只需有微微一紧的状态就可以了，随之就要松下来，然刚一松，自身的骨骼就被外力给拽开了，这时又必须不得不紧缩，一缩以后又须继续的放松，一放松又被拽开了，还又要不得不紧缩，就这样，紧紧松松以至无穷。意识由粗犷至精微，速度由慢至快，劲力由拙至巧。

然而所有的这些运动都不能执着，皆是要非常的轻灵，更多的都是意念在运动，筋骨只是时不时地微微的有所呼应而已，这种度的把握，是一切关键的关键。

意拳的"紧松"训练，于内既有骨的"紧松"，也有筋的"紧松"，也有气血的"紧松"，于表皮有毛发的"紧松"，于外还有空间的"紧松"。

对于初学者而言，可以先进行最基础的"紧松"训练，如在站桩时先有意识地让周身的大筋都挑起来，可以通过适度的紧缩之力，来实现"骨缩筋腾"，也叫"骨缩筋伸"，也叫"屈寸伸尺"，具体讲是"形屈意伸"，但不要一个劲儿地死缩死屈，缩与屈皆不露形，要一缩即止，一止又缩。这种"紧松"运动也可以先从局部入手进行训练，如先练手的"紧松"，再练脚的"紧松"，或先练面部的"紧松"、头部的"紧松"，再练脖项的"紧松"，再练前胸与后背的"紧松"，再练腹部与腰胯的"紧松"，再练大腿与小腿的"紧松"等，这是先紧后松的运动，紧松紧松以致无穷。初练时可以先由"着相"的"紧松"入手练起，逐渐的要由有形向无形转化，由有意向无意转化，由局部向整体转化，由迟滞向空灵转化，直至自然而然。上述的所有这些训练都不能执着，只是在身体中有那么一点儿意思就可以了，一执着百骸失灵，所练皆非。

6.意拳训练的松与紧

意拳站桩训练，关于松与紧的问题，我个人的观点是，松紧本是一回事儿，即松就是紧，紧就是松，但在训练时却可以分阶段来练习，但是要明白，分阶段的练习是错误的，因为一分阶段就会局部与出尖儿，但是对于没有顿悟资质的人，也只能先这样错误的来练，否则就更是什么也学不到了，有顿悟资质的人，则不必分阶段来练，直接在松紧共生的状态下修炼即可，只是这种练法更复杂，说起来更麻烦，而且还必须是手把手地教才成，故顿悟的方法就不在这里赘述了。渐悟的方法，可以把松紧分为几个层次来进行训练。如"松而不懈、紧而不僵"层次，"似松非松、似紧非紧"层次，"松中有紧、紧中有松"层次，"松之非松、紧之非紧"层次，"松就是紧、紧就是松"层次。在第一个层次里，可以把"松"单独的拿出来练，即要使身体层层的放松，如由局部的松，到相对的整体的松，由浅层的松到深层的松，由皮毛松到筋肉松，再到骨骼松，由周身松逐渐发展到身外也要松，欲要做到身外松，精神必须要拿出来，这就是祖师王芗斋先生所说的"己身皆具备，反向身外求"。其后，精神意念也要逐渐地放松下来，由有意逐渐地过渡到无意之意。具体到放松之法，也可从上往下，逐级放松，如先松头项，再松肩，松脊，胸，要"似笑非笑"地把胸腔打开，切忌横膈膜发紧，要松腰，松腹，松胯，要提肛吊顶，再要逐渐地对肛有所控制，要有屎尿欲滴的意感（这实际上是在做松紧紧松的运动），祖师王芗斋先生有言："松紧紧松勿过正，虚实实虚得中平"。再往下要松大腿，松膝盖，松小腿，松踝，松脚，松脚趾，松脚下之大地，让身体能松入地下，先由一尺，再到数尺，最后似乎能贯通地球，松到地球那边去。除了练松，还要练紧，如要把周身的大筋给挑起来，可先从脖项与手及手臂上的大筋入手，逐渐地训练到脚下的筋。脚踩浮球的意念活动，可以帮助训练脚下的筋力，在意拳创立的初期祖师王芗斋先生所说的"弹跳桩"，也可以训练脚下的筋力，当然，浑圆撑抱桩更可以训练脚下的筋力与周身的筋骨之力，但是一定要明白，这种训练是错误的，是局部与出尖儿的，是违背了祖师王芗斋先生宗旨的，这种训练方法，只是对于非顿悟类人群的无奈之举。因为意拳是立体的，所以它是多方面的且同时存在的，如果单一训练，无论训练的方法有多么的精妙，也都是局部的东西，这是因为练拳的人会在意念上丢三落四，常常是顾左会失右，顾右又会失左，这也是意拳难练的原因。就"松紧"而论，它既是关节的松紧，也是呼吸的松紧，也是皮毛的松紧，也是空间的松紧，也是精神的松紧，也是骨骼与筋肉的松紧，更是细胞之松紧……就像一个国家，谈到它的强大，不光有硬件还要有软件，不光有军事还要有民生……总之，都是一种整体观才成。

　　本人现在的教学与训练之法是顿悟与渐悟的混合体，对于有些不好理解与掌握的不得不使用渐悟的方法，对于可以直接理解的，则使用了顿悟的方法。如我这里的抱球与抱树之法就是顿悟之法，撑与抱是一件事儿，松与紧是一件事儿，缩与涨也是一件事儿，空间的内与外也是一件事儿，其大无外，其小无内也是一件事儿，精神意感的有念与存念，存念与无念之有念，也是一件事儿，这都是顿悟之法。这些顿悟之法我们都在训练着，只是有时是三七开而已，有时是顿悟之法占到了七成，有时是渐悟之法占到了七成。虽然本人一贯认为，渐悟之法是错误的，但这些错误有时还真是必须要错一下才成，因为有时没有第一个错误，就没有办法进入到第二个错误中，没有第二、第三个渐悟的错误，就没有办法进入到顿悟的世界中，意拳的问题实在是太多了，由此，大家就能理解，为什么没有悟性与没有文化就练不好意拳的道理了，这也是学者多如牛毛，成者凤毛麟角的原因。

7.站桩功的放松之法

关于松的问题有点儿像练书法，欣赏书法时，水平高的人能看到水平低的人不足，但水平低的人却很难找到水平高的人的毛病，甚至有的人有时候会连自己身上的毛病都找不到。武术也一样，因为老师有过这方面的训练，且有了一定的高度，就可以瞬间发现学生身上的问题，并提出解决问题的方法。针对放松也是一样，自己身上松到什么程度了，松的完整不完整，均匀不均匀，哪个地方还有滞点儿，自己有时候并不知道，即使知道了也找不到解决问题的方法。但老师一看就能知道，一搭手就能指出具体的问题和解决的办法，这是因为学生所犯的错误老师也曾经经历过。当然，有绝顶悟性的人，也可以不用时时地去麻烦老师，这种人可以自己给自己诊断，给自己诊断的方法有许多种，诸如可以通过拍几张照片或录像来自己给自己找毛病，更可以通过与人推手和实战来找到自己身上的不松与不足之处。练武术，比手是必须的，不是为了比输赢，而是为了发现自己身上的问题。所以，最直接的办法就是与别人常搭手，通过对方的反应来找到自己身上的问题。另外，还会有一种情况，练到一定的时候后，自我的感觉会膨胀，会觉得自己已经很强大了，甚至会觉得已无敌于天下了，这就更需要与人搭手了。某太极名家一直以名师自居在倡导大松大软，我与其一搭手，他就一屁股坐在椅子上了，他所倡导的松与软，其实只是一种懈。所以，人只有经过了真实的实践检验以后才能真正地知道自己的理论与研究及自己的训练问题出在了哪里，否则就会盲目的自大，实践是一块儿试金石，它可以使人找回自我，可以使人少走弯路。回到放松的话题，其实，有没有松开，自己也是会有感受的，最明显的感受应是松与均的问题。比如，放松后，手的感觉自己是知道的，肩的感觉自己也是会知道的，那这就要体察手与肩的感受是不是一样，如果不一样，正常情况下是肩出了错误，因为肩比手更难放松，当练到肩的感受与手的松感一样了，就说明自己是进步了，已经攻下来了一个难关，但是不能就此停手，还要继续往下找，看看自己的脊柱松下来了没有，寻找的方法与松肩的方法相同，依旧要通过比较来寻找，依旧是要用手与肩的经验来教脊柱如何放松，当脊柱也与肩和手有同感了，就说明自己又进步了，以此类推，周身的问题就都会解决。在这里，第一个松很重要，即手的放松很重要，若第一个松找错了，即第一个松若是假的，其后所找的松肩、松脊、松腰、松胯也都会是假的。但对于从来就没有从武术的角度练过松的人来说，松的感受并不是一说就都能理解了，尤其是手的松感，那么手的松感又如何寻找呢？当然，寻找手的放松之法也有许多种，其中有一种方法比较简单，如可以试着把手泡到浴池或水缸中，当手不使劲儿时，体会一下当时的感受，然后想办法在空气中也要找到这种感觉，关键是先要找到感觉，尝到了最基础的松感后，后面的事儿就好办了。当然，也可以通过弹琴，通过书法，甚至通过用筷子吃饭，来强化对手部放松的理解。另外，松是分层次的，当手上有了第一层的松后，肩、脊、腰、胯等其他部位也会慢慢地有了第一层次的松，这就需要再提高自己的认识，建立起第二层次的松，然后再把这种经验推广到全身，继而再建立第三层次的松、第四、第五、第六等层次的松，松是无止境的，当你练到第六七层次的松后，而别人刚练到第一或二层次时，你就有资格做他的老师了。但是，我说的这种训练方法只是"渐悟"之法，有"顿悟"资质的人则不必如此的训练。

8.意拳的松肩之法

练武术都讲求要肩部放松，但肩部放松并不是一件非常容易的事儿，尤其是在站桩的间架处于高位的时候。另外，站桩除了肩部的放松不易，身体其他部位的放松也不容易，而且越往身体的下面放松，难度会越大。

人们在站桩时，松了肩还要松脊，松了脊还要松腰、松胯、松膝、松踝、松趾，即周身所有的关节处都要松开。

从松开的角度来讲，一般情况下，可以先体会周身各关节处是否有断开的感觉，继而要体会是否有灵动的感觉。

具体到肩部的放松问题，可以从以下几个方面来思考：

（1）站桩时手臂抬起时间的长短对肩部的放松会有很大的影响。意拳在站桩时，以撑抱桩的间架为例，手臂的间架须是抬起来的，由于初学者平常缺少两臂抬起来的训练，致使手臂在抬起来后，稍抬一会儿就累了，肩就开始僵硬了。解决这一问题的方法，没有别的妙着儿，只有通过不断地抬起手臂的训练，通过逐渐地延长时间来增强肩部对这一状态的适应性，这样肩会由原来的只能松一分钟，逐渐地变成松五分钟，十分钟，二十分钟，以致松更长的时间。

（2）站桩时手臂抬起的角度对肩部的放松会有影响。依旧以意拳的撑抱桩为例，当手臂微抬起来时，肩部容易放松，但随着手臂抬起角度的提高，放松的难度亦随之增加，即手臂抬得越高，肩部越难放松。解决这一问题依旧没有什么好的方法，只有通过不断地加大抬起手臂角度的训练，来使肩部适应这些角度的变化。技击时手臂的位置是多变的，有可能是要垂肘打对方一个崩拳，也有可能是要抬肘打对方一个栽拳，如果训练只能在垂肘的时候放松，那栽拳就没法打了，一抬起肘来，即手臂抬起的角度一增加，肩就松不下来，那攻击对方的方法就会变得很单调，就只能垂肘攻击对方。技击时垂肘可以保护两肋，但保护头部就差多了，这也是我所常说的，传统武术技击时寡有间架的一个原因，即缺少保护头部的间架。所以肩部必须能够适应多角度的变化，当手臂抬起到任何角度时，肩部须依旧能够放松。

（3）肩部的筋短也是造成肩部松不下来的一个原因。由于平时缺少对肩部的押筋训练，所以有些人肩部的筋很短。故当手臂抬到肩部筋所能伸展的极限时，肩就松不下来了。这就须要通过不断地拉伸肩部的筋来解决这一问题。当我们自己肩部的筋长了，手臂也就能轻松地抬起来了，这样，在技击时，我们既可以随心所欲地从对方间架的上部用栽拳攻击对方，也可以从对方间架的下部往上兜卷对方。如果对方的筋短，对方一被我们托起手臂，对方的身体就会僵硬，这样对方平时的所有训练也就都会无效了，这就是训练与实战脱节的结果，这也是传统武术一上擂台就只能抡"王八拳"的一大原因，因为他们一抬起手臂肩就僵紧，就只有在抡拳时手臂是可以放松的，也就只能这样抡着打了。意拳则不是，意拳有高抬手臂的训练，即有肩松肘横的训练，因此即使手臂抬很高，抬很长时间，也都没问题。所以，意拳的抬臂横肘的放松训练，是一种高难度训练，这是将训练与实战相结合的训练方法，或者说，这是专门针对实战的训练方法。

（4）肩部的骨节没有打开也是造成肩部松不下来的一个原因。打开骨节的方法有很多，从拳术训练的角度来讲，运用意念来打开骨节的方法是最有效的。如以撑抱桩为例，我们可以通过意念，使自己腋下夹球与怀中抱球，此意念训练可以帮助我们把骨节抻开。当然，意拳撑抱桩的夹球与抱球意念，除了可以抻开骨节外，还包含有建立争力与应力的内容、建立空间的内容、建立紧松的内容、建立动静与平衡的内容等等，这些内容因为涉及的方方面面的东西太多，故在这里暂且不谈。

（5）意识上对放松这一问题不理解，是肩部放松的最大障碍。如果内心里不相信放松的作用，同时也不明白为什么要放松，就不能主动自觉的做放松这件事儿。这就需要我们须从拳术运动的角度来加强对这一问题的理解。武术训练，不放松，力就无法通透，哪地儿没放松，哪地儿就会成为力的阻碍，就会使劲力局部。故只有松下来了，劲力才能均整，周身的活力、能动性、精神、意感、自然力的具体要求才能实现。

（6）身体对放松没有感受，是肩部放松的主要障碍。如果学拳的人从来就没有体会到放松是一种什么样的滋味，那肩部的放松也就会无从谈起。拳术训练中的放松与生活中的放松不同，生活中的放松是不使劲儿，而拳术中的放松则是一种灵动与通透，既有发力前的欲动状态，又有触觉活力的内容，既有自身局部的能动性，又有符合整体意动的均整内容，既是静的，又是动的，既有主动的内容，又有被动的内容。另外，松的滋味还不是一种固定的感受，因为，松是要层层放松的，要由浅入深，由粗迹到精微，由空泛到具体，由单一到丰富，如松有松开，松通，松合，松紧等等，它的感受既不是固定的也不是单一的。总之，拳术的松与生活中的松，完全不是一个概念。习练者在站桩时，若连最基础的松是什么滋味都没有感受到，那肩部的松也就无从谈起了。

（7）身外的物质没有建立起来，也无法使肩部真实的放松，这是至关重要的一个环节。身外物质既包括用意念所建立起来的身外情境，也包括身外有如磁场一般的阻力感、浮力感与弛张感，没有这些身外的阻力、浮力、弛张与情境及更多无法言状的意感，一切的放松都是假放松，即都不是拳术意义上的放松。身外状态的建立需要机缘，有的人初学，只练了三五分钟，身外的状态就建立起来了，有的人学了两三年，身外的状态也没有建立起来，这既涉及训练方法的问题，也涉及身体条件与自身悟性的问题，更与机缘有关。有时候，我甚至觉得意拳应该叫"缘"拳，练功时，缘分到了，身外的状态会自然地建立起来，周身没有打通的地方也会瞬间打通，至于松肩的问题，松骨的问题，也都与缘分有关，缘分不到，强行训练，只会练出来执着与出尖儿东西，所以，有时候练功须随着缘分走，缘分到了身外，就要多加强身外的感受，缘分到了筋骨，就要多体会筋骨的感受，若缘分没有到筋骨而去强行的去训练筋骨，就会是出尖与执着。所以，练拳要随缘，不要强求。本人的观点是，应该来者不拒去者不留。但缘分也不是坐等来的，所谓"念念不忘，必有回响"（出自王少农著《李叔同〈晚晴集〉人生解读》），只要信念一直在，只要天天坚持训练，且"立行坐卧不离拳意"，就会有被回应的那一天。

意拳的训练，不只是肩部要放松，身体其他部位也须要放松，具体如在站桩时要有掖胯与松胯、松腰的内容，掖胯是为了劲力含蓄，也是为了放松胯部，也是为了通气血，除此之外，还要有坐臀的内容，坐臀也是为了能使胯进一步的松下来，使内气沉下来，使脚下的力能够通达上来，坐臀从外形上看是溜臀，芗老形象地比喻为"似坐高凳"，掖胯与坐臀是一件事儿，能掖胯，自然也就完成了坐臀的要求，能坐臀也就自然实现了掖胯的要求。另外，头顶要有绳线向上提起身体的意念，下面要有尾闾悬垂的意念。形体上既有脊柱的靠旗杆，又有臀部的下坐，这是对身体阳面劲力进行开发训练的方法之一，此意念也是松脊与松腰的方法之一。另外，除了站桩要掖胯，还要进行开胯训练，站桩时要有裆下夹球的意念，为的是圆裆与松臀、开胯，臀部一定要放松，否则胯打不开。膝关节也要放松，膝关节与髋关节，比肩部更难放松，这是因为膝关节与髋关节比肩部受力更大的缘故，膝关节的放松可以通过微弯来实现，即一开始时可以少弯一点儿，舒直即可（微弯）。以后有功力了，可以弯的大一些儿。从技击的角度出发，从微弯到深弯都要训练，因为我们除了要攻击对方的上盘，还要有攻击对方下盘的能力，当有了对松的理解后，当松的感受越来越真实与具体以后，膝关节无论弯曲多大也都不会有多大的问题了。

意拳站桩时的基础意念，既可以抱球，也可以抱树，通过抱球与抱树，可以把周身的骨节都打开，腿部夹球时，应该整个内侧都夹球，如果不好理解，可以改成夹大树。双膝与整个双腿在夹球时，要有内部的空间，不能把球给夹瘪了，也不能让所夹之球掉落或被风给吹跑了。可以先把腿给撑开，然后保留撑的外形，但却是夹的意念与夹的行为及夹的感受，这是一种矛盾。另外，膝除了有夹抱之意外，还要有上提之意、前指之意、外靠及后倚之意，至少要有六面力的意念，不光膝如此，肘也应如此（要有六面力）、肩也应如此（要有六面力）、胯也应如此（要有六面力）、头项也应如此（要有六面力）、甚至每一个手指头也应如此（要有六面力）。这些六面力（至少是六面力）的建立，如前所述，最基础的功法，是从抱球或抱大树开始的，意拳（大成拳）看似基础的东西，一定不要不当回事儿。肩部基础的放松之功，也是可以从抱球或抱树的意念入手来进行训练，正确的练法可以达到松形，松间架，开形，开间架，正形，正间架的结果。

上述的这些功法，若细究起来，在层次上是不同的，在内容上也是不同的，当然在意念上也会是不同的，而且也不一定非要在同一个时间内同时训练，对于一般人而言，可以分阶段分步骤地来进行训练（水平高了以后可以同时具有）。

武术的内功训练之法，须先要练分开的功夫，再练整合的功夫，从初级的角度来讲，分开的功夫主要用于化劲儿的使用，同时也是一种蓄力，而整合的功夫主要用于对对方的发力与打击。故分开与整合，都是有实际意义的。当然，这些只是武术的基本功夫，也是训练的第一部分的内容，但未经过这些基础内容的训练，后面的自然力及精神力和精神笼罩的控制力也无法实现。

武术训练的第二个内容则是"开着合"与"合中开"。即在开的基础上要有合的内容，武术合的训练比开的训练还要复杂，在合的问题上，要细分为"阴面"合与"阳面"合，主动合与被动合，身内合与身外合，有意合与无意合等多个方面的训练内容。

武术训练的第三个内容是"开合为一""松紧为一"，即不分先后，不分主次，开即是合，合即是开，松即是紧，紧即是松。祖师王芗斋先生的理论，恰恰谈的是这一部分的内容，只是这一部分内容的境界过于高远，对于许多人来说，可望而不可即。

意拳的训练实是一个很复杂的过程，仅就具体应如何放松这件事儿，即使是手把手地教都不一定能说清楚，更何况是文字。意拳的训练，能松下来都是有前提的，松不等于懈，练懈谁都会，练松就未必了。松与懈无关，但松与紧却是有关的，从祖师王芗斋先生的角度来看，松与紧是一件事儿，紧与僵无关，但紧与松却是有关的，准确地说，紧与松也是一件事儿。如果把松与紧给分开而论了，理论上讲，等于是练错了，等于不是祖师王芗斋先生的拳了。老先生的理论大家都会背诵，但这些都是文字上的，要成为身体的自觉则是另外的一件事儿，这就是我常感悟的，文字的表述永远是苍白无力的，我们的身体真正要成为什么样的状态，这是我们须深刻思考的问题，也是值得我们去用毕生的精力深刻体认的问题，这是一种武文化。

　　另外，如果不知道自己练的是对还是错，即我们所练的是否符合了意拳的根本要求，则可以拍一张照片，拿我们的照片对比一下祖师王芗斋先生的照片，对比的看一下就什么也不用说了，比一比就能看出我们的差距来，意拳祖师王芗斋先生是"松紧合一"或叫作"紧松合一"的典范，老先生的境界之高，不仅是空前的甚至也是绝后的。

9.关于"龙虎"的骨骼遒放与周身遒放之法

　　要想了解意拳的遒放之力，可以观察一下自然界中章鱼的状态，另外，眼镜蛇在发起攻击前，身体也有遒放的状态。意拳的遒放之力是不出尖儿的，遒放之力的训练，涉及身体的方方面面，首先是"龙虎二气"的遒放之功。

　　老辈人把"龙虎二气"认为是"丹田生力，脊椎传力"，本人认为，这个观点有些局部，本人更愿意将"龙虎二气"看成是骨骼、筋骨、皮毛、细胞、空间的遒放之法。

　　祖师王芗斋先生在《意拳正轨》中论述"龙法"为"缩骨而出，放劲而落。缩即发也，放亦即缩"；论述"虎法"为"起手如钢锉""落手似勾杆""伸缩抑扬""劲断意不断，意断神连"；论述"龙虎二气"为"意拳之正轨，不外古势之老三拳与龙虎二气。龙虎二气为技，三拳为击""所谓枢得其环中，以应无穷"。

　　传统武术有脊为"龙"，胯为"虎"之说。本人认为，"龙虎二气"的基础练法是"龙""虎"的骨骼遒放之法。"龙"的骨骼遒放重在"开脊"（即打开脊骨），"虎"的骨骼遒放重在"开胯"（即打开胯骨）。

　　"上有绳线系，下有木支撑""似坐高凳靠旗杆""脊柱支地""尾骨垂沙""指天画地""降龙"等意念活动，涉及身体"龙"的骨骼遒放；"分拨水"开合""钩锉""揉球""伏虎"等意念活动，涉及身体"虎"的骨骼遒放；"抱树""抱球""牵挂""鸟难飞"等意念活动，既是身体之"龙"也是身体之"虎"的骨骼遒放。

除此之外，周身其他部位的骨骼也要有遒放训练。如："肩撑肘横""三星相应"（肩肘腕）等意念活动，涉及身体上身间架的骨骼遒放；"三夹两顶""足踏泥泞半尺雪"等意念活动，涉及身体下身间架的骨骼遒放；"五脖争"意念活动，涉及脖子、手脖、脚脖的骨骼遒放；"舌欲摧齿，齿欲断筋""含笑似惊蛇"等意念活动，既涉及面部也涉及周身的骨骼遒放。

"一身备五弓""前手推石碑，后手拉惊马""起手举鼎、落手分砖""托婴""双手扶云""左右推山""踩提""提插""矛盾"等意念活动，涉及矛盾争力的骨骼遒放。

"脱肩松臂懒束腰，神情意力似粘糕""云端宝树放光芒""逢屈必夹，逢节必抵""屈寸伸尺""风中旗浪中鱼""惊吓天涯鸟飞绝""手握提按斜撑错 ，光芒无限力如铁""提顿吞吐沉托分闭"等意念活动，涉及周身间架的骨骼遒放。

意拳训练除了骨骼遒放，还有筋骨、皮毛、脏腑、细胞、空间等遒放训练，如"筋含劲力骨存神""骨缩筋伸"，涉及筋骨遒放；"浑身肌肉挂青霄，毛发根根暖风摇"，涉及皮毛遒放；"似尿非尿""气息平细缓中修"，涉及脏腑遒放；祖师王芗斋先生所说的"慧眼默察细胞系，如疯如癫如醉如迷，虚灵独存悠扬相依"及"细胞之遒放"，更是涉及细胞的遒放之功；"神动得自有相外""全身虚灵随风动，漫如游泳空气间""吐纳灵源合宇宙""浩气包容天地广""雷电交加轻也重""无穷如天地，充实如太仓""大气包寰宇，挥浪卷朔风"，涉及空间遒放。

上述这些遒放训练，也可以看成是意拳局部的具体功法，对于身体中缺少这方面训练的人来讲，虽然是局部之法，也可以在一定时间内进行针对性的具体训练，只是一旦掌握后就不要再执着地训练了，因为祖师王芗斋先生是反对局部力的，故对于聪明人来讲，上述内容只需了解了即可。

10. 意拳的间架

意拳的训练首先须把间架练好，无论是站平步桩还是站丁八步桩，其间架的意识至关重要，具体来讲，肘关节要撑开，怀中要有环抱之意，双手要有保护自己的意识，双手的位置在正常的情况下可以与自己的肩部同高，但具体的高度还须要由自己的假想敌来确定，如果假想对手的个子低矮，则双手的间架可以低一些，但如果假想的对手是个超过了自己身高的人，则双手的间架就要相应的抬高，甚至要高举过头部。另外，在双臂环抱的同时（以撑抱桩间架为例），通过肘关节外展，可以使自己占据更大的空间，这是意拳所独有的特征。

检验间架是否合理的最好办法，就是让对手抢拳过来，看看是不是能打进来，合理的间架是要让对方不能一下子打中你才对，为此我们既要有假想敌又要有足够的空间，正如我恩师义母王玉芳先生所说的要"膛大而口小"。其间架的大小也是因人而异的，如果自己个头儿小的话，间架的空间就一定要大，因为技击时所面对的对手很有可能是个高个子，自己的个头儿大，间架就要紧凑一些，但紧凑也不能没有了空间，所以站桩的第一件事儿就是要站空间。另外，间架问题不仅仅是姿势与角度的问题，还在于身体内部的传导与调动的学问，具体如身体的劲力是不是紧凑，周身是不是均整协调且具有整合力，内部的脏腑是不是处在合理的状态，气口的位置是不是正确，神意是不是真实，精神是不是饱满且具有笼罩性。所有的这些，都须在有假想敌的情况下进行训练。

就细节而言，站桩时从下往上来看的话，下面的脚是否能松下来，是否有劲力的传导，从脚尖、脚心、脚跟到脚背再到脚踝，有多少筋肉能够参与及被调动，小腿的筋肉处在什么样的状态，膝、大腿、胯的部位是不是能松下来，腰、脊是不是灵动，头项是不是能领起来，肩、大臂、肘、前臂与手的劲力是不是通达，是不是合于整体，一动与一静及动静之间是不是能整体意动。故间架的问题涉及训练中的每一个环节与每一个细节，我们要对自己身体的状态了如指掌才成，只有对自己的身体了如指掌了，才会发现别人的身体状态及间架是不是正确。当自己的间架意识明确了，对方动抑或不动，你都会发现对方的问题，如对方的脚是不是在睡觉，即有没有被调动起来，脚踝的劲力参与了没有，膝盖是不是有贯通的劲儿，腰、胯的劲儿是不是通达，一下子就能看出来，再如，对方是盲动还是均整之动，对方是左边兴奋，还是右边兴奋，一下子也能看出来，看出来后，我们就可以大胆的攻击对方了，这就是间架的作用。

现在的传统武术是缺少间架意识的，主要是因为缺少实战，既缺少保护头部的意识也缺少保护身体其他要害部位的意识，拳击在间架方面就比传统武术要强许多，但传统武术也有长处，传统武术在借力打力方面比拳击强，意拳就是吸收了它们各自的长处，使之成为具有现代意识的实战拳学。

关于间架意识的建立，首先要有敌情意识，它是周身整体性的敌情意识，这种意识野生动物们都有，狮虎豹等野生动物们都是有间架的，尤其是它们在捕食和搏斗的时候。所以，中国绘画讲要"师造化"，向自然学习，中国武术实际上更应向自然学习，要对大自然的一切生命都要有敬畏之心。其实树木也有间架，其主干与枝干的合理性的生长，受力时的一枝动百枝摇、一动无有不动的弹力与平衡的自然与真实的状态，永远是我们借鉴的良师。在具体的训练时，也可以先练技击，回过头来再练站桩。技击时，双方的情况皆千变万化，用手来攻击对方与用肘来攻击对方及用前

217

臂和用腿脚来攻击对方，空间与劲力的变化会是完全不同的，其间架的感受与认识也会更加深刻，技击过后，再静下心来找间架问题，会更有针对性、更具体、更真实。

所以，意拳的站桩功，不应像别的门派那样的傻站，它是在相对静态状态下的一种拳术思考与拳术体认训练，它是在时时地检查身体的参与性，是在开发潜能，调动潜能。

意拳的训练，是一个很精微的工作，可以具体到每一个细节，仅以手为例，站桩时，每一个手指头都会有各自的任务，如站成撑抱桩的间架时，拇指要有上领之意，食指要有前指之意，中指要有撑抱之意，无名指要有钩挂之意，小指要有下插之意，另外，每个手指也要有六面浑圆之意，连每一个的手指甲都要有六面浑圆之意，手上的汗毛也要有"搜寻问路"之能，既悠扬相依又如戟似枪，且根根透风又"根根无不放光芒"，掌心掌背还要有吞吐之意，再有就是这些各自局部的意念，还不能真正局部的这样去练，须合于整体的意念才成，因为一切的训练都是为技击而服务的，手的灵动练成了，身上的灵动也就好理解了。

要想让自己的身体具有灵动性，放松是前提。松不是不使劲儿，也不是使劲儿，而是要干事儿，如钢琴家的手就是松的，书法家、画家的手也是松的，他们的手都是干事儿的手，都是有语言的，而现在许多人站桩时的手，都是傻手，要么松懈无力，要么生硬僵直。金庸写东方不败练绣花的功夫，也是有一定道理的，人在绣花时可以训练手的控制力，过去人们常说"心灵手巧"，其实手巧也会心灵。站桩时手先灵敏了，手也就有了语言，然后用对自己手的理解去教全身，身上也就会有了语言，浑身也就会有了灵动的状态。芗老所说的一触即发，就是建立在灵动的基础之上的，灵动了方可有触觉之活力，有了有触觉之活力方可谈一触即发。所有上述的这些都是间架的内容。故间架并不只是把双手抬起两臂撑圆地放到头前的那点儿事儿，它包括了精神、意感、敌情意识、角度、空间、重心、平衡、均整协调与一动无有不动的空灵状态，它是拳术训练的综合体现。

11.意拳站桩摸劲的"文火"与"武火"

许多人认为站桩应该是不动的，还有人认为站桩是蠕动的，也有人认为站桩是要进行前后左右上下摸劲儿训练的。其实大家说的都对，但又都不完全。

本人认为，站桩之功在修炼的方法上，可以分为"文火"和"武火"。一般来讲，"文火"是要用轻意念，甚至是无意念，是不动之动之功，是属于等功夫自然上身的训练体系。而"武火"则不同，是必须要有意念诱导，是要用意念来引导身体进行整体意动，这种整体意动实是一种摸劲儿训练，只是外不露形而已。摸劲儿之功有两种，一种是外不露形的，就是意拳站桩功，另一种是露形的，即是意拳试力。

认为站桩时要蠕动的和站桩时要前后左右上下摸劲儿训练的，都属于是"武火"之功，学技击的人大多练的都是"武火"之功。意拳训练时，至于要前后左右上下摸劲儿的训练之法，实是无奈之举，祖师王芗斋先生的本意原是"力量一有方向即是错误"，但对于一些"顿悟"资质不强的人来说，直接进行没有方向的即"形不破体，力不出尖"的训练是有难度的，前后左右上下地摸劲儿训练，有助于了解拳术的基本劲力，但这也只能作为一种过渡之法，长期的执着于此就会离祖师王芗斋先生的大道越来越远。但若在站桩中从来就没有进行过六面力的基础训练也是不应该的，这就是意拳的吊诡之处。当人们理解了前后左右上下这六面力的基础劲力后，就应该进行"形不破体，力不出尖"的浑圆整体力训练了。另外，关于蠕动的训练，本人的观点是，蠕动只是站桩训练的内容之一，至于身体中的蠕动状态，准确地说应该是细胞遁放之动的表象。除了细胞之遒放之动外，筋骨的紧松之微动，也会有蠕动的表象；人体阴面与阳面的矛盾争力之动，也会有蠕动的表象；随运意于外的吻外力之整体意动，如想象有微风拂面，或有湖水微荡身体等，即体会"风中旗，浪中鱼"，也会有蠕动的表象；让外力进入身体中，同时让身体打开弥散于外界中，达到内外交融成为整体，随外界的风情之紧松而紧松，即借外力之动，也会有蠕动的表象。故蠕动只是表象，是诸多训练内容的外化，若真把蠕动当训练内容来训练，则是一种训练的执着，而且也只会是一种局部之动。除此之外，意拳浑圆桩的训练内容还有诸如空间、平衡、精神……丰富的功法训练内容，绝不仅仅是在前面开头时所说的"前后左右上下"那点儿事儿。

总之，上述的摸劲儿之功都属于"武火"的训练内容，意拳浑圆桩的内容是立体而又丰富的，除了有"武火"还有"文火"的训练内容。本人认为，意拳的浑圆之功宜交替的训练，即"文火"与"武火"的交替训练，站一段时间的轻意念或无意念之功，即"文火"之功（形松意松之功及无意之意是真意之功），再站一段时间的有意念之功，即"武火"之功（形松意紧之功）。最终应当以祖师王芗斋先生所说的"无意之意是真意"为大道。

12.意拳训练的计划练与随缘练

意拳训练，可分为计划练与随缘练。具体如本人所研究的祖师王芗斋先生的十几种拳劲，即"蓄力、弹力、惊力、开合力、重速力、定中力、缠绵力、撑抱力、惰性力、三角力、轮轴力、滑车力、斜面力"等拳术劲力，及平衡、动静、虚实、紧松、遒放、悠扬、阻力、争力、应力及"六力八法"的劲力训练内容，及舒适得力，百骸均整，屈折含蓄，发挥良能的训练内容，及随机而动，变化无方，自然而然，及训练中不平衡中有平衡之劲力，平衡中有均整变化之劲力，及"形不破体，力不出尖儿"，刚柔、方圆、阴阳、轻重、缓急等变化之劲力的训练内容，还有"精神笼罩"及"假力宇宙力波"等训练内容，皆须按部就班地进行训练方能掌握，也就是按计划来训练。但诸如训练中所涉及到的平衡、紧松、遒放等劲力变化，则可以练到哪里就到哪里，练到什么层次就到什么层次，这种自然而然的状态就是随缘训练。

计划训练与随缘训练须交替进行为好。全是计划训练，会缺少深度，缺少自然而然的本能；全是随缘训练，会缺少整体，易掉入局部与片面的窠臼。

但从训练的境界来看，随缘训练应该更高一些，随缘训练更接近祖师王芗斋先生所说的"无意之意是真意"的境界。

所以，到了训练的后期，当以随缘训练为训练的重点。也可以理性的概括为"三七开"，即初级阶段的训练是计划训练占"七成"，随缘训练占"三成"，高级阶段的训练是随缘训练占"七成"，计划训练占"三成"。

在计划训练中，须有意念上的假想敌，一动一静皆"有的放矢"，所训练的劲力内容明确，诸如祖师王芗斋先生"六力八法"中的"提顿""吞吐""沉托""分闭"等劲力，均有明确的训练内容与训练方法。在随缘训练中则相对要自然一些，所训练的劲力内容具有自发与随机性，如忽然之间身体中有了平衡的需求，有了逆力的需求，有了空间的需求，有了"精神笼罩"的需求，这时则可以随缘而练，等练着练着，身体又不想再练这些内容了，则可以放弃随缘训练法，再回到计划训练中来，再具体的训练"提顿""吞吐""沉托""分闭"……

这种计划训练与随缘训练的交替训练法，可使我们既不失规范，也不失灵感，在有意与无意之意中，掌握祖师王芗斋先生的核心训练法，践行王芗斋先生的武学思想，并使之光大。

13.意拳训练之"五要"

在本人的训练体系里，意拳训练要有"五要"：一要藏力于空间（精神力）：须把精神放到外面，借天地力；二要藏力于皮（毛）：须内外关照，训练应力；三要藏力于筋（肉）：须似笑非笑，松紧紧松勿过正；四要藏力于骨（髓）：须骨有开力合，劲力转换；五要藏力于气（血）：须气血充盈，精神饱满。其实上面的这些内容老辈人早有概括，即"内练一口气，外练筋骨皮"，但是他们没有概括出还须练空间。练空间是祖师王芗斋先生与他们的最大区别。

现在，意拳界对练空间与练"骨"及练"皮"重视不够，大家练"筋"的很多，练"气"的也有一些，但大多都是些局部与执着的东西。大家嘴上都会说，"内练一口气，外练筋骨皮"。但是具体的该怎么练，就莫衷一是了。

本人认为，在训练时，空间与"筋""骨""皮""气"，它们都是融在一起的，不是分离的。

训练时，首先要把精神给拿出来，在意念上要占据身外的空间，然后要让外空间进入体内。外空间进入体内的过程，就是练"皮"的过程，也是练"骨"的过程，也是练"筋"的过程，也是内外气血交融的过程。

祖师王芗斋先生有"周身如空口袋"之说，也有"毛发悠扬"及"毛发如戟似枪"之说，祖师王芗斋先生的这些话，既是练骨的内容，也是练筋、练皮与练气的内容，也是空间训练的内容。练骨首先从松骨开始，初习松骨时，可以从抱球与抱树入手进行训练，但若欲让松骨的训练有时效，最好有假想敌，这样松骨、开骨与合骨就有了具体的训练内容，可以尝试着想象有水浪冲击而来，自己则既不能随波逐流也不能做中流砥柱，还可以想象有敌人攻击我们的身体，我们可以通过松骨而引进落空，可以想象敌人从前面攻击时我们，从后面攻击我们，从四面八方来攻击我们，面对不同角度的攻击，我们须通过怎么样的松骨与劲力的转化而使其劲力落空，这是一种"空劲"训练。这种"空劲"练好了，"人不知我而我独知人"，敌人有多大的劲力都放不到我们的身上，沾点儿即可让对方失重，这也是"打皮毛"，"打空间"的训练法之一。松"皮"的训练，须从加强空间的松紧入手来进行训练，首先须加强对阻力的认识，对身外松紧力波的认识，要建立自身皮毛的感应力，也要建立对身外各种生物信息的感应力，无论是猫狗的信息，还是一片落叶的信息，只要是在身边出现，都要逐渐的锻炼的使身体具有感应力，松"皮"的训练首先来源于静，也可以从在意念上身处于寂静的湖水中练起，要静到身如止水。筋的训练比较复杂，分被动的"筋"训练，与主动的"筋"训练，被动的"筋"训练来源于松骨训练，即松骨即是练"筋"，主动的"筋"训练，首先来源于身体的紧松训练，也依旧可以从抱球与抱树的意念入手进行训练，也可以从身外有狼虫虎豹环伺等危险意念入手进行训练，也包括如沾红铁等各种具体的触觉意念入手进行训练。气的训练来源于吐纳，吐纳可以放到后一阶段来进行训练，初习时以自然呼吸为宜。

但这些内容皆不能分开而论，也不能单独的分开而练，分开了，就局部与执着了。

《武穆遗书》中有"六合"，我这个"五要"也可以看成是"五合"。一合于空间，二合于筋，三合于骨，四合于皮，五合于气。其实，就是"内练一口气，外练筋骨皮"。但是我的这个"内练一口气，外练筋骨皮"与传统武术中的"内练一口气，外练筋骨皮"，还不完全是一件事儿。

现在的意拳大多都在抓着"筋"的训练不放手，其实，除了练"筋"外，更有"空间"训练，及还有"骨""皮""气"的训练。将"空间"及"筋""骨""皮""气"合起来的训练，才是完整的传统武术训练。

第三节　意拳健身与技击之功

1.意拳的健身与技击功法

本人认为意拳真实的可以技击的功夫就必是养生的功夫，但一定要是真实的，而不是不真实的。就像一个国家真实的军力，必来自强大的国力，如果一个国家积贫积弱，一味地穷兵黩武是长久不了的，一个人也一样，身体整天的病病快快，自不可能有打三挟俩的能力，国家强大了才有钱去发展军事，身体强健了才能有精力去训练技击，意拳正确的技击之功是能迅速地使人身体强健的，本人的一个徒弟是糖尿病2型，站桩半年后身体的指标完全的正常了，而且还具有了初步的技击能力。

拳术的训练，离开了技击的目标，无论说得多玄乎，大多是伪功夫。养生来源于心情，来源于适度的锻炼，来源于长期的良好且卫生的生活习惯，也包括饮食、水、空气等良好的生存环境。普通人习练武术的目的，一方面是为了长寿，更主要的则是为了健康及要提高生活质量与技击的能力。意拳为技击而建立起来的各种训练体系是极为严谨与科学和合理的，技击的要求使它来不得半点儿虚假成分，故技击是衡量拳术是否正确的主要原因。在这方面我的恩师义母王玉芳先生就是表率，她经历了人生各个时期的大起大落，生活的境况也是时好时坏，但依旧有92岁的高龄，除了具有极强的技击能力外（虽然是女人身，但赢许多健硕的男士皆不在话下），数十年来还医治好了许多难以治愈的疑难杂症。意拳实是中国武术中的瑰宝，具有健身与技击双重功能。意拳注重精神、注重意感、注重自然力与间架力量的锻炼，仅就其精神意识方面而言，其锻炼的方法就有许多种，如首先要把执着于身内的精神拿到身外来，具体如想象眼前有美好的景致，呼吸着新鲜的空气，口中含有琼浆玉液，且满口生津，耳听美妙的声响，眉目舒展，心情愉快，周身放松，感之微风拂面，或浸泡在舒适的温泉中，周身无有一处不舒展、惬意、放松。这种状态可以达到调身、调形、调力、调息、调意、调心、调神等功效，能使我们从外到内的使身体的机能发生改变。这些都是意拳站桩功入门时的基础功法，在站桩时，心情始终要保持愉快，只想一生中最令人难以忘怀的最美好的事情，如第一次观沧海或登顶黄山之巅等，要回忆并切实感受到曾经的那一刻的美好心情，并持续的保留住它，要把它贯穿到站桩及试力等练功训练的始终，即在站桩、试力等打拳练功时的此时此刻就是当年那个时候的此时此刻，这种记忆中的美景穿越可使身体消除烦躁，真正的放松下来。站桩时除了要持有尚佳的精神外，还须要有真实的意感，即周身的毛发及皮肤要随意念感知到景致的真实，如真正有触到风的感受，或真正有泡在温泉里的感受，要能体会到风或水与身体的接触感，如挤压感、沉浮感、弛张感等，这是衡量意拳是否入门的关键，即是否能假想成真，若不能假想成真，虽然美好心情对身体也有益，但身体不会发生质的变化。假想成真是需要时间的，有的人练功当天就会有了真实的感受，而有的人则要一两年后才会有感受，这跟每个人的身体机能及气质不同有关，跟会不会放松有关，也跟情商与智商及文化修养有关，跟自我暗示的能力有关，也跟缘分有关。但只要是坚持站下去，终会有感觉的。一旦有了感觉，站桩的乐趣就来了，会真切地体会到习之美妙的感觉。这时就需要再加入新的训练内容与新的意念活动，身体就又会有了新的变化。所以，意拳不仅仅是意的问题，更是切实感受的学问。意拳有针对各种疾病而设立的意念，如对于高血压的患者，可多想入地生根与淋浴的意念，即要多往下面想，如水从上往下的流遍全身，然后经过腿，经过脚，流在地面上逐渐地摊开了再摊开，渗入地下。对于心火旺的人可多感受身处于寂静的水中的意念，对于癌症患者，更是要坚定信心，多感知美好的事物，强化对美景的感受，同时还要加强与自身身体的对话，首先要感恩身体这么多年的陪伴，鼓励身体的机能要回忆并恢复到病前的状态，唤起身体的记忆力，同时还要对天地心怀感恩，让宇宙能量进入到身体中，克服执着、局部与出尖的劲力与意念，建立起自然的没有丝毫做作的劲力与意念，让自然与良知回归到身体与心灵中，净化自身，从肉到灵都要进行净化，即真真切切的体会祖师王芗斋先生所说的"重精神、重意感、重自然力的锻炼"。上述的这些训练内容，听起来都是用于养生健身的，但其实都是技击训练中必不可少的训练内容，技击的训练内容并不都是咬牙瞪眼的功夫，更多的恰恰是风花雪月般的美妙景致的心境训练，意拳只是在训练的特殊阶段，会有一些在精神与意念方面对狼虫虎豹的应对训练，但也只是偶然而为之。所以意拳的养生健身与技击之功是一件事儿，谁把它们给刻意的分开了谁是外行。练养生健身的人在打拳时依旧要有敌情意识，敌情意识可使身体的意念不执着于自身，也不离开自身。由身外美景的意念到身外敌情的意念，再由身外敌情的意念到身外美景的意念，它们之间要不断地转换。只有一种美景的意念是不成的，只有敌情的意念也是不成的，这可以理解成是阴阳相合，也可叫刚柔相济。任何一种单一的思维方式都是执着，都是局部，都是出尖儿，都不是整体，这种单一的思维方式，从技击的角度讲是练不出整体力的，从养生健身的角度讲也是达不到健身目的的，甚至还会走向反面。它们之间有一个难点，就是度的把握，因为世间的对错常不在于对错本身，而在于当与不当，许多人是在"当"上也就是在"度"上出了问题，这也是人们在练功时始终都希望能有老师随时指导的缘故，许多人一旦离开了老师的指导就会无所适从，不知道何时应该如此，何时不该如此。其实，要解决这一问题并不难，就是我所常说的"实践"，无论是推手实践还是断手的技击实践，在实践中"当"与不"当"对与不对，真伪立判。有一个朋友，自认为已经练到了可以用意念控制对方了，结果和师兄弟们一搭手，接连被对方所揍，立马就醒悟所练皆非，这实际上叫"棒喝"，若没有实践，还不知道他要跑偏多远。许多人练气功练成了精神病，嗷嗷乱叫，啃树皮，满地打滚等等都是因为其训练中缺少了技击这一实践环节。故从某种角度来讲，推手与断手技击的真正目的应是用来修正自己身上的问题，而不是为了比输赢，这样的话所练的功夫才不会出偏，才不至于是伪功夫，才能真正地健身与养生。

关于意拳的养生与技击本是一件事儿的问题，我曾专门就此事儿问过我的恩师义母王玉芳先生，她老人家说："我父亲遇到要练养生与健身的人就叫养生桩与健身桩，遇到要学技击的人就叫浑圆桩，它们其实是一个东西"。经过本人细心的体认，终于明白义母此言不虚，它们真的是一件事儿，若说它们有区别，那也只是一件事物的不同层次或叫不同阶段的区别。随着训练的深入，站桩会由基础的换劲儿阶段，逐渐地进入到深层次的训练内容中，诸如筋骨问题、气血问题、细胞之遒放问题、平衡问题、连通问题、传导问题、整体性问题、悠扬问题、假宇宙之力波的问题、空灵的问题等都会一个一个的训练到。所以无论是叫养生桩还是叫健身桩或是叫浑圆桩，都是一件事儿，只要是练对了就都能有技击性也同时有健身性，若不能健身与技击，就应该反思自己是不是站桩练得有问题了，是不是停滞在某一个阶段而不思进取了，或是已经出偏了，已经练成得意技了，已经练的离整体力的目标越来越遥远了……意拳最终要练成整体力而不是局部力，要练成整体意识而不是局部意识，要掌握整体功法而不是局部功法，当掌握了整体功法后，功法也就不再是功法，这时若再谈功法，功法就是局部的了，这时就进入了祖师王芗斋先生的另一个境界，即"拳本无法，有法也空，一法不立，无法不容"及"只求神意足，不求形骸似"和"拳无拳，意无意，无意之意是真意"的境界。

227

　　祖师王芗斋先生经常会拿自然的事物来启发学生，祖师王芗斋先生谈的是师法自然的学问。在意拳门内曾流传有一个祖师王芗斋先生谈虎的故事，祖师王芗斋先生曾举例说："老虎不会踢桩打袋的练习武功，但谁又能赢得了老虎"。从祖师王芗斋先生的谈话中，能看出祖师王芗斋先生是反对踢木桩打沙袋的，另外，祖师王芗斋先生谈的也是一个如何自然而然的学问，老虎是不会像人一样傻傻的练"踢桩打袋"的功夫的，因为那种功夫与它们的捕食无关，老虎从小就受其虎父虎母的影响要学会如何的捕食与生存，从小就同小伙伴们或与虎父虎母们在摸爬滚打地玩耍和撕咬，它们从小吃饱了就睡，睡醒了就耍，故老虎也练功，只是增长功力与学习捕杀能力的方法与人类有所不同而已，故虎有虎道，狼有狼道，人也应有人道。那人类区别于虎狼的功法之道又是什么呢？就是祖师王芗斋先生一直所倡导的通过站桩与试力等训练方法来完成的拳术训练，祖师王芗斋先生所传的站桩功是人类最合理的技击术与健身术。但这也要有一个前提，小老虎从小就进行的撕咬玩耍，是为了将来能有捕食的本领，意拳的站桩功，最终应是为了能技击，否则练它当没有多大的意义，若站桩功只能健身不能技击，那天下能健身的功夫太多了，何必非要练此功，祖师王芗斋先生拳术的魅力恰恰是技击与健身的不可分性，这也是祖师王芗斋先生学科的整体性的具体体现。即以实战为检验的标准，以舒适得力为训练的法则，以假借为载渡之舟，以自然为镜，以自然而然为本，以传统的武学论著和老庄佛释及儒家思想、中医及易经等原理为理论依据，最终以无意之意为要求，得整体的自然之本能的先天之力。而这一切的一切，其前提是以实战检验为标准，故若离开了实战，意拳若再叫拳也就没有了意义，同理，中国武术若离开了实战再叫武术也同样没有了意义。故这又回到原先的话题，本人认为，离开了实战，一切的功夫都是伪功夫，包括武术理论体系下的健身功（气功，禅定功，丹道功，瑜伽等非武术体系下的功法除外），即武术的健身功、养生功与技击之功本是不可分的。在祖师王芗斋先生的众弟子中，大家都认为于永年先生是搞养生健身的，但许多练技击的人在推手时都赢不了于永年先生，不得已，大家管于先生叫大石碑，似乎只是于先生功力大而已，其实是于先生不愿意打人而已，并不是于先生没有技击能力，于先生曾传我"屈寸伸尺"的紧松训练方法，此方法就是可以打人的，但也是健身与养生的，它们是不可分的，我恩师义母王玉芳先生的功夫，更是技击与养生、健身的统一体，法国大成拳协会会长明山先生与王玉芳先生搭手，瞬间就被打的腾空摔出去，我的刘涛师哥也是在搭手输给了我的恩师义母王玉芳先生后才心悦诚服的拜师的。意拳第三代人皆亲切的敬称王玉芳先生为二姑，这除了敬重先生是祖师王芗斋先生的二女外，对先生功夫的认可也是其中的一个原因，凡是与王玉芳先生搭过手的人都会敬佩先生的功夫，网上有王玉芳先生与人搭手的照片及视频，大家可以看看是不是王玉芳先生曾把某一位名家的间架都给拿的僵滞了。本人习武至今已有45年，所求教过的祖师王芗斋先生的亲传弟子也有十余个之多，恩师义母王玉芳先生是我所遇到的祖师王芗斋先生弟子中少有的可以使对方一搭手就失重，且能将对方一挂即起的人，恩师义母王玉芳先生的劲儿极为干净，没有丝毫的杂质，为此，我也经常由义母遥想到祖师王芗斋先生，义母都如此那祖师王芗斋先生的劲儿又会精纯到什么程度，简直令人神往。

前面谈到意拳的健身功与养生功及技击功是一件事儿。同理，虽然有实战能力，但不具有养生与健身功能的功夫也不是正道，不练拳尚好，一练拳反而把自己练出一身病来，甚至把自己给练死了，这也不是真功夫，祖师王芗斋先生管这种功夫叫戕生运动。

祖师王芗斋先生在晚年教弟子时已不再叫拳，而叫站桩功，由此，人们似乎可以说，祖师王芗斋先生创造了两个东西，一个是拳，一个是功

（即人们将老先生的站桩功等同于气功、禅定功、丹道功等）。但本人认为这在祖师王芗斋先生的理论上是说不通的，因为祖师王芗斋先生的学术观点是整体的，是不能肢解的，若真能区分出了拳和功，祖师王芗斋先生的理论就局部了。故还是我的恩师义母说的对，祖师王芗斋先生是针对不同的人与不同的需求有不同的说法与教法，在当时的社会环境下，即不许搞技击，打架算流氓的环境下，祖师王芗斋先生叫意拳为站桩功，实是英明之举，祖师王芗斋先生曾有"早年壮志堪降虎，晚岁依人总让猫"的诗句。祖师王芗斋先生后期虽然把"拳"改叫"功"了，但祖师王芗斋先生的东西并没有变，就如同"芗斋"是祖师王芗斋先生，"政和""尼宝""宇僧""矛盾老人"依旧是祖师王芗斋先生，只是叫法不同而已。所以，祖师王芗斋先生的拳术或叫祖师王芗斋先生的功法，技击与健身是不二的，若人为的分出了一与二，实是对祖师王芗斋先生学说的误读，故在本人看来，技击之功与养生健身之功是一件事儿。

2.意拳养生与技击的关系

前面谈到有些人认为，意拳的养生桩与技击桩不是一件事儿，若要想健身与长寿，就要多站养生桩。其实，那些站技击桩而把身体站坏的人，及那些热衷于技击而又不长寿的人，与站的是技击桩还是养生桩并没有什么直接的关系。身体练拳练出了问题，主要是贪功夫所致。我的恩师义母王玉芳先生曾反复地说，"练拳要会偷懒儿"，但大家却大多都执着，大多都贪功夫。所以，不是桩的问题，是站桩者本人的问题，是大家的贪心有问题，有贪心，练什么桩都会有问题。

意拳站桩本没有养生与技击的区别。前文中谈到本人的恩师义母王玉芳先生曾多次的与我说："我父亲遇到想学养生的就叫养生桩，遇到想学技击的就叫技击桩"。站桩只有层次上的区别，如一年级的层次，二年级的层次，三年级的层次……而没有什么养生与技击的区别。赵道新精于技击，活到83岁，张长信精于技击，活到87岁，韩星桥精于技击，活到96岁，我师哥郭贵志热衷于技击，现在也90岁了。

所以，练拳的人是否健康与长寿，只与练的对与不对有关，与生活方式有关，包括与乐观的生活态度、正确的饮食习惯及与营养的摄入状态有关，而与训练的是技击桩还是养生桩并无多大的关系。

有的人站桩很用功，每一次都要站几个钟头，并以为这样既能健身，也能增长功力。

其实，站桩的功夫并不是这样练的，站桩不是一下子就要站出几个钟头来，几个钟头的工夫实是一点点的冲击上去的。如今天的身体状态不好，可能就只站10分钟、20分钟，今天的状态好就可能站1小时、1.5小时，今天的状态超长的好，就可能会站3小时、4小时。但绝对不是天天要一口气站三四小时，有时一个月也不一定会有这样的身体状态，没有，就不要勉强，勉强了，就是贪功夫。

从总体上来讲，站桩训练时，每次宜比上一次略长一点的时间为好，但没有比上一次的时间长，则说明今天的身体状态不好，就不要去勉强。

另外，时间的长短，也与训练的内容有关，如果是重复昨天的内容，因为是轻车熟路，就有可能会在时间上比昨天站得时间要长一点儿，但如果今天增加了新的内容，就有可能反不如昨天练的时间长。故时间并不全是评判训练强度与训练水平的唯一标准，还是要看训练的质量。

站桩训练时，有时候要用轻意念，甚至是无意念，但有时候又要集中精神，须始终由意念来把控身体。我管前一种叫"文火"训练，管后一种叫"武火"训练。身体状态不好时，最好不要训练"武火"，可进行"文火"的轻意念训练。

另外，我们的训练也可以是"三七开"，或"二八开"，或"九一开"，即大部分的时间是用"文火"来训练，也就是须进行轻意念训练，甚至是无意念训练。"武火"的训练，只是占到训练中的三成，若身体的状态不好，"武火"的训练，可以只练一成，甚至直接就回去睡觉休息去。

另外，站桩，试力，可以交替的进行训练，如训练一会儿站桩，再训练一会儿试力，训练一会儿试力，再训练站一会儿的站桩。这些都要依据自己当时的身体状态来决定自己适时的该练什么和不该练什么。

故意拳也可以叫"缘分拳"，练什么，不练什么，练多长时间，练多大的强度，全赖于身体的缘分，缘分不到，不要强求。随缘，既是练拳的事儿，也是做人与做事儿的事儿，逆缘而行，即使强努的成功了，也会埋下随时都会引爆的雷。所以，要想站桩训练不出偏，既要勤奋，更要会偷懒儿。

3.意拳放松训练中的具体内容

意拳站桩与试力，我们常常说要放松，但有些人就是松不下来，松不下来的原因，有时是因为没有"交托"。本人认为，意拳站桩与试力，要有"舍"的心态，要有"交托"。要像婴儿一样，婴儿就是把自己完全的交托在母亲的怀抱中，母亲要是一撒手，就能把婴儿摔死，但又有哪个母亲能够撒手呢，母亲宁可把自己摔着也不会把婴儿摔着。前些时网上有一个视频，商店的滚梯突然盖板掀开，母亲在被卷进电梯的瞬间，拼死把怀中的孩子送了出去，牺牲自己救活了孩子。孩子越将自己交托给母亲，孩子越会被母亲所珍爱。我们也要像婴儿学习，我们越放松，越相信大自然，越将自己交托给大自然，就越会被大自然所拥抱。

意拳站桩，其中有一个内容是要站出阻力来，自己越放松，越把自己交托给大气中，越能感受到空气的密度，越能感受到身外的阻力，将来也越能借上天地之"力波"，用祖师王芗斋先生的话说，即"假宇宙之力波"。

另外，意拳的训练中，有一项很重要的训练内容，即要训练身体的"惰性力量"，本人认为，在一定的情况下，"惰性力"体现的是一种"消极力"，这种"消极力"也可以说是一种"懒劲儿"（当然，"惰性力"除了"消极力"还有别的内容，现在只谈"惰性力"中的"消极力"内容），在训练中，要想让劲力"消极"，须使身体松软的"懒"躺在空气中，也可以运用假想敌的意念，让自己懒躺在对方的身上，也可以叫"赖"在对方的身上，在意念上，要把自己的重心都要交给对方，自己躺在对方的身上了，也就是吃定对方了，要像婴儿一样，把自己交托给对方，要有敢于让对方一撒手就摔死自己的心态。婴儿很柔软，我们也要很柔软，婴儿真交托，我们也要真交托，要有祖师王芗斋先生所说的"曲柔似童浴""悠然水中宿"的状态。

这种"懒"劲儿，在技击时是有实际意义的，我们与对方搭手时，若能瞬间地懒在对方的身上，对方会瞬间觉得我们非常的沉重，这样我们就可以瞬间把对方的劲力给"叫"僵滞了。当然这种"懒"只是一瞬间的事情，也叫"刹那"之"懒"，对方的劲力一滞，我们就发力，我们并不是永远的"懒"在对方身上，我们"懒"的时间稍微地一延长，对方就会调整，就会反制我们。

在日常的训练中，这种放松且慵懒的劲力训练，我们可以长时间与短时间及刹那的瞬间时间，交替的训练，要学会在放松与慵懒中练出身体的整力来，当然，学拳人应该具备的劲力很多，但这种慵懒的整力却是必不可少的。祖师王芗斋先生有句话说得很好："松肩脱胯懒束腰，浑身劲力似年糕"（又称"脱肩松背懒束腰，神情意力似粘糕"），身体慵懒了，也就可以"似年糕"了，这是一种惰性的"懒"劲儿，而不是积极的力量，其实越是消极越是积极，这是祖师王芗斋先生的辩证法。

站桩训练时，初学者若持间架站立身体松不下来，也可用双手手指插裤兜儿或插衣兜儿的方法进行训练，双手插兜儿后，可以训练身体的松懒与向下及同时向后出溜儿的"懒"劲儿。

训练时，周身放松，慵懒柔软，但手指头尖儿可以保有一定的劲力，这很像是狮虎豹软软的爪子，虽然爪子是软的，但狮虎豹的指甲却是锋利的。

训练时，在意念上还须"上有绳线系"的意感，越"上有绳线系"身体就可以越慵懒。另外，也可以有跪膝的意念，是有"跪"意，但不是有明显的"跪"形，即不是真的跪。通过跪膝懒腰，可以把劲力通透出来。与对方搭手时，自身一"跪"，就能把对方给发出去，这也是辩证法，你给他"跪"了，他反而被发出去了。之所以用"跪"这个词来表述，是因为"跪"有"交托"的含义，有"舍"的含义（其"跪"，是在膝有上提与膝窝有夹抱的基础上，又加上了"跪"意，即又有了向下与向前及左右横争的意念指向，不是真的跪）。

回到"年糕"的话题，"年糕"既可以是自身，也可以在身外。

（1）自身是"年糕"时，劲力要像"年糕"一样的黏稠，动起来都能牵丝。

（2）身外处处是"年糕"时，则可以把自己给粘住，周身被黏住了，周身也就慵懒了。

（3）与对方搭手时，我们就是一个大"年糕"，要黏上对方。如前所述，欲要黏上对方，就要敢于"舍身"，有"舍"才能有"得"。舍身后，自身再一平衡，就是"得"，自身一平衡，就可以把对方发出去了。

具体如，与对方搭手时，当我们的身体"懒"在对方身上后，我们的腰意向后一指，身体一平衡，就可以打走前面的人，同理，我们的手指尖儿的意念向前一指，就可以打走后面的人。这是劲力平衡的功效。

站桩时，"松肩脱胯懒束腰"了以后，身体会很舒适，但身体的间架却有可能会走样儿了，即身体的间架会歪斜。这有时是一种矛盾，对于初学的人来讲，欲求"立身中正"，就有可能站的不舒服，不得劲儿，欲求"舒适得力"，就又有可能不能做到"立身中正"。解决的办法，本人认为初学者可以交替训练，即站要站到"舒适得力"，再站要站得"立身中正"，也可以"三七开"，即在某一段的时间内，"舒适得力"的训练占到"七成"，"立身中正"占"三成"，另在某一个时间段内，"立身中正"的训练再占到"七成"，"舒适得力"占"三成"。也可以随缘训练，即想要练"立身中正"了，就练"立身中正"，想要练"舒适得力"了，就练"舒适得力"。

由此可知，意拳站桩，"立身中正"并不是一件容易的事儿，尤其是在身体舒适的情况下站得"立身中正"，或在"立身中正"的情况下站得身体舒适，更是不容易。

另外，从舒适得力的角度来讲，身体舒适本是一件好事儿，但话也得两头儿说，有时身体舒适了，也有可能是在功法的修为上止步不前了。

举例如刚学骑车及刚学开车的人，刚开始的时候身体是僵硬的，不舒服的，过一段时间后，身体适应了这种状态，就开始自如了，舒适了，但这也证明在这方面再也没有什么大的进步了，除非又学习了什么新内容，但一学新内容，身体又会僵硬，又会不舒适。因此，只要是舒适了，就有可能是没有再追求新的内容，在拳术的探索上是停滞不前了。故也可以这么讲，一个学拳者每一次的前进，都是由一次次的不舒适逐渐走向舒适的过程，更可以反过来说，都是由一次次的舒适走向不舒适的过程。

总之，意拳训练，可以通过交替练习，逐渐的使"舒适得力"与"立身中正"合为一体，最终做到既"立身中正"又"舒适得力"。

但在训练中，更须牢记祖师王芗斋先生所说的："只求神意足，不求形骸似"，否则，过于追求"形"似，就是把祖师王芗斋先生的拳给练错了。

4.意拳技击桩概述

站意拳丁八步技击桩时，双脚不丁不八（即类似军体稍息步的步法），从身体的下部来说，我们的前脚与后脚的脚趾要有抓地之力，脚心虚提，脚踝要有松紧的弹性之力，要有向上传递能量的能力。我们的前膝盖，要有向前的指力和向里的夹球、抱球之力（夹两腿之间的大球），但外形是向外撑的，我管它叫"撑形抱意"，前膝与后胯要有牵挂与相争之力，后膝也要有向里的夹球之意，但外形也要外撑，也是要"撑形抱意"，双膝有踩提之意，且与脚相争，两腿之间夹一大球，同时也坐一大球，重心前三后七，尾闾下垂，掖胯，溜臀，前后胯要有开合之力。

再往上，胸腹要有抱球的合力，腰腹三圆（松圆、常圆、实圆），胸腹要有紧松变化，胸腹要向手臂进行能量的传送，即要把胸腹的劲力传递到手臂，否则，胳膊的劲力就会局部，另外我们的手臂与脚与膝与腰胯与周身都要有牵挂与争力，与身外要有阻力，要在站桩中建立起聚拢身体的整体力，这种聚拢不是单向的，而是六面浑圆的。身体阳面的脊椎之力，整个的后背之力及头项之力也要调动出来，人体的阴面与阳面要进行争力的松紧变化训练，背靠旗杆，脖领，项竖，头顶悬提，上有绳线吊系，松肩，圆背，横肘，周身逢曲必夹，逢节必倚。口内含球（含宝珠），脖下夹球，腋下夹球，怀中劲力合拢，也可怀中抱球，裆下夹球，脚下或踩球（踩一大球或各踩一球）、或踩船、或踩门栏、或踩薄冰、或"足踏泥泞半尺雪"、或"意力水面行"等。具体到手腕要有伸拔与横争及撑提舔挂之力，掌心有吸力，掌背有吐力，指、趾间夹球，意念要破指（趾）而出，指（趾）端有透电之力。另外，技击钩挂桩与技击扶按桩，双手的指向要统一，可以意念指向一个遥远的目标，意念要放长，要逐渐地建立起在站桩中摸劲儿的意念，可以在站桩中寻找整体的六面力之合力及遒放力，先要用意念调动起身外的松紧力波，然后用意念，让自己的手臂进行或前、或后、或左、或右、或上、或下及整体遒放的紧松之动，所有的摸劲儿之动，皆要整体意动，周身一聚合即止，且一动即止，一止又动，更有"动之不得不止，止之不得不动"之意。具体运动如似推拽非推拽、似提按非提按、似开合非开合、似旋摆非旋摆、似拧裹非拧裹、似兜卷非兜卷，动程皆要短之又短，要做点状运动而不要做线状运动，更多的只是在蠕动，动程过大就会劲力出尖儿。即使是在做有定向的摸劲儿时，手臂及周身都是不能有方向的，只需在意念上引导一下即可。有了一定的水平后，还要在意念里进行有假想敌的训练，但无论是自己在进攻敌人，还是面对敌人的攻击，均只是要一均整即止，总之皆要以祖师王芗斋先生的"形不破体，力不出尖儿"要求为本，要多练精神的东西少练形体的东西，即时时地只需一提振精神即可。

总之，既要有身体的平衡，劲力的牵扯，身体的阴阳矛盾，周身的阻力与逆力训练，及"六合"状态的训练，也要有敌情训练及周围有狼虫虎豹伺机随时可以攻击我们的应激意念训练，同时还要加强对自身体察，身体须时时在动态中调整，间架要始终搭配合理，随时剔除身体中不正确的地方，建立起完整的争力与应力体系，为真实的技击服务。上述这些，都只是基础训练，更深层次的训练在"精神"，"精神"的训练须在周身的训练有了一定的基础之后，用祖师王芗斋先生的话说："己身皆具备，反向身外求"。

5.站桩训练与现代搏击

现在许多练现代搏击的年轻人，都静不下心来站桩，主要是因为对意拳的站桩功不甚了解所致，其实，现代搏击在格斗时也是须要动中存静的，意拳的站桩功并不是站在那里不动，从技击的角度来讲，站桩实是在训练静中之动，具体讲，是在表面静止的状态下，通过意念进行各种格斗的假想训练，是静中练动的学问，格斗与站桩它们其实是一件事儿，那种把每一个格斗的细节进行反复咀嚼，反复修正，反复实验，反复训练的状态，就是一种桩功状态，只是它是不露形而已。把身体中运动的死角发现并开发出来，也是一种桩功的状态。把自己的力量，通过精神，不断的激发使之强大，也是一种桩功的状态。让自己的周身协调流畅，动作机敏迅捷，也是一种桩功的状态。站桩的内容是非常的丰富且立体的，包括了各种模拟的进攻与防守，模拟的各种的技战术运用。所以，当人把每一个技击的动作进行反复的研磨时，就已经是在站桩了。另外，站桩，更是要把格斗的环节，细化到细胞层面，甚至还要比细胞更细微。

意拳站桩所训练的内容有许多，既有宏观的，又有具体的，既有基本功，又有对技击的具体揣摩。如要反思，当自己刚要抬起手来的瞬间，刚要拿起兵器来的瞬间，自己都在干些什么，对方都在干些什么，诸如空间状态如何，呼吸状态如何，情绪状态如何，意志状态如何，平衡状态如何等，这些状态，首先体现在自身的是细胞状态如何。意拳的训练，谁细化的深入且具体，谁是高手。如果细化不到细胞，至少也要细化到筋骨与皮肉，如当你刚要抬手来时，是哪些肌肉在准备运动，是哪些筋哪些骨在准备运动，形体之间的头、手、足及四肢百骸有没有牵扯，是否一动无有不动，一静无有不静，同时又动中寓静，静中寓动，周身的皮毛之处是否有紧松，汗毛是否如戟似枪，并有"搜寻问路之能"等，这些都是从事现代格斗或叫从事现代搏击的人需要具有的基本本领，这也是站桩的具体内容。祖师王芗斋先生说"只求神意足，不求形骸似"，对于从事格斗的人来讲，动作外形的准确与否，手臂与腿脚姿势的正确与否，完全可以根据格斗的状态来设定，只要能保护好自身安全又能同时攻击对方的就是正确，就是最好的格斗姿势，就是最好的技击间架。所以，技击格斗与站桩并不矛盾，对于从事现代搏击的人来说，抽时间静下心来学习一下站桩，从身体的内部反思一下技击中的各种细节与问题，会使自己的格斗水平再上一个台阶。另外，站桩还能站出浑圆整体力来，从事现代搏击的人一旦具有了整体力，在技击方面将会有质的提升。故我个人认为，在有好老师教授的前提下，对于任何一个从事技击格斗的人来讲，习练意拳的站桩功都是很有必要的。

6.意拳站桩与打拳

意拳在站桩及打拳时身上应具有的状态非常多，从精神方面上讲要有精神笼罩的状态；从劲力方面上讲要有"六力八法"的状态；从功法方面上讲要有劲力贯通、矛盾争力、身内牵扯、身外牵扯、周身阻力的状态；从训练方面上讲要有点线面体、迹过留痕的状态；从间架方面上讲要有间架饱满、神圆力方、空松通透、敌情意识、整体意动的状态；从身内训练方面上讲要有呼吸弹力、细胞遒放的状态；从身外方面上讲要有"惟风力是应"、吞吐天地的状态。除此之外还须有空间、时间与无意之意等等的训练要求。总之，意拳是一个系统工程，站桩及打拳须是多种状态的综合体，在训练时有时须一个状态一个状态的去体认，有时又须同时具有，当我们全面的具有了上述的诸多状态之后，才有资格来谈祖师王芗斋先生的浑圆整体力。

具体来讲，就意拳桩法间架的平衡而言，从手臂的角度来说，一种是平衡的间架，另一种是不平衡间架。平衡的间架，是双手同时在一个平面上的间架，如正常的撑抱桩、推抱桩、扶按桩。不平衡的间架，是将双手不放在一个平面中，如将撑抱桩、推抱桩、扶按桩，摆成一手上一手下的间架，即后手比前手低至约小于一个头大小的距离。这样，原本平衡的撑抱桩、推抱桩、扶按桩，就变成了不平衡撑抱桩、不平衡推抱桩、不平衡扶按桩。

不平衡间架，在技击时可以一个手看管着上，另外一个手看管着下，这是一种传统的打法，这种上下不平衡的间架，主要是以接发力为主。在训练时可以采取"三七开"的方法，如将"七成"的精力放在平衡间架的训练中，"三成"的精力放在不平衡间架的训练中，也可以反过来，在训练的某一阶段，将"七成"的精力放在不平衡间架的训练中、将"三成"的精力放在平衡间架的训练中。一般情况下，平衡的间架宜多站，高位的双手在同一个平面中的间架，多属于进攻性的间架，如将双手放在头的两侧，这是准备去扑击对方的间架，野生动物中的老虎与老虎在搏斗时，就是这个间架，猫与猫在打斗时，也多是这样的间架。故技击进攻型的选手，从实战的角度来说，也应多训练这种高位的间架。本人的观点是，进攻是最好的防守，但进攻也不代表着要一直的向前进，主动的后移而调动对方，也是一种进攻。彭德怀元帅在朝鲜战场上的第二次战役中，通过主动的后退而诱敌深入，也是一种进攻。所以，进攻不是简单的一味地向前猛冲，再如虎、豹、狼等猛兽，在饥饿时，它们的进攻也并不都是直冲猛进，其实它们是很有耐心的，也是非常狡猾的，有时它们会迂回，会从侧面及后面来下手。

平衡的间架与不平衡的间架，在训练时，皆宜团着劲儿来练，要秉承"形不破体，力不出尖儿"的原则，否则就会练成祖师王芗斋先生所坚决反对的"砍砖头"（或叫"撇砖头"）的东西了。

总之，站桩要解决的问题有很多，所有的有关针对技击的训练都可以通过站桩训练来解决。这是一个系统工程。

7. 放松与技击

从意拳站桩训练的角度来讲，放松应是无止境的，须使自己永远的一层层的松下去。这里包含有几个方面的内容，一是要检查自己松的是局部还是整体；二是要检查自己在放松时用了多少的时间，放松时用时越短水平越高，如自己一站就松下来了，就比五分钟后才松下来的水平高；三是体察自己是否松了还可以再松，如果松到了不能再松的状态，则表明自己此阶段的训练到了松的极限，需要维持一段时间了，过一段时间后，还会再有松的空间，还要继续地再松下去。其次，如果自己体察不出自己的问题，也对比不出自己的问题，那就得需要由老师来亲自调教了，老师来摆弄自己一下，针对性的讲解一下，或者让老师与自己来对打一下，通过老师的调教来使自己找到自己的问题，使自己进一步地放松。如果老师也找不到自己的问题，那这个老师就该被淘汰了，或者说，自己已经出徒了。再有就是，松是有对比的，比如自己认为松的不错了，但与自己的师兄弟们一比，与自己的老师一比，再不成就去与祖师王芗斋先生比一比（通过观看祖师王芗斋先生的照片来比较），就会发现，自己松得还远远不够，这就要求自己还要以他们为榜样，进一步的继续放松，所以，比较了以后才会知道自己的问题，才会更有目标。具体来讲，站桩时的松有时是假象，比武时的松，才是真正的松，在实战时能否放松下来是相对的，如面对比自己弱的对手时，自己无论怎么弄，对于这个对手来说自己都是放松的，连心态都是放松的，但遇到了比自己强大的对手时，要松下来就不容易了，自己遇到祖师王芗斋先生时肯定松不下来，即使自己事先松下来了，祖师王芗斋先生也会用精神笼罩的意念，让自己再僵滞起来。

理论上来讲，遇到了比自己棒的对手后，自己怎么松也都是假的，怎么松也都是无用的，否则，就不是对手比自己棒。

对手比自己棒，会从以下几个方面来体现出来，如对方比自己的功力大，俗语"一力降十会"；对方比自己的速度快；对方比自己的技术全面，松紧都抢在了自己的前面；对方比自己的经验多；对方具有专门针对自己的降伏技术，比如对方具有很强的地面技术，而自己一不留神又正好被对方拖入了地面；对方当时的精神意志及身体状态比自己旺盛，自己无精打采且气力不足，不在状态，等等这些，都会使自己与对手相比处于下风，遇到这种情况就不要比武了，比也不会有什么好结果，但如果与之情况相反，自己在上述方面皆比对方强大时，与对方比武是没有问题的，故任何情况下都不能打无准备之仗。

一般情况下，意拳人的力量和速度都是优于别的拳种的，秘诀就在于意拳有外人并不知晓的站桩功。意拳通过站桩、试力、发力、摩擦步等系统训练，可以产生超速运动及浑圆力量，如果这种训练下仍然不如对方的速度快与力量大，那只能说对方的天赋实在是太好了，对方下的功夫也实在是太大了。在这种情况下，遇到力量比自己大的对手可以用速度和空间来控制他，与他始终保持一定的距离。遇到速度比自己快的对手，可以用力量控制他，近身与其肉搏。遇到力量和速度都比自己强的对手，就要看对方的脑子是否灵光，如果对方的脑子既笨又没有经验，则可以通过一些巧妙的计谋包括使用招法来赢他，武术中的一些招法，有时很好用，对于那些尚没有达到自然本能境界的人来讲，招法的适时使用有时是一种捷径，那些招法都是前人经验的结晶，比如斜飞式、反背捶、撩阴掌、穿裆腿……不进行非对称战争，是打不赢强于自己的对手的。

8.浅谈放松下的拳术训练

有的老师在教拳时，把好东西都给保守没了。有些老师有理论有见识，但是却故意的不将理论与实践相结合，他们的特点是，在理论上尽可能地讲透，但是在具体的功法传授上，却是什么真东西也不教，这本来是祖师王芗斋先生教外国人的方法，但现在许多的老师却也用在了教自己学生的身上。

许多的老师只是教人练拳要放松，放松本来并没有错误，但如果从始至终的都是这么练就有问题了，放松所练出来的劲力，如果细究，只是一种"贯通"力，也可以叫"流水"劲儿，也可以叫"鞭梢"劲儿，这是最初级的东西。这种劲力没有矛盾，没有逆力，没有精神，寡有意感，更不是高级的本能的自然的一触即发的爆炸力。这些最关键的东西练都没有练到，甚至连听都没有听说过，或者只知道表面的理论而不知道具体的练法，那严格地来说，他们练的当不是意拳祖师王芗斋先生的拳，许多人练的就只是老形意拳的改良版，即使是这样，老师们还很保守，沾沾自喜的自以为别人不知道他们练的是什么，其实就是些出尖儿东西，但是他们还自认为自己不出尖儿，说的都是"形不破体，力不出尖儿"的理论，但做的则与之完全相反。究其原因，是因为他们不知道不出尖儿该怎么练。其实，意拳的训练并不复杂，但身体中若没有阴阳的矛盾，不懂得平衡的练法，不知道什么是内外的空间，不知道被动与主动的区别，没有拿出来的精神，没有"六合"的核心练法，怎么练都会是出尖儿的。

第四节　意拳功法精要

1.意拳的松紧训练

现在有些人在站桩时，把松紧给分开了，单独来进行训练。本人认为在初学时，若没有理解什么是真松，什么是真紧时，可以尝试性地进行七分松三分紧或三分松七分紧的松紧训练。本人的观点是，如果把松紧给分开了练，就必须要明白，这种练法是错的，这只是权宜之计，而且这只是阶段性的训练方法，早晚是要被扬弃的。

从本质上讲，意拳如果把松与紧给分开了，无论是三分紧还是一分紧，就都是在较劲儿，就都是僵，就都是出尖儿的东西。所谓的三分之紧哪怕只是一分之紧，也必不是祖师王芗斋先生所说的那种紧，文字上看都是"紧"字，但此之"紧"不是祖师王芗斋先生之"紧"。松与紧本不可分，分了就不是祖师王芗斋先生的拳，真松了必然是真紧，真紧必然是真松，它们根本就没必要分开，也分不开，故首先在意识上就不能将他们对立起来去看去想去练，这是祖师王芗斋先生之学与天下武功的分水岭。当然，我这么说，很多人会理解不了，祖师王芗斋先生健在的时候，老先生都没有把大家给说服，大家都不按照祖师王芗斋先生的要求去练，老先生也很无奈。祖师王芗斋先生曾有"不知吾道千年后，参透禅机有几人"的感叹。所以，现在的人理解不了祖师王芗斋先生的"绝对观"，也很正常，佛家文化的许多观点也是绝对的，如"色即是空，空即是色"，祖师王芗斋先生也是如此，是"一"不是"二"，故祖师王芗斋先生的"松"与"紧"也与"色"与"空"的道理一样，即"松即是紧，紧即是松"。关于意拳是"一"还是"二"的问题，祖师王芗斋先生曾经与弟子们进行过广泛的论辩，这在意拳史上是很著名的一件事儿，最后祖师王芗斋先生在口头上也没有说赢大家，只撇下了似乎是在强词夺理的一句话："一万个一也是一"。这以后祖师王芗斋先生也就任由大家自由发展了，从正常的思维来看，祖师王芗斋先生的这话的确有问题，一万个"一"和一个"一"怎么会是一回事儿呢，如果若抬杠地说，给您一万个金币和给您一个金币，您能真看成是一件事儿吗？但这正是世人的可悲哀之处，其实祖师王芗斋先生也很痛苦，没有人能真正地理解他。佛家又何时能把"空"与"色"给分开？分开了肯定就不是这个东西了，意拳同理，把"松"与"紧"给分开了，也不是老先生的东西了。故谁把"松"与"紧"给分开了，谁就可以当"宗师"了，是意拳另一枝的宗师，但那还是祖师王芗斋先生的拳吗？这些人的东西与祖师王芗斋先生之学，是不能相提并论的。

不要以为青铜与黄金是一个颜色，就可以拿青铜当黄金（古时青铜刚出来的时候，常有人拿青铜冒充黄金）。

意拳训练方法，若从"渐悟"的角度来讲，也可以分为"松而不懈、紧而不僵"，"松中有紧、紧中有松"，"似松非松、似紧非紧"等训练层次，这在前面已经谈到过，但"渐悟"的修炼之法由于与"顿悟"之法不是一个思维方式，故有可能永远也达不到"顿悟"的境界，即祖师王芗斋先生的"松即是紧""紧即是松"整体观的境界，这也是祖师王芗斋先生所说的，其他武功多是"局部"与"片面"的原因。但是，虽然在意拳的训练过程中离不开松紧与紧松的内容，但在技击的应用时，其实还真不能执着在松与紧的观念里，从祖师王芗斋先生所体现出来的独有的发力状态上来看，还真不单单是松与紧的问题，更不是伸缩力的问题，而是爆炸力的学问。伸缩力是出尖儿的，松紧力是迟滞的，唯有爆炸力是超速且不出尖儿的，祖师王芗斋先生的爆炸力也叫浑圆整体爆炸力。祖师王芗斋先生的浑圆整体爆炸力虽然有松紧的内容，但绝不仅仅只是松紧这点儿事儿，更离不开精神、外力与空间的内容。故意拳的训练，若仅仅只是盯着松紧不放，则只是会一种局部的小道之功。

2.意拳站桩的细节处理

站桩时身体的间架会透露出自己的意念，也就是每个人在静与动时，都会有迹象，水平越高，迹象越微小，这其实是身体的微表情，即"凡走过必留下痕迹"（法国法医学家犯罪学家埃德蒙·罗卡的名言）。高手会用假迹象来迷惑对手，而更高的高手则可以分辨出迹象的真假，因为假迹象是做作的，哪怕只是有丁点的做作。所以我们从练拳的第一天开始，就要让身体真实，克服一切的做作，如动作中的夸张和显摆，自以为是的较劲儿，虚情假意的情感，多余的肢体运动等。这样，因为我们真实了，我们就能对做作有分辨力。

许多的拳术门派练拳练得太粗糙了，也包括现在许多练意拳的，过去许多意拳高手能赢人实是赢在别人不注意的细节上了，就如同我所从事的美术和艺术设计，越是高端的艺术设计在细节上越是精致，包括思想。自己能在细节方面注意到了并在实践中也践行了，就会发现别人在细节方面上的问题，仅以头项为例，如果你站桩时气口是通畅的，你就能发现，有的人站桩时头项的位置不正确，比如站桩时低头，我是反对练功时低头的，因为低头会截气，"中脉"也不通畅，即使是某些名家，其头的状态也是低过头了，气被截住了。至于名家练的对不对，我们可以通过追踪观察来做出结论，如其练功时是不是每次都低头，如果其练功时有时会低头有时会抬头，则要么其练功是阶段性的（阶段性训练是正确的），具有明确性，要么就是他从没有认真思考过这个问题，只是很随便的就这么练。但若他所有的桩都是低着头来练的，那就是他真的练错了，因为他师父即使当年就是这么教的他，也只是针对他当时的毛病偶然而为之，就如同闹肚子的人，吃止泻药也只是一种阶段性的治疗法，绝不能将吃止泻药常态化。另外，还有许多有成就的名家，在站桩时头项只是略微的低了一点点，也只是稍微地有一点儿截气，因为名家们大多气足，所以才没有能察觉有些儿截气。其实体弱的人是有福的，因为稍不正确就会不适，反而会很精细，而体强的人，虽然不适，但也能挺住，久之则会越练越有问题，直到挺不住时会全面崩溃，这也是为什么许多练拳的人反而短寿的其中一个原因，这是武术文化的辩证法。有些人认为，技击时，出于实战的需要，头时常是含着的，即头是微低着的，所以，从实战的角度来讲，站桩训练时，头也应该是微低着的，这道理猛一听似乎合理，但看看祖师王芗斋先生的练功照片，就会发现，这个道理是说不通的，祖师王芗斋先生难道不懂技击吗，祖师王芗斋先生站桩时都是微抬着头，说明越是练技击的越是应该微抬着头，因为，祖师王芗斋先生的意拳经常是"正练用反"，比如技击时的发力是"紧"的，那大家就都紧着练好了，何必要松着练，故正是因为发力是紧的，所以才要松着练，也正是因为技击时要微低着头，所以站桩时才要微抬着头来练，这就是"正练用反"。意拳发力时的"紧"是非常态，而"松"则是常态，在训练时，可以"三七"开，即"松"的训练占七成儿，"紧"的训练占三成儿，这样"松紧"就都能兼顾，因为总是"松"不成，总是"紧"更是不成。站桩时头项的位置其理相同，总是抬头不成，总是低头更是不成，也可以"三七"开，即微抬头的训练占七成儿，微低头的训练占三成儿，这样俯仰就都能兼顾。另一个细节是，在练功时我是反对站桩戴帽子的，除非天气特别冷，我甚至反对站桩穿衣服，身上多一点儿东西都是累赘，只要穿上衣服，就要考虑到重新要调整平衡的问题，如衣服因为前襟有扣子和有口袋，就会比后襟沉，就因为穿了衣服，还得要重新的调整身体的平衡，如果是圆领衫，就会与外衣正好相反，会前面轻后面重（因前面的开口大）。所以戴帽子练功是在给自己出难题，另外帽子也会对虚灵挺拔有影响，会盖住自己站桩时的空灵之气。只可惜这些关键问题许多练意拳的人并没有认真考虑过。意拳是一个文化拳，是一个走心的拳。如果说我与别传意拳有不同的地方，那就是走心。还有就是许多人在站桩时戴首饰，有的人在一个手的手腕上戴着手串儿站桩，还有人戴着戒指站桩。"勿以恶小而为之，勿以善小而不为"，手串和戒指似乎是小问题，但这个小错误说明了其并没有真正理解武术中关于身体平衡的学问，间架的细微的不平衡，会直接影响到气血及内在的诸多方面的不平衡，从拳术的角度上讲，这个错误会直接影响到其拳术水平的提升，这些戴首饰练拳的人，由于其对拳术认识的局限，由此也自然就会意识不到其自身还会有其他的许多不平衡方面的问题，诸如在间架结构的问题上，两肩、两臂的不平衡，两手的不平衡，各手指间间架及劲力的不平衡，还包括周身劲力与意念在牵扯方面的不平衡，身体在空间中的不平衡等。在这种情况下练功，非但不能提升水平，反而会养成错误的动力定型。再如筋骨问题，许多人因为没有理解什么是均整，所以全身的筋骨既没有争上也没有合上，有些地方特别的强壮，有些则特别的弱小，比如大拇指和食指特别有力，其他手指则基本就没有练习到……再有就是精神与意念问题，许多人的意念只是局限在自己的身体里而没有放出去，既没有健身意识也没有敌情意识，在精神方面，要么太懈怠，要么太僵滞，而没有真正理解意拳松与紧的学问。这些都是站桩时易发生的通病。故站桩不是可以随心所欲的，而应是战战兢兢，如履薄冰，自身的每一个细节处都要有所体察。但意拳的训练之法也是一把双刃剑，每时每刻的都盯在细节上肯定不是大道，祖师王芗斋先生常说："拳本无法，有法也空"，所以既要有细节，也还要有粗迹，有时须无心无欲，要无意之意是真意。这样才能理解拳劲儿之绝对，即刚即是柔，柔即是刚，松即是紧，紧即是松，意拳是一而不是二，是绝对的而不是相对的，但没有上述的细节与粗迹，一切都会是虚幻。总之，招招须由有出处练到无出处，势势须由有来历练到无来历，处处由融于自然修炼到即是自然，这才是大道。

3.意拳站桩功法中的眼睛训练

意拳在练功时，其中一个内容就是要通过训练眼的吞吐来带动周身的吞吐，也可以叫通过训练眼的松紧来带动周身的松紧。在训练的初级阶段，首先要学会用意念通过眼把外面的东西收进来，同时还要能够把身内的东西放出去，再往后，则要收放合一，使内与外弥漫成整体，身体也随之与外界合一，即由"分别心"入手最终达到消灭"分别心"的境界。自此便是完成了一次圆融，其后，祖师王芗斋先生指出还要再次的打破圆融，即圆融、打破、再圆融、再打破，祖师王芗斋先生所创的意拳是一种不断发展的思维方式，生生不已，永无止境。

眼俗称为心灵的窗口，心智的状态是可以从眼中显像出来的，眼周围的眼肌是具有特殊功能的器官，它与生俱来的具有自然力的许多特征，当有东西飞来时，大脑似乎尚未做出反应，眼睛就已经闭上了，人的眼若等着大脑有了指令后再闭眼，眼早就被迷住了，所以眼肌是有能动性的。

意拳有一项很基础但又非常重要的训练内容，就是要在站桩中训练出惰性力来，惰性力是消极的，消极的惰性力与积极力的区别是，积极力是出尖儿的。意拳的特点是身体要有惰性，但心智要勤奋，这一点实是暗合了"形松意紧"的理念。"意紧"这个词内容很丰富，其中就含有了"勤"与"奋"的内容，当然也更含有别的内容。"紧"在基础阶段是"松"的反动，但到了高级阶段，"紧"与"松"则是一件事儿了，这种"紧"就是"松"，"松"就是"紧"的状态，眼与之最接近。我们可以把眼和眼肌看成是一个整体，意拳所训练的惰性力，其实是为自然力服务的，即先有惰性力后有自然力，而眼则直接就已经接近是自然力了，所以周身要向眼来学习。

我们的心神意念，可以通过眼来展示出来，通过训练，心神意念也可以通过周身来展示出来，这就是迹象。意拳练的就是可以展示心神意念的这个迹象，当自身的迹象真实了，对方的蛛丝马迹我们也就能察觉并能分辨真假了，同时我们也能用心神意念的假迹象来迷惑对方了，其实不练意拳，许多的篮球与足球运动员中的高手，假迹象运用的都很巧妙，否则他们就不可能轻松的运球过人。假迹象最低级的是用眼来实施（用眼来实施只是局部的功夫），到了高级阶段，则是用身体的语言来实施，是要用身体来暗示对方。在这里，身体的真实性就起作用了，若在训练时身体经常是做作的，那这时的假动作就会不真实，就会被对方识破。因此，意拳训练的其中一个很重要的内容，就是要看谁比谁更真实。在意拳的整体框架里，眼是身体，眼也是心智，其实，从大的方面讲，周身都是心智，在传统武术的诸多门派中，只有祖师王芗斋先生的拳能修炼到细胞系，意拳须使每一个细胞都具有心智，这样的话，周身的自然力自然就具有了，这也是形与意的统一，故对于那些不理解自然力的人，眼的诸般状态可以作为自身状态的启蒙。

意拳站桩中所有眼的诸般练法，只是意拳功法体系中的局部功法，是站桩中某一训练阶段的一个小环节与一个过程功法，没有是不成的，真这么执着的练也是不成的，这些皆无处不体现着意拳的矛盾观。

4.意拳的肩撑肘横

肩撑肘横，从字面上理解是肩要有撑劲，肘要有横劲，但其内在的原理却不仅仅是字面上的那点儿意思。从空间的角度来说，意拳是强调打空间和打间架的拳种，意拳在平时的训练中，也强调要最大限度地占据空间，就间架的角度来说，唯有肩撑肘横的间架可以满足这个要求，肩撑肘横的空间远远要大于沉肩坠肘的空间。从健身的角度来说，将肘部的空间打开后，便产生了开怀的效果，人们所常说的"开怀大笑"没有一个的动作是垂肘的，开怀后肺部的空间便不在受肘部的压迫，可以最大限度地把肺部的空间打开，呼吸会更加的通畅，氧含量会增加。另外，大家可以观察一下草原牧民骑马时的状态，当马奔跑起来以后，看看牧民的肘是垂着的还是打开的，只有当人的肘打开以后，才能有迎风八面的状态，马跑得越快越是要如此，技击时的原理也是如此，把肘打开后便可以有了临风欲雨的状态，这是一种主动出击的状态，而不是被动挨打的状态。意拳应该是"放火"的，而不是"救火"的，对于一种进攻意识极强的拳种来说，开肘是最优的选项，它可以使技击具有最大的立体空间。另外，仅仅从气势上来看，垂肘与开肘也无法相比，肘部空间打开后会有泰山压顶之势，技击时加上意拳的践步之法，会有气吞山河的气势。想想关羽骑赤兔马冲过来的状态，马快刀急的关羽，不可能是垂肘挥刀。有人会说，拳脚的攻击之法应不同于兵器之法，这种观点似乎有一定的道理，但祖师王芗斋先生却有另外的观点，即"拳成兵器就"，在祖师王芗斋先生看来拳脚与兵器没有什么多大的区别，形意拳原本就是"脱枪为拳"，即放下枪就是拳，所以看到形意拳的拳法，往往能想到枪法，意拳脱胎于形意拳，在意拳的身上，也存有着形意拳的基因。故看到意拳的拳法，也往往能与兵器的用法相关联，但意拳并不局限于枪法，更有刀法的运用，而且意拳的刀法甚至强过于枪法。使刀的人尤其是使大刀的人，肘部的空间一定要打开。我曾经专门思考过拳术中的"刀"法与"枪"法，我个人认为拳脚的攻击之法与兵器的攻击之法没有多大的区别，所以我是认同要打开肘部空间的，而且经过我多年的实践检验，打开肘部空间后，技击中的优势会非常的明显，尤其是遇到夹肘的拳击及夹肘类的各种传统武术，通过意的打间架技术，轻松的就可以把各种夹肘的拳给控制住，那些越想自保的人其实越难以自保，意拳的理论就是这样的辩证。还有一些练传统武术的人，技击时只想占便宜不想吃亏，殊不知世间哪有这样的好事儿都让他遇到，当遇到高手时，往往只有让对方打中了自己时自己才有可能打中对方，意拳有"以轻换重"的理论，"以轻换重"不是两败俱伤，而是要拿微小的代价来换取最大的成功，通过诱使对方攻击我们的局部从而换取我们对态势的把控，这种交换是非常值得的。其实，技击时越怕挨打越会挨打，本人技击时就是大开门的间架，肋部完全的打开，打开肋部的空间后对对方是一个很大的诱惑，的确有人会有要偷袭我两肋的想法，但却没有一次成功的，而且往往就是因为对方有了欲攻击我肋部的这个念想，反而头部遭到了我的攻击，这是因为对方的这个意念，早就被我所捕捉到，对方稍有意识上的执着，我就已践到了与对方"接吻"的距离（拳论"打人如接吻"），对方往往是没有想到我的身法，近到咫尺后我已经不可能再给对方攻击我肋部的机会，这时对方即使不出尖儿也都已经失重，他自保都不可能，怎么还能打出有力度的拳来，这就是意拳打间架的结果。所以意拳技击时是可以把肘打开的，但这种方式不适用于别的门派，因为别的门派没有打间架技术，对于不会打间架的人来说，将肘部的空间打开，无异于引狼入室，对于这部分人来说，技击时的确是不要把肘打开的为好。任何一个拳种的间架与攻击方式都是配套的，是不可以随便移植的，即使开肘的气势大，别的门派也学不来，除非他们也有打间架的技术。开肘，践步，打间架，沾衣发力（也叫沾点儿发力）这四件事儿是一体的，缺一不可，没有践步就近不了身打不了间架，许多练传统武术的人不重视步法的训练，其实步法比拳法更重要，即步不到就会拳不到，到了也是局部的，我们真要感恩祖师王芗斋先生"摩擦步"的践步训练。另外，打不了间架就控制不了对方，对方的拳就有可能打在我们的肋上，没有沾衣发力，控制住了对方也没有用，沾衣发力可以在控制住对方的瞬间就将对方击穿，不会给对方以任何喘息的机会。

总之，意拳的肩撑肘横与打间架技术是一体的，没有打间架技术就没有必要肩撑肘横，有肩撑肘横就必须要有打间架技术。

从技击的立体性来看，肩撑肘横的技术优势是远胜于沉肩坠肘的。例如在双方间架进行控制时，一方若一旦从下面撑起来了对方的肘，对方还能不能把气给沉下来，对于一个从来就没有抬过肘的人来说，应该是没有办法气定神闲地把气给沉下来的。再比如，对方若是大高个儿，从上往下的打过来一个摆拳，对于垂肘的小个子人来说，又如何有办法来抬手抵挡，或在抵挡的同时来进行防守反击，这其实就是这么多的练传统武术的人，在擂台上打不过拳击类选手的其中一个原因，即抬不起间架来，从意拳的角度来说，不把肘抬起来做到肩撑肘横就等于是没有技击的间架。当我们能够把肘横起来后，我们在技击时既可以吊肘从上往下攻击对方，也可以从下面挑起对方的肘使其失重。所以，具有肩撑肘横能力的人，既可以立体地从上下攻击对方，也可以立体对上下的攻击进行防守及防守反击。

意拳肩撑肘横的训练方法比普通拳沉肩坠肘的训练方法要困难的多。大家可以试试站一下意拳的撑抱桩，看看是垂肘容易站还是横肘容易站，应该是垂肘更容易站，沉肩坠肘时，气很容易沉下来，但是一横肘，气就容易浮起来，横膈膜就容易发紧，故在横肘时人很难松下来。所以，意拳桩也不是谁都能站得了的。对于那些一抬肘就气浮的人来说，可以循序渐进的练习，先从垂肘练起，随着训练的深入和自身水平的提高，逐渐的将肘一点一点地抬起来，但是以横膈膜不发紧为准，如果横膈膜发紧了，还是要把肘再降下来，这事儿不能着急，有的人须经过一年半载后才能把肘给抬起来，所以，能抬起肘来的人是高功夫的人，肘抬起来了气还照样的沉着，无论抬多高气都照样的沉着，这是功夫。所以，意拳的横肘桩比垂肘桩要难练多了，不下功夫是练不出来的。具体以意拳撑抱桩的间架为例，双手环抱于身前，可以想象怀中抱一大球，这时身体的间架被怀中之球所塑造，手臂会自然地抬起来，只有意念是怀中抱一个小球的人才会是沉肩坠肘，从意拳的角度来说，抱小球是错的，是没有足够的空间的，就像国土面积一样，空间小就没有了回旋的余地，意拳在抱大球时，两手之间的距离却并不是很大，本人的恩师义母王玉芳先生曾反复地说要"膛大而口小"，两手间的距离大约等于一个头部的大小即可，这也是技击的需要，两手间的距离过大，对方的拳会钻进来，两手间的距离过小，对方又会从外面将我们捋死，为此，"膛大而口小"就解决了这方面的问题。为了能把肘给抬起来，还要有腋下夹球的意念，是夹一个可以把肘给托起来的大球。所以，肩撑肘横不全是要靠身内的力量，更多的是要靠身外的力量，这样才能使力不执着。

另外，从劲力的形成原理来说，本人的恩师义母王玉芳先生曾反复的指出："前后力是不能由前后的训练而求得的，由前后训练而求得的前后力，是出尖儿的，同理，左右力及上下力也是不能由左右及上下的训练而求得的，这种直接求得的力皆是出尖儿之力"。具体来说，前后力应该是在上下与左右力中来求，同理，上下力应该是在左右与前后力中来求，左右力应该是在上下与前后力中来求。由此我们就可以理解肩撑肘横的重要性了，它是产生前后力与上下力的前提条件，换言之，若没有了肩撑肘横，就不可能有意拳真实的前后力与上下力。所以，肩撑肘横是产生意拳六面力的必要因素，没有了它，意拳的浑圆力也将无从谈起。

其实，肩撑肘横与其他门派的沉肩坠肘也并不矛盾，其他门派是在垂肘的间架下"沉肩坠肘"，而意拳是在横肘的间架下"沉肩坠肘"，横肘的难度在于要把肩之部位的筋给最大限度地抻开，肩部的筋抻不开，肘也就抬不起来，这些问题在前面已经谈到过。

意拳的训练，既要"脱"肩，又要沉肩、松肩与撑肩，更要"合"肩。具体地讲，沉肩不等于松肩，许多人虽然沉肩了，气也沉下来了，但却不代表就是松肩了，松肩更涉及灵动的学问。另外，撑肩或是叫肩撑，只是个表面的意思，或者说只是个初级的内容，是对于那些从来就没有考虑过肩应该如何处在何种状态的人来说的，肩撑只是个基础的训练内容，就如同外家拳初入门时要抻筋压腿一样，当肩部的筋抻开以后，也就是实现了肩撑的状态后，其后的训练内容应该是如何的训练"合"肩，是"肩与胯合"的"合"字，是撑开了然后而合的"合"，这个问题说起来比较复杂，但若不按照"六合"的方式来训练，练出来的将不会是整劲儿。所以，肩撑肘横是第一部的训练要求，其后则应是肩合肘合的学问（即手与足合，肘与膝合，肩与胯合……之六合）。

总之，肩撑肘横是意拳的特色，也是意拳入门的一种基础的训练方法。

5.心意拳蹲猴桩的借鉴之法

心意拳的蹲猴桩是心意拳很主要的桩法，甚至可为戴氏心意拳的母桩，其功法与意拳有许多相似的地方，如要凝神定意，鼻尖、膝尖、足尖，三尖相应，顶心、手心、脚心、本心，四心相合，强调心与意合、意与气合、气与力合，劲达四梢。但蹲猴桩的间架却与意拳有所不同，须站成龙折身之势，谷道上提，尾闾内裹，舌顶上腭，气息入腹，两手心向上且置于腿上，指尖朝下，两肘相合，两足并立，头微仰，胸微涵，腿微曲，抱肩缩胯弓背（其"抱肩缩胯弓背"与意拳发力的基本要求相类似），通体圆整。周身具有束、钻、抖、搋、阻之能，踩、扑、舒、裹、绝之功。

本人认为，蹲猴桩在体会周身之合力方面有独到之长，蹲猴桩除了按照心意拳的要求去练习外，还可以在保留其间架的情况下换用意拳的意念来进行训练，如使用水中静立的意念，如沐春风的意念或鸟难飞的意念等等。在老辈儿人的功法中，蹲猴桩还具有假借天地能量的内容，这是秘传心法，此心法与祖师王芗斋先生的"神助之勇"有近似之处，故蹲猴桩也能像祖师王芗斋先生的功法一样可以借来外力，在假借宇宙力波的方面，蹲猴桩与意拳的功法有异曲同工之妙。

蹲猴桩的头项是扬起的，这么练的优点是气口很容易打开，劲力更容易上下通透，也更易使周身束裹，使劲力惊冷，但从意拳的角度来讲，扬头弓腰的间架，总这么练也是不成的，长此以往会使劲力执着。

总之，本人认为，蹲猴桩是非常优秀的桩法，意拳门人有时间也可以多站站此桩，绝对会有不一样的感受，故它可以作为意拳桩法的补充。

受蹲猴桩的启发，本人将意拳站桩的间架，增加了一个"并步"桩，即两腿像蹲猴桩一样的将两脚并在一起来站桩，"并步"桩两脚是并拢着的，但上肢则依旧像站其他的桩一样，可以摆成各种各样的间架，成为"并步"撑抱桩、"并步"扶按桩、"并步"托抱桩等。两脚并拢着站的感受与两脚分开而站的感受会完全不同，两脚并拢后的站桩会对人体的劲力平衡有新的体认，对气血与劲力的合抱之功，也会有全新的感悟。大家可以在有时间的时候，试着站一下"并步"桩，一定会有新的收获。

6.意拳的"心""意""体"

本人认为，意拳既是用意念练的、也是用心练的、也是用身体练的、也是用手或脚等肢体练的。另外还可以说意拳既不是用意念练的，也不是用心练的，也不是用身体练的，更不是用手或脚等肢体练的。因为上述单独的任何一个方面都不是意拳训练的完整状态。

意拳的训练是有层次分阶段的，具体来说，首先是要用意念建立起对身体及对身外世界的认识包括对身外阻力的认识，这一阶段是在用意念来练拳。当身体的意念真实了，身体也就有了语言，这一阶段是用意念及身体来练拳。当身体的感受强烈了以后，意念的作用有时就退居到了二线，甚至有时会不再使用意念，这一阶段实是无意之意阶段，也是进入了用心来练拳的阶段。随着体认的进一步深入，用心的阶段也要消失，要进入无心之心的阶段，到了无心之心的阶段时，身体的美妙感就会产生。但本人认为，这种状态不能无尽无休的进行，要适时地停下来，要像祖师王芗斋先生所说的那样，要"返过头来学初步"，可以再次的进行意念与身体相结合的训练。

意拳的训练，在某一时间段里，有时是可以暂时以练手为重点的，因为手很敏感，它可以作为身体训练的试验田，手搞明白了，再将手上得到的东西推广到全身。另外，也有时候是要先将脚的训练当重点，这样有助于建立脚与身体的关系，并以此理解什么是力由足发，理解拳论中所说的"消息全凭后足蹬"。另外，也常常更要将身外的训练当重点，这样有助于理解什么是宇宙力波和神助之勇。所以，意拳的训练，先练什么后练什么及须同时练什么，是一个系统工程。

有些人认为，意拳须要用心来进行训练，本人认为，那些过于强调用心来训练的人，实是气功的训练思路（前面已经谈到意拳与气功不是一回事儿），这种思路是练不出意拳所独有的拳术功夫的，具体来讲，既练不出浑圆力也不会有爆炸力，更不会有技击的能力，这实是背离了拳术的宗旨，祖师王芗斋先生认为意拳须"得心应手，体认操存"，故光"得心"是不够的，还须"应手"，这才是祖师王芗斋先生的意拳。另外，那些强调用身体或是强调用手脚训练的人，也不是大道，因为，光"应手"是不够的，还须"得心"。意拳训练，任何一种单一的思维模式，都是局部与执着。故要想学好意拳，必须要立体的来思考问题，而且还要不断地否定了再否定，还要"返过头来学初步"，这些皆是学好意拳的不二法门。

7. 从现在人所练的站桩功中看王芗斋先生的训练要求

祖师王芗斋先生说"形不破体，力不出尖儿"，但现在许多人站桩却都是出尖儿的劲力，另外，很多人站桩重形寡意，就如同是在摆姿势等待拍照，既缺少精神也没有意感。对比一下祖师王芗斋先生的站桩，仅从芗老所保留下来的托抱桩的照片来看，就能看出祖师王芗斋先生首先是把精神给拿出来了，祖师王芗斋先生的空间很大，且非常的圆满，无论是身内空间还是身外空间，另外，祖师王芗斋先生的平衡始终处在灵动的调整中，而且在不断地深化，并且处在"一羽不能加，蝇虫不能落"的活力中，祖师王芗斋先生的头手脚都是有牵扯的，而且并不执着，祖师王芗斋先生的身体是饱满的，而且身体的阴面与阳面是既矛盾又处中即调和统一的，细胞是悠扬的，祖师王芗斋先生的劲力传导是彻体通透的，祖师王芗斋先生的身体是空灵与悬束的，既有深入地底落地生根的状态，又有意力水面行灵束于地面之上的状态，是沉、稳、松、通、透与虚灵的统一体，祖师王芗斋先生的周身既是放松的又是警觉的，是形神意气力与宇宙空间相圆融的，祖师王芗斋先生的周身是有光芒的……对比祖师王芗斋先生的站桩，我们大多人则仅周旋于筋骨力中，虽然下了很大的功夫，但事倍功半。有些人以为把气势给表现出来了就是把精神给拿出来了，其实这是两码事，把精神给拿出来不需要咬牙瞪眼，祖师王芗斋先生另有"神不外溢，意不露形"之说，所以，眼目圆睁不符合祖师王芗斋先生的要求，这和祖师王芗斋先生的照片一比就能看出区别来。当然，意拳在训练的某一阶段，的确需要进行面部神意及四梢神意与周身神意的紧松训练，此阶段的确须筋骨锋棱，面目狰狞，但它不是个常态，这种东西到了该练时，不练是不成的，但如果天天是这种状态也是不对的，长此以往早晚要折寿，至少也是境界不高。另外，许多人站桩，腿只是起到了支撑的作用，并不知道还要有劲力参与的内容，包括要加强脚部的参与度，如最起码也要有"三夹两顶"（脚窝处夹、膝窝处夹、胯窝处夹，膝顶、脚顶）的内容。再有就是人体的重心与劲力的平衡，在站桩中是一个很大的学问，许多人都不知应在此处多下功夫，也寡有具体的练法。除此之外，间架的细节也至关重要，如在松肩与松胯、开肩与开胯、抱肩与抱胯的训练中，肩胯的关系是不是相协调、相一致、相矛盾、相统一，具体讲无论是肩的兴奋度高还是胯的兴奋度高都是不对的，要统一为整体的同时兴奋才是正确，也包括双膝与双肘的兴奋感要统一，手脚的兴奋感也要统一，要把它们的活力充分地调动起来，要让它们既相争又相合。另外，手腕也要有内容，脚腕也要有内容，俗称为"五脖"（即头项的脖子，两手的脖子，两脚的脖子），有些人"五脖"僵硬，还有些人"五脖"疲软，皆是没有意识到"五脖"重要性的缘故。更有最大的问题是，许多人的头项与肩的关系不合理，就如同头没有长在腔子上一样，若头和脖颈与肩的关系对不上茬儿，那它们之间的劲儿就会是阻断的，这样的结果是，脚下的劲儿无法通到头项上，头项的领意也无法通达到脚下，故头、颈、肩的关系若不正确，头顶悬的意念就都是空想，而若没有了头项的领意，周身就不可能求整，就不可能产生真实的整体力。

除了上述的这些问题，从另一个角度来谈，还有更多的问题需要有所探讨与训练，如意拳的训练须不执着于形，用祖师王芗斋先生的话说是"只求神意足，不求形骸似"。从技击的角度讲，在站桩中要有敌情意识，并且间架的关系也要统一到敌情的意识中，即不要把桩站成是静态的桩，而是要站成具有敌情意识的动态的桩。祖师王芗斋先生的桩就是动态的桩，但也是静态的桩，他既是祥和的但又不乏应敌的准备。另外，除了要关注于自身，还要对身外有所关注，在意念上要有如何打击敌人的意识，如怎样地打在对方的身上才能劲力通透，自己的劲力应如何传导到对方的身上，应如何的平衡自己与控制对方，自己与对方应如何建立矛盾与统一矛盾，别人攻击我时，我又能如何建立起身体的自然之应力……看看祖师王芗斋先生站桩的照片，祖师王芗斋先生的身上就有随时应敌的准备，彻体周身皆是灵动与空灵的状态，真如雾中豹，又如晒太阳慵懒放松的老虎，但警觉之状却又是无时不在的。祖师王芗斋先生的身上更多的是被动力的东西，而现在大家练的多是主动力的东西，主动力只是初级的功夫，只要是主动力，力就会执着，就会出尖儿，就不是高级阶段的意拳站桩功。所以，只有以祖师王芗斋先生为榜样，并认真的按照祖师王芗斋先生的要求去做，我们才有可能真正的走进祖师王芗斋先生的世界，才有可能将祖师王芗斋先生的拳学进行真正的传承。

8.站桩的意义

前一段时间我与弟子们在微信中分享了站桩的意义，大家从不同的角度对意拳的站桩功进行了诠释，现将大家的观点与我的观点进行了汇总与总结，大致有如下几个方面：

（1）武术中的大部分内容都可以通过站桩来得到，如精神、意感、自然力、速度、力量，站桩功甚至还包含了训练身法、步法、拳法、腿法的基本内容。

（2）《道德经》第二十五章中有："故道大，天大，地大，人亦大。域内有四大，而人居其一焉。人法地，地法天，天法道，道法自然"。意拳站桩是时空交汇的原点，天地物我的融合，形神意气的修炼，人我心灵的会盟，其实站桩练的就是自然本源的东西。

（3）意拳站桩是武术，是学术，是艺术，是心术，既是炼心的，更是学做人的。在儒家文化中是要养浩然之正气。在佛家文化里是要无所住。在基督教的文化里，是要破碎自我，与过去的旧我告别，是过去已死，新我重生。意拳的站桩功与上述的诸般文化皆有关联，有些还颇为相似，故站桩也可以理解成是一种"破碎自我身体重生"的文化。

（4）站桩是所有试力及技击的基础，可以说意拳的一切行动皆是桩的体现，站桩是一种能够让人归零的状态，就是原点的状态，站在原点的好处是更容易体察宇宙万物以及自身的变化，包括虚实，动静及身内身外前后上下左右的变化，感受人体的触觉活力及与大气相呼应得虚空宇宙力的状态。

（5）通过站桩可以自身求物，牵挂周身，精神无限放大，内炁与外气充盈，它可以使人体像树一样有根基。树对我们的生命状态可以有多种的启示，树因为有根，且对阳光有追求，对空气有追求，对营养源有追求，即能生生不已。站桩也如此，它可以开发人的潜能，培养精神，通过站桩可以和周围的一些景象产生联系，如大气及远处的山水浮云等，通过与它们的沟通交流，可以把身体中就有的一些东西重新调动起来，调养身心，通畅气血，锻炼筋膜，脱胎换骨的使自身加强提升到新的境界。故站桩除了可以调整身心外，还可以建立对身外的认识，包括对周围环境和宇宙能量的认识，以期望达到与外界环境的你中有我，我中有你，使身内外皆达到和谐与统一。

（6）站桩为各种假借提供了方便，站桩为母（本），其他为用。从基础上讲站桩是一种间架习惯养成的训练。通过站桩的静与动及意念的松与紧和劲力刚柔交换的训练，可以沉淀和调理身心，修身养性，蓄养精神，体察客观，消除主观用力的旧习惯。站桩因为静到极致且动静相宜，故消耗与补充并存，能使身体的运动坚持长久，增长功力。

（7）站桩是一种建立身内与身外各种关系的训练，这也等同于一剂补药，身体缺什么就补什么，诸如筋骨、平衡、对称、劲力传导、精神、呼吸、身法、步法、拳法、间架等，这剂补药吃什么，什么时候吃，吃多少，怎么吃，完全依据身体的状态而定。从自身的角度讲，站桩也是修心换劲之功，可以使机体产生量变与质变，通过调节身体的各个机能，包括调节身体平衡，使人的精神与体质皆发生变化。其次，站桩也是调整动作的方式，使之能在实战时候保持平衡，重心稳定，更好地为搏击服务。从技击角度讲，通过间架定型及建立矛盾意识，通过养练气息，可以增强力量，意拳的力量非是注血之力（肌肉的笨力），而是意中力，其力包括了各种劲力，如惯性力、离心力、弹簧力、杠杆力、螺旋力、爆炸力等劲力，同时还能建立起遒放与悠扬之力和精神笼罩之力……

（8）站桩是一种恢复本能的训练，会使我们身体与拳法姿势产生和谐与统一，包括舒筋松骨与松筋缩骨等的训练，可使身体各关节动作成为一个整体，既是养生之功，也是技击之功。

（9）站桩的训练能使我们更精细、全面、从容地认识和调整间架结构，松紧变化，劲力的调动和传导，身内身外的信息交流等，是看似不动的复杂运动，这是进入意拳领域不可或缺的方法，是登堂入室的途径。站桩是融合矛盾的法门，包括动静、局部与整体、形与意、内与外，也包括人们所谈的精气神的锻炼。站桩有利于与原来的生命状态保持距离，也就是超脱。另外，生命的本质在于开心，心是能量的总开关，站桩时可以通过意念使身体进入到这种有利于身心的良性螺旋互构的状态中。通过站桩可以找到自我，建立新我，放弃旧我，融入虚空与自然之中。站桩的过程也是在对身体原来不良之处进行调整的过程，随着站桩时间的延长，身体不好的状态就会出现，这时就须通过继续坚持锻炼来解决这些问题，但往往是旧的问题去新的问题生，这就要继续的坚持站桩来不断地解决问题，故它是一个无尽无休的锻炼过程，这也可以理解成是艺无止境。

（10）从本质上讲站桩是以时间换空间的运动，在传统武术中，人们常将功夫等同于时间，即不花费时间就不会长功夫，意拳的运动从站桩的训练来讲更是需要时间，在消耗时间的同时，身体的状态则是要占据空间，从身体的间架到精神的释放都是要不断地占据空间，从体内空间到体外空间，对空间的占据是意拳与其他拳种的最大区别。随着练功时间的延长，我们对空间的要求会越来越大，大到欲与天公试比高，但这种境界并不是一下子就能达到的，是需要时间的，甚至是需要通过一次次的"过三关"来最终实现，祖师王芗斋先生常言："半时为一关（半个时辰即一小时为一关），一时为二关（一个时辰即两小时为二关），二时为三关（二个时辰即四小时为三关）"，故"过三关"是个时间的概念，形体的扩张继而占据空间则是一个空间的概念，人们只有脚踏实地的一点点的通过时间的积累，最终才能实现对空间的真正占据和把控，这就是以时间换空间的概念。当人修炼到能占据并把控空间后，则可以不战而屈人之兵，只用精神笼罩就可以降伏对方，同时身体的自身状态也会空灵，实现祖师王芗斋先生所说的"不练而自练，不养而自养"，这是武术的高境界。另外，人的间架可以看成是空间的属性，人的运动因为有动程则是一种时间的概念。通过时间即人体的运动，来达到对形体这个空间的训练，人体的运动可慢可快，时间可长可短，在合理运动的情况下，时间越长，下功夫越大，则空间中的人体的体质会越健康、越强大。这也是意拳以时间来换空间的基本概念。

总之，站桩是意拳的训练之本，祖师王芗斋先生所说的意拳重精神，重意感，重自然力的修炼等诸般问题，离开了站桩都无从谈起。

9. "宁传十套拳，不教一个桩"

在老辈人那里，曾有"宁传十套拳，不教一个桩"之说，过去的人大多保守，尤其是那些以教拳为生的人，害怕教会了徒弟饿死师父，其实，不用保守，站桩的功法也快要失传了，主要的原因是站桩的功法太过复杂了，尤其是意拳的站桩功法。在传统武术功法的传承中，几乎所有的门派都有站桩的内容，但在他们那里，站桩只是筑基之功，但意拳不是，在祖师王芗斋先生这儿，桩就是拳，拳就是桩。筑基的概念，可以理解成是基础的训练阶段，但祖师王芗斋先生则把桩功的内容给扩展了，变成了除了筑基之外，还有换劲儿和摸劲儿的内容，这样站桩就变成了终身训练法。拳术中需要掌握的所有内容，基本上都可以通过站桩来解决，诸如速度、力量、应敌反应、精神等。所以，祖师王芗斋先生的桩是一个综合性的拳术训练法，现在祖师王芗斋先生的桩法也已到了近乎失传的边缘，就是因为它的内容太过博大与复杂。具体讲，祖师王芗斋先生所传的意拳站桩之法，若梳理一下的话，是可以从几条线索来谈的：一是有筑基、换劲儿、摸劲儿三个阶段；二是有间架、意念、精神三个方面；三是有有意、无意、无意之意三个层次；四是有筋、骨、皮、脏腑及细胞等多种内容的具体训练法；五是有"六力八法"，精神力，假宇宙力波等具体的劲力运用；六是有内力与外力，内空间与外空间的矛盾对立统一的训练要求；七是有形不破体，力不出尖儿，意力不执着的浑圆力立体体系；八是有矛盾且吊诡及辩证的思维方式；九是要开发潜能，建立良能，得本能自然力等至高的拳术境界……

若认真地算起来，站桩的内容还不只是上述的这几大类，这些内容都需要在站桩中通过点点滴滴的体认建立起来。所以看似简单的站桩，并不简单。这些内容，有些是需要单独来练的，有些又需要合成着来练，有些是要由浅入深有前后次序的训练，有时又需要反过头来学初步。这些既系统又要颠三倒四，既条理又矛盾的功法训练，的确很复杂，且皆要因人设意，因材施教，而不能像药店里的庸医，开好了方子等人生病，而且非言传身教而不可得，这就是我所说的，桩功极容易失传的原因，老师掰开揉碎了认真地教都有可能教不会，有可能以偏概全，更别说是要保守着不教了，但若真遇到了保守的老师也只能是"礼失而求诸野"了。

就具体的功法而言，意拳站桩的其中很重要的一部分内容，是要开发自身的潜能，其具体的练法是，首先在站桩时要把沉寂的身体状态激活为动态的状态，把意念由身内移到身外，即由内练变为外练。如以水的意念为例，可先感知周身有水的存在，要让身体感之到水，并做出相应的反应，如当想象水从四面八方挤压过来时，身体周身的表皮和毛发要随之而有感应，要随之而兴奋。这时的任务是检查身上哪个地方不兴奋，哪个地方过于兴奋，要把不兴奋的地方想办法诱导和调动起来，把过于兴奋的地方给控制住，也就是要削长，同时也要补短，这是针对于一般的初学者的训练内容，当这个内容训练到一定程度后，才能再训练下一个内容，这种功法，表面上知道的人很多，看似简单，但实际上却具有深意，此训练是为将来的精神笼罩打基础，也是为触觉活力打基础，也是为试力与发力打基础，更是为搏击打基础。意拳训练的主要内容是应力与矛盾争力，上述的这种训练是以应力为主的训练体系，就是指首先要训练自己周身的感应力。有了感应力，别人打你就很难了，与别人交手时，就会发现对方哪里的精神不集中，哪里的精神又过于集中，即瞬间就能发现对方的哪长与哪短。

人们在站桩的时候，身体会有很多的感受，但这些感受其实许多都不是我们真正要的，练功最忌讳追求别人及书上记载的感受，本人的恩师义母王玉芳先生也常说，教拳只需教人意念不要教感受。站桩的重点不是体会感受，而是要发现自己的问题，如前面谈到的以水的意念为例，要体察身体哪里没有接触到水，哪里没有触觉活力，哪里又过于有了感受，哪里又过于兴奋，至于麻、热、涨等感受先不要去想，一想就是局部，一追感受就与我们训练的目的相左了，故即使有了其他的感受，也要忽略。因为从技击的角度讲，许多的现象和感受都不是技击所迫切要解决和要体悟的，所以要学会用意念将体认引导到技击所需要的现象中，如上述的先要只注重触觉活力的现象，只关注于身内身外的接触性的现象，暂不去关注其他的东西，许多东西是要放到以后去专门体会的，有些东西提前感知了，非但没有益处，反而会有害。

现在市面上许多人教的站桩功并不是用于技击的，技击的站桩功有另一套独自的体系，现在许多人都是在用养生、健身桩的方式来站技击桩，这种桩外形上虽然也是丁八步，但练出来的功夫，用于技击则会是一种局部力，也是一种出尖力，这是事倍而功半的做法。

总之，意拳的站桩功是一个复杂而又庞大的体系，对于继承传统武术文化而言，意拳的后人门真是任重道远。

10.意拳站桩的基础意念

意拳站桩，须站出意念下的意感来。初学者可以从基础的良性意念训练入手来进行训练，如意念为身处在温暖的淋浴中，感受水流过身体每一个部位的流动感，须让表皮神经兴奋起来，要伴随着水的流动而使身体层层的放松，要体察流动的细节，可以在意念上让水的流动有快有慢，有重有轻，身体也随之有轻重、缓急与虚实、刚柔、松紧的变化。这是一种激活末梢神经的训练，也是情感的"移情"训练。

意拳的训练，包括了"争力"与"应力"的训练。淋浴的水流意念不仅与训练"争力"有关，更与训练"应力"有关，"应力"训练，也可以理解为是在训练人体的触觉之活力。得了脑血栓的人，医生常建议病人练习用筷子来夹花生或夹蚕豆，这是在刺激末梢神经，也是在训练触觉活力，通过这种训练许多人恢复了健康，但意拳的触觉活力训练远比用筷子来夹花生与夹蚕豆要高明得多。

意拳的训练，与别派武功不同，除了由内到外的训练，更有由外向内的训练。身内的训练，多为气血之充盈，筋骨之紧松，细胞之遒放……但身内的训练不能执着，祖师王芗斋先生有"执着己身不是道"之说。意拳的训练，只有将意念置于身外，并契合于自身，具体如通过身外淋浴的意念、清风吹拂的意念、闻香的意念、观远的意念等，即把人的眼、耳、鼻、舌、身等皆通过意念进行开发与调动，使之不只是停留在意念，而是要让人体随意念切实而动，才能真正激活身体的潜能。当身体在意念的引领下，自身的状态随意念有了真实的反应了，也就做到了祖师王芗斋先生所说的"执着己身无物可求，离开己身永无是处"。

上述的问题，说的再简单一点儿，就是，意拳要用意念来训练自身，身体之反应必须是意念作用下的结果，而意念又须是美好与健康的，这样，身体才能越来越往美好与健康的方向发展。

意拳的训练，到了高级的阶段，则可以时不时地不再动用意念，而只靠本能自然而然地往美好与健康的方向发展，这也是一种"无意之意"的境界，用祖师王芗斋先生的话来说"无意之意是真意"。

当水自上向下淋浴时，有一句话很温馨，可以用在此处："温暖的水使僵硬的身体柔软，每一根神经在幸福中苏醒"。

在意念的训练上，与下落的水相矛盾，身体会有一种"逆力"，即自身反而会有一种向上的升腾感，淋浴的水流过双脚渗入地下，身体又会有入地生根之感。另外，当微风吹过身体时，须"身体有如空口袋"，有融于天地的空灵感，这也是一种空间训练，由此，可以感悟到一种境界——"天地山河无不是我，而我亦无不是天地山河"。在这种状态下，"身体不锻而自锻，不养而自养"。

11. 站桩的兴趣与意念

许多人练意拳的站桩功，站着站着就站不下去了，但也有一些人会上瘾的长期站下去。关于这个问题，原因有许多，能长期站下去的原因大概有如下三点：

一是觉得有乐趣。如有的人踢足球、打篮球，一玩儿就会是好几小时，即使是自己一个人在练球，也同样会练很长的时间，这就是乐趣使然。

二是找到了可以玩味儿的内容。意拳的站桩功，如果其训练的意念真实了，而且也找到了可以不断体认的丰富内容，也会像爱踢球和爱打篮球的人一样，会练起来没夠儿，这就是因为有了可以玩味儿的和有了可以使自己不断提高的内容。

故站桩可以长期站下去的原因，除了本身就爱这种运动对此有兴趣外，还在于在站桩中找到了丰富的内容。

三是对于一些有病的特殊人群来说，站桩是一种治疗的手段。有的人有糖尿病、高血压，甚至是红斑狼疮等一些医药难以治愈的疾病，这些人通过站桩病情有所缓解，甚至把病给站好了，这样就会有了持续站下去的动力。

所以，有病的人有福了，因为有病，反而能一直练下去，有的人还因此练成了高手，祖师王芗斋先生就是因幼时有病才去练武术，最终成了一代顶级巨匠，我本人也是16岁因车祸受重伤致肝破裂而走上了习武之路。这是武术的辩证法。

意拳的训练，无论是因为上述的第一种情况，还是第二、第三种情况，能使站桩长期的一直坚持下去的原因，其实与训练方法与训练内容的合理性与丰富性有最直接的关系。谈到意拳的训练内容，其意念的训练永远是首要的，如果意拳没有了意念，如果意念不真实、不具体、不丰富、不切实，意念就不会在我们的身上发挥什么作用，这样的话，意拳也就不再是意拳，也就背离了"拳拳服膺"的本旨。意拳的意念不是冥想更不是臆想，意拳的意念是要使其心与身都要参与其中。本人的弟子姜伟练意拳有所悟，他用自己的话来概括说："意拳的意念应像是一个剧本，身体要按照剧情来表演"。这种说法很好，这说明他是动脑子想这件事儿了，这个观点在训练的水平尚未达到"无意之意是真意"的阶段时是正确的，但是到了"无意之意"的阶段时，就应该是另外的状态了。我之所以要谈到姜伟的观点，是要说明一件事儿，即我们练意拳的每一个人，都应该有自己的观点，有自己的语言，要用自己的话来把意拳的道理说出来，而不是反复地在背诵前人的拳论，前人的东西再好也是前人的，只有用自己的话把这事儿说出来了，才是真正地理解了或是部分地理解了前人的东西。

在意拳的训练中，对于意念不真实的弟子，在语言表述无效时，我有时会使用针或打火机，会用火燎一下或用针象征性的扎一下弟子的手或身体的某一部位，以加强其对意念真实的理解。意念的作用就是要练成真的有用火烧一下或用针扎一下的结果，就是要假想成真。

意拳的意念训练很复杂，往往面对同样的问题，也不会只是一种意念，另外，即使是同一种意念，身体也不会每次都是同一种的状态。故意拳的意念及意念下的结果不一定会是一个结果，因为每个人所处的阶段不同、状态不同，训练的内容也会不同，再加上事物又总是在变化着的，这就是意拳不易学习的地方。这就需要我们能够把握事物的本质，并深刻理解训练的阶段性与长期性，在"有意"与"无意之意"之间的关系中，适时地找到自己的问题，并要针对自己的问题建立起解决问题的训练方法，这样，我们的训练才能每一天都有所精进。

当然，意拳祖师王芗斋先生还有话说，即"留有余兴"，这是针对那些练起来没够的人来说的，意拳的训练，即使是练起来上瘾了，也要适可而止，也要"留有余兴"，武术的训练不同于其他运动的训练，若不"留有余兴"，会把自己给练伤，甚至是练死。故练武术虽然能强身健体，但也能是一种戕生运动，这也是武术中的辩证法。

12.意拳站桩中众多的训练内容

意拳站桩所涉及的内容很多，大体有如下的内容：

（1）精神训练：首先要建立起身外的情境（即良性意念），想象处在美好的环境中，如风和日丽、广阔无垠、鸟语花香等，让心身平缓且愉快，切实感受大自然的美妙之境。可从一点一滴做起，如静听鸟鸣声，由近及远，直至静听到天籁之音。也可闻香，闻泥土和大地的芳草之香，或雨后的清新之气息。也可以远观，望天外云卷云舒和一望无际的原与大海或绵绵的云海山峦。也可以想象口含薄冰或薄荷，口内生津，舌似有似无的与上颚相关联，俗称"舌抵上颚"，但传统的练法过于执着，应以似抵非抵为宜。也可以体会周身的触感，如微风拂面，或在水中感受寂静的水的浮力与阻力或水流慢慢流过身体的感觉。也就是要把眼、耳、鼻、舌、身、意都调动起来。这是一种"移情"训练，可以调动出自身的快乐因子，达到健身养生的目的，同时这也是技击的入门功夫，可以建立起初级的精神力量，如果是把手臂抬起来站桩的话，还能建立起初步的间架力量。

（2）意感体验：意念要切实，要有假想成真的真实感受，首先要感知身外的阻力和牵扯之力，可以先从局部入手，具体如先感知两手之间的阻力感，两手如同是相斥的磁铁，继而感知双手与身体的阻力感，逐渐要体会到"六合"，即"手与足合，肘与膝合，肩与胯合"，再逐渐地体会到周身相合。可以通过抱球的意念来建立起身体的"六合"与周身的阻力，再由周身的阻力扩大到身外的阻力，前俯后仰左倾右靠皆不可为，皆有阻力相依托。继而还要建立起牵扯的诸般感受，首先是头手足与颈项肩脊腰胯膝肘腕踝等部位的牵扯之感，想象人体有五张弓，即手与手、足与足、手与足、手与头、足与头等，其实不止五张弓，有支点就会有弓与弓相牵连，自身的牵扯建立起来了，就要考虑与身外的牵扯，如四肢百骸与身外的远处之大树相牵挂，或与远处的云朵相牵挂，或与身外的风筝相牵挂（进行放风筝训练），身外的牵扯以主动力与被动力及主动力转换为被动力为主，如先用意念拽远处之大树（主动力），结果树没有拽动，反而把自己身体的间架给拉开了，这样间架的开合就变成了被动的运动，这就是主动转被动的训练，并由此建立起身体与身外的牵扯之力。总之，建立阻力与建立牵扯之力，是建立意感的基本训练内容。除此之外，从健身与开悟的角度来讲，还要时不时地进行入静训练，要通过入静将自己站空，站时要使自己站忘，坐时也要身下无椅，躺时也要身下无床，达到物我两忘，但此训练不建议在没有老师的时候练习，离开了老师的现场引导，悟性不高与三观不正的人会一不留神走火入魔。

（3）放松训练：放松的内容包括松静、松柔、松开、松和、松均、松动、松紧、松透、松空、松无等。具体如首先要能静下来，进行初级的松静训练，要使呼吸平缓（呼吸静、匀、长、缓、细、深），心情平缓，周身柔软，有间架与无间架时皆不使一分的力量。继而要建立松开的能力，要使周身所有的关节都要打开，使骨缝加大，让外空间能够流入进来。通过抱球的意念，可以帮着打开关节，当所抱之气球在逐渐的涨大时，周身的骨骼也会因被它所撑开而长大，身体放大了，骨缝之间的空间也会更加的明显。也可以意念头上有绳线系，身体下有地心引力拽，四周也有绳线牵，通过上提下拽四周牵，把周身的骨骼打开。但这一切皆不可执着，要在似有似无与循序渐进中进行。其后还有"松和、松均、松动、松紧、松透、松空、松无"的训练，但皆不可执着，宁可训练的进度慢一些儿，也不要为了提高训练水平而贪功夫。

（4）脏腑训练：站桩的放松之功，除了身体的筋骨皮肉以外，还要放松到脏腑，即由外放松到内，脏腑松不下来，就会在运动中截气。有的人一动起来，稍微地剧烈一点儿就呼哧带喘的上气不接下气，就是因为脏腑没松下来，致使筋骨皮肉等肌体与脏腑合不起来。许多人在站桩时一松到脏腑，会忽然觉得很累，原来能站很长时间的忽然站不下去了，甚至会觉得胸闷，胸闷的原因往往是因为横膈膜等脏腑部位又较劲儿了，这就需要通过加强外部的意念，来消减对脏腑的执着，也可以通过微微的肢体运动来消减对脏腑的执着，故对脏腑的放松，不是一下子就可以完成的，是需要反复很多次后，才能走入正轨。要通过对脏腑的放松，逐渐地使脏腑顺从心意的指令，使脏腹也能够参与到周身的整体运动之中，如以脏腑的松紧来调节肢体的松紧，或以肢体的松紧来诱导脏腑的松紧，但这些皆不可执着，更多的情况下，是在似有似无的状态下进行的，再其后则是要在无意之意的状态下进行才成。对脏腑的执着比对肢体的执着还要危险，许多武林名家就是这样因执着而把自己练死了。故当脏腑有了参与的状态后，不要过于的助长它，最好使它慢半拍，也可以是三七开，即身外的训练常常要占到七成，身内占到三成。当人的脏腑知道放松与松紧后，练拳时的气息就会变的流畅，周身就会得劲儿，练拳练很长时间也就不会觉得疲劳。其实，这也不是什么神奇的事情，生活与学习中也会有许多事情与此相类似，如我们在初学骑自行车、开车及学习书法绘画时，也会不自觉地周身发滞，这时的脏腑也是松不下来的，但是一段时间以后，人体由外到内就会开始适应，就会不再使用多余的力量，就会自然而然的放松下来，这实是长期干一种工作的必然结果，拳谱说的最朴实，即"拳打千遍身法自然"，人体的脏腑训练也是千锤百炼后会趋于自然，故人体的内部是会自然地建立起来一种对工作的适应与平衡力，只是因为普通人不练拳，不会去细想这其中的原因，只有练拳的人尤其是练内家拳的人，才会去研究身体各部位之间的状态及因果关系，并从中找到规律由此来指导实践（如将站桩练出来的东西运用于比武实践中，以此来检验它的真实性，并用比武实践的经验，反过来指导站桩，以修正站桩训练中的训练方向）。脏腑的训练有很多种，在前人传下来的功法中，自然的仿生的训练法，是很重要的一种训练方法。学习意拳要理解并体会大自然中真实的声音，如小河的涓涓流水之声，海浪的惊涛拍岸之声，远处极微的滚滚闷雷之声，发生在身边的霹雳炸雷之声，猿啼、鹤唳、鸟鸣之声，狮吼、虎啸之声等，都是意拳借鉴之良师。具体到练法，它是属于试声的训练范畴，可以先从轻轻的"嗯"声练起，由单一的"嗯"声，逐渐到连续的"嗯"声（如远处滚滚闷雷般），其目的重在调动脏腑的参与性，这是一种脏腑的松紧训练，可以弥补站桩及试力训练之不足，这也是意拳爆炸力的基础内练功法之一。

（5）呼吸吐纳训练：虽然意拳不强调呼吸吐纳，但呼吸的训练却是绕不开的课题。在站桩及试力和打拳时，关于呼吸吐纳的问题，一般情况是，先要自然呼吸，即由自然呼吸入手，随着训练的深入，可以转为"睡眠呼吸法"即逆腹式呼吸，其特征是"松圆，常圆，实圆"，腹部平时为松圆、常圆，发力时为实圆。腹部始终应该是圆满的，无论是吸气还是吐气，这也是逆腹式呼吸的一种吐纳方式，即吸气时不要多想，或叫不用去管它，只要吸进来就可以了，吐气时则要徐徐地往腹部沉气，即吐气的时候下腹要充实，其呼吸吐纳的状态要均匀慢细深。许多门派都在讲丹田吐纳，如果从丹田训练的这个思路来思考的话，人体至少可以有前丹田吐纳（可以定位于下腹部）、后丹田吐纳（可以定位于人体身后的命门穴的位置）、带脉吐纳（人体腰带的部位）、皮毛吐纳（人体的周身汗毛）、空间吐纳（身体之外的空间）等几种吐纳之法。具体到逆腹式呼吸的训练，呼吸吐纳时粗略地讲是腹部要圆满，具体地讲则要前丹田和后命门都要圆满，带脉也要圆满，但不能执着，初习时可以刻意一点儿，熟练了以后要似有意似无意，再往后就坚决的不要想呼吸了，要自然而然，拳谱"在气则滞，在神则活"。当不去想呼吸后，要把精神给拿出来，通过体会身外的阻力，久之，汗毛会随之出现松紧开合之状态，这时可再关照一下体内的腹式呼吸，让汗毛的松紧开合与逆腹式呼吸同拍节，这样身外阻力的松紧与皮毛的松紧与体内呼吸的松紧就可以有机的合拍，成为一个整体，这时也就会初步地理解了天地人的关系，这也是皮毛呼吸的一种入门级的状态。随着这种状态的深入，逆腹式呼吸的感受要越来越弱，直至再一次的忘掉，代之而来的是皮毛呼吸感受的加强，再往后，皮毛呼吸的感受也要越来越弱，代之而来的是身外空间松紧感受的加强，这就由身内呼吸发展到了身外呼吸，直至皮毛呼吸也没有了，完全是空间的呼吸了，这也就是我所常说的，吐纳不在身内须在身外而身内自有之，精神也不在身内须在身外而身内亦自有之。

总之，虽然人体可吐纳的部位有如此之多，但每一处吐纳都不能执着，只需稍微地用意念想一下就可以了，真正的呼吸起来，是不是前丹田与后丹田，是不是带脉，其实并不重要，意拳（大成拳）训练的重点不在身上，更不在吐纳，而是"在精神，在意感，在自然力的训练"。所以，关于呼吸吐纳的问题，虽然我在前面谈了这么多种方法，其实真训练起来，是可以不用去考虑的，仅仅是知道有这么一件事儿就可以了，不要真的用功去练，一旦执着于它，非但无益反而有害。这也是意拳与别的门派有所区别的地方。

（6）紧松训练：先把间架立好，然后有意识地让周身的大筋都挑起来，可以通过适度的紧缩之力，来实现"骨缩筋腾"，也叫"骨缩筋伸"，也叫"屈寸伸尺"，具体讲是"形屈意伸"，但不要一个劲儿地死缩死屈，缩与屈皆不露形，要一缩即止，一止又缩，这实是一种"紧松"运动，是先紧后松的运动，紧松紧松以致无穷。也可以先由着相的紧松入手练起，逐渐的要由有形向无形转化，由有意向无意转化，由局部向整体转化，由迟滞向空灵转化，直至自然而然。

（7）阴阳矛盾争力训练：可以将人体分为阴面与阳面，首先在意念上让人体的阳面与阴面作斗争，可以先用阳面来围拢阴面，以诱导出阴面的反抗劲力，再体会阳面对阴面反抗劲力的反围拢，同时再体会阴面对阳面反围拢的反抗，如此，生生不已，劲力由小至大，由局部至整体，由慢动至速动，由虚幻至真实，由执着至自然，由形体之动至精神意念之动，所有这些，都须悉心体认。没有阴阳的矛盾争力，就难有瞬击的速度，也难有瞬击的力量，也不可能有形不破体力不出尖儿的整体力。故从意拳的劲力角度来研究，阴阳矛盾争力的训练，实是意拳浑圆力产生的前提条件。具体的训练方法，可以从抱球或抱树的意念训练入手，由抱一个小球到逐渐地抱一个大球，或由抱一棵怀中可以围绕的大树到逐渐地抱一棵参天的云端宝树，在意念上自身也要随着大树的长大而长大，要大到伸手可以摘星月，头顶蓝天脚踩大地，白云只在脚下飘。抱树的方法是，要用自己的阳面来围拢和环抱怀中的大树，同时感受自身阴面的反抗之劲力，意念由重入轻，由有意至无意，祖师王芗斋先生原话"无意之意是真意"。

（8）空间训练：首先是空间塑形训练，可以将自身的间架形态看成由外空间决定的，如每个指缝间的空间及手的外部空间决定着手的形态，故通过调整身体之外的空间，即可达到调整自身间架的目的。当身外的空间确定下来之后，就可以通过身外空间的变化来锻炼身体，如意念身外的空间在逐渐的膨胀，膨胀的空间会压迫自己的身体，使身体产生反抗外空间挤压的张力，又可让身外的空间逐渐的收敛后退，这样自身的身体就会逐渐地占据外空间所腾出来的地方，使自身在意识与体认上感受到身体会逐渐地长大。另外，外空间可以是气，可以是水，可以是泥土，甚至可以是钢筋水泥，外空间的物质不同，锻炼的内容也就有所不同，自身的体认感受也会有所不同，外空间越厚重，自身的感受会越轻松，另外，自身突破外空间的状态也会完全不同，如自身突破气态空间的身体密度与力度与突破固态空间的密度与力度应是两种各不同的状态，故空间的内容不同，锻炼出来的身体的状态也会不同，换言之，改变了外空间的密度也就改变了身体的状态。另外，外空间的动态变化也会直接影响并左右着自身的间架，如外空间像水一样的流动，外空间有气韵般的松紧变化，外空间有涡旋拧裹等。另外，空间的失衡会产生落差，当身体的一面突然出现真空或准真空时，空间的瞬间变化会改变自身间架的变化，如意念身前突然出现真空，这时身体就会突然的向前位移，其速度是超速的，这是一种外力训练。人的身体很神奇，以意念为因，以行为为果，有什么样的因，长期训练，就会有什么样的果，这也是意拳区别于别派武功的地方，当然，这一切，都取决于假借意念的真实，如果假借不能成真，那就不是意拳，而是空想拳和自欺欺人拳了。假借不能成真的原因有很多，一是自身的悟性不高或缘分未到，二是意念超前不切实际，三是漫天空想不下功夫体认训练，还有三天打鱼两天晒网者也不能入其妙境。所以，意拳若缺少意念就会是"形"拳，永不得精深，若维意念论又会成为不切实际的空想与玄学。用祖师王芗斋先生的话来对应的话，"形"拳等于是"执着"于己身，空想等于是"离开"了己身，祖师王芗斋先生的原话是："执着己身无物可求，离开己身永无是处"。

（9）平衡训练：训练时，间架可以是平行步，八字步，并拢步，丁八步，独立步等间架，不同的间架，身体的平衡感受也会不同。可以想象身体挂长衫，或意念自己是玉树，要"玉树挂宝衣"，使身体达到周身的劲力平衡，衣襟的前与后及左与右都一样的长，若衣襟前长后短，则说明身体过于向前弯曲了，若衣襟前短后长，则说明身体过于向后弯曲了，左右衣襟长短的道理也是一样。继而可以意念自己置身于寂静的湖水中，通过控制自身的平衡，而不去扰动湖水的宁静。还可以意念脚下踩球，头顶竹竿，像杂技演员一样能在这种状态下控制平衡。当外力平静的平衡训练掌握之后，可以进行外力扰动的平衡训练，如自身处在流动的河水或大海中，当水流冲击的自己的身体时，自己既不要做中流砥柱也不要随波逐流。也可以假想有对方攻击自己，自己在对方的劲力施加在自己的身上时，自己通过调整阴面与阳面的关系及调整内空间与外空间的关系而控制平衡，这种训练在意念上可以想象对方的攻击由轻入重，由缓至促，由单击至连击。也可以增加难度，站在马路沿儿上、高门槛儿上及高木桩上训练身体的平衡。

平衡问题是意拳训练中的大问题，从整体上讲它涉及训练的方方面面，诸如间架平衡、呼吸平衡、气血平衡、松紧平衡、动静平衡、内外空间平衡、心神意念平衡，及心神意念与肢体运动的平衡等，这些相互的错综复杂的关系，无不需要在站桩中一一理解与深化训练。祖师王芗斋先生所说的"形不破体，力不出尖"，涉及平衡的问题，王芗斋先生自称为矛盾老人，其矛盾的方方面面也无不涉及平衡问题。所以，平衡的小概念会涉及训练时诸般的甚至是犄角旮旯的具体问题，平衡的大概念则要对意拳整体框架进行把控，而且它还是动态的，是自始至终不断调整变化的大学问，可以说意拳的平衡之道没有终点，永远在路上。

（10）劲力贯通训练：首先要让自己的劲力松沉入地面，让身上不要藏劲儿，全都落到脚下。然后体会力由足生，劲力从身体的角度讲，先从脚下产生（主要是脚掌下产生，从身外的角度讲，劲力由空间的密度变化产生，继而作用到身体上）然后劲力逐渐的向上传导到脚踝，小腿，大腿，胯，腰，脊，臂，腕，手等。劲力要节节贯穿，勿使有阻滞，此是训练老先生所说的"惯性力"的基础，这也是"虎形"劲儿的训练内容。

站桩训练除了上述的训练内容之外，还有神光离合训练及本人的"十六形"摸劲儿训练的内容。

这些方方面面的东西，都要在站桩中来解决，但也不是一次就都给解决了，有时是要循序渐进的，它像是滚雪球，内容会逐渐的丰富，但是是越滚雪球问题越多，而不是问题越来越少，有悟性的人会时时地发现问题，分分秒秒的都会发现自己身上的问题，每一个问题都是一个岔路口，都有对与错的路须自己来决断，这就是我反复地在说不要执着的原因，因为要走走看，要时时地能停下来，而不要一条道走到黑。我的核心观点是：不要贪功夫，宁可进步的慢一些儿，宁可温故知新，也不要在没有老师手把手指导的情况下自己照着书瞎练，否则，后果会很严重，一旦神经系统和精神意识等方面出现了问题，练拳还不如不练拳。

问道意拳

（下册）

张树新　张瀚川　著

华龄出版社
HUALING PRESS

目　录

下册

第三章　意拳试力健舞与发力

第一节　意拳试力

1.意拳慢练的试力功法

意拳在进行试力训练时，动作要慢慢地做，因为动作一快，许多东西就会漠然划过。祖师王芗斋先生在谈到试力时曾有"慢优于快，缓胜于急"之说。意拳训练的重点内容有很多，如果要把意拳站桩、试力训练的内容进行具体的量化，大体上有如下的内容：

（1）精神：意拳在进行站桩与试力训练时，自身的"精神"要真实、饱满，且要把"精神"拿出来，既要让自身的"精神"与外界相关联，又要有"精神笼罩"的状态；

（2）意感：意拳的训练，意念首先要切实，要让意念与身体发生作用，同时要感知意念在身体中所起到的作用，即要有假想成真的真实感受；

（3）自然力：意拳的训练，从精神意识到身体的行为都要自然而然，不能有一丝一毫的刻意与做作，所有的意念与身体的状态都要真实，要建立起良性的"动力定型"，由初级的本能修炼到专业化的本能，由初级的"自然力"修炼到专业化的"自然力"，这是一种"养成教育"，最终建立

起高级的本能之"自然力";

（4）间架：意拳的训练，"间架"的意识至关重要，且自始至终都不能有一丝一毫的懈怠，更不能放弃，每一细微之支点与力点、角度与空间、松紧与动静及棱角之方圆，都要予以关照。从养生讲是要有吻合意念所设立情境的能力，从技击讲是要有技击意识与敌情观念；

（5）空间：意拳的训练，要有最大限度占据"空间"的能力，且须使所占据的"空间"要无限地扩大了再扩大，身体的内空间与身体的外空间皆是如此。须用意念使自己的身体不断地长大，以挤压外空间，更须用精神占据外空间，使精神所占据的外空间不断地扩张，精神所及的地方须越来越广阔。还须用外空间来塑形，要借力外空间，控制外空间，感知外空间，在意念上内外空间要"其大无外，其小无内"；

（6）矛盾：意拳的训练，须建立起无处不"矛盾"的身体状态，其"矛盾"既包括身体的争力，也包括"顺力逆行"的运动状态，从身内到身外，从"骨缩筋伸"到"屈寸伸尺"，从意念到意感，从形体到精神，无不贯穿着整体的矛盾观，把握住"矛盾"就是把握住了祖师王芗斋先生的拳学本旨；

（7）不执着：意拳的训练，"不执着"须不刻意，不做作、不拿劲儿，身体"不执着"、心意也"不执着"。"不执着"的状态，可以使功法的修为恰到好处，不过亦无不及。否则，就会进退失据，贪念丛生，成为戕生运动；

（8）不出尖儿：意拳的训练，"不出尖儿"须意不露形，神不外溢，力无方向，周身"六合"，浑圆均整，劲力平衡，遒放悠扬。须践行祖师王芗斋先生的五字秘诀"恭、慎、意、切、和"，按"先天之功"的体系进行修炼；

（9）外力：意拳的训练，须理解劲力与意念一切皆由"外力"而引发。身体的一切行为，皆可以由"外力"规范、诱导而成，由此可以建立起被动承受的身体感知力。就"因果"关系而言，没有"因"就没有"果"，其"外力"即是"因"，故"外力"可为意拳众多功法训练的根基；

（10）假借：意拳的训练，力在"假借"，它是既一种精神力，也是一种意念力，更是在各种精神、意念长期诱导下训练出来的一种身体的潜能力。通过"假借"，可以建立起海浪的涌动力、风帆力、螺旋力、弹簧力、爆炸力等多种拳术劲力。祖师王芗斋先生精辟的论述："假借无穷意，得来无穷力"；

（11）动静：意拳的训练，"动静"极为重要，须分清"动静"的因果关系，用祖师王芗斋先生的话说"动为了什么，静为了什么，一动一静又为了什么"。站桩、试力、发力及技击训练，皆须思考，将动未动之前是什么，动之未动是什么，动之中是什么，动之后是什么，动之后将静未静是什么，静之静是什么，动之动是什么，静是什么，动是什么，静中之动是什么，动中之静是什么，静之预动是什么，静即是动、动即是静又是什么。这些"动静"之功，想明白了，练明白了，则是真正地进入了祖师王芗斋先生的拳学世界；

（12）紧松：意拳的"紧松"训练，是筋骨外不露形的遒放运动，也是拳术中建立"悠扬"之境的前提条件。人体分工作肌与休息肌，"紧松"主要是调动休息肌运动的一种拳术训练，它不同于普通的身体运动，是一种拳术的内练功法。"紧松"也是意拳"一触即发"拳术发力的基本功；

（13）松：意拳的训练，须深刻理解并体认"松"的内容，包括松开、松柔、松和、松均、松静、松动、松紧、松透、松空、松无等"松"的学问，它们既有关联又各不相同。在拳术的训练中，"松"是有训练层次的，"松"的水平往往决定着拳术的水，"松"既不是不使劲儿，也不是使劲儿，它是特殊的一种拳术状态，拳术的"松"不同于普通人理解的

"松"，只有打拳的人，才需要练拳术的"松"，从拳术的角度讲，"松"就是"紧"，"紧"就是"松"；

（14）和：意拳的训练，须深刻理解并体认"和"的内容，包括柔和、顺和、亲和、浸和、平和、缓和、祥和等"和"的学问。这些"和"的内容，既涉及功法，又涉及意念，更涉及心境，它们既有关联又各不相同。"和"是统一，是不对立，是圆融，它是一种拳术训练的整体观；

（15）均：意拳的训练，须深刻理解并体认"均"的内容，包括均匀、均细、均微、均等、均整等"均"的学问。站桩与试力训练时，身体"均"的状态是完备，是匀称，是滋润，是谐调，是活力，是完整，是无薇不至，身上的劲儿不能疙了疙瘩，是不能有偏向，即"木桶"板子的高度都要一样的齐，"竹林"里的竹子都要一样的粗；

（16）整：意拳的训练，须深刻理解并体认"整"的内容，包括松整、紧整的学问。意拳的训练始终练的是整劲儿，"整"既包括劲力的"整"，也包括精神意识与意念的"整"，身体与精神意识及意念的任何地方都不能有片面与局部的东西，所有的局部都要服从整体，放松要整体地放松，兴奋要整体地兴奋，"紧松"要整体地"紧松"，"紧"更要整体的"紧"，动要整体地动，静要整体地静，即"一动无有不动，一静无有不静"，更要"静中寓动，动中寓静"，最终要"静即是动，动即是静"，"松即是紧，紧即是松"；

（17）四如：意拳的训练，须体认并建立："体整如铸、身如灌铅、毛发如戟、筋肉如一"的"四如"状态；

（18）舒适得力：也可简称为"得力"，意拳的训练，须感受因"得力"而舒适与美妙的意蕴。"得力"是一种合适的状态，无论是站桩，还是试力，还是发力、推手、技击，周身都得适宜、自如、完美，不能被动、憋屈，不能受制于人；

（19）阻力：意拳的训练，须感知身外的"阻力"，并用身体中相当的劲力与之相应和，不过亦无不及，并通过"阻力"认识身外的"松紧力波"以建立起真实的外力，最终为借力"宇宙力波"服务，践行祖师王芗斋先生所说的"假宇宙之力波，有神助之勇"；

（20）牵扯：意拳的训练，在意念、意感及体认上须建立起"牵扯"的状态，"牵扯"既是身体之间的"牵扯"，更是周身与身外的"牵扯"。身体之间的"牵扯"既包含了"一身备五弓"的内容，也包含了周身拽"皮筋"的内容，及"运力如抽丝""两手如撕棉"的内容；周身与身外的"牵扯"，包含了周身与远处的大树相牵挂，与白云相牵挂，与四周无处不在的景物相牵挂。进行"牵扯"训练须"动"亦"牵扯""静"亦"牵扯"，"松"亦"牵扯""紧"亦"牵扯"，"刚"亦"牵扯""柔"亦"牵扯"，且"动微而处牵"。"牵扯"可使周身及周身与身外建立起整体的争力；

（21）平衡：意拳的训练，须把"平衡"放到极其重要的位置。"平衡"包括身体的体内"平衡"与体外"平衡"及空间"平衡"。具体如精神平衡、意念平衡、重心平衡、劲力平衡等，也包括训练中认知与方式方法的"平衡"。"平衡"是一个庞大的系统工程，有错综复杂的内容，所有问题，都能在"平衡"中找出原因，所有成功也都与"平衡"有直接关系；

（22）阴阳：意拳的训练，须理解、认知并建立起人体的"阴阳"关系，首先在训练中须把身体区分出阴面与阳面来，并在训练中利用身体的阴面与阳面来做文章，它们之间既相争又相合，既对立又统一。人体的"阴阳"可以成为拳术劲力的力源，或叫拳术劲力的"因果"，拳术劲力可以"阳"为"因"，亦可以"阴"为"因"，其"因"即是力源，"阴阳"之间又可以互为力源，劲力相互转化。人体"阴阳"关系的建立，是祖师王芗斋先生所言"力不出尖"的前提条件，换言之，人体因为有了"阴阳"关系后才会"力不出尖"，若没有"阴阳"关系就不可能"力不出尖"。其"阴阳"训练法是意拳的秘传功法；

（23）遒放：意拳的训练，须建立起劲力"遒放"的状态，"遒放"在训练中可以是一种"紧松"，体现在外则是多方向的且同时具有的"吞吐""提顿""开合"与"分闭"的统一体。意拳劲力主要体现的是细胞的"遒放"，当身体具有了细胞"遒放"的能力后，才能称之为是意拳拳术劲力的整体力，反过来说，没有细胞"遒放"，就没有资格谈意拳的整体力。周身遒放，浑圆争力，是意拳人必须掌握的能力；

（24）悠扬：意拳的训练，须在细胞"遒放"的基础上，建立起从体内到体外的浑圆整体力，当体外的空间进入到身体，并与细胞"遒放"发生作用后，身体就有了"悠扬"的语言。"悠扬"是以身外语言为主导的拳术运动，也是"风中旗，浪中鱼"的另一种注解，是祖师王芗斋先生"假宇宙之力波"的语言，祖师王芗斋先生所言的"谷应山摇"是"悠扬"的霸气显现，即没有"悠扬"就不可能有"谷应山摇"，"悠扬"的前提是先要具有感应天地外力的能力，在训练时首先要把精神给拿出来。"悠扬"之功祖师王芗斋先生得自于解铁夫老先生，"悠扬"是祖师王芗斋先生拳术修炼中的最后一个台阶，得到"悠扬"后，祖师王芗斋先生在天下就再没有了对手；

（25）贯通：意拳的训练，"贯通"之功，是劲力通达、通透与贯通的重要环节，站桩及试力时须体认根节与梢节的关系，须使劲力由根节无滞碍的通达于身体的力梢，使梢节与根节成为一个完整的统一体，即梢节的任何一个力点，都代表着根节的劲力语言。通过劲力的"贯通"训练，可实现劲力的无处不在与无微不至。"贯通"劲力是祖师王芗斋先生所言"六力"之"惯性力"的基本功法；

（26）离心：意拳的训练，须使身体具有劲力"离心"的能力，"离心"涉及身体的外切线与内切线，故分外切线"离心"与内切线"离心"，"离心"所产生的"旋摆"劲力可以增加打击的力度，"离心"的前提首先是控制自身的平衡，继而可用"离心"的劲力破坏对方的平衡。"离心"劲力是祖师王芗斋先生所言"六力"之"离心力"的基本功法；

（27）螺旋：意拳的训练，须使身体具有劲力"螺旋"的能力，"螺旋"的劲力涉及身体的外切线与内切线及拧裹与争力，在祖师王芗斋先生的体系里"螺旋"劲力只需拧半把。"螺旋"劲力是祖师王芗斋先生所言"六力"之"螺旋力"的基本功法；

（28）弹簧：意拳的训练，须使身体具有劲力"弹簧"的能力，"弹簧"的劲力训练，离不开意拳撑抱桩中"阴阳"矛盾争力的训练内容，也包含了呼吸弹力的训练内容，更包含了"间架"力的训练内容与松紧力波的训练内容。"弹簧"劲力是产生祖师王芗斋先生所言"六力"之"弹簧力"的基本功法；

（29）杠杆：意拳的训练，须使身体具有劲力"杠杆"的能力，劲力"杠杆"的训练，离不开意拳间架的角度变化，包括"三角预应"的间架结构，更离不开骨骼的松紧转换，故周身的骨骼若松不开，则劲力的"杠杆"将无法实现。"杠杆"劲力是祖师王芗斋先生所言"六力"之"杠杆力"的基本功法；

（30）身腾骨缩：意拳的训练，须使身体具有"身腾骨缩"的能力，"身腾骨缩"的劲力训练离不开意拳的"紧松"之功，也离不开"阴阳"矛盾争力及"外力"的训练内容。"身腾骨缩"之功，其骨骼是收敛的，但肌体则是腾起的、精神是爆发的。"身腾骨缩"劲力是祖师王芗斋先生所言"六力"之"爆炸力"的基本功法；

（31）精神笼罩：意拳的训练，须使身体具有"精神笼罩"的能力，

"精神笼罩"的训练首先离不开"情境"的建立，意念中"情境"可以激活人的潜能，当"精神"能拿出体外，并与身外的"情境"相统一，让外空间进入到体内以后，也就可以具有了"精神"控制的力量，通过神意的运用，既可以让周围的空间云淡风轻，也可以让周围的空间充满寒意，当敏感的人能对我们的"精神"有了反应以后，就算是初步建立了"精神笼罩"的能力，但对所有的人是否都能"如网天罗"，则要看自己修炼的功力了；

（32）单双重：意拳的训练，须注意身体的"单双重"，在身体平衡的状态下，须理解身体的虚实轻重，体察并运用"单双重"的原理来进行锻炼，做到"单重不偏，双重不滞"；

（33）守中用中：意拳的训练，须注意"守中用中"的拳学理念，建立起意拳"间架"的"枢"与"环"的关系，中脉通畅，身体平衡，无论是站桩、试力、发力还是技击，皆须守住自己的"中"，"形不破体，力不出尖"；

（34）应力：意拳的训练，须使自己的身体具有对外界的"应力"能力，"应力"既包括"精神"的感应力，也包括身体触觉的感应力。"应力"与"争力"是意拳训练的两大主要内容。"应力"的训练，首先须以所建立的"情境"意念为基础，通过感知"外力"，以此加强触觉反应能力的训练。"应力"是意拳技击的前提条件，没有"应力"就无法技击。没有"应力"，就等于是生活中的人没有了视力、听力、嗅觉、味觉等起码的自理能力。意拳训练，从祖师王芗斋先生的"浑身肌肉挂青霄，毛发根根暖风摇"开始，所有的与外界相关联的意念，都涉及了"应力"训练的内容，它是意拳锻炼神经开发潜能的一项主要工作；

（35）断意：意拳的训练，在某一个训练阶段，须进行"断意"训练，具体如在意念上突然的断掉"牵扯"，或突然的失去平衡，这是在瞬间的不平衡中的恢复平衡训练。"断意"训练能训练出技击的突然性，可使身体具有突发的惊劲儿，它是惊炸力的基础功夫，也是"一触即发"的具体训练法。但不热心技击的人则不必习此；

（36）六合：意拳的训练，须从"六合"入手，理解无处不合的劲力。具体如："手与足合，肘与膝合，肩与胯合，心与意合，意与气合，气与力合"。周身团聚，内外一体，缩抱合一；

（37）呼吸弹力：意拳的训练，须进行"呼吸弹力"训练，"呼吸弹力"即是"试声"训练，由有声入无声，如祖师王芗斋先生所言："有声如幽谷撞钟，无声要气冲毛发"；

（38）气口：意拳的训练，"气口"很重要，"气口"既是气息的位置，也是气息的状态，包括气息的缓急，气息位置的高低、左右、纵横，气息路径的长短，气息状态的悠扬与顿挫。另外，站桩时的"气口"，试力时的"气口"，发力时的"气口"，推手与技击时的"气口"各不相同，皆须在意拳（大成拳）的系统训练中予以解决；

（39）多面力：意拳的基础训练，对于尚不能"顿悟"的"渐悟"类人群，须进行"多面力"的训练，诸如正面力，侧面力，斜面力等多方面的劲力，都要进行摸劲儿训练，以为浑圆力打基础；

（40）力无侧重：意拳的训练，从意到形皆须"力无侧重"，意不执着，力不出尖儿，周身浑圆，另外，在训练上还要有"削长"的意识，且还须"勿忘勿助长"；

（41）细节：意拳的训练，在训练的某一阶段，须进行"细节"训练，从意到形皆须细化训练的每一个环节。仅以手为例，诸如手的训练法，手指的训练法，每一个手指的训练法，手指尖儿的训练法，每一个手指尖儿的训练法，手指尖儿前端意念的训练法，每一个手指尖儿前端意念的训练法，等等，除了手，还有头，还有脚，还有身体的各个部位，大到铜钱那么大小的面积，小到比针尖儿还要小的面积，都要训练到，这是意拳的一种补充训练，可弥补细节训练之不足。但此细节训练，本着缺什么补什么的原则，只是要在需要训练的时候再训练，仅仅应偶尔为之，否则会掉入局部的窠臼；

（42）不同劲力：意拳的训练，在训练的某一阶段，须进行具体化的"不同劲力"的研究与训练，以建立起周身拧裹钻翻兜卷旋摇等多种劲力的能力。本人对拳术的"不同劲力"进行了系统性的研究，祖师王芗斋先生曾提出："蓄力、弹力、惊力、开合力、重速力、定中力、缠绵力、撑抱力、惰性力、三角力、螺旋力、杠杆力、轮轴力、滑车力、斜面力"等十五种不同的拳术劲力，在站桩、试力、发力等训练阶段，可以逐个对这些劲力进行摸劲训练；

（43）感恩：意拳的训练，要具有"感恩"的心，要感恩师长，感恩家人及朋友，感恩社会，感恩天地，也要感恩自己的身体，感恩四肢百骸及脏腑器官的辛劳。"感恩"说起来容易做起来难，它实是使身体健康与长寿的秘籍，更是洞彻武学天机的秘籍；

（44）无意之意：意拳的训练，最终须以"无意之意"为本，摒弃一切的妄念与执着，最终成就祖师王芗斋先生所言的"无意之意是真意"的"真意"。

上述的这些内容都须在站桩及试力中，逐渐的一一掌握。这些的内容，要在一动一静中，全都具有，动作快了还真不成。在不动中来寻找，身体里都会丢三落四，若是快动，则丢掉的会更多。这有点儿像跑步，要想让几十个人都跑成整齐的方队，跑快了还真不行。另外，要想把每个细节都揣摩，都练到位，也快不了。所以，意拳的站桩与试力，不是在那里傻立着没有事儿干，也不是随意的慢动，而是在培养东西，在探索东西，在建立东西。在训练的过程中，谁找到的东西多，谁建立的东西多，谁的水平就会更高。比如你找到了30项的东西，就比别人只找到了20项的水平高。但是，你一动起来，站桩时找到并刚刚建立起来的30项的东西，可能就只剩下10项的东西了，尤其是一速动起来，可能就只剩下1或2项的东西了，诸如"精神"也忘了，"意感"也没有了，"间架"也散了，"空间"也顾不得考虑了，"外力"也丢了，"阻力"也没了，"牵扯"也不具有了，"矛盾"也不具备了，周身也不均整了，更别说"四如"之境与"悠扬相依"了，这样的话，试力也就没有什么意义了。

意拳的训练，我们本不想慢，但是因为一快了就要丢东西，所以是不得不慢。等找到的东西在我们的身体中生根发芽，这时再怎么快也不会丢东西了，我们就有资格快了。所以，谁动作快了，还不丢东西，谁就是高手。当然，打拳时有些人不是为了摸劲儿，其有意识地把动作放慢，仅仅是为了修炼身心与增加耐力，对于这一类人可另当别论。

意拳的训练，既不能不着急也不能着急。因为它不是只训练一项内容就能成功的，就像一个交响乐团的指挥，它要能协调所有的器乐才成。从"精神""意感"到"空间""间架"，从"外力""阻力"到"紧松""四如"，从"牵扯""争力"到"阴阳""平衡"，从有形到无形，从基础到实战，等等这些，皆不是一天两天就能掌握的事情。所以，既要专注又要博学，既要有粗迹又要有细节。这一切的一切，在错综复杂的内容中，若始终都能使诸般的学问均整的进步，即可谓是此拳道中之高人。

2.意拳试力的动静之功

意拳的试力训练是分阶段分层次的，如在开始的时候，宜动作慢一点儿再慢一点儿，首先要使身体先静下来，身体在没有调动好之前先不要动，全身都准备利索了，再一动无有不动。动与动之间不要有懈怠的地方，要始终贯穿着训练的内容，否则，每次在动作转换的时候自己都松懈一下，即把训练的内容无意中丢弃，然后再在下一个动作开始时把训练的内容重新地再建立起来的话，长此以往会养成错误的"动力定型"，这样在实战中也不免会在动作转换的时候有松懈，遇高手时任何一点点的松懈，都会成为对方攻击我们的机会。金庸在《雪山飞狐》小说中曾描写打遍天下无敌手的金面佛，在早期的练功时曾留下了一个耸肩的多余动作，这一细微的错误在与胡斐的对决中，被胡斐瞬间抓住的机会。这就是错误的"动力定型"的恶果，金庸还是挺有水平的，他也知道有"动力定型"，这也是"勿以恶小而为之，勿以善小而不为"的道理。所以，在试力时，身体中点点滴滴的迹象都不能大意和马虎，尤其在动作转换的时候要精心。故动和静的时候都要随时对自己的一切行为进行体察，要动中有静，静中有动，静的时候不是不作为，而是意力不丢，始终防备着敌人的偷袭，并且还要麻痹敌人，在静的时候似乎是在不作为，其实一点也不比动的时候身体的状态差，甚至还会更强。

意拳训练，在一般的情况下，人在静的时候，身体中的内容是更容易全面与丰富的，往往动起来后才会丢三落四，但人们在动与动之间的转换时的静却容易出现问题，主要是因为，上一个动作结束后直接就去想下一个动作该如何如何了，而忽略了它们之间的衔接点其实更重要，这就像是汽车的挡位转换，不好的车，挡位转换时会格愣一下，好车就顺滑多了，6缸的车就比4缸强，8缸就比6缸强，水平不高的人在打拳时，就像是单缸的摩托车，吭哧吭哧的，动作转换时全是漏洞，这也是说明了这种人在动静的时候精神不集中，尤其是在转换的时候精神不集中，把静单纯的当成静了，或当成了一种休息，这是致命的问题。这个问题在意拳界是一个普遍存在的问题，大家可以查看一下网上意拳的视频，看看是不是像我说的这样，大部分视频中的人在动作的转换时都丢东西，只是丢多丢少的程度不同而已。

　　总之，试力是动功，但动中有静，站桩是静功，但静中有动，它们都涉及摸劲儿的问题。针对试力，祖师王芗斋先生曾说："动为什么，静为什么，一动一静又为什么"。意拳试力动静静动互根，动时要迹过留痕，并思考周身是否全面参与，周身与身外是否有内容，包括筋骨状态如何，气血状态如何，间架的角度如何，平衡状态如何，牵扯如何，阻力如何，精神是否能拿出来，劲力传导如何，"六力八法"的状态如何，假借意力如何，应力如何，不执着的状态如何，自然本能的状态开发的如何，神助的状态如何，精神笼罩的状态如何，感恩的心如何，松紧如何，具体如松紧力波如何，松紧的均整如何，松紧的平衡如何，松紧的程度如何，松紧的空间如何，松紧的时间如何，松紧的间架角度如何，松紧的敌情如何，气口及筋骨皮肉血脉细胞的松紧状态如何，精神意念的松紧如何，有意松紧与无意松紧的状态如何，无意之意松紧的状态又是如何等等，再如动静如何，具体如动静的平衡如何，动静的均整如何，动静的时间如何，动静的空间如何，具体如动静的外空间如何，动静的内空间如何，脏腑与筋骨的身内空间与身外空间之动静又如何，动静的间架角度如何，具体如小动如何，大动如何，不小不大动又如何，慢动如何，快动如何，骤动如何，慢动快动骤动即停如何，即停又即动又如何，动静互根又如何，不慢不快动又如何，有意动静与无意动静的状态如何，无意之意动静的状态又是如何，单手动如何，双手动如何，单脚动如何，双脚动如何，手脚齐动如何，手脚分动又如何，头肩胸腹颈脊腰胯臀肘膝手脚腕踝指趾毛发同动如何不同动又如何，是否"四梢"齐（发为血梢、指为筋梢、齿为骨梢、舌为肉梢），是否"六合"均（心与意合，意与气合，气与力合，此为内三合，手与足合，肘与膝合，肩与胯合，此为外三合），精神意念的动静如何，不执着于精神意念的动静又是如何……这些都是试力的内容。

3.意拳的形体与精神意念

许多人在打拳时力量显得单薄，主要是因为没有能把身体中的精神给拿出来的缘故，另外，还有许多人在打拳时并不注意自身拳脚与身体的整体关系，即有时候拳脚的运动能合上全身，有时又合不上全身，致使劲力的传导与整体性，断断续续，既不通透也不自然，这都是人们在打拳时精神不集中的结果。

解决这一问题的方法有许多种，但无论有多少种方法，皆与意念有关，具体如，在打拳时可以想象身着长衫，长袖飘飘，这时，在运动中要等衣服被甩起来后，即有了飘动感后，再做下一个动作，又像是挥舞着一面大旗，始终应让旗子飘起来，这样周围的空间就都动起来了，自己的劲力也就不再单薄。所以，在打拳时，自身的拳脚不应像一根棍子一样的在空间孤零零的划动，而应像是在棍子上绑上了旗帜，这样，即使棍子打不到对方，旗帜也能抽到对方。这种有如旗帜般的意念，是打拳时把精神给拿出来的训练方法之一。

意拳打拳做动作时，切不可着急，要等一等，等身上的大队人马，即周身的劲力都调动起来了，都跟上了，再做下一个动作。另外，从严格意义上来讲，不仅要等待身上的东西都调动起来了，还要等待身外的东西也都调动起来了，才能再做下一个动作，如此这般的话，旁观者就会被你所扰动，就如同火车开过来会有气流一样，周围的人一靠近你，就会有失重感，这样，你的拳术劲力，在周围人的眼里看来，就具有了神奇的魔力。没有受过这种训练的人，根本就无法与你进行技击对抗，对方的桩站得再扎实，重心再稳定，也经不住你精神之气流的扰动。

网上有王玉芳先生与姚宗勋先生试力与拳舞的视频，大家可以认真地看一看，两位大师们都是把精神给拿出来了，身上如同有了旗帜，而且是把旗帜给舞起来了，姚宗勋先生的特点是抑扬顿挫，王玉芳先生的特点是悠扬相依。大家还可以看一看动物世界中的老虎和狮子，它们在攻击对方时，都是把精神给拿出来了，包括眼镜王蛇也是如此。

意拳在做试力和健舞时，周身宜处处建立联系，处处具有牵扯包括身外也要有牵挂。任何肢体和局部的运动都要与整体及与空间产生联系，身体在做舒展运动时，周身要有矛盾争力，但也不能失了合力，身体在做聚拢运动时，周身要有均匀的合力，但也不能失了身体各部位相互之间的争力。身体在做遒放互为的综合运动时，周身与身外的牵扯更为重要，而且还要注意"气口"的变化，利用呼吸之弹力强化运动的节奏，做到动静相生，快慢相宜，错落有致，手上有物，周身有景。这些都是基础中的基础，若要再深化一下，则是要加入敌情的意识，周身要有假想敌，要运用自身的空间去扰动敌人的空间，用自身的假迹象去诱惑敌人暴露真意图，使之形成意识与劲力的出尖儿，更可以运用自身的意识对敌方进行催眠控制，诱使敌方按照自己的意图行事，更高的训练则是在自身的形体运动中加入精神笼罩的内容，让精神弥漫在四周，自己来做这一空间的王，再进一步的训练则是要借上天地力，借宇宙力波而动，这时的自己就不再孤单，处处都会有了势能，一动一静都不再是自己的事情，这时就真正能理解祖师王芗斋先生所说的"动乎不得不止，止乎不得不动"。意拳训练，须先由整体意动入手进行训练，继而达到无意之意是真意的境界，这是意拳所独有的训练方法。

具体到每一个细节时，如仅以手的状态来说，手的状态不能是没有语言的傻手，至少也应如同是贼手，贼的手是有语言的，尤其是当贼的手要偷东西的时候，注意看一下猫爪或虎爪，猫爪或虎爪是有语言的，尤其是当猫或虎要捕捉猎物时。故我们在打拳时，手要有临机而动的语言，不仅如此，周身都要有临机而动的语言，有语言的手才是真正处于松的状态中的手，同理，有语言的身体才是松的身体，否则，要么是僵要么是懈。回到刚才的话题，贼手是不会僵也不会懈的，尤其是多年的老贼，而不偷东西的手则恰恰要么是僵要么是懈，故理解了老贼的贼手，也就理解了什么是基础的松，这么说并不是让大家去做贼，而是从反面希望大家理解什么是松。有一次在公交车上我就遇到了贼手，他与我并排站立，在拥挤的车上想要偷我前面女士包中的东西，他的手一下子就动起来了，是极微极微的动，我用身子挤着他的胳膊蹭着他的手，所以感受到了他手的语言，但是他很犹豫，想偷又不想偷的在那里一点一点地往女士的包中靠近，磨叽了很长的时间，我都到站了，他也没有找到合适的机会下手，没时间陪着他玩了，我就拍拍前面女士的包，让他注意车上有贼，结果这个贼的手一下子就消停了，什么语言也没有了，这也更坚定了我对他是贼的认定，下车后我就向110报了警，说怀疑车上有贼，希望他们出警或关注这辆车。

最高境界的手从松的状态来讲应该是空灵的，同理，最高境界的身体也应该是空灵的，大家可以看看祖师王芗斋先生站托抱桩的照片，祖师王芗斋先生就是空灵的。如果我们在试力、健舞等打拳运动时，也能像祖师王芗斋先生站桩一样的空灵，那我们所修的就是正道。故人们在打拳时，从粗迹到细节，从局部到整体，若能具有上述诸般状态的话，身体的力量也就不在单薄了。

4.意拳的脏腑训练与试声训练

意拳的站桩功，除了放松身体的筋骨皮肉与身外的空间，还须放松脏腑，即由"外"放松到"内"。脏腑松不下来，人们就会在运动中截气。

有的人一动起来，稍微地剧烈一点儿就呼哧带喘的上气不接下气，这是因为脏腑没松下来，致使脏腑与筋骨皮肉等肌体统一不起来。许多人在站桩时，一松到脏腑，会忽然觉得很累，原来能站很长时间的忽然站不下去了，甚至会觉得胸闷，胸闷的原因往往是因为横膈膜等脏腑部位又较劲儿了，这就需要通过加强外部的意念，来消减脏腑的执着，也可以通过微微的肢体运动来消减脏腑的执着，故对脏腑的放松，不是一下子就可以完成的，是需要反复很多次后，才能走入正轨。许多人皆须通过反复的意识注入，方能逐渐地使脏腑接受并顺从心意的指令，使脏腹逐渐地能够参与到周身的整体运动之中。

人们也可以通过肢体的松紧来慢慢地诱导脏腑的松紧与之同步，反过来也可以通过脏腑的松紧来调节肢体的松紧，但前提是这些训练皆不可执着，须是在似有似无的状态下为好，其后还须在无意之意的状态下来进行，否则就是执着与出尖儿。

对脏腑的执着比对肢体的执着还要有危险性，许多武林名家就是因执着于脏腑而把自己给练死了。故当脏腑有了参与的状态后，不要过于的助长它，这种"度"的把握极为重要，能不能掌握好这个"度"与个人的悟性有着直接的关系。

当人的脏腑知道松紧变化后，练拳时的气息就会变的通畅，周身就会得劲儿，练拳时练很长时间也不会觉得疲劳。

其实，这也不是什么神奇的事情，生活与学习中也会有许多事情与此相类似，如我们在初学骑自行车、开汽车及学习书法、绘画时，也会不自觉地周身发滞，这时的脏腑也是松不下来的，但是一段时间以后，人体由内到外就会开始适应，就会不再使用多余的力量，就会自然而然的放松下来，这实是长期干一种工作的必然结果，拳谱说的最朴实，即"拳打千遍身法自然"，人体的脏腑训练也是如此，人体的内部具有能动性，会自然而然地适应一种状态，只是因为普通人不练拳，不会去细想这其中的原因，只有练拳的人尤其是练内功拳的人，才会去研究身体各部位之间的因果关系，并从中找到规律性的东西。站桩训练就是如此，就是要研究这些规律性的东西，并将这些规律性的东西练成本能，以用于技击实战，另外，也还须通过技击实战反过来指导站桩，使站桩更具体，更真实，这是一种良性循环。

脏腑的训练有很多种，在前人传下来的功法中，自然的及仿生的训练法，是一种很重要的锻炼方法。意拳有一种训练是"试声"训练，"试声"训练主要针对脏腑，学习"试声"先要理解并体会大自然中真实的声音，如小河的涓涓流水之声，海浪的惊涛拍岸之声，远处微微传来的滚滚闷雷之声，发生在身边的霹雳炸雷之声，猿啼、鹤唳、鸟鸣之声，狮吼、虎啸之声等，都是意拳试声借鉴之良师。从养生健身的角度来看"试声"训练，会不同于技击的"试声"训练，养生健身的"试声"训练要柔和且悠扬，具体到练法，可以先从微微的"嗯"声练起（有一点儿像呻吟之声），再由单一的"嗯"声，逐渐地发展到连续不断的"嗯"声（如同极远处隐隐的滚滚雷声一般），其目的重在调动脏腑的参与性，这是一种专门针对脏腑的松紧训练法。另外，轻微而缓慢且悠长的"啊"声，也有助于脏腑的放松，还有"伊"声与"吆"声等。但这些发声训练，有悟性的人，训练一两次就能开窍，就可以在其后的训练中用无声之声来代替发声，因为，从祖师王芗斋先生的理论框架来谈，任何的发声也是一种执着，只有从有声训练到无声，由有意训练到无意之意，才真正是符合了祖师王芗斋先生的拳学要求。

5.意拳试力须注意的事项

一般人在试力时都会出现如下的一些问题：

（1）本来膝盖首先要有向前方及向四面八方撑顶的劲力，同时还要有下踩与上提的缩拔之力，但现在许多人的前膝盖都太松散，经常是来回的乱动。正确的练法，膝盖应该定住的，只有膝盖加强了向前的指向和向后的倚靠力量及横向力量和加强了脚的踩提劲儿，才能使下肢的力量饱满，从而为试力中的"形不破体，力不出尖儿"打基础，故试力时下肢不能仅起到支撑身体及向上传导劲力的作用；

（2）许多人的试力在精神激荡与细胞鼓舞等方面皆不留意，或者基本上就没有这方面的训练内容，经常是横膈膜之下的身体部分，于内于外皆缺少甚至是根本就没有牵扯之力，似乎并不知道身下也要牵扯。另外，自横膈膜以下，大部分人一点儿敌情也没有，就不知道下面也应像上面的手臂一样要有敌情。下腹和双腿随时都有被敌人攻击的风险，但还不自知；

（3）大多数人的胳膊都是线状运动，而不是点状运动，线状运动只是初级的水平，属于划道的阶段，是出尖儿的力，只有点状的运动才能迹过留痕，才能对身体进行深刻的体察；

（4）许多人缺少遇敌犹如火烧身的机灵劲儿，周身过于凝滞。这也与试力时的线状的运动形式所养成的错误的动力定型有直接的关系，即要想有灵动之能，必须是在点状运动的训练下才能养成；

（5）在做摇辘轳试力时（竖圆运动，有些像扶按试力），大多数人的劲力都是由阴面提上来的，而不是由阳面调动出来的，即后背的劲力没有被调动出来，阴面的劲力虽然灵动但却很单薄，尤其是与对方搭上劲儿时，由于传导的路径短，会被对方把劲力截住，而阳面来的劲儿，由于传导的路径远，会带有一定的杠杆效能，可以控制对方堵截来的劲力，即带有化劲儿的功效。所以，最好是阴面与阳面都要进行训练；

（6）许多人练拳时并不知道身体有阴面与阳面，还有些人即使知道身体有阴面与阳面，但身体中阴面与阳面的劲力也协调不好，不能做到整体意动。故我们在练拳时，不能只把打拳当成了一种运动，而应从悟道的角度去认知中国的传统武术文化，体察训练中的每一项内容，使其更具体，更真实，更有文化；

（7）大部分人腰上的和腹部内的也可以称之为丹田内的劲力不足，多是膀子上的力量。另外，几乎所有人在试力时，脖项和手臂的劲力合的都不是很好，脖项开发的不够，没有深刻理解什么是传统武术中所谈的"虎豹头"；

（8）几乎所有人的试力全都是主观的东西，想怎么着就怎么着，而不去考虑别人会不让你怎么着，即缺少被动的接敌意识，这等于是把拳给练跋扈了。跋扈是心魔，是最大的出尖儿；

（9）大部分人都没有关注祖师王芗斋先生所说的"六力"，尤其是缺少杠杆力，爆炸力的训练。另外，几乎所有的人于祖师王芗斋先生的"假宇宙之力波，有神助之勇"之功，根本就没练过，也不相信这是真的；

（10）大部分人练拳太勤奋了，不会偷懒儿，身上没有懒劲儿，不会"偷懒儿"就不可能理解祖师王芗斋先生所说的"惰性力量"，也不可能理解"形不破体，力不出尖儿"；

（11）许多人练拳不走心，要么是太拙了，要么是太轻浮了，周身的体察都太粗糙了，缺少"恭、慎、意、切、和"的语言，都没有把祖师王芗斋先生的这"五字秘诀"当成大事儿。总之，许多人皆是重形过于重意，这实是把意拳的"意"给练没了，练成了"形"拳。

现在的学拳者许多人会迷信一些功法绝技，其实许多具体的训练方法，虽然看起来不错，但一旦纳入整体力的框架中来研究的话，就会发现它们的局部性与执着性，这些出尖儿的东西与祖师王芗斋先生的学说完全是相悖的。

在传统功法中，心意拳、八极拳、形意拳都打人，但它们不是意拳，意拳的东西与它们永远也走不到一起。其实武术的各家门派都有秘练心法，但并不是把各家的心法合成了就可以是祖师王芗斋先生的拳，祖师王芗斋先生的拳在核心东西上与天下武功是完全不同的，是合成不来的，祖师王芗斋先生的拳最伟大的地方就是不出尖儿与不执着，但现在许多意拳人所练的东西也出尖儿了。

有的人在试力和打拳时手部或身体在不断地震颤，本人认为这即是执着的一种体现，这种震颤充其量是在吓唬一些胆小的人和没有技击经验的人，这是庸俗的在图解芗老的"一面抖，一面荡，周身无点不弹簧"的理论。这其实是一种非常不好的习气，遇到高手，这种习气会招致致命的打击。真正的震颤应该是在该颤的时候再颤，大家可以上网看看姚宗勋先生与霍震寰先生的说手视频，姚宗勋先生的震颤是对的，是具有实际意义的，姚师伯只是瞬间的一颤即止。再看看老虎和毒蛇相搏的视频，看看它们是怎样颤的，那都是真的。意拳的震颤应该只是适时的微微一颤，就把对方给发出去了，或只需微微一颤，我人就已到了对方的眼前才对，而不应只是拳头到了对方的眼前，而身子却没到对方的眼前，只是拳头到了对方的眼前是出尖儿的。实际上我们只需记住这一点儿就成，即大凡有象的东西，都是小道儿，都是执着。

再如，经常能够在网上看到有人在推手时挂不上对方，也就是脱点儿，脱点儿的原因一是出尖儿，二是没有矛盾力，三是没有精神力……总之，就是没有整体力。由此，可以看出来，许多人是不懂祖师王芗斋先生的矛盾力是什么东西，不懂芗老的浑圆力是什么东西，不知祖师王芗斋先生的拳要形不破体，力不出尖儿的。有的人天天的谈禅，却不懂力忌执着，关键是因为他们没有得到力不执着的练法，因为练法是保密的，所以，即使他们知道执着不对，但因为没有学到具体的不执着的功法，所以其结果只能是口是而身非。

许多人实是与真实的意拳没有什么缘分的。祖师王芗斋先生的矛盾力，从思维方式上一入手就是矛盾的，如举一个具体的训练细节为例，在站桩及试力时，在有牵挂的想法时，身体中出现了真挂的语言即是错误，不出现牵挂的语言亦是错误，因为一挂就单一与执着了，不挂又等于没有什么训练内容，等于没练，这时，具体的应该怎么牵挂，就非要老师手把手地教才成了，即怎么矛盾着挂，怎么浑圆着挂，怎么力不出尖儿的挂，它是有具体练法的。这只是一个小小的例子。其他的祖师王芗斋先生之武学更是复杂，绝不是什么一放松即可以的，更不是不放松就可以的。不是大筋挑起来就可以的，也不是大筋不挑起来就可以的，大筋不挑起来等于没有练到筋力，但把大筋挑起来练等于执着出尖儿，这就是矛盾。所以，直接的放松着来练及直接地把大筋挑起来来练等的直接练法，一般人是很容易理解的，也是很容易掌握的，这种直接练法，只要老师肯教，自己肯吃苦，就都会没有学习的障碍。但祖师王芗斋先生的拳在大多的情况下却不是这样直接的练的，这种练法不是祖师王芗斋先生的学问，这种练法是出尖儿的。祖师王芗斋先生的拳是矛盾的，练法也是矛盾的，离开了矛盾，就不再是祖师王芗斋先生的拳了。祖师王芗斋先生曾说自己的拳是："另成一处特殊拳学"，以此说明与天下武技的不同。

祖师王芗斋先生的拳，正确的练法，例如，对于初学意拳的人来讲，可以在站桩时先尽可能地使全身的精神放松，先调动起心意来假想美好的事物，且要让周身都要有这种状态，包括手上、脚上，周身都要有对美好事物的感受，然后体会身体的自然反应，在美好的意念下，有的人身体会有牵扯感，有的人身体会有沉重感，有的人身体会有轻浮感等，如果有了牵扯感，这时就可以在此基础上，稍微地加一些牵扯的内容，如身体牵丝或双手及周身拽上皮筋，但若没有牵扯感而硬去加上牵扯的意念，就是执着与出尖儿了，这也是"勿忘勿助长"的训练方法。意拳的训练，意念与身体的感受应该是同步的，否则，要么是出尖儿，要么是臆想。有些人在此处不留心，以为直接练法也没有什么太大的问题，但长此以往，就会练的不再是祖师王芗斋先生的拳了。

6.意拳站桩与试力的基本要求

意拳站桩与试力的训练形式虽然有异，但训练思路却是相同的。无论是站桩训练中的撑抱桩、扶按桩、钩挂桩等桩法还是试力训练中的分水试力、拨水试力、开合试力、揉球试力、钩锉试力、分挂试力等试力训练，其理相同。

本人认为，意拳的站桩与试力之功，既是健身之功也是技击之功，它们的区别，只是训练层次上的区别。就技击而言，意拳站桩与试力的所有训练，皆可以为将来技击时的一触即发的爆炸力打基础。

本人对站桩与试力的看法是，站桩与试力时，须先通过意念在身外建立情境，然后再用情境来配合及支配身体进行运动（用情境来配合身体所进行的运动为"主动"运动，用情境来支配身体所进行的运动为"被动"运动，由于"主动"运动容易出尖儿，故建议须以多训练"被动"运动为好），继而要体察身体在情境状态下运动时的诸般状态，用祖师王芗斋先生的话说，即："假借意念真实否"。在层次上，初习时须"有的放矢"，再练则"非全体无的放矢而不可"。祖师王芗斋先生有言："顺应意的支配，形成运动，如达到无感觉授意运动，是有意无意间之运动，再达本能运动，是自动运动的境界过程，所以方能获得神、意、气、力，入于化境"。"自动运动"即是"非全体无的放矢而不可"的状态。

具体从训练的基础功法来讲，须周身放松，且要与外界建立联系，如同在大气中静立，或在大气中游泳，周身有阻力，处处有逆力，处处有争力，亦处处有应力，周身无处不矛盾，亦无处不协调均整，劲力通透，间架圆满，神形意气力内外圆融统一，无凹陷处，亦无凸起处，点点留意，迹过留痕，无过亦无不及，动微触牵，一动无有不动，一静无有不静，动中孕育着静，静中孕育着动，且动中有静，静中有动，更要动静一体，即

"动即是静，静即是动"……种种的这般状态，既是对站桩的要求更是对试力的要求，站桩看似静实是动，试力看似动实是静，故可以认为站桩是无动程的试力，试力是有动程的站桩，

其实，无论是有动程还是无动程，其本质都是在于"动"，祖师王芗斋先生也有解释，"动乎不得不止，止乎不得不动，其意在动静之间，有静方有动，有动方有静"。

天下武功，不只是意拳一家有站桩功法，少林拳、形意拳、太极拳等拳种也都有站桩功，但意拳的站桩功与他们的理念与练法皆不相同，意拳在少林拳的"立禅功"、形意拳的"三体式"桩功、太极拳的"无极势"等基础之上，更强调通达而圆融，浑圆与均整，"更含精神之假借、意念之诱导、呼吸之匀静、气势之豪雄、形力之适法等要素，故无偏差而有增益也。人人习之均能得获，是实验加经验和效验的总和"（祖师王芗斋语录）。

7.意拳摇辘轳试力

我们在做摇辘轳试力时（两臂在身前纵向划圆），大家宜在细节方面多加体认，从身体的下部来说，首先要注意一下我们的前膝盖，看看有没有定住，有没有指力。再要看看我们的后脚与前脚的脚趾在干什么，看看有没有抓地之力。另外，再看看我们的脚踝有没有松紧，有没有向上传递能量的能力。再往上还要看看我们的前后胯（在丁八步间架时）有没有开合，前膝与后胯有没有牵挂与相争之力。再往上来说，要看看我们的胸腹有没有抱球的抱力，有没有从胸腹的紧松中向手臂进行能量的传送，即要把胸腹的劲力传递到手臂，否则，胳膊的劲力就会单薄，另外要体察我们的手臂与脚与膝与腰胯与周身有没有牵挂与争力，与身外有没有阻力。这些内容，实是源于站桩的训练结果，尤其是源于抱球与抱树桩的训练结

果。首先要在站桩中建立起抱球与抱树的抱力，这种抱力不是单向的，而是六面浑圆的，然后在试力时是将这种在站桩时所得到的劲力应用于动态的试力中。再有，身体阳面的脊椎之力，整个的后背之力及头项之力也要调动出来，人体的阴面与阳面要进行争力的松紧变化训练。具体到手腕要有伸拔与横争及撑提舔挂之力，掌心有吸力，掌背有吐力，指端有透电之力，即意念要破指而出。另外，双手的指向要统一，可以意念指向一个遥远的目标，意念要放长，但动程要缩短，要做点状运动而不要做线状运动，动程过大就会劲力出尖儿。周身之外的阻力要加强，要有驾驭身外松紧力波的能力。在试力时也可以顺势偶尔做一下发力，意拳的发力（定式发力），并不复杂，手臂及周身是不能有方向的，只需实现站桩时的一抱之功即可，也可谓是一缩即可。在一缩之前，先要用意念调动身外的松紧力波，往打击的方向有一个涌动的状态（或前、或后、或左、或右、或上、或下），周身随之一缩，也叫一颤即可。我们发力的水平，完全取决于试力和站桩的水平，即有什么水平的站桩与试力，就会有什么质量的发力，我们最好不要练像现在外面人所练的那种劲力出尖儿的发力，那种发力打普通人可以，但遇到真行家，那种出尖儿的发力实是在往别人的手里送劲儿，是在帮着别人来打自己。现在外面练的那种的发力，是违背祖师王芗斋先生"形不破体，力不出尖儿"本旨的。意拳的发力，可分为定式（定点）发力与自然力的发力两大类，自然力比定式发力更看基本功，自然力的发力什么都不要想，在曾经的论述中，我已谈到过这一问题，即发力只需一精神即可，但前提是，自身的间架角度与骨骼支撑，及细胞之遒放和身外力波之借力，须已经本能的完全具备方可实现真实的自然力发力，这种状态非经过千锤百炼的基础训练是不能够上身的。

总之，在做意拳的摇辘轳劲力训练时，缓慢的试力之动，加快了的试力之动，骤然的发力之动，都是可以的，我们可以通过这些不同内容的综合训练，在不失体察的前提下，在不断剔除我们自身问题的同时，提高我们拳术的认识水平。

在做摇辘轳试力（类似扶按试力）时，意念可为摇辘轳，也可以按浮球，也可以按弹簧，也可以拽皮筋，也可以涌海浪，还可以扯天幕，但一切的意念，皆以能够切实的开发与调动身体的各部参与为本，否则就不是意念，而是臆想，祖师王芗斋先生原话"假借意念真实否"，故不真实的意念不是意念，不在身上发生作用的意念不是意念，脱离了实际训练阶段的意念也不是意念。除了上述的意念，我们自己也还可以给自己创立自己的身体更能够接受的意念，让意念切实有效的为自己的实际状态而服务。

8.意拳开合试力

意拳祖师王芗斋先生在《拳道中枢》及其他著述中曾多次提到开合力，开合力是意拳的基本劲力，开合力分间架的开合力、筋骨的开合力、气血的开合力、细胞的开合力、宇宙力波劲力的开合力等多种开合劲力。

意拳的开合力，首以间架的开合力为基础，间架的开合力主要可通过站桩和试力来求得。意拳的站桩和试力，在摸劲阶段其意基本相同，即站桩为无形的试力、试力为有形的站桩，故也可将摸劲阶段站桩统称为试力。通过试力来求得开合力主要有左右开合试力、上下开合试力、前后开合试力、综合开合试力等几种形式。到了训练的高级阶段，则要将这些左右、上下、前后开合试力合为"一"，形成不分左右、上下、前后的浑圆整体的开合试力。当然这是后话，下面只谈基础的开合试力：

（1）左右开合试力：主要以丁八步的技击桩间架为主，两手相对，或呈相对的掌形或双手握拳（虚握拳），双手间架高不过眉低不过脐，臂半圆，腋半虚，以肘带手向外分争，然而却似拉而拉不开，然后再以手带肘向里合，然而却似合而合不上，如此轮流转换，并通过手和肘的理解，灌注周身，体会周身的牵扯与阻力；

（2）上下开合试力：主要以丁八步的技击桩间架为主，两手一上一下，或呈掌形或双手握拳（虚握拳），双手间架高不过眉低不过脐，臂半圆，腋半虚，前手为上，后手为下，前手以手带肘向上分争，后手以肘带手向下分争，然而却似拉而拉不开；然后再前手以肘带手向下合，后手以手带肘向上合，然而却似合而合不上，如此轮流转换，并通过手和肘的理解，灌注周身，体会周身的牵扯与阻力；

（3）前后开合试力：主要以丁八步的技击桩间架为主，两手位于胸前，或呈掌形（掌心向内双手呈抱球状；或掌心向外双手呈反抱球状）或双手握拳（虚握拳），双手间架远不过尺不过贴身，臂半圆，腋半虚，双手以手带肘向前分争，躯干以大椎带胸腹向后分争，然而却似拉而拉不开；然后再双手以肘带手向里合，躯干以胸腹带大椎向里合，然而却似合而合不上，如此轮流转换，并通过手、肘和胸腹、大椎的理解，灌注周身，体会周身的牵扯与阻力；

（4）综合开合试力：主要以平行步的浑圆桩间架为主，两手位于胸前，以掌形为主（双手呈抱球状掌心向内或掌心向外呈双手反抱球状），双手间架远不过尺不过贴身，臂半圆，腋半虚，周身意如抱一凌云宝树，或抱一大球，双手以手带肘向怀中拢抱，周身随之应和，然而却似合而合不上；然后再双手以肘带手向外分拔，周身随之向外倚靠，然而却似拔而拔不开，如此轮流转换，体会周身的牵扯与阻力。

此开合力的训练，可使身体的间架产生弹性力量，为最终的"周身无点不弹簧"打基础。筋骨的开合力以"筋伸骨缩"为主，即在以丁八步的技击桩间架和平行步的浑圆桩间架下，通过意念的"筋伸骨缩"，使周身产生松紧的开合争力，其"筋伸骨缩"之力的训练法，在开合力的训练体系里，应以"缩寸伸尺"为主，即在意念上"骨缩"一寸当"筋伸"一尺。这样，通过"筋"意的意念放长，精神放大，可使"骨缩"不至于僵滞，"筋伸"的劲力灵动而不至于轻浮，产生筋骨的弛张争力；反之，若"筋伸"一寸"骨缩"一寸，或"筋伸"一尺"骨缩"一尺，则会产生"双重"之病。

其他的开合力训练，如气血的开合力、细胞的开合力、宇宙力波劲力的开合力等劲力训练，随内容不同但其理相同，可以此类推，但在这里要说明的是，宇宙力波劲力的开合力是人与外界或叫人与自然，也可称之为体内争力与体外争力的开合训练，此训练与前几种训练略有不同。

意拳的开合争力，在训练体系上大体可分为五种层次：

（1）开即是开、合即是合。这是一种单一的训练模式，此方法适于初学者，优点是容易理解、易于上手，缺点是劲力出尖。拳击及外功拳法的发力形式，多为此等"开即是开、合即是合"的发力形式，此等发力虽力猛但执着，技击时易被高手"借力打力"，属于低级层次，不宜长久追求；

（2）开中孕育着合、合中孕育着开。这是较上一种训练模式而言意念更为丰富的训练法，也是一种过渡训练法，此方法出现了劲力的意念转换，由单一意念变成了矛盾意念，具有了"顺力逆行"的劲力准备；

（3）开中有合、合中有开。这是一种综合训练法，此方法已达到祖师王芗斋先生所说的"顺力逆行"的要求。在"开中有合、合中有开"中，要注意劲力的分配，即"开三合七"和"合三开七"或"开四合六"和"合四开六"，也可谓"开寸合尺"和"合寸开尺"，总之劲力不宜相等，否则易成死力；

（4）开之非开、合之非合。这是一种模糊状态，此层次已进入到潜意识状态，接近无意之意，意拳的训练法可分为人找功夫的"有意"训练法和功夫找人的"无意"训练法。本人曾在"论意拳的调整观"（《武魂》2008第1期）中说明"人找功夫"和"功夫找人"为"武火"与"文火"

两种训练体系。总之，在训练体系上"开之非开、合之非合"可谓"功夫找人"的"文火"训练法，此层次从某种角度上讲，高于"开中有合、合中有开"的层次；

（5）开即是合、合即是开。这是意拳独有的境界，套用王玉芳大师的话说，此境界如同是"松即是紧、紧即是松"，此层次为意拳的最高层次，达到这一层次，则可如祖师王芗斋先生所说的具有了"周身无点不弹簧"的无意之意的自然本能之力。

总之，意拳的开合力虽然只是一种劲力形式，但通过研究它既可以使我们了解祖师王芗斋先生的拳学框架和理论脉络，同时，又可以通过开合力的训练，使我们增强意拳的发力内涵，增加技击时的打击力度，使意拳具有更强大的威力。

9.意拳钩锉试力

意拳的钩锉试力，是意拳非常重要的一项试力内容，它既是推手的基础，也是断手的基础。

钩锉试力包含了好几个桩功中的劲力内容，如有撑抱桩的劲力、平抱桩的劲力、推抱桩的劲力、钩挂桩的劲力、扶按桩的劲力、大天星桩的劲力、小天星桩的劲力等。这么多的桩功劲力都要在一个钩锉试力中展现，足见钩锉试力的重要与内容的复杂。

钩锉试力可以细分为"渐悟"思路的训练法与"顿悟"思路的训练法。现在外面所能见到的训练法皆是"渐悟"之法。

现在有许多人在做钩锉试力时，常把具有丰富内容的钩锉试力给庸俗化了。具体如许多人不是从矛盾的角度来理解钩锉试力，而是把它变成了单一方向的钩挂，甚至是出尖儿劲力的钩挂。这些人的劲力往回钩挂时仅仅只是往回钩挂，往前推送时，也仅仅只是劲力在向前推送，而不是使用矛盾的劲力。这种单向力实是一种出尖与执着的劲力，是违背祖师王芗斋先生拳术宗旨的。若长期的训练养成了单向用力的错误习惯，将来改都不好改。将来推手与技击时，也只能是一些撕拉硬拽与"砍砖头"的东西。另外，这种出尖儿的单向力，也只能是使用自己的劲力来打人，而借不上对方的力，这种硬打硬要的东西，实是一种外功拳。另外，这种劲力，遇到力量小的人尚有优势，但若遇到了比拳王泰森和拳王阿里还要重的大块头，则就很难有所作为了，这就是单向用力的局限性。

其实钩锉试力是一种巧劲儿训练，其巧劲儿的地方就在于它劲力的矛盾性。所谓矛盾，是指力量的方向与运动的意识是矛盾的。具体如力量在往回钩挂的时候，也须同时孕育着往前的劲力及往左右与上下的劲力。在劲力往前使用时，同样须孕育着往回及往左右与往上下的劲力，这是一种最基础的矛盾力。再高一级别的矛盾力，则不只是孕育着反向的劲力，而应是同时具有反向的劲力。同时具有才是真正的矛盾，即向前时有向后与向左右与上下的力，向后时也是同时具有向前与向左右与上下的力，它们既是方向上的矛盾，也是筋骨与劲力方面的矛盾，更是神意上的矛盾。另外，在劲力的使用上，也还含有钻拧兜卷与翻裹的劲力，简单地讲就是矛盾的争拧力或矛盾的争裹力。

具体到手臂的细节，劲力回挂的时候，其肘部在往后及往两边舒展的同时，手腕子的外腕往外挂但内腕却须往里合，同时手往前指，身子也要往前迎（手臂还须有翻裹螺旋等变化，但表述起来太复杂，暂且不谈），但这只是最基础的规定动作，而神意则须随时假想着对方的反应，对方一往回争抢，我们马上就要把这个回向的力还给对方。其实我们等的就是对方的回抢之力，对方一回抢，我们的目的就达到了，我们就无缝链接地把这个力还给他。这是在用对方的劲儿来打对方，这是一种中国智慧。

除了前面谈到的手臂上的意念活动与劲力使用外，即除了手臂的矛盾力，身上的矛盾力更需要具有也更复杂，但道理皆相同。

具体到与对方搭上手后，当我们回挂对方的时候，应不使对方感觉到我们有多大的力量，我们只需轻轻地一挂，甚至只须给对方一个精神上的暗示，诱使对方暴露出反抗的意识即可，只要对方有了反抗的意识，哪怕只是有了一丁点的反抗意识，我们就可以借力打力了，就可以把我们的劲力施加在对方的身上，但如果我们身上的劲力若不是矛盾力，我们就会失去转瞬即逝的机会，就会与对方的劲力相碰撞，就会形成顶牛较劲的结果。

自己在训练时，也可以想象双手持着一个大球，对方不抢时，这球就是我们自己的，对方一抢，我们就还给他，切不可当守财奴，抱着球不撒手。这种劲力，是不怕对方有力量的，对方有多大的力量也没有用，有多大的力量也与我没关系，我们做的都是落井下石的活儿。

所以，在进行钩锉试力时，绝不能把力量做成单向的，而应该是矛盾的。这是一种"坏"劲儿训练，武术练的都是"坏"劲儿，劲儿越"奸"越"坏"越能巧妙而又有效地打击敌人。

另外，钩锉试力身外的意念更加重要，我们既可以想象置身于水中，动静之间，水就要起波浪。还要想象双手与远处的大树相牵挂，也可以想象与远处的白云相牵挂，还可以用放风筝的意念来训练身体的松紧争力，更需要用空间来塑形，是空间的松紧而使自己的身体有了动静、松紧、虚实、刚柔、遒放与悠扬。

说得这么热闹，但上述的这些身内身外的训练，也只是拳术的基础功夫，另外，它也只是"渐悟"之训练法。说其基础，是指这种训练，都只是人为的，人为的东西总是去不掉做作的痕迹，但是若不这么训练，又很难确立基本的矛盾内容。

祖师王芗斋先生的要求比这个高，祖师王芗斋先生是"顿悟"训练法，祖师王芗斋先生训练的是自然力，非人为做作之力，祖师王芗斋先生有一句话说得很高妙："非全体无的放矢而不可"。上述的这些"渐悟"训练法的东西，都是"有的放矢"的东西，这种"有的放矢"的东西，不仅是小道，与祖师王芗斋先生的"顿悟"之道相比，甚至是一种错误。

我们常会以为自己会了多少多少的意念，有了多少多少的意感，建立起来了多少多少的劲力，就是正确的，这些东西由于建立起来时就是人为的，就如同"原罪"一样，建立在错误基础上的正确，怎么正确也是错误。

祖师王芗斋先生有一句话应该成为我们的座右铭："有形有质都是幻，技到无心始见奇"。祖师王芗斋先生的话立在这里，真是让我们高不可攀，甚至是攀无可攀，连攀登的梯子都找不到。

若要破解祖师王芗斋先生的"顿悟"之训练法，本人认为，首先拳不应该是练出来的，而应该是养出来的。由于我们行的都是"渐悟"之道，故我们总寄希望于通过刻苦的训练来掌握拳术的技术，这种念想其实就是一种执着，故我们所练及所思所想与芗老完全不是一回事儿，这也是为什么自祖师王芗斋先生之后，再也没有人能再现祖师王芗斋先生神技的原因。

但是"渐悟"之道，大家都理解的了，也都能练的了，就像是我上面所谈到的那些内容，是可以操作的，但若讲"顿悟"之道，则会坠入五里雾中，甚至会被理解为是玄学。

由于"顿悟"之道与"渐悟"之道完全不是一个体系，放在一块儿谈会引起思维混乱，故"顿悟"之道暂不在此表述。

10.意拳试力中的"逆力"

试力中的"逆力"问题，须是每个意拳人皆应注意的问题，"逆力"

是"矛盾力"的一种表现形式，以"摇辘轳"（两臂在身前纵向划圆）试力为例，在做"摇辘轳"试力时，手臂要有逆力，而且这种"逆力"一刻都不能丢，有了"逆力"以后，就可以随时做反向的发力，如当我们从上往下挂对方的间架时，若对方有反抗，这时我们的"逆力"就起作用了，我们可以用我们一直都存在的"逆力"之力，借着对方的反抗之力，直接把对方给打起来，这时我们与对方的反抗之力是无缝衔接。但若没有"逆力"，我们就得，要么是与对方比谁的力量大，生把对方给拉过来，要么就是比谁的速度快，靠劲力的突然性生把对方给拽过来，要么就是由开始时的劈挂之力，忙不得的转为前发之力，但我们由回挂改为前发，就不是一个劲儿了，起码也是二个劲儿了，但是，我们变劲儿了，对方也会变劲，这样双方就依旧还会是顶牛，这是"二"而不是"一"的学问，只要是"二"，对方的力就会顶牛。这就是没有"逆力"所带来的问题。

所以，做"摇辘轳"试力时，一刻都不能丢了"逆力"，有"逆力"，也就等于是有了敌情，有了反发敌人的状态，"逆力"也是一种"矛盾力"或叫一种"矛盾意"，也可以认为是一种"二争力"。当然，从更高的水平来要求的话，"逆力"就不仅仅只是"二争力"了，而应该是"六面力"或叫"八方力"。即手臂在向下做"摇辘轳"的劈挂之力时，除了要有与之反向的"逆力"外，还要有向前、向后、向左、向右的多向的"逆力"，用空间来说，就是东、西、南、北、中及东南、东北、西南、西北等方位，都要有"逆力"。由此，试力想做的速度快一点儿都不可能了，尤其是初学试力的人，更是"慢优于快，缓胜于急"，因为运动的速度一快，就会在"逆力"方面丢东落西。

当我们在试力时有了东南西北的"逆力"后，力量就不再单薄了，对方从任何一个地方来攻击我们时，虽然我们在做着"摇辘轳"试力，虽然"摇辘轳"试力看上去只是一个纵向的圆弧线，但是对方无论是从南边来的力，还是从西边来的力，只要是碰到了我们的间架，我们都会无缝衔接的还击他，这就是"逆力"的基本功效。

总之，当试力有了"逆力"后，即是"一"不是"二"了，否则，无论运动的快与慢，无论劲力的大与小，就都会是"二"而不是"一"，祖师王芗斋先生的主张是，意拳是"一"不是"二"，"二"是人为的、后天的、做作的、执着的、出尖儿的、力量有方向的，是祖师王芗斋先生所坚决反对的。"摇辘轳"试力如此，其他的试力也应是如此，即应是"一"而不应是"二"，也就是要有拳术"逆力"。

11.意拳试力的细节要求

意拳的试力训练极为重要，祖师王芗斋先生在《拳道中枢》中曾指出："此项练习，为拳中之最重要，最困难之一部分工作。盖试力为得力之由，力由试而得知，更由知始能得其所以用"。

意拳的试力，在训练的过程中可以从点、线、面的角度进行思考。由于试力是站桩在空间中劲力和间架及意念等诸多因素的延续，故首先这种延续应是点状的，即每一个移动的点都有它的运动内容，每一点都是浑圆的。在每一个点的完整浑圆的基础上，将每一个点衔接起来，就形成了线的移动，即人体位移的线是由点来组成的，换句话说，无数个桩的组合就形成了试力，而每一个试力的停顿都是一个桩。另外，人在试力的过程中，浑身上下有无数个点，每一个点皆要各在其位且又完整合一的一动无有不动，本人的授业恩师王玉芳大师提出要"车动铃铛响、动微而处牵"。这些点的移动轨迹就是线，再将这些线的移动连成片，均合为一，即形成了面。由此可以将此试力分为三种内容，第一种内容为点试力，第二种内容为线试力，第三种内容为面试力，面试力所求得的是周身参与的整体力。另外，王玉芳大师曾指出，人体可分为"三段九节"，即上肢为一段，下肢为一段，躯干为一段，合为三段；上肢又可分为梢节（手）、中节（前臂）和根节（大臂），也可另分为手为梢节、臂为中节、肩为根节；下肢也可分为梢节（脚）、中节（前腿）和根节（大腿），也可另分为脚为梢节、腿为中节、胯为根节；躯干也有梢节、中节和根节之分，即头为梢节、胸为中节、腹为根节。合为九节。当然"三段九节"仅是概括之说，其实人体的每一个骨节点都是节，每一个骨节也都是段。在试力时，人体的"三段九节"皆要松、和、均，而且要松紧调配，争合互为。用祖师王芗斋先生的话说："浑身之节、点、面、线，一切法则，无微不有先后、轻重、松紧之别"。故"节、点、线、面"的训练，是意拳试力训练的一大具体内容。

意拳试力，又可细分为身内争力训练与身外争力训练两方面的内容。祖师王芗斋先生在《拳道中枢》中指出："习时须使全身均整，筋肉空灵，思念全身毛孔，无一不有穿堂风往返鼓荡之感。骨骼毛发都要支撑遒放，争敛互为"。此段文字所谈的主要即是身内争力训练的内容。祖师王芗斋先生在《拳道中枢》中又指出的："全身能与宇宙之力，起感应合否。假借之力，果能成为事实否。欲与宇宙力有应合，须先与大气发生感觉。感觉之后，渐渐呼应，再试气波之松紧，与地心争力作用。习时须体会空气阻力何似，我即用与阻力相等之量，与之应合，于是所用之力，自然无过，亦无不及"。该文字所谈的则主要是身外争力训练的内容。身内争力训练与身外争力训练是两个层面的内容，初学时可以分而习之，一旦掌握了要领，就要整体的进行训练，否则，得到的只会是局部力，因为，意拳试力，只有将身内与身外合一了，才是完整的试力。

在训练方式上，意拳又可分为主动试力与被动试力。主动试力是指在试力时，主动的运用意识驱动身体进行运动。被动试力则是指先将意念建立在身外，然后再通过身外的意念来驱动身体进行运动的一种试力形式。

如引用祖师王芗斋先生在《拳道中枢》中的话说："动愈微而神愈全，慢优于快，缓胜于急，欲行而又止，欲止而又行，更有行乎不得不止，止乎不得不行之意"。在这里"动"即具有下述的两种形式：

（1）主动的动。即用意识驱动身体，缓慢的运动，在动中体察身体中的各种情境，如阻力感、牵扯感、参与程度、传导路径及松、空、通、透与灵动，身体的浑圆一体、动静互为等褚般情境。

（2）被动的动。欲要被动的动，则首先须将意念设置在身外，如举最简单的意念为例：设想身外被水或云雾所弥漫包裹，而风则徐徐吹来，令水或云雾为之而动。在这里，因水或云雾因风而动，从而牵动身处在水或云雾中的自身也不得不为之而动。此时的身体之动是被动的，自身应在不得已而动之中悉心体察自身的变化，调整及调配自身的训练内容，如外界与身体是否真实的相应和，宇宙之力是否能作用到自身，自身的精神意感是否合于宇宙之神韵。祖师王芗斋先生所说的"假宇宙之力波，有神助之勇"，不经此被动阶段的训练，难以成为真实的内容，这也是祖师王芗斋先生所说的"离开己身无物可求，执着己身永无是处"的独一无二的训练法。

除此之外，意拳又可分为养生试力与技击试力。用祖师王芗斋先生在《试力歌》中的话说："无形如天地，充实如太仓，悠悠扬扬舒且畅，一经触觉立时即紧张，如同火药爆发状，炸力发出意不亡"。用于养生要以"无形如天地，充实如太仓，悠悠扬扬舒且畅"为主；用于技击，则要"一经触觉立时即紧张，如同火药爆发状，炸力发出意不亡"。同时，还要向祖师王芗斋先生在《拳道中枢》中所说的那样："不论试力和发力，皆要保持松和自如，发力含蓄，而有听力，以待其发。神宜内敛，骨宜藏棱，要设想身外三尺以内，似有一张罗网包护之感。而包罗之内，尽为刀叉勾锉，并蓄有万弩待发之势，毛发筋肉，伸缩拨转，全身内外，无微不有滚珠起棱之感"。只有这样，试力才能具有真实的意义。在技击试力里，又可细分为掌法试力、拳法试力、腿法试力、步法试力及身法试力；从形式上又可分为单人试力和双人试力（双人推手摸劲试力）。

在劲力方面，试力又可细分为多种劲力的摸劲训练。祖师王芗斋先生在《拳道中枢》中指出："所试各力之名称甚繁，如蓄力、弹力、惊力、争力、开合力、缠绵力、撑抱力、惰性力、挺拔力、三角力、螺旋力、杠杆力、轮轴力、滑车力、斜面力等等，自然由试而得"。

意拳的试力训练法，如前文所述，可分为五种层次，第一层次：动即是动、静即是静；第二层次：动中孕育着静、静中孕育着动；第三层次：静中有动、动中有静；第四层次：动之非动、静之非静；第五层次：动即是静、静即是动。对应动静这五种层次，意拳的其他各种试力形式也是如此，如在基础试力中以训练上下力为主的提按试力、以训练前后力为主的推拉试力、以训练左右力为主的挥浪试力等试力形式，也可按此五种层次来划分，如第一种层次：提即是提、按即是按；推即是推、拉即是拉；左挥即是左挥、右挥即是右挥。第二种层次：提中孕育着按、按中孕育着提；推中孕育着拉、拉中孕育着推；左挥中孕育着右挥、右挥中孕育着左挥。第三种层次：提中有按、按中有提；推中有拉、拉中有推；左挥中有右挥、右挥中有左挥。第四种层次：提之非提、按之非按；推之非推、拉之非拉；左挥之非左挥、右挥之非右挥。第五种层次：提即是按、按即是提；推即是拉、拉即是推；左挥即是右挥、右挥即是左挥。

具体而论，第一种层次：

（1）提即是提、按即是按。具体方法是，双脚平行步站立，也可丁八步站立，两手平置于胸腹之间，掌心向下，手指指向前方，双手徐徐向上抬起，双脚同时要有徐徐的下踩之意，与上抬的双手产生争力。双手向上提起之前，全身先静下来，然后再向上提，要有全身一动无有不动之感，抬到适当高度停下来时（向上高不过眉，向下低不过脐），全身要有一静无有不静之感，然后双手再徐徐向下按下，下按时全身同样也要有一动无有不动之感，如此循环往复，在这里，提就是提、按就是按，全身步调一致，不要有任何杂质，此方法主要训练的是意拳中最基础的上下力；

（2）推即是推、拉即是拉。具体方法是，双脚平行步站立，也可丁八步站立，两手平置于胸腹之间，掌心向下，手指指向前方，双手徐徐向前推动，双脚同时要有徐徐的下踩之意，与前推的双手产生争力。双手向前推之前，全身先静下来，然后再向前推，同提按法一样，全身要有一动无有不动之感，推到适当处后停下来时（远不过尺，进不贴身），全身要有一静无有不静之感，然后双手再徐徐向回拉，回拉时全身同样也要有一动无有不动之感，如此循环往复，在这里，推就是推、拉就是拉，此方法主要训练的是意拳中最基础的前后力；

（3）左挥即是左挥、右挥即是右挥。具体方法是，双脚平行步站立，也可丁八步站立，两手平置于胸腹之间，掌心向下，手指指向前方，双手掌心徐徐向左转动（左手拇指朝下，右手拇指朝上），然后双手徐徐向左挥动，腰部随之旋动，双脚同时要有徐徐的下踩之意，与左挥的双手产生争力。双手向左挥动之前，全身先静下来，然后再向左挥，同提按、推拉法一样，全身要有一动无有不动之感，左挥到适当处后停下来时（左手不过尾闾，右手不过左脚），全身要有一静无有不静之感，然后双手掌心再徐徐向右翻转（左手拇指朝上，右手拇指朝下），同时双手徐徐向右挥动，腰部随之旋动，右挥时全身同样也要有一动无有不动之感，如此循环往复，在这里，左挥就是左挥、右挥就是右挥，此方法主要训练的是意拳中最基础的左右及横向力量。

此第一层次的试力为最基础的试力形式，只适用于意拳初学者，此种训练法的优点是，简单易学，通俗易懂，既实用又易出效果。缺点是容易留下思维单调、意识执着、身形破体、劲力出尖的后遗症。此种形式只适合于普通及入门前的基础教育。

第二种层次：

（1）提中孕育着按、按中孕育着提。具体方法是，双脚平行步站立，也可丁八步站立，两手平置于胸腹之间，掌心向下，手指指向前方，双手徐徐向上提起，在上提的同时双手随时要有向下按的准备，并且也要有向前推和向后拉及向左挥和向右挥的准备。全身在动中要有静的想法，抬到适当高度停下来时，全身在静中要有动的想法，然后双手再徐徐向下按下，下按的同时双手随时要有向上提的准备，并且也要有向前推和向后拉及向左挥和向右挥的准备，如此循环往复；

（2）推中孕育着拉、拉中孕育着推。具体方法是，双脚平行步站立，也可丁八步站立，两手平置于胸腹之间，掌心向下，手指指向前方，双手徐徐向前推动，在前推的同时双手随时要有向回拉的准备，并且也要有向上提和向下按及向左挥和向右挥的准备。然后双手再徐徐向回拉，回拉时双手同样也要有向前推的准备，并且也要有向上提和向下按及向左挥和向右挥的准备，如此循环往复；

（3）左挥中孕育着右挥、右挥中孕育着左挥。具体方法是，双脚平行步站立，也可丁八步站立，两手平置于胸腹之间，掌心向下，手指指向前方，双手掌心徐徐向左转动（左手拇指朝下，右手拇指朝上），然后双手徐徐向左挥动，腰部随之旋动，双手向左挥动的同时要有向右挥的准备，并且也要有向上提和向下按及向前推和向后拉的准备。左挥到适当处后停下来后双手再徐徐向右挥动，向右挥时双手同样也要有向左挥的准备，并且也要有向上提和向下按及向前推和向后拉的准备，如此循环往复。

在这里，只有做到了提中孕育着按、按中孕育着提；推中孕育着拉、拉中孕育着推；左挥中孕育着右挥、右挥中孕育着左挥，才能使全身具备初步的矛盾争意。此方法因比第一层次的训练，从劲力出尖的角度讲收敛了许多，在意识内容上也比第一层次的训练复杂了许多，为此，此等力量在实用中，速度及力量转换明显优于第一层次的训练内容。意拳试力只有进入到这个层次才初部具备了意拳训练的基本内容。

第三种层次：

（1）提中有按、按中有提。具体方法是，双脚平行步站立，也可丁八步站立，两手平置于胸腹之间，掌心向下，手指指向前方，双手徐徐向上提起，在第一阶段，在上提的同时双手要留出三分向下按的意念，即提七按三或是提六按四，在第二阶段，双手的劲力在上提，但意念却在下按，即"形上而意下"，并且也要有向前推和向后拉及向左挥和向右挥的意念。这可以解释为初步的"顺力逆行"训练，此种训练法可使身体具备初步的矛盾争力。当双手提到适当高度停下来后，全身要静中有动，然后双手再徐徐向下按下，全身要动中有静，下按的同时双手要有向上提的意念，以及同时有向前推和向后拉及向左挥和向右挥的意念，"顺力逆行"，如此循环往复；

（2）推中有拉、拉中有推。具体方法是，双脚平行步站立，也可丁八步站立，两手平置于胸腹之间，掌心向下，手指指向前方，双手徐徐向前推动，在前推的同时双手要有向回拉的意念，以及同时有向上提和向下按及向左挥和向右挥的意念。同提按试力一样，可以先"推七拉三"，然后再进行"顺力逆行"的训练，也可直接进行"顺力逆行"的训练，当双手推到适当距离停下来后，全身要静中有动，然后双手再徐徐向回拉，全身要动中有静，回拉的同时双手要有向前推的意念，以及同时有向上提和向下按及向左挥和向右挥的意念，"顺力逆行"，如此循环往复。

（3）左挥中有右挥、右挥中有左挥。具体方法是，双脚平行步站立，也可丁八步站立，两手平置于胸腹之间，掌心向下，手指指向前方，双手掌心徐徐向左转动（左手拇指朝下，右手拇指朝上），转动的同时双手徐徐向左挥动，腰部随之旋动，双手向左挥动的同时浑身的意念要向右挥，并且也要有向上提和向下按及向前推和向后拉的意念。左挥到适当处停下来后双手再徐徐向右挥动，向右挥时意念要向左挥，同时也要有向上提和向下按及向前推和向后拉的意念，如此循环往复。

在这里，只有做到了提中有按、按中有提；推中有拉、拉中有推；左挥中有右挥、右挥中有左挥，才能使全身具备初步的矛盾争力。意拳试力只有进入到这个层次才符合了意拳训练的基本要求。

第四种层次：

（1）提之非提、按之非按。具体方法是，双脚平行步站立，也可丁八步站立，两手平置于胸腹之间，掌心向下，手指指向前方，双手徐徐向上向下做提按，同时前后、左右也均有浑圆开合的意念，此时的状态是提之不得不按，按之不得不提，且无意之意。此种训练法可使身体具备复杂的矛盾争力，如此循环往复；

（2）推之非推、拉之非拉。具体方法是，双脚平行步站立，也可丁八步站立，两手平置于胸腹之间，掌心向下，手指指向前方，双手徐徐向前向后做推拉，同时上下、左右也均有浑圆开合的意念，此时的状态是推之不得不拉，拉之不得不推，且无意之意，如此循环往复。

（3）左挥之非左挥、右挥之非右挥。具体方法是，双脚平行步站立，也可丁八步站立，两手平置于胸腹之间，掌心向下，手指指向前方，双手掌心徐徐向左转动（左手拇指朝下，右手拇指朝上），然后双手徐徐向左挥动，腰部随之旋动，双手向左挥动的同时浑身左挥时不得不右挥，同时上下、前后也均有浑圆开合的意念；然后双手徐徐向右转动（右手拇指朝下，左手拇指朝上），腰部随之右旋，双手向右挥动的同时浑身右挥时不得不左挥，同时上下、前后也均有浑圆开合的意念，如此循环往复。

此第四种层次，已接近到无意之意的阶段，一切皆自然而然，虽无意而为，但一切劲力却尽在其中。此等层次的试力在意拳中已是一种很高的境界。

第五种层次：

（1）提即是按、按即是提。具体方法是，双脚平行步站立，也可丁八步站立，两手平置于胸腹之间，掌心向下，手指指向前方，双手徐徐抬起、徐徐落下，提按及推拉、左右矛盾互为，阴阳一体，而且动即是静，静即是动，全身劲力一触即发，"周身无点不弹簧"，如此循环往复。

（2）推即是拉、拉即是推。具体方法是，双脚平行步站立，也可丁八步站立，两手平置于胸腹之间，掌心向下，手指指向前方，双手徐徐向前推动、徐徐向后回拉，推拉及提按、左右矛盾互为，阴阳一体，且动即是静，静即是动，全身劲力一触即发，"周身无点不弹簧"，如此循环往复。

（3）左挥即是右挥、右挥即是左挥。具体方法是，双脚平行步站立，也可丁八步站立，两手平置于胸腹之间，掌心徐徐向左及向右翻转，且徐徐向左挥动与向右挥动，左挥与右挥及提按、推拉矛盾互为，阴阳一体，且动即是静，静即是动，全身劲力一触即发，"周身无点不弹簧"，如此循环往复。

在这里要说明的是，基础试力中的提按试力、推拉试力、挥浪试力等试力形式，虽以训练上下力、前后力、左右力为主，但其实意拳试力是不单一划分上下、前后、左右的，本文中的分而论之只是为了表述方便，从根本上讲，一切试力都应是浑圆的。意拳的其他试力，诸如："钩锉试力""摇辘轳试力""空中滤气试力""蜻蜓点水试力""珠走玉盘试力""揉球试力""神龟出水试力""猛虎摇头试力""推窗望月试力""回龙转臂试力""鸟难飞试力"……等试力形式，从"渐悟"训练法的角度讲，也都可以将劲力的上下、前后、左右之单向力理解后，按综合浑圆的矛盾争力的形式进行训练。意拳祖师王芗斋先生在《拳道中枢》中曾指出："至于意不使断，灵不使散，浑噩一致，动微处牵，全身上下、左右、前后，不忘不失，非达到舒适得力，奇趣横生之境，不足曰得拳之妙也"。

　　意拳试力中所说的第五种层次，纳入中国的文化体系中，可以认为是一种最高的境界，因为从中国传统文化的三大支柱（佛家、道家、儒家）之一中的佛家文化角度来讲，认为世界是绝对的，如："色即是空，空即是色"，这是一种绝对观念，绝对观念可为中国的最高境界，从意拳的角度来讲"动即是静、静即是动""松即是紧、紧即是松""开即是合、合即是开""吞即是吐、吐即是吞"……进入到这种境界，意拳已达到无意之意，自然本能发力的境界。

　　总之，试力是意拳中最为重要也最为复杂的一项训练内容，试力的过程可分为"有意"与"无意之意"两个阶段。祖师王芗斋先生在《拳道中枢》中指出："总之，具体极细微之点力，亦须切忌无的放矢，然而又非做到全体无的放矢而不可，否则难得其中之妙"。祖师王芗斋先生所说的"切忌无的放矢"是指在试力的初级阶段时要进行"有意"的训练，而"又非做到全体无的放矢而不可"则可以看成是"无意之意"的训练。具体讲，是指在初级训练之后，试力要由"有意"过渡到"无意之意"的境界。因为"有意"的训练容易执着，所以，祖师王芗斋先生才又说"非无的放矢而不可"。故只有"无意之意"才是意拳试力最终的正道，用祖师王芗斋先生的话说即是："形无形，意无意，无意之意是真意""有形有意皆是假，意到无心始见奇"。

第二节　意拳健舞与武术演练

1.意拳健舞与本人"符号舞"的关系

本人曾自创"符号舞"，并把创立的观点刊登在2011年10月的《武魂》刊物上。我的"符号舞"不是健舞，但也有健舞的初级内容。"符号舞"主要是用身体在写字，是"形体书法"，也可简称为"形书"，如写"拳拳服膺""无意之意是真意"等，它是行为艺术，但也有打拳与健身及娱乐的内容，同时也是大家在一起聚会时的即兴表演。而打拳则不同于"形书"，打拳就要严肃与真实了，首先要把精神给拿出来，在身体的运动中时时要有敌情，形与意皆要有因果关系，不能任性而为。而"符号舞"的"形书"则不必这样，如果这样，就不再是"符号舞"而是健舞了。

意拳的健舞与"符号舞"不同，健舞是有层次的。现在人们练健舞的问题是，精神大多都没有能拿出来，都是身上的劲儿。

意拳的健舞在训练时，身体的周围应带出东西来，应像孙悟空借来扇灭火焰山的芭蕉扇，身体微微一动就应能搅动大气，身体的周围要有气动感，要有力波，要有气旋，要有气浪。手榴弹的爆炸会有气浪，炸药包爆炸的气浪更大叫冲击波，再大的冲击波就是原子弹、氢弹的爆炸了。意拳的运动也要在身外有冲击波的意感，所以，祖师王芗斋先生的爆炸力不全是筋骨之力，还有力波，祖师王芗斋先生称之为松紧之力波，许多人都把祖师王芗斋先生的松紧之力波理解成身上的东西了，其实祖师王芗斋先生更多的是身外的东西。故健舞和试力不应只是自身的筋骨和内在形体的松紧之运动，还应该有身外的松紧之力波。

从身外训练的角度来讲，大体上可以有三个方面的训练内容。一是主动力的训练，即自己之动要如同是有羽之翼，要搅动天地，主动力的训练主要用于主动进攻与主动发力；二是被动力的训练，即自己是被动之动，是海浪或大风把自己给扬起来，自己如风中旗，唯风力而是应，即身体之动静皆由外力所左右，被动力的训练主要用于接发力，这是更高级的发力形式，祖师王芗斋先生大多是在接发力时把人给崩起来的；三是自然而然的训练，不刻意于内与外，此状如"浪中鱼"，一切皆顺其自然，是自然之动静，既是内的又是外的。

这三个阶段的训练，有时是一个一个的来练，有时也可以同时练，一切随缘，可随自己练功时的心境和身体状态而定。身外力波的训练，无论是有意的，还是无意之意的，总之皆是意拳训练中要把精神给拿出来的一大训练内容，这也是祖师王芗斋先生的"假宇宙之力波"的基础功夫，有了这个基础，祖师王芗斋先生的"精神笼罩"就好训练了。现在，有一种论点值得注意，有的人说站桩、试力及健舞，除了松着练外，还应该紧着练，并把此看成是秘技。其实这并不是什么很特别的学问，这只是入门的技术。意拳是一个立体的学问，过分地夸大"紧"的功夫也包括夸大"松"的功夫，过分夸大身内的亦包括夸大身外的，都是一种片面，只有将它们融为一体了，才能是祖师王芗斋先生所说的浑圆整体，所以浑圆力不是一个单一的学问而是一个大概念，健舞也不是一种舞蹈，而是拳术运动高级阶段的一种体现。

2.意拳符号舞

本人在进行武术教学的过程中，常会遇到学生问询，意拳的"健舞"之法，除了祖师王芗斋先生的"挥浪、游龙、白鹤、惊蛇"之健舞之外，是否还可以依据一个相对固定的模式进行训练，因为祖师王芗斋先生的"挥浪、游龙、白鹤、惊蛇"之健舞，属于意拳的高级阶段，而处于初级阶段的人如何演练健舞，并通过健舞来提高对意拳的兴趣呢。为了解除学生们的困扰，本人在征得授业恩师王玉芳大师的同意后，结合自己的美术专业，并在北京大学李朝斌教授"汉字太极"的启发下，开始探寻着从中国书法艺术中寻找答案。中国博大精深的书法艺术是人类文化的瑰宝，祖师王芗斋先生在其《歌诀》中曾提出："若从迹象比，老庄与佛释。班马古文章，右军钟张字"（"右军"即东晋时期的"书圣"王羲之，"钟"即三国时期的"正书之祖"钟繇，"张"即东汉时期的"草圣"张芝。张芝、钟繇、王羲之、王献之曾被称为"书中四贤"）。故作为文字符号最高境界的书法艺术，在意拳中具有极其重要的作用，打开任何一本书法论著，其中很多内容极似拳谱，而祖师王芗斋先生的拳论在很多方面则可以当成书论。

中国的书法艺术经过历代书家的发展，到魏晋时期，已逐渐形成了篆书、隶书、楷书、行书、草书等书体，书法也因此成为代表中国文化及独具中国特色的艺术形式。

书法作为一种艺术形式，除了在书画艺术中能体现出其深远的文化内涵外，在拳学文化中也有其应用空间。如在谈到拳术的意境时，我们可以从书法中找到依据，当代书法理论家金开诚先生在《书法艺术论集》中针对书法的意境提出："就是形象所蕴含的意味与引发的想象。这种意味与想象就是所谓的'意境'。意味越浓，想象越深远，就越有意境"。唐代书法家李阳冰在谈篆书时指出："于天地山川，得方圆流峙之形；于日月星辰，得经纬昭回之度；于云霞草木，得霏布滋曼之荣；于衣冠文物，得揖让周旋之体"。除了书法的意境外，书法的结体和布局规律如同拳术中人体的间架组织规律，书法是要把一个个独立的汉字联成文，如同在拳术中把四肢百骸联合起来形成一个充满意境的整体一般。金开诚先生将此比喻为服装工艺师的"裁缝"工作，即分解为"裁"，综合为"缝"，并把这种"裁缝"定为七种层次，即："凑合、拼合、捏合、缝合、混合、融合、化合"。并指出："只有'化合'才能创造出全新而完美的形象"。这一观点也可移植到拳学文化中，即人体虽由四肢百骸组成，但通过站桩、试力等系统性的训练后，不应是大杂烩式的"凑合"，而应是形成浑元而灵动或叫具有"化劲"的整体（形意拳将功法分为明劲、暗劲、化劲三层功夫），这是完美而不可分的"化合"的结果，这种拳术中变化无穷的状态，用金开诚先生的话说："这就好比化学元素只不过一百多种，而化合出来的东西却是无数的，每一样都不同"。书法的结体规律，如"平衡""疏密""变化与协调统一"等与拳学的规律有许多相通之处，具体讲：

（1）平衡。现代书法家陆维钊先生在《书法述要》中指出："字之间架，则如人之骨相，务须长短相称，骨肉均匀，左右整齐，前后舒泰，反之，若头大身细，肩歪背曲，手断足跷，即不致如病人扶床，支撑失据，也必如醉人坐立，不翻自倒，聚跛癃残疾于一堂，能不令人对之作呕。"拳术的间架组织等构成规律也是如此，身体每一部位之间的形体关系及部位与部位之间的形体关系的结构组合，如果不能均匀有序，和谐统一的形成整体，则不是刻板僵滞，也是"跛癃残疾"，皆不是拳术的正道。祖师王芗斋先生在《拳道中枢》中的"论单双重与不着相"中指出："勿论平时练习，抑在技击之中，须保持全身之均整，使之毫不偏倚。凡有些微不平衡，即为形着象，力亦破体也。盖神形意力皆不许着相，一着相便是片面，既不卫生且易为人所乘，学者宜谨记之……就以今之各家拳谱论，亦都根本失当，况其作者尽是露形犯规而大破其体者，所有姿势诚荒天下之唐，麻世人之肉矣"。陆维钊先生的"能不令人对之作呕"及祖师王芗斋先生的"麻世人之肉矣"皆是在从正反等不同的角度，说明间架的平衡及形不着象和力不破体的重要性。

（2）疏密。唐代书法家徐浩曾指出："字不欲疏，亦不欲密，亦不欲大，亦不欲小。小长令大，大蹙令小，疏肥令密，密瘦令疏，斯其大经矣"。宋代书法家米芾亦指出："大字欲似小字，小字欲似大字；小则宜宽绰有余，大则宜结密无间"。清代书法家邓石如则更明确的说明了疏与密的构成规律是："字画疏处可走马，密处不使透风，常计白以当黑，奇趣乃出"。自此以后"疏可走马，密不透风"及"计白当黑"即成为了绘画及书法艺术中组织构图的经典名句。意拳间架的合理配备，也包含了"计白当黑"，即人体自身空间与身外空间的关系，如人体自身空间若为"黑"的话，则身外空间即为"白"，意拳的许多训练方法，实际上是从身外即"白"空间来进行训练的，通过训练"白"空间，并以此反作用于"黑"空间的训练方法，是意拳独有的训练方法，包括祖师王芗斋先生所谈到的"假宇宙之力波，有神助之勇"的假借之力训练法。其"疏可走马，密不透风"的观点，又可对应祖师王芗斋先生的"包罗小天地"的理论观点。另外，清代书法家包世臣从九宫格的角度对"疏密"的组织规律有了更具体的诠释："字有九宫。九宫者，每字为方格，外界极肥，格内用细画界一'井'字，以均布其点画也。凡字无论疏密邪正，必有精神挽结之处，是为字之中宫；然中宫有在实画，有在虚白，必审其字之精神所注，而安置于格内之中宫；然后以其字头目手足分布于旁之八宫，则随其长短虚实而上下左右皆相得矣"（《艺舟双楫》）。包世臣先生所论述的："必有精神挽结之处"及"安置于格内之中宫"的观点，是在说明要在书画的构成组织中找到画面的"画眼"，即"精神挽结之处"，并把这一"画眼"安置在画面中最重要的位置上，即"安置于格内之中宫"，包世臣先生所说的"中宫"是指画面的中心位置。结合包世臣的观点，我们拳术中的视觉中心焦点，则是对方头部的中心位置如鼻子及咽喉或人体的重心。祖师王芗斋先生在《论四形》中指出："手指腕拧，指弯爪摄，不论手起舞或单或双，指端永远指向对方口鼻，须用最大能力控制对方之中线，给敌造成威胁。控制对方中线亦即保持住己方之中线不受侵犯矣"。故拳术中的"守中用中"即是这个道理。另外，祖师王芗斋先生所说的"持环得枢"的"枢"也吻同于包世臣先生的"精神挽结之处"。中国书法艺术的论点可以指导我们把握事物的本质，借鉴其理论观点，可使我们的拳术也能"其长短虚实而上下左右皆相得矣"。

（3）变化与协调统一。唐代书法家孙过庭曾在《书谱》中指出："数画并施，其形各异，众点齐列，为体互乖。一点成一字之规，一字乃终篇之准。违而不犯，和而不同"。孙过庭所说的"互乖"指相互变化，"违而不犯"指变化而有协调统一，"和而不同"指协调统一中而有变化。故孙过庭"违而不犯，和而不同"的这一论点，也可以成为我们拳术的理论指南，即无论是拳术中的间架构成组织还是拳术变化，其身体中的各种语言，皆应协调统一中而有变化，变化中而有协调统一。

北京大学"汉字太极"创始人李朝斌教授指出："汉字不仅可以用手写，更可以用身体和心灵一起来书写汉字，将汉字与自己的身心融合，得到身心的养生"。受李朝斌教授"积字为拳"的启发及通过研究书法艺术，笔者尝试着将各种文字符号的表现形式融会贯通于意拳中，并且不仅是汉字，英文、日文、法文、德文、阿拉伯文等外国文字也皆可以融合于意拳训练中，如用身体在空气中书写各种文字符号，手、足、肩、胯，四肢百骸，尽皆在空气中"游泳"，通过体认，笔者感悟到，这种以身体为笔的"舞写"，它既可有一定的观赏、娱乐性，又可有一定的健身性，还可有一定的技击性，更有一定的普及性。它的普及性在于既可不受男女老少等年龄的限制（年龄小的人可快舞，年龄大的人可慢舞），又可不受文化和语言的限制，它既可以舞写汉字书法，也可以舞写外文符号，故它可以称之为"意拳符号舞"。

"意拳符号舞"的技击性在于，文字中的许多笔画，本身就可以具有技击中所要求的"六力"（爆炸力、惯性力、螺旋力、杠杆力、离心力、弹簧力）、"八法"（提、顿、吞、吐、沉、托、分、闭）的拳术内容，就手法而论，用双手舞写的"卜""小"等字，可等同于拳家常说的"鬼扯断"的用法（俗语：学会"鬼扯断"，天下英雄打一半）；"米""杀"等字又可认为是劈拳或劈掌、崩拳、钻拳、炮拳（不直的直拳）、横拳、栽捶、圈捶等多种拳法混合体的运动。就步法而论，用双脚舞写的英文字母"S""C"及汉字的"之""厶""十""米"等字，可以理解为意拳的蛇形步、圈步、龙形步、三角步、插步及寒鸡步的步法变化。这些符号及字的笔画不一定要按顺序来书写，可以是反写，也可以是倒插笔写。若细分其书写之法，则可分为"手法""步法及腿法"和"综合法"。

（1）手法：

①单手书写法：单手书写，另一手作争力进行配合；

②双手合写法：双手各自舞写汉字或外文等符号的一部分，无论是连笔写还是倒插笔写，最终双手合作完成该字；

③双手分写法：双手各写一字或外文等符号，内容相同，字形既可方向相同，也可方向相反；

④双手矛盾写法：双手各写一字或外文等符号，内容不同，字形既可方向相同，也可方向相反；

⑤双手乱码写法：双手即兴舞写汉字或外文符号的各种偏旁部首，似文字而非文字，如同乱码，以拳劲为本，重意不重形。

（2）步法及腿法：

①单脚写法：单脚舞写，另一脚作争力进行配合；

②双脚写法：双脚各自舞写汉字或外文等符号的一部分，无论是连笔写还是倒插笔写，最终完成该字；

③双脚乱码写法：双脚即兴舞写汉字或外文符号的各种偏旁部首，似

文字而非文字，如同乱码，以拳劲为本，重意不重形。

（3）综合写法：

①双手、双脚争力而写，即可内容相同，也可内容不同，无论是连笔书写还是倒插笔书写，最终完成该字；

②双手、双脚乱码而写，即兴舞写汉字或外文符号的各种偏旁部首，似文字而非文字，如同乱码，以拳劲为本，重意不重形。

总结上述"手法""步法及腿法"和"综合法"的内容，"意拳符号舞"从形式上可分为两个层次。

第一层次，在理解外文符号或汉字字形特点的前提下，用身体进行舞写。如"之"字，在理解其曲折、婉转变化的前提下，用身法和手法按笔画（也可倒插笔）即兴舞写，但其舞写的目的，实是要重点展现字中"提纵""横摆""斜移"的劲力内容。通过"符号舞"的这种基础训练，可使舞者的思维方式以及身法和手法的活动范围及运动形式，有了更广阔的自由空间；

第二层次，象形取意，即不是要舞写文字或符号，文字或符号在此阶段已无实际意义，而是要把身法和手法舞成有技击状态的"提、顿、吞、吐、沉、托、分、闭"及"爆炸力、惯性力、螺旋力、杠杆力、离心力、弹簧力、蓄力、惊力、开合力、重速力、定中力、缠绵力、撑抱力、惰性力、三角力、轮轴力、滑车力、斜面力……"的劲力内容，这时的文字或符号已成为"乱码"，但却具有了拳术的实际内容。

"意拳符号舞"舞写行书、草书与舞写隶书、楷书的状态是不一样的，另外舞写汉字与舞写英文、阿拉伯文的状态也是不一样的，其动与静、疾与缓的节奏变化及字里行间的使转变化，皆会有不同的景象。具体讲，从"意拳符号舞"的初级层次来看，由于行书、草书具有连笔的特性，故有些汉字若用行书和草书来舞写，可锻炼出行云流水般的身法。但有一点要注意的是，若将"意拳符号舞"对号入座的用于技击，如教条的以"大成"二字作为攻击的招法，则不会有什么技击的效果。但若能灵活的理解"符号舞"，将"大"字"撇""捺"的笔画当成进退的步法，及在手法上将"大"字"撇""捺"的笔画当成左右手的斜劈掌或左右手的栽捶及左右手的钻拳，顺笔或倒插笔的从上向下或从下向上舞写。"大"字"横"的笔画可以理解成左右的削掌或圈捶，则"大"字即有了技击训练的实际意义。"成"字的"点"的笔画，可以理解为意拳特有的不直的直拳，这样就等于把字给舞活了，当然这也可以说舞的不是字而只是"点""横""撇""捺""竖""弯勾"等笔画了。其实打到肆时忘了拳法才对，通过练"符号舞"原本只是要养成身手合一及前后左右上下皆能相机而动的能力。另外，用英文字母及用阿拉伯数字也一样可以作为攻击的手法，如"A""C""D""P""X""Z"及"1""2""4""6""8""9"等。其实，是什么字并不重要，重要的是应"只求神意足，不求形骸似"。

该"符号舞"可以用祖师王芗斋先生在《拳道中枢》中的观点作为训练的指导思想，即："动作时在形式方面不论单出双回、齐出独进、横走竖撞、正斜互争、浑身之节、点、线一切法则无微不有先后、轻重、松紧之别"。本人认为，祖师王芗斋先生的这段话非常适用于初学意拳的人，但是进入到高级阶段后，则还应按照祖师王芗斋先生下一段话的内容来理解和训练："但须形不外露、力不出尖、亦无断续、更不许有轻重方向之感"。本人将祖师王芗斋先生的原话分为两段来表述，是为了免除初学者在学拳的过程中，既要掌握"先后、轻重、松紧之别"，又要同时具有"不许有轻重方向之感"的这种复杂程序的困扰。其实，祖师王芗斋先生在《拳道中枢》中谈的更多的是拳理，而不是拳术的训练方法，拳术的训练方法往往与拳理是有差异的，其最大的区别即拳术的训练是要因人而异和循序渐进，并且要在否定之否定中打破圆融统一矛盾。但分层次而学虽然上手快且易于掌握拳术中的各种要点，却会有很大的弊端，即易形成片面且局部的思维方式，由于局部加局部往往并不能等于整体，故分层次而学者，必须有老师时时做否定之否定的辅导方不致走入歧途。当然，绝顶聪明的顿悟者，是不需要如此分层次而学的，直接理解"形不外露、力不出尖、亦无断续、更不许有轻重方向之感"即可。故意拳之所以难学，是因为有顿悟资质的人不一定喜欢意拳，而有渐悟资质的人，又不一定会遇到能从否定之否定的角度出发并进行循序渐进教学的老师。

本人在研究"符号舞"的时候，包括此时在撰写这篇文章的时候，其心态都是很矛盾的，因为，该"符号舞"既有积极的一面又有消极的一面，从积极的角度讲，"符号舞"具有健身与技击的双重功效，但从消极的角度讲，"符号舞"在初级阶段，很容易形成一种变相的套路，而祖师王芗斋先生最反对的就是拳术的套路，如果将"符号舞"套路化了，则是意拳的一种倒退。因为，符号对于拳术来说，原本是象形取意的一种方法，如形意拳"丁"字步的"丁"字，意拳"丁八"步的"丁八"二字（既不是"丁"字步，也不是"八"字步，即不"丁"不"八"步），再如蛇行"S"步的"S"符号，龙形"之"字步的"之"字，都只是说明该步法貌似很像"S"或"之"字，是形容之意。但若将这些符号由意象变为实像，即真把蛇行步或龙形步当"S"符号或"之"字来走，则是一种拳术的教条，并会在拳术的性质上发生蜕变，故从技击的角度来讲，对符号的正确理解应是，它既是"S"或"之"字又不是"S"或"之"字。

由于"符号舞"从拳术的角度来讲容易变相成为僵死的套路，故对于有些人来说是不宜按此法来进行训练的，如执着的人、教条的人，另外，有顿悟资质的人和已具备了"四如"的人（身如灌铅、体整如铸、毛发如戟、筋肉如一）则不必练习此舞。

但是，撇开武术技击而言，对于想要健身及对于喜欢表演和自娱自乐的人群来说，该"符号舞"还是有优点的，它能像广播体操一样有健身的效果，更能使舞者有乐趣，因为"符号舞"的编排完全是个人意志的结果，每个人选什么样的字，写什么内容及写成什么样的书体、按照什么样的笔顺来舞，皆是自己的个人行为，故舞者可有很强的创作感和成就感，在用身体感受书法的乐趣时也达到了自得其乐的健身目的。

至于"符号舞"是否能用于技击，则要看舞者对拳术的理解而论了，懂拳劲的人，符号中的任何一个"点""横""撇""捺"皆可用来击人，包括即便是用广播体操的动作也一样可以击人。而不懂拳劲的人，即便是学了"劈""崩""钻""炮""横"或拳击中的"直""摆""勾"等拳术招法，也不会有多大的拳术威力。

该"意拳符号舞"在传播的过程中，曾有友人戏谑赞曰："此法解气，打人一顿，同时又骂人一顿"，受其启发，本人认为，将文字内容融于技击中，可以提高学拳者的兴趣，如：用"武德""道义""大成拳"等字的"点""横"等笔画来进行技击，自然也可以以此来彰显拳意。再如：用"自强不息厚德载物""国家兴亡匹夫有责"等字以舞写的形式练习身法、步法，既能有教育意义，又能锻炼身体，可起到"寓教于娱乐"的目的。

总之，"意拳符号舞"虽然具有许多优点却也隐含着某些缺点，但若能扬长避短，从积极的角度来进行训练，通过初级层次的用身体进行舞写，转入高级层次"象形取意"及"重意不重形"的阶段，自会学有所得。"意拳符号舞"以中国书法为主体，兼以外文符号为辅助，其中国书法艺术中的结体、布局等审美形式除了对拳学文化具有理论指导外，书法艺术中所强调的"书品"观，对拳学文化则更具深远的意义。

元代书法家赵孟頫在谈到书圣王羲之时曾指出："右军人品甚高，故其书入神品"。赵孟頫的这一观点指明了书法艺术中人品的重要性，即要想"书入神品"就须要"人品甚高"。近现代书画家黄宾虹先生更是具体的说明了："人品的高下，最能影响书画的技能。讲书画不能不讲品格；有为人之道，才可能讲书画之道，直达向上，以至于至善"（《中国书法的艺术与技巧》蓝铁、郑朝著，2004年1月，中国青年出版社出版）。再如唐代书法家柳公权的："心正则笔正"，宋代书法家苏轼的："古之论书者，兼论其生平。苟非其人，虽工不贵也"。这些观点无一不是要说明人品在"书品"中的重要性。因为，就书法艺术的本身来讲，人们通过艺术创作，最终是要达到修正人心，人格圆满的目的。故各种艺术行为从完善人格的角度来讲只是修正人心、升华自我精神的一种媒介，拳学文化的真正目的也是如此，是要通过拳术的提高最终达到人性精神的高境界。

综上而论，书法艺术的人品、意境及结体、布局的规律，与拳学文化有异曲同工之妙，中国书法艺术中强调的气韵相通、虚实相应、疏密相宜、顾盼相当、大小相适、错落有致、起伏跌宕等审美标准也与拳学文化的思想内容相一致。故身体力行的研究前人书法艺术中的理论思想，有助于进一步解析拳学文化的内在规律，提升拳术的内在思想，使拳术具有更加完美的文化魅力。

3.意拳健舞训练的两个阶段

意拳的健舞是站桩、试力、试声、发力、步法及技击意识训练的综合体现，故上述综合训练的水平与健舞的水平息息相关。祖师王芗斋先生在谈到健舞时曾有"四形"之说，即"游龙""惊蛇""挥浪""白鹤"，其实除了这"四形"外，将意拳其他的试力动作连贯地舞起来，也能起到健舞的锻炼效果。在健舞的训练上大体上可分为两个阶段。第一阶段的训练主要以划道儿为主，即把各种动作做的自然与流畅即可，这是健舞的最基础阶段，此阶段训练的内容主要是主动进攻与主动发力的内容。现在练意拳的人大多都停留在这一阶段，这阶段其实同外功拳没什么两样，训练的都是明劲儿。

意拳的健舞，实际上涵盖着意拳各种复杂变化的劲力内容，这些劲力内容在健舞时皆要真实与具体，每每之动皆须有敌情意识。具体如，我们在做健舞的运动时，会有向下劈掌的动作，劈掌要有敌情意识才对，可以试想一下，如果健舞中我们的劈掌倘若劈在了芗老的身上，或劈在谢铁夫先生的身上，他们会不会把我们直接崩飞出去，如若如此，那这种劈掌是否还需要这么劈就值得考虑了。故想明白了这些事儿，我们健舞中的一切运动包括"挥浪""游龙""白鹤""惊蛇"的拳势及具体到每一个的劈掌、削掌、圈捶等动作，就不能像第一阶段般那样的练了，就要把出尖儿的"线状"运动变为"点状"运动，"点状"运动就是要悉心体察运动中的每一个点的状态，从"点状"去思考问题，其结果就是动作的每一下都须要谨慎，每动一下都要有矛盾，都要考虑到事物的诸多方面，如打不中怎么办，打中后被对方借力了怎么办，打中后被对方反弹回来怎么办，在打的瞬间对方突然的攻击我们身体的其他要害部位怎么办，在刚要打对方时对方先下手了怎么办，对方比我们的速度快了怎么办，对方比我们力量大了怎么办，等等这些不利于自己的因素，在健舞时都要考虑周全，故当这些问题想明白了和在运动时全部的都能兼顾到了以后，健舞也就进入了第二阶段的训练内容，即"接发力"的训练内容。

第二个阶段的内容是要训练在技击与发力不可能的情况下的技击与发力，包括关于拳术调动与控制的训练。故一定要在健舞训练中养成不要一击到底的习惯，即要把拳打一半就停手，只踢一半就停腿，或者是刚一踢或刚一打就停腿停手。也可意想刚一劈掌，突然劈到对方锋利的刀口上时，是否能骤然停住并迅速转向，刚一踢腿突然踢到电门上时，是否也能骤然地止住，或是刚一劈掌对方一枪扎过来或一刀砍过来时，自身的运动状态是不是能瞬间的调整。这样的健舞于技击才会有意义，这是内功功法的训练内容，而外功拳则是撇砖头式的打法与练法，因为是出尖的，故其运动状态是做不到随走随停的。祖师王芗斋先生曾指出："行乎不得不止，止乎不得不行"，也是在说明意拳的运动要用"点状"思维来运动，而不能是砍砖头的"线状"思维。

意拳的每一动静，在拳法上都须有阴和阳与阴阳互根的意识，阴阳互根之后的训练，是身外的借宇宙之力波为力源的打法训练。故第二阶段的健舞训练宜内外一体，阴阳相争，动静互根，快慢相生，松紧相宜，高低错落，抑扬顿挫，悠扬相依。这是意拳独有的文化，也是意拳区别于其他拳种的地方，即不是如何流畅的打，而是在不流畅时应如何的还可以打及控打。所以永远要有假想敌，永远要把对手想的比自己强大，这样一旦面对真实的搏斗，当对手没有自己训练时的假想敌强大时，赢他就不在话下了。故以这种状态和理念来进行的健舞训练，健舞才会具有实际的意义，否则要么练成出尖儿的外门功夫了，要么真练成舞蹈了。

4.意拳健舞的正确方法

许多人在做健舞时，手与身体总是合不上拍，不是劲力滞后就是劲力超前，手与身体的连接本应该是非常紧凑的，当手在运动的同时，脊椎也要动起来，腰胯与腿脚也要动起来，但其快慢节奏与运动的幅度须是不一样的。好好观察一下风中之大树或风中之旗，大树（或旗帜）在随风而动时，不会是同样的节奏，这种缓急变化，在武术里也可称之为"抑扬顿挫"。

在做健舞及试力时，除了要有主动之动外，还要有被动而动的意识。如面对风，自己如何而动，如轻风如何动，疾风如何动，面对毒蛇与面对虎狼时自己又应如何而动，面对毒蛇与面对虎狼的运动之法应该是不会相同的，这是主动中的被动训练，也可以称之为"外力"训练。

　　健舞时，意拳的假借很重要，我们可以把假借看成是我们的另一面，离开了假借，矛盾就没有了。朱熹曾有"格物致知"之说，离开了对世间的感悟，意拳也练不出什么高境界来，朱熹的"格物致知"与王阳明的"知行合一"可以作为我们的座右铭，他们一个包含了"师造化"的学问，一个包含了"体认"的学问。

　　现在许多人在健舞时主观的东西多于客观的东西，健舞中已寡有了"舍己从人"的内容。意拳的训练，须即行又能即止，即止又能即行，这是意拳的特色，我们常常能够看到的蚂蚁，蜗牛，甚至耗子，都是这样行走和运动的。祖师王芗斋先生之学须以自然为师，自然界的各种动物都可以是我们借鉴的良师，而现在许多的意拳人，动起来后就不知道要像动物一样的能随时随地的停，这主要也是因为人们发力的距离太长了，许多人受西方拳击的影响，发力只靠出尖儿的抡动力来打人，拳术中的步法也是走的漫不经心，脚底下若有块石头都能绊倒，网上能看到许多意拳人的健舞视频，只有极少数人的步法是有敌情的，有敌情的步子是摸着走的，是有听劲儿，是要有如履薄冰的境界的，但整个武林界，能走成这样的人并不多，意拳训练，在步法上须是步步谨慎的，应如同探地雷的工兵，又如同走进了敌人的伏击圈，处处都有可能会挨枪子儿，周身都要长眼睛，即在步法上要处处经心。另外，健舞的步法，腿要能像蛇一样的柔软才成，这才是蛇行步，蛇行步不只是"S"形的轨迹，更是要有蛇意，但现在能走出这样步法的人已是凤毛麟角了，祖师王芗斋先生曾提出要"动若槐虫"，槐虫行走的状态就是柔软的，是一顾涌一顾涌的，因此意拳的步法也可叫"槐虫步"。许多人都说练拳要有功夫，但就是不去琢磨什么是技击所真正需要的真功夫，也不知道意拳要有身外假借的文化，这么练下去还不如去练西方拳击会更有技击性，虽然拳击出尖儿，但他们的敌情是真实的，身法的训练也是真实的，攻击的角度也是合理的，只是发力的时间太长了，不具备触点儿发力的能力。意拳在训练时，至少腿要像手臂一样的有可控性才成，要像手臂一样的有听劲儿的能力，像手臂一样的有感知外力的能力，像手臂一样的有"假借宇宙力波"的能力。故手怎么练，脚就应怎么练。手臂与腿脚及身体柔软了，有螺旋争裹之力了，即便是铁棍子抡过来，也能用身体来接（不是硬接），这才是拳术内功的功夫。演杂技的人，可以用手来接下落的刀尖，用的绝不是铁砂掌般的笨劲儿，而是借力的巧力，这个巧力，与内功的思路是一样的，用内功接对方打过来的力，比杂技演员的接刀功夫还要复杂，我们不只是接力，还要有打力，即要有"接发力"的能力，意拳训练，不仅手臂要有这样的能力，腿脚也要有这样的能力，周身也要有这样的能力才成。只是手臂有这样能力的人不少，腿脚有这样能力的人就不多了，周身有这样的能力的人几乎就没有。

所以，祖师王芗斋先生的整体力真不是简单的事情，只练成了手臂，没有练出腿脚与周身的功夫来，依旧是局部的东西，都练好了，才是浑圆，或叫"浑圆力"，也叫"整体力"，也叫"浑圆整体爆炸力"，也叫"本能力"也叫"自然力"，叫全了，就是"自然本能浑圆整体爆炸力"。祖师王芗斋先生的东西是整体的，是不可分割的，当祖师王芗斋先生练出了这种能力后，想想就能知道祖师王芗斋先生是多么的傲视天下武林，因为其他人都是局部的东西，更都是出尖儿的东西。

5.意拳健舞与试力中的问题

本人认为，现在意拳健舞与试力训练中最大的问题就是主观问题，也叫想当然。许多人在健舞与试力中甚至连一丝一毫的客观都没有，想怎么着就怎么着。现在有一个词儿叫"霸凌"，霸凌人的人从不尊重对方，想怎么着就怎么着。做人不能霸凌，打拳也不能霸凌。打拳要尊重对手，不能以霸凌的心态去与对手相搏，因为我们有可能不知道对方是什么水平。

仅以健舞与试力中的劈掌为例，我们一掌霸凌的劈下去，看似很威武，但如果对方是绝顶高手，那会是什么结果，还不把我们给崩起来。所以，每劈出一掌，每打出一拳，都要谨慎，都要如盲人在摸着石头过河一般，都得是"点"状运动而不能是"线"状运动，祖师王芗斋先生常说："动为了什么，静为了什么，一动一静又为了什么"。老先生是让我们要深究拳术运动的本质，而不能不管不顾的随意的动静。意拳所有的动作都应该像夜晚进屋偷东西的贼一样，竖着耳朵，听着动静，走走停停的谨慎了再谨慎。而现在许多意拳人的试力，就像是在不要钱的瓷器店，想怎么打碎东西就怎么打碎东西，一点儿也不心疼，一点儿也不谨慎。这是因为身体中缺少个"慎"字，祖师王芗斋先生提出"五字秘诀"，即"恭、慎、意、切、和"，但大家多是既不"恭"（看似很霸气），也不"慎"（动作随意），也无"意"（没有敌情），也不"切"（没有针对敌情所应有的反应），也不"和"（劲力出尖儿，动作局部）。

所以，健舞与试力时，动作要"慎"，要有假想敌，要把对方想得很强大，强大到自己不能霸凌对方，强大到不得不尊重对方，强大到我们刚一有运动，对方就已经察觉到了我们的意图，使得我们不得不调整计划。以劈掌为例，如我们刚往下一个劈掌，对方就已经察觉：一是对方可能会突然的松开我们这个打击的力点儿以避开我们的攻击；二是对方可能会迎点儿反崩我们的力；三是对方动用身法不招不架的起脚直踢我们；四是对方还可能会持利刃迎击我们的劈掌；五是对方可能会不按江湖规矩，突然用石灰粉撒向我们；六是对方如果是歹徒，可能会突然掏出手枪……如果对方变化多得使我们想都想不过来，我们还敢不敢大大咧咧的一掌劈下去。

所以，要练被动意识，要客观，不要主观，不要想怎么样就怎么样，要别人不让我们怎么样时我们怎么样才对。故每一个动作都不能做老，都要给自己留有可变化的空间，要一个点一个点的谨慎的运动，而不能一掌劈到底，一拳打到尽头。一掌一拳地打到底就是出尖儿。

另外，发力宜短不宜长，但现在大部分人的发力，出尖儿的问题严重，起码也有5厘米、10厘米长的运动距离，甚至更长。祖师王芗斋先生讲"一触即发"，这一触的距离应该不超过1—2厘米，甚至1厘米都长了，周身一颤即可。距离一长，劲力就散了，就出尖儿了。

再有，许多人的健舞与试力中没有"逆力"。没有"逆力"是因为没有考虑客观因素，只强调了自己的主观性。当我们想怎么着，又不能怎么着时，自然就有了"逆力"。

所以，健舞与试力时，要每每都要问一问为什么要有如此的一动，自己往下一劈，对方脱点儿了怎么办，我们是否要改变劈的意图，由劈掌变成追点儿、挤点儿。再有，往下一劈时，没有劈动对方怎么办，是要继续的加力劈还是要"直来横取"的由下劈变为回挂，这些问题都要慎重考虑，而不能一味儿的，不管不顾的一掌劈到底，一掌劈到底就等于是把内功拳打成了外功拳。

老子的"水"文化，就包含了这一方面的内容，连水都知道，往前一走，当遇到了土坡的阻力后，要么就绕过去，要么就积蓄力量冲过去，而不可能会一马平川的以一个速度与力度地往前走，除非水是在水渠里流淌，或是在管道里流淌，而且管道还不能打弯儿，但是哪有这样的好事儿，以这种管道里走水的思路练出来的拳，就是温室里的花朵，就是没有经过风雨见过世面，事实上，大千世界不可能是这样的，所以，还是要认真的感悟"水"文化。

我经常观察地上的蚂蚁，蚂蚁走起来，就是走走停停，快快慢慢，在我们看来是一马平川的土地，在蚂蚁看来，应该是坑坑洼洼的，所以蚂蚁才会如此行，蚂蚁的这种走走停停是自然的，不是做作的，我们的健舞与试力也要走走停停，因为即使没有技击上的假想敌，我们在自然中也应该能够感受到风的阻力，想想风中旗，旗帜会不会按照一定的姿态在不断地重复运动，事实上是不可能的。

另外，从身体的开发上，要有"靠旗杆"的劲力内容。有的人站桩没有站好，不懂祖师王芗斋先生"似坐高凳靠旗杆"的含义，身体中没有"靠旗杆"的语言，或者是一会儿有一会儿又没有，这都说明了我们还是没有真正地理解什么是"靠旗杆"。"靠旗杆"是要开发出身体的"阳面"劲力，要让"阳面"有参与，要让"阳面"能输送能量，如果我们的身体没有进行过"靠旗杆"的训练，就不能将身体的"阳面"力开发出来，就会一会儿用得上"阳面"力，一会儿又想不起来要用"阳面"力。不使用"阳面"力，劲力就会局部，就不可能是浑圆。

另外，如果在意念上随时想着有人会从背后突然的偷袭我们，具体如有人在背后突然的踹我们一脚，或打我们一拳，甚至朝我们开一枪，我们身体的"阳面"就会兴奋起来，后背就会长上了眼睛。真正"靠旗杆"的人，身后是长眼睛的。再有，能否"靠旗杆"，也与身体重心的中正有关系。有一些人做健舞与试力时，翘着臀，重心前移，顾前不顾后，这时若背后突然有人发力，他就会趴地下。祖师王芗斋先生有一句经典的话语："不求打人中不中，但求己身正不正"。但往往许多人就是不听王芗斋先生的话，就是喜欢重心前欺的够着打人，重心前欺看似有冲击力，实际上却失掉了身体最应该调动出来的"阳面"力。

一些人原地不动时，尚能做到立身中正，但身体移动起来以后，就形破体力出尖儿了。所以，身体移动起来以后，依旧能保持立身中正才是真功夫。从祖师王芗斋先生存留下的照片来看，王芗斋先生的重心不是前欺的，而且不仅仅只是"前五后五"的重心配置，甚至是属于"前四后六"的状态。

另外，从照片上的人来看，祖师王芗斋先生前额的力感很饱满，丹田力很充实，前膝的指力很强烈，前脚的抓地很切实，双手的劲力很均整，且五点相合。这五点相当于兵器的五个点，碰到哪个点儿，都能伤人。

再有，祖师王芗斋先生身体的"阳面"也同样具有丰富的内容，脖项有挺拔力，腰脊有弹力，臀有坐力，膝弯有打力，足跟有蹬踏之力。这"阳面"的五个点，也同样是碰着哪儿哪儿都可以伤人。

从祖师王芗斋先生的状态来看，健舞与试力及站桩，总结一下，须注意身体的"十要点"，具体有前五点与后五点。前五点为：前额、腹部（丹田）、前膝、前脚、双手；后五点为：脖项、腰脊、后臀、膝弯、足跟。这些"要点"像身体的驿站，也像穴位，也可以看成是丹田。它是我们练拳时尤其要加强训练的地方。

综上所述，健舞与试力及站桩训练，须加强客观意识的训练，强调身体的被动性，反对主观性，在身体"阴面"力具有的前提下，还要注意开发身体的"阳面"力，周身要有逆力，有均整。具体到细节，须关注身体中的各个要点，这些要点也是有规律的，即：脚尖儿与脚跟，膝盖与膝弯，腹部（前丹田）与腰脊（后丹田），前额与脖项，双手与后臀，它们都是对称的。

上述这些内容，皆是健舞与试力及站桩时应该训练的具体内容。

6.国外的武术表演

在网上可以查到许多外国人的武术表演，总体上来讲，他们的水平很低，与中国的武术表演不是一个层次。前一段时间，在微信里盛传一个外国人的武术表演视频，那人蹦得很高，可以把位于两人高的木板一脚踢飞，从他演练的架势上来看，更像是一个技击体操，虽然他表演得很尽心尽力，但与中国的传统武术表演相比，还是有很大的差距，主要是他缺少武术表演所应具有的精气神，另外，在套路的编排上也缺少连贯与意境，而且，这些表演都跟技击没有太大的关系。谈到武术表演，从技术性到规范性和可欣赏性及文化性，在全世界的范围内，唯有中国是最完美的，这也是因为我们曾举全国之力搞了这么多年的结果。现在想来，我们也有可以自豪的地方，撇开擂台上的搏击赛事不谈，在武术的表演上我们是独树一帜的，且无人能够超越，这也是一种真功夫，虽然剑走偏锋，但也算是一种成功。所以体委里管武术的那些人也没有白混日子，在过去体制内都不搞技击的背景下，能把武术表演做到这个水平，也着实不易。

当下我们既不缺武术健身的文化，也不缺武术思想的文化，更不缺武术表演的文化，但是却缺武术技击的文化。现在难就难在这个地方，中国人在体重和肌肉的爆发力等方面与外国人相比均没有什么优势可言，唯有内功修炼是我们最后的看家法宝，但这一块儿也快失传了。现在有些人认为根本就没什么内功，认为所谓的内功都是用来忽悠人的。其实内功还真是有的，不然哪来的意拳祖师王芗斋先生的绝世武功，中国武术的前辈们，许多都是一些个头不高的老头儿，但他们打的外国人都能飞起来，没有内功是不可能的。

谈到内功心法，在民间有"宁传一套拳，不传一个桩"的说法，因为世俗人没能得到桩功的心法，自然就会以为此功夫不存在。有人说"武林风"的一龙不是会少林内功吗？怎么还会被泰拳王西提猜打倒，其实一龙的身上是不具备传统武术内功的，因为他没有武术的内功故只能同泰拳王西提猜拼肌肉、拼体能。另外有人认为有内功的人可以把沙袋击穿，甚至力拔千钧。其实，中国武术的内功之力，与打沙袋的力实不是一个劲儿，打人用的是职业力量而不是其他的力量，若仅用打沙袋的力就能成为武林高手的话，那天下的格斗功夫也太容易掌握了。其实，外国的搏击家所用的力也不只是打沙袋的力量，他们同样也注重巧力的使用。但外国的搏击家没有内功，不会使用内力，他们与祖师王芗斋先生相比，是炳烛之明与日月之光的差别。

在中国传统武术的内功中，讲求明、暗、化三种劲儿，明劲儿比较好理解，暗劲儿就不太好表述了，太极拳大家吴图南先生曾经和一个人比手，只轻轻的地按，那人就蹲下了，吴先生说是打在对方的气口上了，暗劲儿是要打呼吸的，要截对方的气，它是摸上劲儿后再发力的力，用不了多大的力就能伤人。到了化劲儿阶段，更是巧打，暗劲儿和化劲儿都只能在人的身上体现出来。中国武术的内力不是金庸小说中所说的那种力，小说中的内力是演绎的。搏击时，若遇到有内力的人，会感觉自己有力无处使，而对方则会时时处处都抢占着先机。在搏击时，遇到有内力的人，即使自己被打飞，也是自己把自己打飞的，具体讲是自己配合着对方将自己打飞的，如果对方有内力，自己想不配合都不成，这是普天下唯有中国所独有的功夫，这才是中国武术的真正内力。祖师王芗斋先生打日野时，用的就是武术中的这种内力，日野想不配合都不成，日野被王芗斋先生崩飞了一米多高，被枣树一碰，头下脚上地摔到地上摔休克了，打日野时国画巨匠齐白石先生也在现场，还为此写了一首诗："原说日落天已黄，九州仍有北斗明。庭院周旋只一刹，布衣群中堪玲珑。假虎假威非真烈，黄尼包中一庸颐。亡魂幽灵应犹在，万里彤云观彩虹"。王芗斋先生打泽井健一时，泽井握着剑，直接就腾空飞到3米外的鸡窝旁（打泽井健一的时候李永倧先生就在现场）。故内力不是金庸笔下的暗运内力即可将一锭金子捏出指印的那种力，那种内力即使有，在我的眼里也只属于绝活儿类，不用王芗斋先生来打他，意拳任何一个训练有素的人，包括我这种三天打鱼两天晒网的人都能收拾这种人。回到刚才的话题，谈到武术表演，真正的武术表演是要把武术的内功融入进去才能会更好，意拳的健舞，就是将内功与形体运动相结合的产物，即形与意的统一，过去的老辈儿人的武术表演都是形神兼备的，这与今天只讲求美观不讲求实用的武术表演是有区别的。

故我们在继承前人武术文化的基础上，如何将现今的武术表演推向一个新的高度，使之形神兼备，真正做到武与艺的统一，是我们需要进一步解决的课题。

第三节　意拳基础发力

1.意拳发力之我见

我的观点与现在许多意拳人的观点似乎不大相同，主要是因为大家都在谈发力的重要性，无论是主动发力还是一触即发的被动发力。但我却认为首要问题当是控制的学问、平衡的学问和整体力的学问，具体讲则是精神与意感的学问及自然力的学问。一触即发的发力只是自然力中的一种表现形式，能有固然是好，没有也不必太过强求，强求的结果就是把意拳又练成了绝活儿。我就很藐视练意拳的有些人张嘴闭嘴的就是发力，在我眼里他们是不懂技击的一类人，也是不懂养生的一类人，他们练了一辈子，追求的只是绝活儿。祖师王芗斋先生练拳时，仅仅是为了健身（因为老先生幼时有哮喘病），然后在整体力的训练中，有了一触即发的能力，发力实只是他的副产品。现在人学拳所追求的以发力为目标的状态与祖师王芗斋先生学拳的状态正好是相反的。就如同雷锋不是要成为雷锋才去做好事儿但最终却成了雷锋一样，这也是"采菊东篱下，悠然见南山"的境界，否则就是本末倒置了。当然，我并不是不研究发力，在我的体系里，我将发力从力源上来划分，至少有16种训练方法，如爆炸力应如何训练，惯性力的发力如何训练，螺旋力的发力应如何训练，离心力的发力应如何训练等，我只是认为没有必要过于执着而已，发力仅仅是意拳诸多训练元素中的其中之一。任何的好东西，只要是拿出来单说，就都是局部，一是拳术体系的局部，二是思维意识的局部，三是意念与精神的局部，更是训练方法的局部。这种局部的东西，再好，我也不认为是正确的。

再有，一些过于强调发力的人，其发力也只是属于定点儿发力的功夫，定点儿发力只是发力的一种基础功夫，这种发力，讲手时是可以的，讲手时对方会有意无意的予以配合，是会有一定发放效果的，但定点儿发力与真实的技击还是有一定距离的，一旦到了擂台上及野战中，双方的身法、步法、打法都在瞬息万变，这种定点儿发力的玩意儿很难用上，过于迷恋它，就会成为绝活儿，任何成为绝活儿的东西在我眼里，都是伪功夫。与这种功夫相反，真实的发力是本能力，学拳的人由做作的技击发力转化到自然的本能之发力，会有很长的一段路要走，而且真是要有悟性及对自己有不断的批判和否定才成，要使自己一次次的归零，一次次的从头再来，没有这种求真务实的精神，是无法由做作之力改变成自然力的。另外，祖师王芗斋先生"五字秘诀"中的第一个字就是"恭"字，越是自恃天分高的人，也越是无法理解什么是老先生的自然力。这也是为什么学拳的人很多，而成功的人很少的其中一个原因。

有些人练发力，从表面上看发力似乎很威猛，但其实劲儿都憋在身上，很多劲儿根本就没能通到手上，更没能放到身外，这种练法与真实的技击无多大的关系，这种发力练多了反而会离技击越来越远。别的门派的发力更不能看，有些门派的名家憋了半天再猛然的一紧，于技击之道更是遥远，这种人下的功夫很大，可惜用偏了地方。我本人从来就不练这种发力，我的发力只在人的身上做，摸不到重心就从来不发，因为发也是出尖儿，发力不是给别人看的，而是让挨打的人感受的，在没接触到对方时所有的运动都不能有定向的力量集结，一有定向就是出尖儿，这种训练练的越多离大道越远，但现在大家都这样练，已经是习以为常，其实全是出尖的学问。狮虎豹在没抓到物体时和在嘴没有咬到物体时，不会上下牙吧嗒吧嗒的瞎咬来吓唬人，只有当叼住了后才发力，但现在练拳的人连这个道理都不懂，都说要师法自然，又有几个是真向自然学习的，这就是"道常在，道不远人，唯人远道"。

其实，现在大家大多练的都不是祖师王芗斋先生的拳，都是在练自己所理解的祖师王芗斋先生的拳，都是修正主义，只是有的人走的远一点儿，有的人走的近一点儿而已。换言之，虽然大家都有祖师王芗斋先生的基因，但都不是祖师王芗斋先生，另外，也不一定非要全都成为过去的祖师王芗斋先生，祖师王芗斋先生的东西也在发展，如果再给祖师王芗斋先生二十年三十年，祖师王芗斋先生的东西也不应该是他当时所说的那样，祖师王芗斋先生的伟大就是他能不断地发展，否则也就不是祖师王芗斋先生了。所以，祖师王芗斋先生说过的话我们要练，祖师王芗斋先生没说过的话，我们未必就不能练不能想。这是一种发展的眼光，而不是迷信的眼光。

再谈一下稍微具体的东西，整体力是意拳训练的一个主要内容，其整体力既是身内的学问，更是身外的学问，如要把外空间引入体内并要让体内走到外空间中，达到内外合一（有人管此叫天人合一），既不执着于身外，也不执着于身内，其大可充实到太苍且无边际，其小可体察到细胞且小到无穷无尽，无微不体察，无大不感悟。周身之动静，既是身体之动静，更是宇宙太苍之动静，周身之紧松，既是身体之紧松，更是宇宙太苍之紧松，一动无有不动，一静无有不静，更有动中寓静之动，静中寓动之静，由动静之相互转换，进一步到动静互为，再进一步到动就是静静就是动，松就是紧紧就是松，虚就是实实就是虚，整体就是局部局部就是整体，空间就是本体本体就是空间，宇宙太苍就是自己自己就是宇宙太苍。果真练到这种境界，一触即发之力在此便不再是什么问题，而是具有之必然。

一些人总是在练身体之内的东西，包括西方的技击术，以为只要是刻苦努力了就会有所成，其实武当派祖师张三丰早就有言在先："执着己身不是道，离开己身事更糟"，祖师王芗斋先生也有："离开己身无物可求，执着己身永无是处"之说。故只练自身的东西不知道要把精神给拿出来，至死也成不了大道，但若只是意念的空想，不能假想成真，更是白浪费时间。这就是我们要研究天人合一的缘由，一定要合一，这才能是真正的整体力。

综上所述，发力仅仅是意拳综合体系中的一种功法，若过于强化它，则堕于片面之学。

2.意拳训练中"光"与发力的关系

习练武术首先要重精神，并要用意念把精神给拿出来，而且还要有身体放光芒的精神意念，但武术中的光芒训练应以养生健身的柔和的光为主并使之常态化，技击时的如戟似枪的金光训练只可占小部分，如戟似枪的金光因为有戾气，长期训练会影响身体的健康，可以量化成三七开或二八开，这也是自然的规律，如同天气，即晴天占七八成，阴雨及暴雨天占二三成为好，若全是晴天也有问题，一年四季全是阴雨及暴雨天更有问题。修炼意拳的光首先要从静、敬、净中入手，还需配合以适当的意念，并由有意到无意之意。养生的光芒可以医病，技击的光芒则是可以当作武器用来伤人的，两个的修炼方式不同，用法也不同。

意拳的发力离不开鼓舞，首先是精神的鼓舞，随着精神而鼓舞的应是光芒的鼓舞，即一提精神就有了光，其次是周身身体的鼓舞，也包括脏腑部位的鼓舞，别的门派叫丹田的鼓舞，也包括脊骨的鼓舞，主要是细胞要鼓舞，具体如筋的细胞要鼓舞，骨的细胞要鼓舞，皮肉的细胞要鼓舞，气血也要鼓荡，不光是别的门派所称之为的丹田的部位，所有藏气血的地方都要鼓荡，这样才会使发力更接近整体力的概念，要想成为真正的整体力，还需加入身外的内容，即要借宇宙的松紧力波。祖师王芗斋先生的原话是："假宇宙之力波，有神助之勇"。祖师王芗斋先生说的"神"应是他感之到了某些超自然的力量，用现在有些人的说法似乎是"暗物质"，但绝不是民间中所说的那种"鬼"力，而有的人得的是"鬼"力，练了一辈子，修的却是"鬼"功。武术的发力，一是力源来源于自身，如以别的门派所称之为的丹田为基础力源，也可以足为基础力源，还可以脊为基础力源，二是以身外为力源。如果把身体比做阳，身外比做阴，发力的瞬间，阳与阴皆须同时做功才正确，否则就是片面和局部，故身体须是力源，身外亦须是力源。仅以身体中的力源而论，人在站立时，发力以足为力源是可以的，人在坐着的时候以别的门派所称之为的丹田为力源也是可以的，人在身体移动的瞬间，如一只脚刚抬起路走到一半时，足及丹田为力源就不合适了，这时须以脊为力源。故就像是下象棋，只会马后炮是不成的，只会以丹田为力源的发力，遇到复杂的搏击环境，会技到用时方恨少。

故拳术的修炼若只以丹田为重，或只以脊骨为重，或只以筋骨为重，或只以气血为重等，从宏观的角度上来讲，都是一种局部功夫。总之，无身内不成拳，无身外亦不成拳，执着于身内身外也不是大道，无身内无身外更不是拳。意拳在发力的瞬间，应有光芒万丈的意感，周身在鼓舞，气血在激荡，筋生力骨生棱，毛发如戟似枪，引用祖师王芗斋先生的话："浑身毛发似金枪，根根无不放光芒，神光离合旋绕在身旁"。故只有那些能将身体中的光给修炼出来的人，才会更真切与立体的理解祖师王芗斋先生的拳学思想。

3.意拳发力的"零起动"

传统武术强调"瞬击术"，意拳强调要"一触即发"，"瞬击术"与"一触即发"的前提是要能够使周身一动就是整的，也叫"一动无有不动"，我管它叫"零起动"。欲要一动就整，从身外训练的角度讲，首先精神意念的假借要真实，具体训练可以从以下几个方面来考虑：一是可以意念想象身体的间架拽远处的大树或远处的白云，但不能真把大树拽过来，而应是通过没能拽动大树却反而把自己的间架给拉开了，这是一种"被动争力"训练；二是可以意念想象身体的间架挤着前面的海水，同时身后被海水的阻力给拽开了，左右也被海水的阻力给拽开了，周身既有阻力又有牵扯，这是一种"主被动争力"训练；三是可以意念想象在拿起间架如抱球的间架时，身体的阳面前后左右都挤靠着海水，身体在逐渐的膨胀。但身体的阴面却同地的往里收拢聚合，这是一种"主动争力"训练；四是可以意念想象身外的空间逐渐的或突然的后退，拽着自己的阳面涨大，自己的阴面在收缩聚拢。这是一种"被动争力"训练；五是可以意念想象身体呈抱球间架时，身体的阳面拽着身外的阻力，往里抱球，调动起被挤着的身体的阴面进行反抗，球越抱越大，同时牵扯之力、阻力与争力也越来越大。这是一种"主被动争力"训练……

从身内训练的角度来讲，须要使自身先能够松下来，通过放松训练，使周身的劲力不停留在身上，而要松沉入地，其后要使周身具有松通，松透，松空的状态，身无滞碍，心无滞碍，在此基础上还要训练出周身的松圆，松满，松整的状态，也就是"身如灌铅，体整如铸，毛发如戟，筋肉如一"的"四如"状态……

"零起动"除了须松更须会静，许多人在站桩及试力时，心身还没有静下来就急着动，其实在一切都没有准备好之前，是不应该有任何多余之动的，首先要先静下来，然后要思考周身什么地方要多参与，什么地方要少参与，什么地方要微动，什么地方要大动，什么地方要慢动，什么地方要快动，力从足生，还是力从身外生，还是同时产生，力从筋生，还是力从骨生，还是力从皮毛生，还是力从气血生，还是力从神生，还是力从无意之意中产生，还是同时产生……都要悉心体会。若周身该参与的与该调动的地方都没有想明白也没有组织与调动起来，这时就急着动，只会是盲动，是局部与散乱之动。故动的不正确的原因，是因为静的不正确，也是因为思想意识不正确所致。意拳的静离不开间架，没有间架的静不是武术，间架首先要合理，在有间架的情况下，周身先要能完全的松下来，松下来的静才是真静，静下来后，身体的感知才能更丰富，更深入，更精微，更精准，更智慧。但是松是无止境的，由此静也是无止境的，那这样的话就永远也动不了了，怎么解决这一问题呢，本人的观点是，松一层静一层，静一层动一层，层层深入，相互检验，相得益彰。总体上来说静比动容易，静就要波澜不惊，动就要如同海溢（没见过海溢，见过牛奶煮瀑了也成），海溢一动就是整的，周身也应如此。要随时体察周身在动的时候，须没有一个地方是不参与的才成，同时也应没有一个地方是过度参与的，即该参与的都参与，不该过度参与的都不过度参与，这才能整。

中国传统武术练的是精神意念与身体的关系，即"内练一口气，外练筋骨皮"，同时也强调"内三合与外三合"即"六合"的训练，这与西方的肌肉训练方法完全不同，故受西方文化影响的拳击及现代搏击等训练体系，永远不会知道什么是"零起动"。

"零起动"的优势是，当两个力点搭上劲儿后，瞬间就可以把对方打出去，而不须再做任何劲力的蓄力准备。故传统武术除了可以断点儿打外，更可以黏点儿打（也可叫接点儿打），不谦虚地讲，在黏点儿打方面，传统武术与域外搏击术相比，具有绝对的优势。故传统武术在与域外及各种非传统武术类的拳种搏击时，能否黏上对方是赢人的关键。从技术层面上讲，能否主动进攻，是黏点儿成功的关键，通过主动进攻可以逼迫对方不得不与我们黏点儿。但若我们是技击通家，已练到"自然力"的水平，可以本能的"一触即发"了，那我们主动进攻与不主动进攻也就无所谓了，在对方主动进攻时，我们也能与对方黏上点儿。但在自身未达到"自然力"的水平之前，若欲在对方主动进攻时也能黏上点儿（做到接点儿打），就须在许多方面走心，如在接点儿时（用间架接住对方打来的点儿）自身间架的角度一定要讲究，原则上讲是要"十字中求生存"，具体如"直来横取""横走竖撞""纵进横击"等。

在对方的劲力没有起动之前或没有充分起动之前，"零起动"是可以把对方的劲儿堵回去的，但对方若已经完全起动起来了，就不要堵对方的劲儿了，再堵就成顶牛了，就要斜击对方（直来横取），或者顺击对方（借力打力）。当我们具有了"零起动"的能力后，我们在对方的眼里会变得不可思议，过去人们常说的"神拳"，祖师王芗斋先生所说的"超速运动"，都与"零起动"的状态有直接的关系。所以，"零起动"是传统武术与非传统武术的分水岭，换言之，学习传统武术的人，若不知道什么是"零起动"，那他这个拳也就等于是白练了。在祖师王芗斋先生的拳学框架里，"惯性力"是"零起动"的基础劲力，祖师王芗斋先生管它叫"引动力"，没有"零起动"的"引动力"就不可能有祖师王芗斋先生所说的"爆炸力"，这是一个完整的训练体系。

4.意拳发力的"松紧"之功

松紧的话题比较大，可以慢慢地来谈。曾经有一些别有用心的外门人质疑意拳祖师王芗斋先生先生的功夫，但从文献记载和不同门派的名家口述历史来看，祖师王芗斋先生的水平的确是现当代人所不能及的，相信李洛能（李老农）先生，董海川先生的水平之高也是可望而不可即的。所以，不是中国的东西不好，是大家都没有能练出来而已。

意拳的训练方法是立体的，撇开前面所常谈的站桩问题不谈，仅仅从步法训练上讲，就会有十数种的步法训练，意拳步法中有一种非常要功夫的步法是"陆地行舟"步，在走"陆地行舟"步时，在某一阶段，是要把筋抻到极限的，意念可为怒虎出林，或飓风卷树，或大步跨水沟，一步过丈，祖师王芗斋先生的早期弟子包括张恩彤等师伯们，他们都在这些方面下过很大的工夫，一个步子要慢慢地走上几十分钟，而且要一走就要走上十数遍，这种苦，不是谁都能受得了的。另外，他们在站桩时，练的也多是加力桩，如大式伏虎桩、降龙桩等，这种功夫的优点是，长功快，功力深厚，像张恩彤先生，就不是谁都能赢得了他的，当时全国的摔跤冠军都输给了他，说明他还是非常有实力的，但这种练法也有不足之处，缺点就是缺少灵动，基本上是属于比较朴实的练法，练出来的多是自力更生的力，借不上天地力，境界到一定阶段后就再也上不去了，永远也到不了祖师王芗斋先生的境界。过去祖师王芗斋先生的弟子多站加力的低桩，但到了中后期，间架升高了，应该是祖师王芗斋先生在中后期对拳术进行了改革。祖师王芗斋先生成名的几个弟子，像早期的赵道新、张恩彤及中期以后的姚宗勋、李永倧等弟子都具有一触即发的能力。我本人也有两次发飞人的经历，一次是遇到我的发小儿钟某，他练太祖长拳，在他家的客厅，他猛地推我前胸，我本能的一惊，瞬间他腾空飞入六米开外的里屋，直接地坐在了地上，当时我并没有使用任何力量，也来不及使用任何力量，我都没搞明白他是怎么飞出去的。第二次是在原中央工艺美术学院的教室里，当时还是学生的张某（现在他是北京某高校的老师），他要跟我比功夫，猛的一揪我的前衣襟，我也是一惊（后来回想，好像是本能地用手臂在下面往上垫了一下他的胳膊），他瞬间双脚离地，腾空翻摔在两米外的黑板旁。这两次我都没有觉得用力，都是对方碰到点儿了，这两次都没有办法再重复一次。应该是我自己不用功，所以不能始终维持这种状态，这应该算是祖师王芗斋先生所说的自然力，只是这种功夫必须要花大时间下大功夫，才能把这种偶然变为随时随地的自然，前提是自己的应激反应必须要快，要与对方的来力一拍即合，周身不能有一点儿的滞点儿，站桩不正确，不认真，不全面都不成，须达到"悠扬相依"的境界时，才能时时如此。所以，祖师王芗斋先生把人发飞，绝不是故事，是多年训练的结果，但现在市面上许多人所操习的那种发力方法是成不了自然力的，传统武术中有句话我很认同，即"拳打两不知"，如果能知道是怎么把对方发出去的，准是刻意的，绝不是自然力，另外，本人的经验是，自然力在发生的时候，身上是来不及用劲儿的，连过脑子的时间都没有。人的身上有一个部位很接近自然力，就是人的眼皮，自然力的发力就像是人下意识而闭上的眼皮。如果在劲力交错的瞬间是自己主观上在用劲儿，那必不是自然力，而是人为的定点儿发力（也叫定式发力）。

现在的搏击赛，MMA很盛行，里面常有一些摔跤的动作，其实摔跤的劲儿远慢于意拳的发力，一次也是在中央工艺美术学院内，在课间休息时，一个东北摔跤队退役的队员，跟我摔跤，刚一揪我的衣襟儿，我就是一个抖身，他一屁股坐在地上，连续几次都是如此。但与他的这个发力，我是有预谋的，是借力打力的瞬间发力，这种力不是自然力，是定点儿发力，所以，最普通的发力是有预谋的定点儿发力，最高级的发力是本能的自然力，这两种力还是有本质区别的，定点发力是可以练出来的，我曾系统的整理了十几种定点发力的劲力训练法，包含了芗老所说的"惯性力""杠杠力""弹簧力""离心力""螺旋力"等劲力，这些都是属于定点儿发力的劲力内容，但本能的自然力则是综合功夫的体现。

练拳时，谈到发力时的身体状态，本人认为，周身都是松的又都是紧的，其实我很不愿意用松紧来说明打拳的状态，因为人们所说的松紧往往与祖师王芗斋先生所说的松紧不是一个松紧，我曾反复的说过，如果把松紧给分开了，就不是祖师王芗斋先生的拳。我在那两次本能的把对手给惊飞时，身体既是紧的同时又是松的，但不是普通人所认为的那种紧松，当人的间架结构在收拢密实时，既是紧的但也是松的，因为如果没有了松，那这种收拢密实就是僵，其实松的同时也是一种拳术的紧，因为没有了紧的内容，就是懈，这些具体的感受，只有真正懂站桩的人才能听得懂我说的是什么。但若炼的不是真正的桩功，是听不懂我在说什么的，为此，我若用松紧来说事儿，就会出现语言的误差，因为人们心中的那个松紧不是我要说的那个拳术的松紧。故对于不懂拳术松紧的人，我认为最好的办法就是不再用松紧这个词来说明拳术的问题。真懂拳的老先生也是明白这个道理的，但他们却还在故意地用松紧这个词来说事儿，就是不想让人真正的听懂，就是要让人自己心中的松紧与拳术的松紧混淆，以吃上这个学生，只有面对他真想教的学生时，老先生才会掰开揉碎了将这两种不同的松紧进行分类解释。另外，还有一些老先生们没有文化，想说也说不清楚，因为中国的词语常有双层或多层的含义，说着说着就会概念混淆。所以，用松紧来说明拳术的状态原本是没有问题的，但因为所面对的对象不同，问题就来了。另外，我也一直在说的一个问题，就是松紧只是意拳发力的一个方面，绝不是全部，所以，即使是正确的拳术松紧，也是片面的。

如果大家理解了我的这个意思，就知道我为什么总是纠结松紧这个词了，但是不用松紧的这个词后，用哪一个词来表述，都会不是很准确的，只能是接近我要说的那个意思。

意拳的发力，在与对手劲力接触的瞬间，自己身上的这个接触点必须是密实的（也就是这个接触点要有拳术的紧），如果不是密实的，对方的力就会伤害到我们，但周身却不能是这种密实的状态，若周身密实了，就会僵滞，就打不了人了，自己这个密实的点儿，面积越小越好，越密实越好，举例如对方过来的不是拳而是刀子，最好自己的意念能密实到刀尖儿都扎不进来，而且自己的密实点也就是刀尖儿这么大点儿的面积，其余的地方都不许密实，用自己的拳攻击对方时，也只是与对方接触点儿的那么大小的地方是密实的，其余的地方包括周身都不能这样的密实（这也叫点儿紧身松），这个密实的点儿要比一个一分钱硬币的面积还要小，所以不是有些人所说的"手紧而臂松"的问题，即使是手，也不能是紧的，只能是在接触的点儿上有变化，这种本领，不站桩的人，永远是练不出来的。发力的瞬间，周身的汗毛是激荡的，周身的细胞是遒放的，周身的间架是合理组织的，骨骼是聚合的，气血是通达的，神采是飞扬的，筋肉是灵动的，身外是有松紧力波的，故发力的状态不是仅用松紧这个词就可以概括的。其实，身体与身外的这些状态，但若简单的说成是"紧"也是没有什么大问题的，若说成是"松"也是没有什么错误的，因为在意拳的文化里，从松紧的角度来说，"松就是紧，紧就是松"，但这个"紧"与"松"绝不是不练拳的人所能具有的，对于身体没有这些东西的人来说，告诉他这是"紧"还是"松"都没有什么意义，这就又回到了前面的话题，正是因为普通人的身体中没有这个东西，故普通人不可能真正听得懂什么是拳术的松紧，对于从来就没有吃过梨的人来跟他说梨的滋味，怎么描述都是徒劳的。所以要想知道发力时自己应是"松"还是"紧"，是"松"正确，还是"紧"正确，就先要弄明白，我们心中的松紧，是不是拳术的松紧，如果是拳术的松紧，那是可以的，因为真松必是真紧，真紧必是真松。这些拳术的松紧，源于系统的站桩训练。另外，正如在文中前面所谈到的，若把发力仅仅看成是松紧的学问那是不全面的，除了松紧的学问以外，还须系统的训练精神笼罩及周身的间架合理组织，骨骼合理聚合，气血通达，筋肉灵动，身外有力波之假借等等的训练。这些训练皆上身后，就可以有人们所能看到的，一触即发和周身力如弹簧的效果了。

综上所述，我们可以看出，从表面上讲，发力与松紧有关，但真正的拳术发力其实不全是松紧的问题，故本人的观点是，在发力时我们坚决不要去顾及松紧的事儿，欲发力时我们只需一振作精神即可，简捷的来讲，发力就是一精神，而不是一松紧，我们在日常的发力训练时也不要只考虑松紧的问题，而要多训练精神的东西。那些执着于松紧的人是把局部的问题给扩大化了，或者说只有执着与局部的拳术发力才会只是松紧的问题。发力的瞬间，身体中参加的东西会有很多，即我们平时训练中的所有东西都会参与进来，如前所述，除了形体方面的内容外，还有精神方面的内容，如"精神笼罩""假宇宙之力波""神助之勇"等内容，或许有人会说"精神笼罩"和"假宇宙之力波"及"神助之勇"的内容也是松紧，是精神的松紧，精神的松紧也是松紧。其实是不能这么说的，"精神笼罩"中会有精神松紧的内容，但"假宇宙力波"就不是精神松紧的事情了，"假宇宙力波"的是谦卑的事情，是在谦卑的训练下才能得到的东西，但若非要说松就是属于谦卑，紧就是属于不谦卑，以此说明松紧与谦卑的关系，那就很牵强了，即便如此，持发力是松紧这一观点的人，一直都在说发力是由松到紧的过程，那如果非要说谦卑也是松紧，则正好是相反了，由松到紧，正是由谦卑到不谦卑的过程，那又如何能在发力时借上"虚空宇宙力"，另外，"有神助之勇"则不仅仅只是谦卑的问题了，更涉及感恩的状态，那不是口头上的感恩，而是要破碎自我，放空自我，真正使自己成为"空口袋"，真正成为"风中旗"，真正地把自己给交托，这绝不是松紧的问题，但如果非要说这也是松紧，那又与发力时是由松到紧的观点相左了，如果松就是感恩，那发力的时候正是在远离"神助"的时候。祖师王芗斋先生所说的"假宇宙之力波，有神助之勇"绝不是一种比喻，也不仅仅是一种意念活动，而是对宇宙力波的真实借用。如果有人认为我说的这些东西是玄学，那只能说是"井蛙不可以语于海者，拘于虚也；夏虫不可以语于冰者，笃于时也；曲士不可以语于道者，束于教也"（《庄子·秋水》）。即"夏蝉不知春秋，凡夫不可语道"。

所以，从整体的角度来讲，如果认为发力就是松紧，那应该练的不是祖师王芗斋先生的意拳，因为从大的方面来看，松紧在祖师王芗斋先生的拳学文化里只是一个局部的东西，执着于松紧既是一种局部，也是一种出尖儿，是属于对祖师王芗斋先生文化的管中窥豹。这也是持发力是松紧的后人们没有一个人能超越祖师王芗斋先生的原因，因为都把祖师王芗斋先生的东西给练局部了，而祖师王芗斋先生反对的就是局部，许多人打着祖师王芗斋先生的旗号练的却是反老先生的东西，老先生所说的"重精神，重意感，重自然力的训练"，现在的哪一个发力，尤其是松紧发力，是老先生所说的自然力，全是些做作的、片面的、出尖儿的、局部的东西，这些都是祖师王芗斋先生所唾弃的。所以意拳的训练，离开松紧是片面，是拳术训练的缺失，执着于松紧更是片面，是对祖师王芗斋先生学说的以偏概全。大家如果不在这个问题上进行反思，那祖师王芗斋先生的东西就会永久的消失的历史的长河中了。

5.意拳的多种劲力

本人认为，在训练的某一阶段，祖师王芗斋先生的"蓄力、弹力、惊力、开合力、重速、定中、缠绵、撑抱、惰性、三角、螺旋、杠杆、轮轴、滑车、斜面"等劲力是可以单独来训练的，否则祖师王芗斋先生也不会单独的来说这事儿，但在最终的使用时，如在技击格斗的时候，到底是用了哪种劲力把对方发了出去，则自己是来不及多想的，完全是依据长期训练时所形成的本能，就像打乒乓球要学摆短、劈长、挑打、推挡、快撕、快拉、侧切、弧圈球、扣杀、削球等技术一样，但如果不会弧圈球和扣杀或不会挑打与推挡，到该用的时候拿不出这个技术来可就麻烦了。

意拳的任何一个拳势，都可以有祖师王芗斋先生所说的"六力八法"及"蓄力、弹力、惊力、开合力、重速、定中、缠绵、撑抱、惰性、三角、螺旋、杠杆、轮轴、滑车、斜面"十五种拳劲儿。如以劈劲儿为主的拳可以有这些劲力内容，以崩劲儿为主的拳也可以有这些劲力内容，钻拳也可以有这些劲力内容，炮拳（不直的直拳）也可以有这些劲力内容等，本人所说的劈劲儿为主的拳、崩劲儿为主的拳及"钻拳""炮拳"与形意拳的"劈拳""崩拳""钻拳""炮拳"不是一件事儿，它们虽然名称相同，但其间架形式、发力方法与使用方法却完全的不相同，就拿"炮拳"来说，师伯姚宗勋先生就曾说得很清楚，姚宗勋先生曾谈到有"不直的直拳"，这种"不直的直拳"就是本人所说的"炮拳"，而形意拳的炮拳却不是这样，这种"炮拳"的间架似乎与西洋拳击的抱架相似，但其实却完全的不同，它是意拳所独有的一种技术形式，区别于天下武技。下面仅以意拳所独有的"炮拳"（即不直的直拳）为例，简介同一种拳势可以有不同的拳劲变化，如：

（1）以"螺旋"劲力为主的炮拳：可以通过意念上的"磨磨试力"或"珠走玉盘"试力训练，使身体具有旋拧的螺旋劲力，身体可以在做"磨磨试力"时出拳，身体旋打。技击时，欲想调动对方，或不被对方所调动，我们可以用以"螺旋"劲力为主的炮拳来攻击对方。本人曾经管这种劲力叫"龙形"劲儿；

（2）以"滑车"劲力为主的炮拳：拳劲儿来源于后足蹬。技击时，欲要瞬击对方，我们就可以用这种以"滑车"劲力为主的炮拳来攻击对方，郭云深先生"半步崩拳打遍黄河两岸"的崩拳劲儿，也是这种"滑车"劲力。本人曾经管这种劲力叫"犀形"劲儿；

（3）以"缠绵"劲力为主的炮拳：拳劲来源于身体的"阳面"力，其状如"老熊蹭背"。技击时，若与对方搭上手后，对方已经控制住了我们身体的"阴面"，我们则可以用以"缠绵"劲力为主的炮拳来攻击对方。本人曾经管这种劲力叫"熊形"劲儿；

（4）以"惊力"为主的炮拳：拳劲来源于身体的"阴面"力，有的门派管这种力叫"丹田"抖绝。技击时，若与对方搭上手后，对方已经控制住了我们身体的"阳面"，我们则可以用以"惊力"为主的炮拳来攻击对方。本人曾经管这种劲力叫"马形"劲儿；

（5）以"弹力"为主的炮拳：拳劲强调身体与手臂的崩弹、缠绵与惊炸的劲力。技击时，在近身肉搏时，为了不让对方的间架控制我们，也为了打顾结合，我们可以用以"弹力"为主的炮拳来攻击对方。本人曾经管这种劲力叫"蛇形"劲儿；

（6）以"撑抱"力为主的炮拳：拳劲来源于撑抱的矛盾争力。技击时，若想近距离攻击对方，或对方已经近距离的破门而入，则我们可以使用以"撑抱"力为主的炮拳来攻击对方。本人曾经管这种劲力叫"鳌形"劲儿；

（7）以"蓄力"为主的炮拳：此拳劲摇摆，其势如扬子鳄。技击时，若想攻防兼备，我们可以用以"蓄力"为主的炮拳来攻击对方。本人曾经管这种劲力叫"虎形"劲儿；

（8）以"斜面"力为主的炮拳：此劲力强调腰胯如轮，旋肘穿打。技击时，若想中心突破对方的间架，我们可以用以"斜面"力为主的炮拳来攻击对方。本人曾经管这种劲力叫"猴形"劲儿；

（9）以"重速"力为主的炮拳：该拳劲来源于身体重心的砸打。技击时，对方若劲力足，我们可以用以"重速"力为主的炮拳来攻击对方。本人曾经管这种劲力叫"鹰形"劲儿；

（10）以"轮轴"力为主的炮拳：拳劲来源于腰脊弹打。技击时，若对方倏然而至，猝不及防时，我们可以用以"轮轴"力为主的炮拳来攻击对方。本人曾经管这种劲力叫"鸡形"劲儿；

（11）以"定中"力为主的炮拳：拳劲来源于"踩提"。技击时，对方若是控制平衡的高手，我们则可以用以"定中"力为主的炮拳无预兆的瞬击对方。本人曾经管这种劲力叫"燕形"劲儿；

（12）以"开合力"为主的炮拳：强调长拳远打。技击时，对手离我们远，或我们不想让对方接近我们，我们可以使用以"开合力"为主的炮拳远距离攻击对方。本人曾经管这种劲力叫"鹤形"劲儿；

（13）以"杠杆"力为主的炮拳：出拳时，腿脚里合外崩，连打带摔，蓄力而发。技击时，若想摔打对方，我们可以用以"杠杆"力为主的炮拳来攻击对方。本人曾经管这种劲力叫"鳖形"劲儿；

（14）以"惰性"力为主的炮拳：该拳劲来源于失重时的瞬间发力。技击时，对方若身法快，我们可以用以"惰性"力为主的炮拳来攻击对方。本人曾经管这种劲力叫"骀形"劲儿；

（15）以"三角"力为主的炮拳：出拳时，手臂与身体拧裹的动程相反，周身相合，逆势攻击。技击时，当对方已经与我们撕扯在一起时，我们可以用以"三角"力为主的炮拳来攻击对方。本人曾经管这种劲力叫"猿形"劲儿；

（16）以浑圆爆炸力为主的炮拳：出拳时，手臂与身体合劲儿而发，形不破体，力不出尖儿，一发即止，一止即发，周身无处不惊炸，在任何角度下都可以攻击对方，这种"浑圆爆炸力"是祖师王芗斋先生独有的发力形式。本人曾经管这种劲力叫"麒形"劲儿。"浑圆爆炸力"的拳劲儿，可以对应祖师王芗斋先生的"蓄力、弹力、惊力、开合力、重速、定中、缠绵、撑抱、惰性、三角、螺旋、杠杆、轮轴、滑车、斜面"等所有的拳劲。

本人将意拳的"炮拳"（不直的直拳）、"钻拳"等拳法，按照祖师王芗斋先生的"蓄力、弹力、惊力、开合力、重速力、定中力、缠绵力、撑抱力、惰性力、三角力、螺旋力、杠杆力、轮轴力、滑车力、斜面力"等十五种不同的拳术劲力进行训练，其实际意义，就如同象棋中的

"车""马""炮""象""士"等，我们可以立体的攻击对方，而不至于反复的只会使用一个"车"或"马"来疲于奔命。具体如在推手与技击时，我们若只能从一种角度，或一种间架的状态下来攻击对方，而在其他的角度与间架下别着劲儿发不出力来，其结果就只能在技击时靠碰运气来赢人，若对方始终不给我们合适的角度，或不给我们所要的劲儿，我们就始终出不了手，但有了"滑车力""杠杆力""螺旋力""弹力"……多种劲力后，则可以从心所欲的多距离，多角度，多节奏的攻击对方，而不会被单一的拳术劲力所局限，而且我们还可以反过来控制对方，始终不给对方所要的距离、角度与节奏，使对方的技术失效。

本人曾细分了意拳的18种劲力，并给每一种劲力起了个名字，称之为"新传意拳十八形"，即：犀形、鳌形、鼍形、燕形、龙形、虎形、狮形、猴形、马形、蛇形、鸡形、鹤形、鹰形、骀形、鹬形、熊形、猿形、麒形（具体内容见后面的《谈拳术训练中的"松紧"与"十八形"》）。

意拳的拳劲儿不是招法，我们掌握的拳劲儿越多，我们的赢面会越大。往往在各门派的传承中，拳劲儿向来都是保密的。本人将祖师王芗斋先生的这些拳术劲力进行挖掘与整理，是为了最终的"爆炸力"而服务的。祖师王芗斋先生所述的"蓄力、弹力、惊力、开合力、重速、定中、缠绵、撑抱、惰性、三角、螺旋、杠杆、轮轴、滑车、斜面"等种种劲力，也包括本人的"新传意拳十八形"，只是属于意拳劲力中的基础劲力，只有练到了"浑圆爆炸力"后，才是真正的意拳发力，正如祖师王芗斋先生在"六力八法"时所谈，其"惯性力""离心力"等劲力仅仅只是一个引动力，最终的当是"爆炸力"。

6.意拳的"浑圆力"不是形意拳的"混元力"

现在许多人都没有能真正看懂祖师王芗斋先生的东西，没有搞明白意拳甚至是中国武术到底应该修炼什么。祖师王芗斋先生在世时一直在倡导自己的学术主张，但始终不被武林同道所理解，祖师王芗斋先生曾感言："不知吾道千年后，参透禅机有几人"。

中国武术其实并不难，就是练周身均整的一个浑圆六合，祖师王芗斋先生叫"整体力"，我叫"先天之功"。诸如什么"浑圆力""浑圆整体力""浑圆爆炸力""自然力""本能力""自然本能整体力""自然本能整体浑圆爆炸力"，包括我所说的"先天之功"，岳武穆的"六合力"，都是一个东西，是一个东西的不同表述。这就是中国武术要练的东西。

祖师王芗斋先生的"自然本能整体浑圆爆炸力"，简称为"浑圆力"，不是形意拳的混元力（或叫浑元力）。

形意拳混元力的力源在丹田，属于爆发力的范畴。祖师王芗斋先生的"浑圆力"，力源在身内与身外，发力时力无方向，不是"爆发力"而是"爆炸力"。

在训练方法上也完全不同，形意拳的混元力从身内练起。祖师王芗斋先生的"浑圆力"从身内与身外练起。

形意拳的"混元力"讲明、暗、化劲儿。讲练精化气，练气化神，练神还虚，练虚合道。祖师王芗斋先生的"浑圆力"更讲精神、意感、自然力。讲执着己身无物可求，离开己身永无是处。形意拳的"混元力"受道家文化影响，讲大小周天。祖师王芗斋先生的"浑圆力"更受佛家文化影响，不讲大小周天，有立禅的痕迹，讲人与天地，身内身外的圆融统一。

祖师王芗斋先生的"浑圆力"与形意拳的"混元力"（或叫浑元力），它们完全是两种不同性质的文化。

现在有许多练形意拳的人，以为意拳的"浑圆力"是把字给写错了，认为"浑圆力"就是形意拳的"混元力"，其实，恰恰是意拳现在用的这个"浑圆力"是把字给写对了。

意拳的"浑圆力"中可以包含有形意拳"混元力"的内容，如我们也可以有大小周天的训练，也可以有明、暗、化劲，也可以练精化气，练气化神，练神还虚，练虚合道。但形意拳的"混元力"中却无法有意拳"浑圆力"中的东西，因为意拳是在形意拳的基础上升华而来，如同解放军的装备是从八路军的装备中升华而来，解放军与八路军的武器装备完全不在一个时代。后面的可以有前面的，但前面的不可能有后面的。除非练形意拳的人改换门庭，转入意拳门，重新学习意拳的浑圆力。

祖师王芗斋先生之所以抛弃了形意拳"混元力"的训练体系，就是因为觉得这个体系有不完善的地方，意拳的站桩功，不养而自养，不练而自练，其"自然力""本能力"的体系完全可以取代"明、暗、化劲"的理论体系，形意拳有关"化"的理论莫衷一是，而意拳"自然力""本能力"的理论体系却是落地的、可操作的，而且是更先进的。

当然，如果从了解天下武功的角度来看，练一下形意拳的"混元力"是没有问题的，甚至练一下西方人的拳击也是没有问题的，但是一定要在训练中剔除掉其落后的东西，如它们体系中的执着与出尖儿的东西，着形、着象的东西，重力轻神、重形轻意、教条与贪念的东西。否则，既耽误了我们自己的时间，又会使自己形成错误的动力定型，越学离道越远。《列子·说符篇》中《歧路亡羊》一则寓言中的一句话说得很好："大道以多歧亡羊，学者以多方丧生"。其实，拳不在多而在精，意不在博而在真。当然，话也要说回来，没有广博也很难有高度，没有复杂也很难有单纯。这些拳术中诸般变化，没有文化的人既听不懂也练不了，祖师王芗斋先生之拳之所以难学，是因为它又叫"大成拳"。"大成拳"就是"夫子拳"，"夫子"文化就是"大成"文化。中华文化中，只有孔夫子可以称之为"大成"，祖师王芗斋先生的拳叫"大成拳"，正说明了祖师王芗斋先生如孔夫子一样，是真正顶级的文化人，所练的拳是"夫子拳"，是文化拳。

祖师王芗斋先生把传统武术靠力气吃饭的东西，升华成了一种"夫子"的文化，完全超出了传统的形意拳。

总之，"混元力"与"浑圆力"之间的差别，如同是冷兵器时代与热兵器时代的差距。祖师王芗斋先生的东西，是一种剔除了单一方向劲力的"爆炸力"。他们之间，无论从养生健身，还是从技击，还是从文化修养，没有一处具有可比性。

第四节　意拳发力与技击

1.意拳发力与技击之法

传统武术除了意拳有发力外，其他的拳种也有发力，但其他拳种的发力，一般都是局部力，再就是发力常与实战脱节，这些问题在前面我已曾谈到。意拳的发力要与实战挂钩，要把发力融在身法里，在打击对方的同时，首先要用身法和间架来保护自己，训练发力时要有假想敌，要假想自己在控制了对方后再发力和对方在攻击自己的瞬间出尖了我们再发力。

发力要有多角度，多距离，多体位（手、脚、头、膀、背、臀、肩、肘、腕、胯、膝等体位）的训练。最重要的是要把发力融在身法里，即先把身法训练出来，然后在身法运动的过程中，在多角度情况下的随之一凛即可。

其实西方拳击的许多打法和练法还是很值得借鉴的，比如泰森的出拳发力，虽然是局部且出尖儿的，但他的实战意识很真实，在许多情况下，他的训练思路也是正确的，如从他训练的视频中能看出，他会假想在主动调动对方和对方进攻及对方调整的瞬间发力，这就是从实战的角度出发，这种发力的训练才会有意义。

意拳的发力有很多种表现形式，这里只举"炮拳"（不直的直拳）为例。意拳的炮拳，在试力及发力时，后手防护至眉额即太阳穴的部位，同时前手出拳攻击，要"拳从口出"（可想象与口有关联），拳谚"前拳打人，后拳使劲儿"，即重点是后手向回移动时要有裹挂拧翻之力（拧半把），双手与身体的关系是身横手纵，即身体是横向移动的但双手是前后移动的。身体的移动要与双手有矛盾力，以左手和左脚在前的顺步间架为例，即当身体向右移动时，左手的前手拳向前移动，当身体向左移动时，则右手的后手拳向前移动。手与身体的位移是矛盾的，故本人称之为"身横手纵"，但这不是倒体位移（拳击是像不倒翁一样的倒体，因为拳击不用提防对方的腿击，所以可以倒体），而应该是如钟摆般的摆体位移，这种摆体位移也可以看成是意拳摇法与旋法的劲力体现。当然，本人的"炮拳"并不只是摇法与旋法的劲力体现。本人在基础的训练阶段借鉴了祖师王芗斋先生"六力八法"的理论，将意拳的劲力进行了细化，细化的优点是，可以把错综复杂的劲力变化，分门别类地分为若干个细节进行揣摩与研讨。故"六力八法"的每一力皆有自己相对独立的劲力特征。当然，技击时就不要考虑这些了，技击时碰到哪儿就是哪儿，无论是惯性力、离心力还是弹簧力，什么好使就用什么，一切皆随缘而发，到了高级阶段就什么也不分了，而应该是浑圆爆炸力，前期所训练的劲力都是爆炸力前的"引动力"（"引动力"为王芗斋先生用语）。

做"炮拳"发力训练时，一定要有假想敌，在没有触到对手的重心之前，始终要保持周身间架的搜寻问路之机敏性，直到触到对方的重心后，只需周身一凛（也可换个角度来说是叫周身一炸），意透敌背即可。另外还要想到有可能不是手先触敌，而是手腕子触敌了怎么办，手臂触敌了怎么办，甚至胸腹触敌了怎么办。故"炮拳"发力，虽然是准备去用手击敌，但搏击时的情况会千变万化与瞬息万变，往往不是按照你的预案去发展。这就要求"炮拳"的发力训练也不能执着，要有多种角度与多触点的训练感悟。故无论是"炮拳"还是"钻拳"或是"劈掌"，所打出的力都得是整体力。前面已经谈到意拳的炮拳、钻拳、劈掌与形意拳的炮拳、钻拳、劈拳不同，名称虽相同但内容则不同，从外形到神意到用法都完全的不同。意拳的炮拳更像是拳击的直拳，但却是不直的直拳，而且还力不出尖儿；意拳的钻拳也叫"坐地起火"，与形意拳不同，外形上有点儿像拳击的下勾拳，但神意和用法都与拳击不同，而且也是力不出尖儿的；意拳的劈掌也叫"拂钟无声"，外形上与形意拳的劈拳完全不同，有点儿像摇辘轳，也是力不出尖儿的。意拳无论身体的任何部位触敌，其力都得是整的，就像是开过来的汽车，对方碰到哪儿都得受伤。这里似乎有些吊诡，即既要整又要灵敏，但许多人一整就滞，一灵就散。还是祖师王芗斋先生解释的好，要"动若灵犀"。想想灵犀的状态，那会是什么样，看看电视里播的《动物世界》，它会给我们很大的启发，灵犀是会"一触即发"的，这应是我们意拳要追求的发力状态。故意拳发力绝不是一拳一脚的事情，它是一个整体行为，故平时训练得越全面、越周全、越丰富、越具体、越真实，实战时的胜算会越大。

2.意拳打沙袋的发力训练

意拳不可以按照西方拳击的方式打沙袋，但可以偶尔把沙袋当人来打，体会一下主动攻击时的主动发力，但这种发力也是出尖的，不能常态化。意拳发力本是当对方打到自己的身上或打到自己的间架上时，自己在对方的力点上的本能发力。主动发力也是在打到对方时，借对方的抵抗力而把对方给崩出去，若对方的身体全无抵抗，在合住对方的重心后，这时才用穿透力穿透对方。

意拳祖师王芗斋先生认为有方向的发力是出尖儿的，爆炸力才是真正的拳术力量。有人认为，爆炸力的产生是人体的松紧状态由大松到大紧的瞬间转换，但本人却不完全认同这一观点。本人认为，意拳的劲力训练，当从松入手，逐渐进入到松紧合一的训练。如骨松筋紧，骨紧筋松，阴面紧阳面松，阳面紧阴面松；再如内部如机轮飞转，周身鼓舞，外视安舒，意不露形。故发力前的身体，松紧是同时存在的，无须转换，若先松后紧，无论转换得多快，遇事儿都来不及了。祖师王芗斋先生的原话是"一面鼓一面荡，周身无点儿不弹簧"。即在搏击的瞬间身体不是静态的而是动态的，只是没露出外形而已，既不是松的也不是紧的，而是松紧互为的，又如飞转的钢锯，看似不动，但任何东西触上即崩飞，这样才能一触即发。所以当练到能使自己的身体达到松就是紧的境界时，才能谈一触即发的爆炸力。意拳在发力前，松紧是合一的，在发力的瞬间，松紧更是合一的，只是级别不同，发力的瞬间是松紧合一的升级版。所以许多人练了一辈子的松功，在关键时刻一紧就出尖儿，从技击的角度讲，这等于是练偏了，更有人着力练紧功，虽能有一定的打击力，但却是戗生运动，这都不是祖师王芗斋先生所倡导的。

意拳的理论是公开的，但具体的练法教起来却是很慎重的，诸如"骨缩筋伸"的观点及"撑抱互为"（与"撑三抱七"不是一件事儿）的观点，祖师王芗斋先生也只是一掠而过，更别提谈它们具体的练法了，但是没有"骨缩筋伸"与"撑抱互为""阴阳一体"的具体练法，就无法具有其后的松紧合一，没有松紧合一也就不会有一触即发的爆炸力，所有的这些功夫在打沙袋中都无法练习。另外，意拳的发力，最主要的一点是精神，其力量来自精神，其战斗的意志与搏击的状态更来自精神，意拳诸多的发力训练也都是在精神的引领下而进行的，而不是也不应该是在沙袋中进行的。故意拳不提倡打沙袋，若非要有一个实物作为打击对象的话，那最好是打真人，可找个陪练来练。

3.意拳技击中的劈劲儿

首先要说明的是意拳的"劈"劲儿与形意拳的劈拳不是一回事儿，虽然名称上相似甚至可以名称相同但内容也不同，包括意拳里还有"崩拳""钻拳""炮拳"等也包括祖师王芗斋先生在《意拳正轨》中所谈到的"金、木、水、火、土"五行说等均皆与形意拳同字不同意。

意拳的"劈"劲儿是一种基础劲力，它可以通过摇辘轳试力来寻找，在试力时首先头顶要有悬拔之意念，"注意顶心如线系"。然后抬双臂，其劲力要从身体的阳面上来，具体如劲力由地心被引上来，然后通过脚到脊到头项直到双臂。当双臂抬到额头的高度后，再向下抹掌，其抹掌之力也是由身体的阳面来引起的，具体如头要上领，项要上提，脊要上拔且后靠，其后靠的真实性来源于站桩时的背靠旗杆的真实状态（通过靠旗杆或竹竿的意念训练，可将脊的活力开发出来，其状如虎豹之脊，脊两侧的肉是夯拉在脊上的，虎豹之脊可如波浪般的起伏蠕动，尤其在奔跑和发力时更明显，通过靠旗杆可以练成这种状态），腰与臀也要向后靠同时还要向后向下坐，体会虎坐熊臀的状态，双膝要前顶或叫意念前指，双脚要抓地。最终要体会到脚，是脚在做摇辘轳，看似是手臂在做摇辘轳，其实用的都是脚下的劲儿，身体是传导的媒介，手臂只是挂住对方的着力点。故做摇辘轳试力时始终要有敌情，要有挂住对方的真实感受。双手与身体既是传导与通透和通达的又是矛盾的，其矛盾性体现在，手臂向下抹掌时头项反而向上领，身向后靠时手臂的劲力与意念反而向前指。其"劈"的力量如同蒙古人的弯刀，既有向下劈的力量又有向回挂的力量或既有向下劈的力量又有向前搓的力量，它是以线打点之力，是一种搂挂切割之力，更是一种综合劲力，所以对方不易防，当然练起来也不好练，很容易练成单一的劲力。使用"劈"劲儿时切不要着急，最好的劈法是，先给对方一个单向力，如向下的力，当对方刚一感知到这个力并有了下意识的反应时，你却突变成向回的挂力，是阴面搭而阳面挂，即用手臂搭上对方的劲后，但不能用阴面的力，既不能用手臂自身的力也不能用胸腹的力，而要用脊背头项等阳面的力，这是一种杠杆力，但其转换必须要自然流畅而无痕迹才成，这其实是一种复杂的纵横力，对方会一下子就被挂起来。当对方被挂起来的瞬间，我们的力则要整，其状要如从窗户仰跌入楼下时瞬间本能地抓住栏杆时的状态。"劈"劲儿最好要用前臂来接触对方，即使是手接触到了对方，也要用前臂的劲儿来劈，这样用的就是杠杆力了。所以"劈"劲儿，既有惯性力，又有杠杆力，还有一部分的离心力，用突然了还要含有弹簧力与螺旋力，它是一种综合劲力。具体如在做摇辘轳试力时，在劲力向上运动的过程中，整个臂膀都要动起来，如前所述，劲力首先是从阳面传导上来的，然后大臂要抬起来，继而肘要抬起来，再传导到前臂要抬起来，手要拿起来，掌心要吸起来，掌背要棚起来，十指要吞吐兴奋起来。周身节节贯穿，不许有断续处，大臂向上抬起时要暗含有崩弹之意力，如想象有人欲按住你的大臂阻止你抬起时，你则能在任何一个触点上都能把对方崩开，前臂也如此，或想象身外有诸多小球落在你的手臂上，无论是落到大臂还是小臂及落到手腕或指尖上，都能将它崩飞，其崩力不是手臂上的，形之于手臂但其根在脚。向下抹挲时，虽以前臂或手为触点，但首先是由大臂引动的，大臂是由头项和脊椎及后靠之腰胯及下坐之尾闾及双膝之争裹及双脚之踩提而引动的。故手臂的任意一动，无不是周身之动的结果。

另外，在做摇辘轳试力时，从健身的角度讲，还可以把大小周天给调动起来，首先是小周天的任督二脉，具体如当手臂在做摇辘轳时，随着手臂的上抬与下落，意想督脉的气血由下向上顺行，再通过任脉落下来，周而复始，手臂之动与任督二脉的气血之动互动互生，但这事儿不可执着，有亦可，无有也亦可。再有，除了身体自身在做摇辘轳外，更要把精神给拿出来，带动起身外的所有的阻力与力波来参加运动，故周身一动，无论是形动还是意动，身外都要有搅动天地之势。其身外之动又分为主动与被动，主动就是由我来搅动天地，被动是天地已然搅动，而我只是顺势而为，即唯天地而是应，这两个各不相同，但都应该练到。只有将内动与外动合为一起的运动，才是大道。

4.意拳的开合力

意拳的许多训练都与开合相关联，它们是"遒放"的基础。如"前手推石碑，后手拉惊马""抻丝"运动、"开合"运动、"牵拉"运动等。以"牵拉"训练为例：可假想双手的十指上有十根皮筋相连（取撑抱桩间架），双手拽动皮筋使怀内的空间加大；继而可假想十个手指上另有十根皮筋与远处的大树相连（取撑抱桩或钩挂桩间架），拽动皮筋使怀内的空间进一步加大；再进一步可假想十个手指有更多的皮筋分别与天与地相连，拽动皮筋使怀内的空间更加的增大，六面抻拉使周身建立争力；其实，不光是双手，周身都要与皮筋相连，这些皮筋既与自身相连又与外界如远处的树、天上的云等相联系与相牵挂。可首先使双手与脖项建立争力、与脊骨与后腰与胯与膝与踝与脚建立争力；其次是前膝与后胯建立争力、与上述的脖项与脊骨与后腰等身体的各部建立争力；再其次是双脚与双手建立争力、与上述的头与脖项与脊骨等部位建立争力，故"开合"训练也是争力训练中的其中一种训练形式。

这些训练从初级的角度来讲都是在抻筋，拳谚"筋长一寸胜过肉厚一尺""筋长力大"，抻筋同时是松骨，即松开骨缝，筋抻的越长，骨缝的空间会越大，这样也更有利于意念入骨，这是培养筋骨力的基础。其实，意拳的训练可以从几个方面来思考，具体以按浮球为例。

（1）按浮球的主动力训练：

①身体向下按的同时手也向下按，是身先手后的运动形式，此训练的是惯性力；

②手向下按时，身体向上拔，是通过手向下按的意念把身体给拔起来，手的动程很小，几乎不动，也就是按不动球，是动身不动手的运动形式，此训练的是弹簧力，是反向的矛盾力；

③手向下按时，身体向上拔，手的动程与身体的动程相同，即手动多少身即动多少，手与身体的劲力对拉拔长，此训练的是矛盾的爆炸力。

（2）按浮球的被动力训练：

①双手按在浮球上时，想象海水涨潮了，双手被浮球抬起，身体与双手是同向的，身体也随之向上拔起，继而再想象海水落潮了，双手随浮球而下落，身体也随之而下落，此训练的是身体的被动力，这是一种应力训练；

②双手按在浮球上时，想象海水涨潮了，双手被浮球抬起，双手向上抬起时身体向下沉落，身体与双手是反向的，继而再想象海水落潮了，双手随浮球而下落，身体反而向上拔起，此训练的是身体被动的矛盾力，这也是一种应力训练。

祖师王芗斋先生"六力八法"中的"八法"，"提顿、吞吐、沉托、分闭"皆与相互牵拉的矛盾争力有关，如最开始时，"提"就是提，"顿"就是顿，再其后就是"提"中有"顿"，"顿"中有"提"，这时的劲力就有了矛盾，就有了牵拉，到"提"就是"顿"，"顿"就是"提"的阶段时，就是矛盾的综合体，是桩功与试力的高级的表现形式了，祖师王芗斋先生的"提顿、吞吐、沉托、分闭"虽然表述不同，初级的练法不同，但其实是一件事儿，是一个不可分的整体，最终是要合一的，是要同时具有的，分开哪一个来谈都是片面。

"开合"训练中的牵拉训练，只是意拳整体力中的局部练法，这种力不练不成，不这么练，身体的许多机能不被开发，但真练也不成，它会使身体执着，因为它是后天之功，是人为的东西，意拳应该练的是先天之功，是无意之意，也是无力之力。这就是中国武术的吊诡之处，练了就执着，不练又什么都没有。

本人的经验是，这种牵拉的东西练一段时间就可以了，身体中有了"开合"的语言就可以了，不必太执着地找，真需要下功夫的地方是另有它处，诸如"精神笼罩""假宇宙之力波""神助之勇"，也包括"自然力"等都是更需要下功夫去修炼的地方。

5.意拳的惯性力

本人认为意拳的惯性力，实是由形意拳的老崩拳劲儿演化而来的一种拳术劲力，祖师王芗斋先生得自于郭云深老先生的秘传，并把它保留了下来。这种劲力首先来自站桩的功夫的训练，在站桩时先要将周身的劲力皆松到脚底，并使筋骨与气血皆能连通为整体，即首先要达到"四如"的境界，即"毛发如戟、身如灌铅、体整如铸、筋肉如一"。

惯性力的运动状态要体现出拳术劲力中的本体力，即周身是一个如铸的整体，当脚下发力时，其力直接传导到身体的各个力点上，其状若汽车之动，即汽车之动即是由车轮之动而引起，动起来的汽车，车体的任何一部分若碰到行人，都会有伤害性，包括剐蹭。惯性力即是如此，其力生于足，继而传导到周身，最终传导到包括手在内的任何一个打击点上。故手臂之动实是脚底之动，触碰手臂及周身的任何一个点，都等同于直接触碰脚底一样。训练惯性力，周身首先要静，任何身体的局部都不许有随意的盲动，也不许提前运动与滞后运动，周身不能努劲儿更不能疲软，间架之力既不是撑着的，也不是顶着的，而应该是合着的，身体之动静要纯粹，不要有"杂质"。惯性力首先体现出来的是劲力的能量传导，最容易理解的能量传导之力是自下而上的推顶之力，如推举杠铃，即是由足到手的自下而上的立木顶千斤之力，但将此上下之力，转换成向前或向后、向左、向右的劲力时，则因为身体的传导有了角度上的变化，则劲力就不易再如上下力这般的顺畅通透了，故在训练时就要举一反三的由对上下力的认识转换成对前后左右力的认识，即上下力是如何贯通的那前后左右力也应该是如何贯通的。也可想象其力量仿佛是一个直插入地的竹竿，再由直插入地转为倾斜的插入地，其力依旧是入地的，当角度倾斜到可以直面对手时，这个力就由上下力转换成了前后力，从力点上来讲这个力是整的，对方是顶不动的，这也可以叫作"竹竿劲"，"竹竿劲"与惯性力有类似的内容，即其劲儿是可以一通到地的，要将惯性力练成对方无论从哪个角度来触动这个力，这个力都能通达于地，如同从地上长出来的竹竿，而且还正好正正的顶着对方。惯性力是大概念，"竹竿劲"是小概念，之所以用竹竿来比喻，就是因为竹竿比较形象，虽然它又轻又细，可以从旁边一折就断，但它一旦怼正了，其力却是非常大的，正所谓"立木顶千斤"。所以，站桩时的间架很重要，首先要理解什么是间架的立木顶千斤，即对方无论从哪个角度来向下压你的手臂，你手臂的间架，都要直接通达于地，如同被竹竿正正的撑顶着，引用祖师王芗斋先生的原话："上有绳线系，下有木支撑"。故当理解了拳术中上下力的支撑力后，再把这种认识放到前后左右的劲力中，也就是我常说的把高射炮放平了打，即要让这个力放平了，也依旧能立木顶千斤，这样才能找到这个劲儿。这个道理说起来容易做起来难，只有把桩站好了并按照此要求认真地进行试力训练才成。形意拳站三体式桩的人，站成后都有这种劲儿，这也是检验形意拳拳师的基本标准，即当你用力抵住对方的手臂时，会感到对方的力是直入地面的，当然，这种力也是有残缺的，最致命的缺陷就是缺少两翼的力量，这是一种直力，其优点是力直（在直力的力点上对方是推顶不动的），其缺点也是力直（力直就易出尖儿），故它仅仅是最基础的本体力。要想让这种力变高级，就要在此基础上，再加入横向的力量，要让竹竿横向的膨胀起来，要使之除了具有前后力外还要具有上下力和左右力，即要使这种单向的竹竿劲儿具有向四面八方的遒放力。

慣性力具体的训练方法，首先离不开站桩功法中具体的意念内容，经过意拳的换劲训练，当人体周身产生了真实的假借感，能引动空气产生力波后，即可进行"钟摆""推拉""提按""撑托""钩锉"等意念内容的摸劲训练，此意念可使身体与外界产生相依、相应、相争的均整谐调之意，形成"与空气争位置""与地心争引力"及"我动天地动""我走天地走"的意感。这时身体的各个部位，均须贯通一致。其中最重要的是"头"，首先要有虚灵、悬束之势，使之具有磁力吸引的真实感受，这种经意念诱导而出的非人力而为之的外界牵引之力，是意拳发力的前提条件；其次是"足"，双足要轻松自如地平置于大地之上，无论是站成"平行步"，还是站成"丁八步"，足意要松于地下，头上悬意有多高，足下踩意有多深，头上悬意有多浓，足下踩意有多真（初练时足意入地越深越好，随着水平的提高，足意则又由深入浅，以至于最后要悬浮于地面上）。意拳头顶的悬提之力，在意念上主要来源于头顶之外的宇宙之力，并由此而下达于足底，使足底亦产生悬提上引之力，足底的悬提上引之力与足部的下沉之力产生矛盾争力，其上引之力是透过足背与双膝，通达于头顶而连于宇宙的。在足底悬提上引的同时，足部随着身体的放松又有了如上所述的与悬提之力相矛盾的下落之力，其下落之力主要来源于双足之下地心的吸引力，然地心吸力的显现首先由宇宙的悬提之力而引发，即在具有了悬提之力的同时才产生了吸沉之力，其状若吸盘，上悬之力愈盛则下吸之力愈强。由于足部自身同时存在上引与下吸之力，故这种矛盾争力使足部的每一个细胞皆被唤醒，使每一个细胞及细胞与细胞之间皆存在着灵动的矛盾争力，此争力是惯性力的基本力源，亦是惯性力的发力基础。总之，意念上的宇宙悬提之力通过头顶使之与双足产生了初步的争合力，其力引之于头，争之于足，贯通于手及身体的各个触觉边缘。

惯性力的发力法与其他劲力的训练方法有所不同，惯性力在力的传导与力源的认识上，足的踩意至关重要。其前、后足的踩意是提、蹬、扒、缩、争、踩、合，蹬、撑、靠、裹、拧、扣、惊。当力由踩意而引发后，力便向上传导到了膝与胯，此时的身体状态应纵之于膝、转抖于尾骨、争合于腰胯，并应圆腰溜臀沉肩胯，空胸实腹争圆裆，肩争肘横手意展，争胯领项脊弹发。发力时手的梢节及身体的各个力的边缘梢节，如肩、肘、腕、胯、膝等各个可以攻击对方的部位，皆要与足的踩意相争合，即足一踩，力就要瞬间争合到手及身体边缘的各个力梢上，虽是手发力或肘发力，但其实却是足发力。在力的传导上，其足与手及各个力梢的瞬间发力时间应略有时差，应是足前手后，而不能同时而动，这是惯性力区别于其他劲力的最明显之处。发力时身体要有"内三合"与"外三合"，其内意与内氙的发放既要气充丹田更要气冲霄汉，然其内氙的培养除源于站桩、试力时的意念调整外，还源于意拳站桩、试力及发力时的试声训练。

学练意拳惯性力，有意拳站桩、试力基础的人，只需稍加点拨，短时间内即可奏效。当人的身体具有了惯性力的"纵横在汪洋"和"无往而不浪"的意感后，惯性力的发力精神即可算是基本理解，然后亦可在此基础上循序渐进的学习意拳的螺旋力与轮轴力等多种劲力。祖师王芗斋先生曾言："不期然而然，莫知至而至"，惯性力的发力训练亦是如此，只有从有形有意的执着状态而逐渐过渡到自然而然的本能状态时，才能算是真正掌握了惯性力的发力精髓。

总之，惯性力的训练要使周身时时与大地相联通，身体的任何一个部位都不许阻断从脚下传导上来的劲力，始终要使手臂或周身的任何一个力点都与脚的力点在两点间相贯通，即无论手在任何位置、任何角度都能直接与脚相通连。

普通人后天所养成的用力习惯是手臂很勤快但腿脚很懒惰，即人们对手的关注与调动远远超过了对脚的关注与调动，这也是许多人惯性力练不出来的主要原因。故我们要在日常的训练中，在意识上多加强与脚的对话，提升脚的兴奋度，积极地促进脚部细胞神经的兴奋与激荡，以增强脚部的触觉活力。

在实战中，与对方搭手，若你的力是来源于膀子，则只会打在对方的膀子上，若来源于腰，则只会打在对方的腰上，若你的力是来源于脚，则会打在对方的脚上，这样对方就会被打的双脚离地地蹦起来。故只有调动了双脚，其力才能把对方给打僵与打整。用惯性力攻击对方的间架，稍微地给他一点儿力量，轻触其臂，对方就会有强烈的震动感，尤其是对方的头项，常常是对方的头还停留在原来位置，身体已经被打得后移了，故会有头和身体的错位感，这也是检验惯性力发力是否正确的标准，这样的话受力者的颈部极易受伤，师兄弟间在相互对练时须拿捏好分寸。

总之，惯性力的掌握离不开站桩，离不开试力。在试力时，除了脚下要兴奋外，周身哪处儿都不许有多余的兴奋，即要尽可能地使周身的其他部位都安静下来，这也就是本人所常说的身上不要有一点儿杂质，周身要干净。惯性力在训练时，先要周身节节松开，松开的基础目的首先在于协调与连通，要在周身连通的情况下，然后其力直接由脚通达到与对方接触的力点上（对方碰到我们的手，手就是力点，对方碰到我们的前臂，前臂就是力点，甚至对方碰到我们的胸腹，胸腹就是力点，这样即使是对方一掌或一拳打在我们的胸腹上，我们也能把对方崩出去），并要在意念上穿透对方。一般的情况下，身体的劲力不干净的人，在做惯性力时，在进攻的瞬间身体的调动是混乱的，是不该动的乱动，该该动的不动及该先动的却后动，该后动的却先动，而且还会是"添油战术"，即在运动的过程中，不断地增加参与的东西，如在向前做运动时，一会儿腰的力上来了，一会儿胸腹的力又加进来了，一会儿脚下的力又加上来了，这是边运动边动员边参与边调动的"添油战术"，这种劲力训练法，是练不出冷脆的爆发力的，欲想劲力冷脆，其前提即是不动则已，一动即全动，不给对方逐步加力与我抗衡的时间，这就像是战争，不动则已，一动就是举全国之力的全面战争，山崩地裂，不可阻挡。用于拳术，则是瞬间即以周身的全部之整体力来摧毁对方的局部力。惯性力的试力训练很重要，始终要遵循一动无有不动，一静无有不静的训练法则（但爆炸力的试力训练与惯性力的试力训练有所不同，爆炸力是动即是静，静即是动的训练法则）。具体讲就是后脚的脚掌及五个脚趾要兴奋，脚掌的外侧同样要兴奋，但其脚后跟不许明显地抬起来，因为最终脚跟也要用上劲儿才对。另外，惯性力在训练时，除了自身的传导外，还有身外的内容，即要把精神放到身外，身外要有无往不浪的力波，在内动的瞬间，身外要有翻江倒海的意感，引用祖师王芗斋先生的话："碧水之有波浪，回旋不已，纵横在汪洋"。

　　惯性力无论是身内还是身外，都须要整体的调动方为正道，但惯性力不是爆炸力，它在祖师王芗斋先生的拳学体系里，只是一种基础劲力，但它却非常重要，甚至可以称它是基础劲力之母也不为过，惯性力练成了，其意拳的步法在速度上也会发生质的变化，本人的步法之速就是受益于惯性力，郭云深的"半步崩拳打遍黄河两岸"，也是因为他的劲力中有这种惯性力的内容。许多人练习惯性力，都只会在手臂的劲儿上下功夫，其实它是脚下的劲儿，即前面所谈的"消息拳凭后足蹬"。郭云深先生的步法超级迅捷，当年他刀劈恶霸时，一进大厅，至少相隔有六七米，对方的撸子（土手枪）刚抬起来，还没来得及扣扳机，就被劈死了，足见这一步之速有多快。所以惯性力若练成了，步法也同时就等于练好了，其重点都是在起步的瞬间要源于大地的反作用力，所以要对大地有理解，站桩要理解到大地，惯性力的试力也要理解到大地，其实就是身与脚的关系，脚与大地的关系。有悟性的人会一点就通，但即使是心里被点明白了，要想让这种劲儿真实的上身，也需要一段时日才能动力定型。任何一种劲儿的建立，都是要日积月累与循序渐进，祖师王芗斋先生所常谈的"六力"（至少是六力），即"惯性力、离心力、杠杆力、弹簧力、螺旋力、爆炸力"等劲力，都须一个个认真地找才能上身。

本人曾整理了意拳的多种劲力，包括意拳的惯性力，引用祖师王芗斋先生吊诡的思路，不练它不成，真练它也不成。所以学拳就怕跟师父学一半就走了，只学会了前半句"不练它不成"，其实后半句更重要即"真练它也不成"，因为真练它就是教条与局部了（原因是惯性力只是爆炸力之前的引动力，它不是整体力）。所以，没有悟性与文化的人是听不懂拳也学不好拳的。祖师王芗斋先生的理论不能分割，原话"我的烤鸭不零卖"，但整支又吞不下，零取又局部，大家想想该怎么学，惯性力就是如此。坦率地讲，本人也没有太好的办法，只有让大家先掌握它，然后再让大家扔掉它。这有点儿像学画画，先学素描和色彩，但到了真当了大画家的阶段，尤其是当了抽象派的大画家，过去所学的素描和色彩知识就都不能再用了，甚至还要走向它的反动。但没有前期的素描与色彩的严格训练，也难有后来的成功。所以，明知是错的，也要学，反正我们是从错误走向错误，只是五十步笑百步而已。如前所述，惯性力的前身是形意拳的崩拳劲儿，它是形意拳的法宝，但此劲儿在祖师王芗斋先生时期在市面上就已基本失传，祖师王芗斋先生在郭云深老先生处独得其妙，但祖师王芗斋先生并没有停留于此，又从天下的武学功夫中升华出了自己所独有的爆炸力，故祖师王芗斋先生的学问已经与形意拳的学问不在一个层面。对比前面所谈的各种劲力，放到祖师王芗斋先生的大文化观里，其实都只是局部的功夫，当然，在外人看来也许还都是宝贝，但局部终究是局部，真正的宝贝就三句话"在精神，在意感，在自然力之修炼"。

6.意拳螺旋力

螺旋力是意拳最常见的发力形式，它是建立在三角力基础上的融杠杆力、定中力、滑车力、斜面力、开合力、惊力、弹力、惰性力等劲力于一体的、与大气阻力相应合的、经内意导引、气血激荡、筋肉争拧而形成的一种旋转力。

祖师王芗斋先生在《拳道中枢》（试力章节）中指出："盖螺旋力，以余之体认观之，非由三角力不得产生者也。而所有一切力量，都是筋肉动荡，与精神假想而互为，皆有密切连带之关系，若分而言之，则又走人方法之门，成为片面耳。"

习练意拳螺旋力，首先要站浑圆桩、矛盾桩、降龙桩、伏虎桩，通过站基础的浑圆桩，可使人体增强自然力量；通过站矛盾桩、降龙桩、伏虎桩，可使人体周身与大气建立起相互争拧的矛盾力量，这些皆是人体建立螺旋力的基础力量。

通过站桩具备螺旋力的基础力量后，还需进行试力训练。螺旋力的试力，内容可分为基础螺旋试力、综合螺旋试力、浑元螺旋试力三个层次：

（1）基础螺旋试力。在基础的螺旋试力中，首先可进行螺旋力的定向训练，如横向螺旋、纵向螺旋、立面螺旋、斜面螺旋试力训练。

①横向螺旋试力：在三角力的基础上，将由斜面力所形成的身体的左向转动转换为右向转动，再由右向转动转换为左向转动，如此周而复始所产生的螺旋运动为横向螺旋试力，其状若翻缸倒水或珠走玉盘。技击中该试力常用于崩拳、圈捶及单撞掌的发力中。

②纵向螺旋试力：在三角力的基础上，将由杠杆力所形成的脊椎的开合力，通过滑车力而形成身体上下的踩提之力，再转换为向下的定中力，如此周而复始所产生的螺旋运功为纵向螺旋试力，其状若摇辘轳或揉球。技击中，该试力常用于劈拳或劈掌及双撞掌的发力中。

③立面螺旋试力：在三角力的基础上，将由斜面力所形成的身体的左向转动转换为前后相争的开合力，再由左向转功转换为右向转动的开合力，如此周而复始所产生的螺旋运动为立面螺旋试力，其状若以锨扬沙。技击中，该试刀常用于钻拳、横拳及拂打、撩打、弹打的发力中。

④斜面螺旋试力：在三角力的基础上，将由斜面力所形成的身体的左向转动转换为滑车力的上下踩提之力，并由踩提之力转换为前后相争的开合力，如此周而复始所产生的螺旋运动为斜面螺旋试力，其状若熊的摇臀摆臂行走。技击中，该试力常用于炮拳（不直的直拳）及栽捶的发力中。

（2）综合螺旋试力。它是将前后、左右、上下及横向螺旋、纵向螺旋、立面螺艇、斜面螺旋综合起来进行训练的一种多角度螺旋试力。在技击中，它是一种混合劲力。

（3）浑元螺旋试力。它是精神假借与宇宙力波相应合的、立体的、全方位的螺旋试力。浑元螺旋试力，在试力时首先要以内意为枢纽进行螺旋鼓荡，其内意是不定向的。通过内意的导引，调动起人体的气血为之激荡、筋肉为之争拧，这种精神假借既游移于身体之内，又游移于身体之外，通过人体与外界大气摩擦的应合，可产生人体内外相争的浑圆争力，它包含了浑圆桩、矛盾桩、降龙桩、伏虎桩中所有的桩法内容。

通过浑元螺旋试力，使身体建立起与外界大气摩擦相应合的自然争力后，当外力击中自己身体的一瞬，这种游移的本能意识可自然地反应到遭受打击的部位上，本能地与来力发生作用，产生自然而然的螺旋发力，使外力沾之则飞。

具体讲，螺旋力的发力形式，从身体的内部来说，在头项上领的前提下，以脚为力源，以头与脚相争的上下之力为枢纽，使身体做螺旋争拧运动。

螺旋力的精神意感练到一定水平后，可不必再拘泥于某具体的意念活动及身体内部的筋肉争拧的传导状态，而应以周身"神光离合旋绕"的真实意感为主。意拳的这种与大气相应合的训练方法，是意拳有别于其他拳种，即浑圆螺旋力修炼的不二法门。通过意念假借与外界建立争力的训练，可诱发人体的巨大潜能，产生超越常人的力量。

7.意拳轮轴力

所谓"轮轴"就是可以连续旋转的杠杆，如同农村井沿上的辘轳，它是一种由周身的拧裹摆动而形成的螺旋运动之力。轮轴力与螺旋力有许多相似之处，皆是最常用的发力形式。轮轴力既包含了杠杆力、也包含了螺旋力、滑车力、三角力、定中力和斜面力等劲力内容。轮轴力在试力训练时，须以人体的头、脚和大椎为枢带动起周身做螺旋状的旋摆运动，其状若轮轴之转动，大椎为启动之摇把，周身为轮轴转动之外环。在轮轴力的训练中，头、脚和大椎是主动的，周身是被动的，它们之间的关系，如同鞭杆和鞭梢的关系；而螺旋力则是大椎与四肢百骸不分主动与被动的同时做螺旋争拧运动，故轮轴力的发力时间与螺旋力相比略有时差变化，螺旋力比轮轴力简捷但离心效果却不如轮轴力强。然而，这些都是基础发力，真正的发力应是浑元发力，即轮轴、螺旋、杠杆、滑车等劲力内容在身体中错综复杂的同时存在。

习练意拳轮轴力首先要站基础的浑圆桩、降龙桩、伏虎桩、托宝桩、扶按桩、推托桩、提插桩等桩法，这些桩是人体周身拧裹螺旋摆动的前提条件。轮轴力的基础力量通过站桩使身体初步具备以后，还需进行试力训练。轮轴力的试力内容可分为两个层次，即基础的轮轴试力与假宇宙力波的综合轮轴试力。

（1）基础的轮轴力试力。基础的轮轴试力可分为横向轮轴、纵向轮轴、斜面轮轴、多面轮轴等多种试力形式。

①横向轮轴试力：将身体由后向前位移可形成前后摆动的滑车力，再由前后的滑车力转换为左右横向的滑车力，使身体在运动中形成螺旋与离心，如此周而复始所产生的螺旋，为基础的横向轮轴力。横向轮轴力，在试力时也可意念为磨磨，磨即过去农村磨面粉时用的磨盘，或由左向右做螺旋转动，或由右向左做螺旋转动。但要注意，不要只用手来摇磨盘，而应用脚来做轮轴旋拧运动，通过脚的争拧运动来带动手的运动；也可意念为摇煤球，或往左摇转，或往右摇转，要通过脚与头之争力所形成的上下之枢为主轴，以脚为根基把两臂及手这个环摇转起来。磨磨时的间架可两手平胸，远不过尺，近不欺身，手心朝下；摇煤球时，可手心朝上。

②纵向轮轴试力：将身体由后向前位移，形成前后的滑车力，再由前后的滑车力转换为由上向下的劈拳劲力，或由前后的滑车力转换为由下向上的钻拳劲力，即由前后力变为上下力，如此周而复始而形成的螺旋，为基础的纵向轮轴力。纵向轮轴试力，在试力时也可意念为摇辘轳（即过去农村井檐上，用于绞起汲水器的辘轳），但一定要注意，不要只用手摇，而要用脚去摇，也就是用脚的前、后、上下的螺旋、争拧、踩提运动来带动手的运动，脚是主动的，而手是被动的。

③斜面轮轴试力：将身体由后向前位移，形成前后的滑车力，再由前后的滑车力转换为斜向的栽拳劲力，或由前后的滑车力转换为斜向的钻拳及炮拳劲力，即由前后力变为斜面力，如此周而复始而形成的螺旋，为基础的斜面轮轴力。

④多面轮轴试力：将前后、左右、上下力的转换，综合起来在身体内

部发生矛盾争裹，并与外界发生联系，通过人体多角度的三角及杠杆的争拧旋裹，使之形成全方位的多面螺旋轮轴力，它是身体的综合运动，相对于单向的轮轴试力而言，它是轮轴试力的高级形式。

　　具体讲，轮轴力在试力时要以脚为力源，以头与脚相争的上下之力为枢带动起周身来做螺旋争拧的旋摆运动。其身体主干脊骨的旋转，要同手的旋转之意略有时差，这也正是轮轴力中，枢先动而环后动的道理。虽然如此，手的击打力与脚的转动之争力却应相合。初练时，可以不动手臂，只体会脚和小腿的争力旋转变化，两脚平行站立，与肩同宽，双手放松下垂。把脚转会了，再抬起手来，把手的力量加进去。转脚的时候，如欲使身体往右拧转时，可进行先拧转左脚，接着再拧转右脚的训练。左脚是主动的，而右脚是配合左脚而动的。也就是说，左右脚的拧转，在时间上是有先后传导次序的。然后再进行身体往右拧转时，先拧转右脚再拧转左脚的训练，这时右脚是主动的，而左脚则是配合右脚而动的，同是身体往右转身，但由于左右两脚各自先动的次序不同，所以，争力的感受也不会相同，并且，在实际应用时，左脚、右脚由于转动的先后次序不同，作用在对方身上的打击效果也不一样，它们各有各的用途，根据对方的力点变化，有时需要先转右脚，而有时则需要先转左脚，身体往左拧转时，脚的争力转动的方法与向右转身时的训练方法相同。

　　这种左右两脚的依次传导转动训练，可强化脚的争拧意识，改变轮轴力训练中脚未动而身先动的坏毛病，当两脚平行站立时的争拧转动训练掌握后，可改站为身体重心呈"前三后七"的"丁八步"技击桩间架，在这种间架下所研究的争拧转动的课题，与两脚平行站立时的课题一样，训练的依旧是左脚发力，还是右脚发力的问题，只是区别在于，这时的左、右脚变成了前后脚，因此，在轮轴试力及发力时，可以进行先转后脚再转前脚的训练，也可反过来进行先转前脚再转后脚的训练。总之，前后两脚的争拧转动之力应略有时差，要分清谁是主动的谁是被动的，先转前脚的发力，大多是回挂之力，若用于向前放人，虽会发力突然，但却不够浑厚，容易形成局部力；先转后脚的发力，大多是向前放人之力，若用于回挂勾拿，则略显迟缓，后脚发力的优点是，力量整，人体的惯性打击力量大。前后两脚，若用后脚发力，则前脚是准星，后脚是力源；若用前脚发力，则前脚是力源，后脚是准星。在这里，有一点要特别说明的是，转脚时不是脚的外形在转，而是脚的内力在转。在外形上，有时常常看不出旋转的痕迹，其旋转的内力，既包括了筋肉骨骼的旋转，更包含了气血的旋转及人体细胞的吞吐与鼓荡。

在技击中，虽然前面谈到轮轴力在练习时，是脚先动而手后动，枢先动而环后动。但是，真正的实战并不应拘泥于只脚先动而手后动的这种方法，轮轴发力也可是手先动的，但不论是哪儿动，都必须服从于一个宗旨，即在打击到对方身体的最后一瞬间，手的打力要与脚的打力相合，形成一种整体的打击力。否则手劲先到了，而脚劲还没传导到，或脚劲到了而手劲还没到，都不能形成整体力。

搏击时，出拳前的身体状态，应周身无处不是轮轴鼓荡之意。轮轴鼓荡的结果，可使自身体内率先高度谐调运动起来，使精神高度的兴奋和集中。这样，虽遇外力击来，却能发于敌后，而击敌于先。这同单纯的以静制动是不一样的。意拳祖师王芗斋先生，每每与对手搏击时，虽然外形看似不动，然身体内部早已高速运动起来。祖师王芗斋先生在《拳道中枢》（自卫）中指出："自卫即技击之谓也。须知大动不如小动，小动不如不动，要知不动才是生生不已之动。比如机械之轮或儿童之捻转儿，快到极处，似乎不动。如观之以动，则是将不动，是无力之表现矣。所谓不动之动速于动，急速之动尤不动，一动一静，互根为用"。

（2）假宇宙力波的综合轮轴试力。当人体的内部争力建立起来以后，就可进一步使身体与身外的宇宙力波建立联系。

在与宇宙力波建立联系之前，首先要使身体与身外之大气发生关系，如感之与大气的摩擦感、粘着感和阻力感……习时须先使自身与之相合，既而再通过意念的假想，使之相牵挂，并由牵挂而变为与之螺旋、争拧。若系统的来讲，人体的身外假借意念可分为"主动意念""被动意念""主动意念与被动意念的统一"三种层次。

①主动意念：所谓主动意念是指，习拳者根据自己的主观意念来感知身外与自身的关联，如通过自身意念的转动来带动身外的大气随之而动，并感受与之的矛盾争力。它是意念假借的最基础阶段。

②被动意念：所谓被动意念是指，习拳者先通过自己的主观意念来使身外之大气发生变化，再通过大气之变化来反作用于自身，使自身被动地随着大气之动而动。此状若风中旗，非是自身主动而动，而是被动的惟风力而是应。它是意念假借的第二个层次。

③主动意念与被动意念的统一：它是一种人体与自然的综合状态，是意念假借的第三个层次。其状若浪中鱼，既可主动的借力而行，又能被动的随浪而动。

总之，在意拳的训练中，无论是训练肌体，还是训练精神，都是局部与片面，只有当"形"与"意"的训练统一不二时才是意拳修炼的正道，用祖师王芗斋先生的话说，即是："离开己身无物可求，执着己身永无是处"。

8.意拳不出尖的矛盾拳

本人所说的所谓不出尖的矛盾拳，是指劲力的方向是多方向的，也是矛盾的，尤其是手腕子与肘，须始终是如跷跷板般的矛盾的状态，即腕下沉时，肘就要上崩，腕上崩时，肘就要下沉，腕里合时，肘就要外撑，这也是一种杠杠力的状态。技击时，是上臂合住劲儿后，用步法与身法来打人，而不是用手臂的伸缩劲儿够着打人，够着打人就是出尖儿。

具体如劲力向下时：以右手为例——按掌（掌心朝下）、钩挂掌（掌心朝左）、托掌（掌心朝上）、小天星掌（掌心朝右）的运动状态来说明，当欲使前臂的劲力向下切挂时，手的劲力却须向上挑，同时肘的劲力还要向外撑，手的整体劲力往回缩合，从腕至前臂的梢端劲力往回抱。最终这个力至少产生了六个方向的力，即：一是手的上挑（向上的劲力）；二是腕的里合（向左的劲力）；三是前臂的下挂（向下的劲力）；四是肘的横撑（向右的劲力）；五是手臂的整体缩合（向后的劲力）；六是胸与身体整体的迎合（向前的劲力）。正好是"六面"力。

再如劲力向上时：以右手为例——按掌（掌心朝下）、钩挂掌（掌心朝左）、托掌（掌心朝上）、小天星掌（掌心朝右）的运动状态来说明，当欲使前臂的劲力向上崩挑时，手的劲力却须向下切挂。这是反向的矛盾力。同时肘的劲力还要向外撑，手的整体劲力往回缩合，从腕至前臂的梢端劲力往回抱。最终这个力至少产生了六个方向的力，即：一是手的下挂（向下的劲力）；二是腕的里合（向左的劲力）；三是前臂的上崩（向上的劲力）；四是肘的横撑（向右的劲力）；五是手臂的整体缩合（向后的劲力）；六是胸与身体整体的迎合（向前的劲力）。正好是"六面"力。

另外，劲力向前时：以右手为例——按掌（掌心朝下）、钩挂掌（掌心朝左）、托掌（掌心朝上）、小天星掌（掌心朝右）的运动状态来说明，当欲使手的劲力向前攻击对方时，手的劲力却须向回缩。这是反向的矛盾力。同时肘的劲力还要向外撑，从腕至前臂的梢端劲力往回抱。最终这个力至少产生了六个方向的力，即：一是手的回缩（向回的劲力）；二是腕的里合（向左的劲力）；三是腕的下切（向下的劲力）；四是前臂的上崩（向上的劲力）；五是肘的横撑（向右的劲力）；六是胸与身体整体的迎合（向前的劲力）。正好是"六面"力。

再如，当欲使手的劲力从前向后，回挂对方时，其运动状态与劲力向前的运动状态相同。

另外、劲力向左时：以右手为例——按掌（掌心朝下）、钩挂掌（掌心朝左）、托掌（掌心朝上）、小天星掌（掌心朝右）的运动状态来说明，当欲使前臂的劲力向左攻击对方时，手的劲力却须向右崩。这是反向的矛盾力。同时肘的劲力还要向上崩，从腕至前臂的梢端劲力往回抱。最终这个力至少产生了六个方向的力，即：一是手的右崩（向右的劲力）；二是腕的里合（向左的劲力）；三是腕的下切（向下的劲力）；四是前臂的左崩（向左的劲力）；五是肘的上崩（向上的劲力）；六是胸与身体整体的迎合（向前的劲力）。正好是"六面"力。

还有，劲力向右时：以右手为例——按掌（掌心朝下）、钩挂掌（掌心朝左）、托掌（掌心朝上）、小天星掌（掌心朝右）的运动状态来说明，当欲使前臂的劲力向右攻击对方时，手的劲力却须向左崩。这是反向的矛盾力。同时肘的劲力还要向下崩。最终这个力至少产生了六个方向的力，即：一是手的左崩（向左的劲力）；二是腕的回抱（向后的劲力）；三是腕的上崩（向上的劲力）；四是前臂的右崩（向右的劲力）；五是肘的下崩（向下的劲力）；六是胸与身体整体的迎合（向前的劲力）。正好是"六面"力。

其他如崩拳：以右手拳的运动状态来举例，当欲使手的劲力向前攻击对方时，手的劲力却须向回缩。这是反向的矛盾力。最终这个力至少产生了六个方向的力，即：一是手的下切（向下的劲力）；二是手的回缩（向后的劲力）；三是腕的里合（向左的劲力）；四是前臂的上崩（向上的劲力）；五是肘的横撑（向右的劲力）；六是胸与身体整体的迎合（向前的劲力）。正好是"六面"力。

还有，炮拳（不直的直拳）：以右手拳的运动状态来举例，当欲使手的劲力向前攻击对方时，手的劲力却须向回缩。这是反向的矛盾力。最终这个力至少产生了六个方向的力，即：一是手的回缩（向后的劲力）；二是手的下切（向下的劲力）；三是腕的里合（向左的劲力）；四是前臂的上崩（向上的劲力）；五是肘的横撑（向右的劲力）；六是胸与身体整体的迎合（向前的劲力）。正好是"六面"力。

还有，栽锤（栽拳）：以右手拳的运动状态来举例，当欲使手的劲力向前下方攻击对方时，手的劲力却须向回缩。这是反向的矛盾力。其劲力除了有角度上的区别外，其余的一切状态皆与炮拳相同：一是手的回缩（向后的劲力）；二是手的下切（向下的劲力）；三是腕的里合（向左的劲力）；四是前臂的上崩（向上的劲力）；五是肘的横撑（向右的劲力）；六是胸与身体整体的迎合（向前的劲力）。正好是"六面"力。

还有，钻拳：以右手拳的运动状态来举例，当欲使手的劲力向上攻击对方时，肘的劲力却须向下挂。这是反向的矛盾力，另外，拧裹螺旋兜卷时，须处处有逆力：一是手向上；二是肘向下；三是腕向外拧；四是肘向里裹；五是前臂内侧左旋；六是前臂外侧右旋；七是前臂内侧上舔；八是前臂外侧下挂；九是小拇指处内裹上舔；十是大拇指处外翻下挂。

总之，处处皆是相对应的矛盾力，由此，劲力在使用时，才不会力有方向与不会劲力出尖，上述的内容只是局部的劲力要求，周身相对应的矛盾力会更加的复杂，周身除了有身内矛盾，还有身外矛盾，这些问题都须训练到，这也是意拳之所以难练的原因。

9.基本功训练决定了技击的水平

基本功训练决定了技击的水平。低层次的基本功训练往往决定了技击水平的低端性，高层次的基本功训练，在正常情况下，应该能够决定技击水平的高端性。

　　但事实上却并不都是如此，许多具备了高层次基本功训练的人，却在技击时被人打得落花流水，根本就没有能够体现出高级的技击水平。这是因为：第一，此人高层次的基本功是假的，即我所说的伪功夫；第二，此人实战的太少了；第三，此人悟性不高，不是这里的虫儿，即此人不具有技击天分。

　　但如果这人的技击天分极高，那么，高层次的基本功训练就极为重要了，一定会使他如虎添翼般地打出高级的技击水平。

　　在意拳界，赵道新先生就是如此，在意拳祖师王芗斋先生的指导下，赵道新先生进行了高层次的基本功训练，瞬间就脱胎换骨，成了技击中的高手，但是遗憾他没有能始终追随王芗斋先生，否则应该能够成为举世的绝世高手，他本来是应该发展成不亚于师祖郭云深老先生及车毅斋老先生的人，但是，遗憾了。这也没有办法，世间一切都是"缘他"，意拳应该叫"缘份拳"，"缘在天定，份靠人为"，有些人有"他"无"缘"，有些人有"缘"无"分"，有些人更惨，既无"分"，也无"缘"，一辈子都是门外汉。姚宗勋先生也是在祖师王芗斋先生的指导下，进行了高层次的基本功训练，仅三年的时间，就成了遐迩闻名的青年武术家，从此技击无败绩，成了技击高手中的高手。

　　意拳的基本功是一个极为庞大的训练体系，越往高层次训练，内容越复杂，诸如："神、形、意、气、力"的问题，"内练一口气，外练筋骨皮"，也叫"内练精气神，外练筋骨皮"的问题，包括身体中的平衡、动静、虚实、紧松、遒放、悠扬、争力、应力的训练内容，及舒适得力、百骸均整、屈折含蓄、发挥良能的训练内容，及随机而动、变化无方，及训练中不平衡中有平衡之劲力、平衡中有均整变化之劲力，及"形不破体，力不出尖儿"，及刚柔、方圆、阴阳、轻重、缓急等劲力变化的训练内容，还有"精神笼罩"及"假力宇宙力波"等训练内容，从功法方面上讲还要有劲力贯通、身内牵扯、身外牵扯、周身阻力的训练，从训练方面上讲要有点线面体、迹过留痕状态的训练，从间架方面上讲要有间架饱满、神圆力方、空松通透、敌情意识、整体意动状态的训练，从身内训练方面上讲要有呼吸弹力、细胞遒放状态的训练，从身外方面上讲要有"惟风力是应"、吞吐天地状态的训练，除此之外还须有自然而然与无意之意等方面的训练等。虽然祖师王芗斋先生说："拳本无法，有法也空，一法不立，无法不容"，但这些具体的问题如果不解决，是不能够做到祖师王芗斋先生所说的"无法不容"这一境界的。

第四章　意拳推手与技击

第一节　意拳推手与技击之法

1.意拳推手之法（一）

意拳推手一般情况下有三种推法，第一种就是现在大家所最常见的推法，以把人发出去和推倒为目标。这种推法的优点是可以强化近身纠缠的能力，缺点是容易堕入为推而推的藩篱，也就是前辈们常说的胜负手，即拿推手来比输赢。推手原本是为断手而服务的，这种为推而推的状态改变了推手的初衷，偏离了推手的真正目标，长此以往，会与太极拳竞技推手的路数一样，练成的只是绝活类的功夫，终成为技击的门外汉。但这种推法偶尔训练一下也有一定的必要，甚至再凶悍一些，只要是不抓破脸，不断开了手打人，连撕带扯也是可以的，专门把对方往树坑里推，往树上撞也是可以的，感受一下野蛮，锻炼一下体能，它可以训练出不假思索的野性，只是不能长期执迷于这种推法，因为这终究不是什么高级的东西。

第二种是摸劲儿推法，也叫双人试力。这种训练比上面谈到的胜负手训练更有效，这种推法心平气和，重在探讨技击时的黏点儿技术，但这种推法当掌握了相关的拳术技术后才能进行，如站桩的技术，试力的技术，发力的技术，步法的技术，祖师王芗斋先生更多的是提倡这种推法，这也叫揉手。此种的推手训练比较复杂，除了要练基础的桩与基础的试力外，还要练专门的桩、专门的试力及专门的发力与步法，然后再进行相互的喂手训练，再进行对方不喂手与不配合的情况下完成自己训练意图的训练。该法在训练的基础阶段，也可分类练习，如先训练搭手时基础的上下力变化、前后力变化、左右力变化，再进行针对劲力的杠杆力变化、开合力变化、螺旋力变化、缠绵力变化、离心力变化等单项劲力变化，然后再进行综合劲力变化的训练。

第三种是半推半断的推法，即在推手的过程中，在不脱点儿的情况下，要有触点儿发力的内容，这是衔接推与断之间的桥梁，是意拳断手前的必练功夫。但第三种训练即半推半断的训练，最好在带护具下进行，以防止出现意外伤害。这种推法不是谁都能承受了的，因为要将发力直接作用在对方的胸腹和脸上，一不留神就会将对方打的口鼻出血。在与外人进行这种半推半断的推手时，应事先跟对方说好，否则对方会接受不了，会认为你没有武德，练的是流氓拳。

意拳的推手与太极拳的推手不同，太极拳是双方皆以手为接触点，即用手来推对方，而意拳则更强调要用间架来推，是用前臂为接触点儿来与对方相搭劲儿，前臂在南方的有些门派里叫"桥"，祖师王芗斋先生则经常叫"二棒子"，意拳的推手与其叫推手，不如叫推桥或叫推二棒子更为准确。意拳在推手时力求始终用前臂甚至用大臂控制对方的前臂或控制对方的手，这样我们的双手就可以腾出来攻击对方的头项和胸腹，否则我们的手因被搭点儿所占用，只能推对方与抓对方或摔对方而无法打对方。在推手搭劲儿时，对方若用手推我们的前臂，则对方是非常吃亏的，对他的有利的一面似乎是听化力方便了，即控制我们的间架方便了，但对方却腾不出手来打人了，这样我们在这方面就先安全了，我们的另一个优势是在同对方的劲力纠缠时，我们的劲力会占优势，这就如同是掰腕子，在双方劲力相当时，对方若不是握住我们的手，而是抓着我们手臂的中节跟我们掰腕子肯定是掰不过我们的，这是杠杆的原理，掰腕子时谁都不会接受这么吃亏的条件，但推手时，不了解人体杠杆力内情的人及练太极拳的人却反而会主动地要吃这个亏。其实人的触觉活力是可以通过训练而提高的，虽然前臂的触觉活力确实不如手灵敏，但经过长期的以前臂为触觉点的推手训练，最终是可以达到甚至超过手的灵敏度的。另外，用前臂来搭对方，自己的手与对方身体的空间会很近，而对方的手离我们身体的空间会很远。故当对方用手来搭我们的前臂间架时，我们既可以用手猝然的直接攻击对方的要害部位，又可以利用杠杆力的原理与对方纠缠，由于我们在劲力使用的角度上占优势（以中节应对梢节），故可以用桩功中所建立起来的拳术力量，强行的破坏对方的间架，这是一种不讲理的推法，可强行地把对方的间架给撕开，可以用开合力，也可以用螺旋力、离心力、矛盾争力，可以上下撕扯也可以左右撕扯、前后撕扯，当洞开对方的门户后，我们所腾出来的手就可以直接攻击对方的面门和胸腹了。用自身的劲力优势不讲理的专门馇着对方的劲儿推手时要有耐心，不要急于发力，当逼迫到对方实在跑不掉时或力瘪时或劲力出尖儿时，再发力也不迟。推手时有时要以力打巧，而有时又要让对方的劲力落空而以巧破千斤，我们可以简单的称此为松松紧紧的拳术变化。

　　在半推半断的推手时，用自己的前臂去搭对方的手时，还可以突然的对着对方的手发力，这样即使伤不到对方的手腕子也会把对方给惊僵了，在对方僵滞的瞬间，我们攻击他的机会也就到来了，这主要是因为我们所搭的对方的力点儿是梢节，梢节力既单薄又易局部，会吃力量的亏，这是通过惊打对方的梢节而打对方重心的打法，也是以"线"打"点"的打法，即我们用前臂的运动切线来打对方的一个点。另外，即使不去直接的打击对方，用前臂来搭对方的手而进行推手的优势也非常的明显，如自己的五指、手掌和手腕子由于是腾出来的，就可以耍手腕，具体如可以通过挑指、通过旋指、通过插指……来改变力的走向，如对方往下按压我们的前臂时，我们只需挑一下手指，就能与对方的力茬上，就会截住对方的劲儿，再一旋指，劲儿就会变成螺旋力，只是单单的一个手指的变化就可以改变力的走向，再加上我们还可以蓬掌、可以吸掌……可以转腕、可以腕勾挂、可以腕钻挑……另外，手腕的另一端，即我们的肘，因为杠杆的原理，也可以有丰富的变化，可以配合指、掌和手腕的变化圈对方、裹对方、钻拧对方、挤裁对方……

总之，意拳在推手时一定要把手给腾出来，要用前臂来触敌，否则手被粘住了，将来想打人也打不了了，太极拳中就有很多人是习惯于用手来推人，其结果是总也跟技击联系不上，推是推，断是断，变成了两回事儿。所以，推手时只要是能把手给腾出来，就可以有大作为，这也是在为下一步的技击训练打基础，下一步的训练就是控打训练，也叫打间架。

现在有人在学练意拳时，排斥推手训练，从技击的角度来讲，没有推手训练是练不出黏点儿技术的，没有黏点儿技术就不可能实现控打，没有控打，祖师王芗斋先生"打实不打虚"的理论就会名存实亡。故没有推手训练的意拳不是完整的意拳。

但凡事不可为过，过于热衷于推手训练，既会失去断手搏击的勇气和断手搏击的意识，也会压缩断手搏击训练的时间，缺少了断手搏击的训练，长此以往，推手训练就会游离于搏击技术之外，会养成推的动力定型，这样的意拳将会堕为绝活儿类的意拳，这样终逃不出由铁老虎变成纸老虎的命运。

2.意拳推手之法（二）

关于意拳的推手问题，首先我是反对与外人推手的，无论是与意拳人还是与太极拳或是别的什么门派，只要不是同门，就都不要推。谈到与别人推手，若非要推的话，就须要用活步来推，而且要看住对方的间架，对方若散推（即不给间架的断手推），就应放弃推手而直接进行断手。所以在不得不推手之前，一定要事先声明，我们的推手是要直接打脸的，对方说能接受就玩儿，不接受就别玩儿。每一个拳种都有自己最合适的距离，最近的距离是摔跤，摔跤的过背摔讲究股贴胯，即屁股紧抵着对方的骨盆，然后进行过背摔，其次是太极拳，是双手抵着对方的胸腹来推，然后是意拳，是双方间架搭着间架来推。意拳的推手像跳交谊舞，意拳的距离是间架与间架之间的距离，一旦这个距离和这种间架控制的状态被打破了，情况就不可预知了，这也是我只认同技击而不赞成与外人推手的主要原因，因为双方的距离和训练习惯都不一样，在这种情况下，只有无规则的搏击才是最公平的。

意拳从推手的角度上讲，祖师王芗斋先生所发明的活步推，对太极拳有很强的克制性，祖师王芗斋先生所发明的意拳身法和"蛇形"摩擦步，对形意拳有很强的克制性，祖师王芗斋先生所发明的"间架"技术，对八卦掌有很强的克制性，另外，意拳像虎狼一样的瞬击术，对天下的功法也有很强的克制性，即使遇到像泰森这样的对手也是有效的，意拳人要深刻理解祖师王芗斋先生的良苦用心。遇到拿兵器的人，如果躲无可躲，也要迎击而上，迎上去只会挨一刀，不迎上去，就是在等死，会被对方连续的补刀。所以，意拳门人，有一项至关重要的训练，就是瞬击而上的步法训练，瞬击步法源于"零启动"的站桩训练。

3.意拳推手之法（三）

推手时，劲力越短越好，自己的力越短，对方就越无法与自己抗衡。我们平时在推手时，常会遇到对方与我们顶牛较劲儿的现象，这是因为，我们的力点与对方的力点，在时间上及在角度与松紧、大小、虚实的变化上，双方的状态基本上是处于相同水平的缘故。

对方能与我们的胳膊较劲儿，但对方却无法与放电的电棍较劲，就是因为对方接不住电击的点儿，如果我们自己的劲力短，对方也同样会接不住，但如果我们的劲力长，就会给了对方接点儿、截点儿、化点儿与堵点儿的准备，如果被对方堵住了点儿，就等于是与对方较上了劲儿。

推手的点儿不是一个点儿两个点儿的事情，而是连续的点儿、密集的点儿的事儿。我们的点越短，越密集，对方就越难接住我们的点儿，也就越难与我们抗衡。

故拳术的训练，应该训练什么就很清晰了，就是要训练瞬间的均整。拳术中均整所需的时间越短，均整的参与度越高，拳术的水平越高，如不仅是要有筋肉的均整，四肢百骸的均整，连细胞也都要有瞬间的均整。

我们也可以把瞬间的均整简单的看成是瞬间的紧松，这样也就可以理解成须建立起紧紧松松的整体力，这些整体力形之于外，接触到对方，就是一个个打击的力点儿。

在训练时，首先要先练出整体力来，无论这个整体力，在求得的时候用了多少时间。建立起初级的整体力后，下一步的训练，就是要缩短每一次形成整体力的时间，同时还要进一步的丰富整体力的内容。如需体察自己在训练中，周身整体到了什么程度，另外，还须体察身外是不是也同时的整体了。在时间上，圆融一次周身与身外的整体，是用时十分钟、五分钟，还是十秒、五秒，还是瞬间及随时随地皆可以自然而然的做到周身与身外的圆融统一。

推手时，无论是轻触对方还是重击对方，每一个打击的点儿都须是短促、密集而又整体的。

推手是技击前的摸劲儿训练，推手时怎么控制对方，技击时就要怎么控制对方，抛开空间问题与断点问题，在与对方接触后的控制方面，推手与技击没有什么本质上的区别。

由此，站桩与试力、推手与断手，其实皆是一个完整的统一体。

故若不以技击为本，推手、试力与站桩，也就没有了方向。站桩也就没有必要再练整体力了，也没有必要再练一次次瞬间的均整与协调。如此，意拳也就不能再叫意拳了，而应该叫"意功"，或叫作"大成功"，这样，也就不再是祖师王芗斋先生的拳了。

4.意拳之阴阳

现在意拳界许多名家们的推手与技击，都是在用阴面力来打人。接手的时候是用阴面力来接对方的力，还击的时候也是用阴面力来还击对方。

这种以阴面对抗阴面的状态，常常会出现顶牛的局面，也会出现谁的力量大谁厉害的现象。

本人认为，无论是推手还是技击，以阴面对阴面都不是上策。我们可以在用阴面来接力的同时而用阳面来还击，这样就巧妙多了，而且也不会被顶牛。阴面转阳面，是杠杆力的使用方法，此法被祖师王芗斋先生置于"六力"之中，即"惯性力、离心力、弹簧力、螺旋力、杠杆力、爆炸力"。

但是，如果在站桩时就没有建立起阴与阳的矛盾争力，那么阳面力也就无从谈起。欲使用阳面力，须先能松开脊骨，还须能开胯、落胯、松尾骨等，并且还要松膝、松踝、松趾。从训练的角度来讲，开胯是由抱胯练出来的，松尾骨是由垂尾练出来的，祖师王芗斋先生的"似坐高凳靠旗杆"，谈的就是这些阳面力的训练问题。传统武术中常以脊为"龙"，胯为"虎"，意拳的训练，就是要练出身体中的这种"龙虎"劲儿，没有"龙虎"劲儿，即使想用阳面力也会使用不上。

上述中的这些内容，都是站桩与试力时须训练的内容，故一切的推手与技击之法，都是站桩与试力等基本功的具体体现，也都来源于本人所常谈的"未"文化，即"未力""未推""未击"的基础训练（见本人所谈之"未力"）。

本人之所以反对用阴面来接力再用阴面来打力，是因为这种打法与这种思维方式，不属于中国人的思维方式。就如同是对方踹了我们家的门，我们又去砸他家的玻璃一样，这种直来直去的办法，是小孩子在打架，而不是成年人的思维方式。从中医的角度来讲，中医也是反对"头疼医头，脚疼医脚"的，中医与西医不同，头疼中医不一定要直接医头，中医是对的，如有时候后背疼，却不应该医后背，因为很有可能是心脏出现了问题。

故推手与技击时，若对方阴面来力我也阴面力回击，这就是一种直怼，这等于是把中国传统文化中的阴阳变化给丢掉了，也背离了祖师王芗斋先生"六力八法"的准则。

姚宗勋先生在他所著的《意拳》中也谈到了杠杆力。"具体包括了整体的弹力，肢体旋转产生的螺旋力，肢体曲折形成之三角力，外形间架构成的斜面，骨骼支撑变化产生的杠杆力等，总之是外形简单而内容错综复杂"（见姚宗勋著《意拳》）。

本人认为，杠杆力是一种骨骼的松紧开合力，本人的观点与姚师伯的观点基本相同。但杠杆力与螺旋力、弹簧力等劲力，皆不可以单独使用，一用就须是综合与整体。

现在许多人理解的杠杆力，都是些表面的东西，都是从手臂间架的角度上来谈杠杆力。表面上大家都是在谈杠杆力，但其实与我说的不是一件事儿。手臂间架上的角度变化，是明劲儿，而我谈的是身体的脊椎、腰胯、膝踝、脚趾的松紧开合变化，这种脊骨腰胯的松紧开合变化则是暗劲儿。

明劲儿是表面的，是看得见的，应该是属于外功拳的东西，而暗劲儿则是看不见的，是内在的，只有搭上手的人才能感知到它的存在，但感知到也就挨上揍了。感知到的人会觉得自己的力被空掉了，会有劲儿使不上，会自己有多大的劲力都作用不到对方的身上，而且，自己越有力输的会越惨，自己的力越猛会被反打的越重。

这才是拳术的奥秘之处，即赢人绝非靠的是表面的力量，也非是表面的速度，而是拳术中的内功劲力。王宗岳先生有句话说得不错："察四两拨千斤之句，显非力胜。观耄耋能御众之形，快能何为"（见王宗岳太极拳论）。有了杠杠力，就可以四两拨千斤，赢人便"显非力胜"。王宗岳先生虽然这句话说得不错，但是在太极拳界中真能做到这一点的人却是少数人，能在技击的瞬间中做到的，则几乎没有，看看民国时期吴式太极拳掌门人吴公仪与人擂台格斗的视频，再看看民国时期所有擂台赛的比赛结果，就知道在技击中能够使用出杠杠力的人应该是没有，如果当年杨露禅先生有这个能力，但现在这种在技击中的使用之方法也应该是失传了，否则太极拳界就不会放任徐某冬的叫骂而装聋作哑。

回到前面的话题，祖师王芗斋先生的拳学文化，其矛盾观是其重要的组成部分，在矛盾观中，又有很大一部分的内容是阴阳的矛盾观。

在阴阳的矛盾观中，首先，须理解外界与自身就是一种阴阳的关系，意拳的训练，是要通过外界来训练自身，要建立起外界与自身的矛盾争力，这也是意拳区别于其他拳种的地方。其次，就是要把自身也要分出阴阳来，要建立起自身阴与阳的矛盾争力。再具体到身体的动静、快慢、虚实、刚柔、紧松等，从整体到局部，从粗迹到精微，都要有阴阳的争力变化。

当训练中阴阳的问题解决了，发力就不再是简单的伸缩运动，不再是出尖儿的、砍砖头式的、有单一方向的劲力，也不会再把蓄力与发力分开而论，而是祖师王芗斋先生所说的"浑圆整体的爆炸力"了。故不懂阴阳，就不要奢谈祖师王芗斋先生的"浑圆整体爆炸力"。

但在祖师王芗斋先生的拳学体系中，阴阳也只是一种基础功法，是进入"精神"与"自然力"之境的前提条件，故执着于阴阳也是小道。但就是这种小道，现在也快失传了。

5.意拳所适宜的技击技术

意拳训练，本人认为，适宜的技击技术大致有三种，第一种是借力打力的打间架黏点儿的控打技术（是属柔劲儿，此技的前提条件是推手技术必须好），第二种是打间架强攻的控打技术（是属刚劲儿，此技的前提条件是性情必须凶悍）。第三种是完全的断点技术，即换拳技术（是属巧劲儿，此技的前提条件是心思必须诡异）。第一种技术，是意拳人正常情况下最常用的技术。第二种技术，是意拳人遇到没有间架意识的对手时所最常使用的技术。第三种技术，是意拳人遇到了同门中比自己功力大的人时才不得不使用的技术。前两种属于打间架的控打的黏点儿技术，第三种属于不与间架相纠缠的断点儿技术，即不与对方的间架相遇，你打你的我打我的。

第一种技术要求要有功力，第二种技术要求要有胆识，但当自己在这两方面都不如对方时，就不适宜再使用第一、第二种的控打技术了。第三种技术的要领是自身的身法必须要快于对方，出拳要协调、流畅与自然，这种技术对学拳者的身体素质要求很高，不是谁都能做得到的，理论上讲，这种技术专门适用于对付黏点儿的技术，但却只有少数那些有运动天分的人能够做得到。第三种技术的缺陷，就是怕对方的扑击，所以必须要会左右横移与退着打。有的人在使用第三种技术时，只会一味地后退，这种后退之法是很危险的，如果身后有坑或有坎儿，很易绊倒，故最多后退一两步，重点应往左右两翼移动，这叫"让出大道，占领两厢"，也叫"横走竖撞"。因为打野战时，往往环境很恶劣，有可能是在酒肆，有可能是在公共的汽车上，有可能是在混乱的街巷，就是因为这些地方人杂，才会发生暴力，而这些地方可移动的空间往往都很小，故形意拳才有"宁思一分进，勿思一分退"，即"进生退死"的说法。野战时，冷静、果敢、身法和迎击进攻永远是王道。

对方拿家伙时，当他一抬手时，就要击倒他，不要等他把东西落下来。另外，十打不如一戳，一瓶子抢过来，不如一瓶子扎过去厉害，一棍子抢过来，也不如一棍子发力戳过去。野战时，第二种技击技术相对来说会更好使。第一种技击技术的重点在于诱攻，第二种技术重点在于强攻，是通过强攻即击打对方的间架来控制对方，而不完全是为了打人，能打到人更好，打不到人就打间架，如直接在对方的间架上发力，先把对方的间架打散，然后再攻击人，当然，对方若没有间架，就更简单了，可以直接攻击人，但也要有用自己的间架看着对方间架的意识。泰森在对攻时偶尔也能出现打间架的技术，故人们会觉得他凶悍，泰森能一拳先把对方的间架打开，另一拳正好打进去重击对手，还有时泰森能连间架带人一块儿打，视对方的间架于无物。

上述的这三种技术，皆有与之相配套的站桩与试力，即每一种技击方式，都有各自的站桩与试力之法，换一句话说，站桩与试力都是为其后的技击而服务的。这些不同功效的站桩与试力之法，在动作上看似都一样，但其实却各不相同，即第一种借力打力的打间架黏点儿的控打技术，有黏点儿技击桩；第二种是打间架强攻的控打技术，有强攻技击桩；第三种的断点技术，有断点技击桩。它们的技击技术不同，站桩与试力之法也必然不同。

有的人常说别人的意拳练的不正确，站桩也不对，试力也不对，其实，不全是别人做得不对，更多的是因为自己与对方不是一个训练体系，人们皆是按照自己的训练思路来评判别人，往往说别人不对时，可能是自己孤陋寡闻，其实各自的练法都有其道理。所以，并不是对方的站桩与试力有问题，只是从不同的技术角度来看，才以为这人的练法有了问题，如从第三种的技击技术来看，第一、第二种的站桩与试力是有问题的。同理，如果用前第一、第二种技击技术来衡量的话，第三种的站桩与试力也是有问题的。这就是当今意拳界的现状，大家都在站在各自的立场上去看别人，都认为对方是外行，其实这就是盲人摸象的结果，大家都只是掌握了祖师王芗斋先生的部分技术与思想，都不是祖师王芗斋先生的浑圆文化，都是局部，等真练到了祖师王芗斋先生的境界，一触即发，搭手对方即飞，就不必再分什么第一、第二、第三乃至第四、第五、第六的技击技术了。所以，在意拳的修炼上真是要有容乃大，而且要学无止境，这句话说起来容易做起来难，因为，我们自己时常会从内心里排斥对方，不愿意或舍不得颠覆自己已经掌握的知识，否定自己确实是一件非常痛苦的事儿。这就又回到了老话题，要想成就事业，首先要战胜自我，更新观念，然后还要看机缘，但有的人即使有了掌握新知识的机缘，也会因生活问题与年龄问题甚至名利问题而不想再学新知识了。这几乎是天下学拳者都会遇到的问题，这实是人生的悲哀，故当认识到过去所练皆非时，并不一定都是好事儿，有的人，人生信念的基石有可能就此坍塌，从此不再练武术了。

6.意拳的操拳训练

意拳的拳术训练，每每打出一拳时，虽然是在空击，但身外的敌情意识却要真实且具体，否则就成了健身的广播体操。祖师王芗斋先生在文章中所谈的各种力，如"惯性力、螺旋力、离心力、杠杆力、弹簧刀、爆炸力"等"六力"，包括"提顿、吞吐、沉托、分闭"等"八法"，皆可以在出拳时细细体会，这些劲力在初练时可以一个个的单独来体会，如果不单独来练是不能理解和上身的，但若单独来练又会执着与出尖，不练就没有，练又会出尖，这就是意拳的吊诡之处。其实还是要练的，因为饭总得一口一口地吃，这就是拳理和拳法的区别。拳法常常是由出尖来入手的，由出尖到不出尖，是一个逐渐理解和升华的过程。所以我才会说，我们的拳术训练永远是从错误走向错误。许多人仅仅从文字上和理论上来理解祖师王芗斋先生，这样也会走入误区，会与技击相脱节，会只停留在理论与理想的层面，理论没有落地，在训练上就无法实施，因为祖师王芗斋先生文章中所谈的许多东西都是永恒的道理，而意拳的具体训练则是很现实的，其结果是永远在否定中，永远在变化中，永远在削长，永远在追求平衡，也永远不可能真正平衡，也永远不可能不出尖儿，平衡与不出尖儿是相对的，这是要看你所面对的对手是谁，如果面对的是祖师王芗斋先生，你再不出尖也是出尖的。

从系统训练的角度来讲，意拳的断手训练，可以分层次来进行练习，首先要学会出拳，开始的训练可以简单一些，可以只是划道儿，也就是把动作做顺畅了即可。

第二层面的内容，则是把动作做精。要想把动作做，就要慢慢地动，慢慢地体察，悉心体察身上哪些地方没有参加运动，具体如哪些地方没有兴奋，哪些地方又过于兴奋，另外还要体察周身的力是从何处传导到梢节的，中间有哪些地方需要加强，即不许有凹陷处，不许有出尖处，不许有断断续续处，要连贯通达成为一个既有主观能动性又有整体意志，既有每个点的细节感应又有浑圆应力的整体，这些都离不开桩，是桩的具体化与动态化，所以要"慢优于快，缓胜于急"。这个阶段是细活儿，是用心胜于用时用力，一动就要有内容，一动就要想周全，不想周全就不动，不想周全就回到站桩里去想，去体认，想明白了再一点点地慢慢的来试力体会。

　　第三层次的训练则要把身外的东西给调动出来，要调动起周围东西随意识而动，要有挟浪而行及地动山摇之感，从身内到身外要有一动俱动的意感。这个阶段既要感知体内，又要感知体外，既是形体训练，更是精神训练，三层之外还有四层、五层等更多层次的训练内容，如怎样借力"宇宙力波"等。

　　总之，在开始训练时，动作一定要规范，间架一定要讲究，每一次出拳，一定要有的放矢，然而随着训练的深入，越往后则越是要"只求神意足，不求形骸似"，而且是要做到祖师王芗斋先生所说的"非无的放矢不可"。有的放矢终是执着，只有到了"非无的放矢不可"的境界时，才能体现出意拳的自然之本能力。

7.传统武术中的"不招不架就是一下"

　　形意拳中有"不招不架就是一下"之说，本人认为这是最后一个吃饱的馒头。传统武术在比武时，先要用精神控制对方，这涉及精神笼罩的内容，再就是要捕捉到对方的攻击信息，这涉及对敌方信息捕捉和对微表情观察的学问，这也来源于自身站桩和试力时对自身细微状态的体察训练，然后要有计划地调动对方，让对方暴露出长处和短处，这种调动包括精神调动、意识调动、微表情调动、身法调动、步法调动等，这是对自身综合能力的一种检验，然后就是要做矛盾，包括精神矛盾、微表情矛盾、身体运动矛盾等，让敌方出现犹豫、恍惚或是孤注一掷的出尖儿，即要诱导对方展示出他的优点来，使用他所擅长的技术，然后他的缺点也就暴露了，形意拳和意拳常用的技术是脚踏中门夺敌位，或是横走竖撞的合身而上，或是引进落空脚踩偏门圈着对方打。自此也就实现了"不招不架的就是一下"的攻击理念。

所以我说这是吃饱饭的最后一个馒头，这些皆离不开前面所做的诸多且具决定性因素的工作，如果没有前期的这些儿工作，一上来就不管不顾的"就是一下"，则是对传统武术理论的教条理解。

8.意拳技击的基础训练

就技击而言，组合拳的连击技术是首先要掌握的。西方拳击中的那种组合拳的连续打击技术，对于那些没有能达到"一触即发"境界的拳手来说，是非常有必要的，若一个拳手，既没有出拳的杀伤力，又不会组合拳的连续打击技术，那他就会打一下就停手，再打一下又停手，这样的话他既不能击倒对方也不能控制住对方，这反而会让对方摸到他的运动规律，使他越来越被动。故技击时一旦出了手就不要停，就要一鼓作气地把对方打倒。具体来讲，在技击的过程中，每打一拳都要有挂打的技术，最好不要把对方打跑，而是要把对方揽进怀里来打，如果两拳就把对方给打跑了，那后面的重击我们也就打不了了，故要有往怀里钩挂捋裹的技术，就像是狮虎豹，都是往怀里搂着咬，狮虎豹是不会把到手的猎物轻易地放跑的，与人搏斗也是一样，圈进来后，才好打重拳，意拳的圈捶就是这个目的，许多人把意拳的圈捶看成了是拳击的摆拳，或看成了是普通的"王八拳"（出尖儿的抡拳），其实不是，从动作的外形上看圈捶虽然像摆拳，但内容却不是，圈捶重在一个"圈"字上，它里面暗含着往自己的怀里裹挂的劲儿，只有挨上了圈捶的人才会有体会，自己会被圈捶打的瞬间失重。意拳技击时的技术，与推手的技术是分不开的，通过推手中所练就的旋摇技术、挂打技术等破坏对方重心的技术，可以将对方圈进来，也可以让对方瞬间的"我顺人背"，这是打间架技术也是控打技术的一种体现，故连续击打对方的同时，实是在连续的控制对方。

但是，我本人是反对只求速度不求质量的连击训练，这种单纯的连击打法缺少对症下药的真实性，如果我们不是认真地对待每一次的出拳，每一次都缺少真实且每一次都没有明确的目标，就会在意识上养成惰性，就会总是在指望是下一拳才能击倒对方。其实连击的内容是非常高妙的，如前所述，第一拳应是为第二拳创造更大的打击空间的，而不是简单的拳术重复。

连击训练对于初学者是非常有必要的，但对于高手来说，则是不用打连击的，就像是汽车撞人，一次就撞飞了。郭云深先生被人称为"半步崩拳打遍黄河两岸"，祖师王芗斋先生也有"一触即发"的说法，都是一次性的打击，高手都不需要补手。如果还需要打第二拳，那就是说明第一拳的质量不高。其实，第一拳打完以后，对方的位置会移动，对方身体的角度也会有变化，这时的第二拳就应该调整了以后才能击中及重击对方。所以属于内功功法的连拳，看似是连击，其实是一拳一拳的打的，每次都是一，但许多人的连拳却是一二三四的打，这样的结果，经常会打空，也会明显的出尖儿，故那只是初学者的打法。但现在有些意拳人，却把那种初级的打法当重点，则是对真正连击技术的曲解。

另外，要想让自己打的真实，意拳的技击训练，不能总跟熟人打，跟熟人打，下不了狠手，这样，久之，会形成错误的动力定型，会越练越假。熟人有熟人的练法，如果实在是找不到对手，那就最好熟人之间相互的当陪练，每一次都力求把动作做完整做真实，做陪练的要勇于喂手，打人的要打的坚决。也可以熟人之间先训练一下推手，由推手逐渐地往断手过渡，推手时要有野蛮推的状态，除打以外的什么技术都可以使用，其状态要比日本相扑对攻还要猛烈才成，要练成不假思索就有能破坏对方重心的本能，从某种程度上讲，断手只是加快了速度的推手，它们之间没有多大的区别，故这种撒野式的推手技术练好了，断手时也就能与对方撕皮捋肉的近身肉搏了。

另外，熟人间也可以分阶段来进行训练，如训练在对方打来拳的瞬间自己能迅速地近身推手，即自己不去打对方，只是推对方，但对方可以打你，这样就可以研究如何用推手的技术来迅速的控制对方。最终会发现，只有在对方打来拳的瞬间，自己勇敢地迎上去，才能只挨一拳而不会挨第二拳、第三拳。实际上如果我们近身的速度能足够快的话，我们只会给对方打自己一拳的机会，等快速近身的水平提高了以后，这一拳我们也可以让对方打不出来，即使打出来了也打不上我们，这样的话，打间架的控打技术就基本上是训练成功了。

另外，如果要把推手训练当作断手的过渡，双方在推手时就要先学会挤住点儿的技术，即不能让对方两臂的接触点太虚，要像相扑一样真正的挤上劲儿，使得谁也脱不了点，这种状态在外人看来就是在"顶牛儿"，"顶牛儿"在许多人的眼里是坏事情，在我这里恰恰是必须要具有的东西，先顶上牛儿后，才能挤住对方，使对方脱不了点，"顶牛儿"是力大打力小的良方，对方的功力只要是不如你，顶上牛儿后，他不会有什么别的办法，只能是认输，故有的时候一个笨力比十个巧打都好使。我们所谈的借力打力，实际上也得是功力大的人打功力小的人，但他的境界因为已到了不必使用笨力的阶段，只需用巧力就可以控制对方，所谓的"四两破千斤"的前提是他本身就具有千斤力，但他已不必再使用这种笨力了而已。

拳术的基础训练，须得先练"顶牛儿"的拙力，之后，才能有资格去练"不使力而力自在"的巧劲儿，之后，再练化劲儿，拳术中的这些训练环节基本上是无法省略的。"顶牛儿"的劲儿是基础，缺少"顶牛儿"训练，是现在推手人所常犯的好高骛远的毛病，一上来就想要追求高境界，现实是不可能的。一旦掌握了"顶牛儿"的技术，断手时就敢往上冲了，勇气与豪气也就都有了，故不是人们在技击时胆小（不敢往上冲），而是技术的障碍，阻碍了人们胆量的张扬。所以，我常说，技击中有两个极度出尖儿的技术，谁都嫌弃它，但它却是好东西，一个是抡"王八拳"，一个是"顶牛儿"。现在许多意拳门人由于不曾练过抡"王八拳"的技术（因为它极度的出尖儿），所以打起拳来缺少精气神，同时有的人也不练"顶牛儿"的技术，所以也不能迎大敌，只有把这两项技术都掌握了，拳术的基础训练才算是有了小成，这时遇到了武林高手不敢说，但是遇到了普通的武林人士，两拳就可以把对方抡趴下，这种"顶牛儿"加抡拳的训练，一两个月就能速成出来，用一两个月的时间就能解决一般武林人士要练大半辈子才能有的技击术，相比之下就能看出传统武术，尤其是所谓内家拳的许多训练方法是有问题的。

当掌握了抡拳与"顶牛儿"的技术后，其后要练的就是如何的拳"不出尖儿"，力不"顶牛儿"，使劲力进入空灵化境。其实，人只有犯了错误才知道什么是错误，对于没有极度出尖的"顶牛儿"又没有抡过出尖的"王八拳"的人，跟他讲"形不破体，力不出尖儿"是讲不明白的，明白了也是假明白。

所以，练功的方法与拳学的理论，在很多的时候是矛盾的，都是不得不"说圆行方"的，即明知道是错误的，但开始时不这么练还真不成，故武术文化是很吊诡的，这么练是错的，不这么练也是错的。从高大上的角度按照拳理来练拳，一上来就"形不破体，力不出尖儿"，似乎没有错误，但对于非天才类的不具有"顿悟"能力的"渐悟"类的人群来讲，一辈子也练不出来。故"形不破体，力不出尖儿"是对天才来说的，祖师王芗斋先生就是天才，是千年一遇的人物，他是直接从顿悟入手训练的，我管祖师王芗斋先生的那套体系称之为"先天之功"之法，这也是后人永远也理解不了祖师王芗斋先生的原因，因为大家很少有人是天才，大都只是人才。天才与人才走的是完全不同的两条道儿，是两种完全不同的训练方法。当然，作为教师，责任是非常大的，我们的教育能把蠢材教育成人才是成功的，把人才教育成人才只能说是不算失败，但也有可能是把天才教育成了人才，这则是一种失败。我们身边就有许多天才，比如粟裕将军就是天才，粟裕是直接在战争中学习战争，其实，从理论上讲，天才不是教出来的。故教师应至少懂得两套模式，另一种是教人才的办法，一种是遇到天才的办法，教人才的办法大家都在研究，但遇到天才就寡有办法了，祖师王芗斋先生之学实是为天才预备的。大凡天才都有与众不同的人物性格，有与众不同的自悟与自学能力，对于天才，多说无益，老师只需适时的点化一下即可以了，说多了反而会适得其反。

9.意拳拳理与训练方法的区别

我在前面谈了很多意拳的拳理，比如我谈到在站桩时要放松，而且松的内容与境界有很多，诸如"松就是紧""紧就是松"等等。但其实我谈的"松"与"紧"都只是理论层面上的问题，在意拳的教学中，理论与训练在大部分的情况下都是不一样的，例如前来学拳的人周身很僵，尽是腱子肉，这就需要对方先不要练松，更不要练紧，而要练懈，懈明明是错的，但这时对他来说就是对的。我的启蒙老师窦世明先生跟祖师王芗斋先生学拳时，因为他浑身都是肌肉，祖师王芗斋先生让他两年啥也没干，就是站在那儿周身懈怠的甩胳膊，足足甩了两年。直到他身上的腱子肉消失了，祖师王芗斋先生才开始教他站浑圆桩。所以每个人的情况不同，教的方法也就不会相同，其实我们许多的训练方法，用拳理来看经常是不正确的，就如同吃药，是药三分毒，但此时明知道是错的也要这样做，不这样做就解决不了问题。我们常常是在用一个错误来纠正另一个错误，就如同祖师王芗斋先生让窦老用懈来纠正僵一样，这实在是无奈之举，这也是一种矛盾。所以不要太与拳理较真儿，道理说起来都是对的，但练的方法则往往不是这样的，用我常说的话来说，就是"我们是从错误走向错误"。

学拳的路永远不会是一条笔直的道，我们可以先这样练着，无论是从懈入手、还是从松入手、还是从紧入手、还是从又松又紧入手、还是从不松不紧入手、还是从先松后紧入手、还是从先紧后松入手、还是从松中求紧入手、还是从紧中求松入手、还是从似松非松似紧非紧入手、还是从松即是紧紧即是松入手，只要能对症就好，有的人天分极高，一入手就可能提前理解了"松即是紧紧即是松"的学问，那就没有必要再跟他谈基础的松与紧，但即便如此，也需要在实践中时时地反思，时时地修正，时时地否定，意拳的训练永远是一个否定的学问，永远在否定身上的不足，永远在发现问题，也永远在解决问题。能否发现问题，看人的悟性，有的人一练就发现了问题，而有的人则脑子是一根筋儿，十头牛都拉不回来。能否解决问题，看师承、悟性和文化，没有好的师承，就不可能有解决问题的心法与练法，而且许多练法是不外传的，没有悟性和文化就不可能有分析问题的头脑，而且还会执着，会把一个有文化、有思想、自然、客观、辩证的拳，练成一个教条的拳。

10.意拳技击的力不出尖

祖师王芗斋先生指出要"形不破体，力不出尖"，不出尖还能打人，并不是指自己要站在那里不动，而是要使自身率先高速的动起来，就如同捻捻转，外表看似没动，但自身已经高速的运转起来了，用祖师王芗斋先生的话来说就是"一面鼓，一面荡，周身无点儿不弹簧"，意拳是进攻性拳种，用我的话来说"我们应是放火的，不是救火的"，我们绝不是傻站在那里等着别人来揍我们。意拳因为是身到、步到、手到、精神到，是整体到，故在攻击对方时，没有一个力点儿是局部的，是整体碾压式的攻击法，这是在用功力来打人，所以，如果我们的功力不如对方，这种力不出尖儿的正确打法也就很难能施展出来。另外，要想力不出尖儿还能打人，其中还有一个非常重要的因素，即自己的速度须快于对方才成，因为快于对方，我们才会淡定，才会冷静的等待对方出尖儿，或诱导对方出尖儿，这样的话无论对方有多大的能耐，一旦劲力出尖儿了，对方就必输无疑。祖师王芗斋先生提出了"超速运动"的理论，足见祖师王芗斋先生得有多快，"超速运动"之快来源于不做作，来源于协调，来源于自然，来源于精神力，来源于借外力，来源于对自身潜能的激发，来源于对身体更高级本能力的调动，来源于千万次的训练，包括各种角度，各种间架，各种招法，各种身法、步法、拳法、腿法的试力训练，来源于无数次的实战经验，更来源于视死如归的淡定。

总之，"力不出尖儿"，还能打人，一是因为有了黏点儿的打间架的控打技术，二是因为无论是在身法方面还是在拳法与腿法方面，皆有"超速"于对方的能力。

11.意拳独特的技击之法

传统武术在技击时，许多人都是在找对方的手来进行格挡，然后再施招攻击对方，而不是直接就去找对方的头来进行攻击，这是传统武术招法运用所造成的结果，故有时候招法是误人的，这也是传统武术与现代搏击的最大区别，现代搏击，尤其是拳击，上来就攻击对方的头部，这种打法很硬朗，意拳也是以攻击对方的头部为主，所以在过去，练传统武术的人很看不上意拳这一点，觉得没有武德。

技击时的情况实是千变万化，所遇的对手也会是千差万别，所以谈到技击，很难有一个固定的标准。我个人认为，针对技击而言，可以先有几套预案，并针对这些预案来进行有效的训练，先以万法克一法，再以一法克万法，通过实践，去粗取精，去伪存真，由复杂而至简洁，由有意而至本能，即可成功。试举例几个简单的预案：

一是如果对方在你还没有出拳前先出手了。作为意拳的我们，首先要有换拳的想法，要允许对方先出拳来打中我们的胸腹甚至头，但不能让他破坏我们的重心，要用自己挨搓的这个点儿在瞬间吃住对方，吃住他的办法是勇猛的坚决的毫不犹豫地上步欺身，这样使对方打来的拳如同打在了冲过来的火车头上，对方会瞬间就崩溃，但不能让对方打中自己的眼睛和鼻子，所以冲上去时的间架护住鼻眼很重要（可以是用"猫洗脸"技术，先开门让对方打进来，再瞬间关门控制对方）；

二是可以诱导对方先出拳，要把自己的头和胸腹故意的暴露出来，形成"大开门"的间架，当对方刚一出拳时，自己勇猛的上步，借力对方的间架，自己突然横移到对方的侧面而攻击他（这也是"直来横取""纵进横击"之法）；

三是对方谨慎，不先出拳，我们就要主动的攻击对方，但并不是真的攻击对方，也不是不真的攻击对方，而是要看对方的身体状态而定。可以故意让对方看见我们在攻击他，给他一个抬间架防守的时间，如气势很凶地上来煽他一掌，其实不一定是真的要煽他，目的是要把他的间架给调动出来，对方一抬间架，就等于是着了我们的道儿，我们就可以迅速地欺身借力打力了（欺身后用的是黏点儿技术）。

总之，搏击的关键是要有以轻换重的意识，也就是"换拳"的打法。"换拳"的打法是我们与别派武功的最大区别，这也是所谓"流氓拳"的打法，即不要命的打法，用在兵器上也一样，对方砍过一刀来，我舍掉一个胳膊不要了，在对方砍过来的瞬间我去一剑封喉，以轻换重。其实，所有的机会，都是在对方打自己时产生的。本人在技击时，常有人觉得我的拳快，实是因为我在以轻换重，对方刚有打我的想法，或对方刚有打我的行动，也就是对方刚有贪念，就被我把他的这个贪念给利用了，我是明知他要打我，还要让他来打。所以，我常说，一定要让对方"说话"，即给对方表现的机会，对方一表现，意图也就出来了。但传统武术的许多招法，都是让对方按照他自己的意图在"说话"，或者就不让对方"说话"，对方一不按照他的意图来搞，他就慌了，慌的原因，一是预案太少了，对付同一个问题，应该要有十种、二十种甚至更多的预案才成，二是实战经验太少了，三是都没有练出本能力来。这样的话，要方法没方法，要经验没经验，要本能没本能，岂有不败之理。同样是对付对方打过来的一个直拳，可以劈掌回击他，可以圈捶回击他，可以削掌回击他，可以崩拳回击他，可以腿击他，可以摔他……有了这些预案，就不怕对方"说话"了，而且还会期盼对方"说话"，这些预案若练成了本能，就更期盼对方"说话"了。

由于每个人的身高体重不同，反应速度不同、心意不同、学拳经历不同、运动习惯不同、身体状态不同等，所以，没有办法用一种方法对付所有的人，有的人怕打，有的人怕撞，有的人怕摔，所以，对手不同，打法也要不同，这实是经验问题，打多了也就明白了，打多了也就得心应手了。

但是任何的经验问题都不能代替不怕死的决心，所以还是祖师王芗斋先生说得到位，"要有同死的决心"，这才是真正的取胜之道。正因为不怕死，才会淡定，才会把一切都看得更清楚，才会把握的更精准，才会更直截了当，才会更有效能，才会更接近胜利，这是意拳辩证法。

12.意拳格斗时的技击间架

意拳格斗时，其间架是高一些好还是低一些好，每个人的看法不一，有些人的观点是低一些好，并且还找出了低一些的理论依据，如有些竞技体育运动如打乒乓球、打篮球、踢足球等，都是要把身体的重心给降下来，甚至是要处于半蹲着的状态。身体的重心低下来后，其运动的优势是很明显的，首先，它可使身体处于一种蓄力状态，就如同立定跳远及百米跑时，在劲力爆发前，身体的间架是处于收缩及重心降低的蓄力状态，也包括相扑在攻击对方前，身体的间架也是重心降低的一种蓄力状态。这也是意拳站桩所谈到的，须头悬、领项、空胸、圆背、圆腰、掖胯、溜臀、垂尾间、膝弯含蓄、脚弓含蓄等的拳术要求，这些要求是一种拳术间架的蓄力状态，但是这些拳术要求不只是对低桩的要求，对高桩也同样是这般要求，即站高桩，也同样要头悬、领项、空胸、圆背、圆腰、掖胯、溜臀、垂尾间、膝弯含蓄、脚弓含蓄等。由此，可以看出，就蓄力而言，意拳间架的高与低与蓄力没有什么关系，即并不是只有低桩需要蓄力，高桩就不需要蓄力，其实，高桩的蓄力状态比低桩的蓄力状态难度还要大，当人的身体正常站立时，掖胯与空胸、圆背、圆腰及垂尾间的状态比身体的重心降低时更难实现。所以，高桩比低桩更吃功夫。

回到前面的话题，格斗时到底是高间架好还是低间架好，如果拿蓄力来说事儿，其理由是不成立的，因为格斗不等同于百米跑，也不等同于打乒乓球等球类的竞技体育运动，那些竞技体育运动，从意拳的角度来看，都是些局部与出尖儿的运动，前面已经谈到，并不是间架低就一定会比间架高的蓄力状态要好，有些时候间架低反而更易出尖儿，意拳格斗，不是一个顶牛儿比赛，对付前冲之力，往往只需微微的一个下踩之力（也叫"踩提"之力），或一个横向之劲力，就可以破坏对方的重心，说简单了，就是"十字中求生存"，也叫"直来横取"的技术就可以解决问题。

所以，技击间架到底是要高一些好还是要低一些好，其实不须提前有固定模式，遇到两米高的对手与遇到一米多高的对手，遇到地面技术型的对手与遇到站立技术型的对手，遇到手快的对手与遇到力量大的对手，其间架的高与低都不能一成不变。

若单一的来讲，我个人认为，如果撇开"黏点"技术，仅仅只是从"断点"的角度来思考问题时，的确是将间架降低些会更稳妥一些，间架降低后，身体被对方攻击的地方也会适当地减少了，这也是我们常常能看到在拳击比赛中，挨揍的一方始终会团起身子，降低重心，以减少对方对自己的伤害。

但是若从"黏点"的角度来思考问题，则重心降低只有弊而无益。意拳的优势在于"打间架"，是"打实不打虚"的理论，从上往下通过打间架来控制对方，比从下往上要容易得多，动物世界里，无论是狗熊，还是狮、虎、豹，在搏斗时都是要抢占制高点，也包括毒蛇及斗鸡们的缠斗，现代战争也是要抢占制高点，包括抢占外太空。故本人所说的这些观点，只有那些会"黏点"技术的人，才知道我在说什么。

所以，那些强调技击时须降低重心的人，其实都是些不懂"黏点"技术的人，同时也是一些教条之人，与人格斗时，若不懂"黏点"技术，就等于练的不是意拳，无"黏点"就无法实现意拳的"打间架"理念，也无法体现祖师王芗斋先生所倡导的"见虚不打击实处，要知实处正是虚"的辩证的意拳观。

总结一下，若只有"断点"技术，就只能靠降低重心来打人，若"断点"技术与"黏点"技术都掌握的话，则既可以降低重心，也可以领起重心来，从上向下来攻击对方，这样，攻击对方的方法就丰富多彩了。拳谱中有"打人如走路"，"视人如蒿草"之说，大家想想看，大马路上有几个人是蹲着走路的，有时间大家可以查查祖师王芗斋先生的照片，再看看姚宗勋先生与本人的恩师义母王玉芳先生的视频，看看他们是不是在蹲着练功与打拳，看看这些视频与照片，就能知道什么是师造化，什么是拳法自然了，事实是无论是推手还是试力与健舞，祖师王芗斋先生、姚宗勋先生、王玉芳先生都是处于自然站立的状态。这才是道法自然，也只有是这样的间架，才能最有效的最终实现祖师王芗斋先生所说的"在精神，在意感，在自然力之修炼"的拳学理念。

415

第二节 意拳技击功法

1.意拳技击的速成之法

武行的分工很细，如有的人所练的拳属于比赛的，有的人所练的拳属于防身的。属于比赛的擂台类的选手，实战练习必须常态化，但是属于自卫防身和真实格斗的这类人，则须以训练精神及以训练特殊且独到的搏斗技能为重点，没法进行对抗的常态化，否则天天出人命，还没咋样呢就进监狱了。其实越是有了能置人于死地的技术会越是谨慎，如越是怀里揣把枪越躲人一般，因为一拿出来就是大事，就如同一个国家不是有了核武器就可以乱扔了，有了反而会更谨慎，但是必须要有核武器。

意拳的技术，在抗日战争时期是可以用于战场上的，我的意拳启蒙老师窦世明先生就是一个军人，他说在当年的抗日军队中，有很多人就练意拳。意拳自20世纪20年代创立到40年代又名大成拳，从诞生起就处在血雨腥风的时代中，故他的血统中始终流淌着强烈的性格，这种性格就是好战。意拳有一种训练方法，野战时很好使，就是抡"米"字，一天就能速成，搏击水平会在自身原有的基础上提高好几倍，相当实用也相当凶悍，但这是徒手搏击术，带上拳套就不好使了，无法用在擂台上。

我本人认为，天下的武术功法可以简单地区分成"刀"法和"枪"法。"刀"法的特点是变化多端的劈、砍、削、挂、抹等技术。"枪"法的特点是扎、挑、崩、拦等技术。中国曾有刀是兵器中的虎，枪是兵器中的龙之说，所以大凡擅长用"刀"法的选手，出手都很凶猛。

本人所研究的"米"字的打法，主要是以"刀"法为主的打法，也可以称之为是"刀"里加"枪"，武林界也有一个与之相对应的名称，即

"鬼扯断",俗语:"学会鬼扯断,天下英雄打一半"。故技击的速成之法是先练"刀"法。初练时,先要用全身的气力往死里抡,从左抡到右从上抡到下,有点儿像我师哥崔有成先生视频上面的打法,但我的"米"字打法比他的还要狠和猛,我的"鬼扯断""米"字打法在抡拳时,应有风雨不透的感觉。"米"字抡砍时不可教条,可以顺笔抡也可以倒插笔抡,可在家中或树下挂一毛巾或一线绳,然后用"米"字抡它,先慢后快,要把自己的重心打出来,即要绝对的出尖儿,要一拳就能把对方抡死,抡不着对方能把自己摔死,抡到树上能把自己的手打碎。这样力量才能打透,要用全身的力量抡,不要只用胳膊劲。若能不停歇的狂抡半分钟,一般的武林人士就都不在话下了,抡起来要密不透风,拿乒乓球连续往脸上扔都打不进去才成。当然年龄大了就不要这么玩命狂抡半分钟了,但能狂抡几秒钟也管用。

受过此等训练以后,身上会产生一种豪气,也正因为自己曾真正的出过尖,才会最终理解祖师王芗斋先生的"形不破体,力不出尖"的论点。此训练的劲力内容是祖师王芗斋先生的"惯性力""离心力""螺旋力""杠杆力"等基础劲力,是进攻性打法,实战时需要有一定的空间,要学会退着抡,能退着打人的大多是高手,手用"米"字,脚下也走"米"字,不要自己拌自己,步要走顺,要随着手和身体的重心而动。步有三种走法,一是身子带着腿走,二是腿带着身子走,三是身腿合一地走,初级可先练身子带着腿走,此法身子到哪儿腿就到哪儿即可,但因此法出尖儿,故这只是初级的功法。

这种"刀"与"枪"的打法,在拳击的技术中也有体现,若细分一下的话,可以把拳击中的直拳与刺拳划入到"枪"法的技术范畴,把摆拳与勾拳划入到"刀"法的技术范畴。它们在技术上的区别是,"枪"法要冷静,"刀"法要凶猛。以世界上著名的拳击手而论,就拳术风格而言,刘易斯应该是属于"枪"法类型的高手，泰森则应该是属于"刀"法类型的高手，这两种类型各有优势，就看谁发挥得好。"刀"法的特点是要有好的体能，这样才能始终使之维持着凶猛的气势，但当"刀"法类型的选手体能不济了以后，"枪"法的长处就会显现出来，如泰森与刘易斯的那场比赛，当泰森的体能不再那么充沛后，刘易斯的"枪"法技术就可以准确无误地击中泰森，当然，泰森也不是只会使用"刀"法，他是"刀"里加"枪"，刘易斯也不是只会使用"枪"法，他是"枪"里加"刀"，最终那场比赛是泰森输了，虽然泰森是被刘易斯的勾拳与直拳的组合拳即"刀"法与"枪"法所打倒的，但主要的失势，是失势在了刘易斯的"枪"法下。

刘易斯与霍利菲尔德在跟别人打拳时，总是不紧不慢的没有什么激情，看他们的比赛总会感觉有些索然无味，他们的状态就像没睡醒似的，但他们一遇到泰森就都醒了，全都来了精神，问题应该是出在泰森的身上，是泰森刺激出来了他们的快节奏。泰森应该想办法让对方不要那么兴奋，首先泰森应该自己先把节奏控制住，让它慢下来，其后当对方已适应并习惯了这个慢的节奏后，再瞬间的突然改变节奏发起攻击，这样话，场上的局面就会由泰森来把控，胜利的天平也会向泰森这一边而倾斜。只可惜以泰森的文化水平，应该是想不到这一点儿的。从技击的角度来说，碰到怂人时是可以气势如虹的快速结束战斗的，但遇到高手后，就要隐蔽锋芒，要想办法在节奏慢与快的切换中来战胜对手，这需要的是智慧，在这方面，拳王阿里可谓是典范，在拳王阿里的身上，处处充满着拳术的智慧。所以，虽然搏击讲的是直觉与本能，但遇到直觉与本能也同样好的对手时，这时比的就是智慧了。"枪"法与"刀"法，一纵一横，相互克制，适时的使用"枪"里加"刀"之法，或适时的使用"刀"里加"枪"之法，都会产生奇效。

谈到意拳的技击之法，本人的观点是"先下手为强，后下手遭殃"，我们永远要做那"放火的"而不是"救火的"，即我们永远要调动对方而不要被对方所调动，就如同荒原中的野狼山岗上的猛虎，是"圈着"对方来下口的。《六韬·武韬·发启》有段经典的论述："鸷鸟将击，卑飞敛翼；猛兽将搏，弭耳俯伏；圣人将动，必有愚色"。其"卑飞敛翼""弭耳俯伏""必有愚色"，就是我们的技击"催眠"之道，当对方一旦被我们所诱导，我们就从"弭耳俯伏"突然的转换成"雷霆万钧"，打对方个措手不及。

具体到技击的方法，先要"圈"对方（就像狼圈羊），须连续的身体横移，或左或右地往对方的身后走，以调动对方；另外，对方一旦被调动（即下意识地随着我们的移动而移动），我们就须果断的攻击对方，可以用"打空间""打间架"的"纵进横击"及"横走竖撞"之法（可以是"劈挂"打，也可以是"一步三拳"的打法，"劈挂"打须"抢势"，"一步三拳"则须用诡道），其气势要"遇敌如同卷地席"。

打间架的特点是"打实不打虚"（即"见虚不打击实处，要知实处正是虚"），打间架的实力来源于推手的技术，推手的技术来源于试力与站桩的内容。所以，若无站桩与试力，上述的所有东西都不能实现。

2.意拳技击中的拳法特色

意拳的技击可以分为含有推手内容的具有控打技术的黏点儿打，与类似于拳击的双方非黏点儿技术的断点儿打。从断点儿的角度来讲，直拳应为拳法之首，它如同是兵器中的枪法，突然扎过来，对方是很难防的（俗语枪为兵器中的龙，也为兵器中的贼）。使用直拳时，如前手直拳，发力一定要突然，如同打手板游戏中的打手板儿，一定要在对方精神不集中时下手才有效。技击时，当对方的精神不集中时及对方的步法、身法和拳法在调整时，突然的打出一记直拳，即使不能击中对方也会使对方处于忙乱中，这时我们若再能突然的改变节奏，发起强攻，胜利的天平自会倾向于我们这一边。在主动攻击对方时，直拳的目的除了打击对方，还有一个更重要目的是要把空间给打出来，即是要赢得自己最合适的空间，故出拳的速度一定要足够的快，时机掌握的要足够的好才成，直拳既可以是贼打即偷袭，也可以是强攻。当然，技击时并不只是使用直拳这么简单的事情，真正击倒对方的往往是勾拳与摆拳，但直拳是拳中之首的位置并不会因此而动摇，因为它是控制空间与距离的前提条件。

在搏击时往往有两种思路，一是有意识地把问题给搞复杂，如身法的闪转腾挪，高低纵横，拳法与腿法的声东击西、欺左攻右、指上打下。另一种是复杂问题简单处理，其直拳技术的使用，就是复杂问题简单化的思路，即无论对方如何的变化多端，自己只需冷静地控制住自己的合理空间，以不变应万变地对对方实施有效的打击即可。当然，更有人会把简单与复杂综合起来使用，如先是简单又突然变复杂，或先是复杂又突然变单纯，总之一切变化皆是须使对方猝不及防为要旨。

在拳法中，有些拳法如同兵器中的"枪"法，如直拳、正蹬腿也包括侧踹腿，而有些拳法如同兵器中的"刀"法，如劈掌、削掌、勾拳、摆拳或扫踢等。戚继光为了对付日本浪人的倭刀，发明了竹节枪即"狼筅"和使枪的阵法，长长的竹节枪戳过来，使倭刀的境地极为尴尬，直拳的道理就如同"狼筅"，它可使对方许多复杂的技术因离对手的距离远而使用不出来，在对方无奈的时候，我们若能突然的变换空间，变换节奏，突然的近身攻击，由"枪法"突变为"刀法"，会打对方一个措手不及，但这些变化都有赖于自己的直拳能否先于对方把空间给控制住。另外，直拳一定要学会退步打，能够退步打直拳的人，必是能够主动控制空间的人，此道理如同使用兵器，越是手持长兵器的人，越要防止对方近身，故越是要会退着使用才安全，另外，还要学会如何将长兵器当短兵器用的方法，如使长刀的需要练"缠头裹脑"近打招式，以防对方近身。

西方拳击中的拳王刘易斯的前手直拳就相当的好，刘易斯很像是学过中国功夫，他的直拳是打上对方后才发力，很像是中国武术中的暗劲儿，不像是泰森，泰森打的是明劲儿。暗劲儿的打法是，在出直拳时，其手臂基本上都是被动的合力，不做主动向前伸展的力，此状态为"身动手合"，当拳打中对方时，再自然的一紧，并且要让劲力在意念上穿透对方。此出拳的状态有时候又像是小孩的玩具——拨浪鼓，是鼓轴先动小捶后动的。另一种则是与之相反的运动，是手臂的梢节先动，然后再瞬间合于整体，如同猫抓，此为"手动身合"。总之，无论是"身动手合"还是"手动身合"，皆是要周身相合，方可力整。

在搏击时，边腿往往很有效（属于兵器中刀法），无论是低边腿还是高边腿，尤其是击头的高边腿，用好了能一击必杀。这其实是兵器中的枪法与刀法的技术较量，一个是纵，一个是横，它们是一对可以相互克制的矛盾，就看谁使用的巧妙了。搏击时，既是双方技术的较量，更是精神与意志的较量，被对方高边腿击中的原因，多是因为没有先敌攻击的意识，故任何一个稍微地迟疑，都会使自己遭受致命的打击。

从理论上讲，在断手时只要是有了正面攻击的技术，对方怎么打都是绕远的，因为它控制了两点之间最近的距离，而且也控制了双方的空间。但若从黏点儿的角度来讲，则祖师王芗斋先生的"拂钟无声"即劈掌之法，则可为非断点儿技术的拳法之首，因为意拳的劈掌实是一种控打技术，即打间架技术，亦即"打实不打虚"的技术，这与断点儿打的技术是完全不同的技击思路，从意拳的角度来说，宜多练这种技术。

3.意拳技击的劲力变化

意拳的劲力每打出一拳与踢出一脚，都是有劲力变化的，不光是意拳如此，形意拳、太极拳、八卦掌等人们所称之为的内家拳也应该如此，而不应是像外功拳或西洋拳那样的实打实要的直截了当的出拳与出腿。如仅以基础发力为例，意拳基础的定向发力（或叫定点发力），在手法上会有几种打击方式，一是指戳掌塌，二是掌按指戳，三是指戳掌拧（或叫指戳掌旋）等。具体为：

一是指戳掌塌：手指给对方一个向上的戳力，当对方的身体感知到这个力的瞬间，手掌却是往下的按塌之力，此发力为声东击西的矛盾发力，它可使对方的抵抗落空，即第一是诱导，第二才是打击，这是瞬间打出的一个矛盾劲儿，其指戳可把对方的气提起来，而掌塌则正好截对方的气，打在对方的气口上；

二是掌按指戳：掌跟是下塌的但随之却是上戳的发力，这是把对方抛起的力。这都是须在瞬间完成的矛盾力。故只有力成矛盾了，才能使对方着道儿；

三是指戳掌拧：戳掌拧或叫指戳掌旋，即先用手指在对方的身上施与一个单向的戳力，继而拧掌或叫旋掌发力，使力走螺旋，但拧掌（旋掌）一定要只拧旋半把，拧旋整把力就执着了，拧旋整把也是一种力的出尖儿。

故在技击发力时，如果只是单向的撞击力，则是执着的出尖之力，用这种执着之力打人，对方若体重很大或对方是高手，则极易被对方抗住也极易被化解与借力。

举一反三，踢蹬腿也是如此，如抬腿照对方的小腹踢出一脚时，先是足尖触到对方，是一种向上的戳力，继而转入足跟的蹬踏力，这种矛盾的戳踏力，如同手上的劲儿一样，也是瞬间打出的一个矛盾劲儿，再有，就是用脚先打出一个单纯的蹬踏力，在触到对方身体之时再瞬间转为旋拧的螺旋力，同样，这也只需旋半把，即微旋即可。这既是一种轮轴力，也是一种螺旋力，也是一种杠杆力、矛盾争力。另外，当我们的腿被对方抱住后，我们可以先送出一个单纯的蹬劲儿，当对方欲对抗我们这个蹬劲儿的瞬间，则可突然的由直力变纵力，由蹬劲儿变为劈劲儿，这是"十字中求生存"的技术，也是"直来横取"的技术，这种劲儿使出来对方必趴下，此原理与推手的原理一样，故手怎么用，脚就怎么用，在劲儿的使用上，它们的道理相同。

前面所谈的力，都是矛盾力，所谓矛盾，是指它们皆是一个事物中同时存在的两个方面，即向上与向下的力及直力与旋力同时存在，虽然它们在使用时略有时差，但在自身的劲力贯通与松与紧的运动中，其劲力与意念却是同时生成的。但现在很多人在打拳时，大都把劲儿给打直接了，另外也打局部了。要想解决这些问题，首先要从站桩中去建立起对拳术劲力的认识，并通过试力训练逐渐的掌握其劲力的使用方法，最终在技击中得以体现。

4.意拳的拳法训练

意拳进行出拳训练时（也叫操拳训练），既要有长距离的攻击训练，也要有近距离的攻击训练。练习长距离的攻击，在外观上看有些像诸如拳击的刺拳、直拳和摆拳及传统武术中的劈掌与穿掌等，除了长距离的攻击外，本人认为短距离的攻击更重要，因为历来是打长容易打短难，如在自己手臂半曲的时候，敌人若突然的冲到了我们的面前，这时只能近身发力，如何打出高质量的短劲儿尤为重要，这在意拳里叫"不直的直拳"，这种"不直的直拳"只有练过了意拳浑圆桩的人才能打得出来。除此之外，还要有黏点儿打训练（建立近身肉搏的能力），断点儿打训练，身法训练与步法训练、精神笼罩训练等。

操拳训练时要有敌情意识，如以出击右手前拳为例，首先要考虑在自己出拳的瞬间若对方从外（从自己手臂的右侧）往里（往左）拨挡自己的手臂时，自己的出拳是否具有前后矛盾争力、左右矛盾争力、上下矛盾争力这基础的六面争力，最起码也要体察自己的肘臂是否具有向右即向外支撑的横向力量；自己出拳的瞬间若对方从内（从自己手臂的左侧）往外（往右）拨挡自己的手臂时，自己的出拳是否具有前后矛盾争力、左右矛盾争力、上下矛盾争力这基础的六面争力，最起码也要体察自己的肘臂是否具有向内的合力；自己出拳的瞬间若对方从上（从自己手臂的上方）往下（往手臂的下方）劈砸自己的手臂时，自己的出拳是否具有前后、左右、上下这基础的六面争力，最起码也要体察自己的肘臂是否具有向上的崩挑之力；自己出拳的瞬间若对方从下（从自己手臂的下方）往上架打自己的手臂时，自己的出拳是否具有六面争力，最起码也要体察自己的肘臂是否具有向下的劈力；自己出拳的瞬间若对方靠身法躲避自己的出拳时，自己是否具有随时能停住同时还具有连击的能力（即要有连击训练）；自己出拳的瞬间若对方生生地用身体承接住了自己的出拳（即虽然出拳打中了对方，但却伤不了对方时），自己是否能够及时的改变攻击的路线，如由击胸腹改为击头，或由实打变为虚打，让对方因失重而出尖儿，然后再利用对方的出尖儿去打他的呼吸，截他的气。

除了自己主动进攻的敌情意识训练外，还要进行对方主动进攻时的敌情意识训练。如要考虑当自己正准备出拳的瞬间若对方突然主动攻击自己时，如对方从自己手臂的外侧（右侧）往里（往左）攻击自己时，自己的手臂是否具有前后矛盾争力、左右矛盾争力、上下矛盾争力这基础的六面争力，最起码也要体察自己的肘臂是否具有同时向外（向右）支撑的横向力量；自己正准备出拳的瞬间若对方突然主动从自己手臂的内侧（左侧）攻击自己时，自己的手臂是否具有前后矛盾争力、左右矛盾争力、上下矛盾争力这基础的六面争力，最起码也要体察自己的肘臂是否具有同时向内（向左）的合力；自己正准备出拳的瞬间若对方突然主动从下面（从自己手臂的下方）往上攻击自己时，自己的手臂是否具有前后、左右、上下这基础的六面争力，最起码也要体察自己的肘臂是否具有同时向下的力量；自己正准备出拳的瞬间若对方突然主动从上面（从自己手臂的上方）往下劈砸自己时，自己的手臂是否具有六面争力，最起码也要体察自己的肘臂是否具有同时向上崩挑的力量等。

除此之外，还要思考自己在出拳时，不只是前手臂的敌情问题，双臂、双腿及整个身体的敌情问题都要考虑。另外，自己还要有突袭对方的拳术训练，要让自己的拳头具有能从对方的防守空隙中突插进去的能力，也要进行硬打硬要的拳术训练，即强行的攻击对方的防守间架，若不能把对方打疼打怂也要把对方打僵打滞等。这些都是针对敌情而进行的出拳训练，但这都是小道的功夫，大道的功夫是浑圆力、自然力和精神笼罩，即只要我一抬手，对方无论从哪个方面来拳，都拿我没办法，而我也只需一颤对方就得飞出去，或无论对方有多么的凶猛，我只要把精神一拿出来，对方就怂了。但浑圆力、自然力与精神笼罩，不站桩及不经过试力等相关拳术内容的刻苦训练是练不出来的，但在浑圆力等大道没有上身之前，虽然这些操拳之法是小道，然小道也有小道的用武之地，故对于初学者而言，这种小道的操拳训练也非常有必要。

5.搏击中的速度与力量及准确度

人们常谈搏击的重点是速度与力量及准确度，但其实要看是什么样的速度，我本人的观点是，速度不应是一秒能打多少拳及能踢多少腿的连击速度，而是由静止到突然启动的瞬间速度及随时能变速的变速度，即由静到动再由动到静的变速度，是随时能动又随时能停的速度，这既包括出拳出腿的动静，更包括身法动静的速度，由静止到速动所用的时间越短水平越高，如果非要说速度，那应该指的是这种速度。再说力量，力量不完全是指一拳和一脚能踢打出多少磅的力量，而是指控制对方的力量，西洋的训练方法所训练出来的力量，力量越大越出尖，越出尖越容易被借力，武术需要的是不出尖的力量，至少也是力量在向前运动时，同时要有向后的力量、向左及向右的力量和向上和向下的力量，简称为六面力。技击的力量固然重要，但技击其实却用不了多大的力量，尤其是徒手技击，人的要害部位，如鼻子、眼睛、太阳穴、后脑等部位，用不了多大的力量就能解决问题。故中国武术讲求站桩，只有桩功才能练出"力不出尖儿"的浑圆爆炸力量，浑圆爆炸力才是技击所要的拳术力量，有方向的力量其实是干粗活儿的力量而不是技击的力量，技击用的是"力不出尖儿"的专业力量。

最后再谈准确度，只有砍砖头的打法才需要准确度，意拳是可以盲打的（闭着眼打），意拳主要是打重心，只要搭上劲儿不用看对方，就可以依据控制重心而击中对方的要害及将对方发出去。意拳是否可以盲打，取决于对推手技术的掌握，李小龙先生因会黏手（推手）技术，就曾做过盲打的表演，故只要是控制住了对方的重心，搏击的准确度就不再是问题。

意拳的打法，除了讲求发力外，也讲求借力打力，在借力打力的体系里，速度、力量和准确度则另有自己的标准和训练方法。当年的意拳祖师王芗斋先生即这方面的顶级高手，也包括王芗斋先生的许多弟子们，他们将中国的武学文化推到了新的高度。但现在中国武术的文化体系正遭到西方现代搏击体系的挑战，信奉中国传统武术文化体系的民间爱好者，由于选材的局限，训练时间，训练强度，职业化程度及经济条件等多方面的限制，再加上师承中的保守、同门的不团结等诸多方面的因素，使得现在的传统武术在实战中走入了低谷，导致了中国传统武术文化体系正在遭到质疑与挑战，也正因如此，人们才会看重诸如速度、力量与准确度这一西方人的评判标准。

　　我一直认为，中国的传统武学文化是全世界最优秀的，就如同中国的兵法一样，中国的传统兵法中的核心理论并不会因为时代的发展而落伍。如果是西方人掌握了这一文化的核心内容，到时候我们还需再从西方人处学回来，就麻烦了。如果有像拳王阿里、泰森一样身体素质的外国人，再掌握了中国传统武术文化的核心心法，中国的现代搏击选手将永无出头之日。所以，我们要大力发展自己的中国传统武术文化，这也涉及文化自信的问题。

6.意拳技击的巧打技术

　　意拳技击时，首先要让对方在心理上有恐惧感，这须要我们把精神给拿出来，要对对方进行精神笼罩。其次，当对方接触到我们的身体时，要让对方有瞬间的劲力落空感，只有对方的劲力落空了，对方才会有心理瞬间的惊悸，对方的劲力落空了，也就是对方的劲力出尖儿了。故意拳技击，不是简单的硬打硬要的学问，还要有巧打，有了巧打的能力，对方的劲力再大，也会奈何不了我们，这样我们就可以以小搏大，不惧对方的大块头儿与大体重。这也是许多老辈儿的传统武术家，虽然身材不高体重不重，但也依旧能技击取胜的原因。

　　要想让对方的劲力落空，首先自己得会放松，并要巧妙地利用劲力的松紧转换与人体的杠杆等劲力变化来完成。祖师王芗斋先生所说的"螺旋力、离心力、杠杠力、弹簧力、惯性力、爆炸力"都得具备，且能随心所欲的运用。让对方的劲力落空，火候很重要，如对方打我们时，我们要在劲力上"直来横取"地把对方的来力给化掉，化掉多少，看对方的状态而定，若对方的功力小，则可以略化即发，迎着来力就直接打回去。若对方的功力大，则要多化一些，如同乒乓球里用弧圈球来打对方，不是直接的怼回去，而是要有角度，有螺旋，有杠杆，有离心……具体到拳法中，我们可以先用间架接住对方打来的力，最好能用前臂来接，而把手给腾出来，手的位置应该是指向对方的面孔，最好是眼或鼻，这样，接和打就变成了一件事儿。如果对方的功力小，一个接触，就可以把对方给崩出去。用间架接触对方的力点儿时，要有虚实变化，其状有点儿像排球赛时接对方扣过来的排球，从拳术的角度讲，我们在接触的力点上不要有明显的松紧变化，一有明显的松紧变化对方就会发现，另外，一有明显的松紧变化，我们的劲力就会局部，故松紧变化，更多的是用身体来做，即我们要用身体的整体力来接对方的这个力点，而不能只是胳膊的局部力，其状与撞钟的道理相似，当一个木棰打在大钟上时，大钟会整体的震动，大钟就是整体力，但当一个木棰打在蒸馒头的铝锅上时，铝锅就会是一个坑，说明铝锅没有间架力，也说明铝锅的劲力不整。故要想接住对方的力并把对方给弹出去，自身的间架力很重要，从意拳的角度讲，不好好站桩是不会有间架力的，至少也要站到"体整如铸"的"四如"的状态。要想用整体力把对方给崩出去，还须要掌握力点转换的技术，即要把对方的力化掉，并把对方的力引导到自己的身外，也就是要落空对方的力，在对方劲力落空的同时，我们的力要瞬间打在对方的重心上，拔对方的根。落空对方的力，既需要松开身上的骨节，也需要吞吐的意念与吞吐的劲力，是周身整体遒放的松紧变化的体现，这些内容都源于基础的桩，故桩站的不好，什么也不要谈，谈了也做不到。反过来，大家也就明白技击桩要摸什么劲儿练什么东西了，即至少也要在技击桩中训练松开骨骼，劲力吞吐，整体遒放的劲力内容。

当我们在主动攻击对方时，依旧要有化力的内容，依旧要让对方的劲力落空，依旧要触点儿发力，其状有点儿像篮球运动员运球过人时的拍篮球，须是听着球劲儿，控制着方向和角度，是把控着拍，而不是往地上死拍死砸。打人的劲力也要把控着打，在接触到对方的手臂或身体时，要像拍篮球一样，在化掉对方的抗体之力的同时打在对方的重心上，这是一种巧打，可以打得对方防无可防。这种劲力的产生，也来源于站桩与试力的基本功，若站桩与试力的训练内容不真实，身体没有建立起祖师王芗斋先生所说的"六力八法"的矛盾劲力，这种巧打的技术也是实施不出来的。这种巧打，是要让对方自己配合着我们来打他。

对方打我们时，须让对方帮着我们完成我们的蓄力，不是我们主动的蓄力，我们是被动蓄力，就如弹簧垫子，对方照它踹一脚，垫子把对方弹出去，这绝不是垫子主动在蓄力与弹力，但也不是垫子不蓄力及没有弹力。意拳在训练时须把自己变成一个大弹簧，这是一项非常复杂的训练内容，训练时要有敌情意识，要把对方方方面面的攻击意图都考虑到，同时，我们也要有有意的给对方挖坑儿设套儿的身体训练内容，如如何的劲力转换，如何改变劲力角度，如何的杠杠螺旋，如何的松紧变化……平时的训练内容丰富了，真打起来时，就会得心应手。意拳技击，就是要把平时养生的良好习惯，不加思索的展示出来，这是一种技击的"养成教育"。

我所说的这些巧打，都是基于技击的"黏点"技术而谈的，技击的关键在于控制，故技击时自己的间架要始终控制着对方，攻击对方时，即使对方已经失重，也最好不要断开了打，因为一旦断开了拳劲儿，就等于断开了对对方的控制，对方很有可能就逃走了。

意拳在技击时，我们从"断手"开始，然后通过攻击对方的"间架"来成就"黏点"打。但是，如果我们所攻击的对手在"黏点"的技术上远强于我们，我们就不要进行"黏点"攻击了，而是要始终用"断点"技术来攻击对方且避免"黏点"，故意拳劲力巧打的前提，是我们的"黏点"技术须高于对方时才能使用。

7.意拳的栽捶

在意拳的技击训练里，有一种拳法很重要，即栽捶（也叫栽拳），栽捶是从上往下圈打对方的拳。栽捶近击时可以叫"勒马听风"（祖师王芗斋先生给的称谓），远击时可以叫"羚羊挂角"（也是祖师王芗斋先生给的称谓）。栽捶的角度略微地放平，就可以是圈捶，把肘的角度再放低，就可以是勾拳，祖师王芗斋先生称之为"坐地起火"。所以，它可以在不改变劲力变化的情况下，仅仅是调整攻击的角度，就可以达到立体攻击对方的效果，可以说是变化多端，栽捶不一定都是在攻击对方的两翼，即侧击对方，也有可能在条件允许的情况下，直接攻击对方的正面。

栽捶从外形上看很像拳击由外往里打的摆拳，区别是内在的劲力不同，另外，在打击方式上意拳的栽捶也比拳击的内容丰富，拳击只能"断点"打，意拳的栽捶则除了"断点"打外，更多的时候是"黏点"打，即是在控制住对方的间架之后的控点儿打击，当控制住对方的间架之后，从上往下的通过吊肘所形成的攻击之势，是对方无法阻挡的，栽捶主要是攻击对方的头和心口，它是意拳的重击之拳，阿里和泰森击倒对方时，用的也多是与此相类似的这种拳。使用栽捶步法要迅捷，而且要用身法调动对方，最好在对方瞬间的错愕时攻击他，但这一切都取决于攻击的速度。

谈到攻击的速度，本人不得不在此多说几句，意拳攻击的速度实来源于自然，但现在许多人却都很做作，技击时的做作，主要是源于练拳时的做作，长期的做作之功，养成了错误的动力定型，比如在站桩及试力时装腔作势，周身尽是些拿劲儿的东西，完全是自己在进行主观臆断的训练，这种训练周身一点儿假借的东西都没有，祖师王芗斋先生所说的"假借无穷意，得来无穷力"，基本上都没有体现出来，甚至有些名家也是如此，多形而寡意，练的是"形"拳，而不是"意"拳。练拳做作的人，不仅出拳的速度慢，身法慢，听劲儿的反应能力也会很慢，这种人若与手脚利索的散打和拳击运动员交手，非吃亏不可。祖师王芗斋先生曾有"恭、慎、意、切、和"的五字秘诀，五字秘诀的第一个字就是"恭"，这个"恭"字在做作人的身上，恰恰是不具有的，没有"恭"，啥也练不好。练拳的会有两种人，一种是内心有恭敬的人，另一种是内心跋扈的人，跋扈的人实是歪解了意拳（大成拳）的精神放大，在我们的艺术界也有许多这样内心跋扈的假艺术家，画画时内心跋扈不会有人来揍你，在武术界就不成了，武术跋扈了，技击时可就致命了，这要是放在炮火纷飞的战争年代，作为军事指挥家，内心跋扈更是致命，这也正是我喜欢武术的原因，主要是喜欢它的真实性。所以，练拳的人，一定要深刻理解祖师王芗斋先生"恭"的深意，祖师王芗斋先生的五字秘诀，一定要视为珍宝，谁把它扔到脑后了，谁就与真实的意拳无缘了。

总之，练拳切不可做作与跋扈，具体在行动中就是要不拿劲儿，连心劲儿也不能有，这样的话，通过长期的培养，速度、劲力和听劲儿的应力等拳术中需要建立起来的东西，才能逐渐的上身，意拳所特有的栽捶（栽拳）等打击技术，才能够在技击时得心应手的实施，这样练的才是祖师王芗斋先生的拳，而不是异端之拳，祖师王芗斋先生曾言："习异拳如饮鸩毒，其害不可胜言也"。

8.意拳技击的"控打"技术

技击的胜负有时与功夫的好坏并没有必然的关系，与胆大有关，俗语"一胆，二力，三功夫"。许多人的功夫并不好，如站桩也不成，发力也不成，但很擅打，遇到了这种人，功夫好，不一定会管用，但这种人也有问题，如果他不努力的加强基本功的训练，将来在拳术的提高上也会缺少继续向上发展的空间。

技击的学问是一个综合的学问，首先要不怕牺牲，这种牺牲精神对于胆小的人来说，可以在站桩时，通过精神放大的训练来建立起来，但这也不是一天两天的事儿。另外，也可以通过技击实战来解决，如在技击时，先从弱的打起，即先打比自己弱的对手，然后通过不断的胜利，逐渐地建立起信心，信心有了，胆子也就大了，若先打强的，一旦失了手，就会在心理蒙上阴影，就会一到关键时刻就犹豫，俗语："不胜必有怀疑心"，这样的话，对于本来就胆小的人来说，以后的信心就更难建立起来了。所以，精神训练与技击实践缺一不可，俗语："艺高人胆大，胆大艺更高"。

谈到断手技击，我是反对带拳套的，从锻炼自身能力的角度讲，徒手打最真实。徒手打，首先比的是精神意志，其次还有身法和速度、劲力及协调性、经验和控制力，这是一种武文化。

许多拳击技术类型的擅长断点的人，他们的拳一打过来，就已经出尖儿了，我们只需迎着来拳，稍微地调整一下身法，避过其拳锋后，或用自身的间架接住对方的这个点儿后，就可以迅速地近身攻击他了，这就是抢势，这也是祖师王芗斋先生"践拳"的一大特征，这样的话，由于对方的意图是打人而不是摔跤与不是为了控制重心，故他必会在瞬间失势，除非他是摔跤类的选手，其打人只是个幌子，以摔人为目的，但这种人也能够分辨出来，因为他们的身体语言是属于另一种类型的，当然，分辨他们，也是要基于丰富的实战经验。从"黏点"技术（即"控打"技术）的角度来讲，与人动手，如果我们敢于往上迎击，对方只有打出一拳的机会，而且这一拳还是我们诱导他打出的，剩下的就是间架控制的学问了，控制住对方的间架后我们就可以近身"接吻"了，俗语"打人如接吻"，这种打法可以在瞬间使对方崩溃，从外行的角度来看，很像双方是在假打，像是对方在进行配合性的表演，其实是对方不得不配合，这才是打人的艺术。

技击时我们进击的速度很重要，要有零起动的能力，即瞬间就达到速度的最大值，其实，这也是祖师王芗斋先生所说的爆炸力的一种体现，人如同是出膛的炸弹，对方刚一出手，我们就已到了他的眼前。

从"控打"的角度来讲，要具有能挤住对方点儿打的能力。首先，我们要把打人的意识转变成推手的意识，是推手的快速化，即不是打对方，而是快速的"黏点"控制对方，也可叫快速地推。要在完全的控制住对方后再下重手发力，这也就是祖师王芗斋先生所说的"打人不要着急，要把对方捆住了再打"。故"控打"技术下意拳的"断手"打，其实应该叫快速地"黏手"打。

意拳虽然是内功类拳法，但并不一定要后发制人，从主动攻击的角度来讲，我们可以先主动的攻击对方的头部，如打一个直拳，或一个劈掌，攻其所必救，甚至可以打一个击腹的崩拳，但一定要放慢速度（打快了对方就会用身法来躲闪），要让对方不得不格挡，当对方进行格挡时，在其间架与我们手臂接触的瞬间，我们可以突然的变速，用推手的技术控制对方的重心，其后的事情就简单了，控制住对方后想怎么打就可以怎么打了。这里的诀窍是要突然的近身，并始终要挤住对方的点儿，不使他逃脱，要上步再上步，让对方始终脱不了身，这时当对方完全跑不掉时，再重击他。另外，当我们近身时，对方的劲力也有可能会突然的向前顶撞，这就是出尖儿，这时我们可以横移再竖撞，继续控制他。在没有控制好对方的重心之前，坚决不要出重拳，一出重拳我们就易出尖儿，故打人不要着急，打人的学问重在抢势，为了抢势，挨上一两拳也无所谓，我们一旦得了势，对方就必败无疑了，这就是我常说的要有生死相搏的胆量。具体讲，双方搭上点儿后，在这种情况下双方就都没有能再撤出手来抢打的机会了，这时抢拳的一切技术也就都用不上了，能用上的就是在接触点的力点儿上的直接发力，这也是意拳为什么要练沾身发力的原因，沾身发力也叫"一触即发"，不会沾身发力的人这时就只能是掐对方或摔对方了，但摔与掐都比发力慢，这时会沾衣发力的人的长处就完全的体现了出来，也就是说，这种打间架的"控打"技术，是将对方诱导着进入到我们所熟悉的领域来实施打击，这个我们所熟悉的领域就是推手的领域，意拳因为研究推手的技术，故可以先控制住对方的间架后，再施以打击，这就是控制下的打击，即"控打"也叫"打间架"，也叫"打实不打虚"，这样，我们的一切训练就都有了用武之地，对方如果不会推手就会无所适从，这也是为什么意拳有"见虚不打击实处，要知实处正是虚"的"打实不打虚"的这一独步于天下武林的拳术理论。

意拳的这种"控打"技术，相比许多拳击类搏击选手的技击技术而言，他们那种技击技术的缺点是，一旦对方玩命儿的近身，若一击不中，他们就没有办法了，就只能抱或只能摔了，故他们的那种打法必须要有合适的空间，而且手慢了还不成。意拳的这种打法看似在赌命，似乎是不顾一切地往前进身，但其实是很诡异的，是变节奏打法，而现在的搏击界大都是一种节奏，即不断地在拼速度，也在拼力量，但却是出尖儿的力量，速度也是单一的速度，运用此技术的人还必须天生的协调性好且速度快，对于天生速度不快的人来说，这种技术学了也白学，所以他们的那种打法仅适用于少数人。其实技击应该用的是变速度，这是一门打人的艺术。看看蛇，就是变速度，鳄鱼也是变速度。

总之，技击时，一定要让对方在我们的诱导下出拳，或不等他出拳，我们先攻击他，使他不得不用间架防守。无论是我们诱导他先出拳，还是我们先出手来诱使他防守，其目的都是为了搭劲儿控制他，只要是搭上了劲儿，剩下的问题就非常简单了，就是推手的学问了。所以推手技术的掌握很重要，要有不假思索即可快速"控打"的能力，否则双方都是在那里抡拳，都是些出尖儿的东西。"控打"技术是意拳所特有的技术，掌握这一技术可使意拳人在世间纷杂的武技中立于不败之地。

9.意拳的肘、膝技术

在意拳的技击体系里，挨着哪儿哪儿就可以发力，故意拳是可以有肘、膝技术的，但使用起来尤须慎重。用肘击包括用膝击的缺点是，对方若向前扑击的速度很快及很凶猛的话，会来不及使用时就被对方扑倒。肘为中节，中节攻击会比梢节力整，但中节也会比梢节危险，若遇到善于推手的人，对方控制你的梢节不易（梢节太灵活），但控制中节就相对容易得多，故一旦中节被对方控制或一旦用中节攻击对方不中时，就等于把自己卖给了对方，其出尖的问题将会是致命的，故实际上在搏击时，能用梢节就尽量不要用中节与根节，用梢节自己的空间与回旋的余地会很大，可以变化的方式也很多，还可以打不赢就跑（中节与根节太接近重心了，一旦被对方控制就跑不了了）。但是，练肘击也很有必要，练膀靠及背击及胯打及臀坐及膝击也很有必要，只要不是非要憋着使用此技，遇上哪里就用哪里，就没有问题。泰森技击时咬霍利菲尔德，本来也没有问题，如霍利菲尔德的耳朵正好送到了泰森的嘴里，泰森自然本能的一咬，一点问题都没有，但泰森却是找着霍利菲尔德的耳朵咬，这就做作了，就不再是本能之动。用肘击及膝击也是如此，如果非要憋着用肘、膝等中节打人，同样也是做作了，要无意遇上而自然使用才是正道，用祖师王芗斋先生的话说："有意为之终是幻，艺到无心始见奇"。

10.意拳的技击特色

意拳技击与拳击、散打、泰国拳、MMA等其他拳种的技击理念不同。意拳的技击特点，概括起来大致有三种：强调要有身法（身法可参考野狼和虎豹）；强调要有冲击力（冲击力可参考狮、虎、豹、熊、狼、犬和相扑）；强调沾身发力（爆炸力）。

好身法，可以控制空间，让对方始终打不到我们，而我们却可以随时随地瞬间接触到敌人。身法的能力，来自站桩及试力时的"神龟出水""空气游泳"等试力，及各种摩擦步的步法训练。另外，还要有"零启动"的能力。"零启动"来源于"一动无有不动，一静无有不静"的站桩与试力训练。

冲击力，是指我们可以瞬间冲垮敌人的间架，在与敌人的纠缠时，我们可以占据绝对的主动，让对方失重。

这须要我们练出周身的整体力，以及对敌方身体的控制力。在没有练成："身如灌铅，体整如铸……"等"四如"境界时，最好不要进行具有冲击性质的技击，否则冲击进去了也会被对方给打出来。

沾身发力，则是指在与敌人纠缠的瞬间，我们随时随地可以发力。这种沾身发力的爆炸力，是站桩与试力等综合训练的结果。

如果不具备沾身发力的能力，近身肉搏时除了摔对方，锁对方或掐对方及咬对方，不会有什么好方法，有了沾身发力，就可以瞬间击穿对方。

由此，意拳技击，应该修炼什么也就清晰明了了。

故不具备上述三种能力，就不要奢谈意拳的技击。

时常我们会看到一些自认为是内行的人谈出有关技击的外行话，什么这一拳那一腿的，其实都是些局部的东西。没有冲击力的技击，对于意拳而言，都不是什么真正意义的技击。

从意拳的角度来看技击，无论对方打不打我们，我们都要往上冲击。许多人刚想冲，但对方一出拳，就犹豫不前了，这样一来，自己反而成了活靶子，拳论"不胜必有怀疑心"，说的就是这类人，另外，拳论"宁思一分进，勿思一分退"，也是说要勇于冲击，但祖师王芗斋先生还有"直来横取"与"纵进横击"的理论，祖师王芗斋先生不是傻冲击。

这里，重点要谈到间架，有了正确的间架，就不怕自己在冲击对方时遭到对方的打击，因为自己有合理的间架，对方再怎么出拳也不可能打到自己的要害部位，否则我们就不叫间架了。

从对方的角度来讲，我们的冲击，要让对方有开门遇山崩或开门遇火车的感觉，对方一开门，一辆火车就扑面到眼前，这时对方打什么拳，踢什么腿都没有用了，都得被撞飞出去。祖师王芗斋先生有句话叫"动若山飞"。在对方没有任何准备的情况下，一开门，山飞过来了，必会打对方一个措手不及，这也可以叫开门撞见鬼。

如果双方都是意拳门人，都靠冲击来打人，则要看双方的功力了，最好自己是顶级的劳斯莱斯汽车，而对方只是个夏利小汽车，这样，两车相撞，自己自可以有绝对的底气。但如果自己是个小夏利，就不要自取其辱的去冲击对方了，而要利用空间，利用步法与身法，通过保持一定的距离，用断点儿的技术来攻击对方，但这儿毕竟只是下下策，最好还是要通过站桩与试力等综合训练，壮大自己的功力，使自己不断地由小车升级到大车，由夏利，升级到劳斯莱斯，由劳斯莱斯升级到高铁……也如由手榴弹升级到炸弹，由炸弹升级到核弹。总之，永远是要用实力来说话。这就是意拳的技击特色，即永远如大人打小孩一般，永远靠绝对的实力来赢人。

在意拳门里，祖师王芗斋先生的实力最大，要速度有速度，祖师王芗斋先生称之为"超速运动"，要力量有力量，泽井健一称祖师王芗斋先生为"大木桶"，挪都挪不动，不仅如此，祖师王芗斋先生还有爆炸力，再加上祖师王芗斋先生的精神力，即"精神笼罩"，如此这般，祖师王芗斋先生笑傲江湖当是必然。

11.技击是生活中常态的体现

技击的原理其实常常是生活中常态的体现，如喝水时的端水杯。

其端水杯的具体状态是：先要观察水杯中水的高度，以决定用什么样的状态拿这杯水。若水很满，则必须要慢慢地端这个杯子；再要通过触摸杯子，来决定以什么样的状态来端杯子。其杯子的软硬、轻重、温度等因素不同，端杯子的状态也会有所不同。

如果是软的纸杯子，而且水很满，水温很高，则这时端杯子的状态就不得有一丝一毫的懈怠，必须精神集中。

端杯子时，有时是端着杯子找嘴，有时则是在杯子找嘴的同时还要嘴找杯子，这就如同技击时，有时是手耍身子，有时是身子耍手，即有时是手先动身子后动，是手带着身子动，有时则是身子先动手后动，是身子带着手动，具体是哪个在先，则要看实际情况，须具体问题具体分析。

故端杯子，先要观察，再要触摸，再要听劲儿移动，再要合于嘴，合于嘴就如同技击时合于对方的身体，合于对方的身体后才能谈到最终的拳术发力，若还没有合于对方就贸然发力，则如同喝水时，在还没有摸清楚水杯的诸般情况下，就贸然的端杯喝水。传武的习武者必会端杯子，参透了端杯子道理的人，也必会技击。

12.武术训练中的招式与拳劲儿

意拳练的是拳劲儿，而不是招式。李小龙先生曾有一种观点："不怕练习过一万种招式的人，就怕把一种招式练习一万次的人"，李小龙的这个观点只是说对了一部分，他虽然也认为拳术中花哨的招式没有用处，但把一种招式练一万次，也不能就认定是一种拳术的正确。李小龙先生有这样局限的认识也很正常，因为他不了解中国武术的内功心法。

在中国武术里招式只是低端的技术，外功拳是讲招式的，但真正高端的东西不是招式而是拳劲儿，在拳劲儿的面前，任何的招式都会失效。

所以，意拳站桩、试力、发力等训练中练的不是招式，而是拳劲儿。

具体如站浑圆桩练的是"浑圆力"的拳劲儿，练"钩挂桩"练的是钩挂及顿挫、拧裹、钻翻、兜卷等的拳劲儿。试力中的"摇辘轳"试力，练的是以立面力为主的翻滚、往复、螺旋、弹簧、杠杠、惯性、离心、纵横起波浪的拳劲儿；"钩锉"试力是以纵向力为主的矛盾、摩擦、顺逆、纵横、提顿、分闭、吞吐等无往而不浪的拳劲儿；"磨磨"试力是以横平面劲力为主的旋摇、摆荡、离心、螺旋、争拧、矛盾、平衡等回旋不已，纵横在汪洋拳劲儿。

有了拳劲儿以后，任何一个简单的招式都会变化无穷，如看似单纯的一个从上向下的一个劈拳或是劈掌，则可以针对对方的攻防，在自己的动作外形及运动轨迹不变的情况下，可以内含"惯性力"的劲力，也可以内含"杠杠力"的劲力，也可以内含"螺旋力"的劲力，也可以内含"离心力"的劲力，更可以是爆炸力劈。如果是"惯性力"的劲力，则对方与我们的劲力一触，对方就会被拔根儿，就会失去重心，严重的话就会直接地被我们给挂倒或被发出去。如果是"杠杠力"的劲力，则对方与我们的劲力一触，对方就会失去平衡，对方无论从哪个角度来攻击，无论有多大的劲力都会失效，对方的一切的攻击劲力都会被化掉，会被我们借力打力的还击给对方。如果是"螺旋力"的劲力，则对方与我们的劲力一触，对方就会被我们所控制而失去重心，不仅对方的力量打不到我们的身上，还会在失去重心的瞬间遭到我们的打击。如果是"离心力"的劲力，则对方与我们的劲力一触，对方就会被我们的劲力给甩出去，无论对方的劲力有多大，速度有多块，都会失效，而且对方的劲力越大，速度越快，对方输的会越惨。如果是"爆炸力"的劲力，则对方与我们的劲力一触，对方就会被崩出去，就会出现"钱掷鼓"的现象。

故虽然表面上看只是个劈拳或是劈掌，但面对这么丰富的拳术劲力，对方有任何的拳术招式都会是无所作为的。这也绝不是李小龙先生所谈的那种把一种招式练一万次就会练出来的。

　　本人就经常遇到这种案例，其中有一次一个拳术名家与我讲手，他用擒拿的招式叼住我的手臂，本来对别人都管用的招式，在我的拳劲面前一点儿用都没有，我只是做了一个向下的"摇辘轳"，用的是祖师王芗斋先生的"惯性力"，对方的颈椎差点儿被我拽脱臼，当时若不托着对方他就会趴地上。所以，任何的拳术之招式，在我的眼里，都不是大道。

　　意拳的站桩与试力及发力训练，必须要在训练中认真的体认其内容的真实含义，而不是简单的形体运动，也不是具体的招式，如果是简单的形体运动，就成了广播体操，如果是具体的招式，就会成为教条的功夫，成为"开好了方子等人来生病"的东西，招式的最大的弊端，是不能对症下药。"开好了方子等人来生病"的方法对付普通人是可以的，如一个太极拳中的"斜飞"式，是可以将普通人打的飞起来的，但撇开高手不谈，如果对方即使是普通人，但若对方精神集中，或是对方已经了解了这个招式而有了防备，则这个招式就不好使了，甚至狡猾的人还会故意的引诱你使用这个招式，然后打你的提前量，这就是招式的弊端。所以，招式都是些教条的东西，是"开好了方子等人来生病"的东西，只有拳劲儿东西才是对症下药的。意拳的训练重在练拳劲儿而不是练招式，这是意拳最高明的地方，与意拳相比，任何练招式的拳种都是些小道的拳种，任何练招式的拳种都无法与现代搏击的功夫相抗衡，长此以往这种拳种终将会被时代所淘汰。其实，在武术的传播中，能公开的都是招式，不公开的才是拳劲儿，拳劲儿的训练若不手把手地教，不真切的用身体来感受一下，甚至不真实的挨一下揍，看再多的书与视频上的东西也是枉然，本人若不是亲身的感受过恩师义母王玉芳先生的拳劲儿，感受过启蒙老师窦世明、意拳大师王斌魁、于永年、郑朝向、敖石朋、杨绍庚、朱垚荜等先生们的拳劲儿，是不可能知道意拳有这么多劲力变化的，许多东西若不是老先生们亲自与你搭手，即便你是绝顶聪明的人也想不出来劲儿是这么出来的，至今回想起老先生们身上的这些拳劲儿，依旧历历在目，大家的拳劲儿各不相同，应该是从不同的侧面反映了祖师王芗斋先生的东西。本人的启蒙老师窦世明先生的拳劲儿是一种"脆劲"，当时老先生随手一挂，我的颈椎差一点儿脱臼，为了得到这种拳劲儿，我学了很长一段时间，直到有一天，窦老师为了配合我，专门的喂手，我才把窦老师也挂成功了一次，窦老师当时就说："成，你把我脖子也抻了一下"；王斌魁先生的拳劲儿，我的感受是一种整劲儿，使我想到了"六合"劲儿及祖师王芗斋先生所说的"惯性力"的拳劲儿；于永年先生的拳劲儿，我的感受是一种"惊弹力"，使我理解了什么是"钱掷鼓"，什么是"一触即发"；敖石朋先生的拳劲儿，我的感受是一种松沉的"惊劲"；郑朝向先生的拳劲儿，我的感受是一种聚拢的"缩劲"；杨绍庚先生的拳劲儿，我的感受是一种浑厚且整体的"浑圆劲"，使我理解了什么是"浑圆力"；朱垚莘先生的拳劲儿，我的感受是一种六面的"争力"，使我理解了什么是"间架力"。本人虽然向何镜平先生进行了拳术请教，但没有与他老人家搭手，这至今都是我的一个遗憾。我所接触到的这些林林总总的拳劲儿都带着祖师王芗斋先生的拳术基因，如果不搭手，是无法想象人的身上怎么会爆发出这样奇特且恐怖的劲力的。本人的恩师义母王玉芳先生的拳劲儿，在许多的地方与其他老先生们的拳劲儿很相似，但却有一种"吸劲"很奇特，是独一无二的，她用这种"吸劲"与人搭手，一叼人就失重，相信与王玉芳先生搭过手的人，都会有同样的感觉。在意拳界，所有的三代人都会尊敬的称王玉芳先生为二姑，一方面是因为受上一辈人情感的影响，即他们的师父都亲切的视王玉芳先生为师姐或师妹，其感情甚至超过了亲姐妹，另一方面也是敬重王玉芳先生有真功夫。现在常听有四代的人说："女人还能懂拳"，其实，在拳术上是不分男女的，诸如张伟丽、唐金等，唐金还只是"半路出家"的，许多训练多年的同体重的男拳手也未必是她们的对手，我们中央工艺美院的一些健壮的小伙子曾经去青少年女子柔道队去切磋，面对十来岁的小女孩，没有一个小伙子能站着的，都被摔躺下了。意拳曾号称"流氓拳"，下手都是见真章的，当年的意拳只会比散打和摔跤更霸道。

只是可惜，这些东西因上一代人的去世及一代一代人的保守就要失传了。祖师王芗斋先生在《拳道中枢》中谈到的"蓄力、弹力、惊力、开合力、重速力、定中力、缠绵力、撑抱力、惰性力、三角力、螺旋力、杠杆力、轮轴力、滑车力、斜面力"等拳术劲力，能够全面掌握的人已成凤毛麟角，本人研究意拳四十五年，遍访了众多的意拳大师与名家，现在终于能够将这些劲力体现出来了，这其中的艰辛，跟我有同样经历的人都会感同身受。现在我正致力于把这些劲力给传播出来，以免它失传。

第三节　意拳技击中的步法训练

1.意拳技击中的师法自然

意拳的训练，从师法自然的角度讲，我们可以在技击中学习虎豹狼虫等猛兽在捕猎和搏斗中所特有的野性与自然本能。在技击时除了我以前所常谈的重精神外，身法和步法也极为重要，意拳是"践"拳，所谓"践"即出拳必动步，动步必出拳。就是我们只要是一出拳，同时也就动步移位了，换一个角度来讲，我们只要是一动步移位也就在移位的同时出拳了，且这种状态是贯穿始终的。从向自然学习的角度来讲，我们应像是捕猎或是搏斗中的虎豹狼虫一样，只要是一动就全动，猛兽在捕猎时没有一次是动爪而不动身的，故打拳也应像它们一样，手与足及全身要协调统一的同时运动，这也是拳谱中所说的"车动铃铛响"。许多人在技击时都是两腿站着不动的出拳，即使是西方拳击在技击时也是如此，只有少数优秀的拳手在出拳的同时具有移动步子的能力。所以练传统武术的包括练拳击的要跟MMA打，是很容易被抱住的，就是因为大家的腿都不会动。如果我们在技击时一直在移动，身无定位，腿无定位，脚无定位，手无定位，对方打我们时，我们的身体情况随时在变化，空间也在变化，对方就会很头疼。我们打对方时也是一样，依旧也须是动态的，我们没有一个攻击点是固定的，这一拳是从这个点位来攻击他，再一拳时，我们的点位又变了，是从另一个点位来攻击他了，他防都没法防。

格斗时抱住对方是比较容易的，因为许多人既执着又教条，但能抱住虎豹狼却很难，抱它们的哪条腿都不容易，除了它们的生理结构与人不一样外，主要的因素是它们的移动速度与移动意识比人强，你打它前腿，它前后腿就都移开了，还会瞬间地反咬你。所以，技击时，我们应向猛虎或者向野狼学习，我们始终也应是动态的，狼是会转着圈地咬人的，会往人背后转，会始终找对方迟滞的地方来下口。技击时，我们也应要像狼一样地往对方的身旁或身后转，意拳叫横走竖撞，要弄得对方处处被动才成，这是一种控制学。狼本身没有多重，理论上讲掐也能掐死它，但现实却几乎是不可能的，就是因为人的移动速度跟不上它，尤其是在晚上遇到了有经验的老狼，那些经常出没在山林中的野兽，你刚一移动，它先到位了，它比我们还合适，还自然，还本能。所以，在技击时，我们也应该像猛兽一样，把周身所有的地方都调动起来，或叫都参与进来，要做到一动无有不动。

上述的这些技击中的训练要求，一方面是要在实践中来建立，另一方面是要通过站桩来找寻，站桩不是不动，也不是乱动，在站桩的摸劲儿阶段，要在表面上看似不动的状态中体会技击时的诸般状态，要不断地自己给自己提出问题，然后还要找到恰如其分的解决办法。这是师法自然，道法自然的运动，是一项生生不已的运动。

2.意拳移动中的出拳训练

技击中的步法变化至关重要，如面对进攻者打来的直拳和摆拳，除了迎击及左右移位的反击外，具有能够后退着出拳的能力非常重要。从祖师王芗斋先生在拳论中所谈的"力不出尖儿"的角度来看，后退着出拳是不会劲力出尖儿的。所以，意拳的技击训练，后退着出拳，应是我们的一大训练课题，也包括推手中的后退训练课题，推手时我们不要被动地让对方推着我们往后跑，而要主动地向后移位，挂着对方使其向前失重，要训练出自己后退着移位的速度比前进的速度一点儿也不慢才成。当我们能牵挂着对方瞬间的后退移位了，则对方的力量再大也无法施加在我们身上。

从技击的另一个角度来看，当我们若遇到后退着出拳的对手时，我们不要盲目地追击，可以在对方正在移动的瞬间，突然的蹬出一腿，放长击远，必然能踹倒对方。因为对于正常人来说，当对方正在后退着出拳时，很难能顾及自己的腿，后退着出拳易，后退着出腿难。为此，对于我们的训练来说，须在训练中加入后退着出腿的训练内容，别人做不到但我们要做到，我们永远要在别人练不到的地方下功夫，这样才能永远保持我们的技术优势，这也就是我所常说的"非对称战争"的训练思路。

3.意拳技击时的拳脚齐到

意拳技击时拳脚的状态必须是一致的，即"手脚齐到方为真"。本人的训练思路是，首先要有身法和步法的训练意识，拳法须融在身法中，是身手合一之动，出拳须动步，不要手快而步慢，更不能只动手而不动步，总而言之就是身法要快。网上有姚宗勋先生、王斌魁先生的健武视频，看看他们的视频，基本上都是出拳即动步，是拳脚相合的，网上也有我恩师王玉芳先生的视频，但我恩师由于在特殊的年代腿受过伤，行动不便，所以她老人家的腿脚无法像正常人一样的运动，但其拳术中的神意却从来就没有放弃腿脚的意识，她打拳时甚至会让人误以为她没有腿伤。

从拳术发展的角度来讲，意拳发展到第二代，已经形成了各自不同的训练方法与技击风格，传到第三代，技术风格更是突出。但总体上来讲，不外乎"断点""黏点""半黏半断"的技术风格，这些风格各有特色。

意拳的"断点"技术有许多是借鉴和消化吸收别门派的技术，但该技术若训练的不得法，极易形成出尖儿的状态，即祖师王芗斋先生所说的"砍砖头"或叫"撇砖头"的状态，具体地来讲，"断点"技术易出现的问题是，技击时的动作幅度过大，尤其是在打圈捶和劈掌时。意拳的圈捶和劈掌，无论是何种角度，本应是劲力短促的，最多的动程也就是一分一厘的距离，且这样的距离也是出尖儿的，只是相对于别的门派来讲会好一些儿而已，而不能是用局部的胳膊抡出来的劲儿，抡出来的就成了"王八拳"，但许多人若不把胳膊抡起来，出拳就没有力度。从意拳的训练角度来讲，出拳没有力度，实是站桩与试力出了问题。当然，功夫的提高是分阶段的，基本上都是由大动到小动，由长劲儿到短劲儿。之所以我们反对抡胳膊打人，是因为这种方式的攻击距离既长且又慢又局部，既难控制对方又易被对方所乘。"黏点"技术由于是意拳特有的技术，且前面已经谈了很多，在这里就不再赘述了。

意拳技击，许多人的手和身子合不上，这实际上也是体现出了平时训练时的问题，大家可以在平时的试力时再真实一些，动作再做得慢一点儿，慢慢地体会身体各部位之间的关系。如若脚的兴奋度不够，就要让脚先动起来，基础的"惯性力"发力是要用蹬地之力把劲儿建立来，再往上逐级传导，要切实感受到身体的体重，如果脚下感受不到身体的体重，就说明其腿只起到了支撑身体的作用，其力并不是从脚下生出来的，劲力还只是半截子劲儿。故在试力时，要把自身的体重给调动出来，脚下的劲力要在微动中就能顺畅地传导至梢节，以形成对对方的打击力。

意拳技击，还要注意技击时的节奏训练，在空击训练时，要把节奏打出来，不要只是一种节奏，要学会把动作放慢再突然地加快，即学会改变节奏，大家可以上网看看泰森是怎么训练的，意拳的节奏变化与身法变化，要练的比泰森还要强才成。

另外，许多意拳人不注意开发腿部的技术，意拳技击须要手脚并用才成。我曾反复的谈到，身法比拳法更重要，祖师王芗斋先生叫"超速运动"，我没有见过祖师王芗斋先生，但祖师王芗斋先生极有技击天分的弟子郑朝向先生教过我，郑朝向先生在技击时身法的速度就看起来就像鬼影一样，祖师王芗斋先生是郑朝向的师父，祖师王芗斋先生又有超速之动之说，徒弟都如此，那祖师王芗斋先生能快到什么程度，不可想象。大家都在学祖师王芗斋先生的发力，但学的都是原地的定步发力，其实恰恰该学的当是身法之发力。

4.意拳的步法

意拳的步法从训练的角度来讲，除了单独训练的各种诸如"蛇形步""龙形步""虎形步""熊形步"等摩擦步外，师兄弟间还应多进行"斗步"训练，从"三角步""寒鸡步"这种小碎步训练到"陆地行舟"的这种大步都要训练。

意拳的步法一般有两种制胜之道，一是制中门，二是制偏门。制中门就是要夺敌位，要脚踩对方的"中"，即踩踏在对方的两腿之间，最好步能过人，俗语"脚踏中门神仙难防"。制偏门则是要将对方"圈"着打，其状若狼"圈"羊。

意拳的步法，垫步很重要，通过垫步既可以调整空间又可以改变节奏。但意拳所有的步法皆要自然而然，在节奏上要快慢相生，且每一步既须是在空间中可以调动对方的步法，又须是随时可以踢、蹬、扫、踏、踩对方的腿法。这种步法，既是步法也是技击中的腿法，俗称为"暗腿"，即技击时"看不见腿却处处是腿"。

意拳的步法训练，除了向前走步外，更要进行向左右与向后移动的步法训练，往往向左右与向后移动的步法训练比向前移动还要重要。技击时往往是退步时打人比进步打人还要漂亮，故遇到高手时，对方在退步时一定要当心，对方进步时不一定会揍得着你，但对方退步时若漫不经心的上步去追就一定会挨揍了。我把意拳的步法试力细化为"虎"形步、"鳌"形步、"熊"形步、"龙"形步、"鼍"形步、"猴"形插步、"鹰"形环绕步、"鸡"形步、"马"形踏步、"燕"形垫步、"鹤"形弹簧步、"鹞"形跃步、"蛇"形步、"骀"形步、浑圆整步等步法，象形取意，以加强对步法与身法的训练。

另外，在实战中当对方的精神不够集中时，意拳的"陆地行舟"大步会非常的实用，它可以突然改变双方的空间，形成"打拳如接吻"的状态，使对手猝不及防的丧失攻击能力。具体如意拳"纵进横击"的打法就相当的实用，即第一步先攻踩对方的"中"门，脚踩"中"门时，可以先打出前拳来，其目的主要是要把空间给打出来，当对方被调动后，再突然的变步到外侧的偏门，随即前拳变圈捶，直接"圈"击对方的头部，并伴随着突进的步法，后手也随之用栽捶自上而下的吊击对方的面门，这是一个组合拳。此"纵进横击"的打法，颇似徐某冬攻击雷某时所使用的打法，看到徐某冬攻击雷某的视频时，便觉得非常的眼熟，似乎徐某冬研究过意拳，亦或许是技术上的一种巧合。

"斗步"训练时，顺步与戗步都要有意识地进行训练，戗步就是与对方一顺边，以自己的右脚对着对方的左脚，其状态像左撇子遇到右撇子，在搏击时戗步更有利于控制空间，可以由戗步突然变换成顺步，再由顺步突然的变换成战步,这是一种步法的转换训练。意拳技击,须由自己掌握步法的主动权,或左或右,或进或退,始终是在调动着对方,控制着对方。意拳的步法训练也是一种试力,"斗步"是双人试力,没有对手时,可以多做有敌情意识的单人试力,独自训练时,敌情意识越真实,内容越丰富,细节越具体,即把对手想象的越狡猾、越凶残、越强大时,我们在技击上会提高得越快。

5.意拳的"整步"

意拳最高明的步法是"整步","整步"是世界上最快的步法。大家可以关注一下日本剑道的步法,日本剑道的步法就很像是我说的"整步"。"整步"的特点是,要在行走中,具有进攻与防守的能力,在行走中不要有顿挫,步法不能凝滞,要自然而流畅。当然,日本剑道的步法,与"整步"还是差了那么一点点,因为,日本剑道,在最后的一刻,即在发力时常常不是"整步"。应该在最后的发力瞬间,依旧要走整步,这才是真正的"整步"。

大家把"整步"须当成一件重要的事儿来看待,"整步"走好了,人是飘过来的。中国武术中只有祖师王芗斋先生会走"整步",其次是我本人,然后就再没有看到有人在研究"整步"了。西方拳击中偶尔有人在特定的时候能走出一两个"整步",但他们应该是无意识的,日本剑道应该也没有"整步"这个词儿,但如果他们一旦知道了"整步",再加上他们基本上已经具备了这种素质,那就厉害了。

"整步"是边行走边出拳的步法,即步法一点儿都不受出拳的影响,就如同是坐在古代的战车上打拳,战车是战车,打拳是打拳,一点儿都不受影响,但不懂"整步"人则不成,一打拳,战车就停了,这是"整步"与半步的最大区别,半步是有顿挫的,"整步"的核心就是不要有顿挫,要如同传统的老爸教育小儿子，走上去就打，而不要有顿挫。拳谚"打人如走步"，但是，没有几个人能做到打人如走步，平常尚能走"整步"的，一打人，就都不会像正常人一样地去走路了，就都成了瘸子，开始走半步了。看看泰森和刘易斯的擂台赛，两人都是半步，就像是俩瘸子，他们很少会用"整步"，只是泰森在最后发起攻击时，才会走出几步不甚完整的"整步"。

为什么天下搏击都不用整步呢，是因为他们的搏击技术无法与"整步"相配套。

要想完成"整步"打的技术，一个最主要的要素，就是"整步"要与打"间架"的技术相配套，半步可以攒劲儿，而"整步"没有办法攒劲儿，所以，如果不会打"间架"，不会粘身发力，不会自然力，只会攒劲儿发力，则"整步"近身后，除了摔跤与掐对方外就没有什么别的技击办法了，而意拳则不是，"整步"近身后，可以瞬间发力，我们意拳平时所训练的东西，正好都有了用武之地。

这也是普天下只有祖师王芗斋先生会用"整步"的原因，由此，我们也就知道祖师王芗斋先生是以什么样的方式来打人了，祖师王芗斋先生就是自然地走过去，然后对方一触到芗祖师王芗斋先生，即被祖师王芗斋先生瞬间的发出去，也就是祖师王芗斋先生所说的一触即发。

所以，意拳技击时，须下走"整步"上打"间架"，然后粘身发力。其"整步"、打"间架"、粘衣发力，这三件事儿是配套的，缺一不可。

意拳技击，如果用半步，则很难欺近对方，不能欺近对方就无法实现打"间架"技术，打不了"间架"，则意拳的优势就没有了，这也是许多意拳人及练传统武术的人在擂台上输给现代搏击的原因之一。

兵器的用法与拳脚功夫一样，也是要以"整步"为妙，"整步"是半步的升级版，会了整步，就不必再走半步了。兵器也要打间架，祖师王芗斋先生都是迎着对方的兵器把对方给崩出去，但是没有功力，是崩不出对方的，这就又回到了站桩的问题了。

姚宗勋先生与对方比杆子，对方的杆子与姚宗勋先生的杆子一碰上，姚宗勋先生一发力，对方的杆子就被崩到了地上，对方的杆子拿都拿不住。意拳的二代人真下过苦功夫。当年我的启蒙老师窦世明先生，经祖师王芗斋先生推荐，先要到姚宗勋先生处去学拳。姚宗勋先生的老家被张宗昌这个东北军阀给糟蹋苦了，窦世明的父亲是大帅身边的人，姚宗勋见到张学良的人就来气，姚宗勋先生让窦世明滚一边去。窦世明被骂走后，赌气找了一个耍大枪的高手去学武术，没学多久，高手就说，我遇到高人了，跟他比杆子，杆子一拿起来就掉地上，抓都抓不住，咱们一块儿去拜他为师吧，窦世明跟着去了，一看原来是姚宗勋先生，最后，没有办法，硬着头皮，挨着骂也要跟着学，就这样走入了意拳的世界，这段历史是我的启蒙老师窦世明先生亲口所述。但是，姚宗勋先生与泽井健一比兵器，却占不到便宜，后来姚宗勋先生在兵器上专门下大功夫，才扭转了局面，以姚宗勋先生的水平，都是这样的费劲儿，足见日本剑道的厉害。所以，对于日本剑道，我们还真是不能掉以轻心。

意拳的间架和身法在"整步"中又是一种什么样关系呢。本人认为，先要在站桩中理解间架，然后要抱着间架走"整步"，走"整步"时，不能动用身法，一定要傻傻的走过去，这才是"整步"，一旦动用了身法，就会惊着对方，"整步"就失效了。在"整步"与对方搭上劲儿后，无论是双脚着地还是单脚着地，无论是自己的重心在前后还是在左右，只要能控制住对方的中，只要对方避无可避，就要坚决地发力。

所以要训练自己，在双脚着地时要能瞬间发力，在单脚着地时也要能瞬间发力，重心在前时能瞬间发力，重心在后时也要能瞬间发力，及重心在左、右时也能瞬间发力。

这就是我为什么要研究"龙、虎、熊、马"等十六种不同力源发力的原因，就是为了要在任何情况下都能发力，而别的意拳人一般则只有一两种发力，那就只能在一种特定的距离和特定的角度下好使，对方若不给这个角度与距离就发不上力。

总结来讲，"整步"技击术，在与对方接触后，若可以直接发力就直接发力，若对方也是高手，则我们还须突然的变换身法，重新调整控制点儿，控制住对方后，再发力。所以，在"整步"的体系中，能不动用身法就最好不动用身法，就如同前面谈到的，老爸打儿子时是不动用身法的，一旦动用了身法则说明我们真正遇到高手了。

6.意拳训练中的"吻步"与"笑步"

意拳步法可以叫"摩擦步"。"摩擦步"与地摩擦，与腿脚摩擦，与空气摩擦。摩擦有阻力，有逆力，有矛盾，有细节。

本人认为，意拳除了叫"摩擦步"外，还可以叫"吻步"与"笑步"，即用脚与身体吻天，吻地，吻空气，及用脚与身体感恩天地，笑对天地。"吻步"与"笑步"，除了有"摩擦步"的所有训练内容外，对大地与空气的气味也能感知，对天地的情感也能感知。故以情感来走步，既健身，也更能有技击训练所需的内容与细节。

谈到"笑"，祖师王芗斋先生曾精辟地指出，练功时要"似笑非笑"。我们在站桩与试力时，不光是脸上的五官要"笑"，其周身与手脚都要有"笑"意，走摩擦步时也要有"笑"意，具体到脚底板儿及每一个脚趾头也要有"笑"意。但是手"笑"容易脚"笑"难。"脚"笑不出来，是因为脚一直在干重活儿，天天托着身体的重量，累的都"笑"不出来了，也没有"吻"的心情了。但脚若既不能"笑"，也不能"吻"，则这个脚，就是一个傻脚、笨脚，即使能练出功夫来，也是笨功夫。

当然，我们也可以想一些办法来解决这个问题，如我们可以坐着练站桩与试力，或躺着练站桩与试力，通过坐与躺，让脚从驮着身体的这种笨重的体力劳动中解脱出来，脚的苦难被解放了，脚也就可以"笑"了，也就有了"吻"的心情。所以，意拳训练，有时还要坐着练与躺着练，坐和躺着练的东西，站着有时替代不了。

当坐着与躺着的训练，使脚有了"笑"与"吻"的能力后，感受过"笑"与"吻"这种滋味儿的脚，经过一段时间的动力定型后，即使站起来重新受力，重新驮着身体干重活儿，也依旧可以有"笑"意与"吻"意了，这是因为良好的"养成教育"使其已经"动力定型"。所以，除了站桩以外，其坐桩与躺桩也不能忽视。

站桩与试力时，我们须像巡视组一样，要一遍遍地巡查自己身体中的问题。首先须检查身体中，哪个地方没有"笑"意，哪个地方不具有"吻"的能力。

步法训练时，"吻步"与"笑步"须慢慢地走，既要感恩大地，亲吻大地，还要有满满的"笑"意，更要有满满的善意，不是放声大笑，而是"似笑非笑"，也叫含着"笑"。

"吻步"与"笑步"的区别，除了情感与精神方面的内容外，从迹象上讲，也包含了"纵"与"横"及"合"与"开"的内容。

"吻步"与"笑步"在初级的训练阶段，先不要有节奏变化，要如抽丝一般，慢慢地走，当平稳的训练有了感悟后，再训练改变节奏。

7.武术运动中的启动速度与变速度

许多人练拳，总是热衷于练步法、身法与出拳的速度，这本身并没有问题，但是要看练的是什么样的速度。本人认为，所谓拳术的速度，不是动作起来以后的速度，而是启动瞬间时的速度，好比汽车，比的是谁能突然的启动起来。

　　因此，我们应该在步法，身法与拳法的启动上多下功夫，启动速度快的人，会后发而先至，本人曾经给快速的启动起了一个名字，即"零启动"，"零启动"是速度的第一要素，"零启动"的精要来源于拳论中最常见的一句话，即"消息全凭后足蹬"，这句话谁都知晓，但"后足蹬"具体的训练方法，却不是谁都能知道的了，本人这么说并不是故弄玄虚，本人是考察了尽可能多的武术家后而得出的结论，故"后足蹬"的训练方法，基本上就快失传了，没有了"后足蹬"的训练方法，也就不可能有拳术上的"零启动"。

　　除了"零启动"外，至于动起来以后的速度，也要精心，最好能多训练在运动中的变速度，比如自己是否能在原有的速度上，还能再突然的加速度，或者能突然的止住自己的速度。

　　设想一下，如果自己在快速地接近对方或快速的攻击对方的瞬间，对方突然的拉响了捆在身上的炸弹，自己能不能突然的止步，或突然的退回来。再比如自己在快速接近对方或快速攻击对方的瞬间，对方的身后突然的放出来了豹子乃至老虎，自己能不能突然的移位，移位后还能不能再接近对方攻击对方。

　　我们永远要把对方想得比我们强大，比我们狡猾，这样我们的训练才能更有成效。

　　许多人在武术的训练的阶段，强调物重加速度的惯性打击力，但物重加速度的惯性力很容易变成砍砖头（或叫撇砖头）的劲儿，这种劲儿是出尖儿的。以物重加速度的惯性力的思维方式去攻击对方，有时候能打得着对方，有时候就不一定能打着对方，如果我们面对的是狼虫虎豹，我们还能不能想当然的用物重加速度的惯性力冲上去，老虎、豹子在攻击对方时不是靠简单的惯性冲击力，惯性冲击力仅仅是把自己从远处送到了对方的跟前，老虎、豹子的攻击多是缠斗。物重加速度的惯性冲击力，冲击物重轻的物体可以，如老虎、豹子冲击山羊可以，但老虎、豹子如果冲击大象就不好使了，50多公斤重的搏击运动员冲击99公斤的霍利菲尔德拳王及冲击108.9公斤的刘易斯拳王也不好使。

故我们宜多训练如果对方不按照我们的节奏来运行时我们应该这么办，而不是想当然地认为对方会被我们所冲击，被我们所控制及被我们所一击而中。

我们要多练打不着对方时的技术，而不是打着对方时的技术，如对方的功力大、对方的身法好、对方的变速快、对方的经验丰富等。在这些技术里，本人认为，变速技术的训练极为重要，包括身法的变速，步法的变速，拳法的变速。变速训练的其中一部分训练内容，包括了拳术的节奏变化，当以节奏变化的越突然，越出其不意为越好，这样我们就可以以小搏大，以弱胜强。

另外，自己的变速训练最好不要让外人看到，一旦你的对手研究透了你拳术变化的特性，那你离失败也就不远了。

总之，我们要多进行变速训练，因为变速技术更符合技击之道。

变速训练其实无处不在，意拳有一个技术叫"猫洗脸"（动作放大了以后也可以叫"空气游泳"），这是一个顾打合一的技术，非常的好使，"猫洗脸"技术也要进行变速训练。

其他的武术门派中也有与"猫洗脸"相类似的技术，徐某冬与雷某比武时，第一拳出手打雷某的技术，就是这个技术。现在许多的意拳人也都深谙此道。

但是技术是死的人是活的，这种"猫洗脸"的技术如果想当然地认为可以破天下法，就是自己给自己埋雷了。这种技术至少有三种情况是不好使的，一是对方的拳速快，在自己还没有挂住对方的时候，自己已经被对方击中了；二是对方的功力大，自己想挂对方，反被对方把自己的劲力给截住；三是对方与自己使用的是同一种技术，对方经验丰富，先欺骗自己出手挂对方，对方反而后发先至的挂住了自己。除此之外，还会有第四及第五第六种我们想都想不到的情况。仅这三种情况，就够我们头疼的。这就需要我们在进行"猫洗脸"的训练中，要有假想敌，要事先练出来能够解决多种问题的本能，这又回到祖师王芗斋先生的话题，"动为了什么，静为了什么，一动一静又为了什么"。在做"猫洗脸"的试力中，我们要悉心体味身体点点滴滴的运动状态，首先不能用"砍砖头"（也叫"撇砖头"）的意识来进行试力训练，除了要用变速外，还须周身要有"一羽不能加，蝇虫不能落"的感应力，还要有"舍己从人"的心态与"舍己从人"的技术，这样才能使我们的劲力不刻意，不执着，不主观，不想当然，这样才能以己之力借彼之力，以彼之道还之彼身，这是一个系统工程，从精神意念到四肢百骸，都须谨慎的践行祖师王芗斋先生的拳学理念。由此，意拳的"猫洗脸"技术，才能是真实的技术，否则就只是一个招式与方法，招式与方法是无法迎大敌的。

我们在练拳时，可以自己用手机或录像机把自己的状态录下来，并且还要使用慢放功能，这样可以细细地观察一下自己的动作细节，检查自己身上之不足，诸如神意之间、动静之间、松紧之间、虚实之间、刚柔变化之间、局部与整体关系之间、敌情观念的真实与具体应对之间及间架的合理配置等问题，通过视频的帮助，我们可以清晰地检查出自己的身上是不是存在着这样或那样的问题。就如同中国乒乓球队每一场比赛后的复盘一样，要仔细地观察，并在下一次的训练中将上一次的问题予以修正，这将有助于加快我们自身水平的提高。

第四节　其他

1.意拳遇到快手时的技击之法

技击赢人的前提，除了速度快以外，还有力量与技术。速度一般源于熟练，拳谚"拳打千遍身法自然"，我们若在速度上不占优势，则可以发挥间架的优势，利用间架保护好自己的要害部位，然后坚决的向前近身，即使被打中也要近身，近身后用推手的"黏点"技术控制住对方，就可以自由的由着我们来攻击对方了。

有些门派的武功是以速度见长的，即出拳的速度很快，遇到这些快手，我们意拳人反而不能退缩，要迎拳而上。一些属于"刀"法技术类型的拳种，从上往下打的技术很多，但这种从上往下打的技术，捂小个子容易，捂高个子难，故遇到他们，我们须把身子拔起来攻击他们，可以使用意拳的"猫洗脸"技术。对于"枪"法类的选手，我们也依旧要把身体给拔起来，要有从上往下俯冲对方的气势。即使自己的个子矮，也依旧要把身体给拔起来，要抢占空间的制高点，但抢占了空间的制高点后，若我们自己的个子矮，也不一定非要从上面来攻击对方，意拳"神龟出水"的技击即是可以从下面来攻击对方的，拳论"上打咽喉下打阴，左右两肋并中心"。

另外，遇到快手，要有换拳的心理准备，我说的换拳，不仅仅是要拿胸腹来换拳，而是要有拿头来换拳的勇气，但自己不能被打失重，也最好不要让对方打到眼睛上，但即使对方打到了自己的眼睛，也要坚决地换拳。其实大家可以在技击中试试，若我们主动的拿头来让对方打，对方反而不好打了。技击时要坚定信心，要相信自己的技术，要有同归于尽的决心。在这一方面，徐某冬做的就挺好，丁某与徐某冬之战，就是速度与经验及力量的对决，丁某手快，有好几拳打在了徐某冬的嘴上，但徐某冬还是把丁某给控制住了。这种头被攻击后依旧不停手的攻击对方的状态，在西方拳击中是常态，看看泰森，看看霍利菲尔德，随便看看任何一个拳王，都有这种换拳的技术和状态，这是再正常不过的事情，但这在现今的传武中，却成了技击的天花板，由于练传统武术的人缺少实战训练，所以一旦脸上被对方打中就慌了神，有时仅仅只是脸上挨了几个巴掌就没有了斗志，所以，练传统武术的人要过脸上挨搓的这一关。

由于民间的比武在许多的时候是徒手的，徒手被对方打中眼睛与带拳套被对方打中眼睛的后果是不一样的，虽然我们有保护眼睛的意识，但如果对方是快手，又盯着自己的眼睛打，在避无可避的情况下，那解决的办法也不是退缩，依旧要迎拳或迎掌而上，依旧要用头来换拳，当然，用头来换拳也是有技巧的，首先要有直来横取的意识，要有"蛇形""龙形""鼍形"等身法，要用自己头部最硬的地方来换拳，要尽可能地避开自己的鼻子、太阳穴和眼睛，我们可以像野牛学习，野牛就是总会用自己的犄角来对着狮虎豹，自己额头和额头的两端是最好的迎敌位置。意拳有一种技术叫盲打，也叫打盲拳，就是不看着对方也能攻击对方，因为我们有推手的技术，所以闭着眼也一样能控制对方。大家可以有时间练一练打盲拳，这样遇到快手，为了换拳又不让对方打瞎自己，可以通过瞬间的打盲拳来与对方换拳。

意拳人与人格斗，以下几点尤为重要：

一是在心理上首先"要有同死的决心"（王芗斋语）。动手就要玩命儿，没有玩命儿的心理准备，千万不要与人比手；

二是对于技击的速度而言，祖师王芗斋先生叫超速运动，所有的意拳人，只要掌握了意拳的基本功法，速度都会快于别的门派，但在没有练成具有超速的发力功夫之前，本人不建议与别的门派轻易动手；

三是意拳技击的一大特点，就是敢于换拳，要"以轻换重"。如遇到歹徒，对方一拳或一掌削在我们脸上，只要不是整体力，我们宁可挨上这一下儿也要一拳打在敌人的胸口或打在敌人的肝脾上，或歹徒一拳打在我们的胸腹部，我们宁可在挨上一拳的同时也要一拳击在敌人的鼻眼上与其换拳。有了桩功护体后，我们只需护住自己的鼻、眼、太阳穴和裆部，其他的地方，都可以让对方打，对方打我们的时候也正是我们打对方的时候。

总之，技击时若遇到快手，在即使自己有间架也控制不住对方的情况下，要有脸上挨揍的心理准备，对方的手再快也要迎拳而上，形意拳谚"你打你的，我打我的"。迎拳而上，不怕牺牲，反而会绝处逢生。

2.意拳遇到身材高大对手时的技击之法

意拳技击，当遇到比自己高大的对手时，要发挥意拳近战的特长，要逼近了打，首先要抬起间架来护住自己的头和胸腹。一是诱导或逼迫对方出尖儿，等对方出尖了后再打，二是直接打间架，通过控制间架对其实施控制下的打击。

技击时在两种情况下不利于先出手：一是在没有控制住对方的情况下，不要先出手，尤其是遇到高个子与身法灵活的对手，若要先出手就要手到身到，否则只出拳而不上步近身，是打不到对方的，要与高个子打成肉搏战为好。二是遇到拿双刀的对手，也不要先出手，即使你也持刀，但你若只是单刀，你一刀扎过去，对方用一手来拨挡而另一手的刀正好可以反扎你。所以遇双刀要往他的侧面转，要让他的后手刀远离你，使他始终只能用上一只手，而且要诱导他先出手，这样他一旦刺空或砍空，他的后手刀在瞬间也帮不上他的忙。

意拳技击，无论是遇到高个子还是矮个子，无论是徒手的还是使用兵器的，都是控制与控制下的打击的学问。

意拳的攻击方式以打间架为主，打间架的前提是调动对方，若不能调动对方则打间架的攻击方式难以奏效，许多人调动不了对方的原因，不是因为攻击的速度太慢了，而是因为攻击的速度太快了，由于自己的动作做得太快，反而会使对方反应不过来，这样也就不能让对方跟着你的意图走，故也就调动不了对方，所以，在技击时应适当地放慢速度，让对方跟上你的节奏，这样你才好突然的变速而突袭对方，李小龙先生也曾言："在攻击对方时适当地放慢一下速度，或让动作突然的停一下，会有更好的攻击效果"。

意拳在技击时是身手合一，合身而进的，这种攻击方式可以压迫对方的空间，这是逼着对方被动调整技击方法及使对方不得不劲力出尖儿的进攻方式，对方一出尖儿或一调整，就会给我们创造打击他的机会。除了意拳以外，其他拳种在技击时多是砍砖头（也叫撇砖头）般的打法，这种打法的后果是，一旦没打中对方，或是被对方躲过去后，极易遭到对方致命的反击，而意拳则不是这样的攻击方式，如果没有控制好对方的间架，意拳是不会贸然攻击对方的。比如意拳可以抱好间架，然后拿步子"圈"对方或往空间中的死角里堵对方，在对方出现步法混乱后，可以放慢手的攻击速度，以攻击对方的面部为主，要让对方明明白白地看着我们在攻击他，使他不得不格挡与招架或是反击，在这样的情况下对方一格挡与招架，"打间架"的局面就自然形成了。

另外，除了打间架外，我们也可以直接的"断点"攻击。如果能用步法将对方给"圈"住，同时对方的精神又不够集中时，在这种情况下也不一定非要打对方的间架进行"黏点"攻击，直接攻击对方的头或胸腹及其他的要害部位也是可以的，这不仅同样能达到制敌的结果，而且还更节约时间，但这一定要看对方的状态及自身的间架角度与对方的间架角度是否合适，而不能勉强。

无论选择哪一种攻击法，在劲力没有打到对方之前都不要打老，要想到对方随时会反击，要具有在任何情况下能对付对方反击的能力，最好在出拳攻击对方时能剐蹭着对方的间架，这样就可以在打对方的同时还能看着对方。另外，如果要选择先下手突袭对方，在拳法上，最好不要使用动作很大的摆拳，大摆拳由于攻击角度的关系，对方在头脑冷静和身体协调及体能充沛时极易躲避，故突袭应使用双方在两点间距离最近的拳法，如可以用剌拳（类似拳击的剌拳），直拳（类似拳击的直拳），炮拳（不直的直拳）、栽拳、劈掌、穿掌等。

意拳技击，腿法方面在攻击时则相对的可以随意些，可以是横向的也可以是纵向的，但对方若精神集中其间架又很严谨时，最好不要使用高腿踢，可使用诸如低边腿或低蹬踏腿等腿法，但腿法必须要融在步法里，在圈堵对方的同时，适时的起腿，要看不见腿但处处是腿方为正确，当对方被你的腿脚所牵动后，你手上攻击的机会也就到来了。

3.意拳腿法的技击之功

在传统武术的理论中有抬腿半边空之说，现代搏击中的腿法包括蹬踏腿、侧踹腿、散打的边腿、泰拳的扫腿等腿法其实很不好用。因为意拳的摩擦步、形意拳的龙形步、八卦掌的八卦步和太极拳的乱采花步，都远快于现代搏击的步法，但真正的乱采花步在市面上已很难见到，恐怕已失传。

传统武术在技击时皆讲借力打力，借力打力的前提条件是要有好的步法与身法，许多人都误以为借力打力是等着对方来打我，然后我再借力，其实，完全不是这样。借力打力的前提是调动对方，调动对方的前提是步法与身法要比对方快，故如果你的身法比对方快，你就可以要对方了，如可以诱骗对方出腿，他刚一抬腿，还未及你身时，你就可以"足踏中门夺其位"，或走偏门，横走而竖撞，借对方的出尖之力而破其重心。故破腿的要诀在于步法与身法，但许多人都没有能得到步法与身法的真传，俗语"传拳不传步，传步打师父"，没有步法与身法，就很难对付现代搏击的腿法攻击了，这也是当下这么多的内家拳家打不过现代搏击选手的原因。

理论上讲，在意拳人面前技击时对方是抬不起腿来的，如果让对方抬起来了腿，应该是我们自己练得不好。据我的恩师王玉芳先生讲，祖师王芗斋先生最擅长的就是单腿发力，只是他从来就没有机会使用，还没到用腿的时候对方就已经倒地了。可以想象，如果祖师王芗斋先生遇到了像郭云深先生那样一个级别的对手时，祖师王芗斋先生一定是会用到腿的，祖师王芗斋先生的腿有高腿也有低腿，但他常用的是低腿，只是现在很少有人像祖师王芗斋先生一样的会单腿发力了。其实我本人就擅长用腿，我赢人七分在腿三分在手。腿不一定要踢对方，也不是不踢对方，全看对方的状态而定，对方若开着裆又在那里傻站着，不踢他才怪。意拳的腿快如鬼魅，别的拳种练不出这么快的腿，他们都不知道意拳摩擦步的走法，自然也就不会用腿。祖师王芗斋先生管意拳又叫"践"拳，"践"拳的名字已经在说明祖师王芗斋先生有多重视用腿了，"践"拳其实就是腿拳，是靠腿赢人的拳，故没有一个拳种会比意拳的腿快，只是意拳传至今天，大家恐怕已忘了"践"的真实含义，现在大家多把腿法给丢掉了，也没人再提意拳叫"践"拳这事儿了。

本人的恩师王玉芳先生在特殊年代腿受伤后身法才受到了限制，不受伤前她的身法和腿法也相当的好，我遇到腿法最快的老师是师叔郑朝向先生，郑朝向先生说他在祖师王芗斋先生那里可以算是三大打手之一，祖师王芗斋先生的弟子他谁都不怕，基本上同每个师兄弟们都打过。郑朝向师叔的腿用鬼魅来形容一点儿也不为过，本来距离你还挺远的，你眼一花他的人已到你跟前，开始的时候我怎么也学不会，直到后来才知道了其中的奥妙。见过了郑朝向先生的腿，天下的腿都不能看了，都太慢了，包括李小龙先生的腿都太慢了。我在教学中一直在谈"零启动"，尤其是腿法要"零启动"，但李小龙的腿不是"零启动"，他的腿在启动之前有非常明显的预备迹象。师伯姚宗勋先生的腿也非常厉害，当年有姚宗勋先生的弟子看姚先生用腿，非常自然地一抬腿，对方就被踢到路边的排水沟里去了。所以，意拳是有腿法的，而且是非常独到的腿法，意拳用的是暗腿，是看不见腿处处是腿的暗腿，而现代搏击中的腿法多是明腿，他们都是明着来的，用脚踢就是用脚踢，用拳打就是用拳打，一切都明着来，而意拳则把腿法融在身法中，迎敌而上的同时，遇敌有如卷地风，对方的身体哪里有问题我们就打到哪里，而不会执着于一拳还是一脚，赶到哪儿就是哪儿，一切皆自然而然，所以对方常常都不知道是怎么被我们踢到的，如果要让对方看见了我们在使腿，那我们的腿也就不叫意拳腿了，我们的摩擦步也就都白练了。

4.意拳体重的重要性

意拳技击，我个人的经验是力大为王。站桩可以增加人的内在力量，如看着是100斤体重的人，站了几年桩后，其内在的力量有可能已经相当于200斤体重的力量了，若是如此的话，可以想象一下，当一个有200斤正常体重力量的人，遇到了一个只有100斤正常体重力量的人时，这个100斤体重的人无论使用什么样的摔跤与地面技术，都很难会战胜有200斤体重的人的。说的再极端一点儿，一个小学生或者一个弱女子，你教其再多的摔跤与地面技术，当遇到一个健硕的壮汉时，这些技术都不会有太大的用处，这就是我所说的力大为王。

当年李永倧师叔身材清瘦，几个职业摔跤队的壮小伙子跟他动手，上来几个趴下几个，师伯张恩彤先生，遇到全国的摔跤冠军，对方比他高大也比他壮硕，一搭手，张恩彤先生就把对方发一跟头。李永倧先生与张恩彤先生都是站桩的受益者，站桩所增长出的功力是奇大的，对对方常常是碾压式的打击，但现在真正的站桩心法已近失传，所以现在人虽然也站桩，但却很难再练出二代意拳人那么大的功力来了。再有现在练意拳的，大多都是业余爱好者，没有几个是吃职业这碗饭的，所以，现在的意拳人若遇到了摔跤和地面技术的普通人，应该是没有什么问题的，但如果遇到了职业高手，结果就不好说了，但若退回到几十年前，以祖师王芗斋先生的二代意拳人功力来看，赢现在的任何一个摔跤和地面技术的职业高手，都是再平常不过的事情。泽井健一是柔道高手，日野也精通柔道，泽井健一被祖师王芗斋先生打得飞到了窗外，日野直接被打的崩到了树上，在他们面前祖师王芗斋先生就是神一样的存在，只是现在的意拳人，寡有这样的功夫了。

技击时体重很重要，前面我已经说了"力大为王"。如果双方都是训练有素的运动员，在双方的速度和技术及经验皆大致相等的情况下，体重大的人打体重轻的人，就如同是大人打孩子。网上有梅威瑟打哭日本所谓百年一遇格斗天才那须川天心的视频，梅威瑟在第一回合中连续三次将其击倒，不到三分钟就KO了他，其状态就如同是奥特曼打小怪兽。

意拳站桩对于消瘦的人来讲会适当地增加一些体重，但对于肥胖的人来讲则会适时的减肥，它会使人平衡到一个非常合适的状态。站桩改变的主要是人的内在机能，前面已经谈了许多站桩的内容，撇开那些复杂的内容，仅从直观的角度来讲，站桩的作用和负重训练的作用是一样的，可以使人增加力量，甚至变成大力士。武术有"一力降十会"之说。但推拉等负重训练，于搏击而言是有问题的，其弊端一是执着，再就是局部，而且还出尖儿，并且虽然是自身的力量变大了，但速度也会受力量的影响而会变得迟缓。但站桩就不同了，站桩不仅使自身的力量成倍的增长，即在不增加体重的情况下即可达到重量级运动员的效果，且非但不会影响速度反而会有不可思议的超速度。

以我自身的例子为例。本人16岁学拳，练意拳站桩才一年多时，到北京什刹海拳击班去打拳击。当时的体重是140斤，教练给我找了个同等体重的人跟我打，我一看对方也是业余的，就知道他不是我的对手。我说换一个体重160斤的同我打吧，教练还没说话呢，那个人先不高兴了，他说咱俩都是140斤，有什么不能打的。教练说你们先打打试试吧，结果对方一拳打过来时我连躲都没躲，迎着来拳直接还击他，一拳就把他打转悠了，第二拳就把他击倒了。教练赶紧说停，然后按照我的要求换了一个160斤的同我打。同160斤的我倒是能和他打到一起了，实际上我当时的体重已经相当于160斤了。从那时起我就发现，站桩居然能使我的体重"增加"，又站了一段时间后，再去打拳击时，160斤体重的已经没法同我打了，换了一个180斤的同我打才能势均力敌。再后来我对拳击没什么兴趣了，也就没再去比试。前一段时间偶遇一个拳击教练，一时技痒便在一起说手（边比画边聊天），当我们之间搭上手后，他吃惊地说："如果闭上眼睛，会觉得是在同一个体重二百多斤的人在交手"，其实我当时的体重才165斤。许多别派练拳的人同意拳人交过手后，都会觉得练意拳的人，功力足马力大，这其实都是站桩的功效。

青年时期的姚宗勋先生在祖师王芗斋先生处学拳三年，仅仅是三年的桩功，就已经可以代师比武了，且从无败绩，势猛拳重，被当时的武林界誉为青年武术家。故意拳的站桩功，除了有养生健身的功效外（可以治愈许多现代医药难以治愈的疑难杂症），在技击方面，撇开其他的方面不谈，仅从劲力方面的角度来讲，其增长功力的功效是显著的，祖师王芗斋先生对站桩站出来的力有很多的称谓，如"整体力""本能力""自然力""浑圆力""爆炸力""假借力"等。本人按照祖师王芗斋先生的思路换一个角度来讲，站桩站出来的力也可叫非局部之力，非做作之力，非执着之力，非出尖儿之力，借宇宙力波之力，意念力，精神力等等。总之，意拳站桩可以站出超出常人所理解的力量。

从体重与功力对比的角度来说，本人认为，如果需要量化的话，每多出十斤的体重，大致能抵消掉一至两年的桩功。对方比你重四十斤，你就得多练四五年才能找补回来。我所说的不包括一天站数小时的那些职业武林人士，职业武林人士应该半年桩就能抵消掉对方十斤的体重。祖师王芗斋先生站桩站了九年后出山，年轻时的王芗斋先生体重应该在一百斤上下，王芗斋先生出山后，王芗斋先生的功力至少应该能抵消掉对方三四百斤的体重。普通的一百来斤体重的人，撞到三四百斤人的身上，被崩出去很正常。所以祖师王芗斋先生能弹飞人，首先是有强大的实力。泽井健一作为日本柔道界的高手是有一把子力气的（日本柔道五段、剑道四段、居合道四段），他曾在祖师王芗斋先生送他出家门时，为了试探祖师王芗斋先生的功力，假装无意的用力推了祖师王芗斋先生一下，说"先生请回吧"，他原想把祖师王芗斋先生推回到屋里去，结果他吃惊地感觉到，竟然如同推到了一个巨大的木桶，泽井健一之所以感觉是木桶，是因为日本人有用木桶洗澡的习惯，泽井健一的感觉是很到位的，木桶的状态的确是又松又沉又整，祖师王芗斋先生若没有超过一百多斤体重的桩劲儿，是不可能成为大木桶的。祖师王芗斋先生在他的"四如"中，也提到要"身如灌铅，体整如铸"，老先生的"体整如铸"是真的如铸，其他人的如铸都是假的，或者根本就没有能达到"体整如铸"的水平，衡量"体整如铸"的标准是要看其力是不是能够达到身体的末梢，面对一个铸造的铜人或铁人，即使想要掰动其手指，也是不可能的，任何一个末梢都会与身体是整体的，祖师王芗斋先生的劲力就是如此，祖师王芗斋先生不仅手臂的末梢与身体是整的，就连祖师王芗斋先生所拿的文明棍都与身体是整的，文明棍与身体都能铸造在一起，泽井健一曾经与祖师王芗斋先生比剑，他用剑来劈祖师王芗斋先生，祖师王芗斋先生用文明棍一崩，泽井健一就连人带剑地飞到了墙角，祖师王芗斋先生的文明棍与身体的关系但凡有一丁点的不整，都不会把泽井健一崩飞。祖师王芗斋先生的劲力是站桩站出来的，而不是练肌肉练出来的，练肌肉练出来的力祖师王芗斋先生叫"注血之力"，是被祖师王芗斋先生坚决反对的。当然，祖师王芗斋先生的劲力是丰富的，除了"体整如铸"外，更有"周身无点不弹簧"的劲力内容，对方被崩飞也是碰到了祖师王芗斋先生的力点上了。

中国武术有"一力降十会"之说，老辈儿人也有"身大力不亏"之说，在擂台上，西方的轻量级拳手是无法挑战重量级拳手的，西方人是无法解决小级别的选手如何能打赢大级别的这个难题。西方人解决不了但中国人可以解决，中国的传统武术通过站桩可以增加人的功力，小级别人也可以产生大级别人的拳术力量，当然这也是有前提的，就是小级别的人要付出的辛苦也必须要远远的大于大级别的人。以中国人普遍的体重来看，对比西方人我们是没有什么优势的，所以要想战胜他们，最好的办法就是通过站桩来增加自己的拳术力量。当然也有另外的办法，就是像李小龙先生那样的超负荷训练，但那种训练方法应该于健身与养生没有多大的益处。

意拳的站桩训练首重精神，在精神意念与意感的作用下，身体会发生质的变化，不仅如此，身外的状态也会发生变化，如身外会产生具有阻力感的松紧力波，这种松紧力波可以强大自身的力量，当我们在技击中可以在意念上借用到松紧力波的力量时，我们就不全是在用自己的力量来打人了，而是借上了外力。过去人们常说，十斤鱼有百斤力，是指鱼一旦进入到了水里，借上了水的力量后就不再是十斤鱼的力量，人若是能真的借上了身外的松紧力波，也将不再是自身重量的那点儿力量了，如果再能达到祖师王芗斋先生的境界，那就更是了不得了，祖师王芗斋先生说的是"假宇宙之力波，有神助之勇"。由于人们没有能够练到祖师王芗斋先生的境界，自然是不能理解祖师王芗斋先生所说的"神助"是不是真的神助。普通人对于看不见的事物是不相信的，动画《秦时明月》中有句话很有意味："春蚕不念秋丝，夏蝉不知冬雪"，或许普通人就是那"春蚕"与"夏蝉"。

5.意拳的应激反应

网上有一视频，一人在与对方交谈中突然从包中拿出凶器直刺其心脏，动作之坚决令人猝不及防。许多人看罢都在讨论如何用最好的方法来躲避对方的攻击，本人则有自己的观点，我曾反复地谈意拳的非对称观，意拳训练的结果是要让对方没有办法在我们之前实施暴力，因为原本我们是"放火"的不是救火的。具体到画面中的视频，对方的杀意已足，无论怎么掩饰，杀气都是有的，特别是在对方低头拿刀时，杀气已然爆满，而意拳练的就是要能体察到对方的身体信息，在对方的身体信息尤其是杀气产生之时，瞬间的就能感知到，并迅速做出正确的选择，这才是意拳，如果看见对方动杀手了，再来反应，那只能算是中乘水平。如果修炼的水平再高一些儿，早晨出家门的时候，就已经要有危险的感知了，一旦有了危险的感知，就会处处小心，也就不会发生视频中的事情了。人生中的一切的危险，都是在没有准备的时候发生的，当你事先有了准备，对方也会感知到，对方会感觉到下手不易，也就有可能会知难而退，这也是功夫高的人反而会平安的原因。

意拳的精神笼罩，其内容包含了感应训练，在真实的危险来临之前，身体是会有强烈的感知反应的。每个人的感知反应不会相同，遇到危险时，我的感知反应是如同走进了夜晚的坟地，浑身的汗毛会森然起来，即使是在光天化日之下，汗毛也会森然起来。所以，练意拳是可以防患于未然的，感应训练可以使我们如雄鹰不立危枝，猛虎不处危岩。再有，意拳是得天助的拳，"有神助之勇"（王芗斋语），当感恩到能得天助的境界后，天不灭我，人又能奈我何，这时，即使有人想害你，也害不死你。一个人练武术，首先是修德，要有好人品，好人缘，要知进退，要感知天地，要有敬畏，要感恩，朋友会越来越多，但若练武练的人人欲得而诛之，则等于是把拳给练反了。

另外，意拳训练的是身体的本能反应，在危险到来的瞬间，身法上的零启动，会瞬间避开危险，即使是身法上躲不开，身体间架的空间变化和身体体内的紧松变化，也会化解掉大部分对方击过来的力道，将损伤降低到最低。所以，还是要遵循祖师王芗斋先生的理论来练拳，即"在精神，在意感，在自然力之修炼"。

6.意拳的比武交流

不同门派的人，从断手的角度讲，是可以进行切磋交流的，如果作为生死决斗，更是可以放手一搏的。

但问题是如果不是到了非要生死搏斗的关头，武林门派之间是否是真的有必要要进行这样的断手交流，尤其是在这种法制健全的社会环境下，在今天，任何一种私下里的民间比武，都不是合法的，打伤了人都是要承担法律责任的。

我有许多关系非常不错的武林朋友，我们之间经常的喝酒聊天，但由于我们各属于不同的门派，所以，到今天为止，我们之间从未搭过手，甚至我们之间在聊天时，双方都会有意无意地避开聊武术的话题，即使聊也只是点到为止。那为什么会是这样呢，就是为了怕伤了双方的感情，因为，朋友分很多种，在性格上也是千差万别，有的人把输赢看得很淡，有的人则不同，视比武获胜的荣誉为生命，对于这一类型的朋友，一旦搭了手，朋友之间的感情也就会没有了，搭一下手，失去一个朋友，这种搭手的代价还是太大了。这也正是江湖中的许多武林朋友，为什么总是在一起吃吃喝喝却闭口不谈武术的原因。当然，我也有可以经常搭手的不是同门的武林朋友，但那是因为，首先对方是将输赢看得很淡的人，另外，我们是发小儿（从小一起长大的朋友），再有，就是我们之间的关系实在是太好了，已经到了心无芥蒂不分彼此的程度。所以，江湖，真不是说比武就是可以比武的，除了打打杀杀，更有面子上的学问，也更讲人情世故。有的人在江湖上，朋友越混越少，就是因为技痒，总想与人比手，最终，把周围的朋友都得罪了，你砸了人家的饭碗，人家还怎么能跟你再做朋友，这就是江湖。武术的套路更是深，虽然身在江湖，比武本应是一种常态，但也不是什么人都是可以随便搭手比武的，尤其是在朋友的聚会上遇到别的门派的时候，由于双方对拳术的理解不同，真要是动了真格的，来宾人的面子都会过不去，故有些时候，江湖的情谊比比武更重要，要是为这事儿闹翻了脸，以后也无法再相处了。武功与江湖情义孰轻孰重，该做什么不该做什么，实是学武人首先要搞明白的，许多练武的人不去注意这些细节，总是技痒而且还不分场合，只会让人觉得这人在武德方面缺修养，甚至会招致别人对你的整个门派的蔑视。我年轻时少不更事，经常与人去比武，也由此砸了许多人的场子，对方受伤后，也没有人来找麻烦，但背后里就叫我们是"流氓拳"，现在想来很是内疚。

若论非同门间的武术切磋，我个人认为，须是在双方都了解了对方善意的前提下，心平气和的且在没有外人观看的环境下进行才成，否则，一有外人观摩，因为碍于面子，切磋交流的性质就会变味儿。武林中有一个比武的典范，是吴式太极拳宗师吴鉴泉先生与同师门师哥王茂斋先生的比武切磋,他们俩是关起门来的比武,不让任何人看,也没有人知道最终的结果,这种纯粹的比武交流很干净,完全是为了切磋功夫,没有一丝一毫的是非,这是真正的武文化,他们在武德方面做出了表率。

当然,武林中还有另一种切磋,就是打死架,也不管什么法律不法律的,也不论什么江湖情谊,把对方打趴下了就算自己赢,但本人认为,初涉世的年轻人这样做尚可理解,但成年人这样做就差点儿意思了,这样不计后果的切磋已不是在切磋,而是在赌生死,这原本应是意拳人技击时的最原始状态,只是这种方式的比武,在20世纪80年代初之前的那个时候是可以的,但放到今天,打完后的麻烦会很多,对方伤残后,他自己不起诉你,他的家人也不会放过你。那个时期,我的有些师哥们常说:"一比武,我心里就想,打完这场架儿我就到大狱去",因为心里已经有了去蹲监狱的准备,所以,技击时下手都很重。过去人们的生活很单纯,现在则不成了,一个时代一种玩儿法。再有,还有那些碰瓷儿的,更不能碰了,碰一下,就一辈子都粘上了。所以,传统武术发展到了今天,是一种很尴尬的局面,民间私下里比武的路,已经基本上走不通了,但不实战又不能发展,上擂台去比武,那里的切磋虽然合法,但又与传统武术的初衷相违背,等着在大街上去见义勇为,那虽然是真实的格斗,又不是谁都能碰得到的。

在比武切磋方面,为了不伤害对方,现在有的人用推手来代替,这是我坚决反对的,推手只是技击训练中的一个环节,虽然这个环节极为重要,但它与真实的格斗还不是一个概念。擂台上的比赛似乎真实,但它与真实的格斗其实也依旧不是一个概念,中国的传统武术,若都按擂台的标准来训练,那传统武术的未来是没有未来的。

擂台上打不成,擂台下打也不成,传统武术似乎走入了死胡同。还是祖师王芗斋先生做得好,他老人家为我们做出了表率,祖师王芗斋先生把武术练成了艺术，每一个被祖师王芗斋先生打过的人都会说，被祖师王芗斋先生打飞是很舒服的一件事儿，祖师王芗斋先生自己也说："我要打得你舒服"。既打人，又要让人舒服，这是一种极高的境界，这也似乎是破解当今民间技击这种死局的最好办法，只是纵观当今的武林界，能达到这种境界的人又有几人。

7.年龄大的人不适宜技击

网络名人马某国比武失败了，但如果马某国先生所面对的对手，年龄比他大一些，体重比他轻一些，个子比他矮一些，另外如果不带拳套，不是在擂台上，马某国先生也还是有胜算的。只可惜这些本可以帮他成功的要素他一个都没有去考虑，就盲目地走上了擂台，失败自是必然。

他以近70岁的年龄对抗40多岁的壮汉，实是有些不明智。人过了60岁到了退休的年龄后就只需说手（也叫讲手）而不要与人比武了，俗语"拳怕少壮，棍怕老狼"，到了该服老的年龄就要服老，这是客观规律使然，否则就是不懂自然之道。世间能逆自然规律的人少之又少，除了意拳祖师王芗斋先生等有限的几个技击大家外，其他的人该服老就得服老，这也是顺应自然的自然之道。

欲技击赢人，至少要对如下的要素有所思考：一是速度快打速度慢的；二是力量大打力量小的；三是步法好打步法差的；四是身法优打身法劣的；五是技术全面打技术不全面的；六是技术细腻打技术粗糙的；七是有间架打无间架的；八是有节奏变化打无节奏变化的；九是经验多打经验少的；十是力不出尖儿的打劲力出尖儿的；十一是均整的及有整体力的打不均整的且是局部力的；十二是平衡的打不平衡的；十三是自然的打做作的；十四是手狠的打手善的；十五是体能好打体能差的；十六是状态好打状态不好的；十七是胆子大打胆子小的；十八是冷静的打不冷静的；十九是聪明的打不聪明的；二十是有精神笼罩打无精神笼罩的。

上述的这些内容，皆可以通过站桩与试力得到训练。

撇开马某国先生的被KO之事，本人想借此，从意拳修炼的角度来谈一谈中国武术的训练问题。前面谈到，欲要技击赢人，至少要有上述的诸般优势，那反过来说，也就应该明白我们学习武术该在什么地方须多下功夫了，即至少须从以下几个地方来下功夫：一是力量：意拳通过站桩，我们可以增加自己的功力，让周身求整以对抗对方的局部力量，通过间架意识的长期培养，让我们具有合理的技击间架，并且建立起不执着的间架力量，实现拳谱中所说的"不使力而力自在"的结果；二是速度：站桩时通过精神与意念的良性诱导，可以使我们的身体变得越来越敏感，越来越协调，越来越意动一致，动静之间的转换越来越迅捷，由静中有动到动中有静，逐渐的升华为动静合一，动即是静静即是动，从而实现身体的一触即发，产生芗老所说的"超速运动"，这样，我们的拳术速度就会远快于常人，实现速度上的绝对优势；三是步法：意拳的摩擦步训练是最有效的训练方法；四是身法：意拳试力训练中"神龟出水"与"空气中游泳"的训练方法，是提高身法的最有效之法；五是技术全面：踢打摔拿，黏断结合，各种劲力的具备与自然力的本能发力，是意拳之长；六是细腻：意拳在训练时，体认的状态极为重要，祖师王芗斋先生常言"动为什么，静为什么，一动一静又为了什么"，一切的身体感受和自身的运动状态，包括意念的真实效果，都要悉心体察，而不能漠然滑过，这是一种极精微的系统训练，自身什么地方先动了，什么地方后动了，什么地方指挥不动了，什么地方不听指挥的乱动了，什么地方局部了，什么地方散乱了，什么地方努气了，什么地方较劲儿了，什么地方做作了，什么地方执着了，等等这些都要有所体察，并且还须要有解决这些问题的方法，意拳的训练，就是要与这些问题做斗争，在这种状态下，意拳人的思维会越来越缜密，身体的状态会越来越细腻，这样话，长此以往就会与对手拉开差距，当你细腻了就会发现对方的粗糙，对方在你的面前会问题重重，千疮百孔，这样成功的天平就会向你这边倾斜；七是节奏：意拳师法自然，大自然是有节奏的，从风晴雨露中，我们能感受到自然的变化；八是经验；九是自然；十是手狠；十一是体能；十二是状态；十三是胆子：通过精神放大，能解决胆小的问题；十四是冷静；十五是智慧；十六是间架；十七是整体；十八是平衡；十九是力不出尖儿。

意拳技击，最后一点的"力不出尖儿"至关重要，西方训练模式下训练出来的拳手，其劲力都是出尖儿的，用祖师王芗斋先生的话来说就是"撒砖头"式的用力方法，这种出尖儿的打法，一旦攻击对方不中，就会把自己的身体重心卖给对方，纵观中外的战争史，出尖儿的军队历来失败的都很惨，武术也是一样，劲力出尖儿，无异于将自己送上门去让对方打击，泰森击倒对方时的许多时候，都是因为泰森避过对方的来拳后，在对方出尖儿的瞬间给对方施以致命打击的，但是西方人没有办法解决拳术出尖儿的问题，所以才会出现今天你的状态好你会赢拳，明天你的状态不好又会输拳的现象，只有中国武术解决了这个问题，祖师王芗斋先生一直在强调在站桩中至少要同时具有六面力量，更是提出劲力不能有方向，即"力量一有方向就是错误"，意拳在祖师王芗斋先生的这种指导思想下练功，通过系统的训练，最终就可以练出来力不出尖儿的浑圆整体力，当自身具有了力不出尖儿的浑圆整体力后，这时再与别人比武，就会出现如同大人打小孩子般的效果，高下立判。意拳若不能力不出尖儿，则不会再有多大的技击优势，无异于大家都变成了"撒砖头"式的打法，以这样的技击技术若去与职业的西方人对抗当不会有什么好结果。

8.江湖比武的注意事项

在江湖中比武，若从进攻的一方来考虑的话，进攻就一定要突然，而且要一招制敌，不能给对手以反击的机会。进攻的前提是要先麻痹对方，要让对方想不到你会真出手。从历史上来看，所有的战争和战役要取得胜利，都得要先下手，八路军打鬼子的伏击战，诸如平型关大捷等我军的许多经典战例都是这样赢的，打就要打他个出其不意和措手不及，而且一出手就要是真的，要全力以赴，先下手为强应该是战争的铁律。意拳曾一度被武林人士所厌烦，就是因为我们总是先打第一枪，同时也不受规矩的局限。其实先下手也不一定是要先动手打人，意拳创始人王芗斋先生即是先动手的祖师，祖师王芗斋先生与人动手时，周身的细胞都早已激荡起来，用祖师王芗斋先生的话说即是"一面鼓一面荡，周身无点不弹簧"，料敌于先，后发而先至，也是一种先动手，而且是更高明的先动手技术。

现在搏击界的技击技术很多元化，既有站立技术，又有地面技术，从理论上讲意拳是不惧怕擅长于地面技术的选手的，主要是因为意拳有推手和整体发力的技术，而擅长于综合格斗技术及擅长于摔跤技术的选手，要慢于意拳的发力，当对方要转身过背摔或使用其他摔跤技术欲把我们拖入地面时，我们只需在对方正在做动作的瞬间做发力就能将对方击倒。所以遍观天下的格斗技术，只有意拳是最简洁的。

在比武时，经常会看到，有些人会使用转身踢或转身横摆拳的技术，这个转身技术似乎很难防，因为对方转身时我们不好判断他是出腿还是出拳，其实，凡是被对方转身技术击倒的，都是因为自身的双手没有间架意识所致，只要把间架拿起来，并且有撑抱力，遇到什么样的偷袭就都不用惧怕了，再有，在对方转身的瞬间，我们只需果敢的进步贴身进攻，对方就没有了回旋的空间，其转身踢或转身摆拳根本就不可能实现。所以，意拳最重视间架与空间的控制，间架意识是意拳区别于其他传统武术的最根本之处。西方拳击也是有间架意识的，但他们只局限于上身的防护，而我们的间架要关照到周身。

习练意拳，本人认为不要主动地去找外人去比武，还是自己练自己的为好，从技术上来讲，找别人反不如等别人来找我们主动，别人找上门来打你，你什么技术都可以使用，包括动兵器抄家伙，你是正当防卫，但你主动去找别人就不好这么玩了，这么玩儿就真成流氓拳了。如果别人打上门来比手，最好事先把条件谈好，比如什么样的技术可以用，什么样的技术不可以用，如不可以用插眼、踢裆和头撞的技术等等，或是技术可以完全地放开，可以插眼、踢裆、头撞、肘击、牙咬，甚至动兵器等，如果对方认为放开技术完全没有问题，那你怎么打就都不算是过分了，当然，这也要在法律上认可的框架内。对于完全放开技术的江湖搏斗而言，永远不是同等情况下的较量，既不是比谁的胳膊粗，也不是比谁的速度快，而是比谁更机智，比谁更坚决、果断。在许多方面这是"武人"区别于"文人"的地方，这是武文化，武文化就是要坚决，包括要敢豁命。所以，自己在与别人动手之前，先看看自己是不是已把买棺材的钱准备好了，否则就别去打。与人比手，用老辈人的话儿讲要"面善心毒"，心地善良的人，不要老想着打打杀杀地主动去挑事儿，因为下不了狠手，去了也是白搭。另外，比武时如果对方败象已现，那就完全没有必要再下狠手了，否则，即使赢了对方，良心上也会过不去。

网上有一个视频，一个很像是练了中国武术的黑人小伙子，独自去空手道馆踢场（视频中看不出是在日本还是在美国或其他国家），开始时还真打了空手道教练几下，占了点儿小便宜（视频中的那个空手道教练大致有40多岁），其间那个年轻的黑人有几次想停止比赛，但空手道教练并不停手，最后终于那个空手道教练找到了机会，把前来踢馆的黑人打倒了。

最不忍的一幕出现了，在黑人倒地后，那个空手道教练照着他的脑袋发力跺了一脚，视频中的那个黑人瞬间就瘫软了，鲜血一下子就流了出来，就再也没见那个黑人动弹，尔后过来了一个人，双手拖着这个黑人的双脚，把他拖离了视频，身下流的是一溜的血水，很惨。不知道在他们国家的法律里这算不算是杀人，但是他能上去再补跺一脚，应该在他们国家的法律上是允许的。所以，挑战者的风险很大，至少不要独自一个人去踢别人的场子，最好带着裁判或朋友一起去，关键时刻或许裁判或朋友能救你的命。这个视频是几年前看的，时隔这么长时间，每一个细节仍历历在目，尤其是他身后拖着的长长的血水。还是老话儿对，即"武不善动"，"武不善动"可解释为动手就不留情，另一个引申的含意是不要随意动手。"武"实是个双刃剑，没有不成，滥用也不成，不到生死存亡的关头，是不能随意使用的，这实是一种武德。

第五章　意拳综述

第一节　意拳功法体系

1.意拳训练的功法与拳式

意拳是传统武术中功法与拳式最多的拳种之一，总结起来，至少有几十个桩，上百个试力，上百种发力，也可以说是有无数个发力，上百种打法，也可以说是有无数种打法。但整合起来其实就一个桩，即浑圆桩，就一个试力，即浑圆试力，就一个发力，即浑圆爆炸力，就一个打法，即自然本能之打法。

前面谈到的一个桩，一个试力，一个发力，一种打法，实是对有顿悟资质的一类人或拳术通家而谈的，但对于普通人或从来就没有接触过传统武术的人来讲，仅仅靠这一个桩，一个试力是练不出来的，要想把意拳练好，还需要有千法万法。为此，我将意拳的桩功与试力、发力等上百种训练内容进行了总结，如果将每一式再细化，一式可变多式，那就要有千式之多。本人认为，这几百式之多的功法在有时间的情况下还是要练的，它既包括了筑基的内容，也包括了技击与健身的内容，既包括了筋骨与气血的内容，更包括了精神意念与感应天地的内容，总之，是一个立体的训练内容，全面地掌握了它，就有可能破茧成蝶，由渐悟进入顿悟之门。

祖师王芗斋先生曾言："拳本无法，有法也空，一法不立，无法不容"，佛家也说要"不立文字"，但是佛家的经典著作却是浩如烟海，这些方方面面的佛家经典，就是要阐明"不立文字"中的道理，意拳也是一样，这些几百式之多的功法拳式，就是为了最终能"一法不立，无法不容"，意拳的训练，实是由简单至复杂，再由复杂至单纯的过程，其实不光是意拳，书法及绘画的道理也是如此，也是由万法到无法，最终要达到"一法不立，无法不容"的境界。

意拳没有固定的训练模式，其训练中的所有意念活动和由意念所引发的一切行为，都是阶段性的。就像是吃药，病好了药就不要再吃了。意拳的一切训练都是载渡之舟，即到地方了，就不要再背着船走了，故意拳的诸般功法不练不成，总这么练也不成。包括大家所进行的"肩撑肘横""空胸圆背""三夹两顶"等劲力的训练也是如此，静立水中的不动之桩及唯风力而适应的训练也是如此，意拳的这些训练方法与意念活动，只是要解决某一问题时的权宜之法，问题解决了，这个训练方法与意念活动也就须弃掉了。

意拳在训练时，人体的问题会越练越多，而不是越练越少，就如同画圆，画一个小圆圈，外面所面对的世界很小，越往大画，外面的世界也会随之加大，面对的问题也会随之增多，所以随着自己知识面的扩大，随着训练的深入，会越来越觉得自己所面对的问题不是少了，反而是多了，甚至多到穷尽自己的智慧也解决不完它。现在有的意拳名家自己的师父去世后，没有了老师，自己练着练着就练不下去了，该练的都练了，下面也不知道该练什么了，这都是没有找到永恒的学习之道的缘故，这也是因为他们的圆圈画到一定大时就不再往下画了的缘故，如此武术文化对他们而言也就等于是停滞了。

据我所知，意拳许多刻苦的练习者们每天练功都超过了数小时，但身上的问题却从来没有改掉过，随着练功时间的增加，身上的问题还会越来越严重，好的地方会越来越好，不好的地方依旧在原地踏步，这就如同一个两极分化的地区，越发展分化会越严重。有的人就是这样把自己给练死了。所以，真不是越练功，就越会有提高，这也是我所反复说的木桶理论，即个别的局部的木板再长，水依旧会从最低的木板处流走。学拳走入困境的原因是多方面的，一是教他的师父的悟性有问题，师父本身就糊涂，自拿不出好东西来教给他；二是教他的师父保守，没有把好东西教给他；三是练功者自身的悟性有问题，没有能正确的理解师父及祖师王芗斋先生的拳学思想，致使自己在练拳时挂一漏万。

所以，意拳的修炼，心智的勤奋更重要。许多人则是，身体勤奋但心智懒惰，心智的懒惰恰恰是最大的懒惰，精神意识一懒惰，拳学的精进就会止步。故我一直认为意拳不仅仅是一项体育运动，更是一个不断精进与发展变化的文化。但是现在人大多都把意拳的文化性与发展观给忽视了，我所说的发展观不是别的，是要不断地运用新意念，解决新问题。

意拳的训练须智体合一，从更大的范围讲则是：德、智、体、美的合一。其实，意拳的站桩功很简单，就两件事儿，即提出问题和解决问题。所以，谁提出来的问题多，谁解决问题的方法多，谁就提高得快。解决问题的方法有许多种，但是否切实有效，唯有实践来检验。所以，练意拳要步步留意，也是步步惊心，学拳的过程，甚至是一脚踩着生门，一脚踩着死门，踩着死门会把自己给练死，若一脚踩到死门上就不要再执着地往下走了，如何鉴定是否是踩到了死门上，则一个是要依靠老师，一个是要依靠实践。所以，练拳时，每走一步都是要停下来看一看，是"一慢、二看、三通过"（如同开车），只有没有悟性与没有文化的人才会一根筋儿地往下死练。

意拳实是要通过经常的推手搭劲儿和经常的实战检验，来修正所走的每一步路。在意拳的训练中，若把意念真当意念了，意念也就成了僵死的套路，是变成了看不见套路的套路，这实际上是精神上的一种懒惰。从练拳的第一天到最后离开这个世界，意拳人要经过无数个意念，并要通过这些意念来解决身体与精神与意识及有形的与无形的世界中的无数个问题，而意念在训练的过程中，又可细分为，有意的意念，无意的意念，有意无意的意念，无意之意的意念，当以无意之意为最终的目标。

从放松的角度来讲，意拳是要用意念唤醒周身，让那些从不参与运动的地方参与运动，让那些从不兴奋的地方兴奋起来，让那些散乱无序的地方有序起来，让那些从未被激活的地方被激活，从里到外，从局部到整体，都要被开发和调动起来。谁开发调动的真实、具体、深入、精微与全面，且用时短，谁的水平高。站桩与试力的前提是放松，放松不是目的，放松是为了工作，即只有放松了才能完成上面所谈到的那些对人体进行开发与调动的工作，那些只放松而不做工作的人，实是在站桩与试力等训练时，是在瞎耽误时间，那种不干活的放松，不是放松，而是懈，所以放松了才能干活儿，放松只是意拳入门的前提条件。身体在工作的过程中，你说它是松，没有错，你说它是紧其实也没有错（因为在普通人眼里，这种动起来的状态，管它叫它松已经不合适了，故可以称之为紧），其实它与松紧这个词儿没什么关系，只要它能真实的工作，你管它叫什么都成，它不干活儿，你叫它什么都不成，它不干活儿，你叫它懈可以，叫它僵也可以。所以意拳是在意念诱导下的特殊工作，或叫特殊运动，这种运动（工作）是外不露形的，是微动的，是蠕动的，是意动的。这种意动，也不是要始终都把控着不放手，开始时要用意念把控，等到身体能够自然的开始工作了，而且工作的准确无误了，意念就不要再把控了，再把控就不是自然的东西了，但当身体练着练着跑题了的时候，如偷懒了，局部了，懈怠了的时候，就要再次的用意念来把控，我们也可以管意念对身体的不把控叫松，管弱把控叫似松非松似紧非紧，管把控叫紧，这样，就出现了松紧的另一个概念，这个松紧的概念谈的是拳术的松紧，而不是普通人心中的那个紧松，意拳训练，是要在这种松紧的概念下，松紧紧松以致无穷。祖师王芗斋先生所说的"松紧紧松勿过正"的松紧也是松紧，但祖师王芗斋先生所说的松紧，也不全等同于我说的这个松紧，祖师王芗斋先生所说的松紧，涵盖的内容很多，我说的只是其中之一，祖师王芗斋先生所说的松紧，是有不同角度和不同层次的，一般人若没练到那个份儿上，是理解不了的，只有随着训练的深入，一点点地走入祖师王芗斋先生的世界后，才能深刻理解祖师王芗斋先生博大的松紧之深意。

2.意拳的功力

意拳人的功力普遍强于别的门派，主要是因为意拳强调的是整体力，而非局部力，从实战的角度讲，唯有整体力的力量是最强大的。另外，意拳打实不打虚的技击风格，也决定了意拳是靠功力赢人的拳种，但意拳的功力并不是蛮力，而是一种巧力，是比太极拳等所谓内家拳更巧的一种巧力。

再有，意拳除了有独到的站桩功及科学合理的训练体系外，在许多情况下功力强于别的门派应该也是被逼无奈的结果。意拳对两翼（横向的）的保护超过了任何一个门派，两翼和身后的意念加强了，前面的劲力自然不会像强调单项力量的出尖儿门派那样的强大，解决的办法，唯有加大训练的强度，包括时间、精力、体力、智力的投入来解决这一问题，即要多付出别人双倍甚至数倍以上的功夫来达到这一目标，所以，普遍的来讲，意拳人比别的门派的人都用功，否则就赢不了别的门派。当年朝鲜战争初期朝鲜军队三天攻克汉城（首尔），三个月打下了百分之九十的土地，一举逼近釜山，差点儿把南朝鲜军队赶进大海，但麦克阿瑟突然在仁川登陆，把北朝鲜军队拦腰截断，这就是出尖儿惹的祸。别的门派打拳，也都是出尖儿之力，这种出尖儿之力，若遇到综合实力强大的对手，就会吃亏。彭德怀元帅在指挥抗美援朝战争时，把大量的兵力都投入在了两翼，是为了防止美军再次的在仁川登陆，大兵团放在了两翼，尖儿是不出了，但进攻的力量就受到了影响，解决的办法就是继续的增加兵员，在百度百科上能查到，彭总最多用兵时，前后曾投入了百万人的总兵力。所以，为了加强两翼，就要加大投入。意拳人也是一样，为了增加功力，唯有加大训练的时间。

意拳的优点是，在站桩时，即使训练的时间再长，也不会给心脏造成负担，自身的功力还会在日积月累的训练中发展壮大。故一旦意拳人在单项的劲力指标上达到了与对方同等的程度，那就会比对方强大的不是一点半点儿了，意拳整体力的优势会迅速地展现出来。

意拳"形不破体，力不出尖儿"的整体力训练体系，是拳术技击的最高境界，技击中的力量、速度和经验等综合要素，在整体力的状态下会发挥出最大的功效。所以，人们感觉意拳人的功力普遍的强于别的门派，除了拳术思想进步，训练方法科学，有站桩的独门功法秘要外，更是意拳人普遍下的功夫比别人大的结果。所以，对于拳术而言，除了刻苦训练，并无其他捷径可走。

3.祖师王芗斋先生的训练体系与现在人的训练体系的区别

我认为祖师王芗斋先生的训练体系与其弟子们及与现在人的训练体系不完全是一样的。祖师王芗斋先生是属于"顿悟"门，祖师王芗斋先生常说："我这个烤鸭不零卖"。而现在的意拳教学，大都是拆开了教的，这实是将祖师王芗斋先生的文化进行了分化，如先练吞吐、再练提顿、再练分闭等，然后再合成整体，这种练法实是一种"渐悟"门的思路，这种教学思路适合推广和普及，大家学起来既容易理解也容易上手和掌握，其实，现代的拳击等其他搏击门类的训练思路都是这样的，先由局部入手，一个一个地解决问题，然后再合成整体，我们可以管这个叫作"科学的训练方法"。但祖师王芗斋先生的训练体系则不是这样的，是不能分开的，即"烤鸭是整的，是不零卖的"。但真能理解祖师王芗斋先生这种训练思路的人，却寥若晨星，不仅在现在没有，即使在当时也几乎没有。故我本人认为，祖师王芗斋先生的训练体系，不仅是科学的，更是哲学的和带有某种暗物质意味的，如"假宇宙之力波，有神助之勇"，这是借外力的学问，这对于普通人来说是理解不了。所以，我认为祖师王芗斋先生与其众弟子们其实走的不是一条路。由于大家的训练思路不同，理论上讲，最终的结果也应该是有所不同的，所以，从现存的照片上来看，祖师王芗斋先生与其众弟子们的状态是不同的，这是必然的结果。但祖师王芗斋先生的思路的确几乎是教不出人来的，祖师王芗斋先生一直认为，一训练就必须是整体的，这很像是佛家"顿悟"门中的"本来无一物，何处惹尘埃"一般。世间又有几个人能像六祖慧能一样有"顿悟"的悟性呢，祖师王芗斋先生其实是没有遇到几个有"顿悟"资质的弟子。在祖师王芗斋先生的弟子中，赵道新先生算是极有灵性的了，赵道新先生有一次与姚宗勋先生谈拳时说："老先生（祖师王芗斋先生）的东西真是不好学"。

意拳"顿悟"的练法，是很难教的，甚至是没法儿教的。本人认为，大家可以先按照"渐悟"的思路去练，从一点一滴处做起，但一定要明白这种练法是错的，是违背祖师王芗斋先生宗旨的，是迟早要丢弃的。但不这么错着练，直接去练祖师王芗斋先生的东西，若非是"顿悟"资质和绝顶聪明的人是练不了的。所以先从错误入手，也没准儿自己就是绝顶聪明之人，从"渐悟"入手却直接进入到"顿悟"门之中，最终与祖师王芗斋先生站在了一起。

谈到具体的练功之法，我本人则是"渐悟"与"顿悟"的混合体。我本人学拳时是从"渐悟"入手的，当时教我的老师就是"渐悟"门的（意拳的二代，基本上都是"渐悟"门人），后来我入了恩师王玉芳先生的师门，从此就有了"顿悟"的内容。但是我认为，对于普通人而言，站桩与练功，还是应先从"渐悟"入手较为容易，若直接从"顿悟"入手，会摸不着头绪，仅以放松为例，如果有意念做引导，是很容易入手的，"渐悟"门的长处，就是可以有的放矢，可以一点点的在身内和身外去找东西，当然，这种思路从祖师王芗斋先生的理论来讲是错误的，祖师王芗斋先生曾言"非无的放矢不可"，祖师王芗斋先生说的是"顿悟"门的理论，祖师王芗斋先生又曾言"执着己身永无是处"这也是"顿悟"门的思路。虽然祖师王芗斋先生的理论如此，但本人认为，若一上来就练"无意之意是真意"，在理论上虽然没有问题，但这样练应该是要有前提的，前提是，习练者一定得是绝顶聪明之人而且还得是有"顿悟"资质的人才成。但习练意拳若总是"渐悟"之法，则永远是错误的，永远是局部，永远会出尖儿，永远练的不是祖师王芗斋先生的拳。

4.意拳训练与倾听身体的声音

意拳训练，不能悖逆身体而动，而应顺应身体的自然法则，开发人的潜能，发挥人的良能，恢复人的本能。在训练中按照祖师王芗斋先生所说的"收视听内"的倾听身体的声音，及"恭、慎、意、切、和"的对待与感恩自己的身体。珍爱自己的身体时，我们身体中的内在机制才能与我们的意图相吻合，这是正确的养生健身与快速提高自身锻炼水平的门径。

北大第三医院重症医学科的薄世宁主任曾讲述了一个医学上的案例。

几年前，薄世宁主任曾经收治了一个非常危急的病人，这个病人几乎全身受伤，大出血，随后就是凝血因子大量消耗，迅速进入到一个多器官功能衰竭和凝血功能衰竭的状态。病人的每一个针孔和伤口都在渗血，随时都会休克。薄世宁主任拼命地给病人输血，输凝血物质，给病人用升压药物。但是这个病人的身体情况非但没有好转，反而越来越差。输血输到最后一滴的时候，病人的心律不停在增快，血压越来越低，身体竟完全的失控了。薄世宁主任绝望了，他已经做好了最坏的心理准备。可接下来发生的一幕，他却被震惊了。

当病人的血压低到六七十的时候，突然，他身上的出血，在一瞬间全都止住了。

是什么使大出血突然地止住了？后来薄世宁主任终于想明白了，这是诱发了身体的保护机制。也就是说，人在大出血的时候，血压会迅速下降，身体这么做的目的是为了减缓出血的速度，保护身体，然后把有限的血流全部供给更关键的大脑和心脏，去全力配合抢救。

我们的身体多么聪明，降低血压，减少出血量，但是又同时保证了大脑和心脏的供血量。

然后当血压降低到某一个程度的时候，凝血功能慢慢跟了上来，所以大出血突然就一下子全部止住了，病人成功被救活。

在这一场抢救中，薄世宁主任扮演了非常重要的角色，但真正起到起死回生作用的，还是病人自己的身体。

薄世宁主任最后说了一段语重心长的话："我们经常被教育，在危难的时候要努力，要去克服困难，其实你并不知道，你的身体，你身体里的细胞，比你还要努力"。

薄世宁主任的视频在抖音上获得了百万点赞，播放量超过一千多万，泪目了无数人。

人体中的内在机制是非常完善的，在李文丰所著的《生命的反转：急重症科医生手记》和美国急诊室女医生米歇尔·哈珀所著的《你的身体，比你更爱你自己》一书中，都分享了人体中的生命奇迹，有许多精彩的段落值得思考。

心理学家朱哈德有句话说得很好：当我们开始珍惜我们的身体，学会倾听并平等和身体对话，真正学会去爱它们的时候，那么你就能从最深的层次开始治愈我们的生命。

（1）你可能不知道，孕妇在即将生产的前几天，血液中的凝血指标会升高几十倍，那是防止生产过程中可能会出现的大出血；

（2）你可能不知道，你每天都有5次得癌症的机会，每人每天会有1到5个细胞发生癌变，可每次都是你体内的其他细胞杀死了癌细胞，是你的身体拯救了你；

（3）你可能不知道，你的肝脏即使被切掉了三分之二，它也能长回原来的样子，它是人体内唯一可以再生的器官；

（4）你可能不知道，你的胃液酸性非常强，强到能够把钢制刀片溶解掉。但神奇的是，你的胃也会分泌一种黏液保护自己，让你不会被消化掉；

（5）你可能不知道，当你的心脏最主要的部分不能跳动的时候，"房室结"会开始替它跳动，而当"房室结"也不能跳动的时候，你心脏的"心室"会开始自主逸搏跳动。这个时候跳动的心电图已经面目全非，惨不忍睹，它的血流也非常微弱，但是即便是这么微弱的血流，也能保证了大脑和心脏的供血，保证你的身体不会死去，等着援兵的到来；

（6）你可能不知道，在一秒之间，或者你读这句话的时候，你的身体已经制造了100万个红细胞。它们在你周身飞驰，在血管里穿梭，维持你的生命，不停地向你的细胞输送氧气，完成任务后会静静死去；

（7）你可能不知道，你很难用各种作死的方式杀死自己，比如停止呼吸，比如不闭眼睛，比如自己掐自己。每一次行动的时候，都会诱发身体强大的保护本能，而你无法战胜本能；

（8）你可能不知道，在你的一生中，你的心脏大约会泵出1.82亿升血液，跳动25亿次。你的眼睛会眨动4.15亿次，流下68.75946升眼泪。你的鼻子会记住50000种气味。你的肺如果摊开，能覆盖一座网球场，肺里的呼吸道能从伦敦延伸到莫斯科。你所有血管的长度加起来，可绕地球两圈半。而意义最深远的部分是你的DNA。你的每一个细胞中包含着1米多长的DNA，如果你把体内所有的DNA搓成一根细细的线，它能延伸100亿英里，比从地球到冥王星的距离还远。如果从更宏大更宽阔的层面来说：其实你就是你的身体的宇宙。我们人体内的每一个细胞都是互不认识的，它们都在按照自己的本能工作、运动、代谢、死亡。它们很多一生中可能都见不到，但是就是这成百上亿个"各司其职"的细胞加在一起，就组成了你，组成了一个庞大的宇宙。

"人在濒临死亡的时候，大脑发出最后一道指令，把最后那5%的肾上腺素全部分配给神经系统和声带肌肉，交代后事，并且大脑最后一次向其他器官告别……"

上述的这些感人的话语，让我们思考许多的东西。身体中各方面的配合已经是尽善尽美了，我们若人为的横加干涉，反而会打乱身体的节奏。

中国文化，在精妙之处，谈的是一个"度"字，这个"度"指的是办事儿时的恰如其分，本人的恩师义母王玉芳先生也曾反复的指出："拳术的训练，其正确性在于当与不当"，意拳祖师王芗斋先生更是提出了他的"矛盾"观。对于我们的身体，不训练不成，但瞎训练更不成，不刻苦不成，过于刻苦也不成，这是一种矛盾，也是"当"与"度"的学问。时时地倾听自己身体的声音，体悟身体的语言，是拳术训练中最重要的环节。

许多人在练外功时，用身体去撞石头、打树、踢树，以为可以增加自己的硬度与力度，而身体已经开始在抗议，自己却浑然不知，甚至明明知道身体在抗议，却一味儿的在强迫自己的身体，让身体依旧去拼命完成自己所制定的训练指标。这已经不是在锻炼身体，而是在做戕生运动。

许多人都有制定训练计划的习惯，如每天锻炼半小时，或每天锻炼1小时，想要成为武术家的那些人，锻炼的时间会更长，会每天锻炼4小时、8小时……其实从倾听身体声音的角度来讲，锻炼多长时间，锻炼的强度有多大，不应该全由自己来决定，还应该让自己的身体也参与进来，当身体开始抱怨时，即使计划制订得再合理，也应该要尊重身体的声音，让自己的训练停下来，或由一种训练转为另一种训练。如当身体对剧烈运动抗议时，就应该适时的转为舒缓的运动，当身体对打拳的运动抗议时，就应该去写一会儿书法、画一会儿画、弹弹琴、唱唱歌、读读诗等。大家想想看，祖师王芗斋先生为什么书法能写得那样的好，画也画得非常好，能那样多的精通诗词与历史文化等各方面的知识，不全是祖师王芗斋先生爱好广泛，是因为祖师王芗斋先生懂得倾听身体的声音，他会适时的由一种训练转移到另一种训练，老先生有一个非常了不起的至理名言——"体认"。不倾听身体的声音，不珍爱自己的身体，就不可能理解祖师王芗斋先生的"体认"说的是什么，也不可能练到拳谱中所说的"一羽不能加，蝇虫不能落"的境界。绝顶的武林高手，都是对身体深度敏感的人。故倾听身体的声音，感恩身体，珍爱身体，是练武者最应该注意的事情，不如此就不要谈什么养生健身，更不要奢谈武术技击。

5.关于意拳的"放"之力

所谓"放"之力，就是把力放在空间中。从"放"的角度来讲：站桩，就是把间架放在空间中。

试力，也是把间架放在空间中，试力区别于站桩的地方，是要使间架在空间中一点一点地位移，也可以看成是一次次地把间架放在空间中。

发力，也是把身体的间架放在空间中，而且是瞬间一"放"即可，其与站桩、试力的区别，只不过是加快了"放"的速度。

技击，用拳脚击人也是如此，用手攻击对方时，只是把手往空间中一"放"即可，用腿脚攻击对方时，同样也只需把腿脚往空间中一"放"即可。

站桩训练腿脚时，抬起一条腿放在空间中，或把一条腿搭在桌椅上，或把一只脚抵放在树上或抵在墙上，这都是一"放"之功，即一"放"就可以了。

训练头功时，把头抵在树上或是抵在墙上。训练膝、肘功时，把膝、肘抵在树上或墙上及把头或膝或肘放在空间中，用意念来代替实际的触放，这都是一"放"之功。

故用手、脚及肩、肘、膝、头等部位攻击对方时，实际上只是完成了站桩时的一"放"之功。故技击发力，不应是出尖儿的去踢打对方，即不应是出尖儿的打击力，而应是"放"之力，这一"放"之力是不出尖儿的。

站桩时站的越均整，"放"之力的劲儿就会越浑厚。技击时，把自身的整劲儿瞬间放在对方的身上，对方就会受到伤害，如果再把意念放在对方的身后，则劲力就会穿透对方，故"放"除了要有肌体之力外，还要有精神力，这也是李广射箭的原理，"林暗草惊风，将军夜引弓。平明寻白羽，没在石棱中。"（唐·卢纶《和张仆射塞下曲·其二》）。

故意拳站桩是怎么站的，打人就怎么打，即站桩是"放"，技击也须是"放"，它们是一不是二，即是一件事儿。这个"放"，也含有"放下"的意思。"放下"不是放弃，是指内心对于各种的内境与外境不再执着。"放下"是一种修行，真正的"放下"了，各种烦恼就会远离我们，甚至有许多的疾病也会远离我们的身体，因为人的健康，除了与吃、穿、住等外在的因素有关以外，还与我们的心理因素有关。故"放"既是技击之功，也是养生健身之道。

"放"是最简单易行的事情，我们躺在床上，就是要把我们的身体放在床上，我们坐在椅子上，就是要把我们的身体放在椅子上，我们站在地上，就是要把我们的身体放在地上。但是，问题来了，我们真能把我们的身体放在地上吗？有多少人在站桩时是能够真把自己放在地上的，若能真把自己放在地上，身上就不再执着，也不再较劲儿了，许多人站桩没有站出整体力来，就是因为没有真把自己放在地上。把自己放在地上，看似简单，做起来却非常的难，因为身体中若还有出尖儿与局部的东西，若还心存有做作、执着与贪念，就不可能把自己真正的放在地上。

所以，"放"，说起来容易，做起来却并不是一件容易的事情，许多人都在那端着，且越是自以为自己是大师的人，越容易在那儿端着，也包括其他武林门派的大师们也都是在那儿端着。不放下，就不可能有真正的松、静、自然，就不可能使身体和顺、均匀与通透，就不可能有整体力。大家可以看看祖师王芗斋先生站桩时的照片，祖师王芗斋先生真的是放下了，但纵观天下的武林界，在可见的拳照中，能像祖师王芗斋先生那样的能放下的人，寥寥无几。

其实，在拳术的整体训练中，"放"，只是拳术众多训练内容中的其中一个训练内容，但是，若这个训练内容没有过关，则其他的许多内容都会成为夹生饭。故本人独谈此功以示"放"之力的重要性。

6.从"断"的角度出发看意拳之开合

意拳"开合"的"开"，除了正常的理解外，还有一种"开"是断开的"开"，这种断开的"开合"，应该叫"断合"才更准确。"开合"这个词，其"开"，的确有打开的内容，但在技击方面，"断开"的内容会更精妙,在技击时,只有断开才更有意义,即当对方的力打在我们的身上时,我们须能够断开对方打在自己身上的这个力,使对方的劲力落空,在对方劲力落空的瞬间,自己再瞬间的整合身体,使自身"体整如铸",且"身如灌铅""毛发如戟""筋肉若一",以形成技击状态下的"开合"(即"断合")。这样,因为我们断开了对方的力,对方会因其力无着落而出尖儿,这种瞬间的出尖儿,会使对方心悸,并因此而身体僵滞,这样对方就有可能会被我们崩弹出去,若做的是火候,对方还能飞起来。

故在站桩与试力时,在训练的某一阶段,我们应着重的训练一下这种以"断"为"开"的"开合"之功,以使这种劲力训练最终形成身体的本能。

在站桩时,在训练以"断开"为"开合"的功法时,须先进行"松开"之中的"断开"训练,须在意念上使自身四肢及百骸的每个骨节都要断开,要让外空间能流进来,身体断开的空间越大越好,这是一种"松开"训练,更是一种"断开"训练,这种断开的"开",是将来进行"合"之功法训练的前提条件。

另外,在训练时,更可以进行假想敌训练,如在意念上模拟对方在攻击我们,可以具体到对方的劲力,正在攻击我们的手臂间架、胸腹、头项等部位,然后我们进行适时的断开训练。

还可以意念为有海浪在冲击我们,我们要训练能够通过断开被冲击的部位,来求得身体的平衡。

也可以意念为有风在吹我们,既可以是微风,也可以是飓风,我们依旧要训练能够通过断开被风吹拂的部位,来求得身体的平衡。

在被风吹拂的意念中,以微风为最好,风越轻微,身体训练的部位会越敏感。故意拳的意念训练,不是越重越好,恰恰是越轻、越柔、越微越好,越轻、越柔、越微,才能训练的身体更精微、更敏感,这是意拳的辩证法。故慢优于快，缓强于急，轻胜于重。

总之，在意拳的站桩与试力训练中，在训练的某一阶段，须具体地进行一段时间以"断"为"开"的"开合"训练，不经此训练，身体不会理解什么是真正的"松"，也难窥"暗劲"之精奥，拳术的技击水平将永远地停留在"明劲"阶段。

7. 意拳的"长手桩"与"长手试力"

祖师王芗斋先生曾言："长手贵力足，短手能自顾，平时练习非长手不足以运力，对敌时非短手不足以自保，故长短互用，刚柔相济理也"。本人在研究祖师王芗斋先生的拳论时，看到祖师王芗斋先生关于"长"与"短"的论述后，便尝试着将站桩与试力的间架进行了"长"与"短"的调整，稍一训练，便有所开悟，同时又联想到了祖师王芗斋先生的一些弟子们也包括我的恩师王玉芳先生，在回忆祖师王芗斋先生的技击时，曾言祖师王芗斋先生在技击时常将自己的胳膊向前伸得老长。另外，在查看泽井健一的视频资料时，发现泽井健一在与弟子们技击时，也是将手臂前探的很长，日本人学东西教条，轻易地不会走样儿，相信泽井健一也是因见到了祖师王芗斋先生常这样的迎敌，故依样学样的习之，即使历经多年，岁月也没有掩去他的这一迎敌的习惯。

由此，本人借鉴祖师王芗斋先生："长手贵力足，短手能自顾"的观点，将意拳的训练，分为了"长手桩"与"短手桩"，及"长手试力"与"短手试力"。

所谓"短手桩"与"短手试力"，就是外面现在所盛传的站桩与试力之法，故此法不用多谈。

本人要谈的是"长手桩"与"长手试力"。

所谓"长手桩"，就是在站桩时，尽量地将手臂的间架往长里延展，会有抻筋拔骨之感觉，须使自身的空间，最大程度地加大，但无论伸展的多长，也要"曲折有面积"，不能出现绷直的状态，即"抱球"与"含蓄"的状态始终不能丢。

"长手桩"在进行"抱球"的意念训练时，间架就不再是横向的抱橄榄球状，而是纵向的抱橄榄球状，纵向的抱橄榄球状与横向的抱橄榄球状相比，难度会加大了许多，最大的难度在于要对身体重新进行平衡训练，先前的脊柱与头项与尾骨的位置，也要重新进行调整，"似坐高凳靠旗杆"的意念也要重新的调整。就像是一个塔吊，吊近东西的配重与吊远东西的配重是不一样的，吊远东西的配重，若调整不好，是会翻车的。

所谓"长手试力"，就是在试力时，尽量地将手臂的间架往长里延展，要最大限度地去占据空间。其状态及相关的训练要求与"长手桩"的相同，故不再赘述。

意拳的站桩与试力训练，必须先练普通的"短手桩"与"短手试力"的内容（即正常的站桩与试力的内容），当"短手桩"与"短手试力"的训练搞明白后，才能有资格去练"长手桩"与"长手试力"。经过"长手桩"与"长手试力"的训练后，身体会发生非常奇妙的变化，身体中的各种劲力，包括各种争力、对外界的各种感应力、对天地的认识都会有所提高，对技击的认识也会有所提高，会更深刻的理解祖师王芗斋先生的"长手贵力足，短手能自顾"。

8. 意拳的"三圆开胯"

本人将意拳的"龙虎"（脊与胯）劲儿训练，通过三个圆的试力训练，即"平圆、竖圆、立圆"训练，概括成了"三圆开胯"训练，"三圆开胯"是本人给这个试力所起的名字，在本人修炼意拳的过程中，曾自己给意拳的功法起了很多个名字，如"零启动""未力""三有观""四要""符号舞""三桩三势""三圆六势"也包括这个"三圆开胯"。

意拳的试力之功法有许多种，不同的试力之法训练身体不同的劲力内容，"三圆开胯"重点训练的是身体的"势能力"，"势能力"包括了祖师王芗斋先生所谈到的"离心力""开合力""弹力""惊力""斜面力"等劲力内容。"三圆开胯"的具体练法为"三圆"：

一为平圆开胯训练，训练时须把胯尽可能地横向打开，并通过平圆训练，使其具有"离心""开合""弹性"及"斜面"之"惊力"。试力的具体内容可以是：分水试力（左右两侧）、拨水试力（向上）、风帆试力、钩锉试力及"提顿、吞吐、沉托、分闭"试力等；

二为竖圆开胯训练，训练时须把胯与脊骨尽可能地向横与纵的两个方向打开，使其具有"离心""开合""弹性"及"斜面"之"惊力"。试力的具体内容可以是：炮拳（不直的直拳）试力、栽捶试力、反臂劈捶试力及"提顿、吞吐、沉托、分闭"试力等；

三为立圆开胯训练，训练时须把胯与脊骨尽可能地向横、竖与纵的多方向打开，使其具有"离心""开合""弹性"及"斜面"之"惊力"。试力的具体内容可以是：回龙转臂试力、钻拳试力、栽捶试力等。

"三圆开胯"分主动意念与被动意念及体内训练与体外训练。主动意念是自己在主动的开胯；被动意念是由外力的牵拉使自己不得不开胯，如外力可以是有弹力的绳，可以是风，可以是海浪等等；体内训练，重点训练身体的矛盾争力；体外训练，重点训练身体与身外的矛盾争力。

"三圆开胯"是一个基础训练，通过胯的运动，节节贯穿的将劲力传导到身体的梢节，包括手臂、腿脚与头项。

"三圆开胯"，在旋摆中，通过旋胯开发人体的脊柱（龙）与胯（虎），即此训练是以胯为"虎"，以脊为"龙"的"龙虎劲"训练。"三圆开胯"，可以通过主动意念与被动意念的胯的旋摆与旋拧、裹扣，带动起身内的矛盾争力与身外的阻力，产生松紧力波。

"三圆开胯"，是调动人体最不易于运动的关节进行运动，即把最懒惰的地方给唤醒，它既可以使形体的运动更加的稳定，也可以使形体的运动更加的圆满，使劲力更加浑厚且具有弹性，使人体的平衡关系更加的合理。

其运动的特点是，胯先动，手后动，即胯先手后，手与头项，须与胯之运动相合，做到一动无有不动。

"三圆开胯"涉及尾闾，尾闾要参与旋摆，如锥画沙，如浪翻滚。可以想象自己长个尾巴，被胯所带动，甩来甩去，此尾部的运动可以强化胯的运动效果。

体内训练，可以调动人体的胯这个中节，即以胯为力源，引领全身的四肢百骸参与运动。须胯做平圆、竖圆、立圆运动，产生离心、拧裹、惯性与矛盾争力……

体外训练，可以调动起身外的空间参加运动，可以有阻力，可以有逆力，可以有浪力（即一波一波的波浪力），可以有回旋力（风旋或浪旋）等。

另外，祖师王芗斋先生所说的"六力八法"各种劲力，皆可以在"三圆开胯"中进行训练。

"龙虎"劲儿，包含了"小龙"即脊骨及"大龙"即从头到脚的阳面的中线的劲力变化，与左右开合的胯骨的劲力变化训练。

"龙"劲训练，须使"大龙"打开，"大龙"为从头到脚的身体阳面的中线。"大龙"的从上到下的每一个点位，要与前臂及手的梢节的每一个力点相争合，这也是意念的触碰训练。该训练可使手臂的任何一个点位，都可以与大龙的任何一个点位相争合，使"大龙"的任何一个点位都可以成为手臂梢节的依靠。也可以理解成手臂的任何一个点位都可以与"大龙"拉上弓（手臂的点位既可以与整个的"大龙"拉上弓，也可以与"大龙"中的任何一个点位拉上弓，从上到下，大龙可以有无数个点位）。此阶段的训练以建立关系为主，不以应用为主，故这一阶段也可以称之为，是放松的基础训练阶段，也可以叫"松和"训练。

"虎"劲训练，须使胯打开（胯为"虎"）。须使胯的外点位与肘的外点位相关联，与前臂，大臂及手的任意一个点位相关联。先以横向的关联为主进行训练。即胯一横开合，肘臂就横开合。看似肘臂在横开合，实是胯在横开合。双臂与胯要有争合力。"龙虎"劲儿是前臂及手及大臂，纵横的源头。开完了胯，还要开膝，开脚踝、脚趾，与开胯的道理相同。这可以叫"松开"训练。

"龙虎"劲儿的假想敌训练，可以想象对方触我前臂，我用间架的接触点接住对方力点的同时，松开"大龙"与"虎"的任何一个点位与之相争合。在一松一紧间，把劲力送达到对方的点位上，切割对方的劲力，这也是"杠杠力"，也是"点儿紧身松"的打法。"虎"（胯）劲儿是横向切割，"龙"（脊）劲儿是纵向切割，切割时是身动点儿不动。前臂点位与"龙"及与"虎"的关系是，前臂平静似水，"龙虎"已巨浪翻天。

在"龙虎"劲儿上，祖师王芗斋先生是下过功夫的，泽井健一曾说祖师王芗斋先生走路像鸭子撇啦着走。芭蕾舞演员，开胯开的，走路也都是撇着走，另外，女人生完孩子，开胯开的，走路也是撇着走。由此，能够推论出，祖师王芗斋先生也是开胯开到了常人所不能开的境界，故才会在泽井健一的眼里成了走路的鸭子状。

"三圆开胯"训练为意拳的阶段性训练，当胯被开发出来以后，即"龙虎劲"掌握以后，就不要再执着于"三圆开胯"了，否则就会是局部之功。所以，没有"三圆开胯"不成，执着于"三圆开胯"也不成。没有"三圆开胯"，身体中的"龙虎"劲儿很难被调动出来，但是执着于"三圆开胯"，劲力就会变的局部，因为周身的劲力并不仅仅只是"龙虎"劲儿这么点儿东西，还涉及阻力与松紧力波，身内身外的假借变化，细胞之遒放，身体之悠扬，精神笼罩……

9.意拳"三桩三势"与"三圆六势"

本人认为，意拳的站桩与试力本是同源的，从外形上看，无明显动程的为站桩，有明显动程的为试力。但从精神意念上看，它们则没有多大的区别，即都是要意贯周身，都是要把精神给拿出来，都是要"拳拳服膺"。

本人将意拳站桩，分为静桩、微动桩（蠕动）、鼓荡桩（高频速动，周身鼓荡）三桩。将意拳试力（又叫势力）分为慢试力、快试力、鼓荡试力三势。

本人认为，这种分类，可以使我们的训练更清晰明了，目标更明确，有利于初学者快速掌握意拳的拳术规律。

（1）站桩之"三桩"

本人所说的"三桩"，其间架可以相同，但意念与内在的肌体变化却是大不相同的。

①静桩："静桩"的训练多为"换劲"训练，并偏重于养生与健身及拳术的筑基。"静桩"的意念，可以先从水中静立的意念入手来进行训练，训练身处外界静止的环境时，自身要最大可能的静下来，"静桩"要训练的内容极为丰富，诸如自身的平衡问题、松紧、动静的问题、气血贯通的问题、内空间与外空间的问题等；

②微动桩："微动桩"即站桩时身体会出现外人不易察觉的微微运动的状态，身体处于"摸劲"的运动状态中。"微动桩"在注重于养生与健身的同时开始注重技击。"微动桩"之后的训练多为"摸劲"训练；

③鼓荡桩："鼓荡桩"即站桩时身体会出现外人不易察觉的高频鼓荡

运动，身体处于极快速的"摸劲"运动中，"意紧力松，筋肉空灵，毛发飞涨，骨生锋棱"，周身"鼓荡"。可以"惊蛇"及"扶虎"的意念为主，另外，也包括祖师王芗斋先生所说："三尺以外，七尺之内，四围如有大刀阔斧之巨敌，与毒蛇猛兽蜿蜒而来，其共争生存之情景"的状态。"鼓荡桩"在注重于养生与健身的同时更注重于技击。

"鼓荡桩"具体的间架与意念如下：

（a）鼓荡桩——扶云：间架可以高过头，也可以置于额、胸前。意念风云变幻，或疾风劲雨，或云卷云舒，身体随风云而舞，周身"鼓荡"，意速形微，即外形几乎看似不动；

（b）鼓荡桩——拨草寻蛇：间架可以于胸前，也可以置于腰、腹、胯前。意念拨草寻蛇，身体随惊蛇而舞，周身"鼓荡"，意速形微，即外形几乎看似不动；

（c）鼓荡桩——扶虎：间架可以于额、胸前，也可以置于腰、腹、胯、膝前。意念与猛虎搏斗，身体随怒虎而舞，周身"鼓荡"，意速形微，即外形几乎看似不动；

（d）鼓荡桩——油锅翻滚：间架可高可低，可大可小，手形可掌可拳。意念如油锅翻滚，既可身如油锅也可以置身于油锅之中。周身"鼓荡"，意速形微，即外形几乎看似不动。

之于"鼓荡桩"，周身不松到极致，不谐调到极致，不均整到极致，不机敏到极致，不真实到极致，难练此桩，练了也是假的。

鼓荡桩是为技击服务的，训练身体的"灵蛇惊变"之能，周身六合，一触即发，身体连续的缩抱，炸力无断续。快慢慢快，虚实实虚，松紧紧松，方圆圆方，刚柔柔刚。须"松紧紧松勿过正，虚实实虚得中平"。鼓荡桩的训练，要由慢到快，直至快到整体整合震颤，体若筛糠，衣服无风自舞。具体的训练方法为：

　（a）撑抱鼓荡桩：身体连续的缩抱。快慢慢快，虚实实虚，松紧紧松，方圆圆方，刚柔柔刚。松紧紧松勿过正，虚实实虚得中平；

　（b）推抱鼓荡桩：身体连续的缩抱。快慢慢快，虚实实虚，松紧紧松，方圆圆方，刚柔柔刚。松紧紧松勿过正，虚实实虚得中平；

　（c）扶按鼓荡桩：身体连续的缩抱。快慢慢快，虚实实虚，松紧紧松，方圆圆方，刚柔柔刚。松紧紧松勿过正，虚实实虚得中平；

　（d）钩挂鼓荡桩：身体连续的缩抱。快慢慢快，虚实实虚，松紧紧松，方圆圆方，刚柔柔刚。松紧紧松勿过正，虚实实虚得中平；

　（e）小天星鼓荡桩：身体连续的缩抱。快慢慢快，虚实实虚，松紧紧松，方圆圆方，刚柔柔刚。松紧紧松勿过正，虚实实虚得中平；

　（f）托抱鼓荡桩：身体连续的缩抱。快慢慢快，虚实实虚，松紧紧松，方圆圆方，刚柔柔刚。松紧紧松勿过正，虚实实虚得中平；

　（g）鸟难飞鼓荡桩：身体连续的缩抱。快慢慢快，虚实实虚，松紧紧松，方圆圆方，刚柔柔刚。松紧紧松勿过正，虚实实虚得中平。

　（2）试力之"三势"

　本人的试力之"三势"为：慢试力、快试力、鼓荡试力。

　①慢试力：即在试力时，身体慢慢地运动。祖师王芗斋先生有言："慢优于快，缓胜于急"。身体慢慢地体会站桩时所建立起来的所有劲力变化，诸如身体的平衡，松紧、虚实，各种的矛盾争力与周身的应力变化等等。"慢试力"既是养生健身之功，也是技击格斗之功；

　②快试力：即在试力时，身体进行有节奏与劲力顿挫变化的快速运动，诸如"健舞"的快速运动，周身动中有静，静中有动，且要如祖师王芗斋先生所说："松紧紧松勿过正，虚实实虚得中平"。"快试力"在注重于养生与健身的同时更注重于技击；

　③鼓荡试力："鼓荡试力"与"鼓荡桩"一样，即在试力时，身体处

于极快速的鼓荡运动中，身体松紧紧松、动静静动，"意紧力松，筋肉空灵，毛发飞涨，骨生锋棱"。用祖师王芗斋先生的话说："一面鼓，一面荡，周身无点不弹簧，齿扣足抓毛发似金枪，根根无不放光芒，神光离合旋绕在身旁，譬水之有波浪，徊旋不已，纵横在汪洋，无穷如天地，充实似太仓，悠悠扬扬舒且畅，一经触觉，立时紧即张，如同火药爆发状，炸力发出意不亡，无形机变却又深深暗中藏，闪展进退谨提防，打顾正侧，丝毫不虚让"。"鼓荡试力"在注重于养生与健身的同时更注重于技击。

（3）试力与站桩之"三圆六势"：

本人将拳术的基础训练概括为"三圆六势"，即"竖圆""平圆""立圆"为"三园"，竖圆以"摇辘轳"意念为主；平圆以"磨磨"或"摇元宵"意念为主；立圆以"抹墙"或"擦玻璃"意念为主；"六势"即为身体的"前后""左右""上下"位移训练及"争合""钻拧""浑圆"训练。

①试力中的"三圆"

试力中的"三圆"，是指试力时身体的间架要做三个不同方向的圆形运动。具体为，以手臂为主的为"上三圆"，以腿脚为主的为"下三圆"。

a上三圆

（a）摇辘轳试力：即双臂在胸额前画竖圆；

（b）磨磨或摇元宵试力：即双臂在胸腹前画平圆；

（c）抹墙或擦玻璃试力：即双臂在胸额前画立圆。

b下三圆

（a）蹬车轮试力：即腿脚画竖圆；

（b）画井盖试力：即腿脚画平圆；

（c）画墙试力：即腿脚画立圆。

这三个圆看似简单，却蕴含着许多养生健身与技击的道理，以"上三圆"为例，如"摇辘轳"，涉及中医所谈的"魂魄"的道理，对应的是人体的"魄","抹墙"或"擦玻璃"对应的是人体的"魂"。

另外，从"五行"的角度讲，"摇辘轳"对应的是人体"金"的体系，"磨磨"与"摇元宵"对应的是人体"水"与"土"的体系，"抹墙"或"擦玻璃"对应的是人体"木"与"火"的体系。

从中医的角度讲，"五行"的"金、木、水、火、土"与人体的五脏是有关联的，如"摇辘轳"属于"金"的体系，可以健肺；"磨磨"与"摇元宵"属于"水"与"土"的体系，可以养肾与脾；"抹墙"或"擦玻璃"属于人体"木"与"火"的体系，可以益肝与心。

从经络血脉的角度来讲，"摇辘轳"可以通任督二脉，"磨磨"或"摇元宵"可以锻炼带脉，"抹墙"或"擦玻璃"可以锻炼冲脉。

从技击角度讲：

（a）摇辘轳（竖圆）——可以变化出劈拳或劈掌、崩拳、炮拳（不直的直拳）；

（b）磨磨或摇元宵（平圆）——可变化出横拳、削掌、摆拳；

（c）抹墙或擦玻璃（立圆）——可变化出钻拳、栽拳。

在意拳的训练中，其意念的运用，可以先与动作的名称相同，如"摇辘轳"的意念，"磨磨"或"摇元宵"的意念，"抹墙"或"擦玻璃"的意念。继而还可以增加其他的意念，如可以有"搅海""翻江"的意念，"舞旗"的意念，"泼水""洒豆"的意念，"牵挂"的意念，"阻力"的意念，"逆力"的意念，"揉球"的意念，"靠旗杆"的意念，"扶云"的意念，"云端宝树"的意念，"踩球"的意念等。意念不同，训练的内容就会不同，对身体的开发与调动，及身体的反应也会有所不同。如"搅海"的意念，身体在运动的时候，意念搅动大海时，初练时可以先微微的搅动，先从局部入手，再训练整体的搅动，直到搅动的巨浪翻天，另外被搅动的海水也反过来搅动自己的身体，使身体既主动又被动地进行运动。这也是理解"天地力"的入门之门径，有悟性的人还可以由此而理解传统文化中"天人合一"的文化意境。其他诸如"翻江""舞旗""扶云"等意念也是如此，都会涉及身体的内空间与外空间的文化，既"内练一口气"，又"外练筋骨皮"，其健身与技击训练中所强调的"神、形、意、气、力"等内容，在"三圆"的训练中也都可以得到训练。

"三圆"试力，既可以是"慢试力"，也可以是"快试力"，也可以是"鼓荡试力"。

②试力中的"六势"

试力中的"六势"，是指在试力时，身体要进行前后、左右、上下位移训练及"争合""钻拧""浑圆"训练。意拳在基础训练的某一阶段，要用身子来要手，用身子，尤其是头项和脊柱，带动四肢，须用头项和脊柱来拎四肢的梢节。也可以反过来，用四肢的梢节来拎头项和脊柱。总之，梢节和身体的主干须贯通，要先能牵拉成整体。

在训练身体的前后、左右、上下位移的劲力时，要"身先手后"，即身体先动手后动。运动时，身体要干净，须"一动无有不动，一静无有不静"，且力生于足。

训练"六势"时，须"丁八步"站立。因为要有劲力的左右位移，所以，只能是"丁八步"，而不能"丁字步"。

a "六势"试力之前后训练：须以头项为领袖，身体前后位移，以足为力源，尾闾划沙，周身阻力，六面牵挂，搅动天地。劲力由慢到快，由快到高频鼓荡；

b "六势"试力之左右训练：须以头项为领袖，身体左右位移，以足为力源，尾闾划沙，周身阻力，六面牵挂，搅动天地。劲力由慢到快，由快到高频鼓荡；

c "六势"试力之上下训练：须以头项为领袖，身体上下位移，以头项与足为力源，尾闾垂沙，周身阻力，六面牵挂，搅动天地。劲力由慢到快，由快到高频鼓荡；

d "六势"试力之争合训练：须以头项为领袖，身体意念可为"拉风琴""撕纸""斩手"，双手及周身矛盾相争合，训练的是矛盾争力。劲力由慢到快，由快到高频鼓荡；

e "六势"试力之钻拧训练：须以头项为领袖，身体意念可为"钻拳""栽拳"，双手及周身开合拧裹，训练的是拧裹螺旋争力。劲力由慢到快，由快到高频鼓荡；

f "六势"试力之浑圆力训练：须以头项为领袖，身体意念可为周身具有六面争力，训练的是浑圆力。劲力由慢到快，由快到高频激荡。

"六势"试力，既可以是"慢试力"，也可以是"快试力"，也可以是"鼓荡试力"。

"三圆六势"试力，手臂的间架，可以是"撑抱桩"的间架，可以是"平抱桩"的间架，可以是"推抱桩"的间架，可以是"托抱桩"的间架，可以是"扶按桩"的间架，可以是"钩挂桩"的间架，可以是"大天星桩"的间架，可以是"小天星桩"的间架，可以是"矛盾桩"的间架，可以是"劈拳"的间架，可以是"崩拳"的间架，可以是"钻拳"的间架，可以是"炮拳"的间架，可以是"横拳"的间架，可以是"健舞"的间架。总之，手臂的间架可以各式各样，但身体的主干之枢的"三圆六势"的劲力却必须规矩，且无论手臂的间架如何变化，皆须与身体的主干之枢相争合。我们可以把手臂的间架看成是"环"，身体的主干看成是"枢"，其身体与手臂的关系是一个"枢"与"环"的关系，祖师王芗斋先生曾言："持环得枢，机变无形"。它们之间的关系，在初级阶段，是"身子耍手"，到了中级阶段则可以是"手耍身子"，到了高级阶段，则无所谓"身子耍手"还是"手耍身子"一切皆自然而然，随心所欲。"三圆六势"从另一个角度来说，也可以看成是意拳"旋法"和"摇法"功法的细化。学会了"三圆六势"，一年可以抵别人两三年，甚至是三五年的功力。

③站桩中的"三圆六势"

"三圆六势"既是试力之法，也是站桩之功，之于站桩，它属于摸劲儿桩（站桩分为换劲儿桩与摸劲儿桩，及养生健身桩与技击桩几大类）。在进行站桩摸劲儿的练习中，须将这种"三圆"与"六势"藏在无形的意念里，且"不动犹动，动犹不动"，更有"动之不得不止，止之不得不动"之意，周身"动微而处牵"，在假借"无穷意"中，训练"无穷力"，更要把精神给拿出来，做到不仅周身有"三圆六势"，天地也随之要有"三圆六势"，既要天地随身体而动，也要有天地把控身体而动的意感，并由此感悟祖师王芗斋先生的"执着己身无物可求，离开己身永无是处"的拳学理念。

"三圆六势"于站桩时，可通用于"三桩"，即既可以于"静桩"中，安静的体会身体在精神意念方面上的"三圆六势"之功，也可以在"微动桩""鼓荡桩"中体会身体在精神意念方面上的"三圆六势"之功。

此"三桩三势"与"三圆六势"为本人的自悟之功，故属于本门的独家功法。

10. 从"松与紧"看意拳的拳学要义

祖师王芗斋先生创立的意拳，修炼方式简捷，搏击效果突出，养生内涵丰富，其武学哲理深邃，涉及了拳学理论体系中的各个方面，本人仅从"松紧"变化中的一个视角，来表述对意拳拳学要义的理解。

中国武术各门派在内功修炼中，皆以"松紧"为首要问题，然而意拳的"松紧"与其他拳种的"松紧"有着认识上的区别。在意拳的训练中，

"松"不等于懈,"紧"不等于僵。意拳真正的"松"即是真正的"紧",真正的"紧"亦即是真正的"松"。"松"和"紧"原本是不可分的,其任何一方都不能独立存在,这也是意拳与其他拳种的一大区别。从技击的角度来讲,身体的"松"与意念的"紧"是分不开的,换言之只有意念的紧之愈紧,才有可能有形体的松之愈松。离开了"紧"而只谈"松","松"就是懈。同样,离开了"松"而只谈"紧","紧"就是僵。

初步练习武术的人在训练中常会出现形懈意懈、形懈意滞的现象,许多人以为这就是"松",还有人在训练中会出现形僵意懈、形僵意滞的现象,许多人还以为这就是"紧"。有的人盲目认为"松"就是不使劲儿,致使身体形成了懈的状态;还有人认为"紧"就是使劲儿,致使身体形成了僵滞的状态。其实"松"与"紧"若借用祖师王芗斋先生的话说应是:"不使力而力自在"它是一种"得力"状态。因为在意拳的训练过程中,拳术力量的产生若要使劲儿,非但不会产生力量,反而还会造成筋肉的僵死与气血的凝滞,故使劲儿并不是"紧",意拳的这种"不使力而力自在"的"自在"之力,全赖于"假借",这"假借"可谓意念的一种"紧"的体现。本人的授业恩师王玉芳大师常引用其父王芗斋先生的话说:"假借无穷意,得来无穷力"。这种"假借"意念的"紧"是否真实,是意拳修炼的关键。

由于在意拳的训练中不使劲儿不一定是"松",使劲儿更不是"松",故需要给"松"界定一个范围,意拳的"松"从某种角度来讲,暂且可以看作是人的一种空灵的状态。它是神意与形体的协调与通透,是触觉活力的灵动、机敏与自然,是人体内部与内部和人体内部与外界,从精神到肉体的阴与阳、刚与柔、方与圆、虚与实、动与静、开与合、踩与提、流通与回旋、传导与定中、主动与被动、变化与集中、集中与发散、发散与接受及灵与心、心与神、神与意、意与气、气与力、力与非力、内神与外神、内意与外意、有意与无意、有心与无心等一系列争力问题的矛盾与统一、完整与圆融。故"松"是一个系统工程，它甚至包括了意拳全部的训练过程，同时"松"与"紧"又是互生、共存而不可分而论之的，因此，人们所俗称的"不使劲儿"只是训练中的一种表象。

本人在前文中曾反复谈到的意拳祖师王芗斋先生《拳道中枢》中的："恭、慎、意、切、和"之五字秘诀，既代表了拳术的五种状态，又代表了五种训练的法门，同时又是不可分割的一个整体，在这里"切"字重在真实。从"松紧"的角度来讲这"恭、慎、意、切、和"说的即是"松"，同时，说的亦是"紧"。

清末大思想家王国维在《人间词话》中指出：古今之成大事业、大学问者，必经过三种之境界。"昨夜西风凋碧树，独上高楼，望尽天涯路"（晏殊《蝶恋花》），此第一境也；"衣带渐宽终不悔，为伊消得人憔悴"（柳永《凤栖梧》），此第二境也；"众里寻它千百度。蓦然回首，那人却在，灯火阑珊处"（辛弃疾《青玉案》），此第三境也。王国维所谈的这三种境界，既是文人的境界，也是武者的境界，祖师王芗斋先生就曾在《论桩功之境界》中谈到了持桩的这三种境界，如："此际须信天下拳道之妙，唯我自尔独尊，而他家所无也"此即为心理上的"望尽天涯路"；"学者需坚信不疑，有百牛挽之不动决心"此即为心理上的"不悔"；"回过头来看，十年来所操各法，皆如敝屣，理应弃之沟壑而不惜，初步所练即为正果"此即为心理上的"回首"。

借用清末大思想家王国维先生和意拳祖师王芗斋先生的观点，本人认为，在意拳的训练体系中，"松紧"的训练也可分几种境界，首先，意拳可分为"顿悟"与"渐悟"两大体系。在"渐悟"的体系中，大体可分为五种境界：

（1）"松而不懈、紧而不僵"。该层次说明意拳在修炼的意识上要

"松""紧"不可为过，更要去除掉懈和僵的内容，故这是意拳的第一种境界；

（2）"似松非松、似紧非紧"。这是一种摸劲状态，是探询劲力松紧变化的一种训练方式。该层次说明身体中已没有了懈和僵的毛病，已进入到"松紧"转换的层次，并界乎于"松紧"之间。中国画大师齐白石先生在论写意画时曾言："太似则媚俗，不似则欺世，要在似与不似之间"，"似与不似"正如同意拳的这种"太松则懈怠""不松则僵滞"或"太紧则僵滞""不紧则懈怠"，"要在似与不似之间"的状态一般。这是意拳的第二种境界；

（3）"松中有紧、紧中有松"。这是一种深层的摸劲状态，"松"中孕育并含着"紧"的内容、"紧"中孕育并含着"松"的内容，如同太极图中的阴阳鱼，黑中有白，白中有黑。在这个阶段，意拳具有了真实而有效的威力，这是意拳的第三种境界；

（4）"松之非松、紧之非紧"。这是一种已说不清是"松"还是"紧"的模糊态，该层次说明身体中已进入到难分"松紧"的潜意识的自然状态之中，这种状态已接近化境，是意拳的第四种境界；

（5）"松即是紧、紧即是松"。这是一种至上的境界。中国文化的最高境界追求的是一种"绝对"的境界，正如佛家所言："色即是空，空即是色"，它是一种"色""空"不二的境界。意拳只有修炼到"松即是紧、紧即是松"的这种"绝对"的境界时，才真正符合了宗师王芗斋先生的拳学思想，故从这个角度来讲，"松"的定义应为："松即是紧"。而"紧"的定义则为："紧即是松"。这是意拳的第五种境界。

从对拳学认识的角度来讲，意拳与别派拳种是有区别的，即意拳研究的是"松即是紧、紧即是松""虚即是实、实即是虚""刚即是柔、柔即是刚"的"绝对"学问。而别派武功大多研究的是"松中有紧、紧中有松""虚中有实、实中有虚"及"刚柔相济"的"相对"的学问。

综上所述，仅从意拳的"松紧"之学，虽只是管中窥豹，亦已看出祖师王芗斋先生所创立的意拳，无论从思维方式，还是从拳学境界等方面，都已是一种独立的拳学体系，祖师王芗斋先生在《拳道中枢》的"自志"中指出："余虽不敢谓本拳为无上之学，若以现代及过去而论，信他所无，而我独有"。王芗斋先生所创立的意拳博大精深，在中华武学中独树一帜，具有划时代的意义。

11.拳学真意"持环得枢"

"持环得枢"理论，是意拳功法中的重要组成部分。祖师王芗斋先生在《拳学总纲》中提出："形松意紧，发挥潜能，持环得枢，机变无形"。

"持环得枢"，就是指通过把握外部的"环"，而得到内部的根本——"枢"，但也可反过来解释为，通过"枢"来控制及使用"环"。"持环得枢"中所指的"环"，可比喻为事物的外部、外形、外缘。而"枢"则可以比喻为事物的内部、内涵、中轴及根本。"枢"和"环"的关系，若用人体来对照，那么首先，人体的意识应为"枢"，意识之外所能及处都是"环"。 其次，人体的骨髓可为"枢"，骨髓以外皆为"环"，包括骨髓之外的所有筋骨皮肉。"枢"和"环"的关系若局部来谈的话，那么，人体的根节可为"枢"，而梢节应均为"环"。人体以脚为根节，身为中节，手为梢节。则脚就是"枢"，而身、手皆可为"环"。出拳发力时，上身手为梢节，肩、肘为中节，脊骨为根节。上身就应以脊骨为"枢"，以肩、肘、手为"环"。抬腿踢发力时，脚为梢节，膝、跨为中节，腰腹为根节，那么发力时，腰腹应为"枢"，而脚、膝、胯则皆为"环"。人体周身，处处均存在着"枢"和"环"关系。单以手而论，若用手指去点击对方，直接硬戳则会把手指戳折。但若掌握了"持环得枢"的原理，就不会发生意外。首先，手指发力意念要放长，让其力从指端穿出，其意状若从水管中往外滋水。此时，每一指的关节都应是扣合的，内意圆实，以指骨骨髓为"枢"，以骨外筋肉为"环"，由内到外，螺旋争拧，如同子弹穿物，或若电钻钻木，是一个内意旋转的击发力。这样自可达到意拳所常谈的那种"爪欲透骨"的功效。在发力时，若欲使"环"动荡起来，则应先使"枢"动荡起来。"枢"动的形式，大体有两种：一是"枢"做直线来复的撞击运动，即来复的摆动，这是"枢"的最基础运动方式，但该运动容易出尖儿；二是"枢"做圆弧转动的螺旋运动，既是离心之动也是争拧运动。总之，"枢"和"环"的关系，简单讲，就如同是在一根竹竿中放一个铁环，若竹竿不动荡起来，铁环就会从竹竿上掉下来一般，只有"枢"抖起来了，"环"才能在"枢"上留得住。"环"的力量是由"枢"的力量来决定的。

（1）"枢"的摆动。"枢"做前后或左右或上下的单向往返的来复运动，形成前后力或左右力、上下力，从而带动起"环"在"枢"上随之而动，产生打击力，形成最基础的发力形式。但是，有一点要说明的是，真正的意拳发力，是没有直发力的，每一个力的发放都应是浑圆的，如同炸弹爆炸一样。因身体是多角度、多支点的，所以，"环"随"枢"而动的抖荡也是全方位的。具体讲，应是以脚为力源，以头与脚相争的上下之力为"枢"，带动起周身所有的"环"抖荡。"持环得枢"，使周身处处都是"环"中之"环"，即大"环"中套小"环"，小"环"上还有"环"。发力时如大树之抖动，一枝动百枝摇。此种"枢"和"环"的动荡形式，可用来解释意拳的惯性力及弹簧力，总之它代表的是鼓荡发力的打击形式。

（2）"枢"的螺旋运动。"枢"做螺旋状的转动，形成旋转力，带动起"环"围绕着"枢"做旋转运动，产生螺旋力，这种运动形式，可用来解释意拳的螺旋发力。简单来讲：

①将发力形成的前后力转换为左右力，再由左右力变为前后力，如此周而复始所产生的螺旋，为横螺旋力；

②将前后力变为上下力，或将左右力转换为上下力，如此而形成的周而复始的螺旋为竖螺旋力；

③将前后、左右、上下力之转换，综合起来所形成的多面螺旋，我们可以称之为基础的浑圆螺旋力，浑圆螺旋力是全方位的，是发力的高级形式。

浑圆螺旋力主要是以内意为"枢"做螺旋鼓荡，其"枢"是不定向的，是游移于形体之内的。当外力击中自己身体的一瞬间，这种游移的潜意识本能地反应到遭受打击的点或面上，与来力发生作用，或弹发、或化解，一切皆自然而然地在瞬间中完成。

具体讲，螺旋力的出拳打击形式，也同基础发力一样，是要以脚为力源，以头与脚相争的上下之力为"枢"，只是区别在于，螺旋力要以脚为力源来做争拧运动，而不是单纯的位移运动。一般人在运用螺旋力时，习惯上只是转腰，更有不会用力者则只会转胯或转手，而不是转腿和转脚。也就是，习惯上是腰先起动，或是胯先起动，然后力才从腰、胯传导到手和脚。腿、脚因此也就只能起一个支撑的作用，腰是主动的，而脚是被动的。这样的发力，自然会只是局部力的使用，而没能充分调动起整体之力。

从"持环得枢"的角度来看，意拳的螺旋发力，应该是先转脚，由脚的旋转把力传导到小腿、大腿、胯、腰、脊骨，最后到臂和手。其身体主干脊骨的旋转，要同手的旋转之意略有时差，这也正是"持环得枢"中，"枢"先动而"环"后动的道理。虽然如此，手的击打力与脚的转动之争力却应相合。

初练时，可以不动手臂，只体会脚和小腿的争力旋转变化，两脚平行站立，与肩同宽，手放松下垂。把脚转会了，再抬起手来，把手的力量加进去。转脚的时候，如欲使身体往右拧转时，可进行先拧转左脚，接着再拧转右脚的训练。左脚是主动的，而右脚是配合左脚而动的。也就是说，左右脚的拧转，在时间上是有先后传导次序的。然后再进行身体往右拧转时，先拧转右脚再拧转左脚的训练，这时右脚是主动的，而左脚则是配合右脚而动的。同是身体往右转身，但由于左右两脚各自先动的次序不同，所以，争力的感受也不会相同，并且，在实际应用时，左脚、右脚由于转动的先后次序不同，作用在对方身上的打击效果也是不一样的。它们各有各的用途，根据对方的力点变化，有时就需要先转右脚，而有时则非先转左脚不可。身体往左拧转时，脚的争力转动方法与向右转身时相同。这种左右内脚的依次传导转动训练，可强化脚的争拧意识，改变脚未动而身先动的坏毛病。当两脚平行站立时的争拧转动训练掌握后，可改为站成身体重心是前三后七的"丁八步"技击间架状态下的争拧转动训练。在这种状态下，所研究的是前脚发力，还是后脚发力的问题。因而，在做螺旋试力及发力时，可以进行先转后脚再转前脚的训练，也可反过来进行先转前脚再转后脚的训练。总之，前后两脚的争拧转动之力应略有时差，要分清谁是主动的谁是被动的。先转前脚的发力，大多是回挂之力，虽会发力突然，使对方不易防范，但却不够浑厚，容易形成局部力。先转后脚的发力，优点是，力量整，但若用于回挂勾拿，则略显迟缓。前后内脚，若用后脚蹬地发力，则前脚是准星，后脚是力源；若用前脚蹬地发力，则前脚是力源，后脚是准星。当前后内脚的传导争力训练掌握后，再在此争拧转换的基础上，可进行内脚同时争拧旋转的试力及发力训练。这样，人体脚的争力就会得到全面的训练。当内部争力掌握后，就可与外部争力相连，也就是说，身体的外部要有意念假借，如要有与水或空气的阻力感、摩擦感或粘着感的意念假借训练，也可以周围景物为参照物，如山石、房屋、树木，然后感应与此景物的勾挂、牵扯、争拧意念的变化。或设立一特定环境，意如身处于狼虫虎豹之中，假设自己能与之共争生存。其中水的阻力、抱球按球、栽树、拔树的意念活动，都属于在特定环境下的意念假借。特定环境可使我们自身与外界，在矛盾感应中形成整体，从而达到摸拳劲和长功力的目的。在松静自然中达到体内外争力的矛盾统一，这是意拳区别于其他拳种的特有练功法。在两脚做争力旋转的时候，意念可两脚各踩一条船，在此特定环境下，感受两条船的争拧变化之力。同时，头要有上领之意，应假想在脚做争力旋转的同时，头也应把天给拧转，螺旋力在发放时，应有"天旋地转"的感受。另外，也可意念为在两脚及两腿中夹一根粗大的圆木，拧转发力时，把这根圆木扫来扫去。意念全在脚上，而不要在腰上，也就是要转脚而不要转腰，腰的运动形式应随着脚的争拧运动做整体的圆弧摆荡，正如前人所说"腰似车轮腿似钻"。而不应仅使腰部在原地儿发生拧转。另外，还可意念为，臀下如吸、坐一球，一方面用两脚的争裹力，旋动整个身体，另一方面往下坐臀，把这个球旋转着挤进地里。然后再训练，旋转着把这个球吸拔出来。在向下坐臀和向上吸球的同时，身体要有上领下踩的争力意念，这一对矛盾争力，使身体如同是满弓弓弦的两头，上承于天，下接于地。"持环得枢"，就是要以此上下之力为"枢"，带动起周身所有的"环"抖荡。在这里要说明的是，螺旋力发放时，脚的旋转状态，不是脚的外部形状的真正旋转，而是脚与地、脚与脚、脚与全身的争裹旋转，在外观上，基本上是外不露形的内在力量的旋转，祖师王芗斋先生说"有形则力散，无形乃神聚"。

螺旋发力，可通过螺旋试力的训练来得到，因为，试力是发力的基础，是发力的慢动形式，人体的运动是越快越不易谐调，所以开始时，就要从慢动训练入手，通过试力来摸拳劲，最后再在此基础上，加速其运动速度形成发力。

螺旋试力在初步训练上，主要分为：前后竖螺旋试力、左右横螺旋试力、上下立螺旋试力和多面浑圆螺旋试力几大类。

（1）前后竖螺旋试力。可意念为摇辘轳，即过去农村井台上，用于绞起汲水器的辘轳，但一定要注意，不要只用手摇，而要用脚去摇，也就是用脚的前、后、上、下的螺旋、争拧、踩提运动来带动手的运动，脚是主动的，而手是从动的。

（2）左右横螺旋试力。可意念为磨磨，或由左向右做螺旋转动，或由右向左做螺旋转动。磨即过去农村磨面粉用的磨盘，但同样要注意，不要只用手来转磨盘，而应用脚来做横螺旋争拧运动，通过脚的运动来带动手的运动。还可意念为摇煤球，或往左摇转，或往右摇转，均要通过脚与头之争力所形成的上下之"枢"为主轴，以脚为根基把两臂及手这个"环"摇转起来。磨磨时，在间架上可两手平胸，远不过尺，近不欺身，手心朝下；摇煤球时，可手心朝上。

（3）上下立螺旋试力。可意念为翻缸倒水，也可意如转车轮，但均应用脚来带动手做螺旋争拧运动。

以上训练内容，脚的站法可两脚平行站立，也可"丁八步"技击桩法站立。最后，把这三种单一的圆弧力综合起来，在身体内部发生矛盾争裹，并与外界发生联系，通过人体多角度、各支点、力点的争力拧裹变化来实现的全方位的多面螺旋争力的发力，为浑圆螺旋力。虽然前面谈到螺旋力在练习时，是脚先动而手后动，"枢"先动而"环"后动。但是，在真正的实战应用中，并不应拘泥于只脚先动而手后动的这种方法，螺旋发力也可是手先动的。但不论是哪先动，都必须服从于一个宗旨，即在打击到对方身体的最后一瞬间，手的打力要与脚的打力相合，形成一种整体的打击力。否则手劲先到了，而脚劲还没传导到，或脚劲到了而手劲还没到，都不能形成均整力，发挥人体的最大能量。

另外，在发力时还有一个重要的环节，那就是要有腹部气力的配合，形意拳称之为"丹田抖决"。腹部位于人体中枢之中，又是气聚之场所，人体中部若力量疲软，则会使力的传导遭到阻截，使均整力受到破坏，使发力夭折。"丹田抖决"可使拳术的内在力量达于人体之手足及身体各部的神经末梢，使骨节生棱，筋肉激荡，发力浑厚，冷弹脆快硬。在发力的瞬间，腹部要由松圆而变为实圆，通过加强腹压，使内气贯通，形成一种膨胀力，发力时内气是膨胀的而形体则是密实的。

总起来谈，"持环得枢"有两方面的含义。

（1）用于自身修炼，是运用"枢"来带动"环"。是"枢"先动而"环"后动的练功法。应悉心体认"枢"和"环"的关系，是否谐调、均整、统一。以意为"枢"，要"枢"一动而周身所有的"环"都无有不动；

（2）用于搏击，则要通过对敌方外"环"的把握，从而达到最终控制敌"枢"的目的。也就是说，要通过控制对方的梢节而打其根节。这也就是意拳在搏击中惯用的打间架之法。

在搏击中，身体的运动状态，也是"持环而得枢"的。首先，应使自身的身体为"枢"，使身体的运动轨迹为"环"。并通过对敌方运动轨迹的"环"的把握，从而达到控制和攻击敌方身体"枢"的目的。搏击时，出拳前的身体状态，应周身无处不是"持环得枢"的螺旋鼓荡之意。但这些都应只是外不露形的内动之动。如电锯、电扇飞转，观之若不动状，而触之则伤。"持环得枢"的"速动"结果，可使自己体内率先高度谐调运动起来，使精神高度的兴奋和集中。这样，虽遇外力击来，却能发于敌后，而击敌于先。这同单纯的以静制动和单纯的身体放松是不一样的。如果只是单纯的放松，在大敌当前的情况下，人的反应，是很难跟上对方的出拳速度的。祖师王芗斋先生，每每与对手击时，虽然外形看似不动，然身体内部则早已高速运动起来。意拳有周身无点不弹簧之说，太极拳也有周身无处不太极之境，而从"持环得枢"的角度来看，则要周身无处不是"环"。也就是说，人的身体应由无数个"环"来组成，并且这些"环"每个都应能动，每一个"环"既如弹簧，又如陷坑圈套，既能柔化，又能迸发。

意拳周身之"环"的鼓荡来源于意识的鼓荡，而意识之"枢"，又可分为有意识之"枢"和无意识之"枢"，以本能的无意识之"枢"为最高运动形式。正如祖师王芗斋先生所说："拳无拳，意无意，无意之意是真意"。当然，无意识之"枢"，是从有意识中修炼而来的，形随意转，意自形生，意形、形意相互为用，并以此为基础，长期修行，最终自可达到具有无意之"枢"的本能发力之境。另外，从广义上讲，意拳作为一个拳种，本身也是"环"，我们要通过对意拳的研究和掌握，最终达到探寻武学真义之"枢"的目的。

12.意拳养生桩与禅定法

站桩是武学中的内功修炼法，历代拳家把它视为至宝。自意拳祖师王芗斋先生公开授拳后，此道方广为传播。在意拳站桩功中，流传最广的是养生（健身）桩功法。此桩法老少皆宜，有病者治病，无病者健身；体弱者可强身壮体，体强者可防身自卫。用祖师王芗斋先生的话说："不用脑不费力，并不消磨好时日，行站坐卧都可练习，这里边蕴藏着精金美玉和无限的神思，钻研起来生天趣，有谁能体会到这自娱能支配虚空宇宙力"。

祖师王芗斋先生曾与少林寺衡林和尚切磋拳理数月有余，这对老先生后来创立意拳，形成自己独特的拳学体系，具有非常重要的意义。

意拳以佛、道、儒学为本，在其功法理论中，佛学的禅宗思想具有很重要的地位。祖师王芗斋先生认为："拳学一道，不是一拳一脚谓之拳，也不是打三携两谓之拳，更不是一套一套谓之拳，乃是拳拳服膺谓之拳"。

所谓"拳拳服膺"，是指拳学之道，本是服于心的学问，要由心胸来操持，祖师王芗斋先生概括为"得心应手，体认操存"。另外，祖师王芗斋先生在《拳道中枢》中还指出："若从迹象比，老庄与佛释，班马古文风，右军钟张字，大李王维画，玄妙颇相似""其机其趣完成在于无形神似之间""拳本无法，有法也空，一法不立，无法不容"。从祖师王芗斋先生的拳学理论中，我们可以看到，意拳与禅学的空无思想有着千丝万缕的联系。因为中国的传统文化是一个完整的体系，在最高境界上都是殊途同归的。"武到极时是文，文到极时是武"。我们在研究意拳的同时，学习借鉴传统的佛学思想及禅宗的修行功法，触类旁通，能提高我们的拳学水平。

从功法上研究，佛家的根本禅在禅定中要求："把心集中于所定之境，观察集中的心境，而均等运用它。制心一处，无事不办"。王芗斋先生在意拳功法中也提出："吐纳灵源，体会功能""收视听内，锻炼神经"。

禅定功法大体可分为四个阶段。第一阶段为初禅，其后则是二禅、三禅及四禅。在到达初禅的阶段中，在功法上大体还有四五个阶段，或叫四五个层次的内容需要锻炼。第一层次可叫"粗住"，第二层次可叫"细住"，第三层次叫"欲界定"，第四层次叫"未到地定"，第五层次叫"色定"。首先，在第一层次《内炼密诀》中指出："须要使身体端正、收心、调和气息。就是遇着音光以及其他的动心的机缘，心意也是毫不散乱，逐渐虚凝。这种情形，乃是将入定时最初的发相，是名粗住"。这一阶段，在意拳桩功中，是入静开始的初级阶段，也就是要放松入静，消除杂念。祖师王芗斋先生说："默对向天空，虚灵须定意，洪炉大冶身，陶熔物不计，灵机自内变，调息听静嘘"。初学的人，要身心放松下来，呼吸要均匀慢细深，不努气，不闭气，横膈膜不能发紧，总之，要松静自然。

当养生桩功练至一定时间，能放松入静后，便自然而然地进入到了第二层次。在禅定中叫"细住"，即心的澄静安稳。外不缘内，内不缘外，此心愈凝愈细，头部非常轻畅，身体自然端直，恰似有物扶持自己的身体一般。心是十分收敛，心集中于一境而不散乱，亦不昏沉，继之现出澄净的状态。若住于定，便不疲倦，身体也没有痛苦，极为轻松。这种情形，名为"好持法"。若是练法不当，则是"恶持法"，这时身体则极不自在，颈部坚凝，四肢感觉疼痛或是麻痹。在意拳桩功中，出现这种情况，则是因为身心用力所至。祖师王芗斋先生说："切记身心不可用力，否则稍有注血，便失松和，不松则气滞，而力板意停，而神断，全体皆非矣"。

　　初禅前的第二阶段，若从意拳站桩功法中来看，是不难实现的。为了达到这一阶段，意拳是通过许多意念诱导来实现的，如"注意顶心如线系""似坐高凳靠竹竿""百骸撑均衡，曲折有面积。仿佛起云端，呼吸静长细。舒适更悠扬，敛神听微雨。满身空灵意，不容粘毫羽""神绵觉如醉，悠然水中宿"（王芗斋语录）。在练功进入到第二阶段后，身体的感受是很强烈的。在气功中常管此叫"气感"。许多练养生桩的人，一般初练时，都是先从手部开始体会热胀麻的感受。练到一定的时间，这种手上的感受扩展到全身，就成了"好持法"。也就是说，当手臂上有了"气感"后，手臂就不会觉得疲劳了，无论手臂抬多高，抬多长时间，都会觉得似乎有物体在托着它，所以不觉得累（一般来讲，手的位置是，高不过眉，低不过脐，远不过尺，近不贴身）。当上半身有了"气感"后，就会觉得上身似被空气粘住，大有"似坐高凳靠竹竿"的真实感受。当全身有了"气感"后，就会有似乎是在水中站立的切实感受，觉得周身被大气包裹，舒适无比。在这种状态下，有时间的人，会一下子站好几个钟头而不觉累。但一定要注意，此时不要以"气感"为目的，对"气感"的要求是，既不要抑制它，也不要追求和助长它，否则将会执着于己身，走上了功法的对立面，终成为"恶持法"。因为人的"气感"是在身心放松的前提下产生的，放松的心境是无欲无求的，而一追求"气感"，无形中心神就会有所求，意念便会执着，一执着，身体的松静状态就会被破坏，而开始时，在无欲中得到的那些"气感"也会很快的随之而跑掉。所以，禅定功法及意拳养生桩法初练时，在意念上均应"勿忘勿助长"，再往后则需"不期然而然"，得自然无意之意。而功法中出现的各种状态，其实都是载渡之舟修行中的暂时景色，虽然美好，也不可留住于此。

当人进入到"好持法"状态后，虽然在功法上，人的悟性各有不同，然而，早则经过一二小时，迟则经过一二个月，便会心地豁然开朗，而有灵静的感觉。这时候，反观自身却似云影一般，不能看出自身的轮廓，心不困境而动，充满极爽快的心情，但是尚未能忘却身心，这种情形便是初禅前的第三层次，名为"欲界定"。这种境界，祖师王芗斋先生在意拳站桩歌要中指出："内空洞，外清虚""锻炼的愉快难比喻，飘飘荡荡随他去""遍体轻松如泥，慧眼默察细胞系，如疯如癫，如醉如迷"。

在第三层次的基础之上，再经过一二个月或一二年，便可达到第四层次，即"未到地定"。功法在第四个阶段，心境茫茫漫漫，没有边际，身心混混虚豁，忽失欲界之身。在第三层次"欲界定"中，还尚未忘记身首衣服床具等物，而到了第四层次，则把一切之物完全忘却，内不见身，外不见物，如自身独在天地之外一般，似有千百个太阳照着其心，非常空明灵净，而且安稳。这种情形，正是将入禅而未入禅的阶段，所以叫未到地。这种境界在意拳桩法中算是较高的境界了。祖师王芗斋先生在站桩歌要中指出："海阔天空涤万虑，哪管日月星球都转移"。坐时要"坐下无椅"，躺时要"身下无床"，周身要"有形似流水，无形如大气"。在第四层次"未到地定"基础上，再经过一日以至成年累月，若是其定不坏，便可进入到第五层次，也就是进入到"色定"的境界。一到"色定"阶段，便可进入"初禅"了。在第五层次，身体会有八触及十功德的感受。所谓八触，就是："动、痒、凉、暖、轻、重、涩、滑"。其"动""轻"的感受，如同在清风中站立，从意拳角度来讲"身体有如过堂风""又如风中旗，唯风力适应"。在这里要注意的是，"动"以小动、微动为正，躁动、大动为邪。"轻"以轻松舒心为正，以轻而晕眩为邪。其"痒""暖"的感受，如同冬天烧火取暖一般。从意拳角度来讲，则是如置身于温水浴中。在这里要注意的是，"痒"是以痒的舒适为正，以奇痒难忍为邪。"暖"以温和惬意为正，暖的燥热为邪。其"凉""滑"的感受，如同在水中站立。用意拳对应，则应如"渊中鱼"。在这里要注意的是，"凉"以舒适为正，以凛冽刺骨为邪。"滑"以圆润为正，以飘浮无力为邪。其"重""涩"如泥土中的感受。从意拳角度来讲，其重应如大树生根，坚不可摧。其"涩"如感知空气阻力，沉稳凝重，但若重的僵滞，涩的干硬则为邪相。八触之外，复有八触。为"掉、猗、冷、热、浮、沉、坚、软"。与前八触略似，但层次不同，合为十六触。总之，以上各触，由四大因缘而合，不一定非有先后次序。其四大因缘即是前文所谈的"地、水、火、风"。"地"者，沉重坚涩；"水"者，冷冻软滑；"火"者，暖热猗痒；"风"者，动掉轻浮。

伴随着八触，每一触都有十功德，即："空、明、定、智、善心、柔软、喜、乐、解脱、境界相应"，合为八十功德。若加其复有八触，则合为一百六十功德。其中"空"心地全空，逍遥而不感觉障碍即为正，若全无知觉为邪。"明"，似被日光照着，以白光为正，以光色变幻的彩光为邪，因白光是红、橙、黄、绿、青、蓝、紫七色光的总合，是光的最大能量。若执着于彩光的任何一种或几种光，都是片面，如雨后之彩虹，虽然绚丽，但却是转眼即逝的折射影像，永恒的依旧是白光，追幻觉只会导致精神失常。"定"，一心安稳，毫不散动为正，若心似顽石毫不活动为邪。"智"，离昏迷而得睿智之明为正，妄想为邪。其他正邪之法，可依此类推。

进入初禅以后，再往上的功法是二禅、三禅、四禅。到了第四禅，出入之息，几乎断绝。四禅之上，还有五个境界，即空无边处、识无边处、无所有处、非想非非想处、灭尽一切想与受处，即涅槃之境。

在意拳功法中，祖师王芗斋先生指出："形无形，意无意。无意之意是真意""有形有意都是假（幻），无形无意始为真""要在以虚无而度其有，亦以有处而揣其无，诚与老庄佛释无为而有为，万法皆空即为实像，一切学理多称谨似"。意拳的"无意之意"与禅定的"无念之念"在功法上很相似。

禅定功在初禅及初禅前的阶段，可达到祛病健身的目的。若欲开发人体其他功能，则还需功法进入到初禅以后。在意拳功法中，则需桩法上有了很深的造诣时方可。释迦牟尼曾说："一切众生具有如来智慧德相，但以妄想执着而不证得"。总之，作为一种文化，意拳与佛学有极深的渊源，在功法上也有许多相通之处。

第二节　意拳的拳术特征

1.祖师王芗斋先生的拳术特征

中国历史上有许多武学巨匠，如果把他们分成一流和超一流，意拳祖师王芗斋先生当在超一流的行列。其实，对武学巨匠的历史记载，往往演绎的成分很多。用现在意拳的眼光来看，许多巨匠也多是出尖儿的功夫，与祖师王芗斋先生远不是一个层面的文化，他们如同是冷兵器时代，是出尖儿的劲儿，皆需要通过延展手臂来打击对方，而祖师王芗斋先生则是爆炸力，相当于进入了热兵器时代。祖师王芗斋先生曾言："形不破体，力不出尖儿"，再如"浑圆爆炸""周身鼓荡""浑身毛发似金枪，根根无不放光芒"……这些理论都说明要力不出尖，要用爆炸力、整体力去打击对方，而不要伸拳去用砍砖头的劲儿打击对方。因为砍砖头的力量出尖儿，出尖儿的力量极易被对手借力打力，所以祖师王芗斋先生才会说力量一有方向即是错误，没有方向也包括没有单一方向，是浑圆力的一种体现。意拳的训练，是要在空气中游泳，要与大气相呼应，与地心争引力，与空气争位置，更要我动天地动，我走天地走，天地山河无不是我，而我亦无不是天地山河。

祖师王芗斋先生的拳学是要与自然相融，最终是要借自然之能量，提升自己，开发潜能，发挥良能，净化自身，从心灵到肉体与天地相融。祖师王芗斋先生曾经与江南第一妙手解铁夫相遇，解老提示王芗斋先生，你身上别的劲力都已具备，就差"悠扬"，后来祖师王芗斋先生在悠扬上独下功夫，终于成为一代空前的巨匠。就悠扬而言，当今世上能懂悠扬的人也是寥若晨星，本人作为王玉芳恩师的衣砵传人，非常荣幸地得到了传授。悠扬与矛盾争力有许多的共同点，矛盾争力多离不开自身，悠扬则离不开身外。矛盾争力可使身体产生"遒放"之力。"遒放"是祖师王芗斋先生对意拳劲力状态的一种描述。"遒放"一词曾见于《南史·王籍传》："籍又甚工草书，笔势遒放，盖孔琳之流亚也。"及宋代张世南的《游宦纪闻》卷十："其笔迹遒放"。"遒"有急迫的含义（遒，急也。《广雅·释诂》），也有迫近的含义，还有强劲、强健、有力的含义，更有聚的含义。本人的恩师王玉芳先生论"遒放"是从聚拢与驰放的角度来谈的，本人认为这更契合祖师王芗斋先生的矛盾观。故可以将"遒放"简单地理解为它近似于"收放"，但"收"字不准确，因为"遒"字比"收"字的内容更丰富也更形象，并且"遒放"是一不是二，即"遒"与"放"是同时的，如果将"遒放"理解成先"遒"后"放"，则是对"遒放"概念的倭化，故它不是先"遒"后"放"，也不是先"放"再"遒"，而是"遒放"致一，这是一种矛盾力，但在具体的基础训练过程中，可以先进行"形遒意放""气遒神放"及"骨遒筋放"等训练，既而再努力做到"遒放"统一。如果要找一个能与之相对应状态来解释，则它与祖师王芗斋先生所说的另一种状态，即"细胞之吞吐"相近。"遒放"可以认为是精神与劲力松紧的一种体现，它也是整体力与爆炸力产生的前提条件。

"遒放"可以体现在各种劲力的变化中，如体现在惯性力、螺旋力、弹簧力等劲力中，也包括体现在爆炸力的劲力中，但"遒放"之力不等于浑圆爆炸力，浑圆爆炸力中虽然有"遒放"的内容，但在练法和用法上它们还是有区别的。

总之，"遒放"与祖师王芗斋先生"六力八法"中的劲力，既有关联又有区别。祖师王芗斋先生很看重"遒放"之力，除了"遒放"以外的任何劲力都有成为片面的或是出尖儿的局部之力的可能。同理，"悠扬"也是如此，"悠扬"也体现在意拳的各种劲力变化中，"悠扬"除了自身的问题外还涉及身外的学问，只有当身外也被调动起来了，"悠扬"才能具体与真实，"悠扬"的前提是要把精神给拿出来，悠扬的状态，就是祖师王芗斋先生所说的"谷应山摇"，是内外一起的动。

总体上来讲，悠扬是矛盾的升华和具体化，矛盾与悠扬之上是圆融，在祖师王芗斋先生的理论中，祖师王芗斋先生提出要一次次的打破圆融，要圆融的圆融，中国的武学文化就是这样的辩证，这样的矛盾，这样的否定之否定。由此产生的力才是真正的浑圆力，但自身的身体浑圆了只是小道，还应有身外的圆融，其实离开了身外，自身也不可能有真实的浑圆，有也是自欺欺人的假象。所以矛盾只是基础，悠扬是基础之后的显像。但是现在天下的习武之人有多少人知道悠扬，若连悠扬都不知，又何谈其后的圆融，可悲了传统武术，我说传统武术可悲，是说因传播者们的保守，使武术就快成了一种传说。

意拳训练，只有在拳术中有"遒放"与"悠扬"了，技击时的整体力才能是真实的。"遒放"的练法，在形意拳的内传功法里是具有的，但"悠扬"的练法，在形意拳里应该是没有的，"悠扬"的练法祖师王芗斋先生得自于解铁夫老先生，自祖师王芗斋先生具有了"悠扬"之功后，世间的高手便无法再与之相提并论了，自此祖师王芗斋先生便笑傲江湖，"知我罪我，笑骂由人"。

2.意拳训练的完整状态

本人认为，意拳既是用意念练的、也是用心练的、也是用身体练的、也是用手或脚等肢体练的。另外还可以说意拳既不是用意念练的，也不是用心练的，也不是用身体练的、更不是是用手或脚等肢体练的。因为上述单独的任何一个方面都不是意拳训练的完整状态。

意拳的训练是有层次分阶段的，首先是要用意念建立起对身体及对身外世界的认识包括对身外阻力的认识，这一阶段是在用意念来练拳。当身体的意念真实了，身体也就有了语言，这一阶段是用意念及身体来练拳。当身体的感受强烈了以后，意念的作用有时就退居到了二线，甚至有时会不再使用意念，这一阶段实是无意之意阶段，也是进入了用心来练拳的阶段。随着体认的进一步深入，用心的阶段也要消失，要进入无心之心的阶段，到了无心之心的阶段时，身体的美妙感就会产生，这实是进入了人们所常说的气功的状态。本人认为，这种状态不能无尽无休的进行，要适时的打住，要像芗老所说的那样，要"返过头来学初步"，可以再次的进行意念与身体相结合的训练。在这个训练阶段，有时是暂时以练手为重点，因为手很敏感，可以作为身体训练的试验田，手搞明白了，再将手上得到的东西推广到全身。另外，也有时候是要先将脚的训练当重点，这样有助于建立脚与身体的关系，理解什么是力由足发，理解拳论中所说的"消息全凭后足蹬"。另外，也常常更要将身外的训练当重点，这样有助于理解什么是宇宙力波和神助之勇。所以，意拳的训练，先练什么后练什么及须同时练什么，是一个系统工程。

那些认为须要从用意念与用心的角度来进行训练的人，尤其是强调用心来训练的人，实是气功的训练思路，这种思路是练不出意拳所独有的拳术功夫的，具体来讲，既练不出浑圆力也不会有爆炸力，更不会有技击的能力，实是背离了祖师王芗斋先生立拳的宗旨，老先生认为意拳须"得心应手，体认操存"，这就是祖师王芗斋先生所倡导的"拳拳服膺是谓之拳"。

那些用身体或是强调手脚训练的人，也不是大道，因为任何一种单一的思维模式，都是局部与执着。要想学好意拳，必须要立体的来思考问题，而且还要不断地否定了再否定，还要"返过头来学初步"，这些皆是学好意拳的不二法门。

3.意拳"神动得自有象外，意存妙在无念中"（一）

祖师王芗斋先生在其所著的《拳道中枢》中曾谈道，"神动得自有象外，意存妙在无念中"。要理解祖师王芗斋先生的"神动得自有象外"，须先谈什么是"有象内"，本人认为，身体中所有的可识别之物，即"己身"，都可以看成是"有象内"，祖师王芗斋先生早就有"执着己身无物可求"之说，故"神动"必是不能得自于"己身"，但"己身"之外，倒是可以思考的。意拳训练，区别于天下武技的一个最大之处，就是它的"外力"文化，天下所有的武技追求的都是"内力"，祖师王芗斋先生却说："己身皆具备，反向身外求"。其出发点应该是源于"执着己身无物可求"的信条。具体到我们的意念活动训练，更多的须是身外的意念训练，如水中静立的意念，感受海浪的意念，身外阻力的意念，踩球的意念，抱树的意念，抱球的意念，头顶旗杆的意念，似坐高凳靠旗杆的意念，微风拂面的意念，淋浴的意念等。这些意念都不是执着于身内的东西，即都不是"有像内"的东西，故"神动得自有象外"就可以理解成，意拳所有的神意，或大部分的神意，都须不执着于身内，而且是一切"有象"的东西，都是不能执着的，意念如果"有象"了，也不成，意念也是"身内"的东西，而"神"则可以超于这个"意"，故祖师王芗斋先生没有说"意"动得自有象外，而是说了"神"动，祖师王芗斋先生用词是很精准的。

总之，"神动得自有象外"，可以对应祖师王芗斋先生的"执着己身无物可求，离开己身永无是处"的前半句，即"执着己身无物可求"，神意须得自于身外，即意念须从身外来求索，而不是要在自身的身体上较劲儿。

至于"意存妙在无念中"，则是要先思考什么是"有念"，其"有念"就是执着，即有"意"也不能执着，于"无念"中的"意"才是真"意"，这句也对应了祖师王芗斋先生的"形无形，意无意，无意之意是真意"的金句。

再看"执着己身无物可求"，"形无形，意无意，无意之意是真意"，"神动得自有像外，意存妙在无念中"。祖师王芗斋先生说的基本上就是一件事儿，只是角度不同，所针对的对象应该也是有所不相同，即祖师王芗斋先生对弟子赵某某说："执着己身无物可求"，对弟子钱某某说："形无形，意无意，无意之意是真意"，对弟子孙某某说："神动得自有象外，意存妙在无念中"。当然祖师王芗斋先生对大家这么说也没有问题，大家可以从各自的角度来理解祖师王芗斋先生这些金句的深意，并践行于自己的训练中。

4.意拳"神动得自有象外，意存妙在无念中"（二）

意拳训练，祖师王芗斋先生的武学理论始终是我们的座右铭，其中"神动得自有象外，意存妙在无念中"，该理论能够引导我们走入意拳之正轨。

"神动得自有象外"，可以暂时理解成练拳要把精神给拿出来，而不要过多的在身内纠缠，因为"执着己身永无是处"，意拳的神动和意动都是从身外而引发的，身外是因，身内是果，身外的因真实了，身内的果也就好练成了。

具体如假想身外的大气对自己进行挤压，自然就调动并培养起了身体自身的应力，这也是矛盾力，是身体与身外的矛盾，这样自己的动就都是被动的动，是由身外所诱发的，而被动的动是很少出尖儿的。第二层的含意是其"神"要在所有的物质之外，是虚空而不是实体，所以要把自身也练空了才能通神，故神之动不是有象之动，而是有象外之动，也是虚空之动，所以要在空间做文章，不要在有象内做文章。天下的功夫皆是从内往外练，而意拳恰恰有从外往里练的内容，是"神动得自有象外"之功，不是有象内之功。"意存妙在无念中"可以先简单的理解为，要在无意中存意，或叫意存于无意，即祖师王芗斋先生常谈的"无意之意是真意"，只是换了一个角度来说。有意得来的拳意多是执着和做作的，只有当拳意练成本能了，功夫才是真的上身了，这时也就不刻意了和不执着了，所以也就是真的"意存了"。从意存于无念或叫意存于无意这个角度来看，更像是在说"离开己身无物可求"。祖师王芗斋先生的理论是一个完整的理论，从"神动得自有象外，意存妙在无念中"，到"形无形，意无意，无意之意是真意""有形有意皆是幻，意到无心始见奇"和"离开己身无物可求，执着己身永无是处"，完整的来看，祖师王芗斋先生谈的都是一个问题，即神意不可执着，不可虚无，是无意之意，也是无心之心。

最后总结一下，"神动得自有象外，意存妙在无念中"，说的是，神动不可以执着于自身，即要运意于身外，且"无意之意是真意"。

5.谈意拳的"动似山飞，静如海溢"

祖师王芗斋先生在其所著的《拳道中枢》中曾谈到，"动似山飞，静如海溢"。祖师王芗斋先生的这一诗意的话语可以指导我们练功，本人认为，"动似山飞"，谈的是整劲儿，即"一动无有不动，一静无有不静"，前提是要有"四如"，另外也包含"惯性力""离心力"等"六力八法"的内容。"动似山飞"既是一种比喻，也是一种意念力，"山飞"的气势很大，已不是"飞沙走石"所能比，仅仅是泥石流、山体滑坡、雪崩，人类就承受不起，要真是"山飞"那还了得。故自己在移动时，要有山飞的气势，"山飞"的时候，不仅是山在飞，山上的树木、石块、山泉、瀑布、溪流也在飞，这些林林总总的东西，都统一在"山飞"的整体状态里，如同人体的头、手、足、身等各部位的整体意动，故人体的各部位要向"山飞"学习，此"山飞"的意念能让自己将身体中的各部位求整，同时也能让自己动之更速。许多人站桩时挺整，但一动起来就散了，"动似山飞"的意念能够解决我们身体动起来散乱的问题。

"静如海溢"谈的也是整体力，有的人没有见过海溢，但是应该见过煮粥的时候粥在火大的情况下溢出来了的现象，这是一种整体的膨胀。"海溢"比"海浪"的状态强大，"海浪"是局部的，而"海溢"则是整体的，"海溢"的状态能够改变地平线的高度，而"海浪"则没有那么大的气势。大海的能量是巨大的，可以托起万吨巨轮，意拳就是要练出这种能量来，要能够承载重力，任何拳脚打过来的力量都应该能够承接住，当年泽井健一故意与祖师王芗斋先生较劲儿，泽井健一丝毫也不能撼动祖师王芗斋先生，感觉是遇到了大木桶，但祖师王芗斋先生瘦瘦的身形怎么看都与大木桶无关，是祖师王芗斋先生内力澎湃，祖师王芗斋先生是真正做到他所说的"力如海溢"。"海溢"的意念对应于身体，可以诱发出身体的整体的遒放之劲力。煮粥的时候粥溢出来了，是粥的分子在膨胀，"海溢"的时候，也可以想象成是海水的水分子在膨胀，对应于人的身体，则可以想象成人的身体在膨胀，用祖师王芗斋先生"慧眼默察细胞系"的观点，则可以想象成是细胞在膨胀，这是一种身体的遒放训练。意拳的静功不是死静，而是静中之动之功，祖师王芗斋先生曾有"动中之静是真静，静中之动是真动"之说，祖师王芗斋先生"静如海溢"的金句，正是在说明身体的"静中之动"与人体的细胞"遒放"之功。

另外，也可以意念为，在站桩时或是在试力与发力训练时，自身的意念一膨胀，海水就溢出来了，这是主动意念的意念训练。还可以意念为，海水在漫溢时，对自身产生了挤压，继而诱发出身体与之相抗争的争力，这是一种被动意念的意念训练，该训练可加强自身的阻力感、争力感与应力感。

"动似山飞，静如海溢"整句话，也是一个不可分割的整体，"山"本身原本是静的，"海溢"本身原本是动的，但祖师王芗斋先生却进行了拳术的辩证思维，将静之"山"赋予了动的状态，即"动似山飞"，将动之"海溢"赋予了静的状态，即"静如海溢"，这也是"动中寓静，静中寓动"，在静中含有着巨大的能量。这看似矛盾的事情，却道出了武术的真谛，即"动静互根"，不仅如此，更是"动即是静，静即是动"，又如前所述："动中之静是真静，静中之动是真动"。换一个角度来看，就是"动时不失均整，静时内力充盈"。

"动似山飞，静如海溢"也是用力之法与蓄力之法，即用力时要整要速，要有山之整要有飞之速，蓄力时要饱满要充盈，意拳的蓄力是通过站桩来实现的，即站桩蓄力，站桩表面上看是静态的，但实际上却是动态的，但动成什么样才是正确的呢，祖师王芗斋先生给出来了标准，即"静如海溢"，故"静如海溢"既是一种比喻，也是一种练法。

6.谈意拳的"拳本无法，有法也空，一法不立，无法不容"

"拳本无法，有法也空，一法不立，无法不容"是祖师王芗斋先生的金句。本人认为，祖师王芗斋先生的"拳本无法，有法也空"，可以对应六祖慧能的："本来无一物，何处惹尘埃"。另外，"一法不立，无法不容"可以理解为"无法容万法"。这些都可以看成是"顿悟"的思路，但从"渐悟"的角度讲，不是"无法"而须是"有法"，即学拳是要有法可依的，其学拳的过程是"循法""守法""出法"及"出法"而"合法"的过程。其"出法"而"合法"，也就是不执着于法，也是"无法容万法"，也就是"一法不立，无法不容"。虽然从六祖慧能的角度来说是"本来无一物，何处惹尘埃"，但是在具体的修习过程中，真正能做到"本来无一物，何处惹尘埃"的人并不多，大多数人还是要有修习的方法的，正如佛家说的是要"不立文字"，但佛家的论著却浩如烟海，浩如烟海的论著与"不立文字"的观点并不矛盾，它们是一个事物的两个方面。但是只要是有法，这些法最终都是要被扬弃掉的，最终是要归于"无法"之境界。

意拳也一样，我们谈"无法之法"，或"无法容万法"，或"一法不立，无法不容"，谈的是高境界，到了高境界这些观点都是真实的，但在基础阶段，实际上意拳有很多的方法，但是这些法都是训练的基础阶段，或是中级阶段，到了高级阶段，尤其是到了技击阶段，这些"法"就真的须是"无法"了，因为意拳的技击一切都须是本能，都须是条件反射，都须是"自然力"才成。在真实的技击面前，一切之法，都是刻意和做作的。但是，其"自然力"及本能地产生，即技击时的"无法之法"，须来源于日常的"动力定型"训练，也可以称之为来源于日常的"养成教育"，这个"动力定型"及"养成教育"其实就是"法"。所以，意拳的训练，须是由"有意"到"无意"的过程，由"有法"到"无法"的过程，故谁能最终真正在技击中做到"无意"，做到"无法"，谁才真正算是把意拳给练出来了，否则必在实战中失败，或者必不能迎大敌。

这也是我在基础的训练阶段时所常说的，我们是从错误走向错误。从错误走向错误，指的就是这种"法"，因为只要是有这个"法"，或那个"法"，那这些林林总总的"法"，就必是教条的、执着的，必是不自然的，故只要有"法"，就可以定义为是错误，就再怎么练，也是从错误走向错误，除非到了"无法"的境界，"无法"的境界就是进入了自然的境界，自然的就是"无法"的，当然我们也可以认为这是"无法"之"法"，从拳术的角度来讲"无法"的确是"无法"之"法"。所以，只有做到了"拳本无法，有法也空，一法不立，无法不容"才能说我们的练拳，不再是由错误走向错误。

祖师王芗斋先生的"拳本无法，有法也空，一法不立，无法不容"谈的是两个方面的事情，一个是训练时的事情，一个是技击时的事情，即"练"与"用"的学问，训练时是从"有法"到"无法"的"无法"，技击时则是"自然力"与"本能力"的事情，正如祖师王芗斋先生所言"本拳之所重者，在精神，在意感，在自然力之修炼"。这些"精神""意感""自然力"之修炼，说是"无法"，但在基础阶段都须是"有法"的，否则无法入手，但说是"有法"，却又不能执着于"法"，否则必是歧途。

故祖师王芗斋先生的"拳本无法，有法也空，一法不立，无法不容"这句话，实是对意拳训练的后面阶段的人来说的，对于初学者，这句话的意义则在于提醒初学者不要迷信于"法"，更不要执着于"法"。

其实，祖师王芗斋先生的"拳本无法，有法也空，一法不立，无法不容"还有更深层的含义，祖师王芗斋先生的思路历来是吊诡的，让你这么练，你若真这么练就错了，让你这么练，你若不这么练就更错了。说是"拳本无法"，你若真"无法"就错了，但你若真不"无法"就更错了，祖师王芗斋先生的这种吊诡的思路，包含着对学拳者自身悟性的尖刻考验，他不希望学拳者照葫芦画瓢的来学他的东西，而是希望学生有创造力，希望学生"见过于师"，祖师王芗斋先生的意思是"见过于师，方堪传授"，但遗憾的是祖师王芗斋先生很少能见到"见过于师"的学生。

祖师王芗斋先生的这种吊诡的思路正是祖师王芗斋先生的最伟大之处，这种吊诡的思路也是中国文化的最精深之处，这也是外国人永远也学不好中国武术的原因，因为在"法"与"无法"中，在践行于"法"与不能践行于"法"中，在"无法"不成，"有法"更不成的矛盾中，他们根本就听不懂真正的中国话说的是什么意思，祖师王芗斋先生就曾自称自己为"矛盾老人"。所以，中国武术还真不怕外传，就是教他们，他们也学不会。

总之，祖师王芗斋先生的"拳本无法，有法也空，一法不立，无法不容"这段金句，从简单的字面意义来讲，可以看成是，对于初学者，意在不要执着于"法"，因为"拳本无法，有法也空"，对于高水平者，更要摒弃一切之"法"，因为"无法容万法"，即"一法不立，无法不容"。

7.意拳的单双重

"单双重"原是指须如何认识拳术训练中的片面、局部与执着，及如何理解与建立"形不破体""力不出尖儿"的学问。

意拳祖师王芗斋先生，在《拳道中枢》"论单双重与不着象"中指出："须保持全身均整，使之毫不偏倚，凡有些微不平衡，即为行着象，力亦破体也。盖神形意力皆不许有着象，一着象便是片面，既不卫生，且易为人所乘。"

祖师王芗斋先生所说的"行着象""力破体"，即是拳术中呆板之双重，与片面之"单重"。

意拳站桩间架有重心为"左五右五"的"平步"间架，与重心为"前三后七"的"丁八步"间架。在练传统武术人的眼中，从外形上看，"平步"的更像是"双重"间架，"丁八步"的更像是"单重"间架。意拳站桩训练中的平步桩，是求均衡之用，但若站不好，就会成为呆板之双重。用祖师王芗斋先生的话说："夫均衡，非呆板也。稍板则易犯双重之病"。故平步桩若站的呆板，就会站成绝对的双重之桩。意拳站桩训练中的丁八步桩，从外形上看，虽然是属于单重间架，是求均衡与劲力变化之用，但若站不好，依旧会犯双重之病，也会犯华而不实的片面之单重之病。

关于意拳的单双重，祖师王芗斋先生指出："盖双重非专指两足部位而言，头、手、足、肩、肘、膝、胯，以及大小关节，即一点细微之力，都有单双、松紧、虚实、轻重之别。今之拳家大都由片面之单重走向绝对之双重，更由绝对之双重而趋于僵死之途"。

就意拳的间架而论，无论是平步桩的间架还是丁八步桩的间架，许多人都没有深刻领悟祖师王芗斋先生的话语："不着象而成死板，一着象则散乱无章，总然身遇单重之妙，因无能领悟，此亦无异于双重也。非弄到不舒适、不自然、百骸失正而为止，是以不得不走入刻板方法之途径，永无随机而动，变化无方，更无发挥良能之日矣"。

在传统武术中，单重与双重的正常解释是，单重为褒义词，指身体处在一种均衡的状态，有松紧、动静、刚柔、方圆、阴阳、轻重、缓急、虚实，有具体舒放、屈折含蓄等均衡变化的状态。双重是贬义词，指身体的一种僵死、呆板、着象、片面之状态，即无松紧、无动静、无刚柔、无方圆、无阴阳、无轻重、无缓急、无虚实等无均衡亦无变化的状态。

但在祖师王芗斋先生的拳学理论里，若拳术训练的不正确，"单重"也会有问题，"单重"会成为片面之"单重"，即成为局部、片面与出尖儿的片面之"单重"，当然，"双重"就更是有问题，即僵死、执着、绝对之

"双重"。

总之，无论是"左五右五"的平步桩间架，还是"前三后七"的丁八步桩间架，无论是站桩之功还是试力及搭手之功，都存在着片面之单重与绝对之双重的问题，这些问题都是需要解决的。

用祖师王芗斋先生的话说："勿论平时练习，抑在技击之中，须保持全身均整，使之毫不偏倚，凡有些微不平衡，即为行着象，力亦破体也"。

故只有不着象，不僵死，不刻板，不执着，不刻意，不教条，舒适得力，百骸均整，屈折含蓄，发挥良能，没有散乱无章的现象，能随机而动，变化无方，自然而然，及训练中能做到不平衡中有平衡之劲力，平衡中有均整变化之劲力，"形不破体，力不出尖儿"，有松紧、动静、刚柔、方圆、阴阳、轻重、缓急、虚实等变化之劲力，才不会是片面之单重与绝对之双重。

8.谈意拳的"松紧紧松勿过正，虚实实虚得中平"

谈到祖师王芗斋先生的"松紧紧松勿过正，虚实实虚得中平"，首先要看"松紧紧松勿过正"的金句。由"松紧紧松勿过正"，本人想到了祖师王芗斋先生的另一个金句："不管打人中不中，先问己身正不正"。祖师王芗斋先生把"正"摆到了很高的位置，因为拳术过了"正"，就会"形破体""力出尖"，故"松紧紧松"也是如此，无论拳术的劲力如何的"松紧紧松"也不要过了"正"，即"松紧紧松"不能"形破体""力出尖"。

另外，"松紧"的最高境界是——"松即是紧，紧即是松"。到了"松即是紧，紧即是松"的境界，也就可以是"形不破体""力不出尖"了，它们在最高境界这一层面是一件事儿。故到了"松即是紧，紧即是松"的境界时，也就没有必要再谈"松紧紧松勿过正"的问题了。

关于"正"的解释还可以有很多种，如中正的"正"，奇正的"正"，方正的"正"，修正的"正"，正常的"正"，正气的"正"，正当的"正"，正义的"正"等。

就"中正"而言，也是有道理的，祖师王芗斋先生就"中"字，就有"守中用中，得其环中"之说。祖师王芗斋先生的"松紧紧松勿过正"，也可以看成是不要过了"中正"。

就"奇正"而言，也是有道理的，传统的拳论中有"奇正相依"之说，"奇正"的最高境界是——"奇"即是"正"，"正"即是"奇"。祖师王芗斋先生的"松紧紧松勿过正"，也可以看成是不要过了"奇正"。

就"正常"而言，也是有道理的，"松紧紧松勿过正"，也不要过了"正常"而走入了"非常"。祖师王芗斋先生曾言"守平庸，莫好奇，非常都是极平易"，及"舍平常而取非常，无异于走入歧途"。故祖师王芗斋先生的"松紧紧松勿过正"，也可以看成是不要过了"正常"的状态。

祖师王芗斋先生的"松紧紧松勿过正，虚实实虚得中平"的第二句，即"虚实实虚得中平"之金句。撇开"虚实实虚"，我们先来说说"中平"。

形意拳中有一种枪劲儿，叫"中平枪"，其有"去如箭"之势，拳谚"中平枪，枪中王，高低远近都不防，高不拦，低不拿，当中一点难遮架"。

"中平枪"是不高不低，不上不下，不左不右的位置，是看似平常但却是最难练和最难掌握的，若没有"虚实实虚"的劲力内容，是不能实现的。太极拳也有"中平"的拳架，"中平"的拳架也是不高不低，不上不下，不左不右，不歪不斜的拳势。

本人认为，祖师王芗斋先生所说的"中平"，是指在运动中身体处在不歪不斜，不上不下，不左不右，不高不低的适中的"中平"状态，是"形不破体"，"力不出尖"，重心始终在支撑面内移动，无过亦无不及的拳劲儿。

故只有在"虚实实虚"的状态中，才能实现不歪不斜，不上不下，不左不右，不高不低的，适中的无过亦无不及的八面支撑与"六面力"平衡的"形不破体"，"力不出尖"的"中平"状态。

谈到"虚实实虚"不妨要多说两句。从中国文化的"绝对观"来讲，虚即是实，实即是虚，如同"色即是空，空即是色"一样。所以若把虚与实给分开了，则是小道。故本人写了一个歌谣：

虚实不明是外行，练虚练实初入门。

虚中有实为初虚，虚中有实为初实。

实中有虚为初实，实中有虚为初虚。

虚实不分为大道，虚即实来实即虚。

所以，祖师王芗斋先生所说的"虚实实虚"，须是"虚即是实，实即是虚"的拳术劲力内容。即只有"虚即是实，实即是虚"时才能得到"形不破体"，"力不出尖"之"中平"。

祖师王芗斋先生的"虚实实虚得中平"的"中平"，也可以分开了单独来理解，其"中平"的"中"，可以是中正的"中"，中庸的"中"，中枢的"中"，中轴的"中"，中心的"中"，中脉的"中"，中道的"中"等。其"平"字，则可以理解为平衡的"平"，平直的"平"，平常的"平"，平顺的"平"，平静的"平"，平和的"平"，平等的"平"，齐平的"平"，等等。即上述的这些"中"与"平"是要通过"虚实实虚"才能得到。本人虽然分开了说了这么多的"中"与"平"，但本人其实还是更倾向于，不分开而论的不歪不斜，不高不低，劲力平衡的"形不破体"，"力不出尖"的"中平"为"中平"。

另外，在训练的初级阶段，相对于普通人群来说，其"松紧紧松勿过正，虚实实虚得中平"的理论，也可以辩证的重新思考，即"松紧紧松"也是可以"过正"的，拳术的劲力也是可以"出尖"与"破体"的，因为相对于普通的初学者，直接地来谈"松紧紧松勿过正，虚实实虚得中平"，大家是很难听懂的，也是无法上手训练的，针对这些人的训练，可以先不要求得这么高，先从"出尖"然后再逐渐的训练到"不出尖"，从"破体"再逐渐的训练到"形不破体"，也包括对"虚实实虚"的理解，可以先明确的训练什么是"虚"，什么是"实"，然后再逐渐的训练到"虚实互根"，再训练到"虚即是实，实即是虚"的"虚实实虚得中平"的境界。我管这类的训练，定义为"渐悟"人群的"渐悟"训练法。

总之，祖师王芗斋先生的"松紧紧松勿过正，虚实实虚得中平"的金句，是要说明，拳术不仅是要有"松紧紧松"，更要有"虚实实虚"。"松紧紧松勿过正，虚实实虚得中平"是拳术训练中的高要求，也是拳术的高境界。对于有"顿悟"资质的人来说，可以直接理解，也可以直接进行训练，但对于只是"渐悟"资质的人来说，则可以先不要去考虑这么多的事情，只需从最简单的基础训练入手即可。

9.谈意拳的"拳拳服膺"

祖师王芗斋先生在《拳道中枢》中所谈的"拳拳服膺谓之拳"的"拳拳服膺"，是意拳的核心思想。

一是"拳拳服膺"正常的解释，首先见于《论语》，子曰："回之为人也，择乎中庸，得一善，则拳拳服膺而弗失之矣。"翻译为：孔子说："颜回是这样一个人，他选择了中庸之道，得到了它的好处，就牢牢地把它放在心上，再也不让它失去。"

二是"拳拳服膺"，"拳拳"指牢握不舍的样子。服，著，放置。"膺"指胸口。将"拳拳服膺"移植到武术中，可以解释为"牢牢地放在心上"，也可引申为"无时无刻不放在心上"。

三是"拳拳服膺"，由其"无时无刻不放在心上"的引申之意，可以用来对应祖师王芗斋先生所说的："立行坐卧不离拳意"。

四是"拳拳服膺"，其"服膺"一词在民国时期曾被经常使用，如在《王芗斋谈拳学要义》（答记者问）中，（记者）问："武术先辈，先生所服膺者有几人？（王芗斋先生）答：查拳术先辈近百年来，舍董海川、车毅斋、郭云深诸师尊外，余皆旁枝末节而已。但我国地广人众，道中人余未结识者尚多，不敢妄加评论。"所以"服膺"一词在当时更含有心服、信奉、信仰、信念的含意。"拳拳"一词可以解释为是一种诚恳、深切、勤勉的状态，如"拳拳赤子之心"。

据传形意拳的前身是心意拳，心意拳也叫"心意把"，民间曾有："太极奸、八卦滑，最狠最毒心意把"之说，该拳过去曾被武林界誉为"万拳之王"，它是少林寺秘不外传的镇寺绝学，讲究禅拳合一。"心意把"的"把"字可以解释为"把式"也就是"招式"，即技击常用的手法。另一种解释是"把"可以理解为把握和把持，故"心意把"倒过来说就是"把"心意。即能把持住心意的即可为拳。意拳的"拳拳服膺"，很似"心意把"的另一种解释，即"把"心意，意拳从功法体系上看，与心意拳有极深的渊源，祖师王芗斋先生曾一度与弟子们说，咱们的这个拳也叫"少林心意六合八法拳"。"拳拳服膺"的"服膺"可以理解为服于心（膺可以理解成心胸，如义愤填膺），从"心意把"的角度来解释，可以认为"拳拳服膺"中的"服膺"就是由心胸来把持，或是由心意来练的拳（把式）。由此，可以解释为："拳拳服膺"，即以诚恳、深切、勤勉的状态听从于心意的指挥。

五是祖师王芗斋先生在《拳道中枢》中对"拳拳服膺"另有解释："即心领神会，体认操存也"。可理解为，对拳术而言，既心领神会又能通过身体认识与掌握并且在实践中能够真实地体现出来，也就是达到了心手合一的境界方可为拳。

　　六是祖师王芗斋先生在《拳道中枢》的开篇就点出了何为拳的问题：
"拳道之大，实为民族精神之需要，学术之国本，人生哲学之基础，社会
教育之命脉，其使命要在修正人心、抒发情感、改造人理、发挥良能，使
学者精明体健，利国利群，故不专重技击一端也。若能完成其使命则可谓
之拳。"

　　以祖师王芗斋先生的这篇文章对应"拳拳服膺是谓之拳"，也可以理
解为"民族精神之需要，学术之国本，人生哲学之基础，社会教育之命
脉，修正人心、抒发情感、改造人理、发挥良能，使学者精明体健，利国
利群"的信念就是"拳拳服膺"。

　　祖师王芗斋先生在《拳道中枢》中曾指出："近世操拳学者，多以筋
肉之暴露坚硬夸示人前，以为运动家之表现，殊不知此畸形发达之现象，
既碍卫生更无他用，最为生理家禁忌，毫无运动之价值也。

　　要知用力用意乃同出一气之源，互根为之，用意即是用力，意即力
也。然非筋肉凝紧注血之力谓之力，若非用意支配全体之筋肉松和，永不
得伸缩自如，遒放致用之活力也，即不能有自然之活力，其养生与应用吾
不知其由何可以得。

　　习拳入手之法，非只一端，而其结晶之妙，则全在于神形意力之运用
互为一致，此种运用都视之无形，听之无声。

　　就以有形而论，……即所谓与大气相应合。只有一片相机而动应
感而发和虚灵守默之含蓄精神。要在以虚无而度其有，亦以有处而揣其
无。……其机其趣，完全在于无形神似之间，度其意可以求之。……总之
都是从抽象中得来，所谓神意足，不求形骸似。……离开己身无物可求，
执着己身永无是处。

　　总之，一切力量都是精神之集结紧密内外含蓄一致而为用，若单独而
论，则成为有形破体机械之拳道，非精神意义之拳也。

若动则即能松紧紧松勿过正，实虚虚实得中平之枢中要诀，则又非久经大敌实作通家不易得也。……不加思索，不烦拟意，不期然而然，莫知至而至，本能触觉之活力也。

本拳在二十年前曾有一度称为"意拳"之名，举"意"字以概精神，盖即本拳重意感与精神之义也，原期唤醒同人使之顾名思义觉悟其非而正鹄是趋。……拳学一道，不仅锻炼肢体，尚有重要深意存焉。就传统而言，首重德性，其应遵守之信条如尊师、敬长、重亲、尚友、信义、仁爱等皆是也，此外更需要侠骨佛心之热诚、舍己从人之蓄志。"

祖师王芗斋先生上述的这些多角度的全方位的大段的论述，其实都是在说什么是"拳拳"，什么是"服膺"。即以肌肉示人的、用力的不是拳，练拳要神形意力的统一，主要要有神，还要有度，要含蓄致用，技击时要不期然而然，莫知至而至，有本能触觉之活力。祖师王芗斋先生的举"意"字以概精神，更是将拳中的精神与德性提到了首位。

综上所述，"拳拳服膺"可解释为：

一是"拳拳服膺"：牢牢地放在心上。（来源于《论语》）。

二是"拳拳服膺"：心领神会，得心应手，体认操存。（来源于《拳道中枢》）。

三是"拳拳服膺"：立行坐卧不离拳意。（来源于对《论语》的延展和芗老的理论）。

四是"拳拳服膺"：以诚恳、深切、勤勉的状态听从于心意的指挥。（来源于对字面的理解及"心意把"理论的移植）。

五是"拳拳服膺"：就是祖师王芗斋先生所说的："民族精神之需要，学术之国本，人生哲学之基础，社会教育之命脉，修正人心、抒发情感、改造人理、发挥良能，使学者精明体健，利国利群"的信念。（来源于《拳道中枢》）

10.意拳训练中的"未力"与"未"文化

本人认为，意拳练功，在许多的情况下是在练"预"功（或叫练"欲"功），即"将要"之功，是"未发生"之前的那个功，也是"将要"发生的那个功。虽然大家在意拳站桩中都在练"动"前之运动，即"未发生"之前的那个运动，但是却没有一个恰当的名称来说明这件事儿，故本人借用中医的概念，特给它起了个名字——"未力"。

中医有一个非常好的理论，即治"未病"理论，"未病"一词，源于黄帝内经中的《素问·四气调神论》，"未病"理论使医学干预的切入点前移，从"已病人群"向"未病人群"扩展。"未病"理论发展到今天，涵盖了三个方面的内容：一是"未病先防"，二是"即病防变"，三是"已病早治"。

中国的传统文化，其实是有"未"文化的特质的，若把"未"的概念，往"将要"或叫作"预"的方向来定位，就可以把"未"的概念扩展，如意拳的训练，从不执着的角度来看，可以有三个"未"，除了力要练"未力"外，还有推手要练"未推"，技击要练"未击"。

"未推"，可以看成是推手前的一切功法，包括站桩、试力之功法，"未推"之功，是为技击时"黏点"的技击技术而服务的。通过推手前的站桩、试力等"未推"技术的训练，可以逐渐的理解拳术劲力的使用意图，建立整体力，当通过"未推"训练，建立起了良好的"动力定型"后，再进行推手训练，就会事半功倍。之所以谈"未推"，是因为本人反对为推手而推手的训练，推手须是为技击而服务的，推手的技术也不全是要在推手中找，而是须在"未推"的站桩与试力中建立，若一味儿的在推手中找推手的技术，则推手会堕落为为推而推，终成为技击的门外汉。

"未击"，可以看成是技击前的一切功法的训练，包括站桩、试力、推手、空击、发力、步法等所有的综合训练的功法。"未击"训练首先要有敌情意识，要对技击的"断点"与"黏点"的技术了如指掌，更要有"精神"训练，既要有同死的决心，又要能"精神笼罩"。

中国绘画有"作画功夫在画外"，写诗也有"功夫在诗外"之说，其观点与三"未"（"未力""未推""未击"）有共通之处，三"未"的功夫都不是把功夫做在当下，而是要切入点前移。

祖师王芗斋先生所创立的意拳，其实就暗含着"未"的内容。

意拳的养生健身理论与中医的治"未病"理论很相似，如意拳"有病医病，无病健身"的观点，使许多疑难杂症的患者，通过练意拳的站桩功使身体得以康复，无病之人更是练的身强体健。故意拳的养生健身之功，就包含了治"未病"的内容，使医病健身的切入点前移。

回到前面练"未力"的话题，意拳在拳术劲力的锻炼方法上，也是切入点前移。意拳不是练"力"，也不是不练"力"，而是练"预"动之"未力"。"未力"即用力之前的那个力。

意拳的"预"动之"未力"，是指在站桩训练时，身体的四肢百骸之间架与筋骨、皮肉、毛发，皆处在劲力爆发之前的"预"动的状态中，很像是游泳运动员或百米跑运动员，在发令前，即"各就位，预备——"时的状态，这个状态就是我说的"未力"的状态，它是劲力爆发前的状态。这个状态在技击中，是出拳与出腿等发力整个过程中的瞬间状态，别的拳种对这一阶段的状态一带而过，而意拳则正好相反，是把这一阶段的状态当重点来研究，意拳的站桩与试力，重点练的就是这一阶段的东西，并且，还要把这一阶段，切分成无数个段落，要一个段落一个段落的来研究与锻炼，段落切分的越多，研究得越精细，训练得越具体，则越符合拳术的本旨，即"未力"训练得越丰富，越具体，越真实，越缜密，越完整的人水平越高。

另外，从拳术的角度来讲，意拳的"未力"训练也是一种"蓄力"训练，也是一种"触觉活力"训练，也叫"预应力"训练，也叫"应力"训练，也是一种"争力"训练，它是为将来的发力而服务的，"未力"的"蓄力""应力""争力"状态越好、越具体、越完整，越强大，将来发力的状态就会更好。诸如"身如灌铅，毛发如戟，体整如铸，筋肉如一"的"四如"境界，也是要在"未力"的状态下进行训练，若不是"未力"就会执着于"灌铅""戟""铸""一"的问题上，就不会理解祖师王芗斋先生的"如"字的意蕴，王芗斋先生用词很严谨，用的是"如"，而不是肯定句式的"是"，祖师王芗斋先生的所有东西都是"空灵"的，"空灵"的东西是"一羽不容加，蝇虫不能落"的，是"人不知我，我独知人"的，是"敌欲动，我先至"的，是"超速"的，也是可以瞬间"爆炸"的，而不是僵死的，若用武器来形容，"未力"训练出来的东西，应比水雷、地雷还要灵敏，祖师王芗斋先生的"身体有如过堂风""毛发悠扬""风中旗，浪中鱼"等论述，都是涉及了"触觉活力"方面的问题，也都是"未力"要做的功课。若不是"未力"下的训练，则"如灌铅、如戟、如铸、如一"必成为僵死的东西。

意拳的训练，有力是错误的，因为一旦使用了力量，劲力就极易出尖儿与执着，无力也是错误的，无力等于是没有练功，在那儿瞎耽误时间，只有当身体处在将要有力但又没有真正用力的状态中时，即"未力"的状态中时，才是既练了功又没有执着与出尖儿，拳论中管这种状态叫"意中力"，或叫"假借力"，也叫"形松意紧"之力，也叫"假借无穷意，得来无穷力"之力，也叫"静中之动是真动"之力，前辈们的这些论述，其实谈的都是"预"动之"未力"。

完整的来看，武术训练，是从"无力"到"未力"再到"有力"的过程。本人认为，真正应该下功夫训练的恰恰是这个"未力"。另外，意拳其实是不谈"有力"的，"有力"是笨力，是不懂技击的人身上的力，意拳谈的是"得力"，即意拳与人技击不是要"有力"而是要"得力"。故在意拳的理论体系里，只会涉及"未力"与"得力"的学问。

技击时，当打出一拳或踢出一脚后，就会出现旧力已尽但新力未生的状态，这个时候是最危险的，这个时候极易被对手所攻击，如同是身体的"青黄不接"，但这时如果身体是处在"未力"的状态中，就会没有问题，因为，"未力"的状态，不是无力，但也不是执着的有力，而是一种"蓄力"状态，是一种"预"动的待发状态，这时的周身是碰不得的，一碰就会"爆炸"，也叫"一触即发"。所以，"未力"不是发，也不是不发，而是"一触即发"。意拳的技击训练，就是要在"一触即发"的训练上用功夫，"一触即发"的训练离不开"未力"体系，只有当身体时时地处于"未力"的"预"动状态中时，且长期训练，形成本能后，才有可能会有将来"一触即发"的"爆炸力"。

这也就可以理解了为什么别的门派虽然也谈"一触即发"，包括意拳门内的许多人也谈"一触即发"，却很少见到真有"一触即发"的人出现，就是因为许多人都没有在"预"动之"未力"上用过功夫。

这种"预"动之"未力"，既有整体又有局部，从局部来讲，首先，我们要训练手的"未力"，如意拳的训练，须建立起大拇指与小指之间的牵扯之力，但真正使上力了就错了，没有牵扯力也是错的，解决的办法就是"未力"，即让大拇指与小指之间，处在将要使用力量之前的那个状态，也叫"预"的状态。除了大拇指与小指的牵扯训练，其余的手指也要有牵扯，俗语"十指如撕棉"及"手如牵丝"，其"撕棉"与"牵丝"都不是真的用力，也不是不用力，而是"未力"。另外，意拳在训练"抱球"与"抱树"的"形"与"意"的训练中时，同样，既不能用力，也不是不用力，而是"未力"。具体到手的"撑抱"，也不是要真的使劲儿的"抱"，也不是不"抱"，而是"未力"之"抱"。手指间的"夹球"意念也是如此，不能真使劲儿的"夹"，也不能不"夹"，而是"未力"之"夹"。举一反三，周身所有四肢百骸的训练，所有筋骨、皮肉、毛发的训练，所有整体与局部的训练，在训练的大部分时间内，都须是一种"未力"状态的训练。如怀中的"抱球"须是"未力"之"抱"，身体的"抱树"也须是"未力"之"抱"。另外，祖师王芗斋先生的"毛发如戟"，许多人会理解成向外的膨胀力，其实，"毛发如戟"依旧需要在内"抱"的状态进行训练，就如同我们见过的刺猬，刺猬只有在缩成一团的时候，周身的刺才能支棱起来，故用内"抱"状态练出来的"毛发如戟"是矛盾力，而用外"撑"练出来的"毛发如戟"则会因缺少矛盾而成为单向力，单向力是出尖儿的，也是执着的，也是力有方向的。所以，"毛发如戟"须在"未力"的状态下练成内"抱"的"毛发如戟"，而不是外"撑"的"毛发如戟"。

总之，从"未力"的角度来进行训练，我们就可以理解老先生们从前所说的："用力是错的，不用力也是错的"说的是一件什么事情，"不使力而力自在"说的是一件什么事情，甚至包括意拳祖师王芗斋先生所说的："离开己身无物可求，执着己身永无是处"说的是一件什么事情。本人认为，王芗斋先生的"离开己身无物可求，执着己身永无是处"这一理论，包含了很大一部分"未力"训练的具体内容，或者说，"未力"是这一理论的具体体现。

"未"的理论体系，尤其是"未力"理论是意拳所独有的理论，其意拳训练中的三"未"，即"未力""未推""未击"训练，可以成就意拳强大的实战能力与奇特的养生健身之功效，"未"的思维方式与训练方法，在武学文化中是既矛盾又辩证且吊诡的，这是武文化区别于其他文化的地方，也是意拳训练体系中的核心内容之一。

11.意拳的"四要"

在意拳的训练体系中，本人认为须有四大内容需要训练，可简称为"四要"，即"要有体内，要有体外，要有假想敌，要有精神笼罩"。

（1）"四要"之体内训练：意拳的体内训练，从站桩到试力到健舞运动到实战搏击训练，每一项的拳术训练都离不开"桩"的内容，尤其是试力的运动。本人认为，试力是由一个个的桩而组成的，也可谓是由桩的连接而形成的运动，换句话说，即试力是移动的桩。所以每个拳术动作的运动，都要思考自己身体的状态是不是合理，间架是不是规矩，手的位置，身体的位置是否合乎技击的要求，另外，周身的参与度是不是全面而均整。比如在运动时是只动了胳膊或者是只动了腰，还是能周身的整体意动，而且是一动无有不动，一静无有不静，且动中孕育着静，静中孕育着动，更进一步是动静互根。要在站桩、试力与健舞时对自身时时地体察，要在微动中去体察周身的参与度。意拳的站桩不是站在那里不动，但也不是妄动，而是要在桩中建立起行之有效的意境，随着意境的变化，周身的细胞要有微微的遒放，周身的筋骨要有微微的紧松，周身的皮毛要有微微的呼吸，气血还要有通畅。然后体察身体各个关节的点位，在不动之动中是不是合于整体。具体到身体的下肢，是不是能够"三夹两顶"，周身是否能够"无曲不夹，无节不顶"。人在不动的时候，往往不知道自己的意念是不是真实，周身是不是均整，是不是能整体意动。微微一动后，哪怕只是蠕动，自己就可以发现，身体的哪个地方没有听话，该夹的没有夹住，该顶的没有顶住，即本来该夹住的球，掉下来了，该顶住的东西也没有顶住，也掉下来了。故在微动中，它才能够让身体真实且完整起来，就如同一个军队，不打仗时看不出他战斗力的强弱，也看不出他的具体问题，一真打起仗来，就都清楚了，也有一句话叫是骡子是马拉出来遛遛，一遍就知道了。

站桩时将一个桩站均整了，并不是一件容易的事情，更难的是在运动中身体依旧要均整，试力，就是要由一个均整的桩，连接下一个均整的桩，再由这下一个均整的桩，去连接更下一个均整的桩。所以其运动是由无数个桩来组成的。举例如，当我们把自己的手从腰的位置，上抬到胸的位置时，我们共经历了多少个桩，这是值得思考的问题。水平低的人只有两个桩，即一个是腰位的桩，一个是胸位的桩，水平更低的人就没有桩，动作只是在摆姿势。但水平高的人就有可能有五个桩，二十个桩，五十个桩……桩越多水平越高。每一个位置的移动，都是一个桩、一个桩、一个桩……一直连接过来，密度越大，桩越多，会越细腻，越严谨，越具体，越真实，越完整，然后体察的也会越丰富。所以，试力时之所以慢，是因为我们要体察，也是因为它的点位多，而不是就两个点，即从A点运动到B点，而是有五个点，十个点，二十个点……如果就两个点，那运动起来必然会快，但这种拳也太糙了，一般情况下，人们所俗称的外家拳就是这种状态，外家拳恐怕连两点都没有，就只有打出去后准备打到目标的那一个点。如果是十个点位，二十个点位，那动作就慢了，因为人若想快，一快就会丢三落四。为了不丢三落四，为了全面，为了精准，为了整体运动，那就必须每个点位，每个点位的都要找问题，那人要有100个桩呢，从腰部一直到胸部的这段短短的距离，走了100个桩，想想看，那是一个什么水平，那得多细腻，每一个点位都有任务，每一个点位都有思想，每一个点位都在解决问题。

这是站桩、试力与健舞运动的第一步"体内训练"的训练内容，也就是对自身的体察，包括对自身完善的体察。但仅此还不够，因为这只是我自己跟我自己的事儿，自己舒服了得劲儿了，那跟外界又有什么关系呢。所以就还要有第二步"体外训练"的训练内容。

（2）"四要"之体外训练：祖师王芗斋先生曾指出："己身皆具备，反向身外求"。体外训练，从试力的角度讲，接着上一个"体内训练"的话题。就是要思考当我们将手从腰抬到胸就这么一段距离的时候，在意念上我们的身体跟外面有没有联系。比如说，身外的阻力有没有，有没有逆力，身体的摩擦度是多少，空气密度发生了多么大的变化，在往上抬手臂的时候，在微动、小动、大动及慢动、速动的时候，有没有往下的力，有没有往左右的力，有没有往前后的力，俗称为"六面力"，这些力是合拢的还是分散的，是整体意动的还是局部运动的。

第一步的"体内训练"训练的是自身的矛盾力，以"撑抱"来举例，比如身体的阳面往里抱阴面往外撑，或阴面往外撑阳面往里抱，或阴阳撑抱互为。第二步的"体外训练"训练则是自身与身外的矛盾力，是空间的矛盾力，是空间往里抱的同时自身的精神须往外舒展。也如同身处于水中，手在往上抬的时候，水不让你抬起来，水有逆向对手的阻力与吸力，是"动之不得不止，止之不得不动"，动静之间，身体与外界之间有着明显的劲力变化，身体无时无刻不在破坏着外界的平衡，也无时无刻不在被外界的平衡所制约，无时无刻不在被外界的平衡所规范。又如"风中旗"借风势，又如"浪中鱼"在水中的状态，既借着水势，又被水所辖制。鱼的本能告诉鱼是不能在水中无法无天的，要懂得水之道，人在空气中也不能无法无天，也要懂得自然之道，能借助身外之力的人，才是真正懂意拳的人。在训练的某些阶段，可以用意念指挥自己的运动要合于外界的阻力，可大可小，可快可慢，可松可紧，可强可弱，可虚可实。这是站桩、试力与健舞运动的第二步"体外训练"的训练内容，虽然此阶段的训练，自身与外界可以合为一体了，也可以力借自然了，但那跟别人又有什么关系呢。所以就还要有第三步"假想敌训练"的训练内容。

（3）"四要"之假想敌训练：祖师王芗斋先生曾指出："习时须假定

三尺以外七尺以内，四周有大刀阔斧之巨敌，与毒蛇猛兽蜿蜒齐来，其共争生存之情景，须当以大无畏的精神而应付之。以求虚中之实"。祖师王芗斋先生说的就是要有假想敌的训练。本人认为，除了"三尺以外七尺以内"的假想敌训练外，还可以有与真实敌人相对抗的假想敌意念训练，但这个假想敌须是基于实战的，也就是说，习拳者若没有打过实战，或没有与人搭过手，即没有实战经验，是无法进行这一层次训练的。

最简单的假想敌意念训练（延用上面抬手的具体运动来举例），如可以想象，当对方拽着我们的手臂时，或对方按着我们手臂时，或对方将力砸向我们的手臂时，我们一抬手，能不能拔对方的根，再如当对方的速度很快时，当对方的力量很大时，当对方的劲力变化丰富时，我们一抬手，是否依旧还能拔对方的根。我们与对方搭上劲儿以后，怎么才能拔对方的根，是一个非常值得思考的课题。是不是我们只需自身均整了，只需与外界合于一体了，就能拔对方的根。如果我们把对方想象成白丁，自然是可以拔对方的根，但如果我们把假想敌替换成祖师王芗斋先生，那又怎样才能在搭手时控制祖师王芗斋先生的平衡，拔他老人家的根呢。本人的观点，并不是对祖师的不敬，而是要找一个强大的假想敌来训练自己。本人的观点是，意念中的假想敌一定要强于自己才成，否则假想敌的设立就没有意义。当然，在训练的初级阶段，可以先将假想敌想象得不如自己，先要让假想敌来配合自己，但随着训练的深入，就须让假想敌越来越有水平，要让假想敌处处能将自己的劲力引进落空，处处能截击自己的劲力，处处在劲力上强大于自己，处处在速度上能走在自己的前面。当自己在假想敌面前一无是处时，我们才能深刻的理解祖师王芗斋先生的"五字秘诀"，即"恭、慎、意、切、和"。许多人打拳，越练越跋扈，越练越觉得自己天下无敌，就是因为没有去深刻理解祖师王芗斋先生的这"五字秘诀"，也是因为没有设立真正的假想敌。

回到前面的话题，比如，我们一抬手想要控制对方的平衡，但对方是个高手，他还想要控制我们的平衡呢，我们怎么办，那我们是不是要松腰，落跨，垂尾间，但对方也松腰，落跨，垂尾间，那我们是不是要进一步的松膝，松踝，松趾，是不是要调动身外的空间，要力借宇宙力波。对方若一直都能够堵截住我们的劲力，这就要思考，我们是不是在基本功训练方面存在着问题，本来能用0.1秒就调动出的力量，却用了0.5秒，给了对方以可乘之机，那我们是不是要重新审视我们的训练，重新确定我们的训练计划，等等。所以，假想敌可以帮助我们检查自身的毛病，不断给自己提出新目标，不断的解决新问题，使自己加速成长。

（4）"四要"之精神笼罩训练：我们在做站桩、试力和健舞运动时，要有对对方进行控制的意识，包括破坏对方的平衡。要想破坏对方的平衡，我们自己先要懂得平衡。破坏对方的平衡，可以从几个方面来考虑，比如说可以用身体的松紧变化来破坏对方的平衡，还可以通过间架的争拧翻卷等矛盾争力来破坏对方的平衡，还可以用间架的三角力与身体的杠杆力来破坏对方的平衡，比如我们通过空胸圆背，通过身体的阴面与阳面发生变化来让对方失重，等等。更高明的破坏对方平衡的方法是，通过精神笼罩的训练，通过精神意念改变空间状态来破坏对方的平衡。如改变空间的密度，调动空间中的松紧力波，也包括精神暗示与意念催眠，即用精神破坏对方的平衡。如此这般，我们用精神一做松紧，用意念一牵挂，对方就会难受，就会被我们所牵动，这是最省事儿也是最高明的办法。故意拳最高级的技术是用精神笼罩来控制对方，这个阶段算是"神"打的阶段。日本电视剧"姿三四郎"里也在追求这种境界，他们称之为"空气摔"，太极拳也有名称，叫"凌空劲儿"，但"空气摔"与"凌空劲儿"是不是仅仅只是一个段子，还有待考证。

这些精神暗示与意念催眠的内容都须经过实战检验才能确立，如果没有丰富的实战经验，没有深刻的体认，而是自己站在那儿空想出来的方法，那也只能算是一种一厢情愿的臆想，是自欺欺人的表现。上述的"四要"内容，既是意拳训练的基本功，也是实战技击之功，也是养生健身之功。

12.谈拳术训练中的"松紧"与"十八形"

本人认为，祖师王芗斋先生的意拳练的是浑圆力不是松紧力，虽然祖师王芗斋先生也谈到了"松紧"，也引用了"松紧"这个词，但是，祖师王芗斋先生所说的"松紧"，不是现在人们所说的"松紧"，同是一个词，但不是一个内容，祖师王芗斋先生所谈的"松紧"与现在人们所练的"松紧"不是一个东西，祖师王芗斋先生所说的"松紧"是劲力没有方向的，而现在人们的"松紧"是力有方向的，是出尖的。由此，现在若还用"松紧"这个词，则已经不再是祖师王芗斋先生的原意了，所以，为了不造成误解，我认为最好还是在使用"松紧"这个词时，特别的注明一下是拳术的"松紧"，而不是普通人所理解的"松紧"，或用祖师王芗斋先生所常说的另一个词来代替，即用"浑圆力"来代替"松紧"力。

祖师王芗斋先生是反对踢桩打袋的，踢桩打袋用的是普通人所理解的松紧力，因为不用这种松紧力，踢桩打袋是打不出力量与速度的，这种踢桩打袋的力，是西方人的用力方法，不是中国传统武术应有的用力方法，这种松紧力的弊端是，"松"的时候不具备拳术中应有的拳术力量，"紧"的时候又是劲力出尖儿的。遇到这种松紧力，我们既可以攻击他的"松"，也可以攻击他的"紧"，具体来说，当遇到对方处于"松"的状态的时候，我们可以直接的破门而入，直接的打其间架，并通过击垮其间架来实现对对方的打击，当遇到对方处于"紧"的状态时，我们可以借着其劲力的出尖儿，顺力逆行的，或直来横取的，或借力打力的来攻击对方。虽然西方拳击的技击高手，毕生都在努力的尽可能地缩短其松紧转换的时间，但只要是身体中有这种普通人所理解的"松紧"，即只要他的技击体系是"松紧"体系，只要他的训练中有踢桩打袋的内容，就不是什么高明的东西，就永远也解决不了劲力中的断续问题，就永远也实现不了"松就是紧，紧即是松"的境界，故我是反对踢桩打袋的，是反对劲力出尖儿的，是反对非拳术的"松紧"力的。我倡导的是祖师王芗斋先生所说的"浑圆力"，即周身没有懈怠也没有劲力方向的"浑圆"的拳术力量，这种"浑圆力"，非站桩而不可得。

另外，在拳术的基础训练阶段，本人自创了"十八形"训练体系，即"新传意拳十八形"，祖师王芗斋先生的拳，老辈儿的人，有人称之为马拳，就是在于祖师王芗斋先生的拳有马的践踏之势，即马"践"，祖师王芗斋先生也说自己的拳是"践"拳。故本人认为，象形取意结合一些动物的神意可以使意拳的训练更为具体与切实，也更能摆脱普通人所认为的那种"松紧"，能更早地进入祖师王芗斋先生"浑圆力"的殿堂。但要说明的是，本人自创的这"十八形"与形意拳的"十二形"没有一点儿的关系，只是在名称上"撞脸"了而已。"新传意拳十八形"，即："犀、鳌、鼍、燕、龙、虎、狮、猴、马、熊、蛇、鸡、鹤、鹰、骀、鹞、猿、麒"。

本人的犀、鳌、鼍、燕、龙、虎……"十八形"只是借用了形意拳中"十二形"的名称。但也可以说这是本人给传统"十二形"的重新定位，同时又在"十二形"的基础上补充了一个"犀形""狮形""鹤形"与"猿形""麒形"。山西传的某些形意拳为"龙、虎、熊、马，鼍，鸡，燕，鹞，蛇，鸟台，鹰，猴"，里面没有"鳌"形，有些河北传的形意拳里有"鳌"形，但是大家都没有"鹤"形，祖师王芗斋先生有"鹤舞"，故本人在加入了"鳌形"之外，又加入了"鹤形"。另外，祖师王芗斋先生有"动若灵犀"之说，故本人又加入了"犀形"，虽然祖师王芗斋先生对"狮"没有特别地描述，但"狮"同"虎"一样也是兽中之王，故本人又加入了"狮形"。再有，依据祖师王芗斋先生矛盾争力的原理，在近身肉搏时，实须有一种既能保护自己又能同时攻击对方的打法，为此本人整理出了一种逆势攻击法，并起名为"猿形"。祖师王芗斋先生的浑圆整体爆炸力体系的训练方法本人定义为"麒形"，"麒麟"是神兽，"麟"的位置很高，有"凤毛麟角"的成语，但由于"麟"为"母"，"麒"为"公"，从男士的角度讲本人更愿意用"麒形"。由此本人的拳术劲力就成了"十八形"，即："犀形、鳌形、鼍形、燕形、龙形、虎形、狮形、猴形、马形、熊形、蛇形、鸡形、鹤形、鹰形、骀形、鹬形、猿形、麒形"。再有，山西的某些形意拳家认为"骀"形是错误的，而应该是"鸟台"形，也有专家认为应该是"鲐"形，原因是字典里"骀"是劣马，而我却认为劣马就对了，只有劣马才能一溜歪斜的走路，我们要的就是这种歪斜步，也可以叫瘸子步，它是一种惰性力的体现，故本人用"骀"不用"鸟台"与"鲐"。

意拳的任何一个拳势，都可以有"十八形"，乃至更多形式的拳术劲力变化，如劈拳或劈掌可以有"十八形"，钻拳可以有"十八形"，炮拳（不直的直拳）可以有"十八形"等。其"十八形"的具体特征为：

（1）犀形——拳劲儿来源于后足蹬，属于"惯性力""滑车力"的劲力范畴，欲要瞬击对方，我们就可以用这种"犀形"来攻击对方。据本人考证，郭云深先生"半步崩拳打遍黄河两岸"的崩拳劲，其实就是本人的这种"犀形"劲，这种劲力现已基本失传；

（2）鳌形——拳劲来源于矛盾争力，属于"撑抱力""三角力""杠杠力"的劲力范畴。若想近距离攻击对方，或对方已经近距离的破门而入，则我们可以使用"鳌形"来攻击对方。"鳌形"劲是意拳的核心劲力，除了在意拳中的少数几个人中有传播外，其他的拳脉基本上没有这种劲力；

（3）鼍形——拳劲来源于横摆的"离心力"，属于"钟摆力""惰性力"的劲力范畴。若想攻防兼备，我们可以用"鼍形"来攻击对方。鼍为扬子鳄，象形取义，"鼍形"劲力可使人的身法飘忽不定，这是意拳所独有的拳术劲力，不会"鼍形"，身体就无法实现"身动如山飞"的状态，意拳的拳术风格也就无法体现。"鼍形"是意拳与其他拳术门派的分水岭；

（4）燕形——拳劲来源于"踩提"，属于"定中力"的劲力范畴及"龙虎二气"之"龙"气。对方若是控制平衡的高手，我们则可以用"燕形"无预兆的突然攻击对方。"燕形"是意拳具有"悠扬"气象的前提条件，在普天之下林林总总的拳术门派中，现在唯有意拳尚保存有"悠扬"气象，"悠扬"的学问源于江南妙手解铁夫（王芗斋先生曾在解铁夫处独得"悠扬"之技）；

（5）龙形——身体做"磨磨试力"（类似"旋法"试力）时出拳，身体旋打，属于"离心力""螺旋力"的劲力范畴。欲想调动对方，或不被对方所调动，我们可以用"龙形"来攻击对方。"龙形"是意拳所独有的拳术劲力，须以"降龙桩"为基础，可通过"神龟出水""旋劈"等的试力寻得；

（6）虎形——身体"三圆开胯"，训练的是"龙虎二气"中的"虎"气，也属于"蓄力""开合力"的劲力范畴。"虎形"气势磅礴，对方灵活多变时，我们可以用"虎形"的整劲来攻击对方。"虎形"劲力属于秘传心法，其他门派多不知此劲力，即使在意拳门中也寡有人知；

（7）狮形——身体脊柱作力，属于"弹力"的劲力范畴，适用于"放"人（把人给抛掷出去）。与对方近身缠斗时，我们可以用"狮形"来攻击对方。"狮形"劲力存在于老形意拳中，祖师王芗斋先生即善用此劲力，此力"放"人距离长远，被打的人舒服（祖师王芗斋先生经常说"我要打得你舒服"）；

（8）猴形——强调腰胯如轮，旋肘穿打，属于"斜面力"的劲力范畴。若想中心突破对方的间架，我们可以用"猴形"来攻击对方。"猴形"劲力存在于老八卦掌的拳劲中，但现在也不多见了，只在小范围内尚有传播，此劲力在意拳界流传的也不广泛；

（9）马形——拳劲以身体的"阴面"为主要力源，劲力有崩弹之势，属于"弹簧力"的劲力范畴。若与对方搭上手后，对方已经控制住了我们身体的"阳面"，我们则可以用"马形"来攻击对方；

（10）熊形——拳劲以身体的"阳面"为主要力源，有"老熊蹭背"之势，属于"离心力""螺旋力"的劲力范畴。若与对方搭上手后，对方已经控制住了我们身体的"阴面"，我们则可以用"熊形"来攻击对方；

（11）蛇形——强调手臂崩弹，属于"缠绵力""惊力"的劲力范畴。近身肉搏时，为了不让对方的间架控制我们，也为了打顾结合，我们可以用"蛇形"来攻击对方；

（12）鸡形——拳劲来源于腰脊弹打，属于"轮轴力"的劲力范畴。若对方倏然而至，猝不及防时，我们可以用"鸡形"来攻击对方；

（13）鹤形——强调长拳远打，属于"弹力""鞭力""悠扬力"的劲力范畴。对手离我们远，或我们不想让对方接近我们，我们可以使用"鹤形"远距离攻击对方；

（14）鹰形——拳劲来源于身体重心的砸打，属于"重速力"的劲力范畴。对方若劲力足，我们可以用"鹰形"来攻击对方；

（15）骀形——拳劲来源于失重时的瞬间发力，属于"惰性力"的劲力范畴。对方若身法快，我们可以用"骀形"来攻击对方。另外，"骀形"也有"缩阴""竖尾"之力，欲有"缩阴""竖尾"之力，得先要练"立身中正"与"尾闾垂沙"，这也是老形意拳的看家功夫；

（16）鹞形——出拳时，腿脚里合外崩，连打带摔，属于矛盾"开合力"的劲力范畴。若想摔打对方，我们可以用"鹞形"来攻击对方；

（17）猿形——出拳时，手臂与身体拧裹的动程相反，身往右拧时出右拳，身往左拧时出左拳，周身相合，逆势攻击，属于"斜面力""矛盾力"的劲力范畴。当对方已经与我们撕扯在一起时，我们可以用"猿形"来攻击对方；

（18）麒形——出拳时，手臂与身体合劲儿而发，形不破体，力不出尖儿，一发即止，一止即发，周身无处不惊炸，在任何角度下都可以攻击对方，属于"爆炸力"的劲力范畴。这是祖师王芗斋先生独有的发力形式。

本人将拳劲分出来了这"十八形"是有实际意义的，这就如同乒乓球的"弧圈球""削球""推挡"与"扣杀"等不同的攻防技术，这样我们的技术就是立体的了，而不至于反复的只会使用一个"削球"来疲于奔命。有了"龙""虎""狮"等多种劲力后，我们可以从多距离，多角度及多节奏的方式来攻击对方，而不会被单一的拳术劲力所局限，而且我们还可以反过来控制对方，始终不给对方所要的距离、角度与节奏，使对方的技术失效。

在这十八种拳劲中，最终的拳劲儿，也是核心的拳劲儿就是祖师王芗斋先生走遍大江南北，最终形成自己独特拳劲儿的"浑圆爆炸力"，爆炸力优于所有的拳劲儿，它既"浑圆整体"又"力不出尖儿"，但是祖师王芗斋先生也不排斥别的拳术劲力，所以才有了祖师王芗斋先生在《拳道中枢》中所介绍的十几种拳术劲力，祖师王芗斋先生所介绍的这些拳术劲力，可以作为爆炸力之前的"引动力"，但这些拳术劲力有些已经濒临失传。本人的"龙""虎""狮"等"十八形"拳术劲力，内含有祖师王芗斋先生上述的各种拳术劲力内容，是对王芗斋先生拳术劲力的挖掘与整理，但这些劲力只有练到"麒形"的阶段，才能成为"浑圆爆炸力"，正如祖师王芗斋先生在"六力八法"时所谈，其"惯性力""离心力"等劲力仅仅只是一个引动力，最终的当是"爆炸力"。另外，本人的"龙""虎""狮"……只是一个代称，不叫"龙""虎""狮"，而叫"拳劲一""拳劲二""拳劲三"也可以，或叫"青龙劲""白虎劲""朱雀劲""玄武劲"也可以，或叫"赤劲""黄劲""青劲""蓝劲""紫劲"等也可以，它们不过只是个名称而已。故本人在此再一次的强调一下，本人所研究的这"十八形"拳劲儿，与形意拳的"十二形"没有一丝一毫的关系，只不过是名称相同了而已。

意拳发展到今天，在本人看来已形成了不同的拳术风格，总体上来看可以分为"五大体系"，可先简称为"ABCDE"体系，其"A"体系重点是研究拳术中基础劲力的产生与应用的学问；"B"体系重点是研究拳术中争力与应力的建立与应用的学问；"C"体系重点是研究拳术中悠扬与卫生的学问；"D"体系重点是研究拳术中的精气神与身法的劲力的学问；"E"体系重点是研究拳术中的遒放与紧松的学问。也可以把"A、B、C、D、E"体系称之为"金、木、水、火、土"体系。

（1）"A"体系：属于祖师王芗斋先生早期的训练体系。即以惯性力、离心力、螺旋力等拳术劲力为主的训练体系。

（2）"B"体系：属于祖师王芗斋先生中期的训练体系。即以矛盾、空间与精神为主的训练体系，重点是研究拳术中争力与应力的建立与应用。

（3）"C"体系：属于祖师王芗斋先生晚期的训练体系。即以悠扬与养生为主的训练体系，同时包含祖师王芗斋先生的核心心法，即真正的浑圆整体力的训练体系。

（4）"D"体系：属于祖师王芗斋先生中晚期的训练体系。即以身力为主的训练体系，重点是研究拳术中的精、气、神、意、形，同时借鉴天下优秀拳法的训练体系。

（5）"E"体系：属于祖师王芗斋先生中晚期训练体系，即以紧松与遒放为主的训练体系。

祖师王芗斋先生如同是一个大象，大家都是在盲人摸象，本人在前人盲人摸象的基础上，系统研究了这"A、B、C、D、E"五大体系，并进行了重新整理，且纳入到了我的训练体系中，给它定义为"金、木、水、火、土"体系，这相当于集合了象头、象腿、象身子、象臀、象尾巴。"A、B、C、D、E"体系合起来是否就是大象实不敢说，但即使不是大象，起码也有着大象的遗传基因。

"A、B、C、D、E"这五大体系，也可以对应本人所整理的"十八形"劲力，即"犀、鳌、鼍、燕、龙、虎、狮、猴、马、熊、蛇、鸡、鹤、鹰、骀、鹞、猿、麒"的拳术劲力。

总之，意拳所涉及的学问很多，本人的研究只是冰山一角。本人所谈的"松紧"，不是普通人生活中所理解的"松紧"，而是一种只针对拳术的拳术劲力的"松紧"，本人的"龙、虎、狮、熊、鼍"等"十八形"，也只是拳术劲力中的一部分劲力显像。这"十八形"拳术劲力既是对拳术劲力的探索也是对灵性的探索，比如龙有龙性，龙的龙性在拳术中是高低起伏旋摆的状态；虎有虎性，虎的虎性在拳术中是威猛气势与扑击的瞬击状态；鼍有鼍性（鼍即扬子鳄），鼍的状态在拳术中是横摆与翻滚的身法与特殊的劲力运动的状态，重点在于它横向的摆动力；鳌有鳌性，鳌性在拳术中的状态是周身完整；熊有熊性，熊性在拳术中的状态是劲力笃实；猴有猴性，猴性在拳术中的状态是机敏与灵动；马有马性，马性在拳术中的状态是践踏与万马奔腾的气势；蛇有蛇性，蛇性在拳术中的状态是缠绕与牵挂等。这些灵性的训练与"浑圆力"的训练并不矛盾，只要不踢桩打袋，只要劲力没有单一方向，只要劲力不是懈怠，只要没有注血之力，就符合祖师王芗斋先生的劲力原则，大家练的就依旧还是祖师王芗斋先生的拳，否则，名字虽然是叫"意拳"，或叫"大成拳""意拳大成拳""大成拳意拳""意拳（大成拳）""大成拳（意拳）""芗拳""成拳"……但都不是祖师王芗斋先生的东西了，如前所述的那种力有方向，那种局部力，那种劲力出尖儿，都是祖师王芗斋先生早就反对的东西，那些拳实是反王芗斋先生的拳，那些反祖师王芗斋先生的拳，即使发展的再红火，我也不认为是一种进步。

13.意拳的调整与调配观

意拳的训练始终离不开"调整与调配"的学问，这种"调整与调配"即包含了站桩时的"调整与调配"，也包含了试力和发力时的"调整与调配"。

祖师王芗斋先生在《论单双重与不着象》中指出："须保持全身之均整，使之毫不偏倚，凡有些微不平衡，即为形着象力亦破体也，盖神、形、力、意皆不许有着象，一着象便是片面"。祖师王芗斋先生的这段话就暗含着对均整与平衡要进行"调整与调配"训练的学问，然而这种"调整与调配"是不许着形着象的，所谓"着形着象"本人认为主要是指人们在习拳时所不在意的一些毛病：如：打拳时的出尖、破体、失重之形，刻意、呆板、僵滞之形；意识混乱的盲动之形，意识外露的做作之形；装腔作势的较劲儿、拿劲儿之形等错误形态。这些毛病如不注意改正，将直接影响拳术的精深，甚至还会走入歧途。用祖师王芗斋先生的话说："既不卫生且易为人所乘，学者宜谨记之"。祖师王芗斋先生所谈的均整是意拳的根本，而均整又与平衡有着直接的关系，意拳的平衡之状态，又是不经过"调整与调配"训练而很难达到的，故也可以说"调整与调配"是产生平衡形成均整的前提条件。

　　意拳的"调整与调配"之学，既可以统而论之又可以分而论之，若分开而论，"调整"之学大体上可以包含以下几个方面，首先是对间架位置、骨骼支撑、松紧进行调整，其次是对劲力传导、呼吸、血脉、精神假借、心神、体内矛盾与体外矛盾、人与天地自然万物之间关系、训练程序进行调整等。在对间架进行调整的过程中，其间架不是一成不变的，是要根据人体重心的变化、松紧的变化、精神假借的变化、体内外矛盾争力的变化而进行调整变化。就像在书法中要调整每一个字的间架一样，如王羲之在《兰亭序》中所书的27个"之"字，每一个"之"字的间架结构都不尽相同。站桩的道理亦然，即便是同一个间架，也会因意念发展变化了，或即使意念没变但也因时间变了、境况变了、外界的空气阻力变了、重心变了……总之，随着站桩的持续、时间的流逝，自身和外界的境遇无时无刻不在发生变化，这时人在站桩中若还不相应的对自身进行调整，则变成了"站死桩"或叫"死站桩"，故站桩的每一刻都应处在调整变化中，每一刻中训练的内容都应与前一阶段和后一阶段的内容不同，本人的恩师王玉芳先生常引用祖师王芗斋先生的话说："风中旗，浪中鱼是借鉴之良师"，其"风中旗，浪中鱼"就包含着风在变，旗亦在变，及浪在变鱼亦在变，且浪不变鱼依旧亦在变等这一层的道理。当然，"风中旗，浪中鱼"还有另外的含义，如在训练中"风中旗"谈的是被动发力，"浪中鱼"谈的是被动发力和被动中的主动发力的学问。另外，"风中旗，浪中鱼"还包含着"假借无穷意，得来无穷力"及"假宇宙之力波，有神助之勇"等精神假借方面的学问。意拳的"调整"训练，若具体到每一个问题而论，则每一刻的训练内容都应是在对身体上一次错误的否定，每一刻都是在通过调整建立平衡寻求均整，当然，这种调整并不都是有意之"武火"（道家修炼时，心想呼吸，呼吸伴着心为"武火"。在意拳里即"有意"）训练法，很多情况下是在无意之意的"文火"（道家修炼时，心忘呼吸，呼吸忘心为

"文火"。在意拳里即"无意之意")中进行。这也正是艺无止境的意拳训练法,同时这也是意拳与武术套路之间的最大区别,武术套路学完一套即可出徒,而意拳仅一个桩,若从"调整"或从"调配"的角度去思考,要想达到完美的化境则非得穷毕生精力去求索不可。

意拳的"调整"之学有两种训练方式:

"有意识"("有意识"是属于"人找功夫"的功法)。"有意识"又可分为两种训练方式:一是"主动意识";二是"被动意识";

"无意识"。"无意识"又可分为三种训练方式:一是入门前无知的无意识;二是"等功夫上身"的无意识,或叫"功夫找人"的无意识;三是"无意之意"的无意识。意拳当以"无意之意"为最好,祖师王芗斋先生常说:"形无形,意无意,无意之意是真意"。但"无意之意",本人认为对常人而言("顿悟"类的天才除外)也是通过一次次的有意识和无意识的反复训练而得来的。

借用道家内炼秘诀中的"风火"之学,我们可以把有意识的调整视为"武火"、把无意识的调整视为"文火",至于意拳的修炼何时用"武火"、何时用"文火",则要因人的悟性、体质等身体状况而定,总之,应以交替进行为好。但此法应在老师的指导下进行,如果掌握不当则会出偏,道家谓之为"走火",佛家谓之为"入魔",引用祖师王芗斋先生的话:"习异拳如饮鸩毒,其害不可胜言也"。

意拳的"调整"之学与"调配"之学的区别在于,他们是不同层面的训练法,即调整为第一步,调配为第二步。也就是说要先对身体进行调整,调整好了以后才可对已调整好了的身体进行调配。当然,调整好与调整不好的标准也是相对的,绝对调整好的标准是没有的,但在调整后起码要做到身体的间架、角度,支撑有度、松紧得劲、假借真实、体内外及周身牵挂均整、可整体随意念而动、体舒神明。用祖师王芗斋先生的话说:

"内空虚外脱化""遍体轻灵"，并且有"整体悠扬，毛发如戟""一动无有不动，一静无有不静"之感。

意拳站桩功的间架大体上可分为平步桩间架和丁八步桩间架，外门派的人常把平步桩间架看成是技击时的双重间架，把丁八步桩间架看成是技击时的单重间架，并认为单重为正确双重为错误，其实这是一个误区，无有"调整与调配"的实际内涵而只有其单重外形的拳术依旧是错误的拳术，祖师王芗斋先生称之为破体之形："就以今之各家拳谱论，亦都据本失当，况其作者尽是露形犯规而大破其体者"。祖师王芗斋先生又说："头手肩肘膝胯以及大小关节，即一点细微之力都有单双松紧虚实轻重之分别，今之拳家大都由片面之单重走向绝对之双重，更由绝对之双重而趋于僵死之途"。祖师王芗斋先生所说的："头手肩肘膝胯以及大小关节，即一点细微之力都有单双松紧虚实轻重之分别"，若从"调整"的角度来讲，则是指在练功时要对周身的四肢百骸进行松紧虚实轻重的"调整"训练。祖师王芗斋先生所说的"片面之单重"，若从"调整与调配"的角度讲，则是指图有单重的外形，而无单重的"调整与调配"实际内涵之形。"片面之单重"实际上就等同于"绝对之双重"，而"绝对之双重"就如同没有"调整与调配"变化的平步桩间架。故无论站成平步桩间架还是丁八步桩间架，如果没有"调整与调配"变化，在技击时则都是呆板、僵死的，用祖师王芗斋先生的话说："夫均衡非呆板也，稍板则易犯双重之病"。

祖师王芗斋先生又说："不着象而成死板，一着象散乱无章，纵然身遇单重之妙，因无能领略，此亦无异于双重也，非弄到不自然，不舒服、百骸失正为止，是不得不走入刻板方法之途径，永无随机而动，变化无方，更无发挥良能之日矣"。祖师王芗斋先生所说的"不着象而成死板"可以理解成平步桩的应敌间架虽不着象，但却被无悟性之人错练成没有了"调整与调配"实际内涵的"死板"之形，"一着象散乱无章"可以理解成

　　在拳术训练中，其"阴阳"的学问可从人体的许多方面来进行思考，如从劲力"撑抱""踩提""旋摇"等角度来说明人体的"阴阳"关系；从细胞吞吐的角度来说明人体的"阴阳"关系；从呼吸的角度来说明人体的"阴阳"关系；从精神鼓荡、劲力遒放的角度来说明人体的"阴阳"关系；从"假宇宙力波"的自身与身外宇宙的矛盾关系方面来说明人体的"阴阳"关系等。

　　由于呼吸方面及细胞吞吐等方面的"阴阳"关系言之较为繁琐，故本文暂且撇开上述内容，仅从身体间架中劲力"撑"与"抱"的角度出发，揭示意拳"阴"与"阳"对立统一关系的训练体系。

　　意拳的"阴阳"之法，须利用人体的"阴阳"面来做文章。我们可将身体的外侧定为"阳"面，内侧定为"阴"面，即身体被阳光照着的部位为"阳"，背光的部位为"阴"（人呈大字形趴在地上时）。在站桩时，应从人体"阴"与"阳"的角度来进行训练，即通过建立人体内侧与外侧的"阴"与"阳"的对立关系来建立人体的矛盾力量。观察树木的状态，可以得到启发，当大雪压松枝的时候，弯曲的松枝上部产生了拉力，下部则同时由此而产生了撑力，即松枝的"阴阳"力发生了变化。因此可以看出，当一个物体"阳"面因受力发生变化时，"阴"面也在因"阳"面受力的变化而发生变化，由于其变化的方向不同，从而形成了矛盾的"阴"与"阳"的两个方面，本人的授业恩师王玉芳先生，更是形象地把此力比喻为"弯曲的书本"，即当书本被外力弯曲时其外面主动的包裹力（即抱力），同弯曲内部被动的反包裹力（即撑力）形成矛盾力，这正好是意拳"阴阳"对立统一变化的一种体现，从"弯曲的书本"中可以看到，意拳"阴"与"阳"的矛盾争力本是同时具有的，但这种同时具有的劲力，若要落实到具体的训练中，则还需要我们悉心探索当此状态产生时，这种力是由谁最先引发的，即谁为第一力源的问题，以及从"阴"与"阳"的对立统一关系中如何来进行训练的问题。

具体讲,意拳的争力训练,须通过区分人体的"阴阳"面来建立起人体的内侧与外侧的矛盾关系。这种"阴阳"面的矛盾关系,若拿事物来比喻,又如同是轮胎的外胎与内胎或皮球的外表皮与内胆的关系,也可换一个角度理解成弓弩的外弓背与内弓背,或如同上述中将书本弯曲后的外侧与内侧的矛盾关系一样。以意拳争力训练中的"撑抱力"为例,当将这种"阴阳"的矛盾关系落实到人体中时,则是人体的外侧即"阳"面向里"抱",人体的内侧即"阴"面则须同时产生向外"撑"的矛盾力量。常态的拳术运动在发力时都需要有一个蓄力的过程,蓄力使这些拳种的发力形式,不得不以先收缩形体再伸展形体的方式来增加拳术的攻击力量,但其伸缩运动的幅度越大,攻击目标的意图也就会越明显,其结果不仅暴露了自己的攻击意图,而且还会使身体的劲力出尖,这种暴露的意图及出尖的劲力极易被对方所乘。故蓄力的准备过程越长,拳术的水平越差。而意拳的"阴"与"阳"的这种对立统一训练体系,则可将蓄力收敛在"阴阳"的矛盾争力之中,即人体的"阴"面蓄而"阳"面发,或"阳"面蓄而"阴"面发,因此,这种发力省去了任何准备工作的时间,而且,这种爆发力是整体性的而不是一般拳种的那种局部力,因该发力在外形上无有预兆,故可形成瞬击效果,常使对手猝不及防,这是意拳所特有的发力形式。祖师王芗斋先生曾指出意拳的运动为"超速运动",故在这种体系下进行训练时,身体内部的"阴阳"空间愈大,身外的空间愈具体,意念愈真实,争力愈丰富、愈全面、愈均整,精神激荡的状态愈饱满、愈强烈,即当这种"阴阳"的矛盾争力达到极致时,则可以认为该拳术即具有了祖师王芗斋先生所说的"超速运动"之可能。

意拳"阴"与"阳"的对立统一,首先可以通过"撑抱"的训练内容而体现出来。意拳"撑抱"的训练内容,大致可分为三个部分,即:一是

565

"阴、阳"面的"抱",引发身内意念空间"撑"的这种矛盾争力训练体系下,身体及怀中所抱的意念空间会愈来愈真实,愈来愈饱满,通过反复训练,可逐渐使身体愈来愈多的地方听从意念的指令,使身体的调动愈来愈协调、愈来愈迅捷,这样,身体就会愈来愈灵动,也愈来愈均整。

当自身的间架与间架内所"抱"的空间,能产生强大的矛盾争力,并且,这种争力的内容能愈来愈丰富后,就要在训练中进一步提高训练的强度,即运用意念使身体逐渐地长大,大到头顶宇宙脚踩大地,用祖师王芗斋先生的话来说,要成为"凌云宝树"。在这种状态下,经过一段时间的训练,并配合与此相应的一定内容的试力训练,如开合试力、遒放试力等试力训练,久之,身体的发力会自然而然地愈来愈短促和冷爆,由此可进入意拳"爆炸力"的初级阶段。

(2)"抱阳"与"撑阴"的训练内容:基础的"抱阳"与"撑阴"的训练方法是,先将双手抬至胸前,然后将意念调整为,人体的外侧即"阳"面向里"抱",人体的内侧即"阴"面则同时向外"撑",此景如同上述所谈的"弯曲的书本"的状态,即"阳"面"抱"的愈真、则"阴"面会"撑"的愈强,此状态可使身体的"阳"面与"阴"面因相互的矛盾而建立起相争的整体。在身体的"阳"面在向里"抱"的同时,还需用意念令其间架之外的空间加大空间对身体的压力,使之与身体"阳"面的"抱"力产生合力,由此,便可进一步加大身体的整体力量。同时,在身体的"阴"面在向外"撑"的同时,还需用意念令其间架之内的意念空间,随之填充因身体"阴"面外"撑"而形成的空虚的内空间,由此,使身体的"阴""阳"面与身体之外的外空间和身体所怀抱的内空间形成整体。这种"抱阳"与"撑阴"的训练方法,因力源不同,故可细分为,被动发力与主动发力两种训练方式。

①被动发力训练方式:以身体的"阳"面为力源,用意念先让身体

的"阳"面向里"抱"，并由此调动起人体的"阴"面产生"撑"的争力，在这里"阳"面是主动的，而"阴"面是被动的，其"阳"面"抱"的意念要大于"阴"面"撑"的意念，此训练法可使身体建立起被动的弹性力量。这种训练方法，具有非常实用的功效，因为，在训练时原是自己先用意念从外面挤压自己，以调动起自身被动的弹性力量，实战时当对方攻击自己时，则正好是由对方帮自己完成了训练时的这一内容，如当对方的外力打在自己身体的"阳"面上时，正是外力帮我们完成了对间架内意念空间的挤压，此时身体的"阴"面及怀中意念空间会自然产生被动的弹性力量，将打在身体上的外力反弹出去，这种劲力的转换可谓是触"阳"而"阴"发，这种"阴、阳"转换达到妙境时，即可达到芗老于无意之意中将攻击者弹飞的境界。

②主动发力训练方式：以身体的"阴"面为力源，用意念先让身体的"阴"面向外"撑"，同时，怀中的意念空间也向外撑，产生由中心向四面发散的离心力，并由此带动起"阳"面产生向内争裹的"抱"的争力，同时，身外的意念空间也向内合抱，产生由四面八方向中心的向心力，最终使身体由内向外的离心力与由外向内的向心力产生矛盾争力，在这里"阴"面是主动的，而"阳"面是被动的。此以"阴"面为力源的训练方法，训练的是主动发力。

"抱阳"与"撑阴"的训练内容，即以"阴"面为力源和以"阳"面为力源的训练方法，可交替练习，但为了防止劲力出尖，在初学时应多以"抱阳"的被动发力训练方式为主。

（3）"撑阳"与"抱阴"的训练内容：基础的"撑阳"与"抱阴"的训练方法是，先将双手抬至胸前，然后将意念调整为，人体的外侧即"阳"面向外"撑"，人体的内侧即"阴"面则同时向里"抱"，此意念使"阳"面及"阴"面之内的身体空间加大，故在此状态下身体会逐渐的涨之法不宜执着，久练易产生出尖意识。

（3）"阳"面"撑三抱七"与"阴"面"撑七抱三"的训练内容："阳"面"撑三抱七"与"阴"面"撑七抱三"的训练方法是，先将双手抬至胸前，然后将意念调整为，人体的外侧"阳"面向外"撑"三分而向里"抱"七分，即"抱"的意念强于"撑"的意念，同时，人体的内侧"阴"面向外"撑"七分，向里"抱"三分，即"撑"的意念要强于"抱"的意念，以此体会"撑"与"抱"的争力感受。此状态可使身体的"阳"面与"阴"面因相互的矛盾而建立起相争的整体。在身体的"阳"面在向里"撑三抱七"及"阴"面向外"撑七抱三"的同时，还需用意念令身体间架之外的空间加大对身体的压力，即身体"阳"面的"撑三"之意与身外的空间外力产生矛盾争力。同时，身体"阴"面向内的"抱三"之意也与身体间架中的空间产生矛盾争力。由此，使身体的"阴、阳"面与身体之外的外空间和身体所怀抱的内空间产生矛盾并形成整体。此训练方法可产生强烈的顿锉之力，使身体"筋生力""骨生棱"。

（4）"阳"面"撑七抱三"与"阴"面"撑三抱七"的训练内容：人体"阳"面"撑七抱三"与"阴"面"撑三抱七"的训练内容更强调精神意念的训练，祖师王芗斋先生曾有："浑身毛发似金枪，根根无不放光芒"的歌谣。在站桩时，须让自身的"阳"面在意念上不断地扩展（间架从外形上依旧保留原先的大小），要用意念逐渐占据身外的宇宙空间，在自身精神不断涨大的同时，还要有"抱"的意念，在意念的分布上为"撑七抱三"。同时，身体的"阴"面也要不断的向内扩展，以挤压怀中的意念之球或意念之树，使身内愈来愈密实与紧凑，但也还要有"撑"的意念，在意念的分布上为"抱七撑三"。

"阳"面"撑七抱三"与"阴"面"撑三抱七"的训练方式，是主动发力的训练体系，同时也包含了一部分"精神笼罩"的训练内容，此法可为后期训练意拳的"精神笼罩"打基础。

（5）"阴阳"面"撑抱"互为的训练内容：在站桩时，身体的间架要有"撑抱力"，为了使间架"撑""抱"圆满，在意拳的训练中，便有了"逢曲必夹，逢节必顶"之说，其"曲"与"节"即关节处内部与外部的部位，也是本文所谈的"阴"与"阳"的重要位置，其"夹"与"顶"其实是"抱"与"撑"的另一种思维方式，即是因意念向内"夹"而诱发出了内空间的向外"撑"的状态，又因意念向外"顶"而诱发出了外空间向里"抱"的状态，故"逢曲必夹，逢节必顶"可使意拳的训练重点由身内争力提高到了身外争力的层次。在这一训练层次中，也可以称之为人的身体状态是"逢曲则抱，逢节则撑"，而身体外的意念空间（包括身体间架内怀抱的空间）则是与之相矛盾的，即"逢曲则撑，逢节则抱"，由此，通过身内外的矛盾而形成"撑抱"互为的状态。

具体讲，此"撑抱"互为的训练内容与"撑三抱七"的训练内容在思维方式上是不同的。在"撑抱"互为的训练体系中，人体"阳"面的意念及劲力是向外扩张和向内收敛的同一体，从而形成了人体的"阳"面在与宇宙空间产生矛盾争力的同时也与身内的间架空间产生矛盾争力。另外，人体"阴"面的意念及劲力是向里挤压和向外扩张的同一体，从而形成了人体的"阴"面与怀中所抱的意念之球或与怀中所抱的意念之树及与宇宙空间的矛盾争力。人体在宇宙张力向内挤压，及人体在怀中的意念之球或怀中的意念之树向外挤压，及身体向身外扩张的多重争力下，可使自身变得更加均整。在此情境下，可有"主动"与"被动"两种具体的训练方法。

①主动劲力的训练法：其主动劲力的训练法为，身体的"阳"面主动向身外的空间与身内产生张力，"阴"面也主动向怀内空间及身体内部产生张力，此错综复杂的争力内容，可以建立起身体对空间的矛盾争力，从

而形成具有主动进攻性质的整体的矛盾争力。

②被动劲力的训练法：其被动劲力的训练法为，用意念调动起身外的宇宙空间，同时向身体的"阴""阳"面产生压力，由此，激发起身体的"阳"面与"阴"面同时对抗身外的压力，使身体的矛盾力量与身外的宇宙空间产生争力，从而形成具有被动防守反击性质的整体的矛盾争力。

以上两种训练方法的区别是，以身体为力源的争力训练，产生的是主动发力，以身外为力源的争力训练，产生的是被动发力，二者各有用途，不可偏颇一方。

这种"阴"与"阳"的"主动"与"被动"的对立统一关系，可使自身在训练中不断的成长、壮大，在精神上可大到充满整个宇宙，并最终形成"假借宇宙之力"的状态，诚如祖师王芗斋先生所言："假宇宙之力波，有神助之勇"。祖师王芗斋先生的"宇宙力波"与"神助之勇"，是有实际内涵的，其"撑抱"互为的"阴"与"阳"的对立统一训练法，是能使学者感受到其中妙境的一种途径。

三是"撑抱"的空间训练内容

"撑抱"的空间训练内容，也就是"撑""抱"不执着于己身，"松""紧"重在身外的训练内容。祖师王芗斋先生曾指出："己身皆具备，反向身外求"。故意拳"阴"与"阳"的对立统一关系训练法，在前两项的训练内容中，多偏向在自身寻找并建立身体的争力内容，故属于先要"己身皆具备"的训练方式，而在"撑抱"的空间训练阶段中，则重点要体现"反向身外求"的训练内容。祖师王芗斋先生在《拳道中枢》中曾指出："离开己身无物可求，执着己身永无是处"，意拳"阴"与"阳"的对立统一关系训练法也是如此，在此阶段应将自身"阳"面与"阴"面的"撑"与"抱"的意念，由身内移到身外，要在空间中做占据与反占据的"松""紧"运动，故此训练阶段"阴"与"阳"的"撑"与"抱"争力感受是不执着于身内，但又不是与身内无关，"松""紧"虽在身外但又反作用于己身。只有经此训练，才有希望最终得祖师王芗斋先生所说的"自然本能"之力。

综上所述，本人所谈的"撑抱"训练的几项内容，仅是意拳站桩、试力等摸劲法中的一种方法，所列举的"撑抱"训练的诸般内容，不一定非要按顺序而练。在意拳"阴"与"阳"的训练体系中，除了"撑抱"的训练内容外，还有"踩提"训练、"摇摆"训练、"旋转"训练、"旋摇"训练、"螺旋争拧"训练、"刚柔"训练、"虚实"训练、"动静"训练、"松紧"训练、"蓄发"训练等多项训练内容。本人之所以从"撑抱"之法入手，仅是欲从辩证的角度，藉以论证意拳"阴"与"阳"的对立统一关系，防止初学者挂一漏万。

15. 意拳的"养成教育"

在教育界，我们总谈一个词叫"养成教育"，它是培养学生良好的行为习惯及语言习惯和思维习惯的教育，在运动训练领域我们也常谈一个词叫"动力定型"。对于我们认为是正确的事物，我们就要将它变成常态，变为一种习惯，一种良好的习惯，如我们的孩子，若是在正能量的环境下长大，无论是在家庭环境还是在校园环境，被熏陶，被影响，被教育，那我们的孩子会逐渐地被浸染成有良知、有爱心、有正能量的人。

传统武术是一个全面开发身体与心智的工作，否定的是执着与做作、自以为是的主观臆断与经验主义，建立的是客观、辩证、矛盾与健康的思维方式，弃绝的是迷信，坚信的是真理。而身体则在有意、无意、无意之意的本性与智慧的引领下不练而自练，不养而自养，它与"文"的学问相对应，这是中国独有的"武"文化。

作为个体的人来讲，通过练武可使心思更加缜密，意志更加坚决，临危更加果敢，性情更加豪爽，为人更加侠义，处世更加分寸，对生命更加敬重，对自然更加敬畏。学习意拳，应该在立行坐卧中，都不要丢了能够净化和改变我们自身的良性意念，这也是"立行坐卧不离拳意"，这也是"养成教育"。

从大的方面讲，练武的过程也是修炼心灵的过程，我们可以将学问分为三层，第一层是知识，第二层是文化，第三层是灵魂。科技是知识，武术是知识，艺术也是知识，有知识的人不一定有文化，许多人只是武师或是画匠，但大家都愿意冒充是文化人。但有文化也没什么可以炫耀的，许多的农民及城市打工人群，虽然没知识没文化，但心灵却很高尚，在大义面前最先崩溃的恰恰经常是文化人和知识精英，其实知识人和文化人不一定在心灵上就一定会很高尚，有时我们在文化的教育上往往会忽视对心灵的滋养。所以我们通过"养成教育"所努力的方向应是，通过知识走近文化，通过文化触及灵魂，以解决文化的终极使命，这也是武术要解决的终极使命，也是"拳拳服膺"的真正含义。

第三节　其他

1. 意拳真意

溯本求源，天下武林均为一家，但好事者却非要分成内外两家，并以此来区分各拳种的优劣。内家拳以修炼内功自居，排斥外家拳的功法，但被称为外家拳的代表拳种——少林拳，也同样具有内功修炼法，这又怎么解释呢？多少年来，门派之争，使武学不能正常发展。意拳将人们所划分的内外两家拳学理论融于一体，摒除内外家之偏见，成为一种新兴的综合性拳学。

但就意拳本身的发展而言，也存在着去伪存真的问题，因今人习意拳，已有固步自封的趋势，如不意识到这一点，意拳也将面临衰败的危机。为什么今人习武多不如先人？究其原因，一是不能专心，民间中的大多数拳师都是业余时间习武，生活中的琐碎事太多，干扰太大，故难臻精深。二是不得法，要么只重视方法和形式，要么就是急于事功，希望速成。然而，武学是一种修行，是做人立身之本，何谈速成？意拳的立拳之本是站桩，这是它区别于其他拳种之处。祖师王芗斋先生说过："大动不如小动，小动不如不动，不动之动，乃为生生不已之动"。宇宙之运动，大动为表象，内动为根本。意拳是没有套路的拳种，意拳拳理："拳本无法，有法也空，一法不立，无法不容"。其实，就意拳本身而言，也只不过是载渡之舟。人们通过学习意拳，修正人心，从而乘此舟到达与天地圆融的这种圆满人格的彼岸。载渡之舟有多种多样，有的人行善积德，有的人诵经参禅，有的人炼丹修道，俗家通过练气功，以求祛病延年，武术家则通过修习拳学之道，最终进入空灵化境，达到人与天地的圆融，此境即为意拳真意。虽然载渡之舟各有不同，但却殊途同归，均离不开天人合一的理论体系，故有"登麓之道虽异，山顶见月则同"之说。然而，上述诸多修行中，没有一种是速成的，佛家讲的顿悟，也不是即可成佛，而是因顿悟而登上载渡之舟。

道家常言龟鹤延年，其龟为沉实之物，精神内敛。鹤为轻灵之物，精神外射。龟过之则笨拙，鹤过之则轻浮，均失武学本旨。意拳要寻龟鹤之间的理趣，不拙不浮，精神既不内敛，也不外驰，得其法门，长期修行，不期然而然，莫知至而至。当今习武者多为龟意，只是卖死力气，下苦功夫。所以，祖师王芗斋先生说："天下习武之人，功深者重众，而有造诣者寡"，其造诣即为空灵化境。而当今站桩界，许多人又多为鹤意，此二者都难成正果。精神过于内敛则会执着己身，过于外驰则会离开己身，用祖师王芗斋先生的话说："离开己身无物可求，执着己身永无是处"。意拳所求的龟鹤之间的空灵化境，应是"形无形，意无意，无意之意是真意"。

从佛家讲，是要得刹那间的无念、无相、无住，即应无所住而生其心。也就是说，当人处在于念而无念，于相而离相，一念不起的刹那间才是空灵化境。能把握住这一刻，就是人的永恒，佛家称之为本来面目。它是无所谓生亦无所谓死，无所谓空亦无所谓不空，是不生不灭，不净不垢的。世人所以有生死空无的概念，都是因为人有分别心的缘故，分别心使人与自然的这种主客观关系对立起来，人与自然本应是统一的，但是因为人很难没有分别心，所以也就很难将自身与自然真正统一。

因此，我们就要通过放松、入静的训练来排除杂念，先通过建立专一意念的训练方式，以一念克万念，再于一念而至无念，使人与自然从对立状态，过渡到越来越接近统一，最终主客观内外双泯。修炼时，人首先应是身体空无并成为天地交融的媒介，如果不是媒介，就会因自身的存在，而将天地隔绝开，成为自然的对立面。意拳真意，是要使人与自然统一起来，即天地山河无不是我，而我亦无不是天地山河。

意拳通过放松、入静，于无念中感应天地的训练，可以开发出人体自身的巨大潜能。据研究，人脑的智力开发，只用了十分之一还不足，另外，人体全身的肌肉，如果能同时有效的做功，据国外权威人士研究，至少能有二十多吨的力量。意拳发力靠的是整体力，即要在发力的瞬间调动起全身的四肢百骸，气血筋骨，及周身的细胞和精神意志同时做功，来完成瞬间的打击，祖师王芗斋先生称此为超速运动。意拳正是因为具有整体的超速运动之力，才会出现动之于敌后，而发之于敌先的结果。当年祖师王芗斋先生，与曾获世界最轻量级拳击冠军的匈牙利人英格切磋时，只一接触，便将英格弹倒在地，祖师王芗斋先生击败国内外其他对手时也均无不是瞬间即将对手弹飞。今天的武术修炼者能否达到意拳祖师王芗斋先生的拳学水平，则要看自身的修行和对潜能的开发达到什么程度。

意拳的整体力大于人的任何肢体的局部力。具体讲，一个人胳膊的物重也不过就二三十来斤，没练过拳的人击人时，都是用胳膊力，因为人们在后天的劳动生活中，养成了局部用力的习惯，打斗起来时，自然是什么用惯了便用什么，但胳膊力的物重，是不会有多大杀伤力的。而其他拳种，包括拳击，是用拧腰转胯的出拳方法发力，调动了上半身的物重力量，自然就比胳膊力大多了。上半身的物重，大体能达到五十至一百来斤的重量。但这种发力，依旧还没能把全身力都调动起来。拳王阿里能打出五百磅的重拳，李小龙的寸拳发力也有三百五十磅重，仅以他们的力量和发力速度而言，世界上已没有多少对手了，但如果他们能把整体力都调动出来，力量还会增加，速度还会加快。中国人的物重普遍都偏小，所以就得要有一套自己的发力方法，而不能用拳击的那种发力方法来进行自由搏击。中国民间的比武散打，绝不会单就体重的大小来决定对手的强弱。民间比武是不分体重的。这说明关键不在于物重本身，而在于对物重的整体调动上。若学拳击的发力法，就中国人的这种身体素质而言，将很难同世界超重量级的选手抗衡。因为，任何一个国外重量级选手，仅就其上半身的发力，就会有一百多斤的物重，其发力若再略合于脚，就会到近二百斤的物重了。而中国的诸多武术家的体重，大多也就一百来斤，其全部物重加起来才等于人家上半身的力量，若再不研究对人体潜能的开发和调动及使用整体力，中华武学在功力及实际打斗上将很难超越他们。

然而，为干什么而干什么是不会得正果的。音乐本是人类灵魂的心声，为写音乐而写音乐，则必将流于形式，而没有了那种心灵的真诚。绘画本是心的写照，若为画而画，或为赚钱而画，就会失去艺术的灵魂。因为当其一念即起时就已经将其自身与外界对立起来了，这也正是因为有了分别心的缘故，分别心阻碍了人与自然万物的真正圆融。

那么，何为正道呢？首先，应去掉急功近利的想法，再去掉为练功而练功的想法，不要总想要得到什么，而应把此作为一种修行，从修身养性，立身正己的武德修行入手，而不要留意于半路的风光景色。在修行中，内念不外游，外缘不内侵。把握其刹那间的无念、无相、无住。长期修行不期然而然，自可直入空灵化境到达最终与天地圆融的这种圆满人格的彼岸。

2.意拳不可能自学成才

有些人希望武术可以自学成才，但实际上这是不可能的，因为武术里面的细节太多了，尤其是意拳，只靠看书和看动作表演的视频是不可能自学出来的，因为即使有好老师手把手地教都有可能会学走样儿。当然武术圈子里也有悟性极高的，如尚云祥先生，他跟李存义老先生没学几天，经过自己的苦修，竟自成体系，成了一派宗师，李存义先生常说，我捡到了个宝，尚云祥先生虽然从学的时间短，但也还是认真的学习过，也不是自学出来的。所以，习练武术除了那些仅仅只是业余爱好，即三天打鱼，两天晒网，想起来就练练想不起来就搁置一边的票友除外，若要对自己负责，还是要有明白的老师来教。

拳术运动仅仅从视觉的表象来看，大致可分为三种类型，第一种类型，动作生疏僵硬，刻板做作，这属于初学乍练的一类人群；第二种类型，从表面上看就能看出拳术的动作劲力均整，优美协调合顺流畅，这属于下过功夫的一类人群；第三种类型，从表面上并不能看出拳术的动作有多么明显的劲力特征，运动的形体也不一定优美与协调，这属于不确定的一类人群。之所以说第三种类型属于不确定的一类人群，是因为这些人有可能是初学乍练的一群人，也可能是绝世高手。

因为有些在表面上看似拳术劲力均整的人，也就是第二种类型的人，其实仅仅是练出了本体力与物重加速度的惯性力，这只是拳术的中等的水平。但是内功类的拳种练到一定程度后，许多的东西都隐藏了起来，功夫会越来越向自然靠近，越来越没有了做作的迹象，没有了劲力的痕迹，故拳术运动，当达到高境界时，有些人会还原成普通人的状态，一举一动似乎都是局部的，但实际上是真正的外不露形的整体力，这种劲力只有同等境界的人才能看得出来。其实，各行各业都是一样，经常是越是专业的东西，越不会被人们所理解，否则就不是专业了。故对于第三种类型的人来讲，普通人与非同门的人及没练到同等境界的人，看了也看不懂对方在做什么，还会做出错误的判断，会认为对方的水平并不高明。

所以，要想看懂别人的东西，必须自己也练过跟对方一样的东西，而且自己的境界还不能低于对方才成。就如同在绘画的领域中，没画过色彩的人是看不懂对方画的是好是坏的，仅仅凭其画的像不像来评价其水平的好坏是不准确的，而且，即使自己是画家也会看不懂某些与自己风格不一样的绘画作品，除非自己也曾经这么认真地画过。武术比画画更微妙，没练过的，就基本上没有发言权。

许多人即使是拜明师学武术都不一定能学好，如果没有老师教，自己只是照着书与照着视频资料看图索骥的自学，那只能学到照片与视频中的表面现象。因为任何武术中的动作都是拳术认识与训练结果的显现，没有训练的心法，外表即使学的再像也是假的。当然拳术水平高的人也可以通过对方的动作倒推出心法来，中国的科研人员在破解外国的科技和武器方面就常做这种逆向工程。但能够在武术行业中进行逆向工程研究的，那他一定是武术方面的专家，即使这样，他也要投入大量的心力，调动一切的感知，进行广泛的研究与实践才成。故仅就自学而言，第二种类型的东西尚可自学，第三种类型的东西就没法儿自学了，因为功法与心法太复杂了，许多练法，若没有人来传授的话，想都无法想象是怎样练出来的。

现在的武林界，出现了一种由一个倾向转入了另一个倾向的现象。过去人习武是很难的一件事儿，主要是因为关于武术方面的信息太少了，再加上老师们的保守，习武之人想要得到一点儿练功的方法很难，但如今又由一个极端走向了另一个极端，现在的信息量实在是太大了，各种的文章及视频充斥着网络，功法也是眼花缭乱，什么这个功那个法，这个筋裹那个力争的。有些习武之人，为了图省事儿，就依据网络上的练法开始了各式各样的训练。在这些功法中，依我多年的习武经验来看，尽是些片面与执着的东西，意拳真正的功法训练，首先应是重精神的，然后是在意念的引领下要对身体进行良性的诱导训练，以达到开发体能，调动潜能，发挥良能的目的。要达到这些目的，既要用意又不能执着于意，比如，练功时常说要"提肛吊顶"，如果真是一味地"提肛"就错了，不"提肛"也是错了，而是要在微提中不能执着的提，也可以理解成是似提非提，即有那么一丁点儿的意思就成了，不能当真的使劲儿的提，如果再说的精准一些的话，即只是要有将要提的一点儿念想，同时身体又有了与念想相呼应的微妙变化就可以了，本人管这种状态叫"未力"。所有的锻炼皆是如此，即真这么做就是执着了，不做又等于是没练功，总之就是要始终把握好一个恰如其分的"度"才成，这是中国传统武学文化中独有的武学智慧，但是对于这个"度"的把握，却是江湖中那些没有悟性的人很难理解的，也是不愿意理解的，因为这种东方的思维方式和训练方法太麻烦，不如你说怎么执着做就怎么执着做来得容易，这就是没有悟性与没有文化的人永远也不能练成功的主要原因。其实，恰恰是当人处在了这种不执着的状态后，身体中诸般需要开发和需要被激活的地方才能真正地被开发与被激活。所以，不要只看到网络表面上的功法怎么练，视频怎么做，就盲目地跟着学，要用中国文化中优秀的东西来武装自己，比如什么是王阳明的"知行合一"，什么是朱熹所倡导的"格物致知"，什么是《礼记·大学》

中的格物、致知、诚意、正心，什么是张三丰所说的"离开己身不是道，执着己身事更糟"，意拳祖师王芗斋先生为什么又说"离开己身无物可求，执着己身永无事处"，什么是拳术中的妄念与贪念，什么是拳术中的道法自然等。这些问题，若没有老师手把手地教，没有老师在旁边时时地提醒，仅仅只靠书本与视频中的那些儿不确定的东西来指导自己练武术，迟早会练出问题来。

本人认为，在没有完全了解中国传统武术核心精髓的情况下，离开了老师的教导，离开了中国优秀传统文化的正确引领，再好的功法也会出问题，即便是现成的良药方，也可能会变成毒药方。

3.浅论练拳的感觉与缘分

经常会遇到有些人谈拳时常谈自己练拳的感觉，什么"骨肉分离"的感觉，"自身重量"的感觉，"脊柱行拳"的感觉，"周身一家"的感觉，"身如气囊"的感觉，"吸缩呼胀"的感觉，"手指胀缩"及"掌心吸放"的感觉，"口内生津"的感觉，"天人合一"的感觉等。这些感觉猛一听是没有什么问题的，但是深究一下就值得商榷了。

拳术界里有句老话："教人意念不要教人感觉"，也有说是："教意念不教感受"。每个人的身体资质是不同的，缘分也是不同的，故每个人的感受也不会是相同的，如果大家都去追一种感受，则会是一种执着。

当然有些基础的感受是可以说的，如一些所有练意拳的人早晚都要有的感受，如祖师王芗斋先生所说的"四如"，即："身如灌铅，体整如铸，毛发如戟，筋肉如一"。但是即使是这样，老先生的这个"四如"，本人认为也是宜越晚知道越好，甚至知道不知道有这个"四如"都无所谓。因为练拳不是要练"四如"，"四如"只是意拳训练时的各种意念作用于身体，经过一段时期坚持锻炼后的结果。

意拳的训练，在很多情况下，是用意念诱导着功夫上身，功夫一旦上身了，意念也就真实了，功夫如果不上身，意念就始终还是意念，功夫上身了，就是我说的缘分来了，然后要体会这个功夫，这时，意念已不宜再叫意念，而应该叫作"意感"会更贴切，这时的工作才是"体认"的工作。说的绕一点儿，就是感受意念带来的感受。

同样的一种意念，作用于每一个人身上的结果是不同的，如想象两手按水中的浮球，每一个人的感受不会是一样的，这个时候如果让大家都按照一种感受去体认，那绝对是一种教条。这也就是"只能教意念，但不能教感受"的缘由。

悟性高的人，两手按浮球，会有许多的感受，如会感受到平衡的问题，松紧的问题，矛盾争力的问题，触觉活力的应力问题，阴面与阳面劲力转换的问题，身外空间反作用于身体的问题，精神放大以后吞吐天地的问题，周身一动无有不动，一静无有不静的问题，也包括阻力问题，逆力问题，细胞吞吐的问题，还包括体察自身是否意力失衡与执着出尖儿的问题等。悟性差的则感受不到这么多的东西。

另外，同样是按浮球，由于每个人的基础不同，资质不同，专注度不同，甚至因为形体不同，其结果即感受也会不同，如大腹便便的人与瘦骨嶙峋的人，同样是按浮球，其感受会因为其形体的不同而感受不同，因为大腹便便的人肚子会多出一块儿肉来，由于肚子大，其身体的平衡点与没有肚子人的平衡点不同，也由于肚子大，身体阴面与阳面的争力变化也与瘦人不同，空间的占据及空间对身体的松紧变化也与瘦人不同，这些都可以纳入缘分的范畴来考量。

再有，同样是按浮球，有的人自我感觉良好，看到的都是自己的优点，而有的人则没有一处对自己是满意的，看到的都是自己的问题，那些越是对自己不满意的人，越是高手。

　　最主要的是，所有上述的那些感受都不是一成不变的，它会随时处于一种变量中，往往会由一而引出来了二，由二而又引出来了三与四。具体如，由平衡问题，而引出来了松紧问题，由松紧问题而引出来了局部与整体的问题……到底能引出什么东西来，能引出多少东西来，都不是提前就安排好了的，都是随缘而生。也正因为如此，我才称之为是"缘分"。

　　因为缘分不同，感受到的东西也会不同。所以，同是一个师父教出来的十徒弟，会有十个样儿。有十个样儿就对了，都是一个样儿，反而有了问题。

　　这就是"感受"无法作为统一标准来进行量化的原因，更确切地说也根本上就不会有一个什么统一的标准。

　　总之，武术训练，所有练拳的那些"感受"或叫作"感觉"的，都是结果，但是怎么才能达到这个结果，拳谱上反而是避而不谈了，或在关键点上一掠而过，这几乎是所有拳谱的通识。这是因为，许多关键的东西，是要面对面手把手地来教的，是要看徒弟的德行的，是不能写出来的，一是要拿"束脩"来换的；二是怕误传了歹人。但也正因为这些核心的东西，过去只是存在于口口相传之中，所以，很多的东西也就失传了。这也一种吊诡，拳论中核心的东西写出来不成，不写出来也不成，但往往最终都是没有写出来。这也是看拳谱学拳实际上是练不出来的原因。

　　所以，有些文字看着热闹，但切不可以照着文字去练。往往文字只是一个总结，是给过来人看的，而不是给正在习拳的人看的，更不是让习拳人去照着练的，武学与文学不同，文学是以广博为宜，武学在修炼的过程中，广博对于修炼者来说，则未必是一件好事儿。现在网络上的信息量太大了，学武的人在网上轻易地就可以看到各种各样的拳谱与拳论。老辈儿人有一句话说得很重要："教拳的人，既不能保守，也不能泄露天机"。不能保守不用解释，不能泄露天机是指学生还没有学到的时候，千万不要提前说，说了就等于是毁了学生。学生没有练到这个层次，你提前告诉了他，是把他引向了执着。

就"缘分"而言，我一直在说，学拳是一种缘分，缘分来了，大家就可以练，缘分没来，切不可强求。我的这些观点好像没有办法教外国人，据说很难跟外国人解释清楚什么是"缘分"，翻译都不好翻译，所以，说一个题外话，外国人要想偷走中国武术，其实几乎是不可能的。缘分没来，即我们的身体里没有筋骨的感受非要去找筋骨，身体里没有紧松的感受非要去找紧松，都是执着，而感受又是不可以教的，只能是等练拳者自己上身，等不上身就是没有缘，没有缘就不要强练。否则，就是执着。

这个道理简单至极，就如同人吃饭，不到吃饭的时候及不饿的时候就不要去强吃，这是顺道，不饥而食则是逆道。连老虎都知道这个道理，老虎只在饿的时候捕食，而人类却往往没有节制，没有节制，既叫"执着"，也叫"淫"。练武的人一旦"执着"了，一旦"淫"了，练还不如不练。这也正是老辈儿人所说的"不能泄露天机"的道理。让人提前知道了，绝不是什么正道，而是歧途。

当然，这也很悖论，既然如此，那我们为什么还要写这么多的拳论呢，权且只当这些拳论是给过来人看的即可，而对于初习者而言，只能是看个热闹，但看热闹归看热闹，却切不可按图索骥地照着去练，否则练出偏来后悔的只能是自己。

另外，再说一些题外话，祖师王芗斋先生的《拳道中枢》及其他拳论，常常许多人看着明白但练起来有难度，就是因为，拳论中的许多东西，是混合着说的，有些地方是说给初学者听的，有些地方是说给过来人听的，在我看来，大部分都是说给过来人听的，说给过来人听的那些内容，对于初学者来说，就只能是看个热闹而已。祖师王芗斋先生的书，初学者也不能一字一句地对应着去练，那样练也会出偏，但出偏了也不能去怪祖师王芗斋先生，只能怪自己无知与执着，认真看祖师王芗斋先生的书就会看到，祖师王芗斋先生反对的就是执着，若看祖师王芗斋先生的书反而练执着了，就真是把祖师王芗斋先生的"经"给念反了。

4.意拳训练的瓶颈

如果有好的苗子，从八九岁就开始调教，要达到祖师王芗斋先生的水平并不难。但是到现在为止武林界却很难找到这样的好苗子，再有就是当下的教学模式也不允许小学生离开学校只学武术而不去学习小学生应学的各类文化课，孩子们现在的成长环境已不同于祖师王芗斋先生当时的成长环境。另外，祖师王芗斋先生的模式是要吃"小灶"的，即要有名家点对点地单独来进行调教，但这样的"小灶"，一般的家庭也未必能付得起"小灶"的学费。穷人的孩子学不了"小灶"的武术，有钱的人又不会让自己的孩子辍学去练武术，这就是当今的武林现状。在这种的现状下，大家想一想，还能有什么好的办法能创造出武学的奇迹。

但从另一个乐观的角度来讲，现在学习传统武术的人，尤其是习练意拳的人，虽然大多是年龄偏大的一类人群，但这些人半路出家的就已经练得很不错了，有的已经可以同职业搏击的选手相抗衡，这说明意拳还是非常优秀的拳种，因为它可以事半功倍的提高人的拳术水平并开发人的潜能。我的一个50多岁的徒弟，是政府中的领导，习练意拳还不到半年，就把练了三年搏击的20多岁的小伙子给赢了，这说明了意拳的训练体系是科学和合理的。但对于这些四五十岁的半路出家的人来说，真去迎战西方的顶级搏击高手也是不现实的。

传统武术中的问题是很多的，具体如大多数的师父都很保守，致使武术越来越失传，意拳也是如此。

一方面是缺少童子功的弟子，另一方面是缺少不保守的师父，再有就是，即使师父不保守，师父身上的好东西也没有剩下多少了，大家尽是些执着与出尖儿的东西，长此以往，意拳的发展堪忧。

意拳训练，是一个非常严谨又立体的系统工程，仅以站桩而论，真正懂浑圆桩又不执着的人很少，浑圆桩中的内容很丰富，祖师王芗斋先生所说的，"精神""意感""自然力"，尽在其中，祖师王芗斋先生所说的"六力八法"也在其中，祖师王芗斋先生所说的"假宇宙之力波，有神助之勇"更在其中。浑圆桩看似简单，其实很苛刻，间架的每一个细节都不能马虎，但又不能执着。这就又涉及了对文化理解的学问，没有一定的感悟力与文化修养，既很容易忽略技术的细节又很容易掉入技术的窠臼，这是一对矛盾，也是一种文化的吊诡，拿捏不准这个度，会越学越离题万里。

欲要学好武术，一是老师要真教，二是自己要真有悟性，三是自身身体的机能得真是这块儿料儿，四是自己要有闲时间，五是还得要有一定的经济基础。如果没有一定的经济基础，吃了上顿没下顿，天天的等米下锅，连自己的营养都跟不上，又怎么保证能进行长期艰苦的系统训练。常言寻师不如访友，有闲时间除了可以进行系统训练外，还可以经常的与师兄弟们聚会聊拳。祖师王芗斋先生的弟子们当年就经常私下里在一起聚会聊拳，像姚宗勋先生与王斌魁先生，王斌魁先生与李永倧、杨德茂先生等等，他们私下里经常的小聚，没有一个团队，只靠一个人在那里勤学苦练，是很难成气候的，意拳里有一句话是很到位的，即"拳不是练出来的而是聊出来的"，这并不是说前辈们不用功的整天的在那里神侃，而是说明了前辈们是真动脑子，真用心去学。所以，要想学好意拳，没有诸多的有利因素是不成的，这就是江湖，学意拳就是走进了江湖，前辈们常说"江湖凶险"，没有水性，是无法在江湖里畅游的。所以，武术真的不是那么好学的，一脚踏进来，说不好是福还是祸，练不好，把自己给练死的人也很多。仗剑天涯，往往只是一种理想。

回到开头的话题，放眼全国，现在没有一个能有青出于蓝胜于蓝，造诣胜过祖师王芗斋先生的弟子，其瓶颈是多方面的，既有师承方面的问题，也有自身专注度的问题，更有自身文化修养与身体条件等诸多方面及社会大环境方面的问题，如果我们自身不是那块儿料，用祖师王芗斋先生的话说："不是那里儿的虫"，那我们怎么努力也不可能超越祖师王芗斋先生。另外，如果教我们的师父本身就糊涂，那我们再怎么努力也好不了多少，俗语"跟着狼吃肉，跟着羊吃草"，遇不到好老师，就只能天天吃"草"。所以武术面临的问题，既是学生的问题，也是教师的问题。撇开学生的问题不谈，意拳现在的教师团队实是令人担忧的，不光意拳如此，其他的武术门派更是如此，他们的问题比意拳的问题更多。

意拳门里原是有高人的，姚宗勋师伯的早期弟子白金甲先生，对拳理的认识在许多的方面甚至超过了许多二代的弟子，见到了白金甲先生，就知道了什么是青出于蓝胜于蓝，只是遗憾，白金甲先生于2017年去世了。另外，姚承光师哥，在教学的方法上也有许多的创新。再有，不谦虚地讲，我本人也有许多的心法与心得，虽不敢说是丰富了意拳的理论框架，但也算是添砖加瓦了（本人之言，可以看成是广告）。所以，意拳的发展，也并不是一代不如一代，后代的人还是有作为的。

我所说的话，前后左右的尽是矛盾，这实是我学意拳后而养成的思维方式，因为世间的事物本身就是矛盾的，万事皆有善的一面也可能有不善的一面。如果举全国之力，从孩童时代开始就大抓武术教育，没有办不成的事儿，但这种局面又有多大的可能性呢。如果师父们都不再保守，都不为钱而活着，有理想有追求，一心一意的研究武术并都把自己的好东西能无私的奉献出来，武术的今天会是另一种现状，但这又有多大的可能性呢。如果学拳者既有文化，又有悟性，既勤于学习和思考，又尊师爱友，既有极佳的运动天赋，又酷爱武术，既能静下心来耐得住寂寞，又能扛起大旗去冲锋陷阵，既能独善其身，又能团结同仁，既能笔耕又能实践，既有仪表堂堂的浩然之正气，又不被纷杂的世界所诱惑。有这种人来学拳，又何愁功夫上不了身，但这种人真的存在吗。其实，这种人还真存在，而且还让祖师王芗斋先生给遇上了，这人就是姚宗勋先生。现在能否再找到这样的人，还真是不好说。所以，万事皆有可能也皆无可能，意拳今后的发展我也不能断定是有未来还是没有未来。

5.再谈意拳势衰的原因

意拳发展到今天，已很难再现当年的辉煌，究其原因，是因为现在人普遍的下功夫不够与不得法所致。首先从下功夫的角度来看，意拳二代的张恩彤先生，在站桩时大腿都站得起了锋棱，回想起自己的学拳经历，我在年轻时也曾小下过功夫，大腿也曾站出了少许一点儿的锋棱，当时一个伏虎桩我能一站就是半小时，但后来在大学里的学习一繁忙，就没有再下那么大的功夫。本人的恩师王玉芳先生曾说，她站降龙桩时，也是超过了半小时甚至是一小时，结果好几次是下不来桩了，是祖师王芗斋先生把她给拽起来的，这种加力的大式桩，虽然比立式的浑圆桩看起来笨，但却是必须要下功夫练的，可是现在的意拳人，却很少有像张恩彤先生那样能始终如一的下那么大功夫去练功的。我和高京立、崔有成师哥们很熟，我看他们的大小腿都没有达到能像张恩彤先生那样的起锋棱的程度，相信高京立、崔有成师哥的天分与张恩彤先生的天分是差不多的，但是下功夫的程度却远不如张恩彤先生，自然造诣也就不会比张恩彤先生的高。高京立与崔有成师哥曾经代表了一个技击的时代，在他们的鼎盛时期，没有一个门派的高手敢于挑战他们，虽然他们没有超过意拳二代张恩彤、卜恩富先生等人的水平，更没有超过赵道新、姚宗勋先生等人的水平，但也一样能傲视群雄。如果说祖师王芗斋先生的东西是超一流，张恩彤先生等人的东西是一流，那高京立、崔有成师哥等人的东西就应该是意拳中的二流功夫，以意拳二流的功夫当时却可以轻松的秒杀其他门派一流的功夫，这说明意拳的东西还是非常高妙的。但从现在的意拳发展来看，情况却越来越不乐观，现在意拳人下功夫的程度恐怕连高京立、崔有成都不如，这样的话，那现在意拳人的功夫就应该相当于是意拳的三流功夫了，以意拳的三流功夫是否还能秒杀其他门派的一流功夫，结果就不好说了，我个人的观点，应该是希望不大。故现在的意拳人是否还能像张恩彤先生那样始终如一的下那么大的功夫，是当代意拳振兴的关键。除此之外，训练的不得法与秘传心法的保守与失传，也是现代人没有办法能超越意拳二代与一代人的原因。总体上来看，现在人站桩时的意念只是意念，其意念基本上都没有与身体真正的发生作用，还有一些人因为没有得到意念的真传，就用佛或道的文化来代替意念，那就更是离题万里了。意拳的训练的确是要受到佛、道、儒等文化的影响，但绝不能用它们来代替，意拳是一个独立的用意念来训练身心的学科，故若意念的运用之法不得当，则不能产生应有的训练效果，会事倍功半地让训练的结果大打折扣，这样话我们再怎么努力也是不可能超越前人的。综上所述，一方面是我们的功夫下得不够大，另一方面是我们的训练不得法，长此以往，意拳的衰败恐怕是一种必然。

6.武术训练中的教学方法

我经常自觉不自觉的，用在清华大学已经习惯了的教学方式，来教我的武术弟子们。我在清华大学上课时，启发学生们要多思考，多提问题，要有随时能发现问题和主动解决问题的良好习惯，清华大学的学生们也确实做到了这一点儿，如我在上课时提到了一句："凡走过的必留下痕迹"，立马就有学生用手机上网查了一下，并迅速地找到了出处发在了班群里（"凡走过的必留下痕迹"，出自"法证之父"艾德蒙·罗卡），清华大学学生在学习上是非常主动的，为此我在教武术弟子的时候也常要求他们要学会主动学习，我也会在微信群里发文章，与弟子们说要学会打破砂锅问到底。

我身边清华大学的同事们，个个都是行业里的领军人物，有时我常想，若意拳界里的人也能人人如此，那中国武术的发展就更加的大有希望了。我所教的清华大学的学生参加全国的各种专业大赛，许多学生都获得了金奖，所以我希望我的武术弟子们也能有所作为。

谈到学习方法，得先从我所经历的两件事儿谈起。有一次与我们美院装潢系（现为视觉传达系）的高教授吃饭，在吃饭的过程中，老先生一直都不消停，一边吃着，还一边数次放下筷子记笔记，我当时有些儿懵，问他在记什么，他说"我把你说的有用的东西都要记下来，在你那里不算是什么，但到了我这里就大有用处了"。这位高教授的状态深刻地影响了我，我后来也像他一样对新事物有了高度的敏感性，一个人的状态是可以影响另一个人的，在高智商人面前，知识是流动的，自己不提高，别人很快就会超越你，越是名校，越是人才聚集的地方，这种现象就越明显。自己无意间所说的一句话，一个点子，在有心人那里，瞬间就有可能变成为一种创新的理论学说，这也是人与人之间的区别，这些有心人，注定了要成为人上人。所以，学习方法很重要，能不能考上清华大学、北京大学，不全是刻苦的问题，更有学习方法和学习状态的问题。

第二次印象很深的经历是，在一次朋友的聚会上，我对田克杰（又名田克）、魏珉（魏珉当时是"武魂"刊物的主编）等朋友们说了我当时的研究成果，我当时发现，所有的拳术运动，都是由三个圆的运动而产生的，如：

一是平圆运动（如磨磨试力、摇元宵试力，即旋法试力）。

二是竖圆运动（如摇辘轳试力，即扶按试力）。

三是立圆运动（如云手试力、猫洗脸试力）。

这大概是1991年前后的事儿了，田克杰先生是个有心人，其后就出版了"现代武学——合律功"，合律功的核心功法，就是"三圆律"，该著作出版后，田克杰先生让大家帮着他推广。当时在一起参加聚会的魏珉主编看到这本书后，就很直接地说，你这个"合律功"其实是张树新的东西。后来我认真地看了一下田克杰先生书中的具体内容，的确谈的是三个圆的拳术运动，但我们之间的训练方法还是有区别的，后来田克杰先生又多次的再版，再版后的书我没有看，想必他已完全的自成体系了。田克杰先生对新知识的敏感性，如同我前面谈到的清华大学的高教授一样，这都是值得我们学习的。许多人虽然拜了名师，但却入宝山而空回，许多人仅仅只是访友，却能闻一而知十，且举一反三，自创新法，自立门户。这种人只要不把知识用在邪道上，就是值得我们学习的人。

我本人也有访友学习的经验，在一次与北京大学李朝斌教授的聊天中，得知他曾自创了"汉字太极"，受李教授"汉字"的启发，突然开窍，想到祖师王芗斋先生曾提到"班马古文章，右军钟张字"（见王芗斋先生《歌诀》），中国汉字书法的意蕴在意拳中具有很大的作用。在征得李朝斌教授的同意后，我自创了"意拳（大成拳）符号舞"。最初的想法是想创"汉字意拳（大成拳）功"，但后来觉得以"汉字"而成拳，会有很大的局限性，同时也与李教授的"汉字"撞车，故最终定名为"符号舞"，把它仅作为意拳健舞功法的一个补充，我的"符号舞"不仅仅是"汉字"功，还可以用外文成拳，如用"A、B、C、D……"来打拳，也可以用阿拉伯数字的"1、2、3、4、5……"来打拳。一次一个外国友人来清华大学访问，当知道我会功夫后，非常想看一下我的身手，我跟他说，任何一个动作都可以成拳，既可以表演也可以用来技击，他的表情明显的是不相信，随后我就用他的英文名字打了一趟拳，与他搭手时，仅仅用了他名字中的一个英文字母，就把他发了出去，换了一个英文字母，又把他发了出去，对方心悦诚服。"意拳（大成拳）符号舞"的创立，要感恩李朝斌教授，虽然仅仅只是一个"汉字"的概念，但这个思路，却重于万金。

综上所述，若问应如何学习及有什么好的学习方法，那就是永远要成为有心人，永远要像海绵一样地吸收吸收再吸收。成功的大门永远是为有心人预备着的，当然，还有最最重要的一点，就是要学会感恩，结草衔环永远是我们的美德。

7.意拳与大成拳的命名

前些天看到一篇打着我恩师王玉芳先生的旗号发表的意拳与大成拳命名的文章，文章的名字挺唬人的，其名为："一代宗师王芗斋拳法叫意拳还是大成拳——看其女儿王玉芳怎么说"，那篇文章不是出自我恩师王玉芳先生的手笔，该文与王玉芳先生平时说话的语气与逻辑完全不符，要想让我认可这篇文章，除非我看到上面有王玉芳先生的签名和印章。我原本是不愿意参与意拳与大成拳命名之争论的，因为争论了也没有什么多大的意义，相信大成拳的再怎么争论他也依旧会信大成拳，相信意拳的再怎么争论他也依旧会信意拳，故若不是我看到了那篇没头没尾的文章，我是不会谈这个问题的。

祖师王芗斋先生所创之拳，在20世纪20年代叫意拳，发展到40年代，因友人赠名，故又叫大成拳。新中国成立以后，当时的社会环境已不再倡导技击，祖师王芗斋先生也随之不再传播技击之术，改教养生健身之功，曾一度改拳名为站桩功。其间祖师王芗斋先生的众弟子私下里依旧习惯的称该拳为大成拳，在50年代、60年代期间，该拳也依旧在私下里叫大成拳，同时由于它的实战性强，大成拳的三代弟子们又经常的挑战别的门派，得罪了许多的武林人士，便有人送给大成拳了一个别名——流氓拳，并很快地被叫火。改革开放以后，大成拳需要重新注册登记，成立协会，考虑到大成拳风光的时期多是在40年代的旧社会时期，且得罪的人太多，新中国成立后尤其是50年代、60年代时期的名声也不好，故相较之下，还是叫20年代早期曾用过的意拳之名会更低调，也更利于团结武林同道，故大成拳在北京遂被注册登记为意拳。20年代的意拳是属于祖师王芗斋先生早期的作品，总体上看不如40年代的大成拳完善，重新注册登机的意拳则是80年代的事儿，虽两个意拳的拳名相同，但此意拳非彼意拳。当时的于永年先生、王斌魁先生等众多的二代弟子及大部分的三代弟子们在私下里依旧还是习惯的叫该拳为大成拳。

进入21世纪后，现在姚宗勋先生一脉的弟子们皆叫意拳，王斌魁先生、于永年先生、杨德茂先生、李永倧先生等一脉的弟子们，则有时叫意拳，有时还习惯的叫大成拳，我们王玉芳先生一脉的弟子们，同样也有时叫意拳，有时又习惯的叫大成拳。

20世纪80年代王选杰先生在各大刊物上是以大成拳的拳名来进行武术推广的，这实是沿用了当时大家私下里的习惯叫法。现在又有人在争论意拳是不是大成拳的问题，争论来争论去，其实没有任何的意义，现在许多人所练的王选杰先生所传的大成拳，与其他人所传的习惯叫法中的大成拳及其他人所传的意拳，都是祖师王芗斋先生一脉的拳，如果非要说只有某一个人所传的拳是得了祖师王芗斋先生真传的拳，其他的都不是祖师王芗斋先生的真传，那就如同自己说自己是真王麻子剪刀、真真王麻子剪刀一样，除自己会认同外，自己之外的人都绝对不会认同的，那这种认同有意义吗，这就是我所说的这种争论没有意义的原因。现在的这种局面应该不是祖师王芗斋先生所愿意看到的，由于大家都有祖师王芗斋先生的拳术基因，所以从大家庭的角度和从团结的角度出发，大家应该放弃争议，团结起来共谋发展，这样话，大家就都回到了祖师王芗斋先生的旗帜下，不同传承的意拳都是意拳，不同传承的大成拳都是大成拳，不同传承的大成拳也都是意拳，不同传承的意拳也都是大成拳。我们王玉芳先生一脉的传入，把所有练祖师王芗斋先生之拳的人都当成是一家人。

综上所述，大家无论管祖师王芗斋先生传下来的拳叫什么，也还都是祖师王芗斋先生的拳，但每个人在传承祖师王芗斋先生的拳时，都发生了或多或少的变异，如果祖师王芗斋先生的拳是百分百的黄金，其他人练祖师王芗斋先生的拳，都是在黄金里掺加了别的东西，有的掺的是铜，有的掺的是铁，但现在还没有掺铑和钯的（这只是举例，因为铑和钯是比黄金更贵重的金属），希望能有高人往祖师王芗斋先生的黄金里掺比黄金更贵重的金属，那才是祖师王芗斋先生最希望的事情，果真能如此的话，无论是叫意拳，还是叫大成拳，都会让祖师王芗斋先生在天之灵欣慰。

8. 本人意拳的六不练

本人练拳，自1978年至今已有45年，在此略谈一下自己的体会。我这人慵懒，练拳有六不练，即练不好不练，练不明白不练，身体不舒服不练，不想练时不练。以前恩师健在时，还有两条，恩师不教的不练，教了但自己没听懂的不练。

一是练不好不练。许多人练不好还瞎练，身上的毛病一点儿也不解决，纯粹是在浪费时间，要形没形，要意没意，执着出尖儿，装腔作势。职场上在用人时，最忌讳"带病提升"，那些被"带病提升"上位的人，早晚会出事儿，练拳瞎练，也如同是"带病提升"，身上是会埋雷的，看着好像功夫长进了，但早晚身体会出问题；

二是练不明白不练。许多人练拳不走心，什么都不明白，还在用功的瞎练，这样练非出偏不可；

三是身体不舒服不练。有些人身体不适，却还要努力用功，这等于是干锅烧猛火，非把锅烧漏了不可，有的人就这样把自己给练死了；

四是不想练时不练。有些人不想练时也要按时按点儿的强迫自己练拳，这也等于是在硬努，对身体如上述般的无益；

五是老师不教的不练。许多人老师未曾手把手地传授，却在那里自编自导自演的瞎练，殊不知老师不教是有原因的，比如面对一个一年级的小学生，老师又怎么可能会教授高中的东西。练拳要脚踏实地，不全是越高大上的东西越好；

六是老师教了但自己没听懂的不练。有些人练拳，无论是懂了还是没听懂，都在一味儿的贪多的瞎练，这样练出来的似是而非的东西，将来改都不好改，改变一个错误的用力习惯，比在一张白纸上写字要难多了，俗语"学拳容易改拳难"。

本人认为，练拳讲究一个"缘"字，无论是师徒之缘，还是师兄弟之缘，还是身体之缘，还是成功之缘，都是"缘"，尤其是身体之"缘"，身体的状态不好，就是"缘"的状态不好，"缘"不好，就不要勉强，等有缘了再加倍的努力把失去的时间给找回来。

9.从"开合"看意拳的"顿悟"之法

本人认为，意拳的"开合"，如同佛家的"色即是空，空即是色"一样，是一个"绝对观"，即"开即是合，合即是开"。由此，我们在进行"开合"训练时，只需练"合"即可，不需要练"开"，只练"抱树"即可，不需要练"扒树"。因为身体的"阳面"在"合"时，身体的"阴面"自然在"开"，身体的"阳面"在"抱树"时，身体的"阴面"自然的在"扒树"。它们是同时存在的统一体，不能分开而论，分开练就局部与执着了。就如同一个篮球，球面的外层在往里箍时，球的内胆则在向外开，它们是同时进行的。篮球撞到地面时，外部的"阳面"力的"合"力为主动力，往篮球里打气时，篮球里面内胆的"阴面"的"开"力为主动力。虽然"合"与"开"每一次都能分出主动与被动，但每一次的被动力都是同时存在，是相伴而生的。故"合"与"开"本是一个劲儿，不能分开了单独训练，分开练，就局部了，就不是祖师王芗斋先生的拳了。祖师王芗斋先生说："我的烤鸭不零卖"，指的就是不能分开了练，祖师王芗斋先生都把话说到这个份上了，但大家就是不听，祖师王芗斋先生也就由着大家瞎念"唵、嘛、呢、叭、咪、牛"了（有一个故事，一个无知的老和尚天天念"唵、嘛、呢、叭、咪、牛"，原本应该是"吽"，他却念成了"牛"，当有人告诉他念经念错了时，他却因承受不了多年付出的努力，疯掉了。这还不如不告诉他，就让他错一辈子其实也挺好）。那些分着练的人，实是与祖师王芗斋先生没有缘分的人。

我们甚至可以"合"与"开"不分主动与被动的合着练。如同往篮球的胆里打气的同时，外面的球面主动地往里箍，让这两个力矛盾的冲撞在一起，是"一"不是"二"。这样一来，身体间架的每一个点位，都是"合"与"开"是一体的，都是"一"不是"二"（祖师王芗斋先生曾言，我这个拳是"一"不是"二"）。

另外，欲想撕扯对方时，实是在撕开对方的瞬间，可以理解成是往篮球的内胆里突然地打进去了一股气流，致使"阴面"陡然膨胀，但同时"阳面"也在陡然的箍紧，篮球的整体空间虽然膨胀了，即篮球变大了，外空间被压缩了，但它并不出尖儿，因为箍它的"阳面"力始终存在着，换句话，"阳面"始终在"抱"着。这个过程，正好对应了祖师王芗斋先生的"松紧紧松勿过正，虚实实虚得中平"。我管这种不分开练的训练法，叫"顿悟"之训练法。

别人打我们时，我们用"阳面"的"箍"劲儿，我们打别人时也要用"阳面"的"箍"劲儿，唯有我们撕扯对方时，会用到"阴面"的"打气"

的劲儿。

我用"打气"的劲儿一撕扯对方，对方必会反抗，对方一反抗我们正好用"籀"劲儿二力合一地把对方打飞（加上对方的反抗力）。这是"阳谋"，不是靠手段，是靠训练后建立起来的身体中的与众不同的拳劲儿来打人，这种打人的力是自然力，而靠手段来打人则属于"阴谋"，"阴谋"是后天的人为的非自然的东西。这种"阳谋"的状态，我们也可以称它为"阳谋力"，其实就是祖师王芗斋先生的"浑圆整体爆炸力"。

但是，在意拳的传播中，也有特殊的情况，即有些人学意拳没有"顿悟"缘，但他又想学意拳，在找不到更好的办法时，只能先用"渐悟"的办法来进行前期训练，如"先把意念活动分解了，分开来做，先求前后，然后求左右，再求上下，最后将前后、左右、上下综合来练"。本人认为，这种思路与练法，只能算是权宜之计，最终还应回到祖师王芗斋先生的拳学轨道上来，即是"一"不是"二"，"开即合、合即是开""松即是紧、紧即是松""刚即是柔、柔即是刚""动即是静、静即是动""虚即是实、实即是虚""显即是晦、晦即是显"……只有这样，才能练出祖师王芗斋先生的功夫来。

10.关于大道至简

武术的修炼，是一个由博至简的过程，故用"大道至简"来说明武术的修炼过程与境界是没有问题的。但"大道至简"也是有前提的，即在"简"之前，一定先要经历"博"。

从"博"的角度讲，任何一个行业，要想掌握它，都要付出超人的努力，无论是音乐，还是绘画，还是书法，还是科技。

武术的复杂性，在某些情况下比上述的内容尤甚，从意到形，每一个细节都决定着学者的成败，故绝不是"大道至简"一句话就能解决的，我们从小学到中学到大学到硕士生到博士生，一路走过来，其中的复杂性只有上过学的人才知道。

有的人认为，站桩只站一个桩，试力只做一个试力就可以了，并以此来说明大道至简。这种认知也是值得商榷的。

站好了一个桩，说明已经理解了这个桩中的东西，但不代表在任何角度与任何状态下也能体现出来这种理解来。

比如站平步的浑圆桩，已经具有了基础的六面力了。但在站扶虎桩时，若蹲都蹲不下来，一蹲腿就哆嗦，又怎么能在站扶虎桩的间架里来体现基础的六面力呢。所以扶虎桩还是要练的，降龙桩也还是要练的，及一些自己不常站的不同间架的桩也是要经常练的。

另外，不同间架的桩，所训练的内容也会有些区别，比如，降龙桩训练的内容与扶虎桩训练的内容就有不小的区别，当把这两个桩站明白后，再来站平步的浑圆桩，就会有了新的理解，就会把站降龙桩与扶虎桩所掌握的内容，融入其中，这样，浑圆桩就又会上了一个台阶，这是相得益彰的练法。

如果只站一个桩，虽然也会最终在这个桩中找到降龙桩与扶虎桩中所找到的内容，但花费的时间是不一样的。

所以，既要站一个桩，也要站多个桩，多个桩是对一个桩的补充，往往我们哪缺就补哪，如缺扶虎桩的内容或缺降龙桩的内容就须在站浑圆桩的同时，再多站站扶虎桩及多站站降龙桩，他山之石可以攻玉。

当我们把"博"的东西都掌握了以后，那时就可以真正的来谈"大道至简"了。

11.武术须"合着练"

中国武术的核心秘练功法其实就是"合着练"，也就是要整体着练，但现在人们大都是在"分"着练。"分"着练，练的是"开"劲儿，而不是"合"劲儿。

意拳的站桩功，在进行"抱球"训练时，都说要"撑三抱七"，其实本不应该有"撑三"的内容，因为"撑"即是"抱"，"抱"即是"撑"，如此，只需训练"抱"就可以了，有了"抱"，"撑"自然会存在。在"抱球"的训练上，一旦有了三分的"撑"，也就是有了出尖儿的内容，只要是有了出尖儿的东西，就是错误。

故本人的观点是，意拳的"抱球"训练须是"全抱"与"全缩"，我管这种练法叫"先天之功"的练法。

其实意拳中的许多人也是极有悟性的，许多人的发力时不时也是合着做的，只是他们都没有像我这样的把这个问题给明确出来。意拳只有"全抱"与"全缩"着练，才能解释得通祖师王芗斋先生所说的："动乎不得不止，止乎不得不动"。祖师王芗斋先生所说的不是"线"状运动，但"撑"与"推"与"开"都是"线"状运动，是出尖儿的。祖师王芗斋先生常说"形不破体，力不出尖儿"，又说"力量一有方向就是错误"，祖师王芗斋先生的这些理论，"推""撑"和"开"的劲力是无法践行的，只有"抱""缩"和"合"，才能力量没有方向，同时也"形不破体""力不出尖儿"。这是我体认祖师王芗斋先生理论和研究《武穆遗书》理论的最大发现。

在中国武术的千百年发展史里，只有《武穆遗书》的作者与意拳祖师王芗斋先生提到了劲力的"合"与"缩"，现在加上我是第三人。《武穆遗书》叫"六合"，祖师王芗斋先生叫"发乃缩也"。其他的门派虽然嘴上说的是"六合"，但练的却是"推""撑""开"的打击术，而不是"合""抱""缩"的聚拢功夫。

故不谦虚地说，本人是自《武穆遗书》作者（据传是岳飞所著）与意拳祖师王芗斋先生之后的破解中国武术密码的第三人。

　　具体到训练时，除了在"抱球"时要"抱"不要"撑"（因为"抱"即是"撑"），还可以设想周身的四肢百骸被外力四面八方的向外无限牵拉，这种牵拉是主动的，牵拉的结果是，自身的骨缝被越拉越大，这时自身则要与之做斗争，要做相反的运动，即周身的骨骼要向内缩敛，以抗衡不断向外的拉力，这是一种遒放训练，只是在这种遒放训练是迫不得已的，是被动的，这也是一种"紧松"训练，即自身的骨骼在往里紧缩，而外力则在往外紧拉，这种紧缩的训练不是持之以恒的紧缩，而应是一缩即松，然刚一松，自身的骨骼就被拽开了，这时又必须不得不紧缩，一缩以后又须继续的放松，一放松又被拽开了，还又要不得不紧缩，就这样，紧紧松松以至无穷，速度由慢到快，意识由大入微，劲力由拙至巧。

　　祖师王芗斋先生在《拳道中枢》中指出："内虚灵，外挺拔，舒适得力为基本不动的原则。更以刚柔、虚实、动静、紧松同时起参互错综作用"，本人的理解是，祖师王芗斋先生所说的"外挺拔"也是由外力而引发的，是在意念的作用下，可以想象有外力在向外不断地牵扯自己，使自己不断地越长越高大。祖师王芗斋先生有一个词儿叫"上有绳线系"。而与挺拔相对立的，正是筋骨的收缩训练。换言之，挺拔实是为收缩而服务的。正是为了要收缩，才有了挺拔的要求，因为"发乃缩也"。另外"舒适得力"的前提是力不能过，不能执着，即"有那么一点儿滋味就可以了"。另外也只有周身相合了，才能舒适得力。另外，祖师王芗斋先生所说的"刚柔、虚实、动静、紧松"，我认为则是一个事物的几个方面，或是一个事物的不同表述，如能紧松了，自是动静的结果，能紧松了，自是有了虚实，能紧松了，必是刚柔的劲力变化。换一个角度讲，能刚柔，自是有了虚实变化，也自是一种动静变化，也是紧松变化。能虚实也是如此，即有虚实必有刚柔、动静与紧松。本人一直都认为，祖师王芗斋先生的学说是立体的，祖师王芗斋先生不会单独的只谈一件事儿，所有的事都是有相互关联了，但又有一定的区别，这种立体观，也是他的浑圆整体观，这也正是祖师王芗斋先生所说的"同时起参互错综作用"。

祖师王芗斋先生的发力为"浑圆爆炸力"。因为是"爆炸力"，所以大家自会认为祖师王芗斋先生的发力须是一种开放力，其实大家的想法是有误区的，人体不是炸弹，是不能以开放力来打人的，若以开放力来打人，就是出尖之力。祖师王芗斋先生所说的"发乃缩也"不是欺人之语，而是对自身发力的真实表述。祖师王芗斋先生的拳是矛盾拳，其"缩"与"爆炸"恰恰是一对矛盾，祖师王芗斋先生的伟大之处，就是正确地把握住了中国文化的最核心的东西，把最不可能的两件事变成了一件事儿，他是矛盾的统一体。这正是中国武术文化的最核心的地方，这就是"先天之功"。在祖师王芗斋先生的理论里，"缩"即是"发"，"松"即是"紧"，"动"即是"静"，"刚"即是"柔"，"合"即是"开"，"抱"即是"撑"，它们都是矛盾的统一体。本人的"先天之功"练的就是这个矛盾的统一体。一旦把它们分开了，就不是我的"先天之功"了，也不是祖师王芗斋先生的意拳了，也不是《武穆遗书》中所说的"六合"了。故本人的观点是，武术必须"合着练"，"合着练"是中国武术的核心密钥。《武穆遗书》中的"六合"是个宝，只是大家对它太熟悉了，反而没有把它当成一件事儿，祖师王芗斋先生的"发乃缩也"又太不同常理了，也被大家束之高阁。如此这般，长此以往，中国武术当不再是中国武术。

12. 谈意拳墓碑中的弟子名单

在祖师王芗斋先生的墓碑上并没有镌刻上太多意拳第三代弟子的名单，主要是因为意拳第三代的弟子众多，墓碑镌刻不下的缘故。

祖师王芗斋先生墓碑上镌刻的第三代弟子名单，主要有：霍震寰（姚宗勋弟子）、崔瑞彬（姚宗勋弟子）、姚承光（姚宗勋之子）、姚承荣（姚宗勋之子）、刘普雷（姚宗勋弟子）、白金甲（姚宗勋弟子）、王铁成（姚宗勋及杨德茂弟子）、王宇（芗老之孙）、金圣华（芗老之外孙）、郭贵志（姚宗勋及于永年弟子）、林锦全（于永年弟子）、刘正（李见宇弟子）、彭安递（李见宇弟子）、孙立（姚宗勋弟子）、崔有成（王斌魁弟子）、白学政（姚宗勋弟子）、张鸿诚（姚宗勋弟子）、赵续泉（姚宗勋弟子）、王金铭（姚宗勋弟子）、于国权（赵道新弟子）、薄加聪（姚宗勋弟子）、张增瑞（姚宗勋义子）、王选杰（姚宗勋及李永倧、杨德茂弟子）等等。

　　祖师王芗斋先生墓碑上镌刻的这些名单，都是意拳三代中非常具有影响力的弟子。但是也还有一些很有影响力的第三代弟子，并没有记录在内，如：许福同（李永倧弟子）、高京立（王斌魁弟子），及韩星桥先生的许多弟子，韩星垣先生的许多弟子，卜恩富先生的许多弟子，窦世明先生的许多弟子，杨德茂先生的许多弟子，杨绍庚先生的许多弟子等等都没有镌刻在墓碑上。如前所述，主要是因为祖师王芗斋先生的墓碑放不下了，故第二代的其他意拳大师，就各自在自己的师承中进行了独自的记名，如我们王玉芳先生这一支，就将王玉芳先生的弟子及义子名单单独记名，并镌刻在了王玉芳先生的墓碑上。

　　王玉芳先生是意拳祖师王芗斋先生之二女（生于1921年1月7日，卒于2012年3月14日，享年92岁），自50年代起即随父医病与讲拳，桃李满天下，所教的学生逾千人，但王玉芳先生的入室弟子及义子却并不是太多，王玉芳先生墓碑上的记名弟子及义子共有35人。

　　35位记名弟子及义子名单：

　　郭兆钦、刘道祥、郭爱民、刘涛、苏永明、李全有、张树新、尤为民、管振生、王大明、武国忠、王成、付之玉、王珍清、陈相清、关英超、宋福兴、邓龙、秦臻、杨用、张瀚川、戎志明、唐季礼、王眉、于均刚、金陆、吴昂坪、马建顺、李志杰、杨秀华、杨国华、崔洪林、刘俊杰、严洪亮、张新林、胥荣东。

王玉芳先生门下的这些弟子及义子们，各自的造诣都很高，有的是体育大学的教授，有的是著名的中医，有的是武术名家，有的是著名导演，有的是著名律师，有的是书法家，有的是画家……

在拳术的继承与发展上，王玉芳先生秉承"拳拳服膺"的原则，强调"只求神意足，不求形骸似"，故王玉芳先生弟子及义子们之间的功夫，皆有各自独立的拳术风格，但王玉芳先生的弟子及义子们之间也有一个共性的东西，那就是在对拳拳服膺、十节功及对精神意念的探索与追求方面的认知是相同的。现在，王玉芳先生的弟子及义子们，都在各自的岗位上为弘扬意拳而努力地工作着。

13. 本人的收徒标准

本人从1978年开始学习意拳，先后经历了众多名家的指点与传授，但越学越困惑，不是名家们的水平不高，而是名家们每人的说法都不一样，甚至是完全相反。也正因如此，才激发了我一定要寻找到意拳"真经"的想法。后经窦世明老师引荐，于1996年起追随王玉芳先生学习意拳，最终在王玉芳先生处寻到了意的心法，从此也就不再困惑。到2002年终于修成正果，正式被收入师门，同时也成了王玉芳恩师的义子，并被赐为衣砵传人且被赐名为"承芳"，意为"承我拳学，继往开来"。

这么多年走过来，我深知学拳者的艰辛，我希望别人不要再像我一样兜这么一个大圈子。故只要人品好，有悟性，又有毅力，就都可学拳，我现在的徒弟既有世界搏击冠军、武馆教练，又有大学教授、研究员、作家、艺术家，也有出租车司机及农民工、退休工人和自由职业者及大学生、硕士生、博士生，他们大都是经人介绍也有自己直接找过来的。

但我也不是什么人都教，因为我也是有顾虑的，主要是怕耽误了别人的前程，具体如：

（1）有些人已经练得很好了，已形成了自己的思维模式，若再跟我学就要全改，但是学拳容易改拳难，改不好怕反不如从前了；

（2）有许多外地的学生想跟我学，但两地距离太远，很难保证能有很多的时间与他们沟通与交流，故也无法保证学习的质量；

（3）理论和现实是有距离的，我在文章里说的都是拳理，而不是拳法，拳法的训练大都是从错误入手的，有些训练方法学拳者未必能够认同；

（4）我练拳的目的很简单，一是为了养生健身，二是为了能技击，三是为了寻理趣，但与我这三个观点有不同看法的人也不适合于跟我学拳；

我16岁时因车祸致重伤，身体近乎崩溃，后通过练意拳完全恢复了健康，并且技成后与人比武从无败绩，现在我已61岁，依旧身捷体健，皆托意拳之福。我练的不是其他各种表象的能去表演的某些绝活类的意拳，而是为了养生健身与抑恶扬善及追寻祖师王芗斋先生所倡导的"在精神、在意感、在自然力之修炼"，是"先天之功"而非后天之功之意拳。

故学拳者如果认可我上述的这些观点，且双方交流起来也没有什么障碍的话，就可以成为我的徒弟了。

14. 从"师不必贤于弟子"看现在的师徒关系

谈到师承问题，有一件事儿不得不提，当时社会上有一些人质疑王芗斋先生的师承，即认为祖师王芗斋先生不是跟郭云深先生学的功夫，并由此来否定王芗斋先生的武学成果，姚宗勋师伯曾对弟子们说"芗老的老师是谁，你们不必关心，你们只需知道你们的老师是谁，我只需知道我老师是谁就成了"。其实祖师王芗斋先生的老师真的不重要，他是靠自己的本事打下的一片天地。恰恰是因为出现了王芗斋先生，人们才开始敬重郭云深老先生（据传郭云深先生曾败于车毅斋先生，即在当时的社会上还是有能赢郭云深先生的人），武林界往往是弟子在扬师父的名，就如同有了李小龙，叶问才开始被人们所津津乐道。所以应该是师父来感谢有成就的徒弟才是。我就非常感谢我的学生，我在清华大学教书，我所教的学生既有博士生又有硕士生更有本科生，她（他）们屡屡在全国的大赛中获金银奖，并不是我的水平高，而是我的学生们做得好，并且常常是我从他们的身上获得灵感。绝顶聪慧的学生一点就通，且闻一知十，能举一反三地把老师的观点升华到新的高度。从教育的角度来讲"没有笨学生只有笨老师"，优秀的教师是应该让每一个学生都能在各自的基础上有所提高，所以，清华大学一直在抓教师队伍建设是有道理的，若中国各门派的武术教师们也能不断地加强自身建设，那中国武术的发展就会一代强于一代，再次出现像王芗斋先生那样的祖师也不是不可能的。

从另一个角度来讲，老辈儿人常说的一句话也是有道理的：即"师父领进门，修行在个人"。师父有时往往只是给徒弟们提供了一个平台，当然，师父要在这个平台上引导徒弟们走正道，但徒弟们能否走出来，不光是功夫本身的问题，还要看其自身的悟性和精力投入的问题。

另外，中国文化中有很重要的一部分的内容是在讲人情世故，人情世故就是江湖。本人在清华大学是教艺术设计的，艺术的魅力在于重情，武术也同样离不开情义，这两个很有相似点，艺术在高点上谈的是人味儿（或叫人品），武术离开了人味儿（人品）也成不了器。所以，武术注重武德，在江湖中则可以概括成一个字——即"义"字，它是情义，侠义，信义，忠义，正义，仁义，大义。我曾经编写了"意拳十则"，既是对自己的警示也是对弟子的警示，具体为：

四须：呼唤良知、弘扬正气、追求真理、感恩万物；

四要：规范自身、开发潜能、认识自然、合于天地；

四信：守诚信、能自信、肯相信、具正信；

四义：重道义、守忠义、施仁义、行侠义；

四智：正心智、尚情智、博知智、具急智；

四心：竞心、敬心、静心、净心；

四体：体能、体认、体现、体持；

四真：真心、真意、真情、真爱；

四善：善德、善心、善言、善行；

四美：美情境、美心灵、美仪态、美生活。

如果大家都践行了"十则"中的内容，武功的修为也会有所长进。

15.传统武术的套路与师承关系

意拳现在尚没有一个规范的表演套路可以进行表演比赛，因为祖师王芗斋先生是反对套路的，曾言"只求神意足，不求形骸似"。意拳的长处是既能养生健身又能搏击，且功法独到，有文化底蕴，其独特的健舞之功能够表演，能自娱，赏心悦目。除此之外，武术中的套路比赛和江湖绝活，如吞铁球，断石撞碑等各种功夫，却不是意拳所关注的。但是，意拳训练有素之人，若真要进行武术套路表演却并不是什么大问题，因为对于有内功的人来说，要想掌握一下套路并把套路演示的形神兼备是没有问题的。故要想参加套路比赛，只需把外在的套路学会，再加入意拳的精神意念等内功就可以了。但如果要参加影视表演，就是另外一回事儿了，影视表演要有腰腿功夫，又要了解不同拳种的拳劲儿（如八卦掌有八卦掌的拳劲儿，太极拳有太极拳的拳劲儿），影视中的打斗，会不会完整的套路其实无所谓。

我本人曾将意拳进行了整理，发现从站桩到试力再到发力的锻炼之法，大致有数百式之多。所以，说意拳无招无式的人，是不了解内幕。祖师王芗斋先生是博览了天下万法之后才变的"拳本无法"的，但后人们如果真的无法，那就只能等着挨揍了，但有法也不成，必须将法练成本能，才能立于不败之地，故没有法是无知，执着法同样是无知。另外，祖师王芗斋先生所说的"不求形骸似"也并不是可以胡来，意拳在间架方面的讲究，胜过了所有的武术门派，所以，"不求形骸似"应该是终极要求，而不是训练过程中的要求。我将意拳数百式养生健身与技击等训练之法进行了汇总，准备整理成书，一是为了教学上的方便，使教与学能够有系统性，二是为了避免遗忘，防止因遗忘而失传，但它不是套路。

另外，在武林中，武术冠军和段位如果不是为了忽悠外国人（本人现在是武术六段），在传统武术练习者的心目中是没有多大作用的，如果没有得到内功心法上的真传，没有人会因为你是武术冠军或高段位或是武术博士及教授而尊重你，武林中有它特殊的行规。要想被武林认可，一是要有正规的师承，二是要掌握本门秘不外传的核心功法，三是要在比武中取胜。如果没有师承，就不可能得到秘不外传的内功心法和内练秘诀，没有内功心法，即便能赢人，也只能说明是自身的运动素质比对手高且训练刻苦，吃的是青春饭，但跟你学拳的人却不可能都是身体素质好的人，自己能赢人，不代表跟你学的人即身体素质一般的人也能赢人。另外，即使有师承也不代表学到了真东西。太极拳的冯志强先生和许多民间武术家并没有进过体校，但由于他师承的是陈发科先生，这比有什么高校学历和文凭、段位都关键。但如果没有学到真东西，即便是有学历有师承也没有用，所以掌握秘不外传的核心技术才是硬道理。

16.意拳祖师王芗斋先生到底有没有真功夫

关于祖师王芗斋先生到底有没有真功夫的问题，我们可以通过以下几个方面来看：

（1）薄家聪先生（姚宗勋的弟子）曾在文章中写到，一次祖师王芗斋先生在一些领导的陪同下路过姚宗勋先生练功的地方，姚宗勋先生见到祖师王芗斋先生后，连忙小步快跑过来，毕恭毕敬地鞠躬请安，但祖师王芗斋先生只是哼了一下，就走过去了。薄家聪师哥的这段描述，至少透露出来了几个信息，第一，祖师王芗斋先生的脾气大，可能当时的心情不好，直接就表现出来了；第二，可能姚先生在什么事儿上触犯他老人家了，使祖师王芗斋先生不满意了；第三，兴许祖师王芗斋先生一直对弟子们就是这个态度；第四，得说姚宗勋先生做人做得好，尊师重道，对师父恭敬有加。但薄师哥的这段描述也从另一个方面说明，如果祖师王芗斋先生没有本事，祖师王芗斋先生也不会有这么大的谱儿。我自己也有二百多个入室弟子，我是不会有那么大的谱儿只是对弟子"哼"一下的，即使这个弟子当时气着我了。祖师王芗斋先生这么大的脾气，若没有金刚钻，弟子们早就会被他给"哼"跑了。从祖师王芗斋先生弟子们所发表的涉及祖师王芗斋先生的文章，到每每见到祖师王芗斋先生的弟子们在谈到祖师王芗斋先生时的那种溢于言表的仰慕之情，就都能说明这些弟子们与祖师王芗斋先生的感情之深是刻骨铭心的。回过头来介绍一下姚宗勋先生，姚先生先生又是何许人也呢，在当时的武林界人们私下里称他为"拳阎王"，即在拳脚上谁碰上他谁倒霉。作为"拳阎王"的他对祖师王芗斋先生都是这样一个恭敬的态度，那祖师王芗斋先生的拳术水平又会是什么样的高度也就不必再多说什么了。

（2）卜恩富先生是全国的摔跤冠军，卜先生在祖师王芗斋先生的面前简直就如同是一个孩子，祖师王芗斋先生想怎么摔他就怎么摔他，因为深服了祖师王芗斋先生，他才欣然地拜了祖师王芗斋先生为师。无论是在过去还是在现在，摔跤的可都是真把式，全国冠军更不是好当的，得要力量有力量，要技术有技术，要经验有经验，要体能有体能才成，卜先生一米八的大个子，放到今天，也绝不是白丁，从祖师王芗斋先生能瞬间秒杀全国冠军的能力来看，更能显示出祖师王芗斋先生的功夫是真功夫。另外，祖师王芗斋先生早期的天津弟子张恩彤先生，在天津轻取全国摔跤冠军，致使该冠军专门跑到北京来找祖师王芗斋先生拜师学艺，祖师王芗斋先生要是没有金刚钻也揽不了这瓷器活儿。所以祖师王芗斋先生的真功夫是毋庸置疑的。

（3）祖师王芗斋先生打欧洲拳击冠军英格，是中国武林人士近百年来唯一一个真正面对世界级职业冠军的人（英格自己把比武输拳之事刊登在《泰晤士》报上），霍元甲先生打的是日本浪人，不算是什么多高的高人，韩慕侠先生打的是欧洲大力士，也不算是什么真正的技击家，中国武术真正同外国职业选手碰撞的，只有祖师王芗斋先生一人。最关键的是祖师王芗斋先生的打击方式让世人服气，即祖师王芗斋先生是一触即将英格弹飞至丈外，其状态真如同是大人在教育孩子般的举重若轻，祖师王芗斋先生是真正能践行自己所说"一触即发"理论的人，而别的武术家在与外国人交手时，都是靠击打对方的要害部位而成功的，即使是像孙禄堂先生这样的武学宗师，打日本武术家时，赢的都没有像祖师王芗斋先生那样的轻松（孙禄堂先生的再传弟子们曾在《武魂》刊物上刊登过孙先生力战日本人的经历）。世间没有一个武术家能像祖师王芗斋先生这样，在搏击时能有那种胜似闲庭信步的状态，那是得有什么样的能力与信心才成，而祖师王芗斋先生的理论恰恰是"要抱着同死的决心"，内心有同死的信念才会在行为上坦然淡定，在祖师王芗斋先生的身上无不体现着深刻的哲学观，祖师王芗斋先生自称为矛盾老人，他是在用文化来赢人。

（4）祖师王芗斋先生赢泽井健一时，泽井曾是日本剑道和柔道的三段四段，也应该算是职业类的选手了，祖师王芗斋先生与泽井健一交手时一触即将泽井崩飞；八田一郎曾是日本选送奥运会的选手，日野是日本警备司令部的总教官……都是一触即飞。泽井健一即使到了老年，体能与劲力都已远不如壮年了，但他与大山培达（空手道宗师）交手时竟都能打成平手，而且还略占上风（网上有视频），足见泽井健一在壮年时会有多厉害，而祖师王芗斋先生赢他又是那样的云淡风轻，祖师王芗斋先生的水平得高出他们多少，无法想象。

（5）香港商界的领军人物、全国政协副主席霍英东先生一直都在致力于祖国体育事业的发展，其子霍震寰先生在香港开放的世界，什么样的名门大派没见过，东方的，西方的，久历名家，但最终却选择了意拳，并多次千里来京到姚宗勋先生处学习意拳，霍震寰先生是亚洲国际武术联合会的主席，足见他是有比较的。我本人也是经过了反复的比较以后，最终才选择了习练意拳的，相信许多练意拳的人也多是如此，是经过了比较之后才走上了习练意拳之路的，而且大多数人还把它当成了终生的事业。所以，意拳的魅力及祖师王芗斋先生的水平之高不言而喻。

（6）从祖师王芗斋先生的拳术理论高度上来看，我最欣赏祖师王芗斋先生的"拳拳服膺""在精神、在意感、在自然力之修炼""形不破体，力不出尖儿""力量一有方向便是错误"等理论，该理论天下无双。即使祖师王芗斋先生比武时失手输给了别人，也不能抹杀祖师王芗斋先生的光辉，也不能说明祖师王芗斋先生的拳不是上上之拳，祖师王芗斋先生也说他自己只是意拳的习练者，祖师王芗斋先生也期望后人能超越他，更何况祖师王芗斋先生技成后还从来就没有失手过，他的弟子姚宗勋先生技成后也从来就没有失手过，李永倧先生与外人比手也从来就没有失手过，还有窦世明先生、杨绍庚先生、张忠先生等，都是外战从无败绩，祖师王芗斋先生带出来了一批的武林高手，成了一个王芗斋的时代。本人的恩师王玉芳先生是祖师王芗斋先生之二女，本人虽然自认为并不愚钝，尽得真传却用功不足，经常是三天打鱼两天晒网，一个月也训练不了几次，主要是因为工作任务繁重，自己也懒。但仅仅是自己的这点儿微末道行，在一个月也保证不了有几天训练运动量的情况下，与人比手，多年来从无败绩，所赢之人，包括一些门派的掌门，也包括在武术刊物上出了名的一些武术名家及某世界级的自由搏击冠军。每每赢了他们之后我都会心里有疑问，难道他们真就是这个水平吗，他们可都是些名人、专家和职业运动员。现在想来，不是跟我比手的人水平低，而是祖师王芗斋先生的拳学体系太伟大了，略一学习，哪怕只是仅掌握了一点儿的皮毛，就已经可以闯荡江湖了。由此可以证明，祖师王芗斋先生所创立的拳学是中国传统武术文化中的瑰宝，是"继往圣，开来学，有功于斯世也"（宋·朱熹《隆兴府学濂溪先生祠记》），祖师王芗斋先生的水平之高，超越所有的武术家。

17.看张鸿诚先生的文章见证传统武术的实战能力

许多人曾质疑中国传统武术的实战性，并认为只有擂台上的现代搏击具有实战能力，传统武术只是一些花拳绣腿的花架子。但撇开传统武术中的其他门派不谈，仅以意拳为例，本人认为，传统武术中的意拳是具有非常超强的实战能力的。本人的师兄张鸿诚先生出生于1938年，亲身经历了从意拳祖师王芗斋先生到其弟子姚宗勋先生、李永倧先生等武学大家再到意拳第三代的各个时期的发展阶段。从他回忆的文章中，我们能够看到一个与我们今天所理解的不一样的传统武术的真功夫。张鸿诚先生曾经是摔跤运动员，如果说传统武术可以投巧，摔跤运动则完全须用实力来说话，是来不得半点儿虚假成分的，现在的摔跤冠军也未必就摔得过民国时期的摔跤冠军，故摔跤运动员正好是传统武术的试金石。在张鸿诚先生的回忆文章中可以看到，他们的那些近乎于是职业队的摔跤运动员，在练传统武术的意拳李永倧先生面前，就如同是被成年人随意抛掷的一群孩子。李永倧先生都是如此，那李永倧先生的师兄姚宗勋先生又将是何等的水平，姚宗勋先生的师父王芗斋先生又将是何等水平，简直无法想象。所以，不是传统武术没有实战性，只是大家没有遇到有实战能力的传武大家。

下面请看我师兄张鸿诚先生的回忆文章："我对李永倧先生的了解和理解"（张鸿诚先生写于2011年4月）。

原文如下：

我（张鸿诚先生）觉得：一个人对事物的钦慕、追求到实现，往往与"造化""缘分"和"机遇"分不开。我祖辈、父辈皆习武，但认为"习武可以为道，不可以为业"，故从事教育、医疗工作，练武以自娱。我自幼受熏陶亦嗜武。

1950年（12岁），父亲把我送到拳友王培生处练习武术（当时王先生在北京汇通武术社任教，兼任北京师范大学、北京工业学院等处"客座教授"）。1953年的一天，我随王老师去北海体育场观看将于11月在天津举行的"全国民族形式体育表演及竞赛大会"中武术项目参赛队员选拔赛。其中一位六旬开外老人的演练吸引了我。熟悉各拳种风格的我，竟分辨不出是何路数。老人上腾下潜，前蹦后跃，左冲右突，似断续而连贯，似畸倚而协调，总体却和谐、流畅。随着老人的手舞足蹈，觉得空气在其身外形成各种不规则的涡流，像海水一样时而荡漾、时而升腾、时而翻滚、时而倒卷。不是人动，是人在操纵空气！使我惊诧异常。问及王老师，方知老人叫王政和，字宇僧，别字尼宝，号芗斋，演练的是意拳的健舞，不是套路。给我留下了深刻印象。这年我十五岁，在学了几个套路和太极拳推手后，觉得不过瘾，受到"三年把式不如当年跤"的诱惑，我想速成。经王培生老师同意，拜跤坛名宿熊德山先生为师。武术、摔跤"两下锅"。1954年王选杰也随熊老师学摔跤，只是时断时续（从师多人，时间有限）。

在以后的日子里，因常到中山公园老"来今雨轩"北面的"投壶亭"杨禹廷师爷处受教。时常见到王芗斋先生在公园西北松柏林中"训拳"。比比画画、嬉笑怒骂、叱咤风云。时而口若悬河、时而冷若天尊、时而温如处子，时而凛若煞神。使人"敬而畏之"，只道是"传奇"中的异人。我每次都恋恋不舍又诚惶诚恐的离去。

1958年春，我20岁，响应政府号召去支援边疆建设，在甘肃省银川专区当教师（秋天才成立"宁夏回族自治区"）。无意中参加摔跤比赛，不留神夺了冠，被选入"省摔跤队"。是年，全国开展"全民体育运动月"，各省市要挖掘、选拔各项体育运动优秀人员。集训后，参加1959年建国十周年的庆典之一"第一届全国运动会"。6月底7月初，学校放暑假前，利用各单位集中进行"社会主义教育运动"之机，宁夏体委组成几个工作组，分别到各县开展选拔工作。某日，我一行六人（由摔跤兼武术队员组成、我年长，被尊为"头"）在中卫县人委招待所午休。听说，合作社卖不要粮票不限量的糕点，我委一名85公斤级的摔跤队员去购买，因其魁伟力大、可负重、能多买。久之，该队员浑身泥污空手而归。询之，言在合作社遇一操北京口音的壮年人，言语误会而被打，与其争斗，顷刻间被毛发无损地扔了十来个跟头，赶忙跑回报信。我震惊之余，连忙率五人赶到合作社；售货员说：李先生（当地人称医生为"先生"）走了。问居于何处，答城西五里堡。我等赶至五里堡，经村人指示寻至李家。一妇人出迎，北京口音，语善而刻，体媚而悍，让至院中。环视院落，土屋坯墙、砖叠桌凳、柴锅、陶缸，颇觉寒酸。问我等来由后，抿嘴一笑："稍等，该回来了，天热，先洗把脸，井在那儿，自己个儿打水。"顺手把瓦盆和手巾踢、抛给我们。自去一旁拾柴扫地，不再理会。我们坐了一会，大门口进来一人，细高挑、身板挺拔、步履轻快，蓝制服裤、白短袖汗衫，黑条绒懒汉鞋。右手提着一块带骨头的羊肉，左手提着一陶罐耢糟莲花菜（大洋白菜），见了我们一笑："嘿！还真追到家里来了！"很坦然地把物品放到砖桌上，自顾脱衣洗脸去了。而后拿了个树墩坐下，一边扇凉，一边说："看你们像北京人、江北人、辽宁人。干什么的？来县里干吗？"我们忙起身说明身份和来历。"坐！坐！还真有老乡呢！"见我像个"头"，就只管和我说话，我抽空赶紧请问尊姓大名，为何有此好身手却落魄至此。他说，原是北京北郊清河镇人氏，姓李名永倧，边说边在土地上用扇柄写出名字（不是后来人们写的永"宗"二字），今年41岁（注：1917年7月生人，比姚宗勋小四个月）。

1956年由北京作为"无业游民"移民来此，原来家境富裕，喜欢文学、中医、书画，曾从赵铁铮、洪连顺、王芗斋练过拳。刚才进城买东西和你的伙计因言语误会发生争执，小伙子憨直可爱，我一时手痒，就要了他一会儿。回家途中，有两家老乡让我给扎扎针，没想到你们倒赶到我前头了。我也说出我的老师，他了若指掌。我又提到见过王芗斋表演和"训拳"，他哈哈大笑。随着叫妇人过来见礼："这是我太太，啊不，爱人，叫祁秀英，是解放前北平国术馆馆长许笑羽的遗孀。"我思忖：怪不得她那么镇定自如，原来是见过大世面的。李先生又说："你们想看看我的玩意吗？来，过过手，见见汗儿。先一个一个来，然后六个人一块儿上！"又对李太太说："烧水沏茶，招待这几位小爷们儿。"（当地习俗，只以酒待客，没有茶叶，包兰线通车后才有茶叶，只有公务机关才沏茶待客）。结果每个人都沾着倒、碰着跌，我们年轻气盛，专业队员又都习惯"回合战"，挨摔又没受伤，一是不服气，二是想知道怎么挨的摔，所以每个人都是三番五次交手，直到服气。最后六个人一起上，更是此起彼伏。李先生如虎入狼群，指东打西、拍南撞北，游走穿插于六人之间，信手挥洒、游刃有余。太精彩了，妙哉，好像儿童游戏"老鹰捉小鸡"，须知，一拳一个，打伤打倒起不来容易，伤一个少一个，好对付。只跌不伤、车轮战，实是不易。直到李太太喊了一声："玩儿够了吧！"才住手。我们气喘吁吁，他也大汗淋漓。也不知"玩儿"了多长时间，只知道新沏的茶早就凉了。我们洗完后，坐下。李先生说："这是我从北京带来的茶叶，两年多了，陈了，没香味了，凑合喝吧！"我们洗完后，坐下喝茶，我幼稚地问："您练过八卦、形意、太极吧？不然怎么能做出推托带领、钻裹拧横，沾粘连随的身形步法呢？精气神意这么足？""傻小子，我练的是大成拳（意拳），集各拳之大成，只要搭上手，触到你肢体，号着你重心，一个短促发力，你必倒无疑。我师兄姚宗勋看不上我，说我是丝竹管弦之音，他是金钟玉磬之韵。我功力不如他，他厉害，他是大成拳，我是小成拳。今天你们如遇着他，都得抬着走！"那天，吃完李太太做的羊肉泡馍，把随身带的钱留给他，他推辞后就收下了，说：来日方才，后会有期。我们回到驻地，已是红日西沉了。由此坚定了我学习意拳的信念，无奈王芗斋在北京，又很难接触，我们在银川市，离李先生太远，只能后会有期了。

参加完1958年10月在天津新华路体育场举办的"全国摔跤锦标赛"和1959年9月在北京举办的"第一届全运会"，转眼到了1960年。"困难时期"提前光顾宁夏，树皮草根一扫而光。我饥饿难耐又患胃溃疡，举目无亲，只好辞职回北京。宁夏单位不给转户口和粮食关系，屡次上访无效。无奈，截了彭真委员长的汽车，才算解决。4月的一天，我陪义父张克（住翠花横街）到官园公园散步，顺便到官园体育场看望我的师兄赵文仲，他当时任摔跤教练，碰到了师弟王选杰（1938年1月21日夏历腊月二十日出生，牛尾；我1938年2月9日夏历正月初十出生，虎头，他比我大二十天），他父亲与李永悰交好，他曾跟李先生练意拳，1956年李先生去甘肃前，把他推送到姚宗勋先生处，当时姚先生在郊区工作，每月四天公休进城教他，平日让杨德茂先生代培。这次见面，谈及李先生和姚先生。义父张克曾于敌伪时期在日本的宪兵队为姚先生解过围，十多年一直未通音信，就嘱咐王选杰：姚先生进城通知他。5月，王选杰带义父和我到西城区太平桥兴盛胡同4号西屋见到了姚先生。我提到对意拳很崇仰，想向姚先生学意拳，姚先生详细询问了我的经历后，又让我做了些武术、摔跤的动作，就欣然同意了。进城时教我，平日由杨先生代培。至此，我实现了学习意拳的愿望，算是缘分和机遇吧，我有造化。当天下午，义父张克又带我到工人体育馆拜见了李天骥和张登魁先生。三年后，因我与姚先生"心有灵犀一点通"，就为我举行了"磕头递贴拜师"仪式。

1961年，王培生老师因事去东北，直至1979年方归北京。自此我就专心向姚先生和李天骥先生请益了。摔跤已是从属位置，偶一为之。

是年，我在"外交学院"做水暖工，常和在该院做清洁工的王斌魁先生见面，有时顺便到王先生家请教。一次，下班后我自外交学院骑车去王先生家（王先生坐公交车），途经德内大街羊坊胡同西口时，忽听有人叫"小张"，并拽住了我的车。回头一看，是李永倧先生。我惊呼了一声："李师叔，怎么是您，何时到京的，干吗去？"于是同到就近的酒馆，为他要了酒菜和挂面卧果。我说我已向姚先生学拳，所以叫您师叔，我正要去王斌魁师叔家。他说他从宁夏饿回来了。暂住其兄李永良（志良）处，今天也是去斌魁家，真巧了。饭后同行至后海小花园时，我说咱们吃饱了，为了躲开王先生家饭口，先给我说说拳吧。他说，聊天可以，我不能教你，你已经接触了宗勋的拳势，我做不到，你会小瞧我。

以后的日子里，因我家独门独院，王选杰、崔有成就分别约李先生来我家谈拳。1962年，王选杰因故离开姚先生，李先生也到赵辛店以南的"长阳农场"落户，见面机会很少了。"文革"之前，我曾六次骑车去农场向李先生请教。在那里曾见到原练"三皇炮锤"拳，后经袁敬泉介绍，也随王芗斋先生练意拳的李兴先生。熟识了，李先生也就很坦率地披露他的学意拳经历：在继赵道新、韩星桥之后接受王老教授时，仍保留着原来一部分训练内容，包括对宗勋。只是想融入西方搏击术时，才以宗勋为试点，突破式的训练。初学还是要由初级、中级循序渐进。当王老确立宗勋为"继芗"后，让宗勋代师授艺，李永倧、韩星垣为助教。李先生曾向姚先生提出订立教学计划，系统训练。姚先生说："我自己练功的时间还不够呢，哪有工夫考虑教学的事。"每日只是拿韩星垣、李永倧、杨德茂、窦世明、窦世诚、张孚、张中、孔庆海、吴树藩等当拳靶练手。王斌魁机灵，闷头喝酒，免遭皮肉之苦，窃笑那些人"愚"。杨绍庚在一旁观看，积累"见过世面"的资本。一弊一利，却也造就了一批实战人才。

经我再三恳求，李先生将自己从王芗斋那里学来的东西教给了我。如节节贯穿的站桩训练、摇法、旋法、鸟难飞、降龙、伏虎、穿裆脚等的训练细节，和蛇缠手的练习和实用、步法训练等。让我找姚先生精加工。因我每次与李先生、王选杰接触后都如实向姚先生汇报，姚先生也乐得掌握信息，从来不计较。只是说永倧教你的东西都是初、中级的东西，我因已做到"本能"而不练了。经你提起，根据你的体材、体质、体能，我给你加加工吧。而后系统地指导了一遍，帮我塑形、求劲、充意、雕风。断手只是教给了我，因社会条件，缺乏实战锻炼。1976年到1981年崔有成也多次得到姚先生的指导，不明白处由我辅导。有人说他"跟姚宗勋生活了十六年，跟李永倧也生活了三、四年"。无稽之谈！

我后来见过韩星桥、赵道新二位先生的演示，逐渐明了意拳的训练体系，我采用了走、变、灵、快的表现形式，而没采用功力型的表现方式。由此，王选杰终生不能小看我。崔有成至死敬重我，临终前，嘱托我为其料理后事。我主持了他的吊唁会，写出并诵念了悼词，撰了碑文。崔有成一生好勇斗狠，却颇愿与我切磋，动辄二三小时。只要他不能一击必杀，永处下风。王选杰、崔有成都受过李永倧先生的指导。二人与李先生相比，少的是理性和技能，多的是霸气和流气。我对二人知之深，故言之切。王选杰，一生忐忑，半世愧疚，62岁忙赴西方乐土；崔有成，生也快快，死也默默，63岁毅然转世。

我练拳，不追求名利，实事求是，客观对待自己，客观看待他人。先接受永倧先生的观点：要学"庖丁解牛"，技艺精湛，求实在的；别学"屠龙之术"故弄玄虚，可望不可即，蛊惑人心。后接受宗勋先生教导：低头做人，昂首做事；说怂话，办横事；别"书生论战，纸上谈兵，自欺欺人"；别先宣扬王老的光辉业绩，然后攀亲戚，论亲疏，抬高自己身价，用王老的光环套自己。

宗勋先生常说："王老是王老，和你有什么关系（指功夫），你怎么样？"还说：四大名旦，四大须生，各自风格不同，韵味不一，各有偏重，各有所长，但都得合乎京剧的规矩。梅派传人不是梅兰芳亲手教的，他不是教师，他要演戏、要创新，要应酬，没那么多时间，大都是研究梅派的人教的。他本人只作精神意识，境界的指导。学艺要"转益多师是吾师"。

我生不才，借"习武"为陶冶，以"追求"慰寄托。耄耋之年，老而不死。神尚清，体尚健，得益"意拳"；功不成名不就，愧对姚老。应约，且将旧日些许经历拉杂记下，不成体例。毁誉褒贬任之。

上面是师哥张鸿诚先生的文章。

张鸿诚先生于1938年2月9日出生于北京，汉族。国家一级摔跤裁判员、教练员，国家一级摔跤运动员。国家一级武术裁判员，国家一级社会体育指导员。武术六段，中国科学院武协常委、训练组组长。北京"中国传统文化学院"客座武术教授。北京市武协意拳研究会副秘书长，北京市武协意拳研究会监事，北京市武协武术理论文史研究会秘书长。1956年至1960年多次参加省市级比赛及1958年全国摔跤锦标赛和1959年第一届全运会，六次获得次轻量级冠军。张鸿诚先生曾经是意拳界"三成一杰"之一"成"（张鸿诚、王铁成、崔有成、王选杰），他与王选杰先生、崔有成先生、高京力先生、许福同先生等人曾经代表着意拳的一个时代。张鸿诚先生于2021年11月16日在北京病逝，享年83岁。本人在此发表此文，既是借此文为中国传统武术正名，也是对师兄张鸿诚先生的一种缅怀。

18.意拳大师王玉芳与她的师兄弟们

本人自1978年学习意拳以来，曾得到过众多名家的传授与指点，在意拳第二代中，早期时曾从学于窦世明先生，并得到过郑朝向先生、于永年先生、杨绍庚先生、朱垚莘先生、王斌魁先生、敖石朋先生等先生的指点与传授。窦老师为人忠厚，拳术风格也同其为人一样的朴实，在窦老师处学拳时，在提到意拳第二代中他所敬重的人时，谈的最多的是王玉芳先生和姚宗勋先生。当时学校要安排我去日本学习印染技术（此事后因日方的资金不到位，中途搁浅），因要走一两年的时间，所以去窦老师那里学拳的次数也越发的多了，窦老师说，你到了日本可以同那边练太气拳的联系，但我的名字在那边不成，要不你就提姚宗勋或者王玉芳，这两人日本那边都认可。但当时由于社会上许多人曾传言王玉芳先生不懂拳，故我就向窦老师问询，在谈到王玉芳先生的功夫时，窦老师说那还用说，芗老教自己的孩子还能有假，接着窦老师介绍了王玉芳先生的一些习拳逸事，其中，印象最深的是窦老师说，王玉芳先生带着拳套比拳时，出拳极为犀利，一点儿看不出是女孩子，经常打得我们师兄弟鼻子直窜血，她自己的脸上有时也被我们的师兄弟打破，但她却像男孩子一样毫不在乎，也不怕留下任何的疤痕，有些师兄弟在芗老那儿挨了骂，就想借比拳的名义拿她出气，结果常常是反被她揍得鼻青脸肿。

为了进一步了解意拳，我求窦老师引荐我去见王玉芳先生，窦老师欣然同意，1996年在窦老师的推荐下，我来到工体对面王玉芳先生的家中聆听王玉芳先生讲拳。王玉芳先生与窦老师住的环境简直是天壤之别，窦老师住的是姐姐留下来的带套院的大四合院，而王玉芳先生则蜗居在五六十平方米昏暗的小屋里，这位意拳祖师之后人竟生活得如此简朴，简直是难以想象，王玉芳先生同窦老师一样的质朴，不仅如此，王玉芳先生还坚持要留我吃饭，第一次见面就要在老师家吃饭，而看样子她的生活状况又不太好，真是不好意思，但为了能多听她讲拳，最终还是留了下来。王玉芳先生谈拳与窦老师的风格不同，东一句西一句，开始时很不习惯，有时还不知老人家在说谁，比如王玉芳先生当时老谈"小溪"，我不知"小溪"是谁，也不好意思问，只是知道肯定是家里人，但当王玉芳先生谈到祖师王芗斋先生的逸事时，则使我毛塞顿开，王玉芳先生说当时常有人问我父亲："您怎么总是歪着头待着……"，当听到王玉芳先生谈到这个问题时，我顿时眼前一亮，知识永远是给需要它的人准备着的，多少年来一直没能想明白的许多问题，在这儿一下子找到了答案。另当王玉芳先生说："我父亲说横膈膜一紧对方就能飞出去……"时，则彻底颠覆了我对过去所学的所有意拳知识的看法。当时激动得真是难以用语言来形容，那种兴奋的状态，至今还记忆犹新。祖师王芗斋先生曾有："不知吾道千年后，参透禅机有几人"，当时我就想说，芗老啊，我终于理解您了，您的许多拳论，原来竟是要通过反向思维来训练呀。也不知是过了多少时，总之离开王玉芳先生的家时天已黑了，回到家中，第一件事是记笔记，将学到的知识尽快地记录下来以免遗忘，一个多小时的追记结束后，心情仍难以平静，因为终于破译了祖师王芗斋先生的一部分武学密码，很庆幸在苦苦探寻意拳近二十年后终于开始走入了王芗斋先生的武学世界。

由于当时还在窦世明先生及其他意拳名师处求学，故始终对王玉芳先生称老师，直到窦世明先生去世后，才于2002年10月正式磕头拜师，在追随了王玉芳先生六年后方终于荣幸地成了她老人家的入室弟子，其后又于2002年11月16日正式成为王玉芳先生的义子，并被她老人家所器重赐名为"承芳"并题字为"衣钵传人"。虽然本人于2002年10月才正式入师门，但多年的习武锻炼，及通过修炼而得到的感悟和产生的身体变化，恩师全都看在眼里并喜在心里，故恩师常说："我收了一个清华的好徒弟"，对本人的功夫恩师更是全面地进行了肯定，恩师对我的褒奖开始时我并不知道，因每次见恩师时恩师对我的严格要求常使我战战兢兢，不光是我，像李全有师兄、苏永明师兄、刘涛师兄，每次见到恩师时也照样如履薄冰般毕恭毕敬的，恩师褒奖我的话都是事后从师叔伯和师叔伯的一些弟子们那儿才得知的："知道吗，你老师又在夸你练得好了"。恩师的器重使我对意拳的追求更加的努力，恩师也毫不吝啬自己的褒奖，特为我撰文《我的高徒张树新》，并将此文于2003年3月发表在《精武》刊物上。

义母讲拳时经常能提纲挈领的抓住问题的实质，比如我以前站桩时，间架总是不得劲儿，义母就说，你要："膛大而口小"，一句话就把我点醒了。同义母揉手时，义母的劲力更是精妙，不见义母用力，自己却不由自主的被其力所牵动，由此，本人常常在想，一个上了年纪的老人而且还是女士，劲力都这般的精纯，倘若换成了祖师王芗斋先生，还是这种劲力，放大了以后，其精纯和玄妙将会是怎样的一种景象呢。何镜平先生、朱垚荸先生、赵华舫先生等众师叔伯们都说，义母与祖师王芗斋先生的神形极为相似。由于义母的行为举止和劲力特征颇有乃父祖师王芗斋先生的意蕴，故本人虽然遗憾没能有缘亲自同祖师王芗斋先生搭手听劲儿，但义母与乃父心灵相通，故在义母这儿依旧能感受到祖师王芗斋先生的气息，这种零距离的接触，使我对意拳的理解产生了根本性的变化。

义母同师兄弟们的关系相处得都非常好，有一次我偶然提到不知祖师王芗斋先生的弟子们对芗老的拳学都有多少不同的理解，没想到义母竟把这话当成了一件事儿，几天后真把朱垚葶先生和赵华舫先生请了来，朱垚葶先生和赵华舫先生虽然都已高龄，但居然一请就到，真让我这做晚辈的感动，也足见义母同他们的关系非常亲密。记得朱垚葶先生当时很风趣地说："我和华舫在老先生那儿，争着做倒数第一"。其实朱垚葶先生的功夫是很高妙的，在他身上我亲眼领略了肌肉起锋棱及身体起波浪的劲力，除了义母的身上有"无往而不浪"的劲力外，又能在朱垚葶先生的身上见到，这真是一件令人激动的事情，意拳的劲力如果不亲眼看到，并亲自去搭手听劲儿，仅靠照书本上的那些文字知识，再聪明绝顶也是不得要领的。此事之后，经义母推荐我又到朱垚葶先生家求教他所理解的意拳心法，这又使我有缘从另一个角度感受到了祖师王芗斋先生拳学的博大精深。

义母是名门之后，从小过着优越且富足的生活，然而时事难料，其后的生活则比较拮据，好在尚有孝顺的三个儿子和一个女儿及众孙女们的帮扶，人虽老了但在精神方面依旧相当的充实，王玉芳先生也从不拿钱财当好东西，别人送给她的字画及贵重物品很多，但只要她认可了你，什么好东西都会送给你，本人手里就藏有王玉芳义母亲手所赠的两幅书法，和一幅以兰花为题的国画，至今仍挂在我客厅和书房的墙上。义母的腿在"文革"时被打伤，老了后又摔过几次，最后的两年坐上了轮椅，虽然身体不如从前，但只要一提到打拳，义母无论身体多么不适，马上就来了精神，两眼放出锐利的光芒，浑身瞬间就能进入拳术的状态。晚年有外人说王玉芳先生糊涂了，而然，正如李全有师兄所言："谁说咱妈糊涂了，谁才糊涂了，老太太眼睛毛儿都是空的。"义母在弥留之际，当同她说话时，她依旧能听出你是谁，虽不能说完整话了，但你说话，她依旧能发出"嗯"声应答。从义母进入重症监护病房，到撒手离世，足足坚持了一个月的时间，这期间很多同进病房和后进该病房的老人们都相继地走了，但义母依旧在顽强地与死神做斗争，有师兄说："老太太可能在等谁"。直到义母离世的那一刻，大家才有所感悟，似乎义母在守候丈夫金协中先生的去世时间。义母的去世时间（3月14日16：50）与其丈夫著名画家金协中先生的去世时间（3月14日17：00）竟是同一天，只是比丈夫金协中先生的离世时间提前了十分钟。如果真是这样的话，那这种穿越时空的情感与生命的坚守，真不是一般人能够做到的，在义母身上除了所特有的女侠气质外，她又用生命的终结，诠释出生命中最深层的至柔与真爱的情感。

2012年3月18日是与王玉芳义母追悼会的日子，当日凌晨天降大雪，北京一个冬天都没见到什么大雪，却在这时下了。张秉智师兄（杨德茂先生的弟子）也是彻夜未寐，3月18日凌晨3点发来短信："非遗拳学百余年，芗翁毕生心血创。拳拳服膺谓之拳，大师今去苍穹动。雨雪送行甘露降，更令大地披素装。神州挥泪惜别去，未尽遗志有后生"。是否真如秉智师兄所言，是上苍垂泪并特意为义母的离去而披上了素装，银装素裹的为她老人家送行。

3月18日上午8点在北京八宝山革命公墓举行了隆重的遗体告别仪式。武术界、文化界等各界人士和众多媒体代表500余人自发地从海内外赶来吊唁，没能赶来吊唁的也纷纷发来唁电，以示对王玉芳先生的崇敬之情，各界人士的到来，既是对先生的敬仰也是对先生对中国武术所做贡献的肯定。在"意拳大师王玉芳先生追悼会"上发行的《纪念册》中，许福同师兄（李永倧先生的弟子）的《悼王玉芳大师谏》更是情真意切的道出了大家的心声："英英师表，武林之光。清质高格，声誉卓响。少承家学，修炼激扬。刚柔斯备，浑元神强。见性明理，气动昆冈。仗义怀仁，侠骨情肠。课结授业，杏坛芬芳。白发垂簪，耄耋煌煌。漏促宵灯，世事匆忙。大泽龙咽，蓬山鹤伤。子规悲泣，目断空堂。巍巍岱翠，穆穆松苍。铭旌系谏，灵寿洋洋。呜呼哀哉！"

从第一次踏进王玉芳义母家的大门到今天已有十七个年头了，在这十几年的时间里，本人亲眼见证了意拳师祖之后人——王玉芳义母是如何靠着一种信念，一直在坚守着师祖所创立的事业，并为之付出了全部心血的艰苦历程，而这一切都随着王玉芳义母2012年3月14日的离世而变成了永久的怀念。

如今，恩师义母王玉芳先生已安葬在北京市昌平区南口镇西的天寿陵园的墓地，安静地与青山绿水相伴，墓碑背面的碑文概括了恩师义母王玉芳先生的一生：王玉芳先生1921年1月7日生于北平，卒于2012年3月14日，享年92岁。王玉芳先生是拳学祖师王芗斋先生之次女，原北京石景山区法海寺医院名誉院长及养生教员部主任，北京芗斋意拳发展中心会长，北京意拳协会名誉会长，香港意拳学会名誉会长。王玉芳先生13岁开始随父习拳，悉得乃父之心法，自50年代起即随父讲学并义务为患者治病。王玉芳先生曾出版多篇武学论著，继承并发展站桩功疗法和意拳（大成拳）试力十节功。王玉芳先生的一生是为祖国的健身事业奋斗的一生，是自拳学祖师王芗斋先生之后融养生技击于一体的承前启后的一代大师。王玉芳先生精神永存！

19.意拳大师王玉芳先生简介

意拳是祖师王芗斋先生（1885～1963年）经数十年实践和理论研究，于20世纪20年代创立的一种极具搏击意义的实战拳学。该拳深邃的武学哲理、丰富的养生内涵、简捷的修炼方式以及突出的搏击效果，在海内外产生着强烈的影响。

意拳师王玉芳先生（1921年生于北平）为王芗斋先生之次女，13岁开始随父习拳练功，悉得王芗斋先生之心法。系统学习了意拳的站桩、试力、试声、发力、走步、推手、实作等功法，并经常与祖师王芗斋先生的弟子们切磋武艺，虽身为女子却不让须眉。祖师王芗斋先生见其如此爱拳，便针对其身体状况进行特殊调教。王玉芳先生与人动手常能一触即发，1996年底在王玉芳先生家中，已学习拳术多年的法国人明某要求与王玉芳先生搭劲，双方刚一接触，明某就被惊弹到屋边的沙发上，所受震荡之猛烈，令明某惊悸之极。至今，凡是求教过王玉芳先生的人，无不被其精湛的功夫造诣所折服，其拳术之独到，为国内外武界所公认。

王玉芳先生从20世纪50年代起即随父授拳。1960年，王芗斋先生创立的意拳站桩功通过了国家体委的鉴定，获得国家体委的确认和倡导。在国家体委的统一安排下，北京各大公园正式开办了意拳站桩功辅导班，王玉芳先生亲临执教，从学者逾千人。祖师王芗斋先生谢世后，王玉芳先生以继承和发扬意拳为己任，为传播意拳，足迹遍及祖国的大江南北。1989年7月，香港意拳学会力邀王玉芳先生赴港讲学，香港各大媒体竞相采访、报道，以1989年7月31日的《香港·商报》的报道最具代表性："……王玉芳是王芗斋的女儿，也是王氏五个儿女中最能打的一个。昨天主讲站桩功法，且示范站桩原理，又与一本港意拳中人做双推手，在一牵一推之间，显示功力迫人，以七十二岁高龄妇女而且右腿曾受过伤，仍然能发劲自如，说明其拳之厉害……意拳门人会后异口同声说：'学到唔少，增广知识'"。香港意拳学会会长霍震寰先生代表香港意拳学会向王玉芳先生赠送金盘和锦旗一面，阿根廷意拳学会也向王玉芳先生赠送了锦旗。1992年3月，王玉芳先生再次赴港讲学，香港意拳界为能再一次亲眼目睹大师风采而欣喜若狂，为能长期得到王玉芳先生的指点，香港意拳学会特聘王玉芳先生为香港意拳学会师资培训导师。王玉芳先生返京后，许多香港意拳界的学生又从香港追到北京，继续向她请教。王玉芳先生平易近人，讲拳时循循善诱、因材施教。在她和香港意拳学会的共同努力下，现在，意拳在香港地区已得到了空前的发展。1999年12月，应法国拳术界的邀请，王玉芳先生赴法进行为期两个多月的拳术交流活动。在法国，王玉芳先生受到了该国拳术界的隆重欢迎，许多人为了能聆听王玉芳大师的教诲，很早就从遥远的地方赶来，王玉芳先生讲拳时，楼上楼下都挤满了人，无论她走到哪里，都会被众多的追随者所簇拥。由于王玉芳先生已达到立、行、坐、卧皆不离拳意的自然之境，故她的一举一动均被法国的学者们所关注，无论王玉芳先生站、走还是坐着，他们都会不停地录像、拍照，王玉芳先生站桩、试力、推手时更是闪光灯闪个不停。王玉芳先生除了传授意拳"健身试力十节功"外，还讲解了意拳"技击试力十节功"。在讲解中，许多法国拳手提出要体会"技击试力十节功"的实战性，王玉芳先生欣然应允，谈笑间，只见她稍做松紧，便将法国拳手们轻松地发了出去。很难想象一个80岁高龄的女士，竟能将许多比她高出一头多且体重有的多达二百多斤的法国小伙子们牵来抖去，让法国拳术界为之震惊。意拳理论的博大，王玉芳先生功夫的精深，震动了法国拳术界，使意拳在法国得以迅速地传播与发展。

王玉芳先生在积极传授、普及意拳功法的同时，还认真总结经验，力求在拳学理论上精益求精。多年来她勤于笔耕，著书立说，先后出版了《奇功妙法》《意拳养生站桩功》《意拳站桩》《王芗斋站桩功》《十节动功》等武学论著，这些拳学经典一经出版就被抢购一空，在武界产生了极大影响。王玉芳先生还将意拳与传统的中医理论相结合，在继承、实践、发扬意拳功法中发展出一套系统、科学的站桩功疗法，该功法对高血压、神经衰弱、慢性气管炎、慢性肠胃病、风湿病、类风湿病、肝病、冠心病、哮喘病、脂肪瘤、红斑狼疮、青光眼、半身不遂、高位截瘫、精神分裂症及各种癌症等病症以及一些医药刀石难以治愈的疑难杂症皆有意想不到的疗效。几十年来，她义务地为患者治病疗伤，不求回报，使许多人摆脱了伤病的折磨。王玉芳大师为意拳事业的发展一直在孜孜不倦的努力地耕耘着，她教授出众多优秀弟子，使意拳后继有人。意拳大师王玉芳先生1921年1月7日生于北平，卒于2012年3月14日，享年92岁。

20.意拳名家张树新简介

张树新，1962年11月16日出生，北京市人。一生致力于武术、美术与书法研究，号三沣。现为清华大学美术学院硕士生、博士生导师、副教授、北海艺术设计学院教授、北京市海淀区级非物质文化遗产代表性项目"意拳"代表性传承人、中国武术6段。

在武术方面，张树新1978年开始遍访名家学习意拳及其他门派的传统武术，1996年追随意拳大师王玉芳先生（王芗斋祖师之二女）习拳，2002年正式成为王玉芳大师的入室弟子、义子、衣钵传人，并被赐名"承芳"，意为"承我拳学，继往开来"。张树新曾多次与国内外拳手比武交流，均获全胜。2003年王玉芳大师特在《精武》杂志撰文"我的高徒张树新"，2004年《中国教育报》以"在文化层面上传播拳术"、2008年《武魂》杂志以"意拳进入清华园"、2010年《时尚健康》杂志以"张树新——武术重精神"等为题对其进行了广泛的宣传和报道，2009年被《精武》杂志评为"精武百杰——意拳（大成拳）名师"，2009年9月在北京人民广播电台"北京新闻广播"《都市夜心情》栏目中畅谈武术健身，2009年12月应邀做客"海峡卫视"《国际频道》谈中国武术与中泰对抗赛，2010年3月做客北京电视台《生活频道》谈意拳（大成拳）的养生健身，2011年10月为《武魂》2011年第10期（总280期）的封面人物。2019年被"响堂山意拳文化节"评为"当代意拳推广风云人物"，2021年被"古武当意拳文化节"评为"意拳百家"。张树新习武40年来撰写了大量的武术文章和论文，论文被多家网站所转载。2017年6月至2021年5月，持续在微信平台发表了近28万字的"意拳（大成拳）名家张树新先生答本刊记者问"，在武林界尤其是在意拳界产生了巨大的反响，是意拳第三代最主要的代表人物之一。连续三年入编2020年、2021年、2022年"中国武术家日历"。在武术刊物中，曾用名：原点、张天印、张承芳。

张树新教授社会职务：北京榜书家协会副主席，北京榜书家协会昌平分会主席，中国工艺美术学会纤维艺术专业委员会理事，北京工艺美术学会理事，中国工艺美术协会地毯专业委员会高级艺术顾问，教育部关工委社区教育中心青少年素养研究中心特约美术研究员，中央电视台CCTV中视购物频道书画艺术品收藏拍卖节目顾问，中国人口文化促进会家庭教育学会副会长，北京榜书书画院名誉院长，保定中学教育集团副总校长，北京王芗斋意拳发展中心秘书长，国际武术意拳联合会副主席，海南省自由搏击运动协会名誉副主席，中国传统文化促进会武学委员会副主任。

在美术、书法方面，编著了包括《现代纺织品设计表现技法》《服饰图案》（普通高等教育"十一五"国家级规划教材）在内的多本著作及发表数十篇美术专业论文，论文多次获奖（国家级）。美术作品多次参加国内外大展，获奖和被收藏。书法作品近几年连续在"荣宝斋在线"被高价热拍。榜书作品曾获"首届京津冀同心杯公益书法大赛"一等奖"及第二届京津冀同心杯公益书法大赛"一等奖"（省部级）等。在艺术教育方面，张树新指导学生多次获奖，仅全国大赛的金奖：

（1）宋炀——2008年 全国"领带名城杯"真丝花型设计大赛金奖；

（2）崔娴娴——2009年 全国"领带名城杯"真丝花型设计大赛金奖；

（3）潘辽洲——2010年"张謇"杯·2010年中国国际家用纺织产品设计大赛金奖；

（4）单夏丽——2011年"鲁绣杯"中国大学生家用纺织品创意设计大赛金奖；

（5）刘玥——2012年"鲁绣杯"中国大学生家用纺织品创意设计大赛

金奖；

（6）马颖——2013年 第三届"鲁绣杯"中国大学生家用纺织品创意设计大赛金奖；

（7）罗丽梅——2013年 第十三届全国纺织品设计大赛金奖；

（8）罗楠——2014年 第十四届全国纺织品设计大赛金奖；

（9）刘亚——2014年"海宁家纺杯·2014中国国际家用纺织品创意设计大赛"金奖；

（10）张凯迪——2015年 第十五届全国纺织品设计大赛金奖；

（11）张灿——2019年 第三届 志达杯 全国家居创意设计大赛金奖；

（12）辛颖——2020年"海宁家纺杯·2020中国国际家用纺织品创意设计大赛"金奖；

（13）李艺斐——2020年 2020"北京礼物"插画师招募计划大赛"金奖"；

（14）卫泽丰——2022年"海宁家纺杯·2022中国国际家用纺织品创意设计大赛"金奖；

（15）马颖——2022年"民族杯"中国民族工艺美术《年鉴》大赛"金奖"；

（16）钟金叶——2023年"2023FA第二届国际前沿创新艺术设计"大赛"金奖"；

（17）申巍——2024"华夏奖"文化艺术设计大赛"金奖"。

另外：

（1）2021年指导研究生辛颖获院级优秀毕业作品荣誉证书；

（2）2022年指导研究生钟金叶荣获"北京市优秀毕业生"称号；

（3）2022年指导博士生马颖荣获"2022年清华大学综合优秀奖学金（一等）"。

张树新1982年考入中央工艺美术学院（现清华大学美术学院）染织艺术设计系，曾任中央工艺美术学院学生会副主席，毕业时为北京市三好学生。1986年毕业留染织艺术设计系任教，曾是常沙娜院长的十年助教（任讲师后依旧是常院长的助教），从常沙娜院长身上学到了大量的文化与艺术设计的相关知识。1994年至1996年追随温练昌教授读硕士研究生课程，获研究生学历，从温练昌教授身上学到了地毯艺术设计及图案设计的相关知识。2000年9月至2005年9月任清华大学美术学院教务办副主任，曾主管两年招生工作，2000年协助清华附中成立高中美术班，兼任美术教学总负责人，5年来该班清华美院升学率持续在40%以上，任职期间曾考核大连15中、青岛6中、汉口铁中、长沙18中，并促成四校皆成为清华美院挂牌生源基地。2005年为日本访问学者，并举办讲座及个人作品展。曾任清华大学美术学院染织服装艺术设计系织绣教研室主任、党支部组织委员。多次获得清华大学美术学院工会积极分子及优秀教师的称号，多次获得全国及国际艺术大赛优秀指导教师奖。张树新现有清华大学美术学院三个在读博士生，在任清华大学美术学院副教授、硕士生、博士生导师的同时，2023年新年伊始，又成为北海艺术设计学院的教授，主教艺术设计的相关课程，成为"两院教授"。

21.意拳新锐张瀚川简介

张瀚川，1988年出生，北京市人。意拳王玉芳大师的入室弟子。一直致力于武术传播、艺术创作、艺术教育工作。

在武术方面，1998年开始随意拳大师王玉芳先生（王芗斋宗师之二女）习拳，2007年8月被王玉芳先生正式收为入室弟子。2008年7月成为《武魂》刊物的封面人物，2009年4月成为《精武》刊物的封面人物，是意拳第三代中在文化艺术方面有一定作为的代表人物之一。现为国际武术意拳联合会理事，撰写了大量的武术文章和论文，论文被多家网站所转载，如："意拳的调整与调配观"（《武魂》刊物2008年1月）；"论意拳（大成拳）的开合力"（《武魂》刊物2008年7月）；"论意拳（大成拳）之试力"（《精武》刊物2009年4月）；"论意拳（大成拳）的五字秘诀"（《武魂》刊物2010年2月）；"论意拳（大成拳）阴与阳的训练体系（上）"（《武魂》刊物2011年10月）；"意拳（大成拳）阴与阳的训练体系（下）"（《武魂》刊物2011年11月）。自2017年6月至2021年5月间，一直帮意拳名家张树新教授撰文整理"意拳（大成拳）名家张树新先生答本刊记者问"（近28万字），在武林界尤其是在意拳界产生了巨大反响。

在艺术方面，2007年考入清华大学美术学院绘画系，2009年进入绘画系油画工作室，2011年免试推荐研究生于清华大学美术学院绘画系，2013年清华大学派遣进入瑞典皇家美术学院学习，清华大学美术学院博士。2015年至今，现为北京高校讲师，画家。是《学前艺术综合课程开发与研究》课题组成员，全国十三五规划课题（国家级）《国际视野下（北京）幼儿园艺术与科学融合的创新型课程研究》课题组成员，海南省儋州市中等职业技术学校专业建设委员会特聘专家。

参加美术展览：

2012年

参加"第二届《意境中国》油画、国画作品展"，中国书法院展览馆。

参加第二届美院"爆破"学生优秀作品邀请展，清华大学美术学院美术馆。

参加"中国（深圳）国际文化产业博览交易会"，深圳会展中心。

作品收录于《凯风》杂志（第三期，2012年8月）。

2013年

参加"全国油画作品展"并被收藏，中国美术家协会，上海中华艺术宫。

参加"第三届《意境·中国》油画、国画作品展"，中国艺术研究院中国书法院展览馆。

参加"318艺术文化有限公司"作品展并被收藏。

参加"追求卓越——中法青年油画家艺术交流展"并被收藏，北京大韵堂文化传播有限公司，巴黎中国文化中心。

2014年

参加"以你为荣"中国优秀研究生作品展，并获昌新艺术奖，清华大学美术学院美术馆。

参加"艺术未来—2014（中山）首届世界青年艺术家美术作品展"并被收藏，中山博览中心。

参加"第一卦限"清华大学美术学院学生优秀作品展，清华大学美术学院美术馆。

参加"追求卓越：来自学院的艺术家——首届油画邀请展"，北京大韵堂文化传播有限公司，上海油画雕塑院美术馆。

2015年

参加"心·意·情"第七届中日艺术与手工艺作品交流展，北京工艺美术协会，宫城县艺术协会，北京工艺美术博物馆。

参加"迁变"2015清华大学美术学院学生优秀作品展，清华大学美术学院展览馆。

2016年

参加"艺舞春风–丙申名家邀请展"，中国国家画院（国展）美术中心，北京工艺美术学会。

参加"追求卓越：来自学院的艺术家——首届油画邀请展（收官

展）"，北京大韵堂文化传播有限公司，文化部中国文化管理协会艺术家委员会，中国美术馆。

参加2016"五月光华—清华大学美术学院校友作品展"，清华大学美术学院学生与校友事务办公室、中国国家画院（国展）美术中心，清华大学美术馆。

2017年

参加"以你为荣"中国最具潜力艺术家作品联展，云南昆明博物馆，中华文化促进会，北京文化发展基金会周昌新艺术基金会。

参加2017"五月光华——清美校友作品展"，清华大学美术学院，清华大学文化创意发展研究院，中央数字电视书画频道，中国国家画院（国展）美术中心，清华大学美术学院学生与校友事务办公室、清华校友书画社协办，吴传麟艺术工作委员会承办，中国国家画院国展美术中心。

2018年

参加"涵德颂华——2018 We+艺术空间清华校庆艺术展"，清华校友书画社、嘉豪（天津）商业管理有限公司、北京新业皓达科技有限公司，中国文化创意传媒、北京德美艺嘉文化产业股份有限公司、北京百利勤国际贸易有限公司。

2019年

参加第八届"昌新艺术奖学金""最具潜力艺术家"揭晓暨"以你为荣：中国最具潜力艺术家作品联展"，北京文化发展基金会，周昌新艺术基金会，北京市中华世纪坛艺术基金会。

参加"涵德颂华——清华大学108周年校庆艺术展"，清华校友书画社，嘉豪商业管理有限公司，北京新业皓达科技有限公司，清华大学美术学院校友会，We+艺术空间。

2020年

参加"艺·光华 清华大学美术学院校友作品展",清华大学美术学院,清华大学美术学院学生与校友事务办公室、吴传麟艺术工作委员会,涵芬楼艺术馆。

2021年

参加"第三届涵德颂华——庆祝清华110周年华诞校友艺术展",清华大学美术学院,清华大学美术学院学生与校友事务办公室、吴传麟艺术工作委员会,涵芬楼艺术馆,第三届"涵德颂华–清华110周年华诞校友艺术展"组委会。

参加"西塞无边——李家骝绘画艺术展暨清华美院校友作品邀请展"清华大学美术学院学生与校友事务办公室、吴传麟艺术工作委员会。

2023年

参加"第三届 艺·光华——艺术名家邀请展",中国少数民族用品协会民族工艺美术分会,中国科技产业化促进会文化寻力工作委员会,吴传麟艺术工作委员会。

参加"绽放——清华大学美术学院研究生创作展",清华大学美术学院,清华大学党委研究生工作部。

论文与专著:

(1)《艺术的心、艺、情与老子的道德经思想》第七回中日国际学术研讨会·交流展 艺术与手工艺作品交流展暨学术研讨会论文集 主编:高桥通子 郭鸣。

(2)《关于美术教育衔接问题的思考》,发表于《2016年第十六届全国纺织品设计大赛暨国际理论研讨会论文集》,田青,龚雪鸥主编;清华大学美术学院,2016年第十六届全国纺织品设计大赛暨国际理论研讨会组委会编，北京：中国建筑工业出版社，2016.4，ISBN 978-7-112-19208-3，论文获得"优秀奖"。

（3）《中小学美术教育的再思考》，发表于《大众文艺》2017第6期，总第408期，国内统一刊号：CN13-1129/1，国际标准刊号：ISSN1007-5828。

（4）《表现手段与艺术观念的关系刍议》发表于《美与时代》2017第3期，总第694期，ISSN 1003-2592 CN41-1061/B 邮发代号 36-262。

（5）《素描教学浅析——以学前美术教育为例》发表于《美与时代》2017第4期，总第698期，ISSN 1003-2592 CN41-1061/B 邮发代号 36-262。

（6）《纺染艺术的魅力——以丹寨苗族蜡染为例》入选《2017年第十七届全国纺织品设计大赛暨国际理论研讨会论文集》，并获"优秀奖"；田青，龚雪鸥主编；清华大学美术学院，2017年第十六届全国纺织品设计大赛暨国际理论研讨会组委会编，北京：中国建筑工业出版社，2017.4，ISBN 978-7-112-20513-4。

（7）参与编著《学前艺术综合课程开发与研究》（美术部分），北京：现代出版社，2018.6，ISBN 978-7-5143-4919-1。

出版作品：

（1）油画作品《笔耕不辍》（2012《凯风》杂志，第三期）。

（2）油画作品《湛蓝的天空》（"《五月光华》2017清华大学美术学院校友作品展"作品集，北京，线装书局，2017）。

（3）油画作品《驰骋的心》《春之歌》《青年艺术家肖像》（2018"ALONG"（《同行》美国纽约杂志，春季刊）。

国际会议论文获奖

（1）2016年第十六届全国纺织品设计大赛暨国际理论研讨会论文"优秀奖"（国家级）

（2）2017年第十七届全国纺织品设计大赛暨国际理论研讨会论文"优秀奖"（国家级）

22.致谢与说明

该书中的许多观点出自张瀚川，文字整理为张瀚川。张瀚川是意拳大师王玉芳先生的弟子，为了健身，张瀚川自10岁起就随王玉芳先生练功，2007年考入清华大学后，鉴于他的勤奋努力，意拳大师王玉芳先生破例特将他收为弟子，一同拜师的还有陈相清、关英超、宋福兴、邓龙、秦臻、杨用等人，这些人现在已经活跃在各自不同的领域，在为意拳的传播做着自己的贡献。

张瀚川现在为画家、高校教师，艺术作品多次参加展览与被拍卖及被美术馆所收藏，曾经在《武魂》及《精武》刊物上发表了多篇文章，同时也是《武魂》及《精武》刊物的封面人物。这次又参与撰写与整理了50多万字的《问道意拳》，书中的许多观点，来自张瀚川对恩师王玉芳先生拳学思想的解读，张瀚川还曾经受教于杨绍庚先生、朱垚葶先生、于永年先生、何镜平先生。

张瀚川作为80后的意拳人来思考祖师王芗斋先生的武学文化，有着独到的敏锐性与独特的视角，如他认为祖师王芗斋先生与众弟子们的最大区别在于学拳目的的区别，祖师王芗斋先生因为早年有哮喘病是为了治病而去练武术的，所以王芗斋先生才不会执着于力的方向，才会有诸如"形不破体，力不出尖儿"及"力量一有方向就是错误"的拳学观点，而祖师王芗斋先生的那些优秀的弟子们大多是为了技击而学武术的，由于学拳的目的不同，即目标的不一致，故大家才会对祖师王芗斋先生的"力不出尖儿"与"力量一有方向就是错误"的拳学观点产生困惑，因为力量既不出尖儿又没有方向又怎么打的了人，也正因为如此，才出现了当今这种对意拳各自解读的局面。《问道意拳》中的许多独到的拳术观点皆来自张瀚川的独立思考，他在为意拳的发展与传播默默的贡献着自己的力量。

本人在此还要感谢夫人王潇楠女士。王潇楠女士为中国社会科学院研究员、教授，中国宗教学会当代社会与宗教艺术专业委员会主任，中国社会科学院世界宗教研究所当代宗教研究室副主任。她在百忙之余，在本人的学拳过程中，许多的珍贵照片，都是由她来拍摄的，现在市面上所流传的即大家所能常见的多张王玉芳先生的照片，就是出自王潇楠研究员之手，也包括本人与恩师义母王玉芳先生的近百张学拳的拳照，这些照片中的精品将在以后的出书中会陆续地与大家见面。

另外，还要特别感谢华龄出版社的副社长董巍老师，没有他的督促与帮助，这本《问道意拳》不知要拖到什么时间才能写成，本人写艺术方面的专业书籍只用了半年就写成了，如《服饰图案》（普通高等教育"十一五"国家级规划教材），但写这本《问道意拳》，从动笔到成稿，犹犹豫豫地改了又改的足足用了十年，本书以"意拳名家张树新先生答记者问"为蓝本，并在其基础上进行了文字与内容的提炼与升华，使内容更加的准确与翔实，这些都要感谢董巍老师的督促、鼓励与帮助，否则这本书还会再拖上几年才能完成。还要感谢郑建军老师所付出的辛勤努力，没有他逐字逐句地认真审读，这本书也不能这么顺利的完稿。希望这本书对大家能有所帮助，更希望能得到大家的喜爱。

张树新2023年11月写于北京